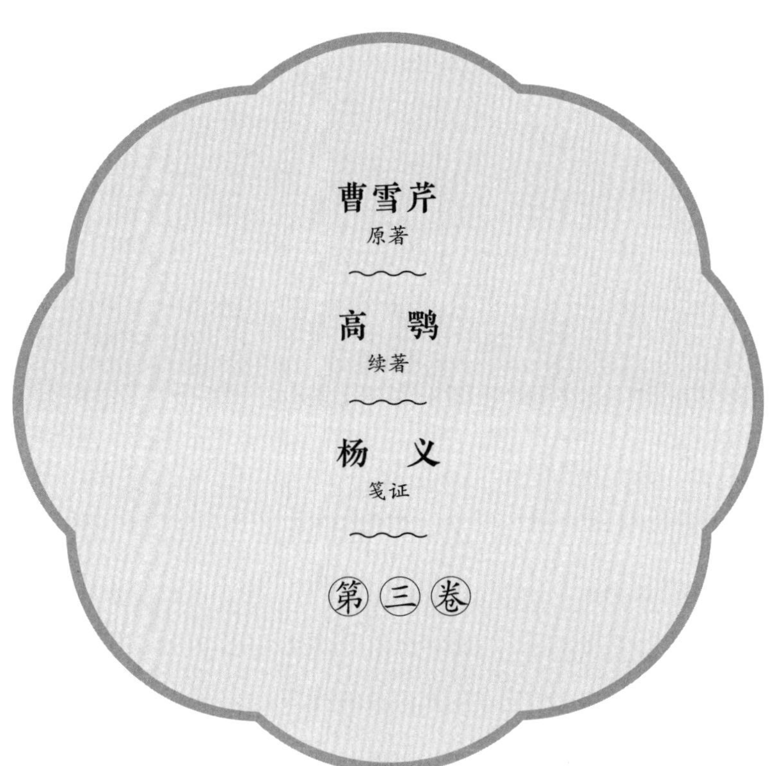

红楼梦精华笺证

Culture and Art Publishing House
文化艺术出版社

目录

第八十一回

占旺相四美钓游鱼
奉严词两番入家塾

且说迎春归去之后，邢夫人像没有这事，倒是王夫人抚养了一场，却甚实伤感，在房中自己叹息了一回。只见宝玉走来请安，看见王夫人脸上似有泪痕，也不敢坐，只在旁边站着。王夫人叫他坐下，宝玉才捱上炕来，就在王夫人身旁坐了。王夫人见他呆呆的瞅着，似有欲言不言的光景，便道："你又为什么这样呆呆的？"宝玉道："并不为什么，只是昨儿听见二姐姐这种光景，我实在替他受不得。虽不敢告诉老太太，却这两夜只是睡不着。我想咱们这样人家的姑娘，那里受得这样的委屈。况且二姐姐是个最懦弱的人，向来不会和人拌嘴，偏偏儿的遇见这样没人心的东西，竟一点儿不知道女人的苦处。"说着，几乎滴下泪来。王夫人道："这也是没法儿的事。俗语说的，'嫁出去的女孩儿泼出去的水'，叫我能怎么样呢？"宝玉道："我昨儿夜里倒想了一个主意：咱们索性回明了老太太，把二姐姐接回来，还叫他紫菱洲住着，仍旧我们姐妹弟兄们一块儿吃，一块儿顽，省得受孙家那混帐行子的气。等他来接，咱们硬不叫他去。由他接一百回，咱们留一百回，只说是老太太的主意。这个岂不好呢？"王夫人听了，又好笑，又好恼，说道："你又发了呆气了，混说的是什么！大凡做了女孩儿，终久是要出门子的，嫁到人家去，娘家那里顾得，也只好看他自己的命运，碰得好就好，碰得不好也就没法儿。你难道没听见人说'嫁鸡随鸡，嫁狗随狗'，那里个个都像你大姐姐做娘娘呢？况且你二姐姐是新媳妇，孙姑爷也还是年轻的人，各人有各人的脾气，新来乍到，自然要有些扭别的。

过几年大家摸着脾气儿，生儿长女以后，那就好了。你断断不许在老太太跟前说起半个字，我知道了是不依你的。快去干你的去罢，不要在这里混说。”说得宝玉也不敢作声，坐了一回，无精打彩的出来了。憋着一肚子闷气，无处可泄，走到园中，一径往潇湘馆来。

刚进了门，便放声大哭起来。黛玉正在梳洗才毕，见宝玉这个光景，倒吓了一跳，问：“是怎么了？和谁怄了气了？”连问几声。宝玉低着头，伏在桌子上，呜呜咽咽，哭的说不出话来。黛玉便在椅子上怔怔的瞅着他，一会子问道：“到底是别人和你怄了气了，还是我得罪了你呢？”宝玉摇手道：“都不是，都不是。”黛玉道：“那么着为什么这么伤起心来？”宝玉道：“我只想着咱们大家越早些死的越好，活着真真没有趣儿。”黛玉听了这话，更觉惊讶，道：“这是什么话，你真正发了疯了不成！”宝玉道：“也并不是我发疯，我告诉你，你也不能不伤心。前儿二姐姐回来的样子和那些话，你也都听见看见了。我想人到了大的时候，为什么要嫁？嫁出去受人家这般苦楚！还记得咱们初结‘海棠社’的时候，大家吟诗做东道，那时候何等热闹。如今宝姐姐家去了，连香菱也不能过来，二姐姐又出了门子了，几个知心知意的人都不在一处，弄得这样光景。我原打算去告诉老太太接二姐姐回来，谁知太太不依，倒说我呆、混说，我又不敢言语。这不多几时，你瞧瞧，园中光景，已经大变了。若再过几年，又不知怎么样了。故此越想不由人不心里难受起来。”黛玉听了这番言语，把头渐渐的低了下去，身子渐渐的退至炕上，一言不发，叹了口气，便向里躺下去了。

紫鹃刚拿进茶来，见他两个这样，正在纳闷。只见袭人来了，进来看见宝玉，便道：“二爷在这里呢么，老太太那里叫呢。我估量着二爷就是在这里。”黛玉听见是袭人，便欠身起来让坐。黛玉的两个眼圈儿已经哭的通红了。宝玉看见道：“妹妹，我刚才说的不过是些呆话，你也不用伤心。你要想我的话时，身子更要保重才好。你歇歇儿罢，老太太那边叫我，我看看去就来。”说着，往外走了。袭人悄问黛玉道：“你两个人又为什么？”黛玉道：“他为他二姐姐伤心；我是刚才眼睛发痒揉的，并不为什么。”袭人也不言语，忙跟了宝玉出来，各自散了。宝玉来到贾母那边，贾母却已经歇晌，只得回到怡红院。

到了午后，宝玉睡了中觉起来，甚觉无聊，随手拿了一本书看。袭人见他看书，忙去沏茶伺候。谁知宝玉拿的那本书却是《古乐府》，随手翻来，正看见曹孟德“对酒当歌，人生几何”一首，不觉刺心。因放下这一本，又拿一本看时，却是晋文，翻了几页，忽然把书掩上，托着腮，只管痴痴的坐着。袭人倒了茶来，见他这般光景便道：“你为什么又不看了？”宝玉也不答言，接过茶来喝了一口，便放下了。袭人一时摸不着头脑，也只管站在旁边呆呆的看着他。忽见宝玉站起来，嘴里咕咕哝哝的说道：“好一个‘放浪形骸之外’。”袭人听了，又好笑，又不敢问他，只得劝道：“你若不爱看这些书，不如还到园里逛逛，也省得闷出毛病来。”那宝玉只管口中答应，只管出着神往外走了。

笺证

《红楼梦》前八十回结束在迎春入于中山狼之口，薛家乱于河东狮之吼，四大家族由阃内呈现出来的衰败之象；后四十回开始于探春、李纹、李绮、邢岫烟四美在蓼溆钓鱼占旺相，以及宝玉奉严父贾政之命再入家塾习八股文，气氛凄寒回暖，家道向举业正轨略为扳转。宝玉于再入家塾习八股文之前，却是回顾了魏晋风度。第八十一回宝玉深感大观园儿女流散寥落，如何超越寥落，只好追寻魏晋风度。宝玉回屋读书，读到曹操《短歌行》中“对酒当歌，人生几何”，不觉刺心。又看晋文，嘴里咕咕哝哝的说道：“好一个‘放浪形骸之外’”宝玉于此看的乃是东晋王羲之《兰亭集序》："是日也，天朗气清，惠风和畅。仰观宇宙之大，俯察品类之盛，所以游目骋怀，足以极视听之娱，信可乐也。夫人之相与，俯仰一世。或取诸怀抱，晤言一室之内。或因寄所托，放浪形骸之外。虽取舍万殊，静躁不同，当其欣于所遇，暂得于己，快然自足，曾不知老之将至。"所谓放浪形骸之外，形容不受世俗礼法的束缚，也就是阮籍所说"礼岂为我辈设也"。晋人高倡庄、老，如典型人物阮籍字嗣宗，阮瑀之子。性好饮，闻步兵厨多美酒，乃求为步兵校尉。尝率意独驾，车迹所穷，辄恸哭而返。又对人能为青白眼，由是礼法之士，深所雠疾。时兵家女有才色，未嫁而死，阮籍本不识其父兄，径往，哭之尽哀。邻家有妇当垆，阮籍与王安丰常从妇饮，阮醉便眠其侧。其丈夫开始很是怀疑，伺察终无他意。其嫂还家，阮籍见与别，或讥之，曰："礼岂为我辈设也。"宝玉读到"对酒当歌，人生几何"，又吟味"好一个放浪形骸之外"，徜徉乎魏晋风度之间。其实，贾宝玉在前八十回中对魏晋名士风度也是心向往之。他作《芙蓉女儿诔》时就说："远师楚人之《大言》《招魂》《离骚》《九辩》《枯树》《问难》《秋水》《大人先生传》等法，或杂参单句，或偶成短联，或用实典，或设譬寓，随意所之，信笔而去，喜则以文为戏，悲则以言志痛，辞达意尽为止，何必若世俗之拘拘于方寸之间哉！"其中的《大人先生传》就是阮籍托名大人先生，以阐发其"胸怀丰趣"的名文，有所谓"夫大人者，乃与造物同体，天地并生，逍遥浮世，与道俱成，变化散聚，不常其形"。《世说新语·任诞》又记载王孝伯（王恭）言："名士不必须奇才，但使常得无事，痛饮酒，熟读《离骚》，便可称名士。"[1]宝玉远师《离骚》《招魂》《九辩》，下及于《大人先生传》，可见其屈宋楚辞情结延伸到魏晋风度，在历史文化精神系列

[1] 余嘉锡笺疏：《世说新语笺疏》，中华书局1983年版，第764页。

上与魏晋名士精神有其脉络相通之处。但把七十八回作《芙蓉女儿诔》与八十一回读魏晋文相比，却不难发现宝玉原本浩浩荡荡的才华，才隔了三回就有所凝缩了。这是后四十回的故态，已经减弱了火山喷发一般的璀璨才华，良可叹也。这无疑影响了后四十回扳转的力度。

一时走到沁芳亭，但见萧疏景象，人去房空。又来至蘅芜院，更是香草依然，门窗掩闭。转过藕香榭来，远远的只见几个人在蓼溆一带栏杆上靠着，有几个小丫头蹲在地下找东西。宝玉轻轻的走在假山背后听着。只听一个说道："看他洑上来不洑上来。"好似李纹的语音。一个笑道："好，下去了。我知道他不上来的。"这个却是探春的声音。一个又道："是了，姐姐你别动，只管等着。他横竖上来。"一个又说："上来了。"这两个是李绮、邢岫烟的声儿。宝玉忍不住，拾了一块小砖头儿，往那水里一撂，咕咚一声，四个人都吓了一跳，惊讶道："这是谁这么促狭？唬了我们一跳。"宝玉笑着从山子后直跳出来，笑道："你们好乐啊，怎么不叫我一声儿。"探春道："我就知道再不是别人，必是二哥哥这样淘气。没什么说的，你好好儿的赔我们的鱼罢。刚才一个鱼上来，刚刚儿的要钓着，叫你唬跑了。"宝玉笑道："你们在这里顽竟不找我，我还要罚你们呢。"大家笑了一回。宝玉道："咱们大家今儿钓鱼占占谁的运气好。看谁钓得着就是他今年的运气好，钓不着就是他今年运气不好。咱们谁先钓？"探春便让李纹，李纹不肯。探春笑道："这样就是我先钓。"回头向宝玉说道："二哥哥，你再赶走了我的鱼，我可不依了。"宝玉道："头里原是我要唬你们顽，这会子你只管钓罢。"探春把丝绳抛下，没十来句话的工夫，就有一个杨叶窜儿吞着钩子把漂儿坠下去，探春把竿一挑，往地下一撩，却活迸的。侍书在满地上乱抓，两手捧着，搁在小磁坛内清水养着。探春把钓竿递与李纹。李纹也把钓竿垂下，但觉丝儿一动，忙挑起来，却是个空钩子。又垂下去，半晌钩丝一动，又挑起来，还是空钩子。李纹把那钩子拿上来一瞧，原来往里钩了。李纹笑道："怪不得钓不着。"忙叫素云把钩子敲好了，换上新虫子，上边贴好了苇片儿。垂下去一会儿，见苇片直沉下去，急忙提起来，倒是一个二寸长的鲫瓜儿。李纹笑着道：“宝哥哥钓罢。”宝玉道：“索性三妹妹和邢妹妹钓了，我再钓。”岫烟却不答言。只见李绮道：“宝哥哥先钓罢。”说着水面上起了一个泡儿。探春道：“不必尽着让了。你看那鱼都在三妹妹那边呢，还是三妹妹快着钓罢。”李绮笑着接了钓竿儿，果然沉下去就钓了一个。然后岫烟也钓着了一个，随将竿子仍旧递给探春，探春才递与宝玉。宝玉道：“我是要做姜太公的。”便走下石矶，坐在池边钓起来，岂知那水里的鱼看见人影儿，都躲到别处去了。宝玉抡着钓竿等了半天，那钓丝儿动也不动。刚有一个鱼儿在水边吐沫，宝玉把竿子一幌，又唬走了。急的宝玉道：“我最是个性儿急的人，他偏性儿慢，这可怎么样呢。好鱼儿，快来罢，你也成全成全我呢。”说得四人都笑了。一言未了，只见钓丝微微一动。宝玉喜得满怀，用力往上一兜，把钓竿往石上一碰，折作两段，丝也振断了，钩子也不知往那里去了。众人越发笑起来。探春道：“再没见像你这样卤人。”

笺证

《红楼梦》第八十一回感受到大观园寥落萧瑟的贾宝玉，漫步到探春的藕香榭，看到探春、李纹、李绮、岫烟四美在池边钓鱼，这是在群芳逐渐离散时，挽回颓势的好题材。但是手捻着好题材，却似乎笔力不济，往往在具有文章潜力的情节面前未能酣畅挥洒，令人惋惜不已。“占旺相四美钓游鱼”可以和庄子濠梁观鱼相联系，成就一篇好文章。《庄子·秋水》是贾宝玉神往的篇章：“庄子与惠子游于濠梁之上。庄子曰：‘儵鱼出游从容，是鱼之乐也。’惠子曰：‘子非鱼，安知鱼之乐？’庄子曰：‘子非我，安知我不知鱼之乐？’惠子曰：‘我非子，固不知子矣；子固非鱼也，子之不知鱼之乐，全矣。’庄子曰：‘请循其本。子曰汝安知鱼乐云者，既已知吾知之而问我。我知之濠上也。’”❷贾探春、李纹、李绮、邢岫烟四美钓鱼，却没有搭上这条精神脉络，而是按照宝玉的说法：“咱们大家今儿钓鱼占占谁的运气好。看谁钓得着就是他今年的运气好，钓不着就是他今年运气不好。咱们谁先钓？”这就把庄生的诗化哲学引向钓鱼占运气的民俗信仰。四美人都先后钓到了鱼，如此出招接招，未免有点直露。其实，钓鱼靠的是技术，又要济以知识：水的知识、鱼的知识、工具的知识、饵的知识。天时、地利、人和，都是关键。宝玉说：“我是要做姜太公的。”这也可以演绎为一篇好文章。李白《梁甫吟》诗云：“君不见朝歌屠叟辞棘津，八十西来钓渭滨。”《封神演义》第二十三回《文王夜梦飞熊兆》记载樵子武吉与姜子牙的对话：“樵子曰：‘你上姓，贵处，缘何到此？’（姜）子牙曰：‘吾乃东海许州人也。姓姜，名尚，字子牙，道号飞熊。’樵子听罢，扬笑不止。子牙问樵子曰：‘你姓甚名谁？’樵子曰：‘吾姓武，名吉，祖贯西岐人氏。’子牙曰：‘你方才听吾姓名，反加扬笑者，何也？’武吉曰：‘你方才言号飞熊，故有此笑。’子牙曰：‘人各有号，何以为笑？’樵子曰：‘当时古人、高人、圣人、贤人，胸藏万斛珠玑，腹隐无边锦绣，如风后、老彭、傅说、常桑、伊尹之辈，方称其号。似你也有此号，名不称实，故此笑耳。我常时见你伴绿柳而垂丝，别无营运，守株而待兔，看此清波，无识见高明，为何亦称道号？’樵子言罢，却将溪边钓竿拿起，见线上叩一针而无曲。樵子抚掌大笑不止，对子牙点头叹曰：‘有智不在年高，无谋空言百岁。’樵子问子牙曰：‘你这钩线何为不曲？古语云：且将香饵钓金鳌。我传你一法，将此针用火烧红，打成钩样，上用香饵，线上又用浮子，鱼来吞食，浮子自动，是知鱼至，望上一拎，钩挂鱼腮，方能得鲤，此是捕鱼之方。似这等钓，莫说三年，便百年也无一鱼到手。可见你智量愚拙，安得妄曰飞熊？’子牙曰：‘你只知其一，不知其二。老夫在此，名虽垂钓，我自愿不在鱼。吾在此不过守青云而得路，拨阴翳而腾霄，岂可曲中而取鱼乎？非丈夫之所为也。吾宁一在直中取，不向曲中求，不为锦鳞设，只钓王与侯。吾有诗为证：短杆长线守磻溪，这个机关那个知。只钓当朝君与相，何尝意在水中鱼？'"[3]姜太公钓鱼这个政治寓言，自可敷衍成贾宝玉的妙语畸行的，可惜这里的行文在宝玉钓鱼时，让鱼逃线断杆折，草草了事，等于折断了宝玉钓命运的鱼竿。进一步设想，在清朝前中期，赏花钓鱼是皇朝乐事。清徐珂《清稗类钞》二十七《爵秩类》记载："圣祖（康熙）旧御读书处曰南书房，在乾清宫南廊下之西，最为清要之地。凡供奉诸员之饮食，皆给于大官，而纸笔之属出自御府，珍果之属撤自御馔者，亦日数至焉。既御乾清门听政，即召诸翰林至懋勤殿，辰巳前讲经书，午后讲史，或代拟谕旨，或咨询庶政，或访问民隐，或讲求学业，或赏花钓鱼，剖析经义，虽为君臣，无异师友，如张文和、蒋文肃、厉廷仪、魏廷珍等，皆出其间。此南书房供奉之始也。"[4]《清稗类钞》十《恩遇类》又记载："世宗（雍正）驭下严肃，然每假以词色。雍正丙午秋，特宴文武大僚于乾清宫，赋诗饮酒。每佳时令节，必赐诸王大臣游宴，泛舟福海，赏花钓鱼，竟日乃散。"[5]南书房逸事和福海游宴，也是可以寻找由头，加以演绎发挥的。后四十回缺乏这种风生水起的大笔墨。

[2]（清）王先谦：《庄子集解》，中华书局1987年版，第148页。

[3]（明）许仲琳：《封神演义》，浙江古籍出版社2011年版，第131—132页。

[4]（清）徐珂：《清稗类钞》，中华书局1984年版，第1298页。

[5]（清）徐珂：《清稗类钞》，中华书局1984年版，第285页。

正说着，只见麝月慌慌张张的跑来说："二爷，老太太醒了，叫你快去呢。"五个人都唬了一跳。探春便问麝月道："老太太叫二爷什么事？"麝月道："我也不知道。就只听见说是什么闹破了，叫宝玉来问，还要叫琏二奶奶一块儿查问呢。"吓得宝玉发了一回呆，说道："不知又是那个丫头遭了瘟了。"探春道："不知什么事，二哥哥你快去，有什么信儿，先叫麝月来告诉我们一声儿。"说着，便同李纹、李绮、岫烟走了。

宝玉走到贾母房中，只见王夫人陪着贾母摸牌。宝玉看见无事，才把心放下了一半。贾母见他进来，便问道：“你前年那一次大病的时候，后来亏了一个疯和尚和个瘸道士治好了的。那会子病里，你觉得是怎么样？”宝玉想了一回，道：“我记得得病的时候儿，好好的站着，倒像背地里有人把我拦头一棍，疼的眼睛前头漆黑，看见满屋子里都是些青面獠牙，拿刀举棒的恶鬼。躺在炕上，觉得脑袋上加了几个脑箍似的。以后便疼的任什么不知道了。到好的时候，又记得堂屋里一片金光直照到我房里来，那些鬼都跑着躲避，便不见了。我的头也不疼了，心上也就清楚了。”贾母告诉王夫人道：“这个样儿也就差不多了。”

说着凤姐也进来了，见了贾母，又回身见过了王夫人，说道：“老祖宗要问我什么？”贾母道：“你前年害了邪病，你还记得怎么样？”凤姐儿笑道：“我也不很记得了。但觉自己身子不由自主，倒像有些鬼怪拉拉扯扯要我杀人才好，有什么，拿什么，见什么，杀什么。自己原觉很乏，只是不能住手。”贾母道：“好的时候还记得么？”凤姐道：“好的时候好像空中有人说了几句话似的，却不记得说什么来着。”贾母道：“这么看起来竟是他了。他姐儿两个病中的光景和才说的一样。这老东西竟这样坏心，宝玉枉认了他做干妈。倒是这个和尚道人，阿弥陀佛，才是救宝玉性命的，只是没有报答他。”凤姐道：“怎么老太太想起我们的病来呢？”贾母道：“你问你太太去，我懒待说。”王夫人道：“才刚老爷进来说起宝玉的干妈竟是个混帐东西，邪魔外道的。如今闹破了，被锦衣府拿住送入刑部监，要问死罪的了，前几天被人告发的。那个人叫做什么潘三保，有一所房子卖与斜对过当铺里。这房子加了几倍价钱，潘三保还要加，当铺里那里还肯。潘三保便买嘱了这老东西，因他常到当铺里去，那当铺里人的内眷都与他好的。他就使了个法儿，叫人家的内人便得了邪病，家翻宅乱起来。他又去说这个病他能治，就用些神马纸钱烧献了，果然见效。他又向人家内眷们要了十几两银子。岂知老佛爷有眼，应该败露了。这一天急要回去，掉了一个绢包儿。当铺里人捡起来一看，里头有许多纸人，还有四丸子很香的香。正诧异着呢，那老东西倒回来找这绢包儿。这里的人就把他拿住，身边一搜，搜出一个匣子，里面有象牙刻的一男一女，不穿衣服，光着身子的两个魔王，还有七根朱红绣花针。立时送到锦衣府去，问出许多官员家大户太太姑娘们的隐情事来。所以知会了营里，把他家中一抄，抄出好些泥塑的煞神，几匣子闹香。炕背后空屋子里挂着一盏七星灯，灯下有几个草人，有头上戴着脑箍的，有胸前穿着钉子的，有项上拴着锁子的。柜子里无数纸人儿，底下几篇小帐，上面记着某家验过，应找银若干。得人家油钱香分也不计其数。”凤姐道：“咱们的病，一准是他。我记得咱们病后，那老妖精向赵姨娘处来过几次，要向赵姨娘讨银子，见了我，便脸上变貌变色，两眼黧鸡似的。我当初还猜疑了几遍，总不知什么原故。如今说起来，却原来都是有因的。但只我在这里当家，自然惹人恨怨，怪不得人治我。宝玉可和人有什么仇呢，忍得下这样毒手。”贾母道：“焉知不因我疼宝玉不疼环儿，竟给你们种了毒了呢。”王夫人道：“这老货已经问了罪，决不好叫他来对证。没有对证，赵姨娘那里肯认帐。事情又大，闹出来，外面也不雅，等他自作自受，少不得要自己败露的。”贾母道：“你这话说的也是，这样事，没有对证，也难作准。只是佛爷菩萨看的真，他们姐儿两个，如今又比谁不济了呢。罢了，过去的事，凤哥儿也不必提了。今日你和你太太都在我这边吃了晚饭再过去罢。”遂叫鸳鸯、琥珀等传饭。凤姐赶忙笑道：“怎么老祖宗倒操起心来？”王夫人也笑了。只见外头几个媳妇伺候。凤姐连忙告诉小丫头子传饭：“我和太太都跟着老太太吃。”正说着，只见玉钏儿走来对王夫人道：“老爷要找一件什么东西，请太太伺候了老太太的饭完了自己去找一找呢。”贾母道：“你去罢，保不住你老爷有要紧的事。”王夫人答应着，便留下凤姐儿伺候，自己退了出来。

笺证

《红楼梦》从循环叙事中，探究了人生悲喜剧。这应合了老子的“天道好还”的原理，即以天理运转因果循环。《老子》第30章说：“以道佐人主者，不以兵强天下，其事好还，师之所处，荆棘生焉。”[6]这指的是恶有恶报。明代王世贞的戏曲《鸣凤记》第四十出说：“天道好还如寄，人心公论难违。”这都是以灼灼天眼审视人间罪恶行为。《红楼梦》第八十一回对第二十五回“魇魔法姊弟逢五鬼 红楼梦通灵遇双真”做出回应，属于循环叙事。宝玉寄名的干娘马道婆受赵姨娘的收买，以巫蛊妖法，释放出青面獠牙、拿刀举棒的恶鬼，整治得宝玉和凤姐丧魂落魄，挥刀杀人。如今贾母、王夫人告知，这个邪魔外道的混帐东西已被锦衣府拿住送入刑部监禁，要问死罪了，因她讹诈潘三保当铺房子，作法令其内人得了邪病，家翻宅乱起来。岂料讹到十几两银子后，掉了一个绢包儿，又从她的身上搜出一匣子实施妖法的道具，抄家又抄出好些泥塑的煞神和无数纸人儿之类，还发现她讹诈钱财的账本，因此被告发捉拿。贾母找宝玉、凤姐对证，也坐实了赵姨娘的居心叵测。这番描写总算了结第二十五回马道婆实施巫蛊妖法的公案，属于循环叙事的策略。循环叙事在结构上的回归，有如鲁迅《在酒楼上》中吕纬甫似笑非笑地说：“我在少年时，看见蜂子或蝇子停在一个地方，给什么来一吓，即刻飞去了，但是飞了一个小圈子，便又回来停在原地点，便以为这实在很可笑，也可怜。可不料现在我自己也飞回来了，不过绕了一点小圈子。又不料你也回来了。你不能飞得更远些么？”[7]苍蝇绕圈子的生活轨迹，也可以用来揶揄着马道婆、赵姨娘的卑劣人生和阴暗人心。

回至房中，和贾政说了些闲话，把东西找了出来。贾政便问道：“迎儿已经回去了，他在孙家怎么样？”王夫人道：“迎丫头一肚子眼泪，说孙姑爷凶横的了不得。”因把迎春的话述了一遍。贾政叹道：“我原知不是对头，无奈大老爷已说定了，教我也没法。不过迎丫头受些委屈罢了。”王夫人道："这还是新媳妇，只指望他以后好了好。"说着，嗤的一笑。贾政道："笑什么？"王夫人道："我笑宝玉，今儿早起特特的到这屋里来，说的都是些孩子话。"贾政道："他说什么？"王夫人把宝玉的言语笑述了一遍。贾政也忍不住的笑，因又说道："你提宝玉，我正想起一件事来。这小孩子天天放在园里，也不是事。生女儿不得济，还是别人家的人。生儿若不济事，关系非浅。前日倒有人和我提起一位先生来，学问人品都是极好的，也是南边人。但我想南边先生性情最是和平，咱们城里的孩子，个个踢天弄井，鬼聪明倒是有的，可以搪塞就搪塞过去了。胆子又大，先生再要不肯给没脸，一日哄哥儿似的，没的白耽误了。所以老辈子不肯请外头的先生，只在本家择出有年纪再有点学问的请来掌家塾。如今儒大太爷虽学问也只中平，但还弹压的住这些小孩子们，不至以颟顸了事。我想宝玉闲着总不好，不如仍旧叫他家塾中读书去罢了。"王夫人道："老爷说的很是。自从老爷外任去了，他又常病，竟耽搁了好几年。如今且在家学里温习温习，也是好的。"贾政点头，又说些闲话，不题。

且说宝玉次日起来，梳洗已毕，早有小厮们传进话来说："老爷叫二爷说话。"宝玉忙整理了衣服，来至贾政书房中，请了安站着。贾政道："你近来作些什么功课。虽有几篇字，也算不得什么。我看你近来的光景，越发比头几年散荡了，况且每每听见你推病不肯念书。如今可大好了，我还听见你天天在园子里和姊妹们顽顽笑笑，甚至和那些丫头们混闹，把自己的正经事，总丢在脑袋后头。就是做得几句诗词，也并不怎么样，有什么稀罕处！比如应试选举，到底以文章为主，你这上头倒没有一点儿工夫。我可嘱咐你：自今日起，再不许做诗做对的了，单要习学八股

❻ 陈鼓应：《老子注译及评介》，中华书局1984年版，第188页。

❼ 鲁迅：《鲁迅全集》（第二卷），人民文学出版社2005年版，第27页。

文章。限你一年，若毫无长进，你也不用念书了，我也不愿有你这样的儿子了。”遂叫李贵来，说：“明儿一早，传焙茗跟了宝玉去收拾应念的书籍，一齐拿过来我看看，亲自送他到家学里去。”喝命宝玉：“去罢。明日起早来见我。”宝玉听了，半日竟无一言可答，因回到怡红院来。

袭人正在着急听信，见说取书，倒也欢喜。独是宝玉要人即刻送信与贾母，欲叫拦阻。贾母得信，便命人叫过宝玉来，告诉他说：“只管放心先去，别叫你老子生气。有什么难为你，有我呢。”宝玉没法，只得回来嘱咐了丫头们：“明日早早叫我，老爷要等着送我到家学里去呢。”袭人等答应了，同麝月两个倒替着醒了一夜。

次日一早，袭人便叫醒宝玉，梳洗了，换了衣服，打发小丫头子传了焙茗在二门上伺候，拿着书籍等物。袭人又催了两遍，宝玉只得出来过贾政书房中来，先打听“老爷过来了没有”，书房中小厮答应：“方才一位清客相公请老爷回话，里边说梳洗呢，命清客相公出去候着去了。”宝玉听了，心里稍稍安顿，连忙到贾政这边来。恰好贾政着人来叫，宝玉便跟着进去。贾政不免又嘱咐几句话，带了宝玉上了车，焙茗拿着书籍，一直到家塾中来。

早有人先抢一步回代儒说“老爷来了”，代儒站起身来，贾政早已走入，向代儒请了安。代儒拉着手问了好，又问：“老太太近日安么？”宝玉过来也请了安。贾政站着，请代儒坐了，然后坐下。贾政道：“我今日自己送他来，因要求托一番。这孩子年纪也不小了，到底要学个成人的举业，才是终身立身成名之事。如今他在家中只是和些孩子们混闹，虽懂得几句诗词，也是胡诌乱道的。就是好了，也不过是风云月露，与一生的正事毫无关涉。”代儒道：“我看他相貌也还体面，灵性也还去得，为什么不念书，只是心野贪顽。诗词一道，不是学不得的，只要发达了以后，再学还不迟呢。”贾政道：“原是如此。目今只求叫他读书、讲书、作文章。倘或不听教训，还求太爷认真的管教管教他，才不至有名无实的白耽误了他的一世。”说毕，站起来又作了一个揖，然后说了些闲话，才辞了出去。代儒送至门首，说：“老太太前替我问好请安罢。”贾政答应着，自己上车去了。

代儒回身进来，看见宝玉在西南角靠窗户摆着一张花梨小桌，右边堆下两套旧书，薄薄儿的一本文章，叫焙茗将纸墨笔砚都搁在抽屉里藏着。代儒道:“宝玉，我听见说你前儿有病，如今可大好了?”宝玉站起来道:“大好了。”代儒道:“如今论起来，你可也该用功了。你父亲望你成人恳切的很。你且把从前念过的书，打头儿理一遍。每日早起理书，饭后写字，晌午讲书，念几遍文章就是了。”宝玉答应了个“是”，回身坐下时，不免四面一看。见昔时金荣辈不见了几个，又添了几个小学生，都是些粗俗异常的。忽然想起秦钟来，如今没有一个做得伴说句知心话儿的，心上凄然不乐，却不敢作声，只是闷着看书。代儒告诉宝玉道:“今日头一天，早些放你家去罢。明日要讲书了。但是你又不是很愚夯的，明日我倒要你先讲一两章书我听，试试你近来的工课何如，我才晓得你到怎么个分儿上头。”说得宝玉心中乱跳。欲知明日听解何如，且听下回分解。

笺证

《红楼梦》第八十一回贾政之所以让宝玉到家塾读书，是因为掌管家塾的贾代儒虽然学问只是中平，但还能弹压住那些踢天弄井、耍鬼聪明的小孩子们。贾政的主意是抑制宝玉天天在园子里和姊妹们顽顽笑笑的散荡，以及对几句诗词的卖弄，单要习学八股文章，“限你一年，若毫无长进，你也不用念书了，我也不愿有你这样的儿子了”。自隋唐发端的科举制度，到明清两朝八股文作为应举的时文，已经建立了完善的体制，严格约束着一代又一代的士人，使他们走上压抑文章性情的独木桥。这实际上就是《红楼梦》第十九回贾宝玉所讥讽的“禄蠹”道路，做一种贪求官位俸禄的蛀虫。《红楼梦》第一一五回："宝玉道：'他说了半天并没个明心见性之谈，不过说些什么文章经济，又说什么为忠为孝。这样人可不是个禄蠹么？'"禄蠹一词，划出了贾政、宝玉父子两代之间的鸿沟，一者以禄伤性，一者弃禄全性。但从这一回的描写中不难看出，续作书者对八股习得颇为精熟，是写得从容不迫有底气的。

第八十二回

老学究讲义警顽心 病潇湘痴魂惊噩梦

话说宝玉下学回来，见了贾母。贾母笑道:“好了，如今野马上了笼头了。去罢，见见你老爷，回来散散儿去罢。”宝玉答应着，去见贾政。贾政道:“这早晚就下了学了么？师父给你定了功课没有？”宝玉道:“定了。早起理书，饭后写字，晌午讲书念文章。”贾政听了，点点头儿，因道:“去罢，还到老太太那边陪着坐坐去。你也该学些人功道理，别一味的贪顽。晚上早些睡，天天上学早些起来。你听见了？”宝玉连忙答应几个“是”，退出来，忙忙又去见王夫人，又到贾母那边打了个照面儿。

赶着出来，恨不得一走就走到潇湘馆才好。刚进门口，便拍着手笑道:“我依旧回来了！”猛可里倒唬了黛玉一跳。紫鹃打起帘子，宝玉进来坐下。黛玉道:“我恍惚听见你念书去了。这么早就回来了？”宝玉道:“嗳呀，了不得！我今儿不是被老爷叫了念书去了么，心上倒像没有和你们见面的日子了。好容易熬了一天，这会子瞧见你们，竟如死而复生的一样，真真古人说‘一日三秋’，这话再不错的。”黛玉道:“你上头去过了没有？”宝玉道:“都去过了。”黛玉道:“别处呢？”宝玉道:“没有。”黛玉道:“你也该瞧瞧他们去。”宝玉道:“我这会子懒待动了，只和妹妹坐着说一会子话儿罢。老爷还叫早睡早起，只好明儿再瞧他们去了。”黛玉道:“你坐坐儿，可是正该歇歇儿去了。”宝玉道:“我那里是乏，只是闷得慌。这会子咱们坐着才把闷散了，你又催起我来。”黛玉微微的一笑，因叫紫鹃:“把我的龙井茶给二爷沏一碗。二爷如今念书了，比不的头里。”紫鹃笑着答应，去拿茶叶，叫小丫头子沏茶。宝玉接着说道："还提什么念书，我最厌这些道学话。更可笑的是八股文章，拿他诓功名混饭吃也罢了，还要说代圣贤立言。好些的，不过拿些经书凑搭凑搭还罢了。更有一种可笑的，肚子里原没有什么，东拉西扯，弄的牛鬼蛇神，还自以为博奥。这那里是阐发圣贤的道理。目下老爷口口声声叫我学这个，我又不敢违拗，你这会子还提念书呢。"黛玉道："我们女孩儿家虽然不要这个，但小时跟着你们雨村先生念书，也曾看过。内中也有近情近理的，也有清微淡远的。那时候虽不大懂，也觉得好，不可一概抹倒。况且你要取功名，这个也清贵些。"宝玉听到这里，觉得不甚入耳，因想黛玉从来不是这样人，怎么也这样势欲熏心起来。又不敢在他跟前驳回，只在鼻子眼里笑了一声。正说着，忽听外面两个人说话，却是秋纹和紫鹃。只听秋纹道："袭人姐姐叫我老太太那里接去，谁知却在这里。"紫鹃道："我们这里才沏了茶，索性让他喝了再去。"说着，二人一齐进来。宝玉和秋纹笑道："我就过去，又劳动你来找。"秋纹未及答言，只见紫鹃道："你快喝了茶去罢，人家都想了一天了。"秋纹啐道："呸，好混帐丫头。"说的大家都笑了。宝玉起身才辞了出来。黛玉送到屋门口儿，紫鹃在台阶下站着，宝玉出去，才回房里来。

却说宝玉回到怡红院中，进了屋子，只见袭人从里间迎出来，便问："回来了么？"秋纹应道："二爷早来了，在林姑娘那边来着。"宝玉道："今日有事没有？"袭人道："事却没有。方才太太叫鸳鸯姐姐来吩咐我们：如今老爷发狠叫你念书，如有丫鬟们再敢和你顽笑，都要照着晴雯、司棋的例办。我想，服侍你一场，赚了这些言语，也没什么趣儿。"说着，便伤起心来。宝玉忙道："好姐姐，你放心。

我只好生念书，太太再不说你们了。我今儿晚上还要看书，明日师父叫我讲书呢。我要使唤，横竖有麝月、秋纹呢，你歇歇去罢。”袭人道：“你要真肯念书，我们服侍你也是欢喜的。”宝玉听了，赶忙吃了晚饭，就叫点灯，把念过的“四书”翻出来，只是从何处看起？翻了一本，看去章章里头似乎明白，细按起来，却不很明白。看着小注，又看讲章，闹到梆子下来了，自己想道：“我在诗词上觉得很容易，在这个上头竟没头脑。”便坐着呆呆的呆想。袭人道：“歇歇罢，做工夫也不在这一时的。”宝玉嘴里只管胡乱答应。麝月、袭人才服侍他睡下，两个才也睡了。及至睡醒一觉，听得宝玉炕上还是翻来复去。袭人道：“你还醒着呢么？你倒别混想了，养养神明儿好念书。”宝玉道：“我也是这样想，只是睡不着。你来给我揭去一层被。”袭人道：“天气不热，别揭罢。”宝玉道：“我心里烦躁的很。”自把被窝褪下来。袭人忙爬起来按住，把手去他头上一摸，觉得微微有些发烧。袭人道：“你别动了，有些发烧了。”宝玉道：“可不是。”袭人道：“这是怎么说呢！”宝玉道：“不怕，是我心烦的原故。你别吵嚷，省得老爷知道了，必说我装病逃学，不然怎么病的这样巧。明儿好了，原到学里去就完事了。”袭人也觉得可怜，说道：“我靠着你睡罢。”便和宝玉捶了一回脊梁，不知不觉大家都睡着了。

笺证

第八十二回这一节的描写深度契合了贾宝玉的精神逻辑，所以相当出彩。宝玉在黛玉面前，精神松了套，就如此评点八股文：“更可笑的是八股文章，拿他诓功名混饭吃也罢了，还要说代圣贤立言。好些的，不过拿些经书凑搭凑搭还罢了。更有一种可笑的，肚子里原没有什么，东拉西扯，弄的牛鬼蛇神，还自以为博奥。这那里是阐发圣贤的道理。”应该说，作者赋予贾宝玉的眼光也够犀利的，他批评八股文的话，竟然可以直通鲁迅。鲁迅《二心集·对于左翼作家联盟的意见》说：“前清的八股文，原是‘进学’做官的工具，只要能做‘起承转合’，借以进了‘秀才举人’，便可丢掉八股文，一生中再也用不到它了，所以叫做‘敲门砖’，犹之用一块砖敲门，门一敲进，砖就可抛弃了，不必再将它带在身边。”[1]《且介亭杂文二集·在现代中国的孔夫子》又说：“在三四十年以前，凡有企图获得权势的人，就是希望做官的人，都是读‘四书’和‘五经’，做‘八股’，别一些人就将这些书籍和文章，统名之为‘敲门砖’。这就是说，文官考试一及第，这些东西也就同时被忘却，恰如敲门时所用的砖头一样，门一开，这砖头也就被抛掉了。”[2]所谓拿八股文“诓功名混饭吃”，就是“敲门砖”的意思。宝玉从家塾回来，贾母笑说：“好了，如今野马上了笼头了。去罢，见见你老爷，回来散散儿去罢。”宝玉散心的法子，一是立即去找黛玉；二是回怡红院，点灯念“四书”，竟不知从何处看起。翻了一本看去，章章里头似乎明白，细按起来，却不很明白。看着小注，又看讲章，闹到梆子下来了，自己想道：“我在诗词上觉得很容易，在这个上头竟没头脑。”于是只好坐着发呆。八股文与宝玉性情的矛盾，是深入骨髓的。诗词吟咏性情，宝玉于其中有点如鱼得水。八股文与诗词，在宝玉的精神逻辑上是两个世界、两个文化空间。

❶ 鲁迅：《鲁迅全集》（第四卷），人民文学出版社2005年版，第242页。

❷ 鲁迅：《鲁迅全集》（第六卷），人民文学出版社2005年版，第327—328页。

直到红日高升，方才起来。宝玉道：“不好了，晚了。”急忙梳洗毕，问了安，就往学里来了。代儒已经变着脸，说：“怪不得你老爷生气，说你没出息。第二天你就懒惰，这是什么时候才来！”宝玉把昨儿发烧的话说了一遍，方过去了，原旧念书。到了下晚，代儒道：“宝玉，有一章书你来讲讲。”宝玉过来一看，却是“后生可畏”章。宝玉心上说：“这还好，幸亏不是《学》《庸》。”问道：“怎么讲呢？”代儒道：“你把节旨句子细细儿讲来。”宝玉把这章先朗朗的念了一遍，说：“这章书是圣人勉励后生，教他及时努力，不要弄到……”说到这里，抬头向代儒一瞧。代儒觉得了，笑了一笑道：“你只管说，讲书是没有什么避忌的。《礼记》上说‘临文不讳’，只管说，‘不要弄到’什么？”宝玉道：“不要弄到老大无成。先将‘可畏’二字激发后生的志气，后把‘不足畏’二字警惕后生的将来。”说罢，看着代儒。代儒道：“也还罢了，串讲呢？”宝玉道：“圣人说，人生少时，心思才力，样样聪明能干，实在是可怕的。那里料得定他后来的日子不像我的今日。若是悠悠忽忽到了四十岁，又到五十岁，既不能够发达，这种人虽是他后生时像个有用的，到了那个时候，这一辈子就没有人怕他了。”代儒笑道：“你方才节旨讲的倒清楚，只是句子里有些孩子气。‘无闻’二字不是不能发达做官的话。‘闻’是实在自己能够明理见道，就不做官也是有‘闻’了。不然，古圣贤有遁世不见知的，岂不是不做官的人，难道也是‘无闻’么？‘不足畏’是使人料得定，方与‘焉知’的‘知’字对针，不是‘怕’的字眼。要从这里看出，方能入细。你懂得不懂得？”宝玉道：“懂得了。”代儒道：“还有一章，你也讲一讲。”代儒往前揭了一篇，指给宝玉。宝玉看是“吾未见好德如好色者也”。宝玉觉得这一章却有些刺心，便陪笑道：“这句话没有什么讲头。”代儒道：“胡说！譬如场中出了这个题目，也说没有做头么？”宝玉不得已，讲道：“是圣人看见人不肯好德，见了色便好的了不得。殊不想德是性中本有的东西，人偏都不肯好他。至于那个色呢，虽也是从先天中带来，无人不好的。但是德乃天理，色是人欲，人那里肯把天理好的像人欲似的。孔子虽是叹息的话，又是望人回转来的意思。并且见得人就有好德的好得终是浮浅，直要像色一样的好起来，那才是真好呢。”代儒道：“这也讲的罢了。我有句话问你：你既懂得圣人的话，为什么正犯着这两件病？我虽不在家中，你们老爷也不曾告诉我，其实你的毛病我却尽知的。做一个人，怎么不望长进？你这会儿正是‘后生可畏’的时候，‘有闻’‘不足畏’全在你自己做去了。我如今限你一个月，把念过的旧书全要理清，再念一个月文章。以后我要出题目叫你作文章了。如若懈怠，我是断乎不依的。自古道：‘成人不自在，自在不成人。’你好生记着我的话。”宝玉答应了，也只得天天按着功课干去。不提。

笺证

第八十二回“老学究讲义警顽心”，虽然贾代儒开讲四书义，带有村学究的迂腐味，但对他的描写也是老辣出彩、别具深意的。贾代儒以《四书》文点拨宝玉，两则文字都是《论语》中孔子的话，就像以圣人的两把利剑直刺宝玉的心窝。这两则文字，一是《论语·子罕篇》，子曰：“后生可畏，焉知来者之不如今也。四十、五十而无闻焉，斯亦不足畏也已。”朱熹《论语集注》卷五解释说：“孔子言后生年富力强，足以积学而有待，其势可畏，安知其将来不如我之今日乎？然或不能自勉，至于老而无闻，则不足畏矣。言此以警人，使及时勉学也。曾子曰，‘五十而不以善闻，则不闻矣’，盖述此意。尹氏曰：‘少而不勉，老而无闻，则亦已矣。自少而进者，安知其不至于极乎。是可畏也。’”[3]贾代儒对宝玉的解读，笑着说：“你方才节旨讲的倒清楚，只是句子里有些孩子气。‘无闻’二字不是不能发达做官的话。‘闻’是实在自己能够明理见道，就不做官也是有‘闻’了。不然，古圣贤有遁世不见知的，岂不是不做官的人，难道也是‘无闻’么？‘不足畏’是使人料得定，方与‘焉知’的‘知’字对针，不是‘怕’的字眼。要从这里看出，方能入细。你懂得不懂得？”贾代儒的批驳中说“‘无闻’二字不是不能发达做官的话。‘闻’是实在自己能够明理见道，就不做官也是有‘闻’了”，其实是为自己的不能发达做官的“无闻”，进行自我解嘲。其二，《论语·子罕篇》孔子有曰：“吾未见好德如好色者也。”《论语·卫灵公篇》孔子有曰：“已矣乎！吾未见好德如好色者也。”朱熹《论语集注》卷五解释说：“好，去声。○谢氏曰：‘好好色，恶恶臭，诚也。好德如好色，斯诚好德矣，然民鲜能之。’

[3]（宋）朱熹：《四书章句集注》，中华书局2011年版，第109页。

《史记》:'孔子居卫，灵公与夫人同车，使孔子为次乘，招摇市过之'，孔子丑之，故有是言。"[4]《论语集注》卷八又解释说:"好，去声。〇已矣乎，叹其终不得而见也。"[5]贾代儒对宝玉的解读，得出结论说:"这也讲的罢了。我有句话问你:你既懂得圣人的话，为什么正犯着这两件病？我虽不在家中，你们老爷也不曾告诉我，其实你的毛病我却尽知的。做一个人，怎么不望长进？你这会儿正是'后生可畏'的时候，'有闻''不足畏'全在你自己做去了。我如今限你一个月，把念过的旧书全要理清，再念一个月文章。以后我要出题目叫你作文章了。如若懈怠，我是断乎不依的。自古道:'成人不自在，自在不成人。'你好生记着我的话。"可见贾代儒开讲圣人之言，是针对宝玉"你的毛病我却尽知"的，颇有点理论联系实际的劲头。他最后引用"自古道:'成人不自在，自在不成人。'"，却与圣人经典无关，完全来自在他看来不登大雅之堂的杂书。永乐大典本《张协状元》第五十出有言:"自古道:成人不自在，自在不成人。"元末高明《琵琶记》第六出《丞相教女》有"休道成人不自在，须知自在不成人"之语。明代戏曲家汤显祖《牡丹亭》第五十出《闹宴》也有"成人不自在"之言。蒙学读物《名贤集》也如此教人:"将相本无种，男儿当自强。欲要夫子行，无可一日清。三千徒众立，七十二贤人。成人不自在，自在不成人。"[6]贾代儒最后用了自己看不上眼的杂书上的谚语，对于这个村学究也是一种反讽。经由宝玉与贾代儒的课堂讲解，二人的清浊不一的心坎相互映照，是值得仔细寻味的。

且说宝玉上学之后，怡红院中甚觉清净闲暇。袭人倒可做些活计，拿着针线要绣个槟榔包儿，想着如今宝玉有了功课，丫头们可也没有饥荒了。早要如此，晴雯何至弄到没有结果？兔死狐悲，不觉滴下泪来。忽又想到自己终身本不是宝玉的正配，原是偏房。宝玉的为人，却还拿得住，只怕娶了一个利害的，自己便是尤二姐、香菱的后身。素来看着贾母、王夫人光景及凤姐儿往往露出话来，自然是黛玉无疑了，那黛玉就是个多心人。想到此际，脸红心热，拿着针不知戳到那里去了，便把活计放下，走到黛玉处去探探他的口气。

黛玉正在那里看书，见是袭人，欠身让坐。袭人也连忙迎上来问："姑娘这几天身子可大好了？"黛玉道："那里能够，不过略硬朗些。你在家里做什么呢？"袭人道："如今宝二爷上了学，房中一点事儿没有，因此来瞧瞧姑娘，说说话儿。"说着，紫鹃拿茶来。袭人忙站起来道："妹妹坐着罢。"因又笑道："我前儿听见秋纹说，妹妹背地里说我们什么来着。"紫鹃也笑道："姐姐信他的话。我说宝二爷上了学，宝姑娘又隔断了，连香菱也不过来，自然是闷的。"袭人道："你还提香菱呢，这才苦呢，撞着这位太岁奶奶，难为他怎么过！"把手伸着两个指头道："说起来，比他还利害，连外头的脸面都不顾了。"黛玉接着道："他也够受了，尤二姑娘怎么死了！"袭人道："可不是。想来都是一个人，不过名分里头差些，何苦这样毒？外面名声也不好听。"黛玉从不闻袭人背地里说人，今听此话有因，便说道："这也难说。但凡家庭之事，不是东风压了西风，就是西风压了东风。"袭人道："做了旁边人，心里先怯了，那里倒敢去欺负人呢。"

说着，只见一个婆子在院里问道："这里是林姑娘的屋子么？那位姐姐在这里呢？"雪雁出来一看，模模糊糊认得是薛姨妈那边的人，便问道："作什么？"婆子道："我们姑娘打发来给这里林姑娘送东西的。"雪雁道："略等等儿。"雪雁进来回了黛玉，黛玉便叫领他进来。那婆子进来请了安，且不说送什么，只是觑着眼瞧黛玉，看的黛玉脸上倒不好意思起来，因问道："宝姑娘叫你来送什么？"婆子方笑着回道："我们姑娘叫给姑娘送了一瓶儿蜜饯荔枝来。"回头又瞧见袭人，便问道："这位姑娘不是宝二爷屋里的花姑娘么？"袭人笑道："妈妈怎么认得我？"婆子笑

❹（宋）朱熹：《四书章句集注》，中华书局2011年版，第108页。

❺（宋）朱熹：《四书章句集注》，中华书局2011年版，第154页。

❻诚举等译注：《幼学琼林》，云南大学出版社2003年版，第194页。

道："我们只在太太屋里看屋子，不大跟太太姑娘出门，所以姑娘们都不大认得。姑娘们碰着到我们那边去，我们都模糊记得。"说着，将一个瓶儿递给雪雁，又回头看看黛玉，因笑着向袭人道："怨不得我们太太说这林姑娘和你们宝二爷是一对儿，原来真是天仙似的。"袭人见他说话造次，连忙岔道："妈妈，你乏了，坐坐吃茶罢。"那婆子笑嘻嘻的道："我们那里忙呢，都张罗琴姑娘的事呢。姑娘还有两瓶荔枝，叫给宝二爷送去。"说着，颤颤巍巍告辞出去。黛玉虽恼这婆子方才冒撞，但因是宝钗使来的，也不好怎么样他。等他出了屋门，才说一声道："给你们姑娘道费心。"那老婆子还只管嘴里咕咕哝哝的说："这样好模样儿，除了宝玉，什么人擎受的起？"黛玉只装没听见。袭人笑道："怎么人到了老来，就是混说白道的，叫人听着又生气，又好笑。"一时雪雁拿过瓶子来与黛玉看。黛玉道："我懒待吃，拿了搁起去罢。"又说了一回话，袭人才去了。

一时晚妆将卸，黛玉进了套间，猛抬头看见了荔枝瓶，不禁想起日间老婆子的一番混话，甚是刺心。当此黄昏人静，千愁万绪，堆上心来。想起自己身子不牢，年纪又大了。看宝玉的光景，心里虽没别人，但是老太太、舅母又不见有半点意思。深恨父母在时，何不早定了这头婚姻。又转念一想道："倘若父母在时，别处定了婚姻，怎能够似宝玉这般人材心地，不如此时尚有可图。"心内一上一下，辗转缠绵，竟像辘轳一般。叹了一回气，掉了几点泪，无情无绪，和衣倒下。

不知不觉，只见小丫头走来说道："外面雨村贾老爷请姑娘。"黛玉道："我虽跟他读过书，却不比男学生，要见我作什么？况且他和舅舅往来，从未提起，我也不便见的。"因叫小丫头"回复身上有病不能出来，与我请安道谢就是了"，小丫头道："只怕要与姑娘道喜，南京还有人来接。"说着，又见凤姐同邢夫人、王夫人、宝钗等都来笑道："我们一来道喜，二来送行。"黛玉慌道："你们说什么话？"凤姐道："你还装什么呆，你难道不知道林姑爷升了湖北的粮道，娶了一位继母，十分合心合意。如今想着你撂在这里，不成事体，因托了贾雨村作媒，将你许了你继母的什么亲戚，还说是续弦，所以着人到这里来接你回去。大约一到家中就要过去的，都是你继母作主。怕的是道儿上没有照应，还叫你琏二哥哥送去。”说得黛玉一身冷汗。黛玉又恍惚父亲果在那里做官的样子，心上急着硬说道：“没有的事，都是凤姐姐混闹。”只见邢夫人向王夫人使个眼色儿，“他还不信呢，咱们走罢。”黛玉含着泪道：“二位舅母坐坐去。”众人不言语，都冷笑而去。黛玉此时心中干急，又说不出来，哽哽咽咽。恍惚又是和贾母在一处的似的，心中想道：“此事惟求老太太，或还可救。”于是两腿跪下去，抱着贾母的腰说道：“老太太救我，我南边是死也不去的。况且有了继母，又不是我的亲娘。我是情愿跟着老太太一块儿的。”但见老太太呆着脸儿笑道：“这个不干我事。”黛玉哭道：“老太太，这是什么事呢。”老太太道：“续弦也好，倒多一副妆奁。”黛玉哭道：“我若在老太太跟前，决不使这里分外的闲钱，只求老太太救我。”贾母道：“不中用了。做了女人，终是要出嫁的，你孩子家，不知道，在此地终非了局。”黛玉道：“我在这里情愿自己做个奴婢过活，自做自吃，也是愿意。只求老太太作主。”老太太总不言语。黛玉抱着贾母的腰哭道：“老太太，你向来最是慈悲的，又最疼我的，到了紧急的时候怎么全不管！不要说我是你的外孙女儿，是隔了一层了，我的娘是你的亲生女儿，看我娘分上，也该护庇些。”说着，撞在怀里痛哭，听见贾母道：“鸳鸯，你来送姑娘出去歇歇。我倒被他闹乏了。”黛玉情知不是路了，求去无用，不如寻个自尽，站起来往外就走。深痛自己没有亲娘，便是外祖母与舅母姊妹们，平时何等待的好，可见都是假的。又一想：“今日怎么独不见宝玉？或见一面，看他还有法儿？”便见宝玉站在面前，笑嘻嘻地说：“妹妹大喜呀。”黛玉听了这一句话，越发急了，也顾不得什么了，把宝玉紧紧拉住说：“好宝玉，我今日才知道你是个无情无义的人了！”宝玉道：“我怎么无情无义？你既有了人家儿，咱们各自干各自的了。”黛玉越听越气，越没了主意，只得拉着宝玉哭道：“好哥哥，你叫我跟了谁去？”宝玉道：“你要不去，就在这里住着。你原是许了我的，所以你才到我们这里来。我待你是怎么样的，你也想想。”黛玉恍惚又像果曾许过宝玉的，心内忽又转悲作喜，问宝玉道：“我是死活打定主意的了。你到底叫我去不去？”宝玉道：“我说叫你住下。你不信我的话，你就瞧瞧我的心。”说着，就拿着一把小刀子往胸口上一划，只见鲜血直流。黛玉吓得魂飞魄散，忙用手握着宝玉的心窝，哭道：“你怎么做出这个事来，你先来杀了我罢！”宝玉道：“不怕，我拿我的心给你瞧。”还把手在划开的地方儿乱抓。黛玉又颤又哭，又怕人撞破，抱住宝玉痛哭。宝玉道：“不好了，我的心没有了，活不得了。”说着，眼睛往上一翻，咕咚就倒了。黛玉拼命放声大哭。只听见紫鹃叫道：“姑娘，姑娘，怎么魇住了？快醒醒儿脱了衣服睡罢。”黛玉一翻身，却原来是一场噩梦。

喉间犹是哽咽，心上还是乱跳，枕头上已经湿透，肩背身心，但觉冰冷。想了一回：“父亲死得久了，与宝玉尚未放定，这是从那里说起？”又想梦中光景，无倚无靠，再真把宝玉死了，那可怎么样好。一时痛定思痛，神魂俱乱。又哭了一回，遍身微微的出了一点儿汗，扎挣起来，把外罩大袄脱了，叫紫鹃盖好了被窝，又躺下去。翻来复去，那里睡得着。只听得外面淅淅飒飒，又像风声，又像雨声。又停了一会子，又听得远远的吆呼声儿，却是紫鹃已在那里睡着，鼻息出入之声。自己扎挣着爬起来，围着被坐了一会。觉得窗缝里透进一缕凉风来，吹得寒毛直竖，便又躺下。正要朦胧睡去，听得竹枝上不知有多少家雀儿的声儿，啾啾唧唧，叫个不住。那窗上的纸，隔着屉子，渐渐的透进清光来。

黛玉此时已醒得双眸炯炯，一回儿咳嗽起来，连紫鹃都咳嗽醒了。紫鹃道：“姑娘，你还没睡着么？又咳嗽起来了，想是着了风了。这会儿窗户纸发清了，也待好亮起来了。歇歇儿罢，养养神，别尽着想长想短的了。”黛玉道：“我何尝不要睡，只是睡不着。你睡你的罢。”说了又嗽起来。紫鹃见黛玉这般光景，心中也自伤感，睡不着了。听见黛玉又嗽，连忙起来，捧着痰盒。这时天已亮了。黛玉道："你不睡了么？"紫鹃笑道："天都亮了，还睡什么呢。"黛玉道："既这样，你就把痰盒儿换了罢。"紫鹃答应着，忙出来换了一个痰盒儿，将手里的这个盒儿放在桌上，开了套间门出来，仍旧带上门，放下撒花软帘，出来叫醒雪雁。开了屋门去倒那盒子时，只见满盒子痰，痰中好些血星，唬了紫鹃一跳，不觉失声道："嗳哟，这还了得！"黛玉里面接着问是什么，紫鹃自知失言，连忙改说道："手里一滑，几乎撂了痰盒子。"黛玉道："不是盒子里的痰有了什么？"紫鹃道："没有什么。"说着这句话时，心中一酸，那眼泪直流下来，声儿早已岔了。黛玉因为喉间有些甜腥，早自疑惑，方才听见紫鹃在外边诧异，这会子又听见紫鹃说话声音带着悲惨的光景，心中觉了八九分，便叫紫鹃："进来罢，外头看凉着。"紫鹃答应了一声，这一声更比头里凄惨，竟是鼻中酸楚之音。黛玉听了，凉了半截。看紫鹃推门进来时，尚拿手帕拭眼。黛玉道："大清早起，好好的为什么哭？"紫鹃勉强笑道："谁哭来，早起起来眼睛里有些不舒服。姑娘今夜大概比往常醒的时候更大罢，我听见咳嗽了大半夜。"黛玉道："可不是，越要睡，越睡不着。"紫鹃道："姑娘身上不大好，依我说，还得自己开解着些。身子是根本，俗语说的，'留得青山在，依旧有柴烧。'况这里自老太太、太太起，那个不疼姑娘。"只这一句话，又勾起黛玉的梦来。觉得心头一撞，眼中一黑，神色俱变，紫鹃连忙端着痰盒，雪雁捶着脊梁，半日才吐出一口痰来。痰中一缕紫血，簌簌乱跳。紫鹃雪雁脸都唬黄了。两个旁边守着，黛玉便昏昏躺下。紫鹃看着不好，连忙努嘴叫雪雁叫人去。

雪雁才出屋门，只见翠缕、翠墨两个人笑嘻嘻的走来。翠缕便道："林姑娘怎么这早晚还不出门？我们姑娘和三姑娘都在四姑娘屋里讲究四姑娘画的那张园子景儿呢。”雪雁连忙摆手儿，翠缕、翠墨二人倒都吓了一跳，说：“这是什么原故？”雪雁将方才的事，一一告诉他二人。二人都吐了吐舌头儿说：“这可不是顽的！你们怎么不告诉老太太去？这还了得！你们怎么这么糊涂。”雪雁道：“我这里才要去，你们就来了。”正说着，只听紫鹃叫道：“谁在外头说话？姑娘问呢。”三个人连忙一齐进来。翠缕、翠墨见黛玉盖着被躺在床上，见了他二人便说道：“谁告诉你们了？你们这样大惊小怪的。”翠墨道：“我们姑娘和云姑娘才都在四姑娘屋里讲究四姑娘画的那张园子图儿，叫我们来请姑娘来，不知姑娘身上又欠安了。”黛玉道：“也不是什么大病，不过觉得身子略软些，躺躺儿就起来了。你们回去告诉三姑娘和云姑娘，饭后若无事，倒是请他们来这里坐坐罢。宝二爷没到你们那边去？”二人答道：“没有。”翠墨又道：“宝二爷这两天上了学了，老爷天天要查功课，那里还能像从前那么乱跑呢。”黛玉听了，默然不言。二人又略站了一回，都悄悄的退出来了。

且说探春、湘云正在惜春那边论评惜春所画大观园图，说这个多一点，那个少一点，这个太疏，那个太密。大家又议着题诗，着人去请黛玉商议。正说着，忽见翠缕、翠墨二人回来，神色匆忙。湘云便先问道：“林姑娘怎么不来？”翠缕道：“林姑娘昨日夜里又犯了病了，咳嗽了一夜。我们听见雪雁说，吐了一盒子痰血。”探春听了诧异道：“这话真么？”翠缕道：“怎么不真。”翠墨道：“我们刚才进去去瞧了瞧，颜色不成颜色，说话儿的气力儿都微了。”湘云道：“不好的这么着，怎么还能说话呢。”探春道：“怎么你这么糊涂，不能说话不是已经……”说到这里却咽住了。惜春道：“林姐姐那样一个聪明人，我看他总有些瞧不破，一点半点儿都要认起真来。天下事那里有多少真的呢。”探春道：“既这么着，咱们都过去看看。倘若病的利害，咱们好过去告诉大嫂子回老太太，传大夫进来瞧瞧，也得个主意。”湘云道：“正是这样。”惜春道：“姐姐们先去，我回来再过去。”

于是探春、湘云扶了小丫头，都到潇湘馆来。进入房中，黛玉见他二人，不免又伤心起来。因又转念想起梦中，连老太太尚且如此，何况他们。况且我不请他们，他们还不来呢。心里虽是如此，脸上却碍不过去，只得勉强令紫鹃扶起，口中让坐。探春、湘云都坐在床沿上，一头一个。看了黛玉这般光景，也自伤感。探春便道："姐姐怎么身上又不舒服了？"黛玉道："也没什么要紧，只是身子软得很。"紫鹃在黛玉身后偷偷的用手指那痰盒儿。湘云到底年轻，性情又兼直爽，伸手便把痰盒拿起来看。不看则已，看了唬的惊疑不止，说："这是姐姐吐的？这还了得！"初时黛玉昏昏沉沉，吐了也没细看，此时见湘云这么说，回头看时，自己早已灰了一半。探春见湘云冒失，连忙解说道："这不过是肺火上炎，带出一半点来，也是常事。偏是云丫头，不拘什么，就这样蝎蝎螫螫的。"湘云红了脸，自悔失言。探春见黛玉精神短少，似有烦倦之意，连忙起身说道："姐姐静静的养养神罢，我们回来再瞧你。"黛玉道："累你二位惦着。"探春又嘱咐紫鹃好生留神服侍姑娘，紫鹃答应着。探春才要走，只听外面一个人嚷起来。未知是谁，下回分解。

笺证

第八十二回后半"病潇湘痴魂惊噩梦"，把林黛玉的深层心理借梦魇写出来，疑虑重重，颠倒错综。线头远远抛出，从袭人的疑虑写起。宝玉到家塾从贾代儒学习《四书》、八股文，就腾出了袭人、黛玉反思自己命运的空间。袭人拿起针线绣槟榔包儿，想到自己终身本不是宝玉的正配，原是偏房。宝玉的为人，却还拿得住，只怕娶了一个利害的，自己便是尤二姐、香菱的后身。素来看着贾母、王夫人光景及凤姐儿往往露出话来，正配自然是黛玉无疑了，那黛玉就是个多心人。就放下活计，走到黛玉处探口风。黛玉听袭人唠叨凤姐逼死尤二姐、夏金桂折磨香菱，从不闻袭人背地里说人，今听此话有因，就说："这也难说。但凡家庭之事，不是东风压了西风，就是西风压了东风。"这里的东风西风论，本是黛玉由家庭之事而发，但后来被领袖人物应用来分析国际局势，就变得十分有名了。袭人听了黛玉的东风西风论，心中当然不自在。未及表露，此时，又有薛宝钗派婆子给林黛玉送蜜饯荔枝，看着黛玉笑说："怨不得我们太太说这林姑娘和你们宝二爷是一对儿，原来真是天仙似的。"到了晚间，黛玉想起日间宝钗派来的老婆子的一番混话，甚是刺心。当此黄昏人静，千愁万绪，堆上心来。昏沉沉地做了一场噩梦，梦见凤姐同邢夫人、王夫人、宝钗等都来向她道喜送行，说她父亲林姑爷升了湖北的粮道，娶了一位继母，托了贾雨村作媒，许了继母的什么亲戚做续弦，派人来接她回去。黛玉哽哽咽咽跪求贾母留下她来，但贾母呆着脸儿笑说："这个不干我事。""续弦也好，倒多一副妆奁。"黛玉哭着想寻个自尽，却遇见宝玉站在面前，笑嘻嘻地说："妹妹大喜呀。"黛玉痛斥道："好宝玉，我今日才知道你是个无情无义的人了！"宝玉说："我说叫你住下。你不信我的话，你就瞧瞧我的心。"说着，就拿小刀往胸口上一划，要拿心来给她瞧。可是在划开的胸中乱抓一番，叹息说："不好了，我的心没有了，活不得了。"就眼睛往上一翻，咕咚一声倒地。黛玉左右投告无门，宝玉抉心示诚，都是黛玉对生存环境和心灵安置的揪心裂肺的根本心事，借此梦境在潜意识的泛起，算是表现得淋漓尽致了。黛玉由于梦境揪心裂肺，梦醒后，咳出痰来带着好些血星。梦境如此书写略嫌坐实，但梦中释放出来的疑惑，遍及贾母、凤姐、王夫人、宝玉，令人联想到《红楼梦》第二十七回中林黛玉的《葬花辞》："一年三百六十日，风刀霜剑严相逼。明媚鲜妍能几时，一朝飘泊难寻觅。"绛珠还泪注定的命运，有缘无分，陷入没完没了的缘与分的精神焦虑和折磨，随着心病加深，焦虑折磨愈益沉重，压得柔弱的病躯不胜负荷。这就从梦魇通向了吁天情结。

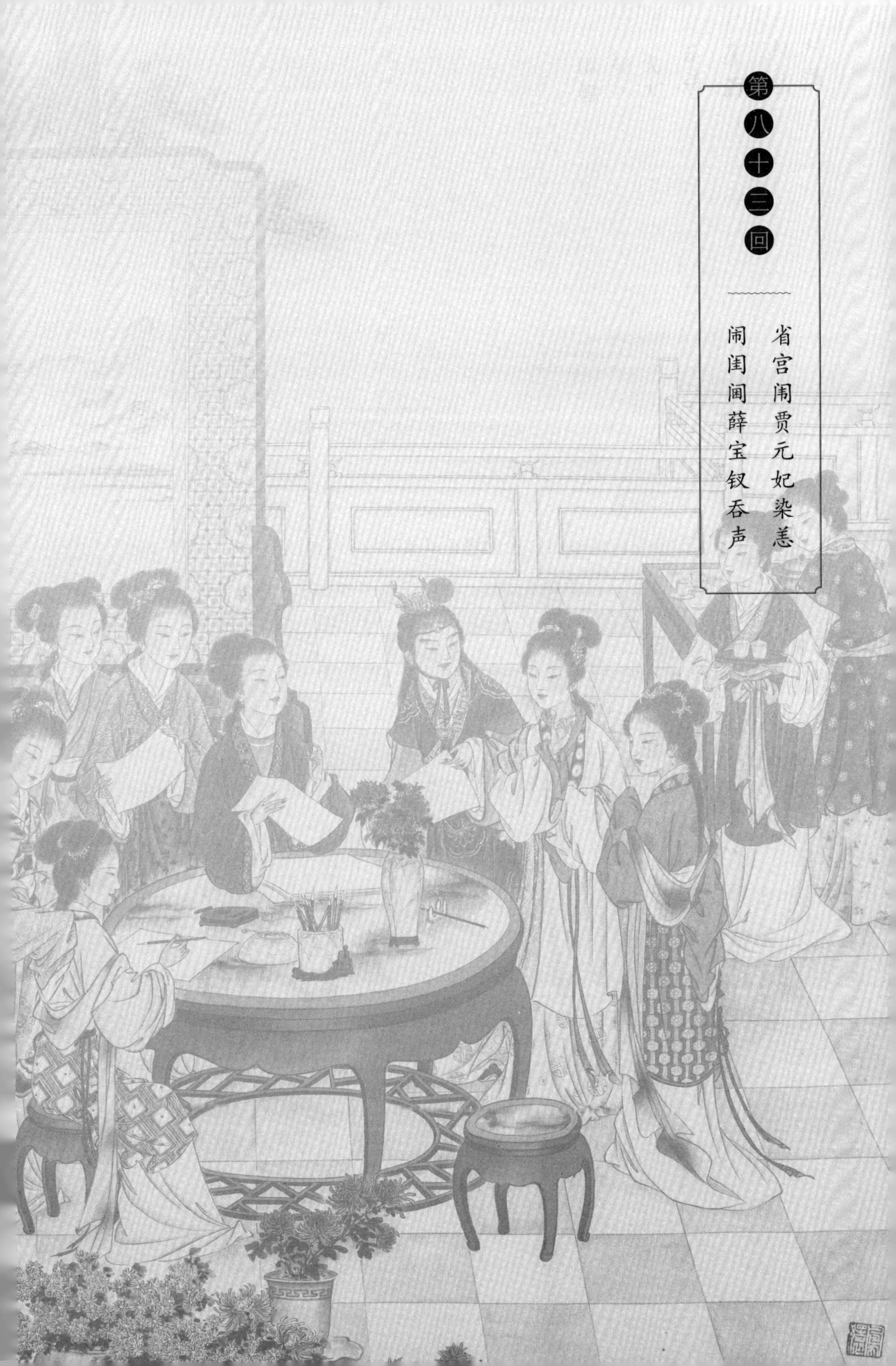
第八十三回
省宫闱贾元妃染恙
闹闺阃薛宝钗吞声

话说探春、湘云才要走时，忽听外面一个人嚷道："你这不成人的小蹄子！你是个什么东西，来这园子里头混搅！"黛玉听了，大叫一声道："这里住不得了。"一手指着窗外，两眼反插上去。原来黛玉住在大观园中，虽靠着贾母疼爱，然在别人身上，凡事终是寸步留心。听见窗外老婆子这样骂着，在别人呢，一句是贴不上的，竟像专骂着自己的。自思一个千金小姐，只因没了爹娘，不知何人指使这老婆子来这般辱骂，那里委屈得来，因此肝肠崩裂，哭晕去了。紫鹃只是哭叫："姑娘怎么样了，快醒转来罢。"探春也叫了一回。半晌，黛玉回过这口气，还说不出话来，那只手仍向窗外指着。

探春会意，开门出去，看见老婆子手中拿着拐棍赶着一个不干不净的毛丫头道："我是为照管这园中的花果树木来到这里，你作什么来了？等我家去打你一个知道。"这丫头扭着头，把一个指头探在嘴里，瞅着老婆子笑。探春骂道："你们这些人如今越发没了王法了，这里是你骂人的地方儿吗！"老婆子见是探春，连忙陪着笑脸儿说道："刚才是我的外孙女儿，看见我来了他就跟了来。我怕他闹，所以才吆喝他回去，那里敢在这里骂人呢。"探春道："不用多说了，快给我都出去。这里林姑娘身上不大好，还不快去么。"老婆子答应了几个"是"，说着一扭身去了。那丫头也就跑了。

探春回来，看见湘云拉着黛玉的手只管哭，紫鹃一手抱着黛玉，一手给黛玉揉胸口，黛玉的眼睛方渐渐的转过来了。探春笑道："想是听见老婆子的话，你疑了心了么？”黛玉只摇摇头儿。探春道：“他是骂他外孙女儿，我才刚也听见了。这种东西说话再没有一点道理的，他们懂得什么避讳？”黛玉听了点点头儿，拉着探春的手道：“妹妹……”叫了一声，又不言语了。探春又道：“你别心烦。我来看你是姊妹们应该的，你又少人服侍。只要你安心肯吃药，心上把喜欢事儿想想，能够一天一天的硬朗起来，大家依旧结社做诗，岂不好呢。”湘云道：“可是三姐姐说的，那么着不乐？”黛玉哽咽道：“你们只顾要我喜欢，可怜我那里赶得上这日子，只怕不能够了！”探春道：“你这话说的太过了。谁没个病儿灾儿的，那里就想到这里来了。你好生歇歇儿罢，我们到老太太那边，回来再看你。你要什么东西，只管叫紫鹃告诉我。”黛玉流泪道：“好妹妹，你到老太太那里只说我请安，身上略有点不好，不是什么大病，也不用老太太烦心的。”探春答应道：“我知道，你只管养着罢。”说着，才同湘云出去了。

这里紫鹃扶着黛玉躺在床上，地下诸事，自有雪雁照料，自己只守着旁边，看着黛玉，又是心酸，又不敢哭泣。那黛玉闭着眼躺了半晌，那里睡得着？觉得园里头平日只见寂寞，如今躺在床上，偏听得风声，虫鸣声，鸟语声，人走的脚步声，又像远远的孩子们啼哭声，一阵一阵的聒噪的烦躁起来，因叫紫鹃放下帐子来。雪雁捧了一碗燕窝汤递与紫鹃，紫鹃隔着帐子轻轻问道：“姑娘喝一口汤罢。”黛玉微微应了一声。紫鹃复将汤递给雪雁，自己上来搀扶黛玉坐起，然后接过汤来，搁在唇边试了一试，一手搂着黛玉肩臂，一手端着汤送到唇边。黛玉微微睁眼喝了两三口，便摇摇头儿不喝了。紫鹃仍将碗递给雪雁，轻轻扶黛玉睡下。

静了一时，略觉安顿。只听窗外悄悄问道：“紫鹃妹妹在家么？”雪雁连忙出来，见是袭人，因悄悄说道：“姐姐屋里坐着。”袭人也便悄悄问道：“姑娘怎么着？”一面走，一面雪雁告诉夜间及方才之事。袭人听了这话，也唬怔了，因说道：“怪道刚才翠缕到我们那边，说你们姑娘病了，唬的宝二爷连忙打发我来看看是怎么样。”正说着，只见紫鹃从里间掀起帘子望外看，见袭人，点头儿叫他。袭人轻轻走过来问道：“姑娘睡着了吗？”紫鹃点点头儿，问道：“姐姐才听见说了？”袭人也点点头儿，蹙着眉道：“终久怎么样好呢！那一位昨夜也把我唬了个半死儿。”紫鹃忙问怎么了，袭人道：“昨日晚上睡觉还是好好儿的，谁知半夜里一叠连声的嚷起心疼来，嘴里胡说白道，只说好像刀子割了去的似的。直闹到打亮梆子以后才好些了。你说唬人不唬人。今日不能上学，还要请大夫来吃药呢。”正说着，只听黛玉在帐子里又咳嗽起来。紫鹃连忙过来捧痰盒儿接痰。黛玉微微睁眼问道：“你和谁说话呢？”紫鹃道：“袭人姐姐来瞧姑娘来了。”说着，袭人已走到床前。黛玉命紫鹃扶起，一手指着床边，让袭人坐下。袭人侧身坐了，连忙陪着笑劝道：“姑娘倒还是躺着罢。”黛玉道：“不妨，你们快别这样大惊小怪的。刚才是说谁半夜里心疼起来？”袭人道：“是宝二爷偶然魇住了，不是认真怎么样。”黛玉会意，知道是袭人怕自己又悬心的原故，又感激，又伤心。因趁势问道：“既是魇住了，不听见他还说什么？”袭人道：“也没说什么。”黛玉点点头儿，迟了半日，叹了一声，才说道：“你们别告诉宝二爷说我不好，看耽搁了他的工夫，又叫老爷生气。”袭人答应了，又劝道：“姑娘还是躺躺歇歇罢。”黛玉点头，命紫鹃扶着歪下。袭人不免坐在旁边，又宽慰了几句，然后告辞，回到怡红院，只说黛玉身上略觉不受用，也没什么大病，宝玉才放了心。

笺证

《红楼梦》在八十二回和八十三回之间，用了精神感应或心灵感应的叙事方法，加深对人物的心理描写。它描写了一种超感觉知觉的形式，属于以心理学为基础的心灵学（Parapsychology）范畴，两人之间由于长期耳鬓厮磨、耳濡目染，达成某种心灵默契，不需透过任何感官或其他管道来交换讯息，就可以直接意念相通，精神契合。由于形为神的凭据，心为形的主导，精神形三者具有层层互感互应的有机关系，及所谓“精神意气潜移默运”。人的生理感官机制产生视觉、听觉、嗅觉、味觉和肤觉这五大感觉，各自都有相应的生理器官。超感知觉无须来自感觉器官的刺激或借感觉器官为中介而知觉外界事物，俗称第六感觉。第六感觉是一种神秘的感觉，不同的人会有程度不同的超感觉的感知性。方才写到黛玉梦境中遇见宝玉拿小刀往胸口上一划，要拿心来给黛玉瞧。可是在划开的胸中乱抓一番，叹息说：“不好了，我的心没有了，活不得了。”就眼睛往上一翻，咕咚一声倒地。而次日袭人来到潇湘馆对紫鹃说，宝玉昨夜把她唬了个半死，原来是：“昨日晚上睡觉还是好好儿的，谁知半夜里（宝玉）一叠连声的嚷起心疼来，嘴里胡说白道，只说好像刀子割了去的似的。直闹到打亮梆子以后才好些了。”以刀剜心的情节，同时出现在黛玉、宝玉的梦境中，这就是以心理学为基础的心灵学中一种超感觉知觉的形式，是宝玉、黛玉长期形成的相互默契、却又解不开的心理情结。《红楼梦》在这里以心理学、心灵学表达冥冥中的天人之学，它给人许多联想，联想中却牵系着玄幻色彩。

且说探春湘云出了潇湘馆，一路往贾母这边来。探春因嘱咐湘云道：“妹妹，回来见了老太太，别像刚才那样冒冒失失的了。”湘云点头笑道：“知道了，我头里是叫他唬的忘了神了。”说着，已到贾母那边。探春因提起黛玉的病来。贾母听了自是心烦，因说道：“偏是这两个玉儿多病多灾的。林丫头一来二去的大了，他这个身子也要紧。我看那孩子太是个心细。”众人也不敢答言。贾母便向鸳鸯道：“你告诉他们，明儿大夫来瞧了宝玉，就叫他到林姑娘那屋里去。”鸳鸯答应着，出来告诉了婆子们，婆子们自去传话。这里探春、湘云就跟着贾母吃了晚饭，然后同回园中去。不提。

到了次日，大夫来了，瞧了宝玉，不过说饮食不调，着了点儿风邪，没大要紧，疏散疏散就好了。这里王夫人、凤姐等一面遣人拿了方子回贾母，一面使人到潇湘馆告诉说大夫就过来。紫鹃答应了，连忙给黛玉盖好被窝，放下帐子。雪雁赶着收拾房里的东西。一时贾琏陪着大夫进来了，便说道：“这位老爷是常来的，姑娘们不用回避。”老婆子打起帘子，贾琏让着进入房中坐下。贾琏道：“紫鹃姐姐，你先把姑娘的病势向王老爷说说。”王大夫道：“且慢说，等我诊了脉，听我说了看是对不对，若有不合的地方，姑娘们再告诉我。”紫鹃便向帐中扶出黛玉的一只手来，搁在迎手上。紫鹃又把镯子连袖子轻轻的搂起，不叫压住了脉息。那王大夫诊了好一回儿，又换那只手也诊了，便同贾琏出来，到外间屋里坐下，说道：“六脉皆弦，因平日郁结所致。”说着，紫鹃也出来站在里间门口。那王大夫便向紫鹃道：“这病时常应得头晕，减饮食，多梦，每到五更，必醒个几次。即日间听见不干自己的事，也必要动气，且多疑多惧。不知者疑为性情乖诞，其实因肝阴亏损，心气衰耗，都是这个病在那里作怪，不知是否？”紫鹃点点头儿，向贾琏道：“说的很是。”王太医道：“既这样就是了。”说毕起身，同贾琏往外书房去开方子。小厮们早已预备下一张梅红单帖，王太医吃了茶，因提笔先写道：

六脉弦迟，素由积郁。左寸无力，心气已衰。关脉独洪，肝邪偏旺。木气不能疏达，势必上侵脾土，饮食无味，甚至胜所不胜，肺金定受其殃。气不流精，凝而为痰。血随气涌，自然咳吐。理宜疏肝保肺，涵养心脾。虽有补剂，未可骤施。姑拟黑逍遥以开其先，复用归肺固金以继其后。不揣固陋，俟高明裁服。

又将七味药与引子写了。贾琏拿来看时，问道：“血势上冲，柴胡使得么？”王大夫笑道：“二爷但知柴胡是升提之品，为吐衄所忌。岂知用鳖血拌炒，非柴胡不足宣少阳甲胆之气。以鳖血制之，使其不致升提，且能培养肝阴，制遏邪火。所以《内经》说：‘通因通用，塞因塞用。’柴胡用鳖血拌炒，正是‘假周勃以安刘’的法子。”贾琏点头道：“原来是这么着，这就是了。”王大夫又道：“先请服两剂，再加减或再换方子罢。我还有一点小事，不能久坐，容日再来请安。”说着，贾琏送了出来，说道：“舍弟的药就是那么着了？”王大夫道：“宝二爷倒没什么大病，大约再吃一剂就好了。”说着，上车而去。

笺证

《红楼梦》对中医甚有好感，中医之道合于天人之道。第八十三回请王大夫给林黛玉看病，贾琏道：“紫鹃姐姐，你先把姑娘的病势向王老爷说说。”王大夫道：“且慢说，等我诊了脉，听我说了看是对不对，若有不合的地方，姑娘们再告诉我。”对高明医生这种诊病方法的描述，与第十回“张太医论病细穷源”相仿佛，那是描写宁府请张太医为秦可卿看病，贾蓉说：“请先生坐下，让我把贱内的病症说一说再看脉如何？”张太医说：“依小弟的意思，竟先看过脉再说的为是。……如今看了脉息，看小弟说的是不是，再将这些日子的病势讲一讲，大家斟酌一个方儿，可用不可用，那时大爷再定夺。”这就是说，第八十三回的这种描写，有模仿前八十回之嫌，模仿而没有翻出新套数。

这里贾琏一面叫人抓药，一面回到房中告诉凤姐黛玉的病原与大夫用的药，述了一遍。只见周瑞家的走来回了几件没要紧的事，贾琏听到一半，便说道：“你回二奶奶罢，我还有事呢。”说着就走了。周瑞家的回完了这件事，又说道："我方才到林姑娘那边，看他那个病，竟是不好呢。脸上一点血色也没有，摸了摸身上，只剩得一把骨头。问问他，也没有话说，只是淌眼泪。回来紫鹃告诉我说：'姑娘现在病着，要什么自己又不肯要，我打算要问二奶奶那里支用一两个月的月钱。如今吃药虽是公中的，零用也得几个钱。'我答应了他，替他来回奶奶。"凤姐低了半日头，说道："竟这么着罢：我送他几两银子使罢，也不用告诉林姑娘。这月钱却是不好支的，一个人开了例，要是都支起来，那如何使得呢。你不记得赵姨娘和三姑娘拌嘴了，也无非为的是月钱。况且近来你也知道，出去的多，进来的少，总绕不过弯儿来。不知道的，还说我打算的不好，更有那一种嚼舌根的，说我搬运到娘家去了。周嫂子，你倒是那里经手的人，这个自然还知道些。"周瑞家的道："真正委屈死人！这样大门头儿，除了奶奶这样心计儿当家罢了。别说是女人当不来，就是三头六臂的男人，还撑不住呢。还说这些个混帐话。"说着，又笑了一声，道："奶奶还没听见呢，外头的人还更糊涂呢。前儿周瑞回家来，说起外头的人打谅着咱们府里不知怎么样有钱呢。也有说'贾府里的银库几间，金库几间，使的家伙都是金子镶了玉石嵌了的'。也有说'姑娘做了王妃，自然皇上家的东西分的了一半子给娘家。前儿贵妃娘娘省亲回来，我们还亲见他带了几车金银回来，所以家里收拾摆设的水晶宫似的。那日在庙里还愿，花了几万银子，只算得牛身上拔了一根毛罢咧'。有人还说'他门前的狮子只怕还是玉石的呢。园子里还有金麒麟，叫人偷了一个去，如今剩下一个了。家里的奶奶姑娘不用说，就是屋里使唤的姑娘们，也是一点儿不动，喝酒下棋，弹琴画画，横竖有服侍的人呢。单管穿罗罩纱，吃的戴的，都是人家不认得的。那些哥儿姐儿们更不用说了，要天上的月亮，也有人去拿下来给他顽'。还有歌儿呢，说是'宁国府，荣国府，金银财宝如粪土。吃不穷，穿不穷，算来……'"说到这里，猛然咽住。原来那时歌儿说道是"算来总是一场空"。这周瑞家的说溜了嘴，说到这里，忽然想起这话不好，因咽住了。凤姐儿听了，已明白必是句不好的话了。也不便追问，因说道："那都没要紧。只是这金麒麟的话从何而来？"周瑞家的笑道："就是那庙里的老道士送给宝二爷的小金麒麟儿。后来丢了几天，亏了史姑娘捡着还了他，外头就造出这个谣言来了。奶奶说这些人可笑不可笑？”凤姐道：“这些话倒不是可笑，倒是可怕的。咱们一日难似一日，外面还是这么讲究。俗语儿说的，‘人怕出名猪怕壮’，况且又是个虚名儿，终久还不知怎么样呢！”周瑞家的道：“奶奶虑的也是。只是满城里茶坊酒铺儿以及各胡同儿都是这样说，并且不是一年了，那里握的住众人的嘴。”凤姐点点头儿，因叫平儿称了几两银子，递给周瑞家的，道：“你先拿去交给紫鹃，只说我给他添补买东西的。若要官中的，只管要去，别提这月钱的话。他也是个伶透人，自然明白我的话。我得了空儿，就去瞧姑娘去。”周瑞家的接了银子，答应着自去。不提。

笺证

《红楼梦》有一条潜伏性的主线，就是贾府衰落气息愈益浓重。这条主线时隐时现，推进着贵族世家和大观园儿女的命运愈益趋于苍凉。第八十三回王夫人的陪房周瑞家的对凤姐说：“奶奶还没听见呢，外头的人还更糊涂呢。前儿周瑞回家来，说起外头的人打谅着咱们府里不知怎么样有钱呢。也有说‘贾府里的银库几间，金库几间，使的家伙都是金子镶了玉石嵌了的’。也有说‘姑娘做了王妃，自然皇上家的东西分的了一半子给娘家。前儿贵妃娘娘省亲回来，我们还亲见他带了几车金银回来，所以家里收拾摆设的水晶宫似的。那日在庙里还愿，花了几万银子，只算得牛身上拔了一根毛罢咧’。有人还说‘他门前的狮子只怕还是玉石的呢。园子里还有金麒麟，叫人偷了一个去，如今剩下一个了。家里的奶奶姑娘不用说，就是屋里使唤的姑娘们，也是一点儿不动，喝酒下棋，弹琴画画，横竖有服侍的人呢。单管穿罗罩纱，吃的戴的，都是人家不认得的。那些哥儿姐儿们更不用说了，要天上的月亮，也有人去拿下来给他顽’。还有歌儿呢，说是‘宁国府，荣国府，金银财宝如粪土。吃不穷，穿不穷，算来……’”说到这里，猛然咽住。原来那时歌儿说道是“算来总是一场空”。这周瑞家的说溜了嘴，说到这里，忽然想起这话不好，因咽住了。周瑞家的复述的这番话，是社会上的仇富心理利用信息黑市捕风捉影，制造和添油加醋渲染出来的谣言。谣言中未被说出来的“算来总是一场空”半句，其实才是谣言及歌儿的神髓所在。凤姐接着说：“这些话倒不是可笑，倒是可怕的。咱们一日难似一日，外面还是这么讲究。俗语儿说的，‘人怕出名猪怕壮’，况且又是个虚名儿，终久还不知怎么样呢！”潜伏主线在这里露头，预示着大厦将倾的悲剧结局。猪壮了就该宰了，人一出名就容易招来枪打出头鸟。“虚名”无实，显显赫赫之处隐藏着栖栖遑遑的危机，就连鲁迅《花边文学·趋时和复古》中都引用了“人怕出名猪怕壮”，接着说：“但是，晦气也夹屁股跟到。”

且说贾琏走到外面，只见一个小厮迎上来回道：“大老爷叫二爷说话呢。”贾琏急忙过来，见了贾赦。贾赦道：“方才风闻宫里头传了一个太医院御医、两个吏目去看病，想来不是宫女儿下人了。这几天娘娘宫里有什么信儿没有？”贾琏道：“没有。”贾赦道：“你去问问二老爷和你珍大哥。不然，还该叫人去到太医院里打听打听才是。”贾琏答应了，一面吩咐人往太医院去，一面连忙去见贾政、贾珍。贾政听了这话，因问道：“是那里来的风声？”贾琏道：“是大老爷才说的。”贾政道：“你索性和你珍大哥到里头打听打听。”贾琏道：“我已经打发人往太医院打听去了。”一面说着，一面退出来，去找贾珍。只见贾珍迎面来了，贾琏忙告诉贾珍。贾珍道：“我正为也听见这话，来回大老爷、二老爷去的。”于是两个人同着来见贾政。贾政道：“如系元妃，少不得终有信的。”说着，贾赦也过来了。

到了晌午，打听的人尚未回来。门上人进来，回说：“有两个内相在外要见二位老爷呢。”贾赦道：“请进来。”门上的人领了老公进来。贾赦、贾政迎至二门外，先请了娘娘的安，一面同着进来，走至厅上让了坐。老公道："前日这里贵妃娘娘有些欠安。昨日奉过旨意，宣召亲丁四人进里头探问。许各带丫头一人，馀皆不用。亲丁男人只许在宫门外递个职名，请安听信，不得擅入。准于明日辰巳时进去，申酉时出来。"贾政、贾赦等站着听了旨意，复又坐下，让老公吃茶毕，老公辞了出去。

贾赦、贾政送出大门，回来先禀贾母。贾母道："亲丁四人，自然是我和你们两位太太了。那一个人呢？"众人也不敢答言，贾母想了一想，道："必得是凤姐儿，他诸事有照应。你们爷儿们各自商量去罢。"贾赦、贾政答应了出来，因派了贾琏、贾蓉看家外，凡文字辈至草字辈一应都去。遂吩咐家人预备四乘绿轿，十馀辆大车，明儿黎明伺候。家人答应去了。贾赦、贾政又进去回明老太太，辰巳时进去，申酉时出来，今日早些歇歇，明日好早些起来收拾进宫。贾母道："我知道，你们去罢。"赦、政等退出。这里邢夫人、王夫人、凤姐儿也都说了一会子元妃的病，又说了些闲话，才各自散了。

次日黎明，各间屋子丫头们将灯火俱已点齐，太太们各梳洗毕，爷们亦各整顿好了。一到卯初，林之孝和赖大进来，至二门口回道："轿车俱已齐备，在门外伺候着呢。"不一时，贾赦、邢夫人也过来了。大家用了早饭，凤姐先扶老太太出来，众人围随，各带使女一人，缓缓前行。又命李贵等二人先骑马去外宫门接应，自己家眷随后。文字辈至草字辈各自登车骑马，跟着众家人，一齐去了。贾琏、贾蓉在家中看家。

且说贾家的车辆轿马俱在外西垣门口歇下等着。一回儿，有两个内监出来说："贾府省亲的太太奶奶们，着令入宫探问。爷们俱着令内宫门外请安，不得入见。"门上人叫快进去。贾府中四乘轿子跟着小内监前行，贾家爷们在轿后步行跟着，令众家人在外等候。走近宫门口，只见几个老公在门上坐着，见他们来了，便站起来说道："贾府爷们至此。"贾赦、贾政便捱次立定。轿子抬至宫门口，便都出了轿。早有几个小内监引路，贾母等各有丫头扶着步行。走至元妃寝宫，只见奎壁辉煌，琉璃照耀。又有两个小宫女儿传谕道："只用请安，一概仪注都免。"贾母等谢了恩，来至床前请安毕，元妃都赐了坐。贾母等又告了坐。元妃便向贾母道："近日身上可好？"贾母扶着小丫头，颤颤巍巍站起来，答应道："托娘娘洪福，起居尚健。"元妃又向邢夫人、王夫人问了好，邢、王二夫人站着回了话。元妃又问凤姐家中过的日子若何，凤姐站起来回奏道："尚可支持。"元妃道："这几年来难为你操心。"凤姐正要站起来回奏，只见一个宫女传进许多职名，请娘娘龙目。元妃看时，就是贾赦、贾政等若干人。那元妃看了职名，眼圈儿一红，止不住流下泪来。宫女儿递过绢子，元妃一面拭泪，一面传谕道："今日稍安，令他们外面暂歇。"贾母等站起来，又谢了恩。元妃含泪道："父女弟兄，反不如小家子得以常常亲近。"贾母等都忍着泪道："娘娘不用悲伤，家中已托着娘娘的福多了。"元妃又问："宝玉近来若何？"贾母道："近来颇肯念书，因他父亲逼得严紧，如今文字也都做上来了。"元妃道："这样才好。"遂命外宫赐宴，便有两个宫女儿、四个小太监引了到一座宫里，已摆得齐整，各按坐次坐了。不必细述。一时吃完了饭，贾母带着他婆媳三人谢过宴，又耽搁了一回。看看已近酉初，不敢羁留，俱各辞了出来。元妃命宫女儿引道，送至内宫门，门外仍是四个小太监送出。贾母等依旧坐着轿子出来，贾赦接着，大伙儿一齐回去。到家又要安排明后日进宫，仍令照应齐集。不题。

且说薛家夏金桂赶了薛蟠出去，日间拌嘴没有对头，秋菱又住在宝钗那边去了，只剩得宝蟾一人同住。既给与薛蟠作妾，宝蟾的意气又不比从前了。金桂看去更是一个对头，自己也后悔不来。一日，吃了几杯闷酒，躺在炕上，便要借那宝蟾做个醒酒汤儿，因问着宝蟾道："大爷前日出门，到底是到那里去？你自然是知道的了。"宝蟾道："我那里知道。他在奶奶跟前还不说，谁知道他那些事！"金桂冷笑道："如今还有什么奶奶太太的，都是你们的世界了。别人是惹不得的，有人护庇着，我也不敢去虎头上捉虱子。你还是我的丫头，问你一句话，你就和我摔脸子，说塞话。你既这么有势力，为什么不把我勒死了，你和秋菱不拘谁做了奶奶，那不清净了么！偏我又不死，碍着你们的道儿。”宝蟾听了这话，那里受得住，便眼睛直直的瞅着金桂道：“奶奶这些闲话只好说给别人听去！我并没和奶奶说什么。奶奶不敢惹人家，何苦来拿着我们小软儿出气呢。正经的，奶奶又装听不见，‘没事人一大堆’了。”说着，便哭天哭地起来。金桂越发性起，便爬下炕来，要打宝蟾。宝蟾也是夏家的风气，半点儿不让。金桂将桌椅杯盏，尽行打翻，那宝蟾只管喊冤叫屈，那里理会他半点儿。

岂知薛姨妈在宝钗房中听见如此吵嚷，叫香菱：“你去瞧瞧，且劝劝他。”宝钗道：“使不得，妈妈别叫他去。他去了岂能劝他，那更是火上浇了油了。”薛姨妈道：“既这么样，我自己过去。”宝钗道：“依我说妈妈也不用去，由着他们闹去罢。这也是没法儿的事了。”薛姨妈道：“这那里还了得！”说着，自己扶了丫头，往金桂这边来。宝钗只得也跟着过去，又嘱咐香菱道：“你在这里罢。”

母女同至金桂房门口，听见里头正还嚷哭不止。薛姨妈道：“你们是怎么着，又这样家翻宅乱起来，这还像个人家儿吗！矮墙浅屋的，难道都不怕亲戚们听见笑话了么。”金桂屋里接声道：“我倒怕人笑话呢！只是这里扫帚颠倒竖，也没有主子，也没有奴才，也没有妻，没有妾，是个混帐世界了。我们夏家门子里没见过这样规矩，实在受不得你们家这样委屈了！”宝钗道：“大嫂子，妈妈因听见闹得慌，才过来的。就是问的急了些，没有分清‘奶奶’‘宝蟾’两字，也没有什么。如今且先把事情说开，大家和和气气的过日子，也省的妈妈天天为咱们操心。”那薛姨妈道：“是啊，先把事情说开了，你再问我的不是还不迟呢。”金桂道：“好姑娘，好姑娘，你是个大贤大德的。你日后必定有个好人家，好女婿，决不像我这样守活寡，举眼无亲，叫人家骑上头来欺负的。我是个没心眼儿的人，只求姑娘我说话别往死里挑捡，我从小儿到如今，没有爹娘教导。再者我们屋里老婆汉子、大女人小女人的事，姑娘也管不得！”宝钗听了这话，又是羞，又是气。见他母亲这样光景，又是疼不过。因忍了气说道：“大嫂子，我劝你少说句儿罢。谁挑捡你？又是谁欺负你？不要说是嫂子，就是秋菱，我也从来没有加他一点声气儿的。”金桂听了这几句话，更加拍着炕沿大哭起来，说：“我那里比得秋菱，连他脚底下的泥我还跟不上呢！他是来久了的，知道姑娘的心事，又会献勤儿。我是新来的，又不会献勤儿，如何拿我比他。何苦来，天下有几个都是贵妃的命，行点好儿罢！别修的像我嫁个糊涂行子守活寡，那就是活活儿的现了眼了！”薛姨妈听到那里，万分气不过，便站起身来道：“不是我护着自己的女孩儿，他句句劝你，你却句句怄他。你有什么过不去，不要寻他，勒死我倒也是希松的。”宝钗忙劝道：“妈妈，你老人家不用动气。咱们既来劝他，自己生气，倒多了层气。不如且出去，等嫂子歇歇儿再说。”因吩咐宝蟾道：“你可别再多嘴了。”跟了薛姨妈出得房来。

走过院子里，只见贾母身边的丫头同着秋菱迎面走来。薛姨妈道：“你从那里来，老太太身上可安？”那丫头道：“老太太身上好，叫来请姨太太安，还谢谢前儿的荔枝，还给琴姑娘道喜。”宝钗道：“你多早晚来的？”那丫头道：“来了好一会子了。”薛姨妈料他知道，红着脸说道：“这如今我们家里闹得也不像个过日子的人家了，叫你们那边听见笑话。”丫头道：“姨太太说那里的话，谁家没个碟大碗小磕着碰着的呢。那是姨太太多心罢咧。”说着，跟了回到薛姨妈房中，略坐了一回就去了。宝钗正嘱咐香菱些话，只听薛姨妈忽然叫道：“左肋疼痛的很。”说着，便向炕上躺下。唬得宝钗、香菱二人手足无措。要知后事如何，下回分解。

笺证

第八十三回贾母一行探视元春贵妃微恙的礼仪，虽然透露了家族的忧虑，但叙述起来难免刻板乏味，已经没有第十八回“荣国府归省庆元宵”的气派。要换个热闹的话题，大观园自贾宝玉到家塾学做八股文后，已经变得萧瑟，唯薛家自从迎娶夏金桂之后骤然风波不断。贾府的气数牵连着四大家族的气数，傍着大观园而居的薛家，以非礼的吵闹与贾府沉冗的礼数形成鲜明的对照。公开的非礼、有礼，都挡不住人伦之礼被蛀空的趋势。夏金桂赶了薛蟠出去，日间拌嘴没有对头，香菱又住在宝钗那边去了，只剩得宝蟾一人同住。宝蟾既给与薛蟠作妾，意气又不比从前了。金桂放恨说：“只是这里扫帚颠倒竖，也没有主子，也没有奴才，也没有妻，没有妾，是个混帐世界了。”她把自己和金蟾比喻为扫帚，把薛家扫荡得鸡犬不宁，却竟然还好意思以礼数来责备薛家，而且反讽宝钗说：“好姑娘，好姑娘，你是个大贤大德的。你日后必定有个好人家，好女婿，决不像我这样守活寡，举眼无亲，叫人家骑上头来欺负的。我是个没心眼儿的人，只求姑娘我说话别往死里挑捡，我从小儿到如今，没有爹娘教导。再者我们屋里老婆汉子、大女人小女人的事，姑娘也管不得！”薛姨妈毕竟还顾及大家族的体面，反复规劝，却招致更为粗暴的恶言相向，被金桂这场气怄得肝气上逆，左肋作痛。这番热闹，充其量也只是第八十回“薛文龙悔娶河东狮”的翻版而已，虽然夏金桂的粗口还是撒泼并刁悍得可以。

第八十四回

试文字宝玉始提亲　探惊风贾环重结怨

却说薛姨妈一时因被金桂这场气怄得肝气上逆，左肋作痛。宝钗明知是这个原故，也等不及医生来看，先叫人去买了几钱钩藤来，浓浓的煎了一碗，给他母亲吃了。又和秋菱给薛姨妈捶腿揉胸，停了一会儿，略觉安顿。这薛姨妈只是又悲又气，气的是金桂撒泼，悲的是宝钗有涵养，倒觉可怜。宝钗又劝了一回，不知不觉的睡了一觉，肝气也渐渐平复了。宝钗便说道："妈妈，你这种闲气不要放在心上才好。过几天走的动了，乐得往那边老太太、姨妈处去说说话儿散散闷也好。家里横竖有我和秋菱照看着，谅他也不敢怎么样。"薛姨妈点点头道："过两日看罢了。"

且说元妃疾愈之后，家中俱各喜欢。过了几日，有几个老公走来，带着东西银两，宣贵妃娘娘之命，因家中省问勤劳，俱有赏赐，把物件银两一一交代清楚。贾赦、贾政等禀明了贾母，一齐谢恩毕，太监吃了茶去了。大家回到贾母房中，说笑了一回。外面老婆子传进来说："小厮们来回道，那边有人请大老爷说要紧的话呢。"贾母便向贾赦道："你去罢。"贾赦答应着，退出来自去了。

这里贾母忽然想起，和贾政笑道："娘娘心里却甚实惦记着宝玉，前儿还特特的问他来着呢。"贾政陪笑道："只是宝玉不大肯念书，辜负了娘娘的美意。"贾母道："我倒给他上了个好儿，说他近日文章都做上来了。"贾政笑道："那里能像老太太的话呢。"

贾母道："你们时常叫他出去作诗作文，难道他都没作上来么。小孩子家慢慢的教导他，可是人家说的，‘胖子也不是一口儿吃的’。”贾政听了这话，忙陪笑道：“老太太说的是。”贾母又道：“提起宝玉，我还有一件事和你商量。如今他也大了，你们也该留神看一个好孩子给他定下，这也是他终身的大事。也别论远近亲戚，什么穷啊富的，只要深知那姑娘的脾性儿好、模样儿周正的就好。”贾政道：“老太太吩咐的很是。但只一件，姑娘也要好，第一要他自己学好才好，不然不稂不莠的，反倒耽误了人家的女孩儿，岂不可惜。”贾母听了这话，心里却有些不喜欢，便说道：“论起来，现放着你们作父母的，那里用我去张心。但只我想宝玉这孩子从小儿跟着我，未免多疼他一点儿，耽误了他成人的正事也是有的。只是我看他那生来的模样儿也还齐整，心性儿也还实在，未必一定是那种没出息的，必至糟踏了人家的女孩儿。也不知是我偏心，我看着横竖比环儿略好些，不知你们看着怎么样。”几句话说得贾政心中甚实不安，连忙陪笑道：“老太太看的人也多了，既说他好有造化的，想来是不错的。只是儿子望他成人性儿太急了一点，或者竟和古人的话相反，倒是‘莫知其子之美’了。”一句话把贾母也怄笑了，众人也都陪着笑了。贾母因说道：“你这会子也有了几岁年纪，又居着官，自然越历练越老成。”说到这里，回头瞅着邢夫人和王夫人笑道：“想他那年轻的时候，那一种古怪脾气，比宝玉还加一倍呢。直等娶了媳妇，才略略的懂了些人事儿。如今只抱怨宝玉，这会子我看宝玉比他还略体些人情儿呢。”说的邢夫人、王夫人都笑了。因说道：“老太太又说起逗笑儿的话儿来了。”说着，小丫头子们进来告诉鸳鸯：“请示老太太，晚饭伺候下了。”贾母便问：“你们又咕咕唧唧的说什么？”鸳鸯笑着回明了。贾母道：“那么着，你们也都吃饭去罢，单留凤姐儿和珍哥媳妇跟着我吃罢。”贾政及邢、王二夫人都答应着，伺候摆上饭来，贾母又催了一遍，才都退出各散。

却说邢夫人自去了。贾政同王夫人进入房中。贾政因提起贾母方才的话来，说道：“老太太这样疼宝玉，毕竟要他有些实学，日后可以混得功名，才好不枉老太太疼他一场，也不至糟踏了人家的女儿。”王夫人道：“老爷这话自然是该当的。”贾政因着个屋里的丫头传出去告诉李贵：“宝玉放学回来，索性吃饭后再叫他过来，说我还要问他话呢。”李贵答应了“是”。至宝玉放了学刚要过来请安，只见李贵道：“二爷先不用过去。老爷吩咐了，今日叫二爷吃了饭再过去呢，听见还有话问二爷呢。”宝玉听了这话，又是一个闷雷。只得见过贾母，便回园吃饭。三口两口吃完，忙漱了口，便往贾政这边来。

贾政此时在内书房坐着，宝玉进来请了安，一旁侍立。贾政问道：“这几日我心上有事，也忘了问你。那一日你说你师父叫你讲一个月的书就要给你开笔，如今算来将两个月了，你到底开了笔了没有？”宝玉道：“才做过三次。师父说且不必回老爷知道，等好些再回老爷知道罢。因此这两天总没敢回。”贾政道：“是什么题目？”宝玉道：“一个是《吾十有五而志于学》，一个是《人不知而不愠》，一个是《则归墨》三字。”贾政道：“都有稿儿么？”宝玉道：“都是作了抄出来师父又改的。”贾政道：“你带了家来了还是在学房里呢？”宝玉道：“在学房里呢。”贾政道：“叫人取了来我瞧。”宝玉连忙叫人传话与焙茗：“叫他往学房中去，我书桌子抽屉里有一本薄薄儿竹纸本子，上面写着‘窗课’两字的就是，快拿来。”一回儿焙茗拿了来递给宝玉。宝玉呈与贾政。贾政翻开看时，见头一篇写着题目是《吾十有五而志于学》。他原本破的是“圣人有志于学，幼而已然矣”，代儒却将“幼”字抹去，明用“十五”。贾政道：“你原本‘幼’字便扣不清题目了。‘幼’字是从小起至十六以前都是‘幼’。这章书是圣人自言学问工夫与年俱进的话，所以十五、三十、四十、五十、六十、七十俱要明点出来，才见得到了几时有这么个光景，到了几时又有那么个光景。师父把你‘幼’字改了‘十五’，便明白了好些。”看到承题，那抹去的原本云：“夫不志于学，人之常也。”贾政摇头道：“不但是孩子气，可见你本性不是个学者的志气。”又看后句“圣人十五而志之，不亦难乎”，说道：“这更不成话了。”然后看代儒的改本云：“夫人孰不学，而志于学者卒鲜。此圣人所为自信于十五时欤。”便问：“改的懂得么？”宝玉答应道：“懂得。”又看第二艺，题目是《人不知而不愠》，便先看代儒的改本云：“不以不知而愠者，终无改其说乐矣。”方觑着眼看那抹去的底本，说道：“你是什么？——‘能无愠人之心，纯乎学者也。’上一句似单做了‘而不愠’三个字的题目，下一句又犯了下文君子的分界。必如改笔才合题位呢。且下句找清上文，方是书理。须要细心领略。”宝玉答应着。贾政又往下看，“夫不知，未有不愠者也，而竟不然。是非由说而乐者，曷克臻此。”原本末句：“非纯学者乎。”贾政道：“这也与破题同病的。这改的也罢了，不过清楚，还说得去。”第三艺是《则归墨》，贾政看了题目，自己扬着头想了一想，因问宝玉道：“你的书讲到这里了么？”宝玉道：“师父说，《孟子》好懂些，所以倒先讲《孟子》，大前日才讲完了。如今讲‘上论语’呢。”贾政因看这个破承倒没大改。破题云：“言于舍杨之外，若别无所归者焉。”贾政道：“第二句倒难为你。”“夫墨，非欲归者也。而墨之言已半天下矣，则舍杨之外，欲不归于墨，得乎？”贾政道：“这是你做的么？”宝玉答应道：“是。”贾政点点头儿，因说道：“这也并没有什么出色处，但初试笔能如此，还算不离。前年我在任上时，还出过《惟士为能》这个题目。那些童生都读过前人这篇，不能自出心裁，每多抄袭。你念过没有？”宝玉道：“也念过。”贾政道：“我要你另换个主意，不许雷同了前人，只做个破题也使得。”宝玉只得答应着，低头搜索枯肠。贾政背着手，也在门口站着作想。只见一个小小厮往外飞走，看见贾政，连忙侧身垂手站住。贾政便问道："作什么？"小厮回道："老太太那边姨太太来了，二奶奶传出话来，叫预备饭呢。"贾政听了，也没言语。那小厮自去了。

笺证

贾府振兴的百年大计，在贾政看来，要点在于处理好宝玉和八股文的关系。第八十四回贾政要求宝玉"有些实学，日后可以混得功名"，指的是学做八股文。对于宝玉在家塾开笔做八股文，分别取题于《论语》《孟子》而写的《吾十有五而志于学》《人不知而不愠》《则归墨》三篇文章，及贾代儒的批改，贾政强按牛头饮水，进行评议点拨，使宝玉只有答应称"是"的份儿。强按牛头饮水，最初见于第四十六回鸳鸯道："家生女儿怎么样，'牛不吃水强按头'？我不愿意，难道杀我的老子娘不成！"这就是说，违背本性而强要他人就范，终归是可怜无补费精神的。贾宝玉本来以"禄蠹"讥讽这类文章，但此时也只好唯唯诺诺。评议八股文，应是曹雪芹也是续作者高鹗的强项，但前八十回宝玉张扬高傲的轻蔑，后四十回多少屈从于方巾的腐气，连生存在诗词世界的林黛玉也为这种腐气所熏染。这是贾政治家谈不上成效的"成效"，贾府的命运能因此发生改变吗？

谁知宝玉自从宝钗搬回家去，十分想念，听见薛姨妈来了，只当宝钗同来，心中早已忙了，便乍着胆子回道："破题倒作了一个，但不知是不是。"贾政道："你念来我听。"宝玉念道："天下不皆士也，能无产者亦仅矣。"贾政听了，点着头道："也还使得。以后作文，总要把界限分清，把神理想明白了再去动笔。你来的时候老太太知道不知道？"宝玉道："知道的。"贾政道："既如此，你还到老太太处去罢。"宝玉答应了个"是"，只得拿捏着慢慢的退出，刚过穿廊月洞门的影屏，便一溜烟跑到老太太院门口。急得焙茗在后头赶着叫："看跌倒了！老爷来了。"宝玉那里听得见。刚进得门来，便听见王夫人、凤姐、探春等笑语之声。

丫鬟们见宝玉来了，连忙打起帘子，悄悄告诉道："姨太太在这里呢。"

宝玉赶忙进来给薛姨妈请安，过来才给贾母请了晚安。贾母便问："你今儿怎么这早晚才散学？"宝玉悉把贾政看文章并命作破题的话述了一遍。贾母笑容满面。宝玉因问众人道："宝姐姐在那里坐着呢？"薛姨妈笑道："你宝姐姐没过来，家里和香菱作活呢。"宝玉听了，心中索然，又不好就走。只见说着话儿已摆上饭来，自然是贾母、薛姨妈上坐，探春等陪坐。薛姨妈道："宝哥儿呢？"贾母忙笑说道："宝玉跟着我这边坐罢。"宝玉连忙回道："头里散学时李贵传老爷的话，叫吃了饭过去。我赶着要了一碟菜，泡茶吃了一碗饭，就过去了。老太太和姨妈姐姐们用罢。"贾母道："既这么着，凤丫头就过来跟着我。你太太才说他今儿吃斋，叫他们自己吃去罢。"王夫人也道："你跟着老太太、姨太太吃罢，不用等我，我吃斋呢。"于是凤姐告了坐，丫头安了杯箸，凤姐执壶斟了一巡，才归坐。

大家吃着酒。贾母便问道："可是才姨太太提香菱，我听见前儿丫头们说'秋菱'，不知是谁，问起来才知道是他。怎么那孩子好好的又改了名字呢？"薛姨妈满脸飞红，叹了一口气道："老太太再别提起。自从蟠儿娶了这个不知好歹的媳妇，成日家咕咕唧唧，如今闹的也不成个人家了。我也说过他几次，他牛心不听说，我也没那么大精神和他们尽着吵去，只好由他们去。可不是他嫌这丫头的名儿不好改的。"贾母道："名儿什么要紧的事呢？"薛姨妈道："说起来我也怪臊的，其实老太太这边有什么不知道的。他那里是为这名儿不好，听见说他因为是宝丫头起的，他才有心要改。"贾母道："这又是什么原故呢？"薛姨妈把手绢子不住的擦眼泪，未曾说，又叹了一口气，道："老太太还不知道呢，这如今媳妇子专和宝丫头怄气。前日老太太打发人看我去，我们家里正闹呢。"贾母连忙接着问道："可是前儿听见姨太太肝气疼，要打发人看去，后来听见说好了，所以没着人去。依我，劝姨太太竟把他们别放在心上。再者，他们也是新过门的小夫妻，过些时自然就好了。我看宝丫头性格儿温厚和平，虽然年轻，比大人还强几倍。前日那小丫头子回来说，我们这边还都赞叹了他一会子。都像宝丫头那样心胸儿脾气儿，真是百里挑一的。不是我说句冒失话，那给人家作了媳妇儿，怎么叫公婆不疼，家里上上下下的不宾服呢。"宝玉头里已经听烦了，推故要走，及听见这话，又坐了呆呆的往下听。薛姨妈道："不中用。他虽好，到底是女孩儿家。养了蟠儿这个糊涂孩子，真真叫我不放心，只怕在外头喝点子酒，闹出事来。幸亏老太太这里的大爷二爷常和他在一块儿，我还放点儿心。"宝玉听到这里，便接口道："姨妈更不用悬心。薛大哥相好的都是些正经买卖大客人，都是有体面的，那里就闹出事来。"薛姨妈笑道："依你这样说，我敢只不用操心了。"说话间，饭已吃完。宝玉先告辞了，晚间还要看书，便各自去了。

这里丫头们刚捧上茶来，只见琥珀走过来向贾母耳朵旁边说了几句，贾母便向凤姐儿道："你快去罢，瞧瞧巧姐儿去罢。"凤姐听了，还不知何故，大家也怔了。琥珀遂过来向凤姐道："刚才平儿打发小丫头子来回二奶奶，说巧姐身上不大好，请二奶奶忙着些过来才好呢。"贾母因说道："你快去罢，姨太太也不是外人。"凤姐连忙答应，在薛姨妈跟前告了辞。又见王夫人说道："你先过去，我就去。小孩子家魂儿还不全呢，别叫丫头们大惊小怪的，屋里的猫儿狗儿，也叫他们留点神儿。尽着孩子贵气，偏有这些琐碎。"凤姐答应了，然后带了小丫头回房去了。

这里薛姨妈又问了一回黛玉的病。贾母道："林丫头那孩子倒罢了，只是心重些，所以身子就不大很结实了。要赌灵性儿，也和宝丫头不差什么。要赌宽厚待人里头，却不济他宝姐姐有耽待、有尽让了。"薛姨妈又说了两句闲话儿，便道："老太太歇着罢。我也要到家里去看看，只剩下宝丫头和香菱了。打那么同着姨太太看看巧姐儿。"贾母道："正是。姨太太上年纪的人看看是怎么不好，说给他们，也得点主意儿。"薛姨妈便告辞，同着王夫人出来，往凤姐院里去了。

却说贾政试了宝玉一番，心里却也喜欢，走向外面和那些门客闲谈。说起方才的话来，便有新进到来最善大棋的一个王尔调名作梅的说道：“据我们看来，宝二爷的学问已是大进了。”贾政道：“那有进益，不过略懂得些罢咧，‘学问’两个字早得很呢。”詹光道：“这是老世翁过谦的话。不但王大兄这般说，就是我们看，宝二爷必定要高发的。”贾政笑道：“这也是诸位过爱的意思。”那王尔调又道：“晚生还有一句话，不揣冒昧，和老世翁商议。”贾政道：“什么事？”王尔调陪笑道：“也是晚生的相与，做过南韶道的张大老爷家有一位小姐，说是生得德容功貌俱全，此时尚未受聘。他又没有儿子，家资巨万。但是要富贵双全的人家，女婿又要出众，才肯作亲。晚生来了两个月，瞧着宝二爷的人品学业，都是必要大成的。老世翁这样门楣，还有何说。若晚生过去，包管一说就成。”贾政道：“宝玉说亲却也是年纪了，并且老太太常说起。但只张大老爷素来尚未深悉。”詹光道：“王兄所提张家，晚生却也知道。况和大老爷那边是旧亲，老世翁一问便知。”贾政想了一回，道：“大老爷那边不曾听得这门亲戚。”詹光道：“老世翁原来不知，这张府上原和邢舅太爷那边有亲的。”贾政听了，方知是邢夫人的亲戚。坐了一回，进来了，便要同王夫人说知，转问邢夫人去。谁知王夫人陪了薛姨妈到凤姐那边看巧姐儿去了。那天已经掌灯时候，薛姨妈去了，王夫人才过来了。贾政告诉了王尔调和詹光的话，又问巧姐儿怎么了。王夫人道：“怕是惊风的光景。”贾政道：“不甚利害呀？”王夫人道：“看着是搐风的来头，只还没搐出来呢。”贾政听了，便不言语，各自安歇，一宿晚景不提。

却说次日邢夫人过贾母这边来请安，王夫人便提起张家的事，一面回贾母，一面问邢夫人。邢夫人道：“张家虽系老亲，但近年来久已不通音信，不知他家的姑娘是怎么样的。倒是前日孙亲家太太打发老婆子来问安，却说起张家的事，说他家有个姑娘，托孙亲家那边有对劲的提一提。听见说只这一个女孩儿，十分娇养，也识得几个字，见不得大阵仗儿，常在房中不出来的。张大老爷又说，只有这一个女孩儿，不肯嫁出去，怕人家公婆严，姑娘受不得委屈，必要女婿过门赘在他家，给他料理些家事。”贾母听到这里，不等说完便道：“这断使不得。我们宝玉别人服侍他还不够呢，倒给人家当家去。”邢夫人道：“正是老太太这个话。”贾母因向王夫人道：“你回来告诉你老爷，就说我的话，这张家的亲事是作不得的。”王夫人答应了。贾母便问：“你们昨日看巧姐儿怎么样？头里平儿来回我说很不大好，我也要过去看看呢。”邢、王二夫人道：“老太太虽疼他，他那里耽的住。”贾母道：“却也不止为他，我也要走动走动，活活筋骨儿。”说着，便吩咐：“你们吃饭去罢，回来同我过去。”邢、王二夫人答应着出来，各自去了。

笺证

婚姻宿命作为一种民俗信仰，是从中晚唐李复言《续玄怪录》卷四《定婚店》记述韦固遇月下老人，十四年后娶眉间贴花女子的故事开始的。到明清两朝的爱情婚姻小说如《七世夫妻》《再生缘》都围绕着婚姻宿命做文章。清乾隆嘉庆年间沈三白《浮生六记·闺房记乐》说：“世传月下老人专司人间婚姻事，今生夫妇已承牵合，来世姻缘亦须仰借神力。”[1]在整部《红楼梦》中，宝、黛、钗之间的婚姻宿命，是缠绕莫解、变生不测的潜在主线。黛、钗合传，宝玉挣扎，终不能挣脱悲剧命运的密网。从第八十四回的一系列叙事中，贾母、贾政开始关注宝玉婚事。贾母对贾政说：“提起宝玉，我还有一件事和你商量。如今他也大了，你们也该留神看一个好孩子给他定下，这也是他终身的大事。也别论远近亲戚，什么穷啊富的，只要深知那姑娘的脾性儿好、模样儿周正的就好。”那么，这姑娘是谁？贾母在议论薛家的烦心事时，又对薛姨妈说：“都像宝丫头那样心胸儿脾气儿，真是百里挑一的。不是我说句冒失话，那给人家作了媳妇儿，怎么叫公婆不疼，家里上上下下的不宾服呢。”到凤姐处探望巧姐病情时，薛姨妈又问了一回黛玉的病。贾母说：“林丫头那孩子倒罢了，只是心重些，所以身子就不大很结实了。要赌灵性儿，也和宝丫头不差什么。要赌宽厚待人里头，却不济他宝姐姐有耽待、有尽让了。”这些议论已经触及贾宝玉婚姻的宿命，一者是缘起于西方灵河畔三生石前的缥缈仙境中一段浪漫佳话：绛珠仙草感于神瑛侍者灌溉之恩，追随其历劫红尘，要用一生的眼泪作为报偿。这就是象征宝玉和黛玉纯洁爱情的木石前盟。二者是金玉良缘，宝玉的通灵玉与宝钗的金项锁配对，成了基于家族利益的最佳姻缘。但是想不到在这里又节外生枝，清客王尔调陪笑向贾政提亲说：“也是晚生的相与，做过南韶道的张大老爷家有一位小姐，说是生得德容功貌俱全，此时尚未受聘。他又没有儿子，家资巨万。但是要富贵双全的人家，女婿又要出众，才肯作亲。晚生来了两个月，瞧着宝二爷的人品学业，都是必要大成的。老世翁这样门楣，还有何说。若晚生过去，包管一说就成。”贾政回答说：“宝玉说亲却也是年纪了，并且老太太常说起。但只张大老爷素来尚未深悉。”由于张家与邢夫人是远房亲戚，贾母就向邢夫人打听底细，邢夫人说：“张家虽系老亲，但近年来久已不通音信，不知他家的姑娘是怎么样的。倒是前日孙亲家太太打发老婆子来问安，却说起张家的事，说他家有个姑娘，托孙亲家那边有对劲的提一提。听见说只这一个女孩儿，十分娇养，也识得几个字，见不得大阵仗儿，常在房中不出来的。张大老爷又说，只有这一个女孩儿，不肯嫁出去，怕人家公婆严，姑娘受不得委屈，必要女婿过门赘在他家，给他料理些家事。”贾母听到这里，不等说完就说：“这断使

❶（清）沈复：《浮生六记》，山西古籍出版社2007年版，第11页。

不得。我们宝玉别人服侍他还不够呢，倒给人家当家去。”如此绕了一个大圈，宝玉的婚姻宿命还没有了局，虽然贾母、凤姐都属意于宝钗，却因还泪的绛珠仙草的存在，依然笼罩着浓重的悲剧迷雾。西方灵河岸边三生石畔绛珠仙草的人间遭际，是一种沉重到了令人难以释怀的爱情婚姻宿命。

一时吃了饭，都来陪贾母到凤姐房中。凤姐连忙出来接了进去。贾母便问巧姐儿到底怎么样。凤姐儿道：“只怕是搐风的来头。”贾母道：“这么着还不请人赶着瞧！”凤姐道：“已经请去了。”贾母因同邢、王二夫人进房来看，只见奶子抱着，用桃红绫子小绵被儿裹着，脸皮趣青，眉梢鼻翅微有动意。贾母同邢、王二夫人看了看，便出外间坐下。正说间，只见一个小丫头回凤姐道：“老爷打发人问姐儿怎么样。”凤姐道：“替我回老爷，就说请大夫去了。一会儿开了方子，就过去回老爷。”贾母忽然想起张家的事来，向王夫人道：“你该就去告诉你老爷，省得人家去说了回来又驳回。”又问邢夫人道：“你们和张家如今为什么不走了？”邢夫人因又说：“论起那张家行事，也难和咱们作亲，太啬克，没的玷辱了宝玉。”凤姐听了这话，已知八九，便问道：“太太不是说宝兄弟的亲事？”邢夫人道：“可不是么。”贾母接着因把刚才的话告诉凤姐。凤姐笑道：“不是我当着老祖宗太太们跟前说句大胆的话，现放着天配的姻缘，何用别处去找。”贾母笑问道：“在那里？”凤姐道：“一个‘宝玉’，一个‘金锁’，老太太怎么忘了？”贾母笑了一笑，因说：“昨日你姑妈在这里，你为什么不提？”凤姐道：“老祖宗和太太们在前头，那里有我们小孩子家说话的地方儿。况且姨妈过来瞧老祖宗，怎么提这些个，这也得太太们过去求亲才是。”贾母笑了，邢、王二夫人也都笑了。贾母因道：“可是我背晦了。”

笺证

封建时代的婚姻不是以青年男女的爱情为轴心的，而是家族伦理和家长意志为轴心的。不能说贾府家长不怜爱黛玉，但黛玉的诗人气质和尖酸性子，她的病体缠绵并无寿相，就不是贾府家长传承香火、操持家业的选择对象。不是谁有蛇蝎心肠，而是制度决定命运。就贾宝玉的婚姻宿命，凤姐对贾母点破玄机：“一个‘宝玉’，一个‘金锁’，老太太怎么忘了？”但这种玄机在冥冥中违背了木石前盟的神话注定，替代以金玉良缘，投合贵族世家的世俗标准和运行法则。王国维《〈红楼梦〉评论》说：“《红楼梦》一书，彻头彻尾的悲剧也。……兹就宝玉、黛玉之事言之。贾母爱宝钗之婉嫕，而惩黛玉之孤僻，又信金玉之邪说，而思压宝玉之病。王夫人固亲于薛氏。凤姐以持家之故，忌黛玉之才，而虞其不便于己也。袭人惩尤二姐、香菱之事，闻黛玉‘不是东风压倒西风，就是西风压倒东风’之语〔第八十二回〕，惧祸之及，而自同于凤姐，亦自然之势也。宝玉之于黛玉，信誓旦旦，而不能言之于最爱之之祖母，则普通之道德使然，况黛玉一女子哉！由此种种原因，而金玉以之合，木石以之离，又岂有蛇蝎之人物，非常之变故，行于其间哉！不过通常之道德，通常之人情，通常之境遇为之而已。由此观之，《红楼梦》者，可谓悲剧中之悲剧也。”[2] 制度铁律，调动了强大的人事力量，碾碎了真诚爱情的美梦，把精神上异常珍贵的东西撕碎而铸成悲剧。

[2] 王国维：《〈红楼梦〉评论》，浙江古籍出版社2012年版，第13—14页。

说着人回“大夫来了”，贾母便坐在外间，邢、王二夫人略避。那大夫同贾琏进来，给贾母请了安，方进房中。看了出来，站在地下躬身回贾母道：“妞儿一半是内热，一半是惊风。须先用一剂发散风痰药，还要用四神散才好，因病势来得不轻。如今的牛黄都是假的，要找真牛黄方用得。”贾母道了乏，那大夫同贾琏出去开了方子，去了。凤姐道：“人参家里常有，这牛黄倒怕未必有，外头买去，只是要真的才好。”王夫人道：“等我打发人到姨太太那边去找找。他家蟠儿是向与那些西客们做买卖，或者有真的也未可知。我叫人去问问。”正说话间，众姊妹都来瞧来了，坐了一回，也都跟着贾母等去了。

这里煎了药给巧姐儿灌了下去，只听喀的一声，连药带痰都吐出来，凤姐才略放了一点儿心。只见王夫人那边的小丫头拿着一点儿的小红纸包儿说道：“二奶奶，牛黄有了。太太说了，叫二奶奶亲自把分两对准了呢。”凤姐答应着接过来，便叫平儿配齐了真珠、冰片、朱砂，快熬起来。自己用戥子按方秤了，搀在里面，等巧姐儿醒了好给他吃。只见贾环掀帘进来说：“二姐姐，你们巧姐儿怎么了？妈叫我来瞧瞧他。”凤姐见了他母子便嫌，说：“好些了。你回去说，叫你们姨娘想着。”那贾环口里答应，只管各处瞧看。看了一回，便问凤姐儿道：“你这里听的说有牛黄，不知牛黄是怎么个样儿，给我瞧瞧呢。”凤姐道：“你别在这里闹了，妞儿才好些。那牛黄都煎上了。”贾环听了，便去伸手拿那铞子瞧时，岂知措手不及，沸的一声，铞子倒了，火已泼灭了一半。贾环见不是事，自觉没趣，连忙跑了。凤姐急的火星直爆，骂道：“真真那一世的对头冤家！你何苦来还来使促狭！从前你妈要想害我，如今又来害妞儿。我和你几辈子的仇呢！”一面骂平儿不照应。正骂着，只见丫头来找贾环。凤姐道：“你去告诉赵姨娘，说他操心也太苦了。巧姐儿死定了，不用他惦着了！”平儿急忙在那里配药再熬，那丫头摸不着头脑，便悄悄问平儿道：“二奶奶为什么生气？”平儿将环哥弄倒药铞子说了一遍。丫头道：“怪不得他不敢回来，躲了别处去了。这环哥儿明日还不知怎么样呢。平姐姐，我替你收拾罢。”平儿说：“这倒不消。幸亏牛黄还有一点，如今配好了，你去罢。”丫头道：“我一准回去告诉赵姨奶奶，也省得他天天说嘴。”

丫头回去果然告诉了赵姨娘。赵姨娘气的叫：“快找环儿！”环儿在外间屋子里躲着，被丫头找了来。赵姨娘便骂道：“你这个下作种子！你为什么弄洒了人家的药，招的人家咒骂。我原叫你去问一声，不用进去，你偏进去，又不就走，还要虎头上捉虱子。你看我回了老爷，打你不打！”这里赵姨娘正说着，只听贾环在外间屋子里更说出些惊心动魄的话来。未知何言，下回分解。

笺证

第八十四回触及家族制度中的嫡庶问题。巧姐得了惊风症，赵姨娘打发贾环来探视，顽劣的贾环很大程度上成了赵姨娘的枪。贾环探视，也是讨好凤姐的意思，却把讨好变成了讨嫌。他缺乏礼数，凭着好奇心，要看为巧姐治病的药铞子里的牛黄，却毛手毛脚打翻了药铞子。气得凤姐火星直爆，旧仇新恨一起算，就骂道："真真那一世的对头冤家！你何苦来还来使促狭！从前你妈要想害我，如今又来害妞儿。我和你几辈子的仇呢！"嫡庶仇怨再度激化。贾环受赵姨娘斥责"虎头上捉虱子"，就放恨说："我不过弄倒了药铞子，洒了一点子药，那丫头子又没就死了，值的他也骂我，你也骂我，赖我心坏，把我往死里糟踏。等着我明儿还要那小丫头子的命呢，看你们怎么着。只叫他们隄防着就是了。"晚明唐寅《警世》诗云："冤家宜解不宜结，各自回头看后头。"凤姐按照她一向的强势，不思恩威并用，不思解除冤家纽结，这就导致贾环进一步滑向自轻自贱、自暴自弃、丑陋荒唐的无赖小儿的路子上，最终参与王仁转卖巧姐的阴谋了。打翻药铞子，只是日后一连串变本加厉的人性恶化的"风起于青萍之末"的引子。

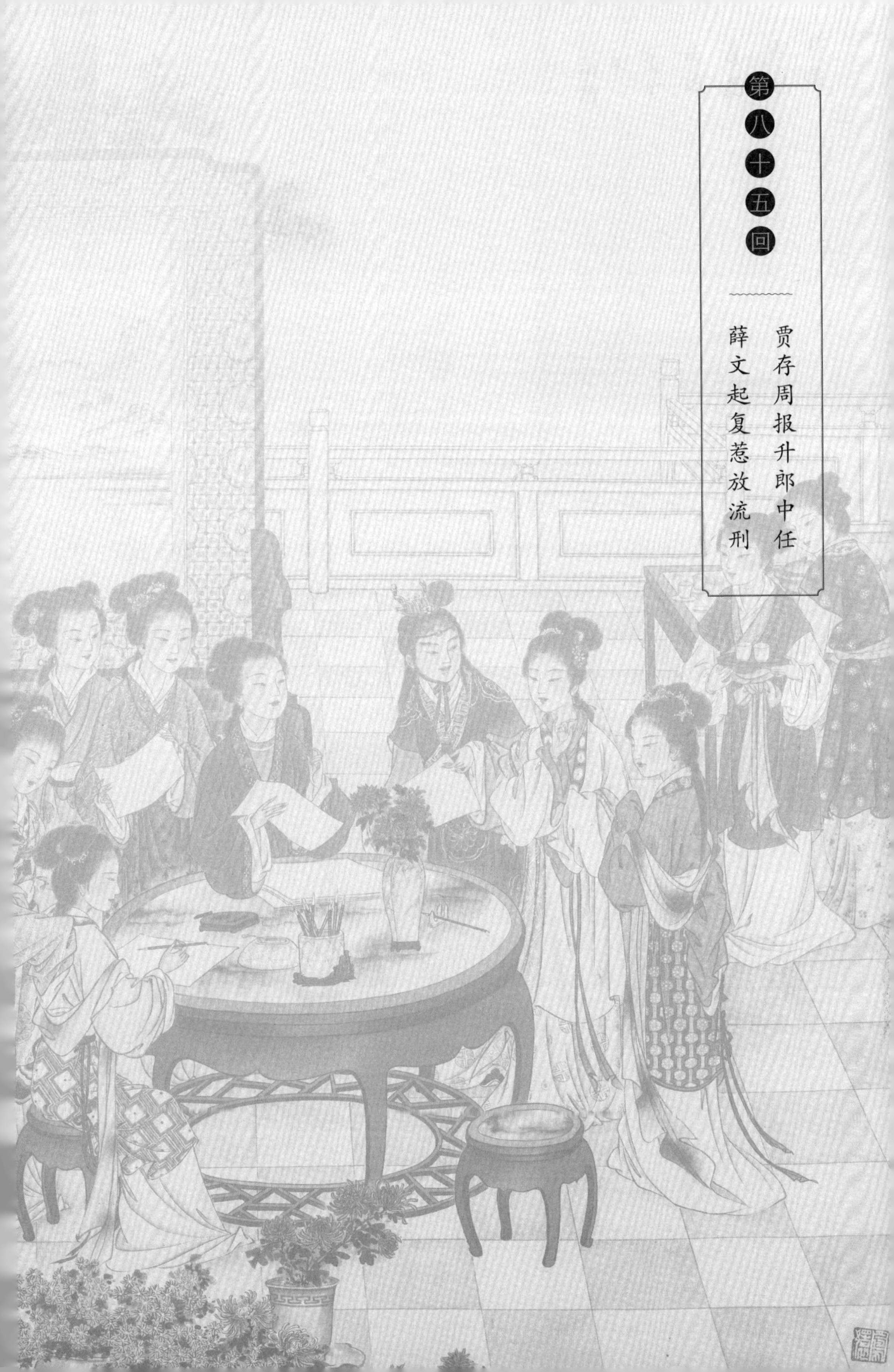

第八十五回

贾存周报升郎中任

薛文起复惹放流刑

话说赵姨娘正在屋里抱怨贾环，只听贾环在外间屋里发话道："我不过弄倒了药铞子，洒了一点子药，那丫头子又没就死了，值的他也骂我，你也骂我，赖我心坏，把我往死里糟踏。等着我明儿还要那小丫头子的命呢，看你们怎么着。只叫他们隄防着就是了。"那赵姨娘赶忙从里间出来，握住他的嘴说道："你还只管信口胡唚，还叫人家先要了我的命呢！"娘儿两个吵了一回。赵姨娘听见凤姐的话，越想越气，也不着人来安慰凤姐一声儿。过了几天，巧姐儿也好了。因此两边结怨比从前更加一层了。

一日林之孝进来回道："今日是北静郡王生日，请老爷的示下。"贾政吩咐道："只按向年旧例办了，回大老爷知道，送去就是了。"林之孝答应了，自去办理。不一时，贾赦过来同贾政商议，带了贾珍、贾琏、宝玉去与北静王拜寿。别人还不理论，惟有宝玉素日仰慕北静王的容貌威仪，巴不得常见才好，遂连忙换了衣服，跟着来到北府。贾赦、贾政递了职名候谕。不多时，里面出来了一个太监，手里掐着数珠儿，见了贾赦、贾政，笑嘻嘻的说道："二位老爷好？"贾赦、贾政也都赶忙问好。他兄弟三人也过来问了好。那太监道："王爷叫请进去呢。"于是爷儿五个跟着那太监进入府中，过了两层门，转过一层殿去，里面方是内宫门。刚到门前，大家站住，那太监先进去回王爷去了。这里门上小太监都迎着问了好。一时那太监出来，说了个"请"字，爷儿五个肃敬跟入。只见北静郡王穿着礼服，已迎到殿门廊下。贾赦、贾政先上来请安，捱次便是珍、琏、宝玉请安。

那北静郡王单拉着宝玉道："我久不见你，很惦记你。"因又笑问道："你那块玉儿好？"宝玉躬着身打着一半千儿回道："蒙王爷福庇，都好。"北静王道："今日你来，没有什么好东西给你吃的，倒是大家说说话儿罢。"说着，几个老公打起帘子，北静王说"请"，自己却先进去，然后贾赦等都躬着身跟进去。先是贾赦请北静王受礼，北静王也说了两句谦辞，那贾赦早已跪下，次及贾政等挨次行礼，自不必说。

那贾赦等复肃敬退出。北静王吩咐太监等让在众戚旧一处好生款待，却单留宝玉在这里说话儿，又赏了坐。宝玉又磕头谢了恩，在挨门边绣墩上侧坐，说了一回读书作文诸事。北静王甚加爱惜，又赏了茶，因说道："昨儿巡抚吴大人来陛见，说起令尊翁前任学政时，秉公办事，凡属生童，俱心服之至。他陛见时，万岁爷也曾问过，他也十分保举，可知是令尊翁的喜兆。"宝玉连忙站起，听毕这一段话，才回启道："此是王爷的恩典，吴大人的盛情。"正说着，小太监进来回道："外面诸位大人老爷都在前殿谢王爷赏宴。"说着，呈上谢宴并请午安的帖子来。北静王略看了一看，仍递给小太监，笑了一笑说道："知道了，劳动他们。"那小太监又回道："这贾宝玉，王爷单赏的饭预备了。"北静王便命那太监带了宝玉到一所极小巧精致的院里，派人陪着吃了饭，又过来谢了恩。北静王又说了些好话儿，忽然笑说道："我前次见你那块玉倒有趣儿，回来说了个式样，叫他们也作了一块来。今日你来得正好，就给你带回去顽罢。"因命小太监取来，亲手递给宝玉。宝玉接过来捧着，又谢了，然后退出。北静王又命两个小太监跟出来，才同着贾赦等回来了。贾赦便各自回院里去。

这里贾政带着他三人回来见过贾母，请过了安，说了一回府里遇见的人。宝玉又回了贾政吴大人陛见保举的话。

贾政道："这吴大人本来咱们相好，也是我辈中人，还倒是有骨气的。"又说了几句闲话儿，贾母便叫："歇着去罢。"贾政退出，珍、琏、宝玉都跟到门口。贾政道："你们都回去陪老太太坐着去罢。"说着，便回房去。刚坐了一坐，只见一个小丫头回道："外面林之孝请老爷回话。"说着，递上个红单帖来，写着吴巡抚的名字。贾政知是来拜，便叫小丫头叫林之孝进来。贾政出至廊檐下。林之孝进来回道："今日巡抚吴大人来拜，奴才回了去了。再奴才还听见说，现今工部出了一个郎中缺，外头人和部里都吵嚷是老爷拟正呢。"贾政道："瞧罢咧。"林之孝又回了几句话，才出去了。

且说珍、琏、宝玉三人回去，独有宝玉到贾母那边，一面述说北静王待他的光景，并拿出那块玉来，大家看着笑了一回。贾母因命人："给他收起去罢，别丢了。"因问："你那块玉好生带着罢？别闹混了。"宝玉在项上摘了下来，说："这不是我那一块玉，那里就掉了呢。比起来，两块玉差远着呢，那里混得过。我正要告诉老太太，前儿晚上我睡的时候把玉摘下来挂在帐子里，他竟放起光来了，满帐子都是红的。"贾母说道："又胡说了，帐子的檐子是红的，火光照着，自然红是有的。"宝玉道："不是。那时候灯已灭了，屋里都漆黑的了，还看得见他呢。"邢、王二夫人抿着嘴笑。凤姐道："这是喜信发动了。"宝玉道："什么喜信？"贾母道："你不懂得。今儿个闹了一天，你去歇歇儿去罢，别在这里说呆话了。"宝玉又站了一回儿，才回园中去了。

这里贾母问道："正是。你们去看薛姨妈说起这事没有？"王夫人道："本来就要去看的，因凤丫头为巧姐儿病着，耽搁了两天，今日才去的。这事我们都告诉了，姨妈倒也十分愿意，只说蟠儿这时候不在家，目今他父亲没了，只得和他商量商量再办。"贾母道："这也是情理的话。既这么样，大家先别提起，等姨太太那边商量定了再说。"

不说贾母处谈论亲事，且说宝玉回到自己房中，告诉袭人道："老太太与凤姐姐方才说话含含糊糊，不知是什么意思。"袭人想了想，笑了一笑道："这个我也猜不着。但只刚才说这些话时，林姑娘在跟前没有？"宝玉道："林姑娘才病起来，这些时何曾到老太太那边去呢。"正说着，只听外间屋里麝月与秋纹拌嘴。袭人道:“你两个又闹什么?”麝月道:“我们两个斗牌,他赢了我的钱他拿了去,他输了钱就不肯拿出来。这也罢了,他倒把我的钱都抢了去了。”宝玉笑道:“几个钱什么要紧,傻丫头,不许闹了。”说的两个人都咕嘟着嘴坐着去了。这里袭人打发宝玉睡下。不提。

却说袭人听了宝玉方才的话,也明知是给宝玉提亲的事。因恐宝玉每有痴想,这一提起不知又招出他多少呆话来,所以故作不知,自己心上却也是头一件关切的事。夜间躺着想了个主意,不如去见见紫鹃,看他有什么动静,自然就知道了。次日一早起来,打发宝玉上了学,自己梳洗了,便慢慢的去到潇湘馆来。只见紫鹃正在那里掐花儿呢,见袭人进来,便笑嘻嘻的道:“姐姐屋里坐着。”袭人道:“坐着,妹妹掐花儿呢吗?姑娘呢?”紫鹃道:“姑娘才梳洗完了,等着温药呢。”紫鹃一面说着,一面同袭人进来。见了黛玉正在那里拿着一本书看。袭人陪着笑道:“姑娘怨不得劳神,起来就看书。我们宝二爷念书若能像姑娘这样,岂不好了呢。”黛玉笑着把书放下。雪雁已拿着个小茶盘里托着一钟药,一钟水,小丫头在后面捧着痰盒漱盂进来。原来袭人来时要探探口气,坐了一回,无处入话,又想着黛玉最是心多,探不成消息再惹着了他倒是不好,又坐了坐,搭讪着辞了出来了。

将到怡红院门口,只见两个人在那里站着呢。袭人不便往前走,那一个早看见了,连忙跑过来。袭人一看,却是锄药,因问:“你作什么?”锄药道:“刚才芸二爷来了,拿了个帖儿,说给咱们宝二爷瞧的,在这里候信。”袭人道:“宝二爷天天上学,你难道不知道,还候什么信呢。”锄药笑道:“我告诉他了。他叫告诉姑娘,听姑娘的信呢。”袭人正要说话,只见那一个也慢慢的蹭了过来,细看时,就是贾芸，溜溜湫湫往这边来了。袭人见是贾芸，连忙向锄药道："你告诉说知道了，回来给宝二爷瞧罢。"那贾芸原要过来和袭人说话，无非亲近之意，又不敢造次，只得慢慢踱来。相离不远，不想袭人说出这话，自己也不好再往前走，只好站住。这里袭人已掉背脸往回里去了。贾芸只得怏怏而回，同锄药出去了。

晚间宝玉回房，袭人便回道："今日廊下小芸二爷来了。"宝玉道："作什么？"袭人道："他还有个帖儿呢。"宝玉道："在那里？拿来我看看。"麝月便走去在里间屋里书槅子上头拿了来。宝玉接过看时，上面皮儿上写着"叔父大人安禀"。宝玉道："这孩子怎么又不认我作父亲了？"袭人道："怎么？"宝玉道："前年他送我白海棠时称我作'父亲大人'，今日这帖子封皮上写着'叔父'，可不是又不认了么。"袭人道："他也不害臊，你也不害臊。他那么大了，倒认你这么大儿的作父亲，可不是他不害臊？你正经连个——"刚说到这里，脸一红，微微的一笑。宝玉也觉得了，便道："这倒难讲。俗语说：'和尚无儿，孝子多着呢。'只是我看着他还伶俐得人心儿，才这么着。他不愿意，我还不希罕呢。"说着，一面拆那帖儿。袭人也笑道："那小芸二爷也有些鬼鬼头头的。什么时候又要看人，什么时候又躲躲藏藏的，可知也是个心术不正的货。"宝玉只顾拆开看那字儿，也不理会袭人这些话。袭人见他看那帖儿，皱一回眉，又笑一笑儿，又摇摇头儿，后来光景竟大不耐烦起来。袭人等他看完了，问道："是什么事情？"宝玉也不答言，把那帖子已经撕作几段。袭人见这般光景，也不便再问，便问宝玉吃了饭还看书不看。宝玉道："可笑芸儿这孩子竟这样的混帐。"袭人见他所答非所问，便微微的笑着问道："到底是什么事？"宝玉道："问他作什么，咱们吃饭罢。吃了饭歇着罢，心里闹的怪烦的。"说着叫小丫头子点了一个火儿来，把那撕的帖儿烧了。

一时小丫头们摆上饭来。宝玉只是怔怔的坐着，袭人连哄带怄催着吃了一口儿饭，便搁下了，仍是闷闷的歪在床上。一时间，忽然掉下泪来。此时袭人、麝月都摸不着头脑。麝月道："好好儿的，这又是为什么？都是什么芸儿雨儿的，不知什么事弄了这么个浪帖子来，惹的这么傻了的似的，哭一会子，笑一会子。要天长日久闹起这闷葫芦来，可叫人怎么受呢。”说着，竟伤起心来。袭人旁边由不得要笑，便劝道：“好妹妹，你也别怄人了。他一个人就够受了，你又这么着。他那帖子上的事难道与你相干？”麝月道：“你混说起来了。知道他帖儿上写的是什么混帐话，你混往人身上扯。要那么说，他帖儿上只怕倒与你相干呢。”袭人还未答言，只听宝玉在床上噗哧的一声笑了，爬起来抖了抖衣裳，说：“咱们睡觉罢，别闹了。明日我还起早念书呢。”说着便躺下睡了。一宿无话。

次日宝玉起来梳洗了，便往家塾里去。走出院门，忽然想起，叫焙茗略等，急忙转身回来叫：“麝月姐姐呢？”麝月答应着出来问道：“怎么又回来了？”宝玉道：“今日芸儿要来了，告诉他别在这里闹，再闹我就回老太太和老爷去了。”麝月答应了，宝玉才转身去了。刚往外走着，只见贾芸慌慌张张往里来，看见宝玉连忙请安，说：“叔叔大喜了。”那宝玉估量着是昨日那件事，便说道：“你也太冒失了，不管人心里有事没事，只管来搅。”贾芸陪笑道：“叔叔不信只管瞧去，人都来了，在咱们大门口呢。”宝玉越发急了，说：“这是那里的话！”正说着，只听外边一片声嚷起来。贾芸道：“叔叔听这不是？”宝玉越发心里狐疑起来，只听一个人嚷道：“你们这些人好没规矩，这是什么地方，你们在这里混嚷！”那人答道：“谁叫老爷升了官呢，怎么不叫我们来吵喜呢。别人家盼着吵还不能呢！”宝玉听了，才知道是贾政升了郎中了，人来报喜的。心中自是甚喜。连忙要走时，贾芸赶着说道：“叔叔乐不乐？叔叔的亲事要再成了，不用说是两层喜了。”宝玉红了脸，啐了一口道：“呸！没趣儿的东西！还不快走呢。”贾芸把脸红了道：“这有什么的，我看你老人家就不——”宝玉沉着脸道：“就不什么？”贾芸未及说完，也不敢言语了。

宝玉连忙来到家塾中，只见代儒笑着说道：“我才刚听见你老爷升了。你今日还来了么？”宝玉陪笑道：“过来见了太爷，好到老爷那边去。”代儒道：“今日不必来了，放你一天假罢。可不许回园子里顽去。你年纪不小了，虽不能办事，也当跟着你大哥他们学学才是。”宝玉答应着回来。刚走到二门口，只见李贵走来迎着，旁边站住笑道：“二爷来了么，奴才才要到学里请去。”宝玉笑道：“谁说的？”李贵道：“老太太才打发人到院里去找二爷，那边的姑娘们说二爷学里去了。刚才老太太打发人出来叫奴才去给二爷告几天假，听说还要唱戏贺喜呢，二爷就来了。”说着，宝玉自己进去。进了二门，只见满院里丫头老婆都是笑容满面，见他来了，笑道：“二爷这早晚才来，还不快进去给老太太道喜去呢。”

宝玉笑着进了房门，只见黛玉挨着贾母左边坐着呢，右边是湘云。地下邢、王二夫人。探春、惜春、李纨、凤姐、李纹、李绮、邢岫烟一干姐妹，都在屋里，只不见宝钗、宝琴、迎春三人。宝玉此时喜的无话可说，忙给贾母道了喜，又给邢、王二夫人道喜，一一见了众姐妹，便向黛玉笑道：“妹妹身体可大好了？”黛玉也微笑道：“大好了。听见说二哥哥身上也欠安，好了么？”宝玉道：“可不是，我那日夜里忽然心里疼起来，这几天刚好些就上学去了，也没能过去看妹妹。”黛玉不等他说完，早扭过头和探春说话去了。凤姐在地下站着笑道：“你两个那里像天天在一处的，倒像是客一般，有这些套话，可是人说的‘相敬如宾’了。”说的大家一笑。林黛玉满脸飞红，又不好说，又不好不说，迟了一回儿，才说道：“你懂得什么？”众人越发笑了。凤姐一时回过味来，才知道自己出言冒失，正要拿话岔时，只见宝玉忽然向黛玉道：“林妹妹，你瞧芸儿这种冒失鬼。”说了这一句，方想起来，便不言语了。招的大家又都笑起来，说：“这从那里说起。”黛玉也摸不着头脑，也跟着讪讪的笑。宝玉无可搭讪，因又说道：“可是刚才我听见有人要送戏，说是几儿。”大家都瞅着他笑。凤姐儿道：“你在外头听见，你来告诉我们。你这会子问谁呢？”宝玉得便说道：“我外头再去问问去。”贾母道：“别跑到外头去，头一件看报喜的笑话，第二件你老子今日大喜，回来碰见你，又该生气了。”宝玉答应了个“是”，才出来了。

这里贾母因问凤姐谁说送戏的话，凤姐道：“说是舅太爷那边说，后儿日子好，送一班新出的小戏儿给老太太、老爷、太太贺喜。”因又笑着说道：“不但日子好，还是好日子呢。”说着这话，却瞅着黛玉笑。黛玉也微笑。王夫人因道：“可是呢，后日还是外甥女儿的好日子呢。”贾母想了一想，也笑道：“可见我如今老了，什么事都糊涂了。亏了有我这凤丫头是我个‘给事中’。既这么着，很好，他舅舅家给他们贺喜，你舅舅家就给你做生日，岂不好呢。”说的大家都笑起来，说道：“老祖宗说句话儿都是上篇上论的，怎么怨得有这么大福气呢。”说着，宝玉进来，听见这些话，越发乐的手舞足蹈了。一时，大家都在贾母这边吃饭，甚热闹，自不必说。饭后，那贾政谢恩回来，给宗祠里磕了头，便来给贾母磕头，站着说了几句话，便出去拜客去了。这里接连着亲戚族中的人来来去去，闹闹穰穰，车马填门，貂蝉满座，真是：

花到正开蜂蝶闹，月逢十足海天宽。

如此两日，已是庆贺之期。这日一早，王子腾和亲戚家已送过一班戏来，就在贾母正厅前搭起行台。外头爷们都穿着公服陪侍，亲戚来贺的约有十馀桌酒。里面为着是新戏，又见贾母高兴，便将琉璃戏屏隔在后厦，里面也摆下酒席。上首薛姨妈一桌，是王夫人、宝琴陪着。对面老太太一桌，是邢夫人、岫烟陪着。下面尚空两桌，贾母叫他们快来。一回儿，只见凤姐领着众丫头，都簇拥着林黛玉来了。黛玉略换了几件新鲜衣服，打扮得宛如嫦娥下界，含羞带笑的出来见了众人。湘云、李纹、李纨都让他上首座，黛玉只是不肯。贾母笑道：“今日你坐了罢。”薛姨妈站起来问道："今日林姑娘也有喜事么？"贾母笑道："是他的生日。"薛姨妈道："咳，我倒忘了。"走过来说道："恕我健忘，回来叫宝琴过来拜姐姐的寿。"黛玉笑说："不敢。"大家坐了。那黛玉留神一看，独不见宝钗，便问道："宝姐姐可好么？为什么不过来？"薛姨妈道："他原该来的，只因无人看家，所以不来。"黛玉红着脸微笑道："姨妈那里又添了大嫂子，怎么倒用宝姐姐看起家来？大约是他怕人多热闹，懒待来罢。我倒怪想他的。"薛姨妈笑道："难得你惦记他。他也常想你们姊妹们，过一天我叫他来，大家叙叙。"

说着，丫头们下来斟酒上菜，外面已开戏了。出场自然是一两出吉庆戏文，乃至第三出，只见金童玉女，旗幡宝幢，引着一个霓裳羽衣的小旦，头上披着一条黑帕，唱了一回儿进去了。众皆不识，听见外面人说："这是新打的《蕊珠记》里的《冥升》。小旦扮的是嫦娥，前因堕落人寰，几乎给人为配，幸亏观音点化，他就未嫁而逝，此时升引月宫。不听见曲里头唱的'人间只道风情好，那知道秋月春花容易抛，几乎不把广寒宫忘却了。'"第四出是《吃糠》，第五出是达摩带着徒弟过江回去，正扮出些海市蜃楼，好不热闹。

笺证

较之《红楼梦》前八十回，后四十回中的戏曲描写数量锐减。但在这第八十五回却开了斋，演出多部戏文成了隐喻最深刻的关键点。本回标题本来是"贾存周报升郎中任"，贾府喜庆贾政荣升，以家族的名义，贾政荣升极其重要，以《红楼梦》的名义，却使得不期而遇的林黛玉生日演戏更有深意。这就是《红楼梦》价值观的表里错位，错位造就借花献佛，以悖谬形态深化了意义。官场上贾政为主角，被置换成情海中黛玉为主角。在林黛玉生日演戏，除了一两出吉庆戏文外，还有《蕊珠记》中的"冥升"，高明《琵琶记》中的"吃糠"，张凤翼《祝发记》中的"渡江"。清代洞庭护花主人王希廉评点说："《蕊珠记·冥升》一出，是黛玉夭亡中影子，《吃糠》是宝钗暗苦影子，‘达摩带徒弟过江’是宝玉出家影子。”[1]可见这次演戏隐喻的意义非同小可，牵系着《红楼梦》主要角色宝、黛、钗三人的爱情婚姻宿命。其中最值得注意的是新打的《蕊珠记》，“新打”就是新编，按照实际要求来打造，这里还做了专门的解释：“这是新打的《蕊珠记》里的《冥升》。小旦扮的是嫦娥，前因堕落人寰，几乎给人为配，幸亏观音点化，他就未嫁而逝，此时升引月宫。不听见曲里头唱的‘人间只道风情好，那知道秋月春花容易抛’，几乎不把广寒宫忘却了。”以嫦娥思凡，受观音点化重回月宫，隐喻绛珠仙子林黛玉留恋人间风情，到底“未嫁而逝”，回到神话的“月宫”，高处不胜寒。既然为黛玉生日演出，那么黛玉生于何日？《红楼梦》第六十二回交代，黛玉与袭人同生日，是二月十二，也就是百花节的“花朝”。清代乾嘉年间的诗人袁枚《二月十二日》诗云：“红梨初绽柳初娇，二月春寒雪尚飘。除却女儿谁记得，百花生日是今朝。”清代康雍年间烟霞散人的小说《凤凰池》第一回记载：“且说那洛阳县，乃天下最繁华的去处。……惟二月十二日是花神诞日，尤其热闹。是日，叫做百花竞会，不论贵贱长幼，百戏竞作。”[2]凤凰池，唐朝时是中书省所在，所以展现的是洛阳的花朝风俗。与黛玉同籍贯的清代道光咸丰年间的姑苏顾禄撰《清嘉录》卷二“二月·百花生日”条记载：“（二月）十二日，为百花生日，闺中女郎剪五彩缯黏花枝上，谓之赏红。虎丘花神庙，击牲献乐以祝仙诞，谓之花朝。蔡云《吴歈》云：‘百花生日是良辰，未到花朝一半春。红紫万千披锦绣，尚劳点缀贺花神。’〔案：田汝成《西湖游览志》云：‘花朝月夕，世俗恒言二八两月为春秋之中，故以二月半为花朝，八月半为月夕。’周处《风土记》及《提要录》皆以二月十五日为花朝。然《翰墨记》以二月十二日为

[1]《红楼梦三家评本》（全四册），上海古籍出版社1988年版，第1417页。

[2]（清）烟霞散人、（清）樵云山人、（清）醒世居士：《凤凰池》，中国戏剧出版社2001年版，第3页。

花朝。《诚斋诗话》：'东京亦以二月十二日为花朝。'《宣府志》：'花朝节，城中妇女剪彩为花，插之鬓髻，以为应节。'《昆新合志》云：'二月十二日为花朝，花神生日，各花卉俱赏红。'《镇洋志》以十二日为崔元徽护百花避封姨之辰，故剪彩条系花树为幡。然郑还古《博异记》载元徽事只云春夜，不言月日。〕△二月十二：土俗，以花朝日天气清朗，则百物成熟。谚云：'有利无利，但看二月十二。'〔案：贾思勰《齐民要术》作'有利无利，但看四月十四'。郡人又作'有利无利，但看三个十二'。谓二月十二、三月十二、四月十二也。《吴县志》谓'花生日晴，则百果熟'。〕"[3]《清稗类钞·时令类》又记载晚清的花朝风俗："二月十二日为花朝，孝钦后（慈禧，叶赫那拉氏，孝钦显皇后）至颐和园观剪彩。时有太监预备黄红各绸，由宫眷剪之成条，条约阔二寸，长三尺。孝钦自取红黄者各一，系于牡丹花，宫眷太监则取红者系各树，于是满园皆红绸飞扬，而宫眷亦盛服往来，五光十色，宛似穿花蛱蝶。系毕，即侍孝钦观剧。演花神庆寿事，树为男仙，花为女仙，凡扮某树某花之神者，衣即肖其色而制之。扮荷花仙子者，衣粉红绸衫，以肖荷花，外加绿绸短衫，以肖荷叶。余仿此。布景为山林，四周山石围绕，石中有洞，洞有持酒尊之小仙无数。小仙者，即各小花，如金银花、石榴花是也。久之，群仙聚饮，饮毕而歌，丝竹侑酒，声极柔曼。最后，有虹自天而降，落于山石，群仙跨之，虹复腾起，上升于天。"[4]林黛玉花朝生日所表演的《蕊珠记》里的《冥升》，嫦娥受观音点化重回月宫，陪伴表演的应该还有荷花仙、牡丹仙、梅花仙、桃花仙、桂花仙等众花仙，以符合为花朝节特意打造的节令戏要求。英国文豪莎士比亚《皆大欢喜》中说："世界是一个舞台，所有的男男女女不过是一些演员。"花朝节演戏在《红楼梦》后四十回的情节构建中，勾连人与戏，戏里人生映衬着戏外人生，意蕴深刻，伏脉千里，彰显了后四十回行文也有锦心绣口的精妙之处，以之来影射黛玉未及成婚即夭逝的不幸身世。如此以喜庆写悲剧，使得人生发生了错位，以错位人生反衬着悲剧之无可奈何。

众人正在高兴时，忽见薛家的人满头汗闯进来，向薛蝌说道："二爷快回去，并里头回明太太也请速回去，家中有要事。”薛蝌道：“什么事？”家人道：“家去说罢。”薛蝌也不及告辞就走了。薛姨妈见里头丫头传进话去，更骇得面如土色，即忙起身，带着宝琴，别了一声，即刻上车回去了，弄得内外愕然。贾母道：“咱们这里打发人跟过去听听，到底是什么事，大家都关切的。”众人答应了个“是”。

不说贾府依旧唱戏，单说薛姨妈回去，只见有两个衙役站在二门口，几个当铺里伙计陪着，说：“太太回来自有道理。”正说着，薛姨妈已进来了。那衙役们见跟从着许多男妇簇拥着一位老太太，便知是薛蟠之母。看见这个势派，也不敢怎么，只得垂手侍立，让薛姨妈进去了。

那薛姨妈走到厅房后面，早听见有人大哭，却是金桂。薛姨妈赶忙走来，只见宝钗迎出来，满面泪痕，见了薛姨妈，便道：“妈妈听了先别着急，办事要紧。”薛姨妈同着宝钗进了屋子，因为头里进门时已经走着听见家人说了，吓的战战兢兢的了，一面哭着，因问：“到底是和谁……”只见家人回道：“太太此时且不必问那些底细，凭他是谁，打死了总是要偿命的，且商量怎么办才好。”薛姨妈哭着出来道：“还有什么商议？”家人道：“依小的们的主见，今夜打点银两同着二爷赶去和大爷见了面，就在那里访一个有斟酌的刀笔先生，许他些银子，先把死罪撕掳开，回来再求贾府去上司衙门说情。还有外面的衙役，太太先拿出几两银子来打发了他们。我们好赶着办事。”薛姨妈道：“你们找着那家子，许他发送银子，再给他些养济银子，原告不追，事情就缓了。”宝钗在帘内说道：“妈妈，使不得。这些事越给钱越闹的凶，倒是刚才小厮说的话是。”薛姨妈又哭道：“我也不要命了，赶到那里见他一面，同他死在一处就完了。”宝钗急的一面劝，一面在帘

❸（清）顾禄撰，来新夏点校：《清嘉录》，上海古籍出版社1986年版，第39—40页。

❹（清）徐珂：《清稗类钞》，中华书局1984年版，第28页。

子里叫人："快同二爷办去罢。"丫头们搀进薛姨妈来。薛蝌才往外走，宝钗道："有什么信打发人即刻寄了来，你们只管在外头照料。"薛蝌答应着去了。

这宝钗方劝薛姨妈，那里金桂趁空儿抓住香菱，又和他嚷道："平常你们只管夸他们家里打死了人一点事也没有，就进京来了的，如今撺掇的真打死人了。平日里只讲有钱有势有好亲戚，这时候我看着也是唬的慌手慌脚的了。大爷明儿有个好歹儿不能回来时，你们各自干你们的去了，撂下我一个人受罪！"说着，又大哭起来。这里薛姨妈听见，越发气的发昏，宝钗急的没法。正闹着，只见贾府中王夫人早打发大丫头过来打听来了。宝钗虽心知自己是贾府的人了，一则尚未提明，二则事急之时，只得向那大丫头道："此时事情头尾尚未明白，就只听见说我哥哥在外头打死了人被县里拿了去了，也不知怎么定罪呢。刚才二爷才去打听去了，一半日得了准信，赶着就给那边太太送信去。你先回去道谢太太惦记着，底下我们还有多少仰仗那边爷们的地方呢。"那丫头答应着去了。薛姨妈和宝钗在家抓摸不着。

过了两日，只见小厮回来，拿了一封书交给小丫头拿进来。宝钗拆开看时，书内写着：

大哥人命是误伤，不是故杀。今早用蝌出名补了一张呈纸进去，尚未批出。大哥前头口供甚是不好，待此纸批准后再录一堂，能够翻供得好，便可得生了。快向当铺内再取银五百两来使用。千万莫迟。并请太太放心。馀事问小厮。

宝钗看了，一一念给薛姨妈听了。薛姨妈拭着眼泪说道："这么看起来，竟是死活不定了。"宝钗道："妈妈先别伤心，等着叫进小厮来问明了再说。"一面打发小丫头把小厮叫进来。薛姨妈便问小厮道："你把大爷的事细说与我听听。"小厮道："我那一天晚上听见大爷和二爷说的，把我唬糊涂了。"未知小厮说出什么话来，下回分解。

笺证

薛蟠出了人命案，不是从发案现场写起，而是从薛府的恐惧忙乱写起，用的是反串叙事法，使突发事件从一个未明究竟的悬念，进入了不断铺垫、不断展开、不断缝合、不断推动的流程。第八十五回先是写薛府派小丫头从贾府唱戏的现场，叫回薛蝌、薛姨妈，只见夏金桂大哭薛蟠犯了人命案被拘，薛姨妈闻讯慌了手脚，家人倒是出了主意：“依小的们的主见，今夜打点银两同着二爷（薛蝌）赶去和大爷（薛蟠）见了面，就在那里访一个有斟酌的刀笔先生，许他些银子，先把死罪撕掳开，回来再求贾府去上司衙门说情。还有外面的衙役，太太先拿出几两银子来打发了他们。我们好赶着办事。”薛蝌刚出门，夏金桂就抓住香菱大嚷：“平常你们只管夸他们家里打死了人一点事也没有，就进京来了的，如今撺掇的真打死人了。平日里只讲有钱有势有好亲戚，这时候我看着也是唬的慌手慌脚的了。大爷明儿有个好歹儿不能回来时，你们各自干你们的去了，撂下我一个人受罪！”夏金桂这番无理哭闹的话，却也透露了贾、史、王、薛四大家族，“打死了人一点事也没有”的风光不再，陷入了如唐人崔峒《江上书怀》诗所云：“骨肉天涯别，江山日落时。泪流襟上血，发变镜中丝。”过了两日，薛蝌回书说：“大哥人命是误伤，不是故杀。今早用蝌出名补了一张呈纸进去，尚未批出。大哥前头口供甚是不好，待此纸批准后再录一堂，能够翻供得好，便可得生了。快向当铺内再取银五百两来使用。千万莫迟。并请太太放心。馀事问小厮。”薛蟠为何、又如何打死人，打死何人，都留在后面交代，这里只写薛府如何骚动、运筹和派救兵，营救的方式触及当时刑法制度的老底。这就是《红楼梦》

八十五回用反串叙事法，以发案落难和延请讼师（刀笔先生）翻案的暗箱操作，而一举击中其要害的锋芒所在。犯了人命案当然不是小事，但如何了解这人命案却触及了制度的真正弊端，这就是《红楼梦》侧面楔入案件的意旨所在。

第八十六回

受私贿老官翻案牍
寄闲情淑女解琴书

话说薛姨妈听了薛蝌的来书，因叫进小厮问道：“你听见你大爷说，到底是怎么就把人打死了呢？”小厮道：“小的也没听真切。那一日大爷告诉二爷说……”说着回头看了一看，见无人，才说道：“大爷说自从家里闹的特利害，大爷也没心肠了，所以要到南边置货去。这日想着约一个人同行，这人在咱们这城南二百多地住。大爷找他去了，遇见在先和大爷好的那个蒋玉菡带着些小戏子进城。大爷同他在个铺子里吃饭喝酒，因为这当槽儿的尽着拿眼瞟蒋玉菡，大爷就有了气了。后来蒋玉菡走了。第二天，大爷就请找的那个人喝酒，酒后想起头一天的事来，叫那当槽儿的换酒，那当槽儿的来迟了，大爷就骂起来了。那个人不依，大爷就拿起酒碗照他打去。谁知那个人也是个泼皮，便把头伸过来叫大爷打。大爷拿碗就砸他的脑袋一下，他就冒了血了，躺在地下，头里还骂，后头就不言语了。”薛姨妈道：“怎么也没人劝劝吗？”那小厮道：“这个没听见大爷说，小的不敢妄言。”薛姨妈道：“你先去歇歇罢。”小厮答应出来。这里薛姨妈自来见王夫人，托王夫人转求贾政。贾政问了前后，也只好含糊应了，只说等薛蝌递了呈子，看他本县怎么批了再作道理。

这里薛姨妈又在当铺里兑了银子，叫小厮赶着去了。三日后果有回信。薛姨妈接着了，即叫小丫头告诉宝钗，连忙过来看了。只见书上写道：

带去银两做了衙门上下使费。哥哥在监也不大吃苦，请太太放心。独是这里的人很刁，尸亲见证都不依，连哥哥请的那个朋友也帮着他们。我与李祥两个俱系生地生人，幸找着一个好先生，许他银子，才讨个主意，说是须得拉扯着同哥哥喝酒的吴良，弄人保出他来，许他银两，叫他撕掳。他若不依，便说张三是他打死，明推在异乡人身上，他吃不住，就好办了。我依着他，果然吴良出来。现在买嘱尸亲见证，又做了一张呈子。前日递的，今日批来，请看呈底便知。

因又念呈底道：

具呈人某，呈为兄遭飞祸代伸冤抑事。窃生胞兄薛蟠，本籍南京，寄寓西京，于某年月日备本往南贸易。去未数日，家奴送信回家，说遭人命。生即奔宪治，知兄误伤张姓，及至囹圄。据兄泣告，实与张姓素不相认，并无仇隙。偶因换酒角口，生兄将酒泼地，恰值张三低头拾物，一时失手，酒碗误碰囟门身死。蒙恩拘讯，兄惧受刑，承认斗殴致死。仰蒙宪天仁慈，知有冤抑，尚未定案。生兄在禁，具呈诉辩，有干例禁。生念手足，冒死代呈，伏乞宪慈恩准，提证质讯，开恩莫大。生等举家仰戴鸿仁，永永无既矣。激切上呈。

批的是：

尸场检验，证据确凿。且并未用刑，尔兄自认斗杀，招供在案。今尔远来，并非目睹，何得捏词妄控。理应治罪，姑念为兄情切，且恕。不准。

薛姨妈听到那里，说道："这不是救不过来了么。这怎么好呢！"宝钗道："二哥的书还没看完，后面还有呢。"因又念道："有要紧的问来使便知。"薛姨妈便问来人，因说道："县里早知我们的家当充足，须得在京里谋干得大情，再送一分大礼，还可以复审，从轻定案。太太此时必得快办，再迟了就怕大爷要受苦了。"

薛姨妈听了，叫小厮自去，即刻又到贾府与王夫人说明原故，恳求贾政。贾政只肯托人与知县说情，不肯提及银物。薛姨妈恐不中用，求凤姐与贾琏说了，花上几千银子，才把知县买通。薛蝌那里也便弄通了。然后知县挂牌坐堂，传齐了一干邻保证见尸亲人等，监里提出薛蟠。刑房书吏俱一一点名。知县便叫地保对明初供，又叫尸亲张王氏并尸叔张二问话。张王氏哭禀道："小的的男人是张大，南乡里住，十八年前死了。大儿子二儿子也都死了，光留下这个死的儿子叫张三，今年二十三岁，还没有娶女人呢。为小人家里穷，没得养活，在李家店里做当槽儿的。那一天晌午，李家店里打发人来叫俺，说'你儿子叫人打死了。'我的青天老爷，小的就唬死了。跑到那里，看见我儿子头破血出的躺在地下喘气儿，问他话也说不出来，不多一会儿就死了。小人就要揪住这个小杂种拼命。"众衙役吆喝一声。张王氏便磕头道："求青天老爷伸冤，小人就只这一个儿子了。"知县便叫下去，又叫李家店的人问道："那张三是你店内佣工的么？"那李二回道："不是佣工，是做当槽儿的。"知县道："那日尸场上你说张三是薛蟠将碗砸死的，你亲眼见的么？"李二说道："小的在柜上，听见说客房里要酒。不多一回，便听见说'不好了，打伤了。'小的跑进去，只见张三躺在地下，也不能言语。小的便喊禀地保，一面报他母亲去了。他们到底怎样打的，实在不知道，求太爷问那喝酒的便知道了。"知县喝道："初审口供，你是亲见的，怎么如今说没有见？"李二道："小的前日唬昏了乱说。"衙役又吆喝了一声。知县便叫吴良问道："你是同在一处喝酒的么？薛蟠怎么打的，据实供来。"吴良说："小的那日在家，这个薛大爷叫我喝酒。他嫌酒不好要换，张三不肯。薛大爷生气把酒向他脸上泼去，不晓得怎么样就碰在那脑袋上了。这是亲眼见的。"知县道："胡说！前日尸场上薛蟠自己认拿碗砸死的，你说你亲眼见的，怎么今日的供不对？掌嘴。"衙役答应着要打，吴良求着说："薛蟠实没有与张三打架，酒碗失手碰在脑袋上的。求老爷问薛蟠便是恩典了。"知县叫提薛蟠，问道："你与张三到底有什么仇隙，毕竟是如何死的？实供上来。"薛蟠道："求太老爷开恩，小的实没有打他。为他不肯换酒，故拿酒泼他，不想一时失手，酒碗误碰在他的脑袋上。小的即忙掩他的血，那里知道再掩不住，血淌多了，过一回就死了。前日尸场上怕太老爷要打，所以说是拿碗砸他的。只求太爷开恩。”知县便喝道：“好个糊涂东西！本县问你怎么砸他的，你便供说恼他不换酒才砸的，今日又供是失手碰的。”知县假作声势，要打要夹，薛蟠一口咬定。知县叫仵作将前日尸场填写伤痕据实报来。仵作禀报说：“前日验得张三尸身无伤，惟囟门有磁器伤长一寸七分，深五分，皮开，囟门骨脆裂破三分。实系磕碰伤。”知县查对尸格相符，早知书吏改轻，也不驳诘，胡乱便叫画供。张王氏哭喊道：“青天老爷！前日听见还有多少伤，怎么今日都没有了？”知县道：“这妇人胡说，现有尸格，你不知道么。”叫尸叔张二便问道：“你侄儿身死，你知道有几处伤？”张二忙供道：“脑袋上一伤。”知县道：“可又来。”叫书吏将尸格给张王氏瞧去，并叫地保尸叔指明与他瞧，现有尸场亲押证见俱供并未打架，不为斗殴，只依误伤吩咐画供。将薛蟠监禁候详，馀令原保领出，退堂。张王氏哭着乱嚷，知县叫众衙役撵他出去。张二也劝张王氏道：“实在误伤，怎么赖人。现在太老爷断明，不要胡闹了。”薛蝌在外打听明白，心内喜欢，便差人回家送信。等批详回来，便好打点赎罪，且住着等信。只听路上三三两两传说，有个贵妃薨了，皇上辍朝三日。这里离陵寝不远，知县办差垫道，一时料着不得闲，住在这里无益，不如到监告诉哥哥安心等着，“我回家去，过几日再来。”薛蟠也怕母亲痛苦，带信说：“我无事，必须衙门再使费几次，便可回家了。只是不要可惜银钱。”

笺证

俗语在众口流传的过程中，成为民间处事待人的通用原则，往往蕴含着民俗信仰。书名《昔氏贤文》最早见于明代万历年间的汤显祖的《牡丹亭》第七出，后经明、清两代文人的不断增补而成的《增广贤文》引俗话说："衙门八字开，有理无钱莫进来。"这就是一种多见世故、饱含辛酸的民俗信仰。《红楼梦》第八十六回写的衙门审案，就展示了"有钱能使鬼推磨"的葫芦案审判过程。虽然没有第四回"葫芦僧乱判葫芦案"中葫芦庙内小沙弥充当门子，透露了"护官符"那么精彩得令人惊悚，但它展现了翻案重审的现场，也剔出了官场运行过程中"钱"压倒"理"的葫芦案般的潜规则，其中左右其手，颠倒黑白，都是孔方兄制造的黑幕。在知县的原始审判时，薛蟠自己供认拿碗砸死酒店的当槽儿的张三，张三是地位卑下的打工仔，所谓"当槽儿的"，只不过是用来称呼酒店中跑腿的堂倌。在呆霸王看来这是小事一桩。但是一旦知县判决薛蟠偿命之后，薛姨妈只得求凤姐与贾琏花上几千银两，把知县买通。又让薛蝌撒上大把银子安排讼师、安顿证人。再次审判时，知县受贿徇私，装模作样，所有证人全都翻供，结果改判薛蟠嫌酒不好，泼掉酒时，失手将酒碗碰在低头拾物的张三脑袋上。真是"有钱能使鬼推磨"，判成误伤画供结案了事，这就把凶杀案改判成误杀案，是受贿众鬼下力气推磨的结果。接着又传说有个贵妃薨了，皇上辍朝三日。这里离陵寝不远，知县需要办差垫道，一时不得闲处理案件，使这桩葫芦案处理成了断尾巴的蜻蜓，成了打着转、乱撞头，还是存在着不同可能性的悬案。如此叙事，是将许多内幕折叠在翻案重审的皱褶之中，揭穿内幕，呈现了官场体制的暗无天日、腐败透顶，是后四十回中相当有社会批判力度的笔墨。

薛蝌留下李祥在此照料，一径回家，见了薛姨妈，陈说知县怎样徇情，怎样审断，终定了误伤，将来尸亲那里再花些银子，一准赎罪，便没事了。薛姨妈听说，暂且放心，说："正盼你来家中照应。贾府里本该谢去，况且周贵妃薨了，他们天天进去，家里空落落的。我想着要去替姨太太那边照应照应作伴儿，只是咱们家又没人。你这来的正好。"薛蝌道："我在外头原听见说是贾妃薨了，这么才赶回来的。我们元妃好好儿的，怎么说死了？”薛姨妈道：“上年原病过一次，也就好了。这回又没听见元妃有什么病。只闻那府里头几天老太太不大受用，合上眼便看见元妃娘娘。众人都不放心，直至打听起来，又没有什么事。到了大前儿晚上，老太太亲口说是‘怎么元妃独自一个人到我这里？’众人只道是病中想的话，总不信。老太太又说：‘你们不信，元妃还与我说是荣华易尽，须要退步抽身。’众人都说：‘谁不想到？这是有年纪的人思前想后的心事。’所以也不当件事。恰好第二天早起，里头吵嚷出来说娘娘病重，宣各诰命进去请安。他们就惊疑的了不得，赶着进去。他们还没有出来，我们家里已听见周贵妃薨逝了。你想外头的讹言，家里的疑心，恰碰在一处，可奇不奇！”宝钗道：“不但是外头的讹言舛错，便在家里的，一听见‘娘娘’两个字，也就都忙了，过后才明白。这两天那府里这些丫头婆子来说，他们早知道不是咱们家的娘娘。我说：‘你们那里拿得定呢？’他说道：‘前几年正月，外省荐了一个算命的，说是很准。那老太太叫人将元妃八字夹在丫头们八字里头，送出去叫他推算。他独说这正月初一日生日的那位姑娘只怕时辰错了，不然真是个贵人，也不能在这府中。老爷和众人说，不管他错不错，照八字算去。那先生便说，甲申年正月丙寅这四个字内有伤官败财，惟申字内有正官禄马，这就是家里养不住的，也不见什么好。这日子是乙卯，初春木旺，虽是比肩，那里知道愈比愈好，就像那个好木料，愈经斲削，才成大器。独喜得时上什么辛金为贵，什么巳中正官禄马独旺，这叫作飞天禄马格。又说什么日禄归时，贵重的很，天月二德坐本命，贵受椒房之宠。这位姑娘若是时辰准了，定是一位主子娘娘。这不是算准了么！我们还记得说，可惜荣华不久，只怕遇着寅年卯月，这就是比而又比，劫而又劫，譬如好木，太要做玲珑剔透，本质就不坚了。’他们把这些话都忘记了，只管瞎忙。我才想起来告诉我们大奶奶，今年那里是寅年卯月呢。”宝钗尚未说完，薛蝌急道：“且不要管人家的事，既有这样个神仙算命的，我想哥哥今年什么恶星照命，遭这么横祸，快开八字与我给他算去，看有妨碍么。”宝钗道：“他是外省来的，不知如今在京不在了。”

说着，便打点薛姨妈往贾府去。到了那里，只有李纨、探春等在家接着，便问道：“大爷的事怎么样了？”薛姨妈道：“等详上司才定，看来也到不了死罪了。”这才大家放心。探春便道：“昨晚太太想着说，上回家里有事，全仗姨太太照应，如今自己有事，也难提了。心里只是不放心。”薛姨妈道：“我在家里也是难过。只是你大哥遭了事，你二兄弟又办事去了，家里你姐姐一个人，中什么用？况且我们媳妇儿又是个不大晓事的，所以不能脱身过来。目今那里知县也正为预备周贵妃的差事，不得了结案件，所以你二兄弟回来了，我才得过来看看。”李纨便道：“请姨太太这里住几天更好。”薛姨妈点头道：“我也要在这边给你们姐妹们作作伴儿，就只你宝妹妹冷静些。”惜春道：“姨妈要惦着，为什么不把宝姐姐也请过来？”薛姨妈笑着说道：“使不得。”惜春道：“怎么使不得？他先怎么住着来呢？”李纨道：“你不懂的，人家家里如今有事，怎么来呢。”惜春也信以为实，不便再问。

正说着，贾母等回来。见了薛姨妈，也顾不得问好，便问薛蟠的事。薛姨妈细述了一遍。宝玉在旁听见什么蒋玉菡一段，当着人不问，心里打量是：“他既回了京，怎么不来瞧我？”又见宝钗也不过来，不知是怎么个原故。心内正自呆呆的想呢，恰好黛玉也来请安。宝玉稍觉心里喜欢，便把想宝钗来的念头打断，同着姊妹们在老太太那里吃了晚饭。大家散了，薛姨妈将就住在老太太的套间屋里。

笺证

写小说离不开灵妙之气，有了灵巧神妙，就能减去许多累赘的纠缠。

如《管子·内业》说："灵气在心，一来一逝，其细无内，其大无外。"内外来往，靠的是心中灵气。《红楼梦》第八十六回此节来回穿插，写得如同灵蛇蜿蜒而行，散发着灵妙之气。薛蝌在外头原听见说是贾元妃薨了，结果薨的是周贵妃。贵妃薨的消息，却引出了贾母合眼看见贾元妃对她说："荣华易尽，须要退步抽身。"这是贾母压抑在心灵深处的潜意识的泛起，阅世极深的贾母已经隐隐地担忧着靠山终会坍塌，贵族世家终会没落，才有这样的梦。继而追溯前几年曾将元妃八字夹在丫头们八字里头，请算命先生推算。推算得命中贵受椒房之宠，定是主子娘娘，可惜荣华不久，只怕遇着寅年卯月。这就以超逻辑的方式回应了第五回太虚幻境薄命司金陵十二钗正册的判词："二十年来辨是非，榴花开处照宫闱。三春争及初春景，虎兕相逢大梦归。"民俗信仰应合了太虚幻境的判词，贾府命运就是如此与人纠缠不休，悲剧色彩愈涂愈重。贾母等人要入宫应付周贵妃丧礼，家里空落落的，薛姨妈要过大观园去照应作伴，却又言者无意，听者有心，引起宝玉在旁听见而留心蒋玉菡回京的消息。宝玉又牵挂宝钗不随薛姨妈过来，不知是怎么个原故；心内正自呆呆的想呢，看见黛玉来向贾母请安，又稍觉心里喜欢。这些都如蜻蜓点水，未及细写。却有灵蛇蜿蜒的流动感，把爱情写得纯真而神秘，仿佛蒙着一层面纱，使情爱蜿蜒不灭。

宝玉回到自己房中，换了衣服，忽然想起蒋玉菡给的汗巾，便向袭人道："你那一年没有系的那条红汗巾子还有没有？"袭人道："我搁着呢，问他做什么？"宝玉道："我白问问。"袭人道："你没有听见，薛大爷相与这些混帐人，所以闹到人命关天。你还提那些作什么？有这样白操心，倒不如静静儿的念念书，把这些个没要紧的事撂开了也好。”宝玉道：“我并不闹什么，偶然想起，有也罢，没也罢，我白问一声，你们就有这些话。”袭人笑道：“并不是我多话。一个人知书达理，就该往上巴结才是。就是心爱的人来了，也叫他瞧着喜欢尊敬啊。”宝玉被袭人一提，便说：“了不得，方才我在老太太那边，看见人多，没有与林妹妹说话。他也不曾理我，散的时候他先走了，此时必在屋里，我去就来。”说着就走。袭人道：“快些回来罢，这都是我提头儿，倒招起你的高兴来了。”

宝玉也不答言，低着头，一径走到潇湘馆来。只见黛玉靠在桌上看书。宝玉走到跟前，笑说道：“妹妹早回来了。”黛玉也笑道：“你不理我，我还在那里做什么！”宝玉一面笑说：“他们人多说话，我插不下嘴去，所以没有和你说话。”一面瞧着黛玉看的那本书。书上的字一个也不认得，有的像“芍”字，有的像“茫”字，也有一个“大”字旁边“九”字加上一勾，中间又添个“五”字，也有上头“五”字“六”字又添一个“木”字，底下又是一个“五”字，看着又奇怪，又纳闷，便说：“妹妹近日愈发进了，看起天书来了。”黛玉嗤的一声笑道：“好个念书的人，连个琴谱都没有见过。”宝玉道：“琴谱怎么不知道，为什么上头的字一个也不认得。妹妹你认得么？”黛玉道：“不认得瞧他做什么？”宝玉道：“我不信，从没有听见你会抚琴。我们书房里挂着好几张，前年来了一个清客先生叫做什么嵇好古，老爷烦他抚了一曲。他取下琴来说，都使不得，还说：‘老先生若高兴，改日携琴来请教。’想是我们老爷也不懂，他便不来了。怎么你有本事藏着？”黛玉道：“我何尝真会呢。前日身上略觉舒服，在大书架上翻书，看有一套琴谱，甚有雅趣，上头讲的琴理甚通，手法说的也明白，真是古人静心养性的工夫。我在扬州也听得讲究过，也曾学过，只是不弄了，就没有了。这果真有‘三日不弹，手生荆棘’。前日看这几篇没有曲文，只有操名。我又到别处找了一本有曲文的来看着，才有意思。究竟怎么弹得好，实在也难。书上说的师旷鼓琴能来风雷龙凤；孔圣人尚学琴于师襄，一操便知其为文王；高山流水，得遇知音。”说到这里，眼皮儿微微一动，慢慢的低下头去。宝玉正听得高兴，便道：“好妹妹，你才说的实在有趣，只是我才见上头的字都不认得，你教我几个呢。”黛玉道：“不用教的，一说便可以知道的。”宝玉道：“我是个糊涂人，得教我那个‘大’字加一勾，中间一个‘五’字的。”黛玉笑道：“这‘大’字‘九’字是用左手大拇指按琴上的九徽，这一勾加‘五’字是右手钩五弦。并不是一个字，乃是一声，是极容易的。还有吟、揉、绰、注、撞、走、飞、推等法，是讲究手法的。”宝玉乐得手舞足蹈的说：“好妹妹，你既明琴理，我们何不学起来。”黛玉道：“琴者，禁也。古人制下，原以治身，涵养性情，抑其淫荡，去其奢侈。若要抚琴，必择静室高斋，或在层楼的上头，在林石的里面，或是山巅上，或是水涯上。再遇着那天地清和的时候，风清月朗，焚香静坐，心不外想，气血和平，才能与神合灵，与道合妙。所以古人说‘知音难遇’。若无知音，宁可独对着那清风明月，苍松怪石，野猿老鹤，抚弄一番，以寄兴趣，方为不负了这琴。还有一层，又要指法好，取音好。若必要抚琴，先须衣冠整齐，或鹤氅，或深衣，要如古人的像表，那才能称圣人之器，然后盥了手，焚上香，方才将身就在榻边，把琴放在案上，坐在第五徽的地方儿，对着自己的当心，两手方从容抬起，这才心身俱正。还要知道轻重疾徐，卷舒自若，体态尊重方好。”宝玉道：“我们学着顽，若这么讲究起来，那就难了。”

两个人正说着，只见紫鹃进来，看见宝玉笑说道：“宝二爷，今日这样高兴。”宝玉笑道：“听见妹妹讲究的叫人顿开茅塞，所以越听越爱听。”紫鹃道：“不是这个高兴，说的是二爷到我们这边来的话。”宝玉道：“先时妹妹身上不舒服，我怕闹的他烦。再者我又上学，因此显着就疏远了似的。”紫鹃不等说完，便道：“姑娘也是才好，二爷既这么说，坐坐也该让姑娘歇歇儿了，别叫姑娘只是讲究劳神了。”宝玉笑道：“可是我只顾爱听，也就忘了妹妹劳神了。”黛玉笑道：“说这些倒也开心，也没有什么劳神的。只是怕我只管说，你只管不懂呢。”宝玉道：“横竖慢慢的自然明白了。”说着，便站起来道：“当真的妹妹歇歇儿罢。明儿我告诉三妹妹和四妹妹去，叫他们都学起来，让我听。”黛玉笑道：“你也太受用了。即如大家学会了抚起来，你不懂，可不是对——”黛玉说到那里，想起心上的事，便缩住口，不肯往下说了。宝玉便笑道：“只要你们能弹，我便爱听，也不管牛不牛的了。”黛玉红了脸一笑，紫鹃雪雁也都笑了。

于是走出门来，只见秋纹带着小丫头捧着一小盆兰花来说：“太太那边有人送了四盆兰花来，因里头有事没有空儿顽他，叫给二爷一盆，林姑娘一盆。”黛玉看时，却有几枝双朵儿的，心中忽然一动，也不知是喜是悲，便呆呆的呆看。那宝玉此时却一心只在琴上，便说：“妹妹有了兰花，就可以做《猗兰操》了。”黛玉听了，心里反不舒服。回到房中，看着花，想到“草木当春，花鲜叶茂，想我年纪尚小，便像三秋蒲柳。若是果能随愿，或者渐渐的好来，不然，只恐似那花柳残春，怎禁得风催雨送”。想到那里，不禁又滴下泪来。紫鹃在旁看见这般光景，却想不出原故来。方才宝玉在这里那么高兴，如今好好的看花，怎么又伤起心来。正愁着没法儿劝解，只见宝钗那边打发人来。未知何事，下回分解。

笺证

林黛玉的精神世界，高雅晶莹得与清风明月相通，又敏锐纤细得与落花流水相通。一部书中有这样一种“与神合灵，与道合妙”的精神世界，就足以使各种乌烟瘴气之人自惭形秽，无地自容。第八十六回黛玉看琴谱，向宝玉讲解琴谱中怪字的奥妙，以及吟、揉、绰、注、撞、走、飞、推等手法，乐得宝玉手舞足蹈。又向宝玉讲解琴理：“琴者，禁也。古人制下，原以治身，涵养性情，抑其淫荡，去其奢侈。若要抚琴，必择静室高斋，或在层楼的上头，在林石的里面，或是山巅上，或是水涯上。再遇着那天地清和的时候，风清月朗，焚香静坐，心不外想，气血和平，才能与神合灵，与道合妙。所以古人说‘知音难遇’。若无知音，宁可独对着那清风明月，苍松怪石，野猿老鹤，抚弄一番，以寄兴趣，方为不负了这琴。还有一层，又要指法好，取音好。若必要抚琴，先须衣冠整齐，或鹤氅，或深衣，要如古人的像表，那才能称圣人之器，然后盥了手，焚上香，方才将身就在榻边，把琴放在案上，坐在第五徽的地方儿，对着自己的当心，两手方从容抬起，这才心身俱正。还要知道轻重疾徐，卷舒自若，体态尊重方好。”宝玉听了林妹妹的讲究顿开茅塞，越听越爱听。应该说，琴书即是天书，琴理沟通天理。宝黛的心灵相会于天书、天理之间。这是一种精神境界的敞开，一种命运悲悯的呈现。此时王夫人派人送来一盆兰花，宝玉说：“妹妹有了兰花，就可以做《猗兰操》了。”《猗兰操》是通于圣人境界的。东汉蔡邕《琴操·猗兰操》条目说：“《猗兰操》者，孔子所作也。孔子历聘诸侯，诸侯莫能任。自卫反鲁，过隐谷之中，见芗兰独茂，喟然叹曰：‘夫兰当为王者香，今乃独茂，与众草为伍，譬犹贤者不逢时，与鄙夫为伦也。’乃止车援琴鼓之云：‘习习谷风，以阴以雨。之子于归，远送于野。何彼苍天，不得其所。逍遥九州，无所定处。世人暗蔽，不知贤者。年纪逝迈，一身将老。’自伤不逢时，托辞于芗兰云。”[1]所谓“习习谷风，以阴以雨”云云，就是孔子所作《猗兰操》的情调了。黛玉应是体验到《猗兰操》的凄清情调，因而看着兰花，却想：“草木当春，花鲜叶茂，想我年纪尚小，便像三秋蒲柳。若是果能随愿，或者渐渐的好来，不然，只恐似那花柳残春，怎禁得风催雨送。”林黛玉将《猗兰操》的圣人境界，转化为个人的生命体验。这种生命体验，又连通了黛玉的《葬花吟》：“试看春

[1] 范煜梅编：《历代琴学资料选》，四川教育出版社2013年版，第22页。

残花渐落，便是红颜老死时。一朝春尽红颜老，花落人亡两不知！”琴兮兰兮，无不牵引着黛玉精敏柔弱的神经，高傲孤独，悲情伤感，纯然是一个诗世界的灵妙的女儿。她以琴谱琴音，徜徉于这个唯美的心灵之乡。

第八十七回
感秋深抚琴悲往事
坐禅寂走火入邪魔

却说黛玉叫进宝钗家的女人来，问了好，呈上书子。黛玉叫他去喝茶，便将宝钗来书打开看时，只见上面写着：

妹生辰不偶，家运多艰，姊妹伶仃，萱亲衰迈。兼之猇声狺语，旦暮无休。更遭惨祸飞灾，不啻惊风密雨。夜深辗侧，愁绪何堪。属在同心，能不为之愍恻乎？回忆海棠结社，序属清秋，对菊持螯，同盟欢洽。犹记"孤标傲世偕谁隐，一样花开为底迟"之句，未尝不叹冷节遗芳，如吾两人也。感怀触绪，聊赋四章，匪曰无故呻吟，亦长歌当哭之意耳。

悲时序之递嬗兮，又属清秋。感遭家之不造兮，独处离愁。北堂有萱兮，何以忘忧。无以解忧兮，我心咻咻。一解。

云凭凭兮秋风酸，步中庭兮霜叶干。何去何从兮，失我故欢。静言思之兮恻肺肝。二解。

惟鲔有潭兮，惟鹤有梁。鳞甲潜伏兮，羽毛何长。搔首问兮茫茫，高天厚地兮，谁知余之永伤。三解。

银河耿耿兮寒气侵，月色横斜兮玉漏沉。忧心炳炳兮发我哀吟，吟复吟兮寄我知音。四解。

黛玉看了，不胜伤感。又想："宝姐姐不寄与别人，单寄与我，也是惺惺惜惺惺的意思。"正在沉吟，只听见外面有人说道："林姐姐在家里呢么？"黛玉一面把宝钗的书叠起，口内便答应道："是谁？"正问着，早见几个人进来，却是探春、湘云、李纹、李绮。彼此问了好，雪雁倒上茶来，大家喝了，说些闲话。因想起前年的菊花诗来，黛玉便道："宝姐姐自从挪出去，来了两遭，如今索性有事也不来了，真真奇怪。我看他终久还来我们这里不来。"探春微笑道："怎么不来，横竖要来的。如今是他们尊嫂有些脾气，姨妈上了年纪的人，又兼有薛大哥的事，自然得宝姐姐照料一切，那里还比得先前有工夫呢。"正说着，忽听得唿喇喇一片风声，吹了好些落叶，打在窗纸上。停了一回儿，又透过一阵清香来。众人闻着，都说道："这是何处来的香风？这像什么香？"黛玉道："好像木樨香。"探春笑道："林姐姐终不脱南边人的话，这大九月里的，那里还有桂花呢。"黛玉笑道："原是啊，不然怎么不竟说是桂花香，只说似乎像呢。"湘云道："三姐姐，你也别说。你可记得'十里荷花，三秋桂子'？在南边，正是晚桂开的时候了。你只没有见过罢了，等你明日到南边去的时候，你自然也就知道了。"探春笑道："我有什么事到南边去？况且这个也是我早知道的，不用你们说嘴。"李纹、李绮只抿着嘴儿笑。黛玉道："妹妹，这可说不齐。俗语说，'人是地行仙'，今日在这里，明日就不知在那里。譬如我，原是南边人，怎么到了这里呢？"湘云拍着手笑道："今儿三姐姐可叫林姐姐问住了。不但林姐姐是南边人到这里，就是我们这几个人就不同。也有本来是北边的，也有根子是南边，生长在北边的，也有生长在南边，到这北边的，今儿大家都凑在一处。可见人总有一个定数，大凡地和人总是各自有缘分的。"众人听了都点头，探春也只是笑。又说了一会子闲话儿，大家散出。黛玉送到门口，大家都说："你身上才好些，别出来了，看着了风。"

于是黛玉一面说着话儿，一面站在门口又与四人殷勤了几句，便看着他们出院去了。进来坐着，看看已是林鸟归山，夕阳西坠。因史湘云说起南边的话，便想着:“父母若在，南边的景致，春花秋月，水秀山明，二十四桥，六朝遗迹。不少下人服侍，诸事可以任意，言语亦可不避。香车画舫，红杏青帘，惟我独尊。今日寄人篱下，纵有许多照应，自己无处不要留心。不知前生作了什么罪孽，今生这样孤凄。真是李后主说的‘此间日中，只以眼泪洗面’矣！”一面思想，不知不觉神往那里去了。

笺证

《红楼梦》是哲学，是诗学，是哲学之诗的神话。这是其“天书—人书”审美特质的内在精髓。把握精髓，就把握了关键，精髓若失，一切皆空。第八十七回宝钗传诗给黛玉，以宋玉《九辩》的悲秋情调，叹息家门变故和喧嚣，“忧心炳炳兮发我哀吟，吟复吟兮寄我知音”，她是把黛玉视为知音的。此时宝钗已知自己与宝玉在长辈撮合下的婚议，却以纯情之诗向黛玉传意，此一悖谬也。黛玉看了宝钗的诗，不胜伤感，感到“宝姐姐不寄与别人，单寄与我，也是惺惺惜惺惺的意思”。黛玉是以诗人纯情的气质来感受这个世界的，在这个世界中她毫无功利目的地选择了纯情、纯美，尽管现实世界不能容纳纯情、纯美，她也无怨无悔。此时又有探春、湘云、李纹、李绮来探望黛玉，这意味着宝钗不寄诗给这四美，是感到只有黛玉才能理解她的诗。在旁观者看来是情敌的二人，竟然在才性、趣味上相通，此二悖谬也。悖谬的因由，在于黛玉在本质上是诗人。黛玉与探春四美谈论起“人是地行仙”，萍迹于南方北方。当然也暗示了探春将远嫁南方，但更触动黛玉在林鸟归山，夕阳西坠的暮色中沉思身世:“父母若在，南边的景致，春花秋月，水秀山明，二十四桥，六朝遗迹。不少下人服侍，诸事可以任意，言语亦可不避。香车画舫，红杏青帘，惟我独尊。今日寄人篱下，纵有许多照应，自己无处不要留心。不知前生作了什么罪孽，今生这样孤凄。真是李后主说的‘此间日中，只以眼泪洗面’矣！”一面思想，不知不觉神往那里去了。黛玉的感伤，就是一首诗，一首神话的哲理诗。黛玉的感伤，牵扯着南唐李后主。清乾隆年间冯金伯《词苑萃编》卷三引《乐府纪闻》说："(南唐李)后主归宋后，与故宫人书云：'此中日夕，只以眼泪洗面。'每怀故国，词调愈工。其赋《浪淘沙》有云：'梦里不知身是客，一晌贪欢'，'流水落花春去也，天上人间'。其赋《虞美人》有云：'问君能有几多愁，恰似一江春水向东流。'旧臣闻之，有泣下者。"李后主以其纯真情感，领略到了"人生长恨""流水落花春去也"那种深刻而又广泛的天上人间的悲哀，这与林黛玉纯情、纯美的诗人感伤是一脉相通的。

紫鹃走来，看见这样光景，想着必是因刚才说起南边北边的话来，一时触着黛玉的心事了，便问道："姑娘们来说了半天话，想来姑娘又劳了神了。刚才我叫雪雁告诉厨房里给姑娘作了一碗火肉白菜汤，加了一点儿虾米儿，配了点青笋紫菜。姑娘想着好么？"黛玉道："也罢了。"紫鹃道："还熬了一点江米粥。"黛玉点点头儿，又说道："那粥该你们两个自己熬了，不用他们厨房里熬才是。"紫鹃道："我也怕厨房里弄的不干净，我们各自熬呢。就是那汤，我也告诉雪雁和柳嫂儿说了，要弄干净着。柳嫂儿说了，他打点妥当，拿到他屋里叫他们五儿瞅着炖呢。"黛玉道："我倒不是嫌人家肮脏，只是病了好些日子，不周不备，都是人家。这会子又汤儿粥儿的调度，未免惹人厌烦。"说着，眼圈儿又红了。紫鹃道："姑娘这话也是多想。姑娘是老太太的外孙女儿，又是老太太心坎儿上的。别人求其在姑娘跟前讨好儿还不能呢，那里有抱怨的。"黛玉点点头儿，因又问道："你才说的五儿，不是那日和宝二爷那边的芳官在一处的那个女孩儿？"紫鹃道："就是他。"黛玉道："不听见说要进来么？"紫鹃道："可不是，因为病了一场，后来好了才要进来，正是晴雯他们闹出事来的时候，也就耽搁住了。”黛玉道：“我看那丫头倒也还头脸儿干净。”说着，外头婆子送了汤来。雪雁出来接时，那婆子说道：“柳嫂儿叫回姑娘，这是他们五儿作的，没敢在大厨房里作，怕姑娘嫌肮脏。”雪雁答应着接了进来。黛玉在屋里已听见了，吩咐雪雁告诉那老婆子回去说，叫他费心。雪雁出来说了，老婆子自去。这里雪雁将黛玉的碗箸安放在小几儿上，因问黛玉道：“还有咱们南来的五香大头菜，拌些麻油醋可好么？”黛玉道：“也使得，只不必累赘了。”一面盛上粥来，黛玉吃了半碗，用羹匙舀了两口汤喝，就搁下了。两个丫鬟撤了下来，拭净了小几端下去，又换上一张常放的小几。黛玉漱了口，盥了手，便道：“紫鹃，添了香了没有？”紫鹃道：“就添去。”黛玉道：“你们就把那汤和粥吃了罢，味儿还好，且是干净。待我自己添香罢。”两个人答应了，在外间自吃去了。

这里黛玉添了香，自己坐着。才要拿本书看，只听得园内的风自西边直透到东边，穿过树枝，都在那里唏嗬哗喇不住的响。一回儿，檐下的铁马也只管叮叮当当的乱敲起来。一时雪雁先吃完了，进来伺候。黛玉便问道：“天气冷了，我前日叫你们把那些小毛儿衣服晾晾，可曾晾过没有？”雪雁道：“都晾过了。”黛玉道：“你拿一件来我披披。”雪雁走去将一包小毛衣服抱来，打开毡包，给黛玉自拣。只见内中夹着个绢包儿，黛玉伸手拿起打开看时，却是宝玉病时送来的旧手帕，自己题的诗，上面泪痕犹在，里头却包着那剪破了的香囊扇袋并宝玉通灵玉上的穗子。原来晾衣服时从箱中捡出，紫鹃恐怕遗失了，遂夹在这毡包里的。这黛玉不看则已，看了时也不说穿那一件衣服，手里只拿着那两方手帕，呆呆的看那旧诗。看了一回，不觉的簌簌泪下。紫鹃刚从外间进来，只见雪雁正捧着一毡包衣裳在旁边呆立，小几上却搁着剪破的香囊，两三截儿扇袋和那铰折了的穗子，黛玉手中自拿着两方旧帕，上边写着字迹，在那里对着滴泪。正是：

失意人逢失意事，新啼痕间旧啼痕。

紫鹃见了这样，知是他触物伤情，感怀旧事，料道劝也无益，只得笑着道：“姑娘还看那些东西作什么，那都是那几年宝二爷和姑娘小时一时好了，一时恼了，闹出来的笑话儿。要像如今这样斯抬斯敬，那里能把这些东西白遭塌了呢。”紫鹃这话原给黛玉开心，不料这几句话更提起黛玉初来时和宝玉的旧事来，一发珠泪连绵起来。紫鹃又劝道：“雪雁这里等着呢，姑娘披上一件罢。”那黛玉才把手帕撂下。紫鹃连忙拾起，将香袋等物包起拿开。这黛玉方披了一件皮衣，自己闷闷的走到外间来坐下。回头看见案上宝钗的诗启尚未收好，又拿出来瞧了两遍，叹道：“境遇不同，伤心则一。不免也赋四章，翻入琴谱，可弹可歌，明日写出来寄去，以当和作。”便叫雪雁将外边桌上笔砚拿来，濡墨挥毫，赋成四叠。又将琴谱翻出，借他《猗兰》《思贤》两操，合成音韵，与自己做的配齐了，然后写出，以备送与宝钗。又即叫雪雁向箱中将自己带来的短琴拿出，调上弦，又操演了指法。黛玉本是个绝顶聪明人，又在南边学过几时，虽是手生，到底一理就熟。抚了一番，夜已深了，便叫紫鹃收拾睡觉。不题。

却说宝玉这日起来梳洗了，带着焙茗正往书房中来，只见墨雨笑嘻嘻的跑来迎头说道：“二爷今日便宜了，太爷不在书房里，都放了学了。”宝玉道：“当真的么？”墨雨道：“二爷不信，那不是三爷和兰哥儿来了。”宝玉看时，只见贾环、贾兰跟着小厮们，两个笑嘻的嘴里咭咭呱呱不知说些什么，迎头来了。见了宝玉，都垂手站住。宝玉问道：“你们两个怎么就回来了？”贾环道：“今日太爷有事，说是放一天学，明儿再去呢。”宝玉听了，方回身到贾母、贾政处去禀明了，然后回到怡红院中。袭人问道：“怎么又回来了？”宝玉告诉了他，只坐了一坐儿，便往外走。袭人道：“往那里去，这样忙法？就放了学，依我说也该养养神儿了。”宝玉站住脚，低了头，说道：“你的话也是。但是好容易放一天学，还不散散去，你也该可怜我些儿了。”袭人见说的可怜，笑道："由爷去罢。"正说着，端了饭来。宝玉也没法儿，只得且吃饭，三口两口忙忙的吃完，漱了口，一溜烟往黛玉房中去了。

走到门口，只见雪雁在院中晾绢子呢。宝玉因问："姑娘吃了饭了么？"雪雁道："早起喝了半碗粥，懒待吃饭。这时候打盹儿呢。二爷且到别处走走，回来再来罢。"宝玉只得回来。

无处可去，忽然想起惜春有好几天没见，便信步走到蓼风轩来。刚到窗下，只见静悄悄一无人声。宝玉打谅他也睡午觉，不便进去。才要走时，只听屋里微微一响，不知何声。宝玉站住再听，半日又拍的一响。宝玉还未听出，只见一个人道："你在这里下了一个子儿，那里你不应么？"宝玉方知是下大棋，但只急切听不出这个人的语音是谁。底下方听见惜春道："怕什么，你这么一吃我，我这么一应，你又这么吃，我又这么应。还缓着一着儿呢，终久连得上。"那一个又道："我要这么一吃呢？"惜春道："阿嗄，还有一着'反扑'在里头呢！我倒没防备。"宝玉听了，听那一个声音很熟，却不是他们姊妹。料着惜春屋里也没外人，轻轻的掀帘进去。看时不是别人，却是那栊翠庵的槛外人妙玉。这宝玉见是妙玉，不敢惊动。妙玉和惜春正在凝思之际，也没理会。宝玉却站在旁边看他两个的手段。只见妙玉低着头问惜春道："你这个'畸角儿'不要了么？"惜春道："怎么不要。你那里头都是死子儿，我怕什么。"妙玉道："且别说满话，试试看。"惜春道："我便打了起来，看你怎么样。"妙玉却微微笑着，把边上子一接，却搭转一吃，把惜春的一个角儿都打起来了，笑着说道："这叫做'倒脱靴势'。"

惜春尚未答言，宝玉在旁情不自禁，哈哈一笑，把两个人都唬了一大跳。惜春道："你这是怎么说，进来也不言语，这么使促狭唬人。你多早晚进来的？"宝玉道："我头里就进来了，看着你们两个争这个'畸角儿'。"说着，一面与妙玉施礼，一面又笑问道："妙公轻易不出禅关，今日何缘下凡一走？"妙玉听了，忽然把脸一红，也不答言，低了头自看那棋。宝玉自觉造次，连忙陪笑道："倒是出家人比不得我们在家的俗人，头一件心是静的。静则灵，灵则慧。"宝玉尚未说完，只见妙玉微微的把眼一抬，看了宝玉一眼，复又低下头去，那脸上的颜色渐渐的红晕起来。宝玉见他不理，只得讪讪的旁边坐了。惜春还要下子，妙玉半日说道："再下罢。"便起身理理衣裳，重新坐下，痴痴的问着宝玉道："你从何处来？"宝玉巴不得这一声，好解释前头的话，忽又想道："或是妙玉的机锋。"转红了脸答应不出来。妙玉微微一笑，自和惜春说话。惜春也笑道："二哥哥，这什么难答的，你没的听见人家常说的'从来处来'么。这也值得把脸红了，见了生人的似的。"妙玉听了这话，想起自家，心上一动，脸上一热，必然也是红的，倒觉不好意思起来。因站起来说道："我来得久了，要回庵里去了。"惜春知妙玉为人，也不深留，送出门口。妙玉笑道："久已不来这里，弯弯曲曲的，回去的路头都要迷住了。"宝玉道："这倒要我来指引指引何如？"妙玉道："不敢，二爷前请。"

于是二人别了惜春，离了蓼风轩，弯弯曲曲，走近潇湘馆，忽听得叮咚之声。妙玉道："那里的琴声？"宝玉道："想必是林妹妹那里抚琴呢。"妙玉道："原来他也会这个，怎么素日不听见提起？"宝玉悉把黛玉的事述了一遍，因说："咱们去看他。"妙玉道："从古只有听琴，再没有'看琴'的。"宝玉笑道："我原说我是个俗人。"说着，二人走至潇湘馆外，在山子石坐着静听，甚觉音调清切。只听得低吟道：

风萧萧兮秋气深，美人千里兮独沉吟。望故乡兮何处，倚栏杆兮涕沾襟。歇了一回，听得又吟道：

山迢迢兮水长，照轩窗兮明月光。耿耿不寐兮银河渺茫，罗衫怯怯兮风露凉。

又歇了一歇。妙玉道："刚才'侵'字韵是第一叠，如今'阳'字韵是第二叠了。咱们再听。"里边又吟道：

子之遭兮不自由，予之遇兮多烦忧。之子与我兮心焉相投，思古人兮俾无尤。

妙玉道："这又是一拍。何忧思之深也！"宝玉道："我虽不懂得，但听他音调，也觉得过悲了。"里头又调了一回弦。妙玉道："君弦太高了，与无射律只怕不配呢。"里边又吟道：

人生斯世兮如轻尘，天上人间兮感夙因。感夙因兮不可惙，素心如何天上月。

妙玉听了，呀然失色道："如何忽作变徵之声？音韵可裂金石矣。只是太过。"宝玉道："太过便怎么？"妙玉道："恐不能持久。"正议论时，听得君弦蹦的一声断了。妙玉站起来连忙就走。宝玉道："怎么样？"妙玉道："日后自知，你也不必多说。"竟自走了。弄得宝玉满肚疑团，没精打彩的归至怡红院中，不表。

笺证

《红楼梦》前八十回贾母、凤姐好热闹，因此多演戏剧；后四十回黛玉、妙玉持守高贵的精神趣味，因此专门论琴、研修琴谱、抚琴唱曲。琴作为乐器，在古代带有神话性。《说文解字》说："琴，禁也。神农所作，洞越练朱五弦，周加二弦，象形。……古文从瑟金省声。"[1]《广雅·释乐》进一步解释："神农氏琴长三尺六寸六分，上有五弦，曰宫商角徵羽，文王增二弦，曰少宫、少商。"这里以琴长三尺六寸六分，契合周天之数，隐喻着琴音是可以通天的。第八十七回"感秋深抚琴悲往事"，叙写了黛玉论琴抚琴、宝玉问琴、妙玉宝玉听琴议琴，琴声牵系着三玉精神的丝缕，甚至牵系着三玉的命运体验。古人以琴、棋、书、画来体现高雅的文化修养，而琴居四种雅技之首。因为古琴有九德之说，九德是指奇、古、透、润、静、匀、圆、清、芳；于是琴乃君子之器，象征正德，琴也就是正乐。《孔子家语·在厄》记述孔子周游列国于陈蔡绝粮："孔子不得行。绝粮七日，外无所通，藜羹不充，从者皆病。孔子愈慷慨讲诵，弦歌不衰。"[2]弦歌，就是依琴瑟而咏歌。西汉刘向《新序·杂事第二》记载："昔者邹忌以鼓琴见齐宣王，宣王善之。邹忌曰：'夫琴者，所以象政也。'遂为王言琴之象政状，及霸王之事。宣王大悦，与语三日，遂拜以为相。”[3]邹忌以琴讽齐王纳谏，勤于政事。东汉班固《白虎通义》卷三说：“琴者，禁也，所以禁止淫邪、正人心也。”孔子以琴通向道，邹忌以琴通向政，班固以琴通向教化，琴之功能具有多维性。而《红楼梦》中的琴，主要用来标示高雅超逸的文化身份和趣味，抒发深切真诚的内心情感和悲伤思绪，通向人物的命运。事情的起因是宝钗给黛玉写了一封书信，其文曰：“妹生辰不偶，家运多艰，姊妹伶仃，萱亲衰迈。兼之猇声狺语，旦暮无休。……回忆海棠结社，序属清秋，对菊持螯，同盟欢洽。犹记‘孤标傲世偕谁隐，一样花开为底迟’之句，未尝不叹冷节遗芳，如吾两人也。感怀触绪，聊赋四章，匪曰无故呻吟，亦长歌当哭之意耳。……”附有《悲时序》四章。这书信引起黛玉的精神共鸣。黛玉将琴谱翻出，借他《猗兰》《思贤》两操，合成音韵，与自己做的配齐了，然后写出，以备送与宝钗。又即叫雪雁向箱中将自己带来的短琴拿出，调上弦，又操演了指法。黛玉本是个绝顶聪明之人，又在南边学过几时，虽是手生，到底一理就熟，抚奏到夜深。宝玉对琴谱充满好奇心，黛玉说：“看有一套琴谱，甚有雅趣，上头讲的琴理甚通，手法说的也明白，真是古人静心养性的工夫。我在扬州也听得讲究过，也曾学过，只是不弄了，就没有了。这果真是‘三日不弹，手生荆棘’。前日看这几篇没有曲文，只有操名。究竟怎么弹得好，实在也难。书上说的师旷鼓琴能来风雷龙凤；孔圣人尚学琴于师襄，一操便知其为文王；高山流水，得遇知音。”黛玉列举师旷、孔子、师襄、文王，将琴音由道引向苍茫的天宇深处。黛玉融合《猗兰》《思贤》两操，创作了骚体《风萧萧》四章。这两种琴操，依稀与孔子有关。蔡邕在《琴操·猗兰操》条目说：

❶（东汉）许慎：《说文解字》，中华书局2013年版，第267页。

❷ 高志忠：《孔子家语译注》，商务印书馆2015年版，第151页。

❸（汉）刘向编著，石光瑛校释：《新序校释》，中华书局2001年版，第201—205页。

"《猗兰操》者，孔子所作也。孔子历聘诸侯，诸侯莫能任。自卫反鲁，过隐谷之中，见芗兰独茂，喟然叹曰：'夫兰当为王者香，今乃独茂，与众草为伍，譬犹贤者不逢时，与鄙夫为伦也。'乃止车援琴鼓之云：'习习谷风，以阴以雨。之子于归，远送于野。何彼苍天，不得其所。逍遥九州，无所定处。世人暗蔽，不知贤者。年纪逝迈，一身将老。'自伤不逢时，托辞于芗兰云。"[4]南宋郑樵《通志》卷四十九《乐略》又说："《猗兰操》亦曰《幽兰操》，世言孔子作。孔子伤不逢时，以兰荠麦自喻，且云：'我虽不用，于我何伤？'言霜雪之时，荠麦乃茂，兰者取其芬香也。今此操只言猗兰，盖省辞也。"[5]至于《思贤操》，不妨参看晚清小说《海上尘天影》，又名《断肠碑》，邹弢以"梁溪司香旧尉"的名号编撰。其情节构思明显地模仿《红楼梦》，以"遣悲怀"为写作主旨，诗词歌曲、酒令猜谜、琴瑟管箫、杂技笑谈，无所不备，展示文人名妓风雅情趣。小说叙写上界"情天"中住着女娲、百花宫主、百花仙女，以及百花宫主的坐骑仙鹤，万花宫主杜兰香私助精卫真仙填海而获罪，与二十六位花神谪降人间。宫主转生为汪畹香，因家道中落，沦为妓女，在上海开立绮香园，广纳青楼女子二十四人，多为被贬下凡的百花仙女。仙鹤转生为韩秋鹤，风流倜傥，恃才狂傲，进了绮香园吟风赏月，过着雅致闲情的生活。第二十六回中，韵兰说："我再来弹七段《思贤操》你们听听。"于是再和一和，弹起来，果有视民如伤之意。后历劫期满，归天复位。女娲太君将其在尘世事绩刻在"断肠碑"上，而碑文为作者梦中所得，遂得此书。这种重述碑文的元叙事形态，与《红楼梦》一脉相承。《海上尘天影》并没有呈露《思贤操》的真容，而今人徐元白把琵琶曲《泣颜回》改编而成琴曲《思贤操》，表达孔子哀思学生颜回的情景。乐曲悲怆凄切，哀婉而韵味深长，演奏起来颇有苍朴之风。《红楼梦》第八十七回中黛玉融合《猗兰》《思贤》两操，感伤生不逢时，又思念贤明知音，但是遭遇上的痛悔，在思贤上又不能补偿，这就在人生道路上左右失据，难容于世。因而黛玉《风萧萧》四章吟唱着"风萧萧兮秋气深，美人千里兮独沉吟。望故乡兮何处，倚栏杆兮涕沾襟"；"人生斯世兮如轻尘，天上人间兮感夙因。感夙因兮不可惙，素心如何天上月"。妙玉听了，哑然失色说："如何忽作变徵之声？音韵可裂金石矣。只是太过。"只听得琴弦蹦的一声断了。妙玉悟出这是不祥之兆，"日后自知，你也不必多说"。这组琴操倾吐了美人独吟、倚栏涕泪，呼唤着以素心与天上清月对证夙因，散发着悲痛欲绝的宿命感。对比第六十四回"幽淑女悲题五美吟"，诗章情感尚有一线微光，到了这里，这线微光几乎熄灭。《五美吟》中，黛玉选取西施、虞姬、明妃、绿珠和红拂五位"可欣、可羡、可悲、可叹"的美人，以寄感慨。并在外间露天摆设一琴桌，放置龙文鼎和菱藕瓜果之类，洒泪焚香致祭。祭完，恰值宝玉、宝钗先后到来，一同观诗，宝玉题为"五美吟"。《红楼梦》中的诗歌往往"各随本人，按头制帽"，从林黛玉的《五美吟》到琴操四章，吟咏历史人物换作吟咏自己"风萧萧"的胸襟，可以窥见命运在人物心中镂刻下的斑斑创痕，抉心自食，痛何如哉。应该说，这番黛玉论琴抚琴、宝玉问琴、妙玉宝玉听琴议琴，深化了人物的心灵刻画和命运隐喻，属于后四十回中比较有神采的笔墨。

❹ 蔡邕:《琴操》，中华书局1985年版，第3—4页。

❺ （宋）郑樵:《通志二十略》，中华书局1995年版，第908页。

单说妙玉归去，早有道婆接着，掩了庵门，坐了一回，把"禅门日诵"念了一遍。吃了晚饭，点上香拜了菩萨，命道婆自去歇着，自己的禅床靠背俱已整齐，屏息垂帘，跏趺坐下，断除妄想，趋向真如。坐到三更过后，听得屋上骨碌碌一片瓦响，妙玉恐有贼来，下了禅床，出到前轩，但见云影横空，月华如水。那时天气尚不很凉，独自一个凭栏站了一回，忽听房上两个猫儿一递一声厮叫。那妙玉忽想起日间宝玉之言，不觉一阵心跳耳热。自己连忙收慑心神，走进禅房，仍到禅床上坐了。怎奈神不守舍，一时如万马奔驰，觉得禅床便恍荡起来，身子已不在庵中。便有许多王孙公子要求娶他，又有些媒婆扯扯拽拽扶他上车，自己不肯去。一回儿又有盗贼劫他，持刀执棍的逼勒，只得哭喊求救。早惊醒了庵中女尼道婆等众，都拿火来照看。只见妙玉两手撒开，口中流沫。急叫醒时，只见眼睛直竖，两颧鲜红，骂道："我是有菩萨保佑，你们这些强徒敢要怎么样！"众人都唬的没了主意，都说道："我们在这里呢，快醒转来罢。"妙玉道："我要回家去，你们有什么好人送我回去罢。"道婆道："这里就是你住的房子。"说着，又叫别的女尼忙向观音前祷告，求了签，翻开签书看时，是触犯了西南角上的阴人。就有一个说："是了。大观园中西南角上本来没有人住，阴气是有的。"一面弄汤弄水的在那里忙乱。那女尼原是自南边带来的，服侍妙玉自然比别人尽心，围着妙玉，坐在禅床上。妙玉回头道："你是谁？"女尼道："是我。"妙玉仔细瞧了一瞧，道："原来是你。"便抱住那女尼呜呜咽咽的哭起来，说道："你是我的妈呀，你不救我，我不得活了。"那女尼一面唤醒他，一面给他揉着。道婆倒上茶来喝了，直到天明才睡了。

女尼便打发人去请大夫来看脉，也有说是思虑伤脾的，也有说是热入血室的，也有说是邪祟触犯的，也有说是内外感冒的，终无定论。后请得一个大夫来看了，问："曾打坐过没有？"道婆说道："向来打坐的。"大夫道："这病可是昨夜忽然来的么？"道婆道："是。"大夫道："这是走魔入火的原故。"众人问："有碍没有？"大夫道："幸亏打坐不久，魔还入得浅，可以有救。"写了降伏心火的药，吃了一剂，稍稍平复些。外面那些游头浪子听见了，便造作许多谣言说："这样年纪，那里忍得住。况且又是很风流的人品，很乖觉的性灵，以后不知飞在谁手里，便宜谁去呢。"过了几日，妙玉病虽略好，神思未复，终有些恍惚。

一日惜春正坐着，彩屏忽然进来回道："姑娘知道妙玉师父的事吗？"惜春道："他有什么事？"彩屏道："我昨日听见邢姑娘和大奶奶那里说呢。他自从那日和姑娘下棋回去，夜间忽然中了邪，嘴里乱嚷说强盗来抢他来了，到如今还没好。姑娘你说这不是奇事吗？"惜春听了，默默无语，因想："妙玉虽然洁净，毕竟尘缘未断。可惜我生在这种人家不便出家，我若出了家时，那有邪魔缠扰，一念不生，万缘俱寂。"想到这里，蓦与神会，若有所得，便口占一偈云：“大造本无方，云何是应住。既从空中来，应向空中去。”占毕，即命丫头焚香。自己静坐了一回，又翻开那棋谱来，把孔融、王积薪等所著看了几篇。内中“荷叶包蟹势”“黄莺搏兔势”都不出奇，“三十六局杀角势”一时也难会难记，独看到“八龙走马”，觉得甚有意思。正在那里作想，只听见外面一个人走进院来，连叫彩屏。未知是谁，下回分解。

笺证

《老子》33章说：“知人者智，自知者明。胜人者有力，自胜者强。”自知、自胜，是心性修养的要点。人生最大的敌人往往就是自己，失败源自内心的崩溃，成功何尝不是从战胜自己开始？第八十七回后半节叙写妙玉“坐禅寂走火入邪魔”。妙玉听黛玉的琴音忽作变徵之声，悟出是不祥之兆，“日后自知，你也不必多说”。可以说，她做到了知人者智，但她却未能做到自知者明，自己尘缘未断，邪魔缠扰。她在禅床跏趺坐下，想断除妄想，趋向真如。坐到三更过后，听得屋上骨碌碌一片瓦响，又听到房上两个猫儿一递一声叫春，想起日间宝玉之言，不觉一阵心跳耳热。想坐禅入定，怎奈神不守舍，一时如万马奔驰，觉得禅床恍荡起来，身子已不在庵中。便有许多王孙公子要求娶她，又有些媒婆扯扯拽拽扶她上车，自己不肯去。一回儿又有盗贼劫她，持刀执棍的逼勒，只得哭喊求救，口吐白沫。日间宝玉说了什么？无非是向妙玉陪笑说：“倒是出家人比不得我们在家的俗人，头一件心是静的。静则灵，灵则慧。”妙玉要回庵时，笑说：“久已不来这里，弯弯曲曲的，回去的路头都要迷住了。”宝玉说：“这倒要我来指引指引何如？”这里一问一答，都带有禅悟的机锋，谈言微中。宝玉的话搅动了妙玉的心灵，使妙玉的脸都红了。这种尘心未断，促成了她坐禅时听见猫儿闹春，就走火入魔。猫儿闹春，声声搅动人的原欲，妙尼心头春意也被搅动，只是想用坐禅强行压抑。这种心理学、心灵学的刻画，是入木三分的。走火入魔时出现盗贼持刀执棍的劫持逼勒，这就是一种预兆，回应了第五回太虚幻境薄命司金陵十二钗正册的图画上画着一块美玉，落在泥垢之中。判词是：“欲洁何曾洁，云空未必空。可怜金玉质，终陷淖泥中。”妙玉的内心未尝腾空，难免会被浊世相扰自乱方寸，心中的美玉就掉落在泥垢之中了，这就是未能明心见性的缘故。

第八十八回
博庭欢宝玉赞孤儿
正家法贾珍鞭悍仆

却说惜春正在那里揣摩棋谱，忽听院内有人叫彩屏，不是别人却是鸳鸯的声儿。彩屏出去，同着鸳鸯进来。那鸳鸯却带着一个小丫头，提了一个小黄绢包儿。惜春笑问道："什么事？"鸳鸯道："老太太因明年八十一岁，是个暗九。许下一场九昼夜的功德，发心要写三千六百五十零一部《金刚经》。这已发出外面人写了。但是俗说《金刚经》就像那道家的符壳，《心经》才算是符胆。故此《金刚经》内必要插着《心经》，更有功德。老太太因《心经》是更要紧的，观自在又是女菩萨，所以要几个亲丁奶奶姑娘们写上三百六十五部，如此又虔诚，又洁净。咱们家中除了二奶奶，头一宗他当家没有空儿，二宗他也写不上来，其馀会写字的，不论写得多少，连东府珍大奶奶姨娘们都分了去，本家里头自不用说。"惜春听了，点头道："别的我做不来，若要写经，我最信心的。你搁下喝茶罢。"鸳鸯才将那小包儿搁在桌上，同惜春坐下。彩屏倒了一钟茶来。惜春笑问道："你写不写？"鸳鸯道："姑娘又说笑话了。那几年还好，这三四年来姑娘见我还拿了拿笔儿么。"惜春道："这却是有功德的。"鸳鸯道："我也有一件事：向来服侍老太太安歇后，自己念上米佛，已经念了三年多了。我把这个米收好，等老太太做功德的时候，我将他衬在里头供佛施食，也是我一点诚心。"惜春道："这样说来，老太太做了观音，你就是龙女了。"鸳鸯道："那里跟得上这个分儿。却是除了老太太，别的也服侍不来，不晓得前世什么缘分儿。"说着要走，叫小丫头把小绢包打开，拿出来道："这素纸一扎是写《心经》的。”又拿起一子儿藏香道：“这是叫写经时点着写的。”惜春都应了。

鸳鸯遂辞了出来，同小丫头来至贾母房中，回了一遍。看见贾母与李纨打双陆，鸳鸯旁边瞧着。李纨的骰子好，掷下去把老太太的锤打下了好几个去。鸳鸯抿着嘴儿笑。忽见宝玉进来，手中提了两个细篾丝的小笼子，笼内有几个蝈蝈儿，说道：“我听说老太太夜里睡不着，我给老太太留下解解闷。”贾母笑道：“你别瞅着你老子不在家，你只管淘气。”宝玉笑道：“我没有淘气。”贾母道：“你没淘气，不在学房里念书，为什么又弄这个东西呢。”宝玉道：“不是我自己弄的。今儿因师父叫环儿和兰儿对对子，环儿对不来，我悄悄的告诉了他。他说了，师父喜欢，夸了他两句。他感激我的情，买了来孝敬我的。我才拿了来孝敬老太太的。”贾母道：“他没有天天念书么，为什么对不上来？对不上来就叫你儒大爷爷打他的嘴巴子，看他臊不臊。你也够受了，不记得你老子在家时，一叫做诗做词，唬的倒像个小鬼儿似的，这会子又说嘴了。那环儿小子更没出息，求人替做了，就变着方法儿打点人。这么点子孩子就闹鬼闹神的，也不害臊，赶大了还不知是个什么东西呢！”说的满屋子人都笑了。贾母又问道：“兰小子呢，做上来了没有？这该环儿替他了，他又比他小了。是不是？”宝玉笑道：“他倒没有，却是自己对的。”贾母道：“我不信，不然就也是你闹了鬼了。如今你还了得，‘羊群里跑出骆驼来了，就只你大。’你又会做文章了。”宝玉笑道：“实在是他作的。师父还夸他明儿一定大有出息呢。老太太不信，就打发人叫了他来亲自试试，老太太就知道了。”贾母道：“果然这么着我才喜欢。我不过怕你撒谎。既是他做的，这孩子明儿大概还有一点儿出息。”因看着李纨，又想起贾珠来，“这也不枉你大哥哥死了，你大嫂子拉扯他一场，日后也替你大哥哥顶门壮户。”说到这里，不禁流下泪来。李纨听了这话，却也动心，只是贾母已经伤心，自己连忙忍住泪笑劝道：“这是老祖宗的馀德，我们托着老祖宗的福罢咧。只要他应得了老祖宗的话，就是我们的造化了。老祖宗看着也喜欢，怎么倒伤起心来呢。”因又回头向宝玉道：“宝叔叔明儿别这么夸他，他多大孩子，知道什么。你不过是爱惜他的意思，他那里懂得，一来二去，眼大心肥，那里还能够有长进呢。”贾母道：“你嫂子这也说的是。就只他还太小呢，也别逼㩳紧了他。小孩子胆儿小，一时逼急了，弄出点子毛病来，书倒念不成，把你的工夫都白糟踏了。”贾母说到这里，李纨却忍不住扑簌簌掉下泪来，连忙擦了。

只见贾环、贾兰也都进来给贾母请了安。贾兰又见过他母亲，然后过来在贾母旁边侍立。贾母道：“我刚才听见你叔叔说你对的好对子，师父夸你来着。”贾兰也不言语，只管抿着嘴儿笑。鸳鸯过来说道：“请示老太太，晚饭伺候下了。”贾母道：“请你姨太太去罢。”琥珀接着便叫人去王夫人那边请薛姨妈。这里宝玉、贾环退出。素云和小丫头们过来把双陆收起。李纨尚等着伺候贾母的晚饭，贾兰便跟着他母亲站着。贾母道：“你们娘儿两个跟着我吃罢。”李纨答应了。一时摆上饭来，丫鬟回来禀道：“太太叫回老太太，姨太太这几天浮来暂去，不能过来回老太太，今日饭后家去了。”于是贾母叫贾兰在身旁边坐下，大家吃饭，不必细述。

笺证

死亡是人生的大限，思想者关心死亡的哲学意义，平常人关心死亡的生物学压力。平常人离不开民俗信仰，由于九是数的极限，八十一暗藏着两个“九”，限上叠限，在人寿的民俗信仰中是非常忌讳的。第八十八回鸳鸯对惜春说：“老太太（贾母）因明年八十一岁，是个暗九。许下一场九昼夜的功德，发心要写三千六百五十零一部《金刚经》。这已发出外面人写了。但是俗说《金刚经》就像那道家的符壳，《心经》才算是符胆。故此《金刚经》内必要插着《心经》，更有功德。老太太因《心经》是更要紧的，观自在又是女菩萨，所以要几个亲丁奶奶姑娘们写上三百六十五部，如此又虔诚，又洁净。”这是民俗信仰对佛教的同化，世俗佛教实在是一个可以深入发挥的题目。《金刚经》全文约五千多字，为佛经般若部总纲。其关键理念是“一切有为法，如梦幻泡影，如露亦如电，应作如是观”，即所谓“金刚六如”。《心经》也称为《摩诃般若波罗蜜多心经》，二百六十字，是般若经系列中一部言简义丰、博大精深、提纲挈领、极为重要的经典，为大乘佛教出家及在家佛教徒日常背诵的佛经。因而贾母要用这两部佛经，破解寿命上限上叠限的卡子。《心经》的关键理念有“色不异空，空不异色，色即是空，空即是色”，如果把这两部佛经及其关键理念，拉上宝玉、黛玉、宝钗、妙玉、惜春，论道悟玄，对于《红楼梦》的空幻本旨，自是一种机不可失的深化，深化到天书之境。但行文匆匆转向“博庭欢宝玉赞孤儿”。宝玉提了两个细篾丝编的蝈蝈小笼子，要留给贾母解闷。说是贾代儒要贾环对对子，环儿对不来，宝玉悄悄的告诉了他，就买了蝈蝈孝敬宝玉。贾母说：“那环儿小子更没出息，求人替做了，就变着方法儿打点人。这么点子孩子就闹鬼闹神的，也不害臊，赶大了还不知是个什么东西呢！”确实，这里折射着贾环弯弯绕的心肠，一切行为以人情利害为准则。宝玉又夸说贾兰对上对子，“师父还夸他明儿一定大有出息呢”。贾母看着李纨，又想起贾珠来，“这也不枉你大哥哥死了，你大嫂子拉扯他一场，日后也替你大哥哥顶门壮户”。这个故事自然也可以窥见贾环的心眼，以及贾母、李纨对贾兰的期待，但总令人觉得有点“泻水置平地，各自东西南北流”，多是浅尝辄止，不及以《金刚经》《心经》为话题，加以挖掘发挥，来得深刻。

却说贾母刚吃完了饭，盥漱了，歪在床上说闲话儿。只见小丫头子告诉琥珀，琥珀过来回贾母道："东府大爷请晚安来了。"贾母道："你们告诉他，如今他办理家务乏乏的，叫他歇着去罢。我知道了。"小丫头告诉老婆子们，老婆子才告诉贾珍。贾珍然后退出。

到了次日，贾珍过来料理诸事。门上小厮陆续回了几件事，又一个小厮回道："庄头送果子来了。"贾珍道："单子呢？"那小厮连忙呈上。贾珍看时，上面写着不过是时鲜果品，还夹带菜蔬野味若干在内。贾珍看完，问向来经管的是谁。门上的回道："是周瑞。"便叫周瑞："照帐点清，送往里头交代。等我把来帐抄下一个底子，留着好对。"又叫："告诉厨房，把下菜中添几宗给送果子的来人，照常赏饭给钱。"周瑞答应了。一面叫人搬至凤姐儿院子里去，又把庄上的帐同果子交代明白。出去了一回儿，又进来回贾珍道："才刚来的果子，大爷曾点过数目没有？"贾珍道："我那里有工夫点这个呢。给了你帐，你照帐点就是了。"周瑞道："小的曾点过，也没有少，也不能多出来。大爷既留下底子，再叫送果子来的人问问，他这帐是真的假的。"贾珍道："这是怎么说，不过是几个果子罢咧，有什么要紧，我又没有疑你。"说着，只见鲍二走来，磕了一个头，说道："求大爷原旧放小的在外头伺候罢。"贾珍道："你们这又是怎么着？"鲍二道："奴才在这里又说不上话来。"贾珍道："谁叫你说话。"鲍二道："何苦来，在这里作眼睛珠儿。"周瑞接口道："奴才在这里经管地租庄子，银钱出入每年也有三五十万来往，老爷太太奶奶们从没有说过话的，何况这些零星东西。若照鲍二说起来，爷们家里的田地房产都被奴才们弄完了。"贾珍想道："必是鲍二在这里拌嘴，不如叫他出去。"因向鲍二说道："快滚罢！"又告诉周瑞说："你也不用说了，你干你的事罢。"二人各自散了。

贾珍正在厢房里歇着，听见门上闹的翻江搅海。叫人去查问，回来说道："鲍二和周瑞的干儿子打架。"贾珍道："周瑞的干儿子是谁？"门上的回道："他叫何三，本来是个没味儿的，天天在家里喝酒闹事，常来门上坐着。听见鲍二与周瑞拌嘴，他就插在里头。"贾珍道："这却可恶。把鲍二和那个什么何几给我一块儿捆起来！周瑞呢？"门上的回道："打架时他先走了。”贾珍道：“给我拿了来！这还了得了！”众人答应了。正嚷着，贾琏也回来了，贾珍便告诉了一遍。贾琏道：“这还了得！”又添了人去拿周瑞。周瑞知道躲不过，也找到了。贾珍便叫都捆上。贾琏便向周瑞道：“你们前头的话也不要紧，大爷说开了，很是了。为什么外头又打架！你们打架已经使不得，又弄个野杂种什么何三来闹，你不压伏压伏他们，倒竟走了。”就把周瑞踢了几脚。贾珍道：“单打周瑞不中用。”喝命人把鲍二和何三各人打了五十鞭子，撵了出去，方和贾琏两个商量正事。下人背地里便生出许多议论来：也有说贾珍护短的，也有说不会调停的，也有说他本不是好人，前儿尤家姊妹弄出许多丑事来，那鲍二不是他调停着二爷叫了来的吗，这会子又嫌鲍二不济事，必是鲍二的女人服侍不到了。人多嘴杂，纷纷不一。

笺证

后四十回写贵族儿女还算出色，写市井人生就露出短板。第八十八回后半的“正家法贾珍鞭悍仆”，引发事端的是周瑞，他的妻室是王夫人的陪房，他管理春秋两季的地租子，属于贾府中有权力的管家奴才。鲍二说周瑞经管地租庄子，银钱出入每年也有三五十万，暗下手脚，私自侵吞。周瑞就放纵天天喝酒闹事的干儿子何三殴打鲍二，以逞凶的方法封杀悠悠人口，这一招也够绝的。贾珍动用家法，把周瑞踢了几脚，喝命把鲍二和何三捆绑起来，各打五十鞭子，撵了出去。贾琏参与处理此事，他曾经与鲍二妻子多姑娘通奸，凤姐大闹一番后，多姑娘自缢。贾琏许了鲍二二百两银子，另娶媳妇。这是《红楼梦》第四十四回“变生不测凤姐泼醋”中的情节。如此错综复杂的人际关系和是非关系、反串关系，是有潜质可以夹荤带素地写出一篇大文章、好文章的。但是第八十八回浅尝辄止，只是下人背地里议论几句，就浮皮凑合，没有深入揭示贾府上上下下乱了章法，这是真可惜了啊！前八十回与后四十回之高低，于此可见一斑。

却说贾政自从在工部掌印，家人中尽有发财的。那贾芸听见了，也要插手弄一点事儿，便在外头说了几个工头，讲了成数，便买了些时新绣货，要走凤姐儿门子。凤姐正在房中听见丫头们说："大爷二爷都生了气，在外头打人呢。"凤姐听了，不知何故，正要叫人去问问，只见贾琏已进来了，把外面的事告诉了一遍。凤姐道："事情虽不要紧，但这风俗儿断不可长。此刻还算咱们家里正旺的时候儿，他们就敢打架。以后小辈儿们当了家，他们越发难制伏了。前年我在东府里，亲眼见过焦大吃的烂醉，躺在台阶子底下骂人，不管上上下下一混汤子的混骂。他虽是有过功的人，到底主子奴才的名分，也要存点儿体统才好。珍大奶奶不是我说是个老实头，个个人都叫他养得无法无天的。如今又弄出一个什么鲍二，我还听见是你和珍大爷得用的人，为什么今儿又打他呢？"贾琏听了这话刺心，便觉讪讪的，拿话来支开，借有事，说着就走了。

小红进来回道："芸二爷在外头要见奶奶。"凤姐一想，"他又来做什么？"便道："叫他进来罢。"小红出来，瞅着贾芸微微一笑。贾芸赶忙凑近一步问道："姑娘替我回了没有？"小红红了脸，说道："我就是见二爷的事多。"贾芸道："何曾有多少事能到里头来劳动姑娘呢。就是那一年姑娘在宝二叔房里，我才和姑娘——"小红怕人撞见，不等说完，赶忙问道："那年我换给二爷的一块绢子，二爷见了没有？"那贾芸听了这句话，喜的心花俱开，才要说话，只见一个小丫头从里面出来，贾芸连忙同着小红往里走。两个人一左一右，相离不远，贾芸悄悄的道："回来我出来还是你送出我来，我告诉你还有笑话儿呢。"小红听了，把脸飞红，瞅了贾芸一眼，也不答言。同他到了凤姐门口，自己先进去回了，然后出来，掀起帘子点手儿，口中却故意说道："奶奶请芸二爷进来呢。"

贾芸笑了一笑，跟着他走进房来，见了凤姐儿，请了安，并说："母亲叫问好。"凤姐也问了他母亲好。凤姐道："你来有什么事？"贾芸道："侄儿从前承婶娘疼爱，心上时刻想着，总过意不去。欲要孝敬婶娘，又怕婶娘多想。如今重阳时候，略备了一点儿东西。婶娘这里那一件没有，不过是侄儿一点孝心。只怕婶娘不肯赏脸。"凤姐儿笑道："有话坐下说。"贾芸才侧身坐了，连忙将东西捧着搁在旁边桌上。凤姐又道："你不是什么有馀的人，何苦又去花钱。我又不等着使。你今日来意是怎么个想头儿，你倒是实说。"贾芸道："并没有别的想头儿，不过感念婶娘的恩惠，过意不去罢咧。"说着微微的笑了。凤姐道："不是这么说。你手里窄，我很知道，我何苦白白儿使你的。你要我收下这个东西，须先和我说明白了。要是这么含着骨头露着肉的，我倒不收。"贾芸没法儿，只得站起来陪着笑儿说道："并不是有什么妄想。前几日听见老爷总办陵工，侄儿有几个朋友办过好些工程，极妥当的，要求婶娘在老爷跟前提一提。办得一两种，侄儿再忘不了婶娘的恩典。若是家里用得着，侄儿也能给婶娘出力。"凤姐道："若是别的我却可以作主。至于衙门里的事，上头呢，都是堂官司员定的，底下呢，都是那些书办衙役们办的。别人只怕插不上手。连自己的家人，也不过跟着老爷服侍服侍。就是你二叔去，亦只是为的是各自家里的事，他也并不能搀越公事。论家事，这里是踩一头儿撬一头儿的，连珍大爷还弹压不住，你的年纪儿又轻，辈数儿又小，那里缠的清这些人呢。况且衙门里头的事差不多儿也要完了，不过吃饭瞎跑。你在家里什么事作不得，难道没了这碗饭吃不成。我这是实在话，你自己回去想想就知道了。你的情意我已经领了，把东西快拿回去，是那里弄来的，仍旧给人家送了去罢。”正说着，只见奶妈子一大起带了巧姐儿进来。那巧姐儿身上穿得锦团花簇，手里拿着好些顽意儿，笑嘻嘻走到凤姐身边学舌。贾芸一见，便站起来笑盈盈的赶着说道：“这就是大妹妹么？你要什么好东西不要？”那巧姐儿便哑的一声哭了。贾芸连忙退下。凤姐道：“乖乖不怕。”连忙将巧姐揽在怀里道：“这是你芸大哥哥，怎么认起生来了。”贾芸道：“妹妹生得好相貌，将来又是个有大造化的。”那巧姐儿回头把贾芸一瞧，又哭起来，叠连几次。贾芸看这光景坐不住，便起身告辞要走。凤姐道：“你把东西带了去罢。”贾芸道：“这一点子婶娘还不赏脸？”凤姐道：“你不带去，我便叫人送到你家去。芸哥儿，你不要这么样，你又不是外人，我这里有机会，少不得打发人去叫你，没有事也没法儿，不在乎这些东东西西上的。”贾芸看见凤姐执意不受，只得红着脸道：“既这么着，我再找得用的东西来孝敬婶娘罢。”凤姐儿便叫小红拿了东西，跟着贾芸送出来。

贾芸走着，一面心中想道：“人说二奶奶利害，果然利害。一点儿都不漏缝，真正斩钉截铁，怪不得没有后世。这巧姐儿更怪，见了我好像前世的冤家似的。真正晦气，白闹了这么一天。”小红见贾芸没得彩头，也不高兴，拿着东西跟出来。贾芸接过来，打开包儿拣了两件，悄悄的递给小红。小红不接，嘴里说道：“二爷别这么着，看奶奶知道了，大家倒不好看。”贾芸道：“你好生收着罢，怕什么，那里就知道了呢。你若不要，就是瞧不起我了。”小红微微一笑，才接过来，说道：“谁要你这些东西，算什么呢。”说了这句话，把脸又飞红了。贾芸也笑道：“我也不是为东西，况且那东西也算不了什么。”说着话儿，两个已走到二门口。贾芸把下剩的仍旧揣在怀内。小红催着贾芸道：“你先去罢，有什么事情，只管来找我。我今日在这院里了，又不隔手。”贾芸点点头儿，说道：“二奶奶太利害，我可惜不能长来。刚才我说的话，你横竖心里明白，得了空儿再告诉你罢。”小红满脸羞红，说道：“你去罢，明儿也长来走走。谁叫你和他生疏呢。”贾芸道：“知道了。”贾芸说着出了院门。这里小红站在门口，怔怔的看他去远了，才回来了。

却说凤姐在房中吩咐预备晚饭，因又问道：“你们熬了粥了没有？”丫鬟们连忙去问，回来回道："预备了。"凤姐道："你们把那南边来的糟东西弄一两碟来罢。"秋桐答应了，叫丫头们伺候。平儿走来笑道："我倒忘了，今儿晌午奶奶在上头老太太那边的时候，水月庵的师父打发人来，要向奶奶讨两瓶南小菜，还要支用几个月的月银，说是身上不受用。我问那道婆来着：'师父怎么不受用？'他说：'四五天了，前儿夜里因那些小沙弥小道士里头有几个女孩子睡觉没有吹灯，他说了几次不听。那一夜看见他们三更以后灯还点着呢，他便叫他们吹灯，个个都睡着了，没有人答应，只得自己亲自起来给他们吹灭了。回到炕上，只见有两个人，一男一女，坐在炕上。他赶着问是谁，那里把一根绳子往他脖子上一套，他便叫起人来。众人听见，点上灯火一齐赶来，已经躺在地下，满口吐白沫子，幸亏救醒了。此时还不能吃东西，所以叫来寻些小菜儿的。'我因奶奶不在房中，不便给他。我说：'奶奶此时没有空儿，在上头呢，回来告诉。'便打发他回去了。才刚听见说起南菜，方想起来了，不然就忘了。"凤姐听了，呆了一呆，说道："南菜不是还有呢，叫人送些去就是了。那银子过一天叫芹哥来领就是了。"又见小红进来回道："才刚二爷差人来，说是今晚城外有事，不能回来，先通知一声。"凤姐道："是了。"

说着，只听见小丫头从后面喘吁吁的嚷着直跑到院子里来，外面平儿接着，还有几个丫头们，咕咕唧唧的说话。凤姐道："你们说什么呢？"平儿道："小丫头子有些胆怯，说鬼话。"凤姐叫那一个小丫头进来，问道："什么鬼话？"那丫头道："我才刚到后边去叫打杂儿的添煤，只听得三间空屋子里哗喇哗喇的响，我还道是猫儿耗子，又听得嗳的一声，像个人出气儿的似的。我害怕，就跑回来了。"凤姐骂道："胡说！我这里断不兴说神说鬼，我从来不信这些个话。快滚出去罢。”那小丫头出去了。凤姐便叫彩明将一天零碎日用帐对过一遍，时已将近二更。大家又歇了一回，略说些闲话，遂叫各人安歇去罢。凤姐也睡下了。

将近三更，凤姐似睡不睡，觉得身上寒毛一乍，自己惊醒了，越躺着越发起渗来，因叫平儿、秋桐过来作伴。二人也不解何意。那秋桐本来不顺凤姐，后来贾琏因尤二姐之事不大爱惜他了，凤姐又笼络他，如今倒也安静，只是心里比平儿差多了，外面情儿。今见凤姐不受用，只得端上茶来。凤姐喝了一口，道：“难为你，睡去罢，只留平儿在这里就够了。”秋桐却要献勤儿，因说道：“奶奶睡不着，倒是我们两个轮流坐坐也使得。”凤姐一面说，一面睡着了。平儿、秋桐看见凤姐已睡，只听得远远的鸡叫了，二人方都穿着衣服略躺了一躺，就天亮了，连忙起来服侍凤姐梳洗。凤姐因夜中之事，心神恍惚不宁，只是一味要强，仍然扎挣起来。正坐着纳闷，忽听个小丫头子在院里问道：“平姑娘在屋里么？”平儿答应了一声，那小丫头掀起帘子进来，却是王夫人打发过来来找贾琏，说：“外头有人回要紧的官事。老爷才出了门，太太叫快请二爷过去呢。”凤姐听见唬了一跳。未知何事，下回分解。

笺证

这八十八回写得藏头缩尾，笔力不济，不善于组织大事件。宝玉夸奖贾兰有出息，贾珍严惩打架闹事的奴才，都是雨过地皮湿，并无令人心灵震撼的认真发掘。接着又写贾政在工部掌印，家人中尽有发财的。贾芸听见了，也要插手弄点工程来做，就买了些时新绣货，走凤姐门子。凤姐推托衙门里的事，上头都是堂官司员定的，底下都是那些书办衙役们办的，别人只怕插不上手。衙门里头的事差不多儿也要完了，要贾芸把孝敬的礼物拿回去。此事才打发，平儿就来禀告水月庵的师父打发人来讨两瓶南小菜，支用几个月的月银。派来的道婆说，前儿夜里小沙弥里有几个女孩子吹灯睡觉，发现一男一女，坐在炕上。小沙弥追问是谁，脖子却被绳子套住，躺在地下，满口吐白沫子。此时还不能吃东西，所以叫来寻些小菜儿的。凤姐受到尼庵闹鬼的刺激，心中也闹起鬼来，心神恍惚不宁之际又听丫头说：“我才刚到后边去叫打杂儿的添煤，只听得三间空屋子里哗喇哗喇的响，我还道是猫儿耗子，又听得嗳的一声，像个人出气儿的似的。我害怕，就跑回来了。”凤姐因此夜间不能入睡，要秋桐、平儿来作伴，天明忽有小丫头子说，王夫人打发过来来找贾琏，有要紧的官事，吓了凤姐一跳。如此叙事，纠三缠四，拖泥带水，没有形成众多现象环绕的内核。只不过从侧面渲染出贵族府邸鬼影憧憧，连本来不惧鬼神的凤姐也变得精神恍惚，这就牵系着贾府阴暗凄凉，气数将尽了。

第八十九回

人亡物在公子填词
蛇影杯弓颦卿绝粒

却说凤姐正自起来纳闷，忽听见小丫头这话，又唬了一跳，连忙问道："什么官事？"小丫头道："也不知道。刚才二门上小厮回进来，回老爷有要紧的官事，所以太太叫我请二爷来了。"凤姐听是工部里的事，才把心略略的放下，因说道："你回去回太太，就说二爷昨日晚上出城有事，没有回来。打发人先回珍大爷去罢。"那丫头答应着去了。

一时贾珍过来见了部里的人，问明了，进来见了王夫人，回道："部中来报，昨日总河奏到河南一带决了河口，湮没了几府州县。又要开销国帑，修理城工。工部司官又有一番照料，所以部里特来报知老爷的。"说完退出，及贾政回家来回明。从此直到冬间，贾政天天有事，常在衙门里。宝玉的工课也渐渐松了，只是怕贾政觉察出来，不敢不常在学房里去念书，连黛玉处也不敢常去。

那时已到十月中旬，宝玉起来要往学房中去。这日天气陡寒，只见袭人早已打点出一包衣服，向宝玉道："今日天气很冷，早晚宁使暖些。"说着，把衣服拿出来给宝玉挑了一件穿。又包了一件，叫小丫头拿出交给焙茗，嘱咐道："天气凉，二爷要换时，好生预备着。"焙茗答应了，抱着毡包，跟着宝玉自去。宝玉到了学房中，做了自己的工课，忽听得纸窗呼喇喇一派风声。代儒道："天气又发冷。"把风门推开一看，只见西北上一层层的黑云渐渐往东南扑上来。焙茗走进来回宝玉道："二爷，天气冷了，再添些衣服罢。”宝玉点点头儿。只见焙茗拿进一件衣服来，宝玉不看则已，看了时神已痴了。那些小学生都巴着眼瞧，却原是晴雯所补的那件雀金裘。宝玉道：“怎么拿这一件来！是谁给你的？”焙茗道：“是里头姑娘们包出来的。”宝玉道：“我身上不大冷，且不穿呢，包上罢。”代儒只当宝玉可惜这件衣服，却也心里喜他知道俭省。焙茗道：“二爷穿上罢，着了凉，又是奴才的不是了。二爷只当疼奴才罢。”宝玉无奈，只得穿上，呆呆的对着书坐着。代儒也只当他看书，不甚理会。晚间放学时，宝玉便往代儒托病告假一天。代儒本来上年纪的人，也不过伴着几个孩子解闷儿，时常也八病九痛的，乐得去一个少操一日心。况且明知贾政事忙，贾母溺爱，便点点头儿。

宝玉一径回来，见过贾母、王夫人，也是这样说，自然没有不信的，略坐一坐便回园中去了。见了袭人等，也不似往日有说有笑的，便和衣躺在炕上。袭人道：“晚饭预备下了，这会儿吃还是等一等儿？”宝玉道：“我不吃了，心里不舒服。你们吃去罢。”袭人道：“那么着你也该把这件衣服换下来了，那个东西那里禁得住揉搓。”宝玉道：“不用换。”袭人道：“倒也不但是娇嫩物儿，你瞧瞧那上头的针线也不该这么糟蹋他呀。”宝玉听了这话，正碰在他心坎儿上，叹了一口气道：“那么着，你就收起来给我包好了，我也总不穿他了。”说着，站起来脱下。袭人才过来接时，宝玉已经自己叠起。袭人道：“二爷怎么今日这样勤谨起来了？”宝玉也不答言，叠好了，便问：“包这个的包袱呢？”麝月连忙递过来，让他自己包好，回头却和袭人挤着眼儿笑。宝玉也不理会，自己坐着，无精打彩，猛听架上钟响，自己低头看了看表，针已指到酉初二刻了。一时小丫头点上灯来。袭人道：“你不吃饭，喝一口粥儿罢。别净饿着，看仔细饿上虚火来，那又是我们的累赘了。”宝玉摇摇头儿，说：“不大饿，强吃了倒不受用。”袭人道：“既这么着，就索性早些歇着罢。”于是袭人麝月铺设好了，宝玉也就歇下，翻来复去只睡不着，将及黎明，反朦胧睡去，不一顿饭时，早又醒了。

此时袭人麝月也都起来。袭人道：“昨夜听着你翻腾到五更多，我也不敢问你。后来我就睡着了，不知到底你睡着了没有？”宝玉道：“也睡了一睡，不知怎么就醒了。”袭人道：“你没有什么不受用？”宝玉道：“没有，只是心上发烦。”袭人道：“今日学房里去不去？”宝玉道：“我昨儿已经告了一天假了，今儿我要想园里逛一天，散散心，只是怕冷。你叫他们收拾一间房子，备下一炉香，搁下纸墨笔砚。你们只管干你们的，我自己静坐半天才好。别叫他们来搅我。”麝月接着道：“二爷要静静儿的用工夫，谁敢来搅。”袭人道：“这么着很好，也省得着了凉。自己坐坐，心神也不散。”因又问：“你既懒待吃饭，今日吃什么？早说好传给厨房里去。”宝玉道：“还是随便罢，不必闹的大惊小怪的。倒是要几个果子搁在那屋里，借点果子香。”袭人道：“那个屋里好？别的都不大干净，只有晴雯起先住的那一间，因一向无人，还干净，就是清冷些。”宝玉道：“不妨，把火盆挪过去就是了。”袭人答应了。正说着，只见一个小丫头端了一个茶盘儿，一个碗，一双牙箸，递给麝月道：“这是刚才花姑娘要的，厨房里老婆子送了来了。”麝月接了一看，却是一碗燕窝汤，便问袭人道：“这是姐姐要的么？”袭人笑道：“昨夜二爷没吃饭，又翻腾了一夜，想来今日早起心里必是发空的，所以我告诉小丫头们叫厨房里作了这个来的。”袭人一面叫小丫头放桌儿，麝月打发宝玉喝了，漱了口。只见秋纹走来说道：“那屋里已经收拾妥了，但等着一时炭劲过了，二爷再进去罢。”宝玉点头，只是一腔心事，懒怠说话。一时小丫头来请，说笔砚都安放妥当了。宝玉道：“知道了。”又一个小丫头回道：“早饭得了。二爷在那里吃？”宝玉道：“就拿了来罢，不必累赘了。”小丫头答应了自去。一时端上饭来，宝玉笑了一笑，向袭人麝月道：“我心里闷得很，自己吃只怕又吃不下去，不如你们两个同我一块儿吃，或者吃的香甜，我也多吃些。”麝月笑道：“这是二爷的高兴，我们可不敢。”袭人道：“其实也使得，我们一处喝酒，也不止今日。只是偶然替你解闷儿还使得，若认真这样，还有什么规矩体统呢。”说着三人坐下。宝玉在上首，袭人麝月两个打横陪着。吃了饭，小丫头端上漱口茶，两个看着撤了下去。宝玉因端着茶，默默如有所思，又坐了一坐，便问道：“那屋里收拾妥了么？”麝月道：“头里就回过了，这回子又问。”

宝玉略坐了一坐，便过这间屋子来，亲自点了一炷香，摆上些果品，便叫人出去，关上了门。外面袭人等都静悄无声。宝玉拿了一幅泥金角花的粉红笺出来，口中祝了几句，便提起笔来写道：“怡红主人焚付晴姐知之，酌茗清香，庶几来飨。”其词云：“随身伴，独自意绸缪。谁料风波平地起，顿教躯命即时休。孰与话轻柔。东逝水，无复向西流。想象更无怀梦草，添衣还见翠云裘。脉脉使人愁。”

写毕，就在香上点个火焚化了。静静儿等着，直待一炷香点尽了，才开门出来。袭人道：“怎么出来了？想来又闷的慌了。”宝玉笑了一笑，假说道：“我原是心里烦，才找个地方儿静坐坐儿。这会子好了，还要外头走走去呢。”

笺证

第八十九回宝玉祭奠晴雯，回应了第七十八回“痴公子杜撰芙蓉诔”，这是深探人物精神皱褶的循环叙事。宝玉上学，由于天寒，袭人在包袱里装上雀金裘。宝玉因由雀金裘，睹物思人，思念起病中补雀金裘的晴雯。回到怡红院，茶饭不思，彻夜难眠，就在晴雯住过的房间里焚香供果，写了一首词，烧了祭晴雯。词云：“随身伴，独自意绸缪。谁料风波平地起，顿教躯命即时休。孰与话轻柔。东逝水，无复向西流。想象更无怀梦草，添衣还见翠云裘。脉脉使人愁。”词中与雀金裘（翠云裘）相对的是“怀梦草”。典故出自东汉郭宪《洞冥记》卷三：“有梦草，似蒲，色红。昼缩入地，夜则出，亦名怀莫。怀其叶，则知梦之吉凶，立验也。帝思李夫人之容，不可得，朔乃献一枝，帝怀之，夜果梦夫人。因改曰怀梦草。”[1]晋王嘉《拾遗记》又说：“[汉]宣帝地节元年，乐浪之东，有背明之国，来贡其方物。言其乡在扶桑之东，见日出于西方。……有梦草，叶如蒲，茎如蓍，采之以占吉凶，万不遗一。”[2]宝玉取义于《洞冥记》，以汉武帝思念李夫人的颜容，不可得见，东方朔乃献一枝怀梦草，武帝怀抱而睡，夜里果然梦见李夫人。并以此比喻宝玉没有怀梦草，不能使晴雯入梦，只能对着雀金裘而寄托思念之情。如此咀嚼心头之痛，无补于现实的丝毫改变，也是宝玉孤独无助的悲哀。应该说，隔了十一回的这种呼应，牵动了宝玉的深层神经。这种呼应是不可少的，可见续作者又何尝不是心细如发，使得行文中情思缠绵，鬼影缠绵。

说着，一径出来，到了潇湘馆中，在院里问道：“林妹妹在家里呢么？”紫鹃接应道：“是谁？”掀帘看时，笑道：“原来是宝二爷。姑娘在屋里呢，请二爷到屋里坐着。”宝玉同着紫鹃走进来。黛玉却在里间呢，说道：“紫鹃，请二爷屋里坐罢。”宝玉走到里间门口，看见新写的一副紫墨色泥金云龙笺的小对，上写着：“绿窗明月在，青史古人空。”宝玉看了，笑了一笑，走入门去，笑问道：“妹妹做什么呢？”黛玉站起来迎了两步，笑着让道：“请坐。我在这里写经，只剩得两行了，等写完了再说话儿。”因叫雪雁倒茶。宝玉道：“你别动，只管写。”说着，一面看见中间挂着一幅单条，上面画着一个嫦娥，带着一个侍者。又一个女仙，也有一个侍者，捧着一个长长儿的衣囊似的，二人身边略有些云护，别无点缀，全仿李龙眠白描笔意，上有“斗寒图”三字，用八分书写着。宝玉道：“妹妹这幅《斗寒图》可是新挂上的？”黛玉道：“可不是。昨日他们收拾屋子，我想起来，拿出来叫他们挂上的。”宝玉道：“是什么出处？”黛玉笑道：“眼前熟的很的，还要问人。”宝玉笑道：“我一时想不起，妹妹告诉我罢。”黛玉道：“岂不闻‘青女素娥俱耐冷，月中霜里斗婵娟’。”宝玉道：“是啊。这个实在新奇雅致，却好此时拿出来挂。”说着，又东瞧瞧，西走走。

雪雁沏了茶来，宝玉吃着。又等了一会子，黛玉经才写完，站起来道：“简慢了。”宝玉笑道：“妹妹还是这么客气。”但见黛玉身上穿着月白绣花小毛皮袄，加上银鼠坎肩。头上挽着随常云髻，簪上一枝赤金匾簪，别无花朵。腰下系着杨妃色绣花绵裙。真比如：

亭亭玉树临风立，冉冉香莲带露开。

宝玉因问道：“妹妹这两日弹琴来着没有？”黛玉道：“两日没弹了。因为写字已经觉得手冷，那里还去弹琴。”宝玉道：“不弹也罢了。我想琴虽是清高之品，却不是好东西，从没有弹琴里弹出富贵寿考来的，只有弹出忧思怨乱来的。再者弹琴也得心里记谱，未免费心。依我说，妹妹身子又单弱，不操这心也罢了。”黛玉抿着嘴儿笑。宝玉指着壁上道：“这张琴可就是么？怎么这么短？”黛玉笑道：“这张琴不是短，因我小时学抚的时候别的琴都够不着，因此特地做起来的。虽不是焦尾枯桐，这鹤山凤尾还配得齐整，龙池雁足高下还相宜。你看这断纹不是牛旄似的么，所以音韵也还清越。”宝玉道：“妹妹这几天来做诗没有？”黛玉道：“自结社以后没大作。”宝玉笑道：“你别瞒我，我听见你吟的什么‘不可惙，素心如何天上月’，你搁在琴里觉得音响分外的响亮。有的没有？”黛玉道：“你怎么听见了？”宝玉道：“我那一天从蓼风轩来听见的，又恐怕打断你的清韵，所以静听了一会就走了。我正要问你：前路是平韵，到末了儿忽转了仄韵，是个什么意思？”黛玉道：“这是人心自然之音，做到那里就到那里，原没有一定的。”宝玉道：“原来如此。可惜我不知音，枉听了一会子。”黛玉

❶王根林等校点：《汉魏六朝笔记小说大观》，上海古籍出版社1999年版，第132页。

❷（前秦）王嘉等撰，王根林等校点：《拾遗记》，上海古籍出版社2012年版，第40—41页。

道："古来知音人能有几个？"宝玉听了，又觉得出言冒失了，又怕寒了黛玉的心，坐了一坐，心里像有许多话，却再无可讲的。黛玉因方才的话也是冲口而出，此时回想，觉得太冷淡些，也就无话。宝玉一发打量黛玉设疑，遂讪讪的站起来说道："妹妹坐着罢，我还要到三妹妹那里瞧瞧去呢。"黛玉道："你若是见了三妹妹，替我问候一声罢。"宝玉答应着便出来了。

笺证

这八十九回写得颇有步骤，先写宝玉祭晴雯，作为会黛玉的铺垫，晴雯作为黛玉的影子，至此依然形影不离。铺垫是从第五十二回"勇晴雯病补雀金裘"抽出线头的。宝玉往家塾上学，袭人打点出一包衣服，交给焙茗，嘱咐天气凉，预备好给宝玉换衣服，换上的竟然是晴雯所补的那件雀金裘。睹物思人，才有宝玉在怡红院晴雯起先住的那间房里，摆上果品，点了一炷香，提笔写了祝祷辞，焚化以祭晴雯。祭晴雯之情，连结着思黛玉之心。顺着这条精神丝缕，然后才是宝玉到潇湘馆看望黛玉，却看见新写的一副紫墨色泥金云龙笺的小对上写着："绿窗明月在，青史古人空。"此句出自唐人崔颢《题沈隐侯八咏楼》："梁日东阳守，为楼望越中。绿窗明月在，青史古人空。江静闻山狖，川长数塞鸿。登临白云晚，流恨此遗风。"[3]月在人空，空幻之感直通云天。宝玉又看见中间挂着一幅单条，是画着一个嫦娥，带着一个侍者的"斗寒图"，取意于唐代诗人李商隐《霜月》诗："初闻征雁已无蝉，百尺楼南水接天。青女素娥俱耐冷，月中霜里斗婵娟。"此诗写霜月，不从霜月本身着笔，而写月中霜里的素娥和青衣；青女、素娥在诗里是作为霜和月的象征的，由此勾摄了清秋的魂魄，霜月的精神，托兴幽渺，高情远意，意境清幽空灵，冷艳绝俗。黛玉言诗，原本推崇王维、李白、杜甫，这是对初学诗者指点入门路径；于此又多了一个李商隐，这是对自己说的，迷恋于李商隐的深情、缠绵、绮丽、精巧的诗格。宝玉又问黛玉近日是否弹琴，欣赏完黛玉小时弹的短琴，黛玉叹息："古来知音人能有几个？"叙事充满象征性，关联着李商隐诗的象征性，黛玉寻求知音，但寻求到的是“青史古人空”中的那个“空”字，“斗寒图”画着嫦娥带着侍者，隐喻着黛玉就是嫦娥，要返回神话的月宫，魂魄飞升，“月中霜里斗婵娟”。黛玉在晚唐李商隐伤感哀苦的情绪中找到了精神契合点，愁怀缠绵，一往情深。诗心从盛唐转向晚唐，清冷孤独中多了几分沁入心脾的感伤。

黛玉送至屋门口，自己回来闷闷的坐着，心里想道：“宝玉近来说话半吐半吞，忽冷忽热，也不知他是什么意思。”正想着，紫鹃走来道：“姑娘，经不写了？我把笔砚都收好了？”黛玉道：“不写了，收起去罢。”说着，自己走到里间屋里床上歪着，慢慢的细想。紫鹃进来问道：“姑娘喝碗茶罢？”黛玉道：“不喝呢。我略歪歪儿，你们自己去罢。”

紫鹃答应着出来，只见雪雁一个人在那里发呆。紫鹃走到他跟前问道：“你这会子也有了什么心事了么？”雪雁只顾发呆，倒被他唬了一跳，因说道：“你别嚷，今日我听见了一句话，我告诉你听，奇不奇。你可别言语。”说着，往屋里努嘴儿。因自己先行，点着头儿叫紫鹃同他出来，到门外平台底下，悄悄儿的道：“姐姐你听见了么？宝玉定了亲了！”紫鹃听见，唬了一跳，说道：“这是那里来的话？只怕不真罢。”雪雁道：“怎么不真，别人大概都知道，就只咱们没听见。”紫鹃道：“你是那里听来的？”雪雁道：“我听见侍书说的，是个什么知府家，家资也好，人才也好。”紫鹃正听时，只听得黛玉咳嗽了一声，似乎起来的光景。紫鹃恐怕他出来听见，便拉了雪雁摇摇手儿，往里望望，不见动静，才又悄悄儿的问道：“他到底怎么说来？”雪雁道：“前儿不是叫我到三姑娘那里去道谢吗，三姑娘不在屋里，只有侍书在那里。大家坐着，无意中说起宝二爷

❸（唐）崔颢、（唐）崔国辅著，万竞君注：《崔颢诗注 崔国辅诗注》，上海古籍出版社1982年版，第30页。

的淘气来，他说宝二爷怎么好，只会顽儿，全不像大人的样子，已经说亲了，还是这么呆头呆脑。我问他定了没有，他说是定了，是个什么王大爷做媒的。那王大爷是东府里的亲戚，所以也不用打听，一说就成了。"紫鹃侧着头想了一想，"这句话奇！"又问道："怎么家里没有人说起？"雪雁道："侍书也说的是老太太的意思。若一说起，恐怕宝玉野了心，所以都不提起。侍书告诉了我，又叮嘱千万不可露风，说出来只道是我多嘴。"把手往里一指，"所以他面前也不提。今日是你问起，我不犯瞒你。"

正说到这里，只听鹦鹉叫唤，学着说："姑娘回来了，快倒茶来！"倒把紫鹃、雪雁吓了一跳，回头并不见有人，便骂了鹦鹉一声，走进屋内。只见黛玉喘吁吁的刚坐在椅子上，紫鹃搭讪着问茶问水。黛玉问道："你们两个那里去了？再叫不出一个人来。"说着便走到炕边，将身子一歪，仍旧倒在炕上，往里躺下，叫把帐子撩下。紫鹃、雪雁答应出去，他两个心里疑惑方才的话只怕被他听了去了，只好大家不提。谁知黛玉一腔心事，又窃听了紫鹃、雪雁的话，虽不很明白，已听得了七八分，如同将身撂在大海里一般。思前想后，竟应了前日梦中之谶，千愁万恨，堆上心来。左右打算，不如早些死了，免得眼见了意外的事情，那时反倒无趣。又想到自己没了爹娘的苦，自今以后，把身子一天一天的糟踏起来，一年半载，少不得身登清净。打定了主意，被也不盖，衣也不添，竟是合眼装睡。紫鹃和雪雁来伺候几次，不见动静，又不好叫唤。晚饭都不吃。点灯已后，紫鹃掀开帐子，见已睡著了，被窝都蹬在脚后。怕他着了凉，轻轻儿拿来盖上。黛玉也不动，单待他出去，仍然褪下。那紫鹃只管问雪雁："今儿的话到底是真的是假的？"雪雁道："怎么不真。"紫鹃道："侍书怎么知道的？"雪雁道："是小红那里听来的。"紫鹃道："头里咱们说话，只怕姑娘听见了，你看刚才的神情，大有原故。今日以后，咱们倒别提这件事了。"说着，两个人也收拾要睡。紫鹃进来看时，只见黛玉被窝又蹬下来，复又给他轻轻盖上。一宿晚景不提。

次日，黛玉清早起来，也不叫人，独自一个呆呆的坐着。紫鹃醒来，看见黛玉已起，便惊问道："姑娘怎么这么早？"黛玉道："可不是，睡得早，所以醒得早。”紫鹃连忙起来，叫醒雪雁，伺候梳洗。那黛玉对着镜子，只管呆呆的自看。看了一回，那泪珠儿断断连连，早已湿透了罗帕。正是：

瘦影正临春水照，卿须怜我我怜卿。

紫鹃在旁也不敢劝，只怕倒把闲话勾引旧恨来。迟了好一会，黛玉才随便梳洗了，那眼中泪渍终是不干。又自坐了一会，叫紫鹃道：“你把藏香点上。”紫鹃道：“姑娘，你睡也没睡得几时，如何点香？不是要写经？”黛玉点点头儿。紫鹃道：“姑娘今日醒得太早，这会子又写经，只怕太劳神了罢。”黛玉道：“不怕，早完了早好。况且我也并不是为经，倒借着写字解解闷儿。以后你们见了我的字迹，就算见了我的面儿了。”说着，那泪直流下来。紫鹃听了这话，不但不能再劝，连自己也掌不住滴下泪来。

原来黛玉立定主意，自此已后，有意糟踏身子，茶饭无心，每日渐减下来。宝玉下学时，也常抽空问候，只是黛玉虽有万千言语，自知年纪已大，又不便似小时可以柔情挑逗，所以满腔心事，只是说不出来。宝玉欲将实言安慰，又恐黛玉生嗔，反添病症。两个人见了面，只得用浮言劝慰，真真是亲极反疏了。那黛玉虽有贾母、王夫人等怜恤，不过请医调治，只说黛玉常病，那里知他的心病。紫鹃等虽知其意，也不敢说。从此一天一天的减，到半月之后，肠胃日薄，一日果然粥都不能吃了。黛玉日间听见的话，都似宝玉娶亲的话，看见怡红院中的人，无论上下，也像宝玉娶亲的光景。薛姨妈来看，黛玉不见宝钗，越发起疑心，索性不要人来看望，也不肯吃药，只要速死。睡梦之中，常听见有人叫宝二奶奶的。一片疑心，竟成蛇影。一日竟是绝粒，粥也不喝，恹恹一息，垂毙殆尽。未知黛玉性命如何，且看下回分解。

笺证

第八十九回形容黛玉的引诗“瘦影正临春水照，卿须怜我我怜卿”，出自晚明张岱《西湖梦寻》卷三《小青佛舍》的记述：“小青，广陵人。十岁时遇老尼，口授《心经》，一过成诵。尼曰：‘是儿早慧福薄，乞付我作弟子。’母不许。长好读书，解音律，善奕棋。误落武林富人，为其小妇。大妇奇妒，凌逼万状。一日携小青往天竺，大妇曰：‘西方佛无量，乃世独礼大士，何耶？’小青曰：‘以慈悲故耳。’大妇笑曰：‘我亦慈悲若。’乃匿之孤山佛舍，令一尼与俱。小青无事，辄临池自照，好与影语，絮絮如问答，人见辄止。故其诗有‘瘦影自临春水照，卿须怜我我怜卿’之句。后病瘵，绝粒，日饮梨汁少许，奄奄待尽。乃呼画师写照，更换再三，都不谓似。后画师注视良久，匠意妖纤。乃曰：‘是矣。’以梨酒供之榻前，连呼‘小青，小青’，一恸而绝，年仅十八。”[4]小青的才情、遭际和绝粒而死，颇令人联想到黛玉，而且是笼罩着死亡阴影的黛玉。黛玉偷听到雪雁、紫鹃议论起有头无尾、半真半假的宝玉婚事，精神为此崩溃，就立定主意，糟蹋身子，茶饭无心，睡觉不盖被子。又幻见宝玉娶亲的情景，一片疑心，杯弓蛇影。竟至绝粒，粥也不喝，恹恹一息，垂毙殆尽。绛珠还泪的宿债，至此已一步一步接近终点。由宝玉穿雀金裘，供果焚香祭晴雯，到黛玉作贱身子，绝食殆死，死者亦已矣，生者又何如？这就令人联想到陶渊明五十一岁作《拟挽歌辞》曰：“有生必有死，早终非命促。昨暮同为人，今旦在鬼录。魂气散何之？枯形寄空木。……亲戚或余悲，他人亦已歌。死去何所道，托体同山阿。”[5]第八十九回行文层层皴染，悲剧气氛愈益浓厚，应该说这种描写直指宝玉、黛玉、晴雯的情缘和命运，是不乏力度的。

[4] （明）张岱著，俞琼颖评注：《西湖梦寻评注》，上海三联书店2014年版，第159页。

[5] （晋）陶渊明：《陶渊明集》，上海古籍出版社2015年版，第125—126页。

第九十回

失绵衣贫女耐嗷嘈
送果品小郎惊叵测

却说黛玉自立意自戕之后，渐渐不支，一日竟至绝粒。从前十几天内，贾母等轮流看望，他有时还说几句话。这两日索性不大言语。心里虽有时昏晕，却也有时清楚。贾母等见他这病不似无因而起，也将紫鹃、雪雁盘问过两次，两个那里敢说。便是紫鹃欲向侍书打听消息，又怕越闹越真，黛玉更死得快了，所以见了侍书，毫不提起。那雪雁是他传话弄出这样缘故来，此时恨不得长出百十个嘴来说“我没说”，自然更不敢提起。到了这一天黛玉绝粒之日，紫鹃料无指望了，守着哭了会子，因出来偷向雪雁道:“你进屋里来好好儿的守着他。我去回老太太、太太和二奶奶去，今日这个光景大非往常可比了。”雪雁答应，紫鹃自去。

这里雪雁正在屋里伴着黛玉，见他昏昏沉沉，小孩子家那里见过这个样儿，只打谅如此便是死的光景了，心中又痛又怕，恨不得紫鹃一时回来才好。正怕着，只听窗外脚步走响，雪雁知是紫鹃回来，才放下心了，连忙站起来掀着里间帘子等他。只见外面帘子响处，进来了一个人，却是侍书。那侍书是探春打发来看黛玉的，见雪雁在那里掀着帘子，便问道:“姑娘怎么样？”雪雁点点头儿叫他进来。侍书跟进来，见紫鹃不在屋里，瞧了瞧黛玉，只剩得残喘微延，唬的惊疑不止，因问:“紫鹃姐姐呢？”雪雁道:“告诉上屋里去了。”那雪雁此时只打谅黛玉心中一无所知了，又见紫鹃不在面前，因悄悄的拉了侍书的手问道:“你前日告诉我说的什么王大爷给这里宝二爷说了亲，是真话么？”侍书道:“怎么不真。”雪雁道:“多早晚放定的？”侍书道：“那里就放定了呢。那一天我告诉你时，是我听见小红说的。后来我到二奶奶那边去，二奶奶正和平姐姐说呢，说那都是门客们借着这个事讨老爷的喜欢，往后好拉拢的意思。别说大太太说不好，就是大太太愿意，说那姑娘好，那大太太眼里看的出什么人来！再者老太太心里早有了人了，就在咱们园子里的。大太太那里摸的着底呢。老太太不过因老爷的话，不得不问问罢咧。又听见二奶奶说，宝玉的事，老太太总是要亲上作亲的，凭谁来说亲，横竖不中用。”雪雁听到这里，也忘了神了，因说道：“这是怎么说，白白的送了我们这一位的命了！”侍书道：“这是从那里说起？”雪雁道：“你还不知道呢。前日都是我和紫鹃姐姐说来着，这一位听见了，就弄到这步田地了。”侍书道：“你悄悄儿的说罢，看仔细他听见了。”雪雁道：“人事都不省了，瞧瞧罢，左不过在这一两天了。”正说着，只见紫鹃掀帘进来说：“这还了得！你们有什么话，还不出去说，还在这里说。索性逼死他就完了。”侍书道：“我不信有这样奇事。”紫鹃道：“好姐姐，不是我说，你又该恼了。你懂得什么呢！懂得也不传这些舌了。”

这里三个人正说着，只听黛玉忽然又嗽了一声。紫鹃连忙跑到炕沿前站着，侍书、雪雁也都不言语了。紫鹃弯着腰，在黛玉身后轻轻问道：“姑娘喝口水罢。”黛玉微微答应了一声。雪雁连忙倒了半钟滚白水，紫鹃接了托着，侍书也走近前来。紫鹃和他摇头儿，不叫他说话，侍书只得咽住了。站了一回，黛玉又嗽了一声。紫鹃趁势问道：“姑娘喝水呀？”黛玉又微微应了一声，那头似有欲抬之意，那里抬得起。紫鹃爬上炕去，爬在黛玉旁边，端着水试了冷热，送到唇边，扶了黛玉的头，就到碗边，喝了一口。紫鹃才要拿时，黛玉意思还要喝一口，紫鹃便托着那碗不动。黛玉又喝了一口，摇摇头儿不喝了，喘了一口气，仍旧躺下。半日，微微睁眼说道："刚才说话不是侍书么？"紫鹃答应道："是。"侍书尚未出去，因连忙过来问候。黛玉睁眼看了，点点头儿，又歇了一歇，说道："回去问你姑娘好罢。"侍书见这番光景，只当黛玉嫌烦，只得悄悄的退出去了。

原来那黛玉虽则病势沉重，心里却还明白。起先侍书、雪雁说话时，他也模糊听见了一半句，却只作不知，也因实无精神答理。及听了雪雁、侍书的话，才明白过前头的事情原是议而未成的，又兼侍书说是凤姐说的，老太太的主意亲上作亲，又是园中住着的，非自己而谁？因此一想，阴极阳生，心神顿觉清爽许多，所以才喝了两口水，又要想问侍书的话。恰好贾母、王夫人、李纨、凤姐听见紫鹃之言，都赶着来看。黛玉心中疑团已破，自然不似先前寻死之意了。虽身体软弱，精神短少，却也勉强答应一两句了。凤姐因叫过紫鹃问道："姑娘也不至这样，这是怎么说，你这样唬人。"紫鹃道："实在头里看着不好，才敢去告诉的，回来见姑娘竟好了许多，也就怪了。"贾母笑道："你也别怪他，他懂得什么。看见不好就言语，这倒是他明白的地方，小孩子家，不嘴懒脚懒就好。"说了一回，贾母等料着无妨，也就去了。正是：

心病终须心药治，解铃还是系铃人。

笺证

黛玉以爱情为生命，生于情，死于情，她降临人世就是为了这个"情"字来尽责，为了这个"情"字来还债的。"情"是一种债，它创造了苍生，也误尽苍生。这从第九十回黛玉濒死复生的奇迹，就可以明白她是"情"的沉重的化身了。雪雁从探春的丫头侍书口中，听到宝玉被清客拉扯上一位太守闺女的亲事。在潇湘馆窗外与紫鹃议论，被黛玉听到，就引起黛玉自戕身体，竟至绝粒待死。后来探春打发侍书探问黛玉，扯清了宝玉在外订婚的虚妄之词，说是"老太太心里早有了人了，就在咱们园子里的"，"宝玉的事，老太太总是要亲上作亲的”。黛玉昏迷中就觉得亲上作亲指的是自己，逐渐恢复了阳气。爱情成了黛玉生命的悬丝，无奈家族当权者漠视爱情的分量，而是以家族的荣衰为儿女婚姻的不二标准的。爱情的选择与家族的选择，分道扬镳，在这里形成了悖谬。这就决定了紫鹃所言“宝玉和姑娘必是姻缘，人家说的‘好事多磨’，又说道‘是姻缘棒打不回’”，终成泡影；家族体制及其运作的势力和惯性，决定了木石前盟的空幻和无法拯救的悲剧结局。

不言黛玉病渐减退，且说雪雁、紫鹃背地里都念佛。雪雁向紫鹃说道：“亏他好了，只是病的奇怪，好的也奇怪。”紫鹃道：“病的倒不怪，就只好的奇怪。想来宝玉和姑娘必是姻缘，人家说的‘好事多磨’，又说道‘是姻缘棒打不回’。这样看起来，人心天意，他们两个竟是天配的了。再者，你想那一年我说了林姑娘要回南去，把宝玉没急死了，闹得家翻宅乱。如今一句话，又把这一个弄得死去活来。可不说的三生石上百年前结下的么。”说着，两个悄悄的抿着嘴笑了一回。雪雁又道：“幸亏好了。咱们明儿再别说了，就是宝玉娶了别的人家儿的姑娘，我亲见他在那里结亲，我也再不露一句话了。”紫鹃笑道：“这就是了。”不但紫鹃和雪雁在私下里讲究，就是众人也都知道黛玉的病也病得奇怪，好也好得奇怪，三三两两，唧唧哝哝议论着。不多几时，连凤姐儿也知道了，邢、王二夫人也有些疑惑，倒是贾母略猜着了八九。

那时正值邢、王二夫人、凤姐等在贾母房中说闲话，说起黛玉的病来。贾母道：“我正要告诉你们，宝玉和林丫头是从小儿在一处的，我只说小孩子们，怕什么？以后时常听得林丫头忽然病，忽然好，都为有了些知觉了。所以我想他们若尽着搁在一块儿，毕竟不成体统。你们怎么说？”王夫人听了，便呆了一呆，只得答应道：“林姑娘是个有心计儿的。至于宝玉，呆头呆恼，不避嫌疑是有的，看起外面，却还都是个小孩儿形象。此时若忽然或把那一个分出园外，不是倒露了什么痕迹了么。古来说的：‘男大须婚，女大须嫁。’老太太想，倒是赶着把他们的事办办也罢了。”贾母皱了一皱眉，说道：“林丫头的乖僻，虽也是他的好处，我的心里不把林丫头配他，也是为这点子。况且林丫头这样虚弱，恐不是有寿的。只有宝丫头最妥。”王夫人道：“不但老太太这么想，我们也是这样。但林姑娘也得给他说了人家儿才好，不然女孩儿家长大了，那个没有心事？倘或真与宝玉有些私心，若知道宝玉定下宝丫头，那倒不成事了。”贾母道：“自然先给宝玉娶了亲，然后给林丫头说人家，再没有先是外人后是自己的。况且林丫头年纪到底比宝玉小两岁。依你们这样说，倒是宝玉定亲的话不许叫他知道倒罢了。”凤姐便吩咐众丫头们道：“你们听见了，宝二爷定亲的话，不许混吵嚷。若有多嘴的，提防着他的皮。”贾母又向凤姐道：“凤哥儿，你如今自从身上不大好，也不大管园里的事了。我告诉你，须得经点儿心。不但这个，就像前年那些人喝酒耍钱，都不是事。你还精细些，少不得多分点心儿，严紧严紧他们才好。况且我看他们也就只还服你。”凤姐答应了。娘儿们又说了一回话，方各自散了。

笺证

爱情成了一种信仰，不是世俗的信仰，而是纯情的诗一般的信仰。《红楼梦》赋予这种诗化的爱情以本体的价值。第九十回林黛玉一听到雪雁谈论探春的丫鬟侍书说宝玉与王太守家的姑娘定亲，尽管有鹦鹉在笼子中说“姑娘回来了，快倒茶来”，黛玉也不思吃茶，就如同将身子撂在大海里一般，决意绝粒殆死；再听到探春的丫鬟侍书说贾母否决了这桩亲事，主张亲上加亲，就精神重新振奋，病体日日见好。这是把生命与婚姻爱情捆绑在一起了，可惜在那个垂暮的时代，婚姻爱情与生命的捆绑只能导致一个结果：悲剧。《红楼梦》颇有点爱情至上的意识，爱情可以使人生，爱情可以使人死，死去活来都是为了在茫茫大海中抓住那根载沉载浮的爱情稻草。这令人联想到明代戏曲家汤显祖的《牡丹亭·题记》所言："天下女子有情，宁有如杜丽娘者乎！梦其人即病，病即弥连，至手画形容传于世而后死。死三年矣，复能溟莫中求得其所梦者而生。如丽娘者，乃可谓之有情人耳。情不知所起，一往而深，生者可以死，死可以生。生而不可与死，死而不可复生者，皆非情之至也。梦中之情，何必非真，天下岂少梦中之人耶？必因荐枕而成亲，待挂冠而为密者，皆形骸之论也。"[1]《红楼梦》第九十回写林黛玉之至情能够使得"生者可以死，死可以生"，是极为出彩的神来之笔。黛玉本来听侍书说宝玉婚事已定了外人，就绝粒殆死，岂料昏沉沉中又听到侍书对雪雁说："（宝玉的婚事）那里就放定了呢。那一天我告诉你时，是我听见小红说的。后来我到二奶奶那边去，二奶奶正和平姐姐说呢，说那都是门客们借着这个事讨老爷的喜欢，往后好拉拢的意思。别说大太太说不好，就是大太太愿意，说那姑娘好，那大太太眼里看的出什么人来！再者老太太心里早有了人了，就在咱们园子里的。大太太那里摸的着底呢。老太太不过因老爷的话，不得不问问罢咧。又听见二奶奶说，宝玉的事，老太太总是要亲上作亲的，凭谁来说亲，横竖不中用。"黛玉听了雪雁、侍书的这番话，才明白过前头的事情原是议而未成的，又兼侍书说是凤姐说的，老太太的主意亲上作亲，又是园中住着的，非自己而谁？因此一想，阴极阳生，心神顿觉清爽许多。黛玉这种生死至情，使得雪雁、紫鹃都觉得黛玉"病的奇怪，好的也奇怪"，感叹"宝玉和姑娘必是姻缘，人家说的'好事多磨'，又说道'是姻缘棒打不回'。这样

[1] 隗芾、吴毓华编：《古典戏曲美学资料集》，文化艺术出版社1992年版，第123页。

看起来，人心天意，他们两个竟是天配的了。再者，你想那一年我说了林姑娘要回南去，把宝玉没急死了，闹得家翻宅乱。如今一句话，又把这一个弄得死去活来。可不说的三生石上百年前结下的么。”但是雪雁、紫鹃并没有听到贾母为宝钗在园子里亲上作亲的真实含义：“林丫头的乖僻，虽也是他的好处，我的心里不把林丫头配他，也是为这点子。况且林丫头这样虚弱，恐不是有寿的。只有宝丫头最妥。”消息半露半藏，就是命运作弄人。黛玉在贾母、王夫人、凤姐的联盟决策中，是彻底失败了，失败得连自己都不知底里，那才是败得片甲不留，彻彻底底。至于黛玉听到两个丫鬟无意议论后的极端精神反应，触及了《红楼梦》第一回一僧一道的神话性谈论：“西方灵河岸上三生石畔，有绛珠草一株，时有赤瑕宫神瑛侍者，日以甘露灌溉，这绛珠草始得久延岁月。后来既受天地精华，复得雨露滋养，遂得脱却草胎木质，得换人形，仅修成个女体，终日游于离恨天外，饥则食蜜青果为膳，渴则饮灌愁海水为汤。只因尚未酬报灌溉之德，故其五内便郁结着一段缠绵不尽之意。恰近日这神瑛侍者凡心偶炽，乘此昌明太平朝世，意欲下凡造历幻缘，已在警幻仙子案前挂了号。警幻亦曾问及，灌溉之情未偿，趁此倒可了结的。那绛珠仙子道：‘他是甘露之惠，我并无此水可还。他既下世为人，我也去下世为人，但把我一生所有的眼泪还他，也偿还得过他了。’因此一事，就勾出多少风流冤家来。”应该认识到，此三生石畔非彼三生石畔，这里没有民俗信仰中的媒神月下老人，只有诗化神话的虚无缥缈的绛珠还泪，因此三生石畔结下的这份缘分，不能红绳系足而缔结良缘，只能凝结成无限记挂和怨怪，无限欢欣与痛苦，却无怨无悔生死与之的精神本体追求。爱情于此具有本体性、至上性和终极性。《红楼梦》正是在这种精神本体追求中，成功了生死至情的深度叙事。

从此凤姐常到园中照料。一日，刚走进大观园，到了紫菱洲畔，只听见一个老婆子在那里嚷。凤姐走到跟前，那婆子才瞧见了，早垂手侍立，口里请了安。凤姐道：“你在这里闹什么？”婆子道：“蒙奶奶们派我在这里看守花果，我也没有差错，不料邢姑娘的丫头说我们是贼。”凤姐道：“为什么呢？”婆子道：“昨儿我们家的黑儿跟着我到这里顽了一回，他不知道，又往邢姑娘那边去瞧了一瞧，我就叫他回去了。今儿早起听见他们丫头说丢了东西了。我问他丢了什么，他就问起我来了。”凤姐道：“问了你一声，也犯不着生气呀。”婆子道：“这里园子到底是奶奶家里的，并不是他们家里的。我们都是奶奶派的，贼名儿怎么敢认呢。”凤姐照脸啐了一口，厉声道：“你少在我跟前唠唠叨叨的！你在这里照看，姑娘丢了东西，你们就该问哪，怎么说出这些没道理的话来。把老林叫了来，撵出他去。”丫头们答应了。只见邢岫烟赶忙出来，迎着凤姐陪笑道：“这使不得，没有的事，事情早过去了。”凤姐道：“姑娘，不是这个话。倒不讲事情，这名分上太岂有此理了。”岫烟见婆子跪在地下告饶，便忙请凤姐到里边去坐。凤姐道：“他们这种人我知道，他除了我，其馀都没上没下的了。”岫烟再三替他讨饶，只说自己的丫头不好。凤姐道：“我看着邢姑娘的分上，饶你这一次。”婆子才起来，磕了头，又给岫烟磕了头，才出去了。

这里二人让了坐。凤姐笑问道：“你丢了什么东西了？”岫烟笑道：“没有什么要紧的，是一件红小袄儿，已经旧了的。我原叫他们找，找不着就罢了。这小丫头不懂事，问了那婆子一声，那婆子自然不依了。这都是小丫头糊涂不懂事，我也骂了几句，已经过去了，不必再提了。”凤姐把岫烟内外一瞧，看见虽有些皮绵衣服，已是半新不旧的，未必能暖和。他的被窝多半是薄的。至于房中桌上摆设的东西，就是老太太拿来的，却一些不动，收拾的干干净净。凤姐心上便很爱敬他，说道：“一件衣服原不要紧，这时候冷，又是贴身的，怎么就不问一声儿呢。这撒野的奴才了不得了！”说了一回，凤姐出来，各处去坐了一坐，就回去了。到了自己房中，叫平儿取了一件大红洋绉的小袄儿，一件松花色绫子一斗珠儿的小皮袄，一条宝蓝盘锦镶花绵裙，一件佛青银鼠褂子，包好叫人送去。

那时岫烟被那老婆子聒噪了一场，虽有凤姐来压住，心上终是不安。想起“许多姊妹们在这里，没有一个下人敢得罪他的，独自我这里，他们言三语四，刚刚凤姐来碰见”，想来想去，终是没意思，又说不出来。正在吞声饮泣，看见凤姐那边的丰儿送衣服过来。岫烟一看，决不肯受。丰儿道：“奶奶吩咐我说，姑娘要嫌是旧衣裳，将来送新的来。”岫烟笑谢道：“承奶奶的好意，只是因我丢了衣服，他就拿来，我断不敢受。你拿回去千万谢你们奶奶，承你奶奶的情，我算领了。”倒拿个荷包给了丰儿。那丰儿只得拿了去了。不多时，又见平儿同着丰儿过来，岫烟忙迎着问了好，让了坐。平儿笑说道：“我们奶奶说，姑娘特外道的了不得。”岫烟道：“不是外道，实在不过意。”平儿道：“奶奶说，姑娘要不收这衣裳，不是嫌太旧，就是瞧不起我们奶奶。刚才说了，我要拿回去，奶奶不依我呢。”岫烟红着脸笑谢道：“这样说了，叫我不敢不收。”又让了一回茶。

平儿同丰儿回去，将到凤姐那边，碰见薛家差来的一个老婆子，接着问好。平儿便问道：“你那里来的？”婆子道：“那边太太姑娘叫我来请各位太太、奶奶、姑娘们的安。我才刚在奶奶前问起姑娘来，说姑娘到园中去了。可是从邢姑娘那里来么？”平儿道：“你怎么知道？”婆子道：“方才听见说。真真的二奶奶和姑娘们的行事叫人感念。”平儿笑了一笑说：“你回来坐着罢。”婆子道：“我还有事，改日再过来瞧姑娘罢。”说着走了。平儿回来，回复了凤姐。不在话下。

笺证

第九十回“失绵衣贫女耐嗷嘈”写邢岫烟的性格特征和行事方式，在于一个“忍”字，忍是一种以柔克刚的人生态度，忍是一种化解矛盾的处世智慧。管园子的婆子一副势利眼，邢岫烟丢失了绵衣，丫鬟问了婆子一声，就引起她大吵大闹。婆子觉得自己是凤姐委派管园子的，把邢岫烟看成寄居的外人，所以说："这里园子到底是奶奶家里的，并不是他们家里的。我们都是奶奶派的，贼名儿怎么敢认呢。"凤姐讨厌婆子不顾名分，见缝下蛆，胡搅乱缠，要把她撵出园子，岫烟却再三替婆子讨饶，只说自己的丫头不好。凤姐才说："我看着邢姑娘的分上，饶你这一次。"婆子才向邢岫烟磕了头，出去了。邢岫烟对于管园子的婆子实在得罪不起，鸡毛蒜皮的事是不能让凤姐事事亲自过问的，只能以宽容的胸怀承受管园子婆子恃势撒泼，使其势如冰山溶化，其泼如皮球泄气，进而换来了凤姐的关爱、平儿的尊重。可见"忍"字在不见力量中发力，蕴含着丰富而深刻的人生哲学。

且说薛姨妈家中被金桂搅得翻江倒海，看见婆子回来，述起岫烟的事，宝钗母女二人不免滴下泪来。宝钗道："都为哥哥不在家，所以叫邢姑娘多吃几天苦。如今还亏凤姐姐不错。咱们底下也得留心，到底是咱们家里人。"说着，只见薛蝌进来说道："大哥哥这几年在外头相与的都是些什么人，连一个正经的也没有，来一起子，都是些狐群狗党。我看他们那里是不放心，不过将来探探消息儿罢咧。这两天都被我干出去了。以后吩咐了门上，不许传进这种人来。"薛姨妈道："又是蒋玉菡那些人哪？"薛蝌道："蒋玉菡却倒没来，倒是别人。"薛姨妈听了薛蝌的话，不觉又伤心起来，说道："我虽有儿，如今就像没有的了，就是上司准了，也是个废人。你虽是我侄儿，我看你还比你哥哥明白些，我这后辈子全靠你了。你自己从今更要学好。再者，你聘下的媳妇儿，家道不比往时了。人家的女孩儿出门子不是容易，再没别的想头，只盼着女婿能干，他就有日子过了。若邢丫头也像这个东西，"说着把手往里头一指，道："我也不说了。邢丫头实在是个有廉耻有心计儿的，又守得贫，耐得富。只是等咱们的事情过去了，早些把你们的正经事完结了，也了我一宗心事。"薛蝌道："琴妹妹还没有出门子，这倒是太太烦心的一件事。至于这个，可算什么呢。"大家又说了一回闲话。

薛蝌回到自己房中，吃了晚饭，想起邢岫烟住在贾府园中，终是寄人篱下，况且又穷，日用起居，不想可知。况兼当初一路同来，模样儿性格儿都知道的。可知天意不均：如夏金桂这种人，偏教他有钱，娇养得这般泼辣。邢岫烟这种人，偏教他这样受苦。阎王判命的时候，不知如何判法的。想到闷来也想吟诗一首，写出来出出胸中的闷气。又苦自己没有工夫，只得混写道：

蛟龙失水似枯鱼，两地情怀感索居。同在泥途多受苦，不知何日向清虚。

写毕看了一回，意欲拿来粘在壁上，又不好意思。自己沉吟道："不要被人看见笑话。"又念了一遍，道："管他呢，左右粘上自己看着解闷儿罢。"又看了一回，到底不好，拿来夹在书里。又想自己年纪可也不小了，家中又碰见这样飞灾横祸，不知何日了局，致使幽闺弱质，弄得这般凄凉寂寞。

正在那里想时，只见宝蟾推门进来，拿着一个盒子，笑嘻嘻放在桌上。薛蝌站起来让坐。宝蟾笑着向薛蝌道："这是四碟果子，一小壶儿酒，大奶奶叫给二爷送来的。"薛蝌陪笑道："大奶奶费心。但是叫小丫头们送来就完了，怎么又劳动姐姐呢。"宝蟾道："好说。自家人，二爷何必说这些套话。再者我们大爷这件事，实在叫二爷操心，大奶奶久已要亲自弄点什么儿谢二爷，又怕别人多心。二爷是知道的，咱们家里都是言合意不合，送点子东西没要紧，倒没的惹人七嘴八舌的讲究。所以今日些微的弄了一两样果子，一壶酒，叫我亲自悄悄儿的送来。"说着，又笑瞅了薛蝌一眼，道："明儿二爷再别说这些话，叫人听着怪不好意思的。我们不过也是底下的人，服侍的着大爷就服侍的着二爷，这有何妨呢。"薛蝌一则秉性忠厚，二则到底年轻，只是向来不见金桂和宝蟾如此相待，心中想到刚才宝蟾说为薛蟠之事也是情理，因说道：“果子留下罢，这个酒儿，姐姐只管拿回去。我向来的酒上实在很有限，挤住了偶然喝一钟，平日无事是不能喝的，难道大奶奶和姐姐还不知道么。”宝蟾道：“别的我作得主，独这一件事，我可不敢应。大奶奶的脾气儿，二爷是知道的，我拿回去，不说二爷不喝，倒要说我不尽心了。”薛蝌没法，只得留下。宝蟾方才要走，又到门口往外看看，回过头来向着薛蝌一笑，又用手指着里面说道：“他还只怕要来亲自给你道乏呢。”薛蝌不知何意，反倒讪讪的起来，因说道：“姐姐替我谢大奶奶罢。天气寒，看凉着。再者，自己叔嫂，也不必拘这些个礼。”宝蟾也不答言，笑着走了。

薛蝌始而以为金桂为薛蟠之事，或者真是不过意，备此酒果给自己道乏，也是有的。及见了宝蟾这种鬼鬼祟祟不尴不尬的光景，也觉了几分。却自己回心一想：“他到底是嫂子的名分，那里就有别的讲究了呢。或者宝蟾不老成，自己不好意思怎么样，却指着金桂的名儿，也未可知。然而到底是哥哥的屋里人，也不好。”忽又一转念：“那金桂素性为人毫无闺阁理法，况且有时高兴，打扮得妖调非常，自以为美，又焉知不是怀着坏心呢？不然，就是他和琴妹妹也有了什么不对的地方儿，所以设下这个毒法儿，要把我拉在浑水里，弄一个不清不白的名儿，也未可知。”想到这里，索性倒怕起来。正在不得主意的时候，忽听窗外扑哧的笑了一声，把薛蝌倒唬了一跳。未知是谁，下回分解。

笺证

黛玉因爱情夙债是全书中最沉重的个人夙债，啼啼泣泣，死死活活，空空幻幻。不提防贾母、邢夫人、凤姐因宝玉婚事机关算尽，藏头缩尾，鬼鬼祟祟，把黛玉置于无可如何之中，这些都是《红楼梦》主线上的大笔墨。但全书还有许多支线。第九十回以凤姐巡园转向邢岫烟，在大观园边缘推出了别具一格的女子；再推出别具一格的薛蝌。薛蝌不是才子，他不是来作诗的，诗写得相当蹩脚，什么“蛟龙失水似枯鱼，两地情怀感索居。同在泥途多受苦，不知何日向清虚”，只好夹在书页里。但是他为人勤谨不俗，为闹闹嚷嚷的薛家处理了不少烦心的事，却又招来金桂、宝蟾的垂涎，引起了意外的风波。嫂子的名分，妖艳的引诱，使他进退两难，心惊肉跳。这种边缘描写，相对于《红楼梦》的主线描写属于“红花虽好，还要绿叶扶持”，在美学原理上起到衬托互补的功能。《红楼梦》第一一〇回就有“俗话说的，牡丹虽好，全仗绿叶扶持”的话头。尤其是在红花凋萎的时候，绿叶有时给大地带来难能可贵的绿意。

第九十一回

纵淫心宝蟾工设计
布疑阵宝玉妄谈禅

话说薛蝌正在狐疑，忽听窗外一笑，唬了一跳，心中想道："不是宝蟾，定是金桂。只不理他们，看他们有什么法儿。"听了半日，却又寂然无声。自己也不敢吃那酒果。掩上房门，刚要脱衣时，只听见窗纸上微微一响。薛蝌此时被宝蟾鬼混了一阵，心中七上八下，竟不知是如何是好。听见窗纸微响，细看时，又无动静，自己反倒疑心起来，掩了怀，坐在灯前，呆呆的细想。又把那果子拿了一块，翻来覆去的细看。猛回头，看见窗上纸湿了一块，走过来觑着眼看时，冷不防外面往里一吹，把薛蝌唬了一大跳。听得吱吱的笑声，薛蝌连忙把灯吹灭了，屏息而卧。只听外面一个人说道："二爷为什么不喝酒吃果子，就睡了？"这句话仍是宝蟾的语音。薛蝌只不作声装睡。又隔有两句话时，又听得外面似有恨声道："天下那里有这样没造化的人！"薛蝌听了，是宝蟾、又似是金桂的语音。这才知道他们原来是这一番意思，翻来覆去，直到五更后才睡着了。

刚到天明，早有人来扣门。薛蝌忙问是谁，外面也不答应。薛蝌只得起来，开了门看时，却是宝蟾，拢着头发，掩着怀，穿一件片锦边琵琶襟小紧身，上面系一条松花绿半新的汗巾，下面并未穿裙，正露着石榴红洒花夹裤，一双新绣红鞋。原来宝蟾尚未梳洗，恐怕人见，赶早来取家伙。薛蝌见他这样打扮便走进来，心中又是一动，只得陪笑问道："怎么这样早就起来了？"宝蟾把脸红着，并不答言，只管把果子折在一个碟子里，端着就走。薛蝌见他这般，知是昨晚的原故，心里想道："这也罢了。倒是他们恼了，索性死了心，也省得来缠。”于是把心放下，唤人舀水洗脸。自己打算在家里静坐两天，一则养养心神，二则出去怕人找他。原来和薛蟠好的那些人因见薛家无人，只有薛蝌在那里办事，年纪又轻，便生许多觊觎之心。也有想插在里头做跑腿的；也有能做状子的，认得一二个书役的，要给他上下打点的；甚至有叫他在内趁钱的；也有造作谣言恐吓的：种种不一。薛蝌见了这些人，远远躲避，又不敢面辞，恐怕激出意外之变，只好藏在家中，听候传详。不提。

且说金桂昨夜打发宝蟾送了些酒果去探探薛蝌的消息，宝蟾回来将薛蝌的光景一一的说了。金桂见事有些不大投机，便怕白闹一场，反被宝蟾瞧不起，欲把两三句话遮饰改过口来，又可惜了这个人，心里倒没了主意，怔怔的坐着。那知宝蟾亦知薛蟠难以回家，正欲寻个头路，因怕金桂拿他，所以不敢透漏。今见金桂所为先已开了端了，他便乐得借风使船，先弄薛蝌到手，不怕金桂不依，所以用言挑拨。见薛蝌似非无情，又不甚兜揽，一时也不敢造次，后来见薛蝌吹灯自睡，大觉扫兴，回来告诉金桂，看金桂有甚方法，再作道理。及见金桂怔怔的，似乎无技可施，他也只得陪金桂收拾睡了。夜里那里睡得着，翻来覆去，想出一个法子来：不如明儿一早起来，先去取了家伙，却自己换上一两件动人的衣服，也不梳洗，越显出一番娇媚来。只看薛蝌的神情，自己反倒装出一番恼意，索性不理他。那薛蝌若有悔心，自然移船泊岸，不愁不先到手。及至见了薛蝌，仍是昨晚这般光景，并无邪僻之意，自己只得以假为真，端了碟子回来，却故意留下酒壶，以为再来搭转之地。只见金桂问道：“你拿东西去有人碰见么？”宝蟾道：“没有。”“二爷也没问你什么？”宝蟾道：“也没有。”

金桂因一夜不曾睡着，也想不出一个法子来，只得回思道："若作此事，别人可瞒，宝蟾如何能瞒？不如我分惠于他，他自然没有不尽心的。我又不能自去，少不得要他作脚，倒不如和他商量一个稳便主意。"因带笑说道："你看二爷到底是个怎么样的人？"宝蟾道："倒像个糊涂人。"金桂听了笑道："你如何说起爷们来了。"宝蟾也笑道："他辜负奶奶的心，我就说得他。"金桂道："他怎么辜负我的心，你倒得说说。"宝蟾道："奶奶给他好东西吃，他倒不吃，这不是辜负奶奶的心么。"说着，却把眼溜着金桂一笑。金桂道："你别胡想。我给他送东西，为大爷的事不辞劳苦，我所以敬他。又怕人说瞎话，所以问你。你这些话向我说，我不懂是什么意思。"宝蟾笑道："奶奶别多心，我是跟奶奶的，还有两个心么。但是事情要密些，倘或声张起来，不是顽的。"金桂也觉得脸飞红了，因说道："你这个丫头就不是个好货！想来你心里看上了，却拿我作筏子，是不是呢？"宝蟾道："只是奶奶那么想罢咧，我倒是替奶奶难受。奶奶要真瞧二爷好，我倒有个主意。奶奶想，那个耗子不偷油呢，他也不过怕事情不密，大家闹出乱子来不好看。依我想，奶奶且别性急，时常在他身上不周不备的去处张罗张罗。他是个小叔子，又没娶媳妇儿，奶奶就多尽点心儿和他贴个好儿，别人也说不出什么来。过几天他感奶奶的情，他自然要谢候奶奶。那时奶奶再备点东西儿在咱们屋里，我帮着奶奶灌醉了他，怕跑了他？他要不应，咱们索性闹起来，就说他调戏奶奶。他害怕，他自然得顺着咱们的手儿。他再不应，他也不是人，咱们也不至白丢了脸面。奶奶想怎么样？"金桂听了这话，两颧早已红晕了，笑骂道："小蹄子，你倒偷过多少汉子的似的，怪不得大爷在家时离不开你。"宝蟾把嘴一撇，笑说道："罢哟，人家倒替奶奶拉纤，奶奶倒往我们说这个话咧。"从此金桂一心笼络薛蝌，倒无心混闹了。家中也少觉安静。

当日宝蟾自去取了酒壶，仍是稳稳重重一脸的正气。薛蝌偷眼看了，反倒后悔，疑心或者是自己错想了他们，也未可知。果然如此，倒辜负了他这一番美意，保不住日后倒要和自己也闹起来，岂非自惹的呢。过了两天，甚觉安静。薛蝌遇见宝蟾，宝蟾便低头走了，连眼皮儿也不抬。遇见金桂，金桂却一盆火儿的赶着。薛蝌见这般光景，反倒过意不去。这且不表。

且说宝钗母女觉得金桂几天安静，待人忽亲热起来，一家子都为罕事。薛姨妈十分欢喜，想到必是薛蟠娶这媳妇时冲犯了什么，才败坏了这几年。目今闹出这样事来，亏得家里有钱，贾府出力，方才有了指望。媳妇儿忽然安静起来，或者是蟠儿转过运气来了，也未可知，于是自己心里倒以为希有之奇。这日饭后扶了同贵过来，到金桂房里瞧瞧。走到院中，只听一个男人和金桂说话。同贵知机，便说道："大奶奶，老太太过来了。"说着已到门口。只见一个人影儿在房门后一躲，薛姨妈一吓，倒退了出来。金桂道："太太请里头坐。没有外人，他就是我的过继兄弟，本住在屯里，不惯见人，因没有见过太太。今儿才来，还没去请太太的安。"薛姨妈道："既是舅爷，不妨见见。"金桂叫兄弟出来，见了薛姨妈，作了一个揖，问了好。薛姨妈也问了好，坐下叙起话来。薛姨妈道："舅爷上京几时了？"那夏三道："前月我妈没有人管家，把我过继来的。前日才进京，今日来瞧姐姐。"薛姨妈看那人不尴尬，于是略坐坐儿，便起身道："舅爷坐着罢。"回头向金桂道："舅爷头上末下的来，留在咱们这里吃了饭再去罢。"金桂答应着，薛姨妈自去了。金桂见婆婆去了，便向夏三道："你坐着，今日可是过了明路的了，省得我们二爷查考你。我今日还叫你买些东西，只别叫众人看见。"夏三道："这个交给我就完了。你要什么，只要有钱，我就买得来。"金桂道："且别说嘴，你买上了当，我可不收。"说着，二人又笑了一回，然后金桂陪夏三吃了晚饭，又告诉他买的东西，又嘱咐一回，夏三自去。从此夏三往来不绝，虽有个年老的门上人，知是舅爷，也不常回，从此生出无限风波，这是后话。不表。

笺证

大观园的边缘，也受到淫邪的狙击。《黄帝内经·素问》卷一《上古天真论》说："嗜欲不能劳其目，淫邪不能惑其心。"这是教人从善的箴言。一旦出现嗜欲、淫邪的放肆骚扰，就会败坏家庭的道德生态。第九十一回"纵淫心宝蟾工设计"，写的是薛府因薛蟠犯了人命案，拘禁不归，夏金桂和宝蟾想勾引薛蝌，用尽心计推涌而来的淫乱暗流。嫂子觊觎叔叔的描写，令人想起《金瓶梅》中潘金莲勾引武松。潘金莲指令丫头把前面上了闩，后门也关了，摆上酒席向武松劝酒。三四杯酒落肚，潘金莲欲心如火，又去暖了一注酒，回来在武松肩上只一捏，自呷了一口酒，把剩下的半盏酒递给武松说："你若有心，吃我这半盏残酒。"武松夺过酒杯，泼了酒，把潘金莲推了一跤，瞪眼说："武二是顶天立地噙齿戴发的男子汉，不是那等败坏风俗伤人伦的猪狗！嫂嫂休要这般不识羞耻，为此等的勾当，倘有风吹草动，我武二眼里认的嫂嫂，拳头却不认的是嫂嫂！"潘金莲却向武大郎告状，说武二那厮把言语来调戏自己，"混沌魍魉，他来调戏我，到不乞别人笑话"！薛蝌没有武松的刚烈气质，行为相对拘谨而犹疑，薛姨妈对这股类似潘金莲勾引武松的暗流也浑然不觉，倒因为金桂安静几天，待人忽然亲热起来，猜想或者是薛蟠转过运气来了，心里倒以为希有之奇。碰见夏三在夏金桂房里，此后往来不绝，竟然认为是舅爷看姐姐，暗伏下其后的无限风波。应该承认，薛姨妈这种愚钝，是忠厚所致。鲁迅在《坟·论"费厄泼赖"应该缓行》中有言："俗语说：'忠厚是无用的别名'，也许太刻薄一点罢，但仔细想来，却也觉得并非唆人作恶之谈，乃是归纳了许多苦楚的经历之后的警句。"[1]人过于忠厚往往陷入糊涂，为居心不良者所愚弄；但鲁迅曾经把"忠厚"与"老实"组词，薛姨妈的忠厚老实有时也能成为家庭发生簸荡时的压舱石。

一日薛蟠有信寄回，薛姨妈打开叫宝钗看时，上写：

男在县里也不受苦，母亲放心。但昨日县里书办说，府里已经准详，想是我们的情到了。岂知府里详上去，道里反驳下来。亏得县里主文相公好，即刻做了回文顶上去了。那道里却把知县申饬。现在道里要亲提，若一上去，又要吃苦。必是道里没有托到。母亲见字，快快托人求道爷去。还叫兄弟快来，不然就要解道。银子短不得。火速，火速。

薛姨妈听了，又哭了一场，自不必说。薛蝌一面劝慰，一面说道“事不宜迟”。薛姨妈没法，只得叫薛蝌到县照料，命人即便收拾行李，兑了银子，家人李祥本在那里照应的，薛蝌又同了一个当中伙计连夜起程。

那时手忙脚乱，虽有下人办理，宝钗又恐他们思想不到，亲来帮着，直闹至四更才歇。到底富家女子娇养惯的，心上又急，又苦劳了一会，晚上就发烧。到了明日，汤水都吃不下。莺儿去回了薛姨妈。薛姨妈急来看时，只见宝钗满面通红，身如燔灼，话都不说。薛姨妈慌了手脚，便哭得死去活来。宝琴扶着劝薛姨妈。秋菱也泪如泉涌，只管叫着。宝钗不能说话，手也不能摇动，眼干鼻塞。叫人请医调治，渐渐苏醒回来。薛姨妈等大家略略放心。早惊动荣宁两府的人，先是凤姐打发人送十香返魂丹来，随后王夫人又送至宝丹来。贾母、邢、王二夫人以及尤氏等都打发丫头来问候，却都不叫宝玉知道。一连治了七八天，终不见效，还是他自己想起冷香丸，吃了三丸，才得病好。后来宝玉也知道了，因病好了，没有瞧去。

那时薛蝌又有信回来，薛姨妈看了，怕宝钗耽忧，也不叫他知道。自己来求王夫人，并述了一会子宝钗的病。薛姨妈去后，王夫人又求贾政。贾政道：“此事上头可托，底下难托，必须打点才好。”王夫人又提起宝钗的事来，因说道：“这孩子也苦了。既是我家的人了，也该早些娶了过来才是，别叫他糟踏坏了身子。”贾政道：“我也是这么想。

❶鲁迅：《鲁迅全集》(第一卷)，人民文学出版社2005年版，第290页。

但是他家乱忙，况且如今到了冬底，已经年近岁逼，不无各自要料理些家务。今冬且放了定，明春再过礼，过了老太太的生日，就定日子娶。你把这番话先告诉薛姨太太。”王夫人答应了。

到了明日，王夫人将贾政的话向薛姨妈述了。薛姨妈想着也是。到了饭后，王夫人陪着来到贾母房中，大家让了坐。贾母道：“姨太太才过来？”薛姨妈道：“还是昨儿过来的。因为晚了，没得过来给老太太请安。”王夫人便把贾政昨夜所说的话向贾母述了一遍，贾母甚喜。说着，宝玉进来了。贾母便问道：“吃了饭了没有？”宝玉道：“才打学房里回来，吃了要往学房里去，先见见老太太。又听见说姨妈来了，过来给姨妈请请安。”因问：“宝姐姐可大好了？”薛姨妈笑道：“好了。”原来方才大家正说着，见宝玉进来，都煞住了。宝玉坐了坐，见薛姨妈情形不似从前亲热，“虽是此刻没有心情，也不犯大家都不言语”。满腹猜疑，自往学中去了。

晚间回来，都见过了，便往潇湘馆来。掀帘进去，紫鹃接着，见里间屋内无人，宝玉道：“姑娘那里去了？”紫鹃道：“上屋里去了。知道姨太太过来，姑娘请安去了。二爷没有到上屋里去么？”宝玉道：“我去了来的，没有见你姑娘。”紫鹃道：“这也奇了。”宝玉问：“姑娘到底那里去了？”紫鹃道：“不定。”宝玉往外便走。刚出屋门，只见黛玉带着雪雁，冉冉而来。宝玉道：“妹妹回来了。”缩身退步进来。

黛玉进来，走入里间屋内，便请宝玉里头坐。紫鹃拿了一件外罩换上，然后坐下，问道：“你上去看见姨妈没有？”宝玉道：“见过了。”黛玉道：“姨妈说起我没有？”宝玉道：“不但没有说起你，连见了我也不像先时亲热。今日我问起宝姐姐病来，他不过笑了一笑，并不答言。难道怪我这两天没有去瞧他么。”黛玉笑了一笑道：“你去瞧过没有？”宝玉道：“头几天不知道，这两天知道了，也没有去。”黛玉道：“可不是。”宝玉道：“老太太不叫我去，太太也不叫我去，老爷又不叫我去，我如何敢去。若是像从前这扇小门走得通的时候，要我一天瞧他十趟也不难。如今把门堵了，要打前头过去，自然不便了。”黛玉道：“他那里知道这个原故。”宝玉道：“宝姐姐为人是最体谅我的。”黛玉道：“你不要自己打错了主意。若论宝姐姐，更不体谅，又不是姨妈病，是宝姐姐病。向来在园中，做诗赏花饮酒，何等热闹，如今隔开了，你看见他家里有事了，他病到那步田地，你像没事人一般，他怎么不恼呢。"宝玉道:"这样难道宝姐姐便不和我好了不成？"黛玉道:"他和你好不好我却不知，我也不过是照理而论。"宝玉听了，瞪着眼呆了半晌。黛玉看见宝玉这样光景，也不睬他，只是自己叫人添了香，又翻出书来细看了一会。只见宝玉把眉一皱，把脚一跺道:"我想这个人生他做什么！天地间没有了我，倒也干净！"黛玉道:"原是有了我，便有了人。有了人，便有无数的烦恼生出来，恐怖，颠倒，梦想，更有许多缠碍。——才刚我说的都是顽话，你不过是看见姨妈没精打彩，如何便疑到宝姐姐身上去？姨妈过来原为他的官司事情心绪不宁，那里还来应酬你？都是你自己心上胡思乱想，钻入魔道里去了。"宝玉豁然开朗，笑道:"很是，很是。你的性灵比我竟强远了，怨不得前年我生气的时候，你和我说过几句禅语，我实在对不上来。我虽丈六金身，还借你一茎所化。"黛玉乘此机会说道:"我便问你一句话，你如何回答？"宝玉盘着腿，合着手，闭着眼，嘘着嘴道:"讲来。"黛玉道:"宝姐姐和你好，你怎么样？宝姐姐不和你好，你怎么样？宝姐姐前儿和你好，如今不和你好你怎么样？今儿和你好，后来不和你好，你怎么样？你和他好，他偏不和你好，你怎么样？你不和他好，他偏要和你好，你怎么样？"宝玉呆了半晌，忽然大笑道:"任凭弱水三千，我只取一瓢饮。"黛玉道:"瓢之漂水奈何？"宝玉道:"非瓢漂水，水自流，瓢自漂耳！"黛玉道:"水止珠沉，奈何？"宝玉道:"禅心已作沾泥絮，莫向春风舞鹧鸪。"黛玉道:"禅门第一戒是不打诳语的。"宝玉道:"有如三宝。"黛玉低头不语。

只听见檐外老鸹呱呱的叫了几声，便飞向东南上去，宝玉道："不知主何吉凶。"黛玉道："人有吉凶事，不在鸟音中。"忽见秋纹走来说道："请二爷回去。老爷叫人到园里来问过，说二爷打学里回来了没有。袭人姐姐只说已经来了，快去罢。"吓得宝玉站起身来往外忙走，黛玉也不敢相留。未知何事，下回分解。

笺证

《红楼梦》后四十回中，大观园诗社已经冷落，叙事就捡起诗社的碎片，在薛家以及宝玉、黛玉之间往返穿梭推移，同时沟通诗与禅。诗乎禅乎，皆本诸于心，关键在于以一个"悟"字相贯通。永乐大典本宋人吴可《藏海诗话》说："凡作诗如参禅，须有悟门。少从荣天和学，尝不解其诗云'多谢喧喧雀，时来破寂寥'，一日于竹亭中坐，忽有群雀飞鸣而下，顿悟前语。自尔看诗，无不通者。"[2] 以禅说诗，唐王维、宋苏轼后，成了诗坛一股津津乐道的潮流。第九十一回贾母、凤姐、薛姨妈议论宝玉、宝钗婚事，宝玉却一直蒙在鼓里，黛玉问宝玉她们是否议论什么，宝玉说："不但没有说起你，连见了我也不像先时亲热。今日我问起宝姐姐病来，他不过笑了一笑，并不答言。难道怪我这两天没有去瞧他么。"由此可知，宝玉与黛玉的参禅，一方面是蒙在鼓里的空白，另一方面是两人心照不宣的参悟。宝玉由于没有去看望宝钗的病，受黛玉的责怪，宝玉把眉一皱，把脚一跺说："我想这个人生他做什么！天地间没有了我，倒也干净！"黛玉由此引向人我关系的体悟，说："原是有了我，便有了人。有了人，便有无数的烦恼生出来，恐怖，颠倒，梦想，更有许多缠碍。——才刚我说的都是顽话，你不过是看见姨妈没精打彩，如何便疑到宝姐姐身上去？姨妈过来原为他的官司事情心绪不宁，那里还来应酬你？都是你自已心上胡思乱想，钻入魔道里去了。"宝玉豁然开朗，笑说："很是，很是。你的性灵比我竟强远了，怨不得前年我生气的时候，你和我说过几句禅语，我实在对不上来。我虽丈六金身，还借你一茎所化。"这里的丈六金身指的是佛。《后汉书·天竺传》说："西方有神，名曰佛，其形长丈六而黄金色。"一茎，代指莲花。一茎所化指的是佛由莲花化生。宋释道原《景德传灯录》卷十说："师自此道化被于北地。众请住赵州观音。上堂，示众云：'如明珠在掌，胡来胡现，汉来汉现。老僧把一枝草为丈六金身用，把丈六金身为一枝草用。佛是烦恼，烦恼是佛。'时有僧问：'未审佛是谁家烦恼？'师云：'与一切人烦恼。'僧云：'如何免得？'师云：'用免作么？'"[3]所谓"把一枝草为丈六金身用，把丈六金身为一枝草用"，就是点化人世一切烦恼。宝玉的意思是说，自己虽然对禅机有所了解，但要成佛，还需要黛玉的点化。宝玉提到前年参禅，指的是第二十二回"听曲文宝玉悟禅机"。宝玉因看戏时有人把戏子说成像黛玉，受黛玉责怪而无所适从，回来看见《庄子》上有"巧者劳而智者忧，无能者无所求，饱食而遨游，泛若不系之舟"；"山木自寇"之语，提笔立占一偈云："你证我证，心证意证。是无有证，斯可云证。无可云证，是立足境。"又在偈后填了一支《寄生草》曲子，曰："无我原非你，从他不解伊。肆行无碍凭来去，茫茫着甚悲愁喜，纷纷说甚亲疏密。从前碌碌却因何，到如今回头试想真无趣！"黛玉看了却说："你那偈末云：'无可云证，是立足境。'固然好了，只是据我看，还未尽善。我再续两句在后。"续上的两句是："无立足境，是方干净。"这就启发宝玉放下固执，进取逍遥。隔了近七十回以后，第九十一回以下的参禅，是黛玉要宝玉回答："宝姐姐和你好，你怎么样？宝姐姐不和你好，你怎么样？宝姐姐前儿和你好，如今不和你好你怎么样？今儿和你好，后来不和你好，你怎么样？你和他好，他偏不和你好，你怎么样？你不和他好，他偏要和你好，你怎么样？"宝玉呆了半晌，忽然大笑说："任凭弱水三千，我只

❷ 丁福保辑：《历代诗话续编》，中华书局1983年版，第340—341页。

❸（北宋）道原著，顾宏义译注：《景德传灯录译注》，上海书店出版社2010年版，第664页。

取一瓢饮。”宝玉“呆了半晌”，留下心灵选择的时间，他的说法，来自佛教故事。据说佛祖在菩提树下问一人：“在俗眼看来，你有钱、有势、有娇妻，为何还不快乐？”此人回答说：“我正因如此，才不知应该如何取舍。”佛祖笑说：“我给你讲个故事吧。某日，一旅人就要口渴而死，佛祖怜悯，置一湖水于此人面前，但此人滴水不进。佛祖好生奇怪，问其原由。回答说：‘湖水太多，而我的肚子又这么小，既然不能一口将它喝完，那就不如一口都不喝。’”佛祖露出灿烂笑容，对那人说：“你记住吧，在一生中可能遇到许多美好的东西，但只须用心好好把握住其中的一样就足够了。弱水有三千，只需取一瓢饮。”这个佛门故事，与《庄子·逍遥游》所说：“鹪鹩巢于深林，不过一枝。偃鼠饮河，不过满腹。”有异曲同工之妙。宝玉用此佛典参禅，暗示宝钗的好与不好与我无关，我心中有你一人足矣。黛玉接着发问：“瓢之漂水奈何？”宝玉道：“非瓢漂水，水自流，瓢自漂耳！”黛玉道：“水止珠沉，奈何？”宝玉道：“禅心已作沾泥絮，莫向春风舞鹧鸪。”宝玉“禅心”此联，前一句是苏东坡的佛门好友写的诗，宋释惠洪《冷斋夜话》卷六记载：“东吴僧道潜，有标致。……(东)坡一见如旧。及坡移守东徐，潜往访之，馆于逍遥堂，士大夫争欲识面。东坡馔客罢，与俱来，而红妆拥随之。东坡遣一妓前乞诗，潜援笔而成曰：‘寄语巫山窈窕娘，好将魂梦恼襄王。禅心已作沾泥絮，不逐春风上下狂。’一座大惊，自是名闻海内。”[4]下句出自晚唐郑谷《席上贻歌者》：“花月楼台近九衢，清歌一曲倒金壶。座中亦有江南客，莫向春风唱鹧鸪。”鹧鸪是报春鸟，也是曲牌名。宝玉缀合这两句诗，意思是我这片禅心已经如同飞絮粘上你的泥土，不会像鹧鸪那样迎着春风到处飞舞了。黛玉接着告诫宝玉：佛门的第一戒律就是不让说谎话的。宝玉斩钉截铁地说，我以佛教三宝佛、法、僧的名义起誓，这是诚心诚意、终生莫改的心坎里的话，如若不然，宁可出家当和尚。黛玉听了，低头不语。参禅以谈言微中的方式，间接表达宝黛的衷曲，把成年之后不宜直说的心头话转化为深度的表达。这种表达连结着西方灵河岸上三生石畔赤瑕宫神瑛侍者与绛珠仙草的神话，可谓感天动地，却引来檐外老鸹呱呱叫声，就飞向东南方去，宝玉疑惑不解地说：“不知主何吉凶。”黛玉回答：“人有吉凶事，不在鸟音中。”黛玉随口说出的这句话，也有出典。明代少年时与唐寅交好的都穆《都公谭纂》卷下记载：“浙江人钱知县赐，继室许氏，临平人，名璚姬，善于词翰，尝有绝句诗云：‘鹊噪未为喜，鸦鸣岂是凶。人间吉凶事，不在鸟音中。’又有《新月》诗云：‘三星明灿烂，一仰一钩金。似吾深闺里，春来夜夜心。’”[5]黛玉博闻强记，她随手拈来典故，不是为了掉书袋，而是准备好以生命承担难以预测的悲剧命运。应该说，《红楼梦》第九十一回“布疑阵宝玉妄谈禅”，就精彩程度而言，堪与第二十二回“听曲文宝玉悟禅机”并列为娇美异常的并蒂莲花。

[4]（宋）惠洪、费衮撰，李保民、金圆校点：《冷斋夜话·梁溪漫志》，上海古籍出版社2012年版，第38—39页。

[5]上海古籍出版社编：《明代笔记小说大观》，上海古籍出版社2005年版，第581页。

第九十二回

评女传巧姐慕贤良 玩母珠贾政参聚散

话说宝玉从潇湘馆出来，连忙问秋纹道："老爷叫我作什么？"秋纹笑道："没有叫，袭人姐姐叫我请二爷，我怕你不来，才哄你的。"宝玉听了才把心放下，因说："你们请我也罢了，何苦来唬我。"说着，回到怡红院内。袭人便问道："你这好半天到那里去了？"宝玉道："在林姑娘那边，说起薛姨妈、宝姐姐的事来，便坐住了。"袭人又问道："说些什么？"宝玉将打禅语的话述了一遍。袭人道："你们再没个计较，正经说些家常闲话儿，或讲究些诗句，也是好的，怎么又说到禅语上了。又不是和尚。"宝玉道："你不知道，我们有我们的禅机，别人是插不下嘴去的。"袭人笑道："你们参禅参翻了，又叫我们跟着打闷葫芦了。"宝玉道："头里我也年纪小，他也孩子气，所以我说了不留神的话，他就恼了。如今我也留神，他也没有恼的了。只是他近来不常过来，我又念书，偶然到一处，好像生疏了似的。"袭人道："原该这么着才是。都长了几岁年纪了，怎么好意思还像小孩子时候的样子。"宝玉点头道："我也知道。如今且不用说那个，我问你，老太太那里打发人来说什么来着没有？"袭人道："没有说什么。"宝玉道："必是老太太忘了。明儿不是十一月初一日么，年年老太太那里必是个老规矩，要办消寒会，齐打伙儿坐下喝酒说笑。我今日已经在学房里告了假了，这会子没有信儿，明儿可是去不去呢？若去了呢，白白的告了假；若不去，老爷知道了又说我偷懒。"袭人道："据我说，你竟是去的是。才念的好些儿了，又想歇着。依我说也该上紧些才好。昨儿听见太太说，兰哥儿念书真好，他打学房里回来，还各自念书作文章，天天晚上弄到四更多天才睡。你比他大多了，又是叔叔，倘或赶不上他，又叫老太太生气。倒不如明儿早起去罢。”麝月道：“这样冷天，已经告了假又去，倒叫学房里说：既这么着就不该告假呀，显见的是告谎假脱滑儿。依我说，落得歇一天。就是老太太忘记了，咱们这里就不消寒了么，咱们也闹个会儿不好么。”袭人道：“都是你起头儿，二爷更不肯去了。”麝月道：“我也是乐一天是一天，比不得你要好名儿，使唤一个月再多得二两银子！”袭人啐道：“小蹄子，人家说正经话，你又来胡拉混扯的了。”麝月道：“我倒不是混拉扯，我是为你。”袭人道：“为我什么？”麝月道：“二爷上学去了，你又该咕嘟着嘴想着，巴不得二爷早一刻儿回来，就有说有笑的了。这会儿又假撇清，何苦呢！我都看见了。”

袭人正要骂他，只见老太太那里打发人来说道：“老太太说了，叫二爷明儿不用上学去呢。明儿请了姨太太来给他解闷，只怕姑娘们都来，家里的史姑娘、邢姑娘、李姑娘们都请了，明儿来赴什么消寒会呢。”宝玉没有听完便喜欢道：“可不是，老太太最高兴的，明日不上学是过了明路的了。”袭人也便不言语了。那丫头回去。宝玉认真念了几天书，巴不得顽这一天。又听见薛姨妈过来，想着“宝姐姐自然也来”。心里喜欢，便说：“快睡罢，明日早些起来。”于是一夜无话。

到了次日，果然一早到老太太那里请了安，又到贾政王夫人那里请了安，回明了老太太今儿不叫上学，贾政也没言语，便慢慢退出来，走了几步便一溜烟跑到贾母房中。见众人都没来，只有凤姐那边的奶妈子带了巧姐儿，跟着几个小丫头过来，给老太太请了安，说：“我妈妈先叫我来请安，陪着老太太说说话儿，妈妈回来就来。”贾母笑道：“好孩子，我一早就起来了，等他们总不来，只有你二叔叔来了。”那奶妈子便说：“姑娘给你二叔叔请安。”宝玉也问了一声“妞妞好”。巧姐儿道：“我昨夜听见我妈妈说，要请二叔叔去说话。”宝玉道：“说什么呢？”巧姐儿道：“我妈妈说，跟着李妈认了几年字，不知道我认得不认得。我说都认得，我认给妈妈瞧。妈妈说我瞎认，不信，说我一天尽子顽，那里认得。我瞧着那些字也不要紧，就是那《女孝经》也是容易念的。妈妈说我哄他，要请二叔叔得空儿的时候给我理理。”贾母听了，笑道：“好孩子，你妈妈是不认得字的，所以说你哄他。明儿叫你二叔叔理给他瞧瞧，他就信了。”宝玉道：“你认了多少字了？”巧姐儿道：“认了三千多字，念了一本《女孝经》，半个月头里又上了《列女传》。”宝玉道：“你念了懂得吗？你要不懂，我倒是讲讲这个你听罢。”贾母道：“做叔叔的也该讲究给侄女听听。”宝玉道：“那文王后妃是不必说了，想来是知道的。那姜后脱簪待罪，齐国的无盐虽丑，能安邦定国，是后妃里头的贤能的。若说有才的，是曹大姑、班婕妤、蔡文姬、谢道韫诸人。孟光的荆钗布裙，鲍宣妻的提瓮出汲，陶侃母的截发留宾，还有画荻教子的，这是不厌贫的。那苦的里头，有乐昌公主破镜重圆，苏蕙的回文感主。那孝的是更多了，木兰代父从军，曹娥投水寻父的尸首等类也多，我也说不得许多。那个曹氏的引刀割鼻，是魏国的故事。那守节的更多了，只好慢慢的讲。若是那些艳的，王嫱、西子、樊素、小蛮、绛仙等。妒的是秃妾发、怨洛神等类，也少。文君、红拂是女中的……”贾母听到这里，说：“够了，不用说了。你讲的太多，他那里还记得呢。”巧姐儿道：“二叔叔才说的，也有念过的，也有没念过的。念过的，二叔叔一讲，我更知道了好些。”宝玉道：“那字是自然认得的了，不用再理。明儿我还上学去呢。”巧姐儿道：“我还听见我妈妈昨儿说，我们家的小红头里是二叔叔那里的，我妈妈要了来，还没有补上人呢。我妈妈想着要把什么柳家的五儿补上，不知二叔叔要不要。”宝玉听了更喜欢，笑着道：“你听你妈妈的话。要补谁就补谁罢咧，又问什么要不要呢。”因又向贾母笑道：“我瞧大妞妞这个小模样儿，又有这个聪明儿，只怕将来比凤姐姐还强呢，又比他认的字。”贾母道：“女孩儿家认得字呢也好，只是女工针凿倒是要紧的。”巧姐儿道：“我也跟着刘妈妈学着做呢，什么扎花儿咧、拉锁子，我虽弄不好，却也学着会做几针儿。”贾母道：“咱们这样人家固然不仗着自己做，但只到底知道些，日后才不受人家的拿捏。”巧姐儿答应着“是”，还要宝玉解说《列女传》，见宝玉呆呆的，也不敢再说。

你道宝玉呆的是什么？只因柳五儿要进怡红院，头一次是他病了不能进来，第二次王夫人撵了晴雯，大凡有些姿色的，都不敢挑。后来又在吴贵家看晴雯去，五儿跟着他妈给晴雯送东西去，见了一面，更觉娇娜妩媚。今日亏得凤姐想着，叫他补入小红的窝儿，竟是喜出望外了。所以呆呆的想他。

笺证

金陵十二钗中人物的正式亮相，都是《红楼梦》不敢懈怠，苦心经营的。正式亮相最晚的是巧姐。以往巧姐都是在病中出现，并为刘姥姥赐了名字，到了她以成人和学养出现，自然怠慢不得，应该认真描写。第九十二回“评女传巧姐慕贤良”，是巧姐借《女孝经》《列女传》作为文化标签而正式亮相的。宝玉自充博学，为巧姐评议《女孝经》《列女传》上的人物。对于这两部书，《四库全书总目提要》卷九十五记述：“《女孝经》一卷〔内府藏本〕。唐郑氏撰。郑氏，朝散郎侯莫陈邈之妻。侯莫陈，三字复姓也。前载进书表，称侄女策为永王妃，因作此以戒。《唐书·艺文志》不载，《宋史·艺文志》始载之。《宣和书谱》载，孟昶时有石恪画《女孝经》像八，则五代时乃盛行于世也。其书仿《孝经》分十八章，章首皆假班大家以立言。进表所谓不敢自专，因以班大家为主，其文甚明。陈振孙《书录解题》直以为班昭所撰，误之甚矣。”[1]由于《女孝经》“假班大家以立言”，宋陈振孙《直斋书录解题》卷十将之与班昭《女诫》相混同，陈振孙说：“《女诫》一卷。汉曹世叔妻班昭撰。固之妹也。俗号传《女孝经》。”另一部书是西汉刘向《列女传》，共分七卷：母仪传、贤明传、仁智传、贞顺传、节义传、辩通传和孽嬖传。宝玉向巧姐说：“那文王后妃是不必说了，想来是知道的。那姜后脱簪待罪，齐国的无盐虽丑，能安邦定国，是后妃里头的贤能的。若说有才的，是曹大姑、班婕妤、蔡文姬、谢道韫诸人。孟光的荆钗布裙，鲍宣妻的提瓮出汲，陶侃母的截发留宾，还有画荻教子的，这是不厌贫的。那苦的里头，有乐昌公主破镜重圆，苏蕙的回文感主。那孝的是更多了，木兰代父从军，曹娥投水寻父的尸首等类也多，我也说不得许多。那个曹氏的引刀割鼻，是魏国的故事。那守节的更多了，只好慢慢的讲。若是那些艳的，王嫱、西子、樊素、小蛮、绛仙等。妒的是秃妾发、怨洛神等类，也少。文君、红拂是女中的……”宝玉的讲述并非照本宣科，他是有自己的价值观选择和阐释的。他不以富贵论人，略去了“母仪传”中从舜帝的娥皇、女英二妃算起的一大串后妃；而在“贤明传”取“周宣姜后”：周宣王晚起，姜后即脱簪请罪，曰：“吾之过，使君王好色而忘德，失礼晚起。”宣王曰：“吾之过，非卿之过也。”这似乎对好色进行反省。宝玉又在“辩通传”取“齐钟离春，即无盐女”。尽管“其为人臼头深目，长壮大节，昂鼻结喉，肥项少发，折腰出胸，皮肤若漆”，但不以貌取人，而欣赏她“乃拂拭短褐，自诣宣王，愿一见，……曰‘殆哉，殆哉’如此者四。宣王于是停渐台，罢女乐，招进直言，立太子，进慈母，拜无盐为王后而国大治”。至于那些艳的如“王嫱、西子、樊素、小蛮、绛仙等”，“文君、红拂是女中的……”，是宝玉的兴趣所在，但已经超越《列女传》原本，而兼取各种杂书了。这才有巧姐说：“二叔叔才说的，也有念过的，也有没念过的。”说是“巧姐慕贤良”，实际上是宝玉隐藏着价值观进行轻重选择，念起属于他自己的“女儿经”。比如讲那些艳的，有樊素、小蛮，乃是唐朝诗人白居易的歌舞姬，樊素善歌，小蛮善舞。白居易《不能忘情吟》序云："妓有樊素者年二十余，绰绰有歌舞态，善唱《杨枝》，人多以曲名名之，由是名闻洛下。"[2]唐孟棨《本事诗·事感》说："白尚书姬人樊素善歌，妓人小蛮善舞。尝为诗曰：'樱桃樊素口，杨柳小蛮腰。'"这种对女子歌舞姿色的欣赏，可以与第二回"冷子兴演说荣国府"宝玉所说"女儿是水作的骨肉，男人是泥作的骨肉。我见了女儿，我便清爽；见了男子，便觉浊臭逼人"，相互映照，相互补充，只不过这里的评述多少向正统观念倾斜而已。

[1]（清）纪昀总纂：《四库全书总目提要》，河北人民出版社2000年版，第2419页。

[2]（唐）白居易：《白居易集》，中华书局1979年版，第1501页。

贾母等着那些人，见这时候还不来，又叫丫头去请。回来李纨同着他妹子，探春、惜春、史湘云、黛玉都来了，大家请了贾母的安。众人厮见，独有薛姨妈未到，贾母又叫请去。果然姨妈带着宝琴过来。宝玉请了安，问了好。只不见宝钗、邢岫烟二人，黛玉便问起："宝姐姐为何不来？"薛姨妈假说身上不好。邢岫烟知道薛姨妈在坐，所以不来。宝玉虽见宝钗不来，心中纳闷，因黛玉来了，便把想宝钗的心暂且搁开。不多时，邢、王二夫人也来了。凤姐听见婆婆们先到了，自己不好落后，只得打发平儿先来告假，说是正要过来，因身上发热，过一回儿就来。贾母道："既是身上不好，不来也罢。咱们这时候很该吃饭了。"丫头们把火盆往后挪了一挪儿，就在贾母榻前一溜摆下两桌，大家序次坐下。吃了饭，依旧围炉闲谈，不须多赘。

且说凤姐因何不来？头里为着倒比邢、王二夫人迟了，不好意思。后来旺儿家的来回说："迎姑娘那里打发人来请奶奶安，还说并没有到上头，只到奶奶这里来。"凤姐听了纳闷，不知又是什么事，便叫那人进来，问："姑娘在家好？"那人道："有什么好的，奴才并不是姑娘打发来的，实在是司棋的母亲央我来求奶奶的。”凤姐道：“司棋已经出去了，为什么来求我？”那人道：“自从司棋出去，终日啼哭。忽然那一日他表兄来了，他母亲见了，恨得什么似的，说他害了司棋，一把拉住要打。那小子不敢言语。谁知司棋听见了，急忙出来老着脸和他母亲道：‘我是为他出来的，我也恨他没良心。如今他来了，妈要打他，不如勒死了我。’他母亲骂他：‘不害臊的东西，你心里要怎么样？’司棋说道：‘一个女人配一个男人。我一时失脚上了他的当，我就是他的人了，决不肯再失身给别人的。我恨他为什么这样胆小，一身作事一身当，为什么要逃。就是他一辈子不来了，我也一辈子不嫁人的。妈要给我配人，我原拼着一死的。今儿他来了，妈问他怎么样，若是他不改心，我在妈跟前磕了头，只当是我死了，他到那里，我跟到那里，就是讨饭吃也是愿意的。’他妈气得了不得，便哭着骂着说：‘你是我的女儿，我偏不给他，你敢怎么着。’那知道那司棋这东西糊涂，便一头撞在墙上，把脑袋撞破，鲜血直流，竟死了。他妈哭着救不过来，便要叫那小子偿命。他表兄说道：‘你们不用着急。我在外头原发了财，因想着他才回来的，心也算是真了。你们若不信，只管瞧。’说着，打怀里掏出一匣子金珠首饰来。他妈妈看见了便心软了，说：‘你既有心，为什么总不言语？’他外甥道：‘大凡女人都是水性杨花，我若说有钱，他便是贪图银钱了。如今他只为人，就是难得的。我把金珠给你们，我去买棺盛殓他。’那司棋的母亲接了东西，也不顾女孩儿了，便由着外甥去。那里知道他外甥叫人抬了两口棺材来。司棋的母亲看见诧异，说：‘怎么棺材要两口？’他外甥笑道：‘一口装不下，得两口才好。’司棋的母亲见他外甥又不哭，只当是他心疼的傻了。岂知他忙着把司棋收拾了，也不啼哭，眼错不见，把带的小刀子往脖子里一抹，也就抹死了。司棋的母亲懊悔起来，倒哭得了不得。如今坊上知道了，要报官。他急了，央我来求奶奶说个人情，他再过来给奶奶磕头。”凤姐听了，诧异道：“那有这样傻丫头，偏偏的就碰见这个傻小子！怪不得那一天翻出那些东西来，他心里没事人似的，敢只是这么个烈性孩子。论起来，我也没这么大工夫管他这些闲事，但只你才说的叫人听着怪可怜见儿的。也罢了，你回去告诉他，我和你二爷说，打发旺儿给他撕掳就是了。”凤姐打发那人去了，才过贾母这边来。不提。

笺证

第九十二回贾母的消寒会，众人稀稀疏疏而至，已经无复往日风光。旧俗入冬后，亲朋相聚，宴饮作乐，谓之“消寒会”。此俗唐代即有，也叫暖冬会。五代王仁裕《开元天宝遗事》卷一说：“巨豪王元宝每至冬月大雪之际，令仆夫自本家坊巷口扫雪为径路，恭亲立于坊巷前，迎揖宾客，就本家具酒炙宴乐之，为暖冬之会。”[3]清代消寒会习俗，相当普遍。清乾嘉学者钱泳《履园丛话》十三《科第》记载：“康熙中有长洲周某，年才舞勺（男孩子13至15岁期间学习勺舞），应院试。遇一痴道人谓周曰：‘功名有路消寒会，喜气全凭一字中。’不解何义。及十八岁入泮，则九九也。应乡试数科，始中副车。闻报日，值重阳，亦九九也。八十一岁，以老生钦赐举人，亦九九也。殁后，以子贵赠官，适九十九岁，亦九九也。消寒之数，无不相符，亦奇矣哉。”[4]清乾隆年间诗人黄景仁《冬日忆城东诸子》诗云：“东城旧有消寒会，几辈依然共往还。”珠泉居士的《续板桥杂记》卷上说：“青溪一曲，销夏最宜。而游目骋怀，春秋亦多佳日。至于冬令，朔风如刀，招招者绝迹矣。然促坐围炉，浅斟低唱，作消寒会，正不减罗浮梦中。”[5]晚清黄遵宪《日本杂事诗》卷二有云：“让叶劳薪插户前，人人都道是新年。故乡正作消寒会，兽炭红炉一九天。”[6]贾母的消寒会在十一月初一日，实际是冬至，“冬至一阳生”。明代开始有“九九消寒图”，其实公元6世纪南北朝梁朝宗懔《荆楚岁时记》就有“数九”之说，明刘侗、

[3]（五代）王仁裕等撰，丁如明等校点：《开元天宝遗事（外七种）》，上海古籍出版社2012年版，第8页。

[4]（清）钱泳撰，孟裴校点：《履园丛话》，上海古籍出版社2012年版，第235页。

[5]李保民、胡建强、龙聿生主编：《明清娱情小品撷珍》，学林出版社1999年版，第638页。

[6]潘超、丘良任、孙忠铨主编：《中华竹枝词全编》（7），北京出版社2007年版，第547页。

于奕正《帝京景物略·春场》云:“日冬至,画素梅一枝,为瓣八十有一,日染一瓣,瓣尽而九九出,则春深矣,曰九九消寒图。”画九就是从冬至起,画一枝素梅,枝上画梅花九朵,每朵梅花九个花瓣,共八十一瓣。每瓣代表一天,每过一天就用颜色染上一瓣,染完九瓣,就过了一个“九”,九朵染完,就出了“九”,九尽春深。写九,是清代开始出现的,首先是在宫廷内实行。就是选每字九画的九个字,每画代表一天,每字代表一个九,九个字代表九九八十一天。清徐珂《清稗类钞·时令类》记载:“宣宗(清道光帝)御制词,有‘亭前垂柳,珍重待春风’二句,句各九言,言各九画,其后双钩之,装潢成幅,曰九九消寒图,题‘管城春色’四字于其端。南书房翰林日以‘阴晴风雪’注之,自冬至始,日填一画,凡八十一日而毕事。”[7]旧俗以冬至为入九,九九足,则春风送暖,寒意全消,故有“九九消寒”之谚。但是贾母的冬至消寒会,除了宝玉为巧姐评说《女孝经》《列女传》,众人吃饭,围炉闲谈之外,就只有司棋与表兄自杀殉情,凤姐为司棋母亲处理人命官司,实在是消寒寒更寒,看不到画九、写九的风俗以及大观园儿女的诗情画意了。应该说,司棋与表兄潘又安双双殉情,更具有心灵冲击力,只不过这是旺儿家的告知凤姐的故事,采取间接叙事的方法了。因这双男女的赠情绣囊而引起的抄检大观园的风波,这种自乱阵脚的窝里斗,是否应该重新审视,也是一个未了的命题。

且说贾政这日正与詹光下大棋,通局的输赢也差不多,单为着一只角儿死活未分,在那里打劫。门上的小厮进来回道:“外面冯大爷要见老爷。”贾政道:“请进来。”小厮出去请了,冯紫英走进门来,贾政即忙迎着。冯紫英进来,在书房中坐下,见是下棋,便道:“只管下棋,我来观局。”詹光笑道:“晚生的棋是不堪瞧的。”冯紫英道:“好说,请下罢。”贾政道:“有什么事么?”冯紫英道:“没有什么话。老伯只管下棋,我也学几着儿。”贾政向詹光道:“冯大爷是我们相好的,既没事,我们索性下完了这一局再说话儿。冯大爷在旁边瞧着。”冯紫英道:“下采不下采?”詹光道:“下采的。”冯紫英道:“下采的是不好多嘴的。”贾政道:“多嘴也不妨,横竖他输了十来两银子，终久是不拿出来的。往后只好罚他做东便了。”詹光笑道：“这倒使得。”冯紫英道：“老伯和詹公对下么？”贾政笑道：“从前对下，他输了。如今让他两个子儿，他又输了。时常还要悔几着，不叫他悔他就急了。”詹光也笑道：“没有的事。”贾政道：“你试试瞧。”大家一面说笑，一面下完了。做起棋来，詹光还了棋头，输了七个子儿。冯紫英道：“这盘终吃亏在打劫里头。老伯劫少，就便宜了。”

贾政对冯紫英道：“有罪，有罪。咱们说话儿罢。”冯紫英道：“小侄与老伯久不见面，一来会会，二来因广西的同知进来引见，带了四种洋货，可以做得贡的。一件是围屏，有二十四扇槅子，都是紫檀雕刻的。中间虽说不是玉，却是绝好的硝子石，石上镂出山水人物、楼台花鸟等物。一扇上有五六十个人，都是宫妆的女子，名为《汉宫春晓》。人的眉目口鼻以及出手衣褶，刻得又清楚又细腻。点缀布置都是好的。我想尊府大观园中正厅上却可用得着。还有一个钟表，有三尺多高，也是一个小童儿拿着时辰牌，到了什么时候他就报什么时辰。里头也有些人在那里打十番的。这是两件重笨的，却还没有拿来。现在我带在这里两件却有些意思儿。”就在身边拿出一个锦匣子，见几重白绵裹着，揭开了绵子，第一层是一个玻璃盒子，里头金托子大红绉绸托底，上放着一颗桂圆大的珠子，光华耀目。冯紫英道：“据说这就叫做母珠。”因叫拿一个盘儿来。詹光即忙端过一个黑漆茶盘，道：“使得么？”冯紫英道：“使得。”便又向怀里掏出一个白绢包儿，将包儿里的珠子都倒在盘里散着，把那颗母珠搁在中间，将盘置于桌上。看见那些小珠子儿滴溜滴溜滚到大珠身边来，一回儿把这颗大珠子抬高了，别处的小珠子一颗也不剩，都粘在大珠上。

❼（清）徐珂：《清稗类钞》，中华书局1984年版，第36页。

詹光道:“这也奇怪。”贾政道:“这是有的，所以叫做母珠，原是珠之母。”那冯紫英又回头看着他跟来的小厮道:“那个匣子呢？”那小厮赶忙捧过一个花梨木匣子来。大家打开看时，原来匣内衬着虎纹锦，锦上叠着一束蓝纱。詹光道:“这是什么东西？”冯紫英道:“这叫做鲛绡帐。”在匣子里拿出来时，叠得长不满五寸，厚不上半寸，冯紫英一层一层的打开，打到十来层，已经桌上铺不下了。冯紫英道:“你看里头还有两折，必得高屋里去才张得下。这就是鲛丝所织，暑热天气张在堂屋里头，苍蝇蚊子一个不能进来，又轻又亮。”贾政道:“不用全打开，怕叠起来倒费事。”詹光便与冯紫英一层一层折好收拾。冯紫英道:“这四件东西价儿也不很贵，两万银他就卖。母珠一万，鲛绡帐五千,《汉宫春晓》与自鸣钟五千。”贾政道:“那里买得起。”冯紫英道:“你们是个国戚，难道宫里头用不着么？”贾政道:“用得着的很多，只是那里有这些银子。等我叫人拿进去给老太太瞧瞧。”冯紫英道:“很是。”

贾政便着人叫贾琏把这两件东西送到老太太那边去，并叫人请了邢、王二夫人、凤姐儿都来瞧着，又把两件东西一一试过。贾琏道:“他还有两件：一件是围屏，一件是乐钟。共总要卖二万银子呢。”凤姐儿接着道:“东西自然是好的，但是那里有这些闲钱。咱们又不比外任督抚要办贡。我已经想了好些年了，像咱们这种人家，必得置些不动摇的根基才好，或是祭地，或是义庄，再置些坟屋。往后子孙遇见不得意的事，还是有点儿底子，不到一败涂地。我的意思是这样，不知老太太、老爷、太太们怎么样。若是外头老爷们要买，只管买。”贾母与众人都说:“这话说的倒也是。”贾琏道:“还了他罢。原是老爷叫我送给老太太瞧，为的是宫里好进。谁说买来搁在家里？老太太还没开口，你便说了一大些丧气话！”

说着，便把两件东西拿了出去，告诉了贾政，说老太太不要。便与冯紫英道:“这两件东西好可好，就只没银子。我替你留心，有要买的人，我便送信给你去。”冯紫英只得收拾好，坐下说些闲话，没有兴头，就要起身。贾政道:“你在我这里吃了晚饭去罢。”冯紫英道:“罢了，来了就叨扰老伯吗！”贾政道:“说那里的话。”正说着，人回“大老爷来了”，贾赦早已进来。彼此相见，叙些寒温。不一时摆上酒来，肴馔罗列，大家喝着酒。至四五巡后，说起洋货的话，冯紫英道："这种货本是难消的，除非要像尊府这种人家，还可消得，其馀就难了。"贾政道："这也不见得。"贾赦道："我们家里也比不得从前了，这回儿也不过是个空门面。"冯紫英又问："东府珍大爷可好么？我前儿见他，说起家常话儿来，提到他令郎续娶的媳妇，远不及头里那位秦氏奶奶了。如今后娶的到底是那一家的，我也没有问起。"贾政道："我们这个侄孙媳妇儿，也是这里大家，从前做过京畿道的胡老爷的女孩儿。"紫英道："胡道长我是知道的，但是他家教上也不怎么样。也罢了，只要姑娘好就好。"

贾琏道："听得内阁里人说起，贾雨村又要升了。"贾政道："这也好，不知准不准。"贾琏道："大约有意思的了。"冯紫英道："我今儿从吏部里来，也听见这样说。雨村老先生是贵本家不是？"贾政道："是。"冯紫英道："是有服的还是无服的？"贾政道："说也话长。他原籍是浙江湖州府人，流寓到苏州，甚不得意。有个甄士隐和他相好，时常周济他。以后中了进士，得了榜下知县，便娶了甄家的丫头，如今的太太不是正配。岂知甄士隐弄到零落不堪，没有找处。雨村革了职以后，那时还与我家并未相识，只因舍妹丈林如海林公在扬州巡盐的时候，请他在家做西席，外甥女儿是他的学生。因他有起复的信要进京来，恰好外甥女儿要上来探亲，林姑老爷便托他照应上来的，还有一封荐书，托我吹嘘吹嘘。那时看他不错，大家常会。岂知雨村也奇，我家世袭起，从代字辈下来，宁荣两宅人口房舍以及起居事宜，一概都明白，因此遂觉得亲热了。"因又笑说道："几年间门子也会钻了。由知府推升转了御史，不过几年，升了吏部侍郎，署兵部尚书。为着一件事降了三级，如今又要升了。”冯紫英道：“人世的荣枯，仕途的得失，终属难定。”贾政道：“像雨村算便宜的了。还有我们差不多的人家就是甄家，从前一样功勋，一样的世袭，一样的起居，我们也是时常往来。不多几年，他们进京来差人到我这里请安，还很热闹。一回儿抄了原籍的家财，至今杳无音信，不知他近况若何，心下也着实惦记。看了这样，你想做官的怕不怕？”贾赦道：“咱们家是最没有事的。”冯紫英道：“果然，尊府是不怕的。一则里头有贵妃照应，二则故旧好亲戚多，三则你家自老太太起至于少爷们，没有一个刁钻刻薄的。”贾政道：“虽无刁钻刻薄，却没有德行才情。白白的衣租食税，那里当得起。”贾赦道：“咱们不用说这些话，大家吃酒罢。”大家又喝了几杯，摆上饭来。吃毕，喝茶。冯家的小厮走来轻轻的向紫英说了一句，冯紫英便要告辞了。贾赦贾政道：“你说什么？”小厮道：“外面下雪，早已下了梆子了。”贾政叫人看时，已是雪深一寸多了。贾政道：“那两件东西你收拾好了么？”冯紫英道：“收好了。若尊府要用，价钱还自然让些。”贾政道：“我留神就是了。”紫英道：“我再听信罢。天气冷，请罢，别送了。”贾赦贾政便命贾琏送了出去。未知后事如何，下回分解。

笺证

唐朝白居易《咏怀》诗云：“白发满头归得也，诗情酒兴渐阑珊。”《红楼梦》第九十二回实在写得有点白发满头，寻找归宿，意兴阑珊了。贾母的消寒会既是浮皮潦草，贾政看到稀世珍宝也踢起皮球。“玩母珠贾政参聚散”写的是神武将军冯唐之子冯紫英带来四种可以做进贡用的洋货。一是紫檀雕刻的二十四扇围屏，绝好的硝子石上镂出山水人物、楼台花鸟等物。一扇上有五六十个人，都是宫妆的女子，名为《汉宫春晓》，可以摆在贾府大观园中正厅上。二是三尺多高的钟表，有小童儿拿着时辰牌报告时辰。三是几重白绵裹着的锦匣子，里头有桂圆大的母珠，光华耀目，放在盘子上，能够把散落的小珠子儿滴溜滴溜吸引且滚到大珠身边来，一回儿把这颗大珠子抬高了，别处的小珠子都粘在大珠子上。四是衬着虎纹锦的花梨木匣，锦上叠着一束蓝色鲛绡帐，叠得长不满五寸，厚不上半寸，层层打开，必得高屋里去才张得下。这是鲛丝所织，暑热天气张在堂屋里头，苍蝇蚊子进不来，又轻又亮。冯紫英说："这四件东西价儿也不很贵，两万银他就卖。母珠一万，鲛绡帐五千，《汉宫春晓》与自鸣钟五千。"贾政推托那里有这些银子，让把母珠、鲛绡帐送给贾母瞧瞧，凤姐说："东西自然是好的，但是那里有这些闲钱。咱们又不比外任督抚要办贡。我已经想了好些年了，像咱们这种人家，必得置些不动摇的根基才好，或是祭地，或是义庄，再置些坟屋。往后子孙遇见不得意的事，还是有点儿底子，不到一败涂地。"可见，贾府中人已经为家族败落，设计后路了。凤姐所谓"我已经想了好些年了"，竟然可以追溯到第十三回秦可卿死时对凤姐托梦说："婶婶，你是个脂粉队里的英雄，连那些束带顶冠的男子也不能过你，你如何连两句俗语也不晓得？常言'月满则亏，水满则溢'，又道是'登高必跌重'。如今我们家赫赫扬扬，已将百载，一日倘或乐极悲生，若应了那句'树倒猢狲散'的俗语，岂不虚称了一世的诗书旧族了！"秦可卿又嘱咐："莫若依我定见，趁今日富贵，将祖茔附近多置田庄、房舍、地亩，以备祭祀供给之费皆出自此处，将家塾亦设于此。合同族中长幼，大家定了则例，日后按房掌管这一年的地亩、钱粮、祭祀、供给之事。如此周流，又无争竞，亦不有典卖诸弊。便是有了罪，凡物可入官，这祭祀产业连官也不入的。便败落下来，子孙回家读书务农，也有个退步，祭祀又可永继。若日今以为荣华不绝，不思后日，终非长策。眼见不日又有一件非常喜事，真是烈火烹油、鲜花着锦之盛。要知道，也不过是瞬息的繁华，一时的欢乐，万不可忘了那'盛筵必散'的俗语。此时若不早为后虑，临期只恐后悔无益了。”秦可卿这种警示，成了《红楼梦》伏脉千里的基本线索，而这条繁华不能只顾“空门面”，须找退路的线索在第九十二回又露了头。这就令人不禁想起清朝康雍乾时代的吴敬梓《儒林外史》第一回的卷首词所说：“人生南北多歧路，将相神仙也要凡人做。百代兴亡朝复暮，江风吹倒前朝树。功名贵显无凭据，费尽心机，总把流光误。浊酒三杯沉醉去，水流花谢知何处？”[8] 江风吹倒前朝树，自然就是“树倒猢狲散”了。

[8]（清）吴敬梓：《儒林外史》，人民文学出版社1958年版，第1页。

第九十三回
甄家仆投靠贾家门
水月庵掀翻风月案

却说冯紫英去后，贾政叫门上人来吩咐道："今儿临安伯那里来请吃酒，知道是什么事？"门上的人道："奴才曾问过，并没有什么喜庆事。不过南安王府里到了一班小戏子，都说是个名班。伯爷高兴，唱两天戏请相好的老爷们瞧瞧，热闹热闹。大约不用送礼的。"说着，贾赦过来问道："明儿二老爷去不去？"贾政道："承他亲热，怎么好不去的。"说着，门上进来回道："衙门里书办来请老爷明日上衙门，有堂派的事，必得早些去。"贾政道："知道了。"说着，只见两个管屯里地租子的家人走来，请了安，磕了头，旁边站着。贾政道："你们是郝家庄的？"两个答应了一声。贾政也不往下问，竟与贾赦各自说了一回话儿散了。家人等秉着手灯送过贾赦去。

这里贾琏便叫那管租的人道："说你的。"那人说道："十月里的租子奴才已经赶上来了，原是明儿可到。谁知京外拿车，把车上的东西不由分说都掀在地下。奴才告诉他说是府里收租了的车，不是买卖车，他更不管这些。奴才叫车夫只管拉着走，几个衙役就把车夫混打了一顿，硬扯了两辆车去了。奴才所以先来回报，求爷打发个人到衙门里去要了来才好。再者，也整治整治这些无法无天的差役才好。爷还不知道呢，更可怜的是那买卖车，客商的东西全不顾，掀下来赶着就走。那些赶车的但说句话，打的头破血出的。"贾琏听了，骂道："这个还了得！"立刻写了一个帖儿，叫家人："拿去向拿车的衙门里要车去，并车上东西。若少了一件，是不依的。

快叫周瑞。”周瑞不在家。又叫旺儿，旺儿晌午出去了，还没有回来。贾琏道：“这些忘八羔子，一个都不在家。他们终年家吃粮不管事。”因吩咐小厮们：“快给我找去。”说着，也回到自己屋里睡下。不提。

且说临安伯第二天又打发人来请。贾政告诉贾赦道：“我是衙门里有事，琏儿要在家等候拿车的事情，也不能去，倒是大老爷带宝玉应酬一天也罢了。”贾赦点头道：“也使得。”贾政遣人去叫宝玉，说：“今儿跟大爷到临安伯那里听戏去。”宝玉喜欢的了不得，便换上衣服，带了焙茗、扫红、锄药三个小子出来，见了贾赦，请了安，上了车，来到临安伯府里。门上人回进去，一会子出来说：“老爷请。”于是贾赦带着宝玉走入院内，只见宾客喧阗。贾赦、宝玉见了临安伯，又与众宾客都见过了礼。大家坐着说笑了一回。只见一个掌班的拿着一本戏单，一个牙笏，向上打了一个千儿，说道：“求各位老爷赏戏。”先从尊位点起，挨至贾赦，也点了一出。那人回头见了宝玉，便不向别处去，竟抢步上来打个千儿道：“求二爷赏两出。”宝玉一见那人，面如傅粉，唇若涂朱，鲜润如出水芙蕖，飘扬似临风玉树。原来不是别人，就是蒋玉菡。前日听得他带了小戏儿进京，也没有到自己那里。此时见了，又不好站起来，只得笑道：“你多早晚来的？”蒋玉菡把手在自己身子上一指，笑道：“怎么二爷不知道么？”宝玉因众人在坐，也难说话，只得胡乱点了一出。蒋玉菡去了，便有几个议论道：“此人是谁？”有的说：“他向来是唱小旦的，如今不肯唱小旦，年纪也大了，就在府里掌班。头里也改过小生。他也攒了好几个钱，家里已经有两三个铺子，只是不肯放下本业，原旧领班。”有的说：“想必成了家了。”有的说：“亲还没有定。他倒拿定一个主意，说是人生配偶关系一生一世的事，不是混闹得的，不论尊卑贵贱，总要配的上他的才能。所以到如今还并没娶亲。”宝玉暗忖度道：“不知日后谁家的女孩儿嫁他。要嫁着这样的人材儿，也算是不辜负了。”那时开了戏，也有昆腔，也有高腔，也有弋腔梆子腔，做得热闹。

过了晌午，便摆开桌子吃酒。又看了一回，贾赦便欲起身。临安伯过来留道：“天色尚早，听见说蒋玉菡还有一出《占花魁》，他们顶好的首戏。”宝玉听了，巴不得贾赦不走。于是贾赦又坐了一会。果然蒋玉菡扮着秦小官服侍花魁醉后神情，把这一种怜香惜玉的意思，做得极情尽致。以后对饮对唱，缠绵缱绻。宝玉这时不看花魁，只把两只眼睛独射在秦小官身上。更加蒋玉菡声音响亮，口齿清楚，按腔落板，宝玉的神魂都唱了进去了。直等这出戏进场后，更知蒋玉菡极是情种，非寻常戏子可比。因想着《乐记》上说的是“情动于中，故形于声。声成文谓之音”，所以知声，知音，知乐，有许多讲究。声音之原，不可不察。诗词一道，但能传情，不能入骨，自后想要讲究讲究音律。宝玉想出了神，忽见贾赦起身，主人不及相留。宝玉没法，只得跟了回来。到了家中，贾赦自回那边去了，宝玉来见贾政。

笺证

第九十三回叙写宝玉终于在临安伯府中见到故人蒋玉菡，“面如傅粉，唇若涂朱，鲜润如出水芙蕖，飘扬似临风玉树”。蒋玉菡演出的顶好首戏《占花魁》，其故事来自冯梦龙《醒世恒言》中的《卖油郎独占花魁》，后经明末清初戏曲作家李玉改为剧本演出。讲的是卖油郎秦重在西湖边偶遇名妓“西湖花魁”王美娘，心痴神迷。他以辛苦一年所积攒的十两银子，想与美娘相处一夜。无奈美娘酩酊归来，和衣而睡，又渴又吐，不得安宁。秦重殷勤侍候，空坐一宵。半年后，美娘被万俟公子抢至舟中，百般凌辱，丢弃十锦塘上。时值隆冬，大雪纷飞，把美娘冻僵在塘上，奄奄一息，幸遇秦重相救，送归家中。美娘阅尽风尘，唯觉秦重志诚可靠，就赎身从良，将终身相托。花魁女影射的是袭人，袭人本来姓花。秦重谐音秦钟，都是情种，与贾宝玉、蒋玉菡连成一个精神系列。蒋玉菡演《占花魁》，别有隐义，写实性辅以象征性而关联着第五回太虚幻境薄命司金陵十二钗又副册袭人的判词："枉自温柔和顺，空云似桂如兰。堪羡优伶有福，谁知公子无缘。"戏台联系着太虚幻境，太虚幻境成了人间宿命的玄幻戏台。应该说，以蒋玉菡表演《占花魁》，来隐括人物的命运，是后四十回中的神来之笔。当然，所有这些，宝玉浑然不悟，只听见蒋玉菡声音响亮，口齿清楚，按腔落板，把他的神魂都唱了进去了。因想着《乐记》上说"情动于中，故形于声。声成文谓之音"，所以知声、知音、知乐，有许多讲究。声音之原，不可不察。诗词一道，但能传情，不能入骨，自后想要讲究讲究音律。《说文解字》云："音，声也。生于心，有节于外，谓之音。"音为心声。《庄子·养生主》说："庖丁为文惠君解牛，手之所触，肩之所倚，足之所履，膝之所踦，砉然响然，奏刀騞然，莫不中音。合于桑林之舞，乃中经首之会。"[1]丁厨师替梁惠王宰牛，手所接触的地方，肩所靠着的地方，脚所踩着的地方，膝所顶着的地方，都发出皮骨相离的哗然之声，刀子刺进去时响起豁然的更大声响，这些声音没有不合乎音律的，竟然同《桑林》《经首》两首乐曲伴奏的舞蹈节奏合拍。音律、舞曲通向天地之大美，由心通向神。宝玉于此以知音而对蒋玉菡作出领悟，宝玉还暗中忖度"不知日后谁家的女孩儿嫁他。要嫁着这样的人材儿，也算是不辜负了"，为宝玉出家后袭人嫁给蒋玉菡的宿命安排了关锁。

[1] （清）王先谦:《庄子集解》，中华书局1987年版，第28页。

贾政才下衙门，正向贾琏问起拿车之事。贾琏道："今儿门人拿帖儿去，知县不在家。他的门上说了：这是本官不知道的，并无牌票出去拿车，都是那些混帐东西在外头撒野挤讹头。既是老爷府里的，我便立刻叫人去追办，包管明儿连车连东西一并送来，如有半点差迟，再行禀过本官，重重处治。此刻本官不在家，求这里老爷看破些，可以不用本官知道更好。”贾政道：“既无官票，到底是何等样人在那里作怪？”贾琏道：“老爷不知，外头都是这样，想来明儿必定送来的。”贾琏说完下来，宝玉上去见了。贾政问了几句，便叫他往老太太那里去。

贾琏因为昨夜叫空了家人，出来传唤，那起人多已伺候齐全。贾琏骂了一顿，叫大管家赖升：“将各行档的花名册子拿来，你去查点查点。写一张谕帖，叫那些人知道：若有并未告假，私自出去，传唤不到，贻误公事的，立刻给我打了撵出去！”赖升连忙答应了几个“是”，出来吩咐了一回。家人各自留意。

过不几时，忽见有一个人头上戴着毡帽，身上穿着一身青布衣裳，脚下穿着一双撒鞋，走到门上向众人作了个揖。众人拿眼上上下下打谅了他一番，便问他是那里来的。那人道：“我自南边甄府中来的。并有家老爷手书一封，求这里的爷们呈上尊老爷。”众人听见他是甄府来的，才站起来让他坐下道：“你乏了，且坐坐，我们给你回就是了。”门上一面进来回明贾政，呈上来书。贾政拆书看时，上写着：

世交夙好，气谊素敦。遥仰襜帷，不胜依切。弟因菲材获谴，自分万死难偿，幸邀宽宥，待罪边隅，迄今门户凋零，家人星散。所有奴子包勇，向曾使用，虽无奇技，人尚悫实。倘使得备奔走，糊口有资，屋乌之爱，感佩无涯矣。专此奉达，馀容再叙。不宣。

贾政看完，笑道：“这里正因人多，甄家倒荐人来，又不好却的。”吩咐门上：“叫他见我。且留他住下，因材使用便了。”门上出去，带进人来。见贾政便磕了三个头，起来道：“家老爷请老爷安。”自己又打个千儿说：“包勇请老爷安。”贾政回问了甄老爷的好，便把他上下一瞧。但见包勇身长五尺有零，肩背宽肥，浓眉爆眼，磕额长髯，气色粗黑，垂着手站着。便问道：“你是向来在甄家的，还是住过几年的？”包勇道：“小的向在甄家的。”贾政道：“你如今为什么要出来呢？”包勇道：“小的原不肯出来。只是家爷再四叫小的出来，说是别处你不肯去，这里老爷家里只当原在自己家里一样的，所以小的来的。”贾政道：“你们老爷不该有这事情，弄到这样的田地。”包勇道：“小的本不敢说，我们老爷只是太好了，一味的真心待人，反倒招出事来。”贾政道：“真心是最好的了。”包勇道：“因为太真了，人人都不喜欢，讨人厌烦是有的。”贾政笑了一笑道：“既这样，皇天自然不负他的。”包勇还要说时，贾政又问道：“我听见说你们家的哥儿不是也叫宝玉么？”包勇道：“是。”贾政道：“他还肯向上巴结么？”包勇道：“老爷若问我们哥儿，倒是一段奇事。哥儿的脾气也和我家老爷一个样子，也是一味的诚实。从小儿只管和那些姐妹们在一处顽，老爷、太太也狠打过几次，他只是不改。那一年太太进京的时候儿，哥儿大病了一场，已经死了半日，把老爷几乎急死，装裹都预备了。幸喜后来好了，嘴里说道，走到一座牌楼那里，见了一个姑娘领着他到了一座庙里，见了好些柜子，里头见了好些册子。又到屋里，见了无数女子，说是多变了鬼怪似的，也有变做骷髅儿的。他吓急了，便哭喊起来。老爷知他醒过来了，连忙调治，渐渐的好了。老爷仍叫他在姐妹们一处顽去，他竟改了脾气了，好着时候的顽意儿一概都不要了，惟有念书为事。就有什么人来引诱他，他也全不动心。如今渐渐的能够帮着老爷料理些家务了。”贾政默然想了一回，道：“你去歇歇去罢。等这里用着你时，自然派你一个行次儿。”包勇答应着退下来，跟着这里人出去歇息。不提。

笃证

真假映照，为《红楼梦》竖起一面玄幻的镜子。第九十三回“甄家仆投靠贾家门”，写了甄府老爷被抄家流边，打发家人包勇投靠贾府，成了甄府、贾府联系的一条线索。玄幻镜子的两面，由此就变得你中有我、我中有你。贾政问起甄宝玉，包勇说："老爷若问我们哥儿，倒是一段奇事。哥儿……从小儿只管和那些姐妹们在一处顽，老爷、太太也狠打过几次，他只是不改。那一年太太进京的时候儿，哥儿大病了一场，已经死了半日，把老爷几乎急死，装裹都预备了。幸喜后来好了，嘴里说道，走到一座牌楼那里，见了一个姑娘领着他到了一座庙里，见了好些柜子，里头见了好些册子。又到屋里，见了无数女子，说是多变了鬼怪似的，也有变做骷髅儿的。他吓急了，便哭喊起来。老爷知他醒过来了，连忙调治，渐渐的好了。老爷仍叫他在姐妹们一处顽去，他竟改了脾气了，好着时候的顽意儿一概都不要了，惟有念书为事。就有什么人来引诱他，他也全不动心。如今渐渐的能够帮着老爷料理些家务了。"甄宝玉原来也是与太虚幻境柜子册子有千丝万缕联系的货色。甄、贾宝玉本性相似，从小儿只管和那些姐妹们在一处顽。但后来发展分途，大病中走入牌楼里的一座庙，大概对应着太虚幻境薄命司，看了许多柜子里的册子，震骇于无数女子变鬼怪、变骷髅，终于幡然改过，专心读书上进。甄宝玉成了贵族世家经济仕途上的传家宝玉，这不能不使贾政听了默然有所思。甄、贾宝玉对照，竖起了两面人生镜子，隐括着续作者想象中的曹雪芹"无材补天"的失落和忏悔之情。

一日贾政早起刚要上衙门，看见门上那些人在那里交头接耳，好像要使贾政知道的似的，又不好明回，只管咕咕唧唧的说话。贾政叫上来问道："你们有什么事，这么鬼鬼祟祟的？"门上的人回道："奴才们不敢说。"贾政道："有什么事不敢说的？"门上的人道："奴才今儿起来开门出去，见门上贴着一张白纸，上写着许多不成事体的字。"贾政道："那里有这样的事，写的是什么？"门上的人道："是水月庵里的腌脏话。"贾政道："拿给我瞧。"门上的人道："奴才本要揭下来，谁知他贴得结实，揭不下来，只得一面抄一面洗。刚才李德揭了一张给奴才瞧，就是那门上贴的话。奴才们不敢隐瞒。"说着呈上那帖儿。贾政接来看时，上面写着：

西贝草斤年纪轻，水月庵里管尼僧。一个男人多少女，窝娼聚赌是陶情。不肖子弟来办事，荣国府内出新闻。

贾政看了，气得头昏目晕，赶着叫门上的人不许声张，悄悄叫人往宁荣两府靠近的夹道子墙壁上再去找寻。随即叫人去唤贾琏出来。

贾琏即忙赶至。贾政忙问道："水月庵中寄居的那些女尼女道，向来你也查考查考过没有？"贾琏道："没有。一向都是芹儿在那里照管。"贾政道："你知道芹儿照管得来照管不来？"贾琏道："老爷既这么说，想来芹儿必有不妥当的地方儿。"贾政叹道："你瞧瞧这个帖儿写的是什么。"贾琏一看，道："有这样事么。"正说着，只见贾蓉走来，拿着一封书子，写着"二老爷密启"。打开看时，也是无头榜一张，与门上所贴的话相同。贾政道："快叫赖大带了三四辆车子到水月庵里去，把那些女尼女道士一齐拉回来。不许泄漏，只说里头传唤。"赖大领命去了。

且说水月庵中小女尼女道士等初到庵中，沙弥与道士原系老尼收管，日间教他些经忏。以后元妃不用，也便习学得懒怠了。那些女孩子们年纪渐渐的大了，都也有个知觉了。更兼贾芹也是风流人物，打量芳官等出家只是小孩子性儿，便去招惹他们。那知芳官竟是真心，不能上手，便把这心肠移到女尼女道士身上。因那小沙弥中有个名叫沁香的和女道士中有个叫做鹤仙的，长得都甚妖娆，贾芹便和这两个人勾搭上了。闲时便学些丝弦，唱个曲儿。那时正当十月中旬，贾芹给庵中那些人领了月例银子，便想起法儿来，告诉众人道："我为你们领月钱不能进城，又只得在这里歇着。怪冷的，怎么样？我今儿带些果子酒，大家吃着乐一夜好不好？"那些女孩子都高兴，便摆起桌子，连本庵的女尼也叫了来，惟有芳官不来。贾芹喝了几杯，便说道要行令。沁香等道："我们都不会，到不如搳拳罢。谁输了喝一杯，岂不爽快！"本庵的女尼道："这天刚过晌午，混嚷混喝的不像。且先喝几盅，爱散的先散去，谁爱陪芹大爷的，回来晚上尽子喝去，我也不管。"

正说着，只见道婆急忙进来说："快散了罢，府里赖大爷来了。"众女尼忙乱收拾，便叫贾芹躲开。贾芹因多喝了几杯，便道："我是送月钱来的，怕什么！"话犹未完，已见赖大进来，见这般样子，心里大怒。为的是贾政吩咐不许声张，只得含糊装笑道："芹大爷也在这里呢么。"贾芹连忙站起来道："赖大爷，你来作什么？"赖大说："大爷在这里更好。快快叫沙弥道士收拾上车进城，宫里传呢。"贾芹等不知原故，还要细问。赖大说："天已不早了，快快的好赶进城。"众女孩子只得一齐上车，赖大骑着大走骡押着赶进城。不题。

却说贾政知道这事，气得衙门也不能上了，独坐在内书房叹气。贾琏也不敢走开。忽见门上的进来禀道："衙门里今夜该班是张老爷，因张老爷病了，有知会来请老爷补一班。"贾政正等赖大回来要办贾芹，此时又要该班，心里纳闷，也不言语。贾琏走上去说道："赖大是饭后出去的，水月庵离城二十来里，就赶进城也得二更天。今日又是老爷的帮班，请老爷只管去。赖大来了，叫他押着，也别声张，等明儿老爷回来再发落。倘或芹儿来了，也不用说明，看他明儿见了老爷怎么样说。"贾政听来有理，只得上班去了。

贾琏抽空才要回到自己房中，一面走着，心里抱怨凤姐出的主意，欲要埋怨，因他病着，只得隐忍，慢慢的走着。且说那些下人一人传十传到里头。先是平儿知道，即忙告诉凤姐。凤姐因那一夜不好，恹恹的总没精神，正是惦记铁槛寺的事情。听说外头贴了匿名揭帖的一句话，吓了一跳，忙问贴的是什么。平儿随口答应，不留神就错说了道："没要紧，是馒头庵里的事情。"凤姐本是心虚，听见馒头庵的事情，这一唬直唬怔了，一句话没说出来，急火上攻，眼前发晕，咳嗽了一阵，哇的一声，吐出一口血来。平儿慌了，说道："水月庵里不过是女沙弥女道士的事，奶奶着什么急。"凤姐听是水月庵，才定了定神，说道："呸，糊涂东西，到底是水月庵呢，是馒头庵？”平儿笑道：“是我头里错听了是馒头庵，后来听见不是馒头庵，是水月庵。我刚才也就说溜了嘴，说成馒头庵了。”凤姐道：“我就知道是水月庵，那馒头庵与我什么相干。原是这水月庵是我叫芹儿管的，大约克扣了月钱。”平儿道：“我听着不像月钱的事，还有些腌脏话呢。”凤姐道：“我更不管那个。你二爷那里去了？”平儿说：“听见老爷生气，他不敢走开。我听见事情不好，我吩咐这些人不许吵嚷，不知太太们知道了么。但听见说老爷叫赖大拿这些女孩子去了。且叫个人前头打听打听。奶奶现在病着，依我竟先别管他们的闲事。”正说着，只见贾琏进来。凤姐欲待问他，见贾琏一脸的怒气，暂且装作不知。贾琏饭没吃完，旺儿来说：“外头请爷呢，赖大回来了。”贾琏道：“芹儿来了没有？”旺儿道：“也来了。”贾琏便道：“你去告诉赖大，说老爷上班儿去了。把这些个女孩子暂且收在园里，明日等老爷回来送进宫去。只叫芹儿在内书房等着我。”旺儿去了。

贾芹走进书房，只见那些下人指指点点，不知说什么。看起这个样儿来，不像宫里要人。想着问人，又问不出来。正在心里疑惑，只见贾琏走出来。贾芹便请了安，垂手侍立，说道：“不知道娘娘宫里即刻传那些孩子们做什么，叫侄儿好赶。幸喜侄儿今儿送月钱去还没有走，便同着赖大来了。二叔想来是知道的。”贾琏道：“我知道什么！你才是明白的呢。”贾芹摸不着头脑儿，也不敢再问。贾琏道：“你干得好事，把老爷都气坏了。”贾芹道：“侄儿没有干什么。庵里月钱是月月给的，孩子们经忏是不忘记的。”贾琏见他不知，又是平素常在一处顽笑的，便叹口气道：“打嘴的东西，你各自去瞧瞧罢！”便从靴掖儿里头拿出那个揭帖来，扔与他瞧。贾芹拾来一看，吓的面如土色，说道：“这是谁干的！我并没得罪人，为什么这么坑我！我一月送钱去，只走一趟，并没有这些事。若是老爷回来打着问我，侄儿便该死了。我母亲知道，更要打死。”说着，见没人在旁边，便跪下去说道：“好叔叔，救我一救儿罢。”说着，只管磕头，满眼泪流。贾琏想道：“老爷最恼这些，要是问准了有这些事，这场气也不小。闹出去也不好听，又长那个贴帖儿的人的志气了。将来咱们的事多着呢。倒不如趁着老爷上班儿，和赖大商量着，若混过去，就可以没事了。现在没有对证。”想定主意，便说：“你别瞒我，你干的鬼鬼祟祟的事，你打谅我都不知道呢。若要完事，就是老爷打着问你，你一口咬定没有才好。没脸的，起去罢！”叫人去唤赖大。

不多时，赖大来了。贾琏便与他商量。赖大说：“这芹大爷本来闹的不像了。奴才今儿到庵里的时候，他们正在那里喝酒呢。帖儿上的话是一定有的。”贾琏道：“芹儿你听，赖大还赖你不成。”贾芹此时红涨了脸，一句也不敢言语。还是贾琏拉着赖大，央他：“护庇护庇罢，只说是芹哥儿在家里找来的。你带了他去，只说没有见我。明日你求老爷也不用问那些女孩子了，竟是叫了媒人来，领了去一卖完事。果然娘娘再要的时候儿咱们再买。”赖大想来，闹也无益，且名声不好，就应了。贾琏叫贾芹：“跟了赖大爷去罢，听着他教你。你就跟着他。”说罢，贾芹又磕了一个头，跟着赖大出去。到了没人的地方儿，又给赖大磕头。赖大说：“我的小爷，你太闹的不像了。不知得罪了谁，闹出这个乱儿。你想想谁和你不对罢。”贾芹想了一想，忽然想起一个人来。未知是谁，下回分解。

笺证

盖子掀掀捂捂，折腾着一个家族的机括和命运。《红楼梦》第四十一回就说过：“这镜子原是西洋机括，可以开合。”那么，第九十三回“水月庵掀翻风月案”，启动的是何种机括？究其结果是案件掀而不翻，捂住盖子，掩盖事物真相，反映了贾府下层腐烂，上层不愿为此损坏颜面，办成了内部自欺欺人的、不了了之的葫芦案。贾政发现府门上夜里贴上一些揭帖：“西贝草斤年纪轻，水月庵里管尼僧。一个男人多少女，窝娼聚赌是陶情。不肖子弟来办事，荣国府内出新闻。”新闻一词听起来时髦，竟然在这里已经出现了。这是匿名揭发贾芹（西贝草斤）在水月庵勾引尼姑的荒唐事的小字报。于是贾政就气愤叹气，命令赖大带了三四辆车子到水月庵，把那些女尼女道士一齐拉回，只说里头传唤。原来贾芹是个风流人物，打量芳官等出家只是小孩子性儿，就去招惹他们。哪知芳官竟是真心，不能上手，也就把这心肠移到长得甚妖娆的小沙弥沁香和女道士鹤仙的身上，贾芹趁着送月例银子的机会，与沁香等女尼女道士喝酒取乐，被赖大逮个正着。赖大骑着大走骡，将贾芹和众女孩子载上车，押着赶进贾府。因贾政急于到衙门补班，就由贾琏找贾芹问话，贾芹看了揭帖，吓得面如土色，求贾琏留情救命。贾琏与赖大商量，觉得闹也无益，且名声不好，谋划找媒人卖掉女尼女道士完事。贾府已经形成混浊文化，对外靠权势办成一桩桩葫芦案，对内顾及颜面滋生了一桩桩葫芦案，如《阅微草堂笔记》所说“有黑如漆者，有曲如钩者，有拉杂如粪壤者，有混浊如泥滓者”，在这种混浊文化中演练着贵族中国之末世的荒唐、阴暗、肮脏的悲剧命运。元朝高明《琵琶记》第二十出说：“混浊不分鲢共鲤，水清方见两般鱼。”混浊文化之下的贾府没有是非标准，甚至颠倒是非，就会江河日下，不可救药。

第九十四回
宴海棠贾母赏花妖
失宝玉通灵知奇祸

话说赖大带了贾芹出来，一宿无话，静候贾政回来。单是那些女尼女道重进园来，都喜欢的了不得，欲要到各处逛逛，明日预备进宫。不料赖大便吩咐了看园的婆子并小厮看守，惟给了些饮食，却是一步不准走开。那些女孩子摸不着头脑，只得坐着等到天亮。园里各处的丫头虽都知道拉进女尼们来预备宫里使唤，却也不能深知原委。

到了明日早起，贾政正要下班，因堂上发下两省城工估销册子立刻要查核，一时不能回家，便叫人告诉贾琏说："赖大回来，你务必查问明白。该如何办就如何办了，不必等我。"贾琏奉命，先替芹儿喜欢，又想道：若是办得一点影儿都没有，又恐贾政生疑，"不如回明二太太讨个主意办去，便是不合老爷的心，我也不至甚担干系。"主意定了，进内去见王夫人，陈说："昨日老爷见了揭帖生气，把芹儿和女尼女道等都叫进府来查办。今日老爷没空问这种不成体统的事，叫我来回太太，该怎么便怎么样。我所以来请示太太，这件事如何办理。"工夫人听了，诧异道："这是怎么说！若是芹儿这么样起来，这还成咱们家的人了么！但只这个贴帖儿的也可恶，这些话可是混嚼说得的么。你到底问了芹儿有这件事没有呢？"贾琏道："刚才也问过了。太太想，别说他干了没有，就是干了，一个人干了混帐事也肯应承么？但只我想芹儿也不敢行此事，知道那些女孩子都是娘娘一时要叫的，倘或闹出事来，怎么样呢？依侄儿的主见，要问也不难，若问出来，太太怎么个办法呢？"王夫人道："如今那些女孩子在那里？"贾琏道：

“都在园里锁着呢。”王夫人道：“姑娘们知道不知道？”贾琏道：“大约姑娘们也都知道是预备宫里头的话，外头并没提起别的来。”王夫人道：“很是。这些东西一刻也是留不得的。头里我原要打发他们去来着，都是你们说留着好，如今不是弄出事来了么。你竟叫赖大那些人带去，细细的问他的本家有人没有，将文书查出，花上几十两银子，雇只船，派个妥当人送到本地，一概连文书发还了，也落得无事。若是为着一两个不好，个个都押着他们还俗，那又太造孽了。若在这里发给官媒，虽然我们不要身价，他们弄去卖钱，那里顾人的死活呢。芹儿呢，你便狠狠的说他一顿。除了祭祀喜庆，无事叫他不用到这里来，看仔细碰在老爷气头儿上，那可就吃不了兜着走了。并说与帐房儿里，把这一项钱粮档子销了。还打发个人到水月庵，说老爷的谕：除了上坟烧纸，若有本家爷们到他那里去，不许接待。若再有一点不好风声，连老姑子一并撵出去。”

贾琏一一答应了，出去将王夫人的话告诉赖大，说：“是太太主意，叫你这么办去。办完了，告诉我去回太太。你快办去罢。回来老爷来，你也按着太太的话回去。”赖大听说，便道：“我们太太真正是个佛心。这班东西着人送回去，既是太太好心，不得不挑个好人。芹哥儿竟交给二爷开发了罢。那个贴帖儿的，奴才想法儿查出来，重重的收拾他才好。”贾琏点头说：“是了。”即刻将贾芹发落。赖大也赶着把女尼等领出，按着主意办去了。晚上贾政回家，贾琏、赖大回明贾政。贾政本是省事的人，听了也便搁开手了。独有那些无赖之徒，听得贾府发出二十四个女孩子出来，那个不想。究竟那些人能够回家不能，未知着落，亦难虚拟。

笺证

“未知着落，亦难虚拟”，是《红楼梦》叙事风格上留空白的方法，省去许多笔墨。既然打发水月庵女尼是一桩葫芦案，也就不妨糊涂到底。其实，糊涂到底的底，是一个无底洞。《西游记》第八十一回陷空山无底洞，老鼠精洞主挥舞着两口宝剑，变化多端，化为狂风卷走唐僧，想与唐僧结为百年之好。多亏孙悟空变成桃子，钻进妖精肚子，挥拳踢脚，差点儿把妖精肚皮捣破，只好放了唐僧。谁料老鼠精又变成清风，掠走唐僧。孙悟空探明老鼠精供奉的牌位写着托塔李天王和哪吒三太子，就跑到天宫告状，玉帝派托塔天王父子下界捉拿妖精，用缚妖索捆住妖怪，回天宫复命，唐僧才度过了这场劫难。打发水月庵女尼葫芦案，成了一个无头案，给无底洞的妖风卷走人口留下玄机和漏洞。第九十四回贾府打发的水月庵包括芳官在内的二十四个女孩子，结果如何，当然是没有孙悟空穿越过来搭救了。

且说紫鹃因黛玉渐好，园中无事，听见女尼等预备宫内使唤，不知何事，便到贾母那边打听打听，恰遇着鸳鸯下来，闲着坐下说闲话儿，提起女尼的事。鸳鸯诧异道：“我并没有听见，回来问问二奶奶就知道了。”正说着，只见傅试家两个女人过来请贾母的安，鸳鸯要陪了上去。那两个女人因贾母正睡晌觉，就与鸳鸯说了一声儿回去了。紫鹃问：“这是谁家差来的？”鸳鸯道：“好讨人嫌。家里有了一个女孩儿生得好些，便献宝的似的，常常在老太太面前夸他家姑娘长得怎么好，心地怎么好，礼貌上又能，说话儿又简绝，做活计儿手儿又巧，会写会算，尊长上头最孝敬的，就是待下人也是极和平的。来了就编这么一大套，常常说给老太太听。我听着很烦。这几个老婆子真讨人嫌，我们老太太偏爱听那些个话。老太太也罢了，还有宝玉，素常见了老婆子便很厌烦的，偏见了他们家的老婆子便不厌烦。你说奇不奇！前儿还来说，他们姑娘现有多少人家儿来求亲，他们老爷总不肯应，心里只要和咱们这种人家作亲才肯。一回夸奖，一回奉承，把老太太的心都说活了。”紫鹃听了一呆，便假意道：“若老太太喜欢，为什么不就给宝玉定了呢？”鸳鸯正要说出原故，听见上头说“老太太醒了”，鸳鸯赶着上去。

紫鹃只得起身出来，回到园里。一头走，一头想道：“天下莫非只有一个宝玉，你也想他，我也想他。我们家的那一位越发痴心起来了，看他的那个神情儿，是一定在宝玉身上的了。三番五次的病，可不是为着这个是什么！这家里金的银的还闹不清，若添了一个什么傅姑娘，更了不得了。我看宝玉的心也在我们那一位的身上，听着鸳鸯的说话竟是见一个爱一个的。这不是我们姑娘白操了心了吗？”紫鹃本是想着黛玉，往下一想，连自己也不得主意了，不免掉下泪来。要想叫黛玉不用瞎操心呢，又恐怕他烦恼。若是看着他这样，又可怜见儿的。左思右想，一时烦躁起来，自己啐自己道：“你替人耽什么忧！就是林姑娘真配了宝玉，他的那性情儿也是难服侍的。宝玉性情虽好，又是贪多嚼不烂的。我倒劝人不必瞎操心，我自己才是瞎操心呢。从今以后，我尽我的心服侍姑娘，其馀的事全不管！”这么一想，心里倒觉清净。回到潇湘馆来，见黛玉独自一人坐在炕上，理从前做过的诗文词稿。抬头见紫鹃来，便问：“你到那里去了？”紫鹃道：“我今儿瞧了瞧姐妹们去。”黛玉道：“敢是找袭人姐姐去么？”紫鹃道：“我找他做什么。”黛玉一想这话，怎么顺嘴说了出来，反觉不好意思，便啐道：“你找谁与我什么相干！倒茶去罢。”

紫鹃也心里暗笑，出来倒茶。只听见园里的一叠声乱嚷，不知何故，一面倒茶，一面叫人去打听，回来说道：“怡红院里的海棠本来萎了几棵，也没人去浇灌他。昨日宝玉走去，瞧见枝头上好像有了骨朵儿似的。人都不信，没有理他。忽然今日开得很好的海棠花，众人诧异，都争着去看。连老太太、太太都哄动了来瞧花儿呢，所以大奶奶叫人收拾园里败叶枯枝，这些人在那里传唤。”黛玉也听见了，知道老太太来，便更了衣，叫雪雁去打听，“若是老太太来了，即来告诉我。”雪雁去不多时，便跑来说：“老太太、太太好些人都来了，请姑娘就去罢。”黛玉略自照了一照镜子，掠了一掠鬓发，便扶着紫鹃到怡红院来。

已见老太太坐在宝玉常卧的榻上，黛玉便说道：“请老太太安。”退后，便见了邢、王二夫人，回来与李纨、探春、惜春、邢岫烟彼此问了好。只有凤姐因病未来。史湘云因他叔叔调任回京，接了家去。薛宝琴跟他姐姐家去住了。李家姐妹因见园内多事，李婶娘带了在外居住：所以黛玉今日见的只有数人。大家说笑了一回，讲究这花开得古怪。贾母道：“这花儿应在三月里开的，如今虽是十一月，因节气迟，还算十月，应着小阳春的天气，这花开因为和暖是有的。”王夫人道：“老太太见的多，说得是，也不为奇。”邢夫人道：“我听见这花已经萎了一年，怎么这回不应时候儿开了，必有个原故。”李纨笑道：“老太太与太太说得都是。据我的糊涂想头，必是宝玉有喜事来了，此花先来报信。”探春虽不言语，心内想：“此花必非好兆。大凡顺者昌，逆者亡。草木知运，不时而发，必是妖孽。”只不好说出来。独有黛玉听说是喜事，心里触动，便高兴说道：“当初田家有荆树一棵，三个弟兄因分了家，那荆树便枯了。后来感动了他弟兄们仍旧在一处，那荆树也就荣了。可知草木也随人的。如今二哥哥认真念书，舅舅喜欢，那棵树也就发了。”贾母、王夫人听了喜欢，便说：“林姑娘比方得有理，很有意思。”

正说着，贾赦、贾政、贾环、贾兰都进来看花。贾赦便说：“据我的主意，把他砍去，必是花妖作怪。”贾政道：“见怪不怪，其怪自败。不用砍他，随他去就是了。”贾母听见，便说：“谁在这里混说！人家有喜事好处，什么怪不怪的。若有好事，你们享去，若是不好，我一个人当去。你们不许混说。”贾政听了，不敢言语，讪讪的同贾赦等走了出来。

那贾母高兴，叫人传话到厨房里，快快预备酒席，大家赏花。叫：“宝玉、环儿、兰儿各人做一首诗志喜。林姑娘的病才好，不要他费心，若高兴，给你们改改。”对着李纨道：“你们都陪我喝酒。”李纨答应了“是”，便笑对探春笑道:“都是你闹的。”探春道:“饶不叫我们做诗，怎么我们闹的。”李纨道:“海棠社不是你起的么，如今那棵海棠也要来入社了。”大家听着都笑了。一时摆上酒菜，一面喝着，彼此都要讨老太太的欢喜，大家说些兴头话。宝玉上来，斟了酒，便立成了四句诗，写出来念与贾母听道:

海棠何事忽摧隤，今日繁花为底开？应是北堂增寿考，一阳旋复占先梅。

贾环也写了来念道:

草木逢春当茁芽，海棠未发候偏差。人间奇事知多少，冬月开花独我家。

贾兰恭楷誊正，呈与贾母，贾母命李纨念道:

烟凝媚色春前萎，霜浥微红雪后开。莫道此花知识浅，欣荣预佐合欢杯。

贾母听毕，便说:“我不大懂诗，听去倒是兰儿的好，环儿做得不好。都上来吃饭罢。”宝玉看见贾母喜欢，更是兴头。因想起:“晴雯死的那年海棠死的，今日海棠复荣，我们院内这些人自然都好。但是晴雯不能像花的死而复生了。”顿觉转喜为悲。忽又想起前日巧姐提凤姐要把五儿补入，或此花为他而开，也未可知，却又转悲为喜，依旧说笑。

贾母还坐了半天，然后扶了珍珠回去了。王夫人等跟着过来。只见平儿笑嘻嘻的迎上来说:“我们奶奶知道老太太在这里赏花，自己不得来，叫奴才来服侍老太太、太太们，还有两匹红送给宝二爷包裹这花，当作贺礼。”袭人过来接了，呈与贾母看。贾母笑道:“偏是凤丫头行出点事儿来，叫人看着又体面，又新鲜，很有趣儿。”袭人笑着向平儿道:“回去替宝二爷给二奶奶道谢，要有喜大家喜。”贾母听了笑道："嗳哟，我还忘了呢，凤丫头虽病着，还是他想得到，送得也巧。"一面说着，众人就随着去了。平儿私与袭人道："奶奶说，这花开得奇怪，叫你铰块红绸子挂挂，便应在喜事上去了。以后也不必只管当作奇事混说。"袭人点头答应，送了平儿出去。不题。

笺证

花是《红楼梦》的核心意象，却分出了花神和花妖。第九十四回"宴海棠贾母赏花妖"的描写充满着命运感和神秘感，赏花的热闹与睹花的复杂心理，交错其间，使花木成妖，出现了人世的感受与空幻的象征之间的扰动不安。花木荣衰牵系着人世的荣衰，这是一种非常原始的民俗信仰。唐末五代王仁裕《开元天宝遗事》卷一《花妖》条目说："初，有木芍药，植于沉香亭前。其花一日忽开，一枝两头，朝则深碧，午则深红，暮则深黄，夜则粉白。昼夜之内，香色各异。帝谓左右曰：'此花木之妖，不足讶也。'"[1]又有《助情花》条目云："明皇正宠妃子，不视朝政，安禄山初承圣眷，因进助情花香百粒，大小如粳米，而色红。每当寝处之际，则含香一粒，助情发兴，筋力不倦。帝秘之曰：'此亦汉之慎恤胶也。'"[2]在牡丹妖变的时节，唐玄宗依然陶醉在温柔乡中，淫乐昏聩，导致安史之乱，盛唐大厦坍塌。怡红院枯萎的海棠花反季节怒放，贾母解释说："这花儿应在三月里开的，如今虽是十一月，因节气迟，还算十月，应着小阳春的天气，这花开因为和暖是有的。"因而众人诧异，都争着去看，连贾母、王夫人都哄动了，备好酒席，带领大家赏花，还要宝玉、环儿、兰儿作诗志喜。赏花人的心理各有不同，探春虽不言语，采取的是逆向思维，心内暗想："此花必非好兆。大凡顺者昌，逆者亡。草木知运，不时而发，必是妖孽。"探春已经预感到贾府无可奈何的衰落趋势，也就对大自然的变异心怀恐惧了。李纨奉承贾母，笑说："据我的糊涂想头，必是宝玉有喜事来了，此花先来报信。"黛玉听说是喜事，心里触动，便高兴地说："当初田家有荆树一棵，三个弟兄因分了家，那荆树便枯了。后来感动了他弟兄们仍旧在一处，那荆树也就荣了。可知草木也随人的。如今二哥哥认真念书，舅舅喜欢，那棵树也就发了。”贾母、王夫人听了喜欢，便说：“林姑娘比方得有理，很有意思。”林黛玉所讲的故事，来自南朝梁吴钧《续齐谐记》：“京兆田真，兄弟三人，共议分财，生赀皆平均。唯堂前一株紫荆树，共议欲破三片，明日就截之。其树即枯死，状如火然。真往见之，大惊，谓诸弟曰：‘树本同株，闻将分斫，所以憔悴，是人不如木也。’因悲不自胜，不复解树。树应声荣茂。兄弟相感，合财宝，遂为孝门。”[3] 紫荆树由此成了“同本树”“兄弟树”，是兄弟同根相惜的象征。早在晋代陆机《豫章行》就说：“三荆欢同株，四鸟悲异林。”唐代李白《上留田行》说：“田氏仓卒骨肉分，青天白日摧紫荆。交柯之木本同形，东枝憔悴西枝荣。”[4] 杜甫《得舍弟消息》诗说：“风吹紫荆树，色与春庭暮。花落辞故枝，风回返无处。骨肉恩书重，漂泊难相遇。犹有泪成河，经天复东注。”[5] 中唐韦应物《见紫荆花》诗说：“杂英纷已积，含芳独暮春。还如故园树，忽忆故园人。”晚明冯梦龙《醒世恒言》第二卷《三孝廉让产立高名》在得胜头回中，演绎了《续齐谐记》的这个故事：“‘紫荆枝下还家日，花萼楼中合被时。同气从来兄与弟，千秋羞咏豆萁诗。’这首诗，为劝人兄弟和顺而作，用着二个故事，看官听在下一一分剖。第一句说：‘紫荆枝下还家日’。昔时有田氏兄弟三人，小同居合爨。长的娶妻叫田大嫂，次的娶妻叫田二嫂。妯娌和睦，并无闲言。惟第三的年小，随着哥嫂过日。后来长大娶妻，叫田三嫂。那田三嫂为人不贤，恃着自己有些妆奁，看见夫家一锅里煮饭，一桌上吃食，不用私钱，不动私秤，便私房要吃些东西，也不方便，日夜在丈夫面前撺掇：‘公堂钱库田产，都是伯伯们掌管，一出一入，你全不知道。他是亮里，你

❶（五代）王仁裕等撰，丁如明等校点：《开元天宝遗事（外七种）》，上海古籍出版社2012年版，第11页。

❷（五代）王仁裕等撰，丁如明等校点：《开元天宝遗事（外七种）》，上海古籍出版社2012年版，第12页。

❸ 李安纲主编，聂永华编著：《万家笔记》，中国社会出版社2004年版，第72页。

❹（清）彭定求编：《全唐诗》，中州古籍出版社2008年版，第112页。

❺ 王士菁：《杜诗今注》，巴蜀书社1999年版，第201页。

是暗里。用一说十，用十说百，哪里晓得！目今虽说同居，到底有个散场。若还家道消乏下来，只苦得你年幼的。依我说，不如早早分析，将财产三分拨开，各人自去营运，不好么？’田三一时被妻言所惑，认为有理，央亲戚对哥哥说，要分析而居。田大、田二初时不肯，被田三夫妇内外连连催逼，只得依允。将所有房产钱谷之类，三分拨开，分毫不多，分毫不少。只有庭前一捆大紫荆树，积祖传下，极其茂盛，既要析居，这树归着哪一个？可惜正在开花之际，也说不得了。田大至公无私，议将此树砍倒，将粗本分为三截，每人各得一截，其余零枝碎叶，论秤分开。商议已妥，只待来日动手。次日天明，田大唤了两个兄弟，同去砍树。到得树边看时，枝枯叶萎，全无生气。田大把手一推，其树应手而倒根芽俱露。田大住手，向树大哭。两个兄弟道：‘此树值得甚么！兄长何必如此痛惜！’田大道：‘吾非哭此树也。思我兄弟三人，产于一姓，同爷合母，比这树枝枝叶叶，连根而生，分开不得。根生本，本生枝，枝生叶，所以荣盛。昨日议将此树分为三截，树不忍活活分离，一夜自家枯死。我兄弟三人若分离了，亦如此树枯死，岂有荣盛之日？吾所以悲哀耳。’田二、三闻哥哥所言，至情感动：‘可以人而不如树乎？’遂相抱做一堆，痛哭不已。大家不忍分析，情愿依旧同居合爨。三房妻子听得堂前哭声，出来看时方知其故。大嫂二嫂，各各欢喜，惟三嫂不愿，口出怨言。田三要将妻逐出，两个哥哥再三劝住。三嫂羞惭，还房自缢而死。此乃自作孽不可活。这话搁过不题。再说田大可惜那棵紫荆树，再来看其树无整理，自然端正，枝枝再活，花萎重新，比前更加烂熳。田大唤两个兄弟来看了，各人嗟讶不已。自此田氏累世同居。有诗为证：紫荆花下说三田，人合人离花亦然。同气连枝原不解，家中莫听妇人言。”[6]花的荣枯，于此联系着大家族的兴衰。林黛玉借用这个紫荆树的故事，把怡红院海棠枯萎后提前开花，说是预示着宝玉的喜事，当然也呼应了李纨所说“必是宝玉有喜事来了，此花先来报信”。可见黛玉对宝玉的情感和二人的结局，还是有信心的。其实这正是人在命运捉弄中而不知被捉弄，铸成了命运悲剧中更深一层的悲剧。命运是捣蛋鬼，充满戏剧性，无戏剧性、不捣蛋不足以称命运。历朝诗人对花妖与人事的联系，都感受到阴云密布，耿耿于怀。宋朝张炎《华胥引》说："柳迷归院，欲远花妖未得。"元朝汪元亨《醉太平·警世》说："结诗仙酒豪，伴柳怪花妖。"明朝唐寅《花月吟效连珠体》之十说："风动花枝探月影，天开月镜照花妖。"花妖搅动了人的神经，赏花之人人以各种解释为自己的神经解套。

且说那日宝玉本来穿着一裹圆的皮袄在家歇息，因见花开，只管出来看一回，赏一回，叹一回，爱一回的，心中无数悲喜离合，都弄到这株花上去了。忽然听说贾母要来，便去换了一件狐腋箭袖，罩一件元狐腿外褂，出来迎接贾母。匆匆穿换，未将通灵宝玉挂上。及至后来贾母去了，仍旧换衣。袭人见宝玉脖子上没有挂着，便问："那块玉呢？"宝玉道："才刚忙乱换衣，摘下来放在炕桌上，我没有带。"袭人回看桌上并没有玉，便向各处找寻，踪影全无，吓得袭人满身冷汗。宝玉道："不用着急，少不得在屋里的。问他们就知道了。"袭人当作麝月等藏起吓他顽，便向麝月等笑着说道："小蹄子们，顽呢到底有个顽法。把这件东西藏在那里了？别真弄丢了，那可就大家活不成了。"麝月等都正色道："这是那里的话！顽是顽笑是笑，这个事非同儿戏，你可别混说。你自己昏了心了，想想罢，想想搁在那里了。这会子又混赖人了。"袭人见他这般光景，不像是顽话，便着急道："皇天菩萨小祖宗，到底你摆在那里去了？"宝玉道："我记得明明放在炕桌上的，你们到底找啊。"袭人、麝月、秋纹等也不敢叫人知道，大家偷偷儿的各处搜寻。闹了大半天，毫无影响，甚至翻箱倒笼，实在没处去找，便疑到方才这些人进来，不知谁捡了去了。袭人说道："进来的谁不知道这玉是性命似的东西呢，谁敢捡

❻（明）冯梦龙：《醒世恒言》，中华书局2009年版，第12—13页。

了去呢？你们好歹先别声张，快到各处问去。若有姐妹们捡着吓我们顽呢，你们给他磕头要了回来。若是小丫头偷了去，问出来也不回上头，不论把什么送给他换了出来都使得的。这可不是小事，真要丢了这个，比丢了宝二爷的还利害呢！”麝月、秋纹刚要往外走，袭人又赶出来嘱咐道：“头里在这里吃饭的倒先别问去，找不成再惹出些风波来，更不好了。”麝月等依言分头各处追问，人人不晓，个个惊疑。麝月等回来，俱目瞪口呆，面面相窥。宝玉也吓怔了。袭人急的只是干哭。找是没处找，回又不敢回，怡红院里的人吓得个个像木雕泥塑一般。

大家正在发呆，只见各处知道的都来了。探春叫把园门关上，先命个老婆子带着两个丫头，再往各处去寻去。一面又叫告诉众人：若谁找出来，重重的赏银。大家头宗要脱干系，二宗听见重赏，不顾命的混找了一遍，甚至于茅厕里都找到。谁知那块玉竟像绣花针儿一般，找了一天，总无影响。李纨急了，说：“这件事不是顽的，我要说句无礼的话了。”众人道：“什么呢？”李纨道：“事情到了这里，也顾不得了。现在园里除了宝玉，都是女人，要求各位姐姐、妹妹、姑娘都要叫跟来的丫头脱了衣服，大家搜一搜。若没有，再叫丫头们去搜那些老婆子并粗使的丫头。”大家说道：“这话也说的有理。现在人多手乱，鱼龙混杂，倒是这么一来，你们也洗洗清。”探春独不言语。那些丫头们也都愿意洗净自己。先是平儿起，平儿说道：“打我先搜起。”于是各人自己解怀，李纨一气儿混搜。探春嗔着李纨道：“大嫂子，你也学那起不成材料的样子来了。那个人既偷了去，还肯藏在身上？况且这件东西在家里是宝，到了外头，不知道的是废物，偷他做什么？我想来必是有人使促狭。”众人听说，又见环儿不在这里，昨儿是他满屋里乱跑，都疑到他身上，只是不肯说出来。探春又道：“使促狭的只有环儿。你们叫个人去悄悄的叫了他来，背地里哄着他，叫他拿出来，然后吓着他，叫他不要声张。这就完了。”大家点头称是。

李纨便向平儿道：“这件事还是得你去才弄得明白。”平儿答应，就赶着去了。不多时同了环儿来了。众人假意装出没事的样子，叫人沏了碗茶搁在里间屋里，众人故意搭讪走开。原叫平儿哄他，平儿便笑着向环儿道：

“你二哥哥的玉丢了，你瞧见了没有？”贾环便急得紫涨了脸，瞪着眼说道：“人家丢了东西，你怎么又叫我来查问，疑我。我是犯过案的贼么！”平儿见这样子，倒不敢再问，便又陪笑道：“不是这么说，怕三爷要拿了去吓他们，所以白问问瞧见了没有，好叫他们找。”贾环道：“他的玉在他身上，看见不看见该问他，怎么问我？捧着他的人多着咧！得了什么不来问我，丢了东西就来问我！”说着，起身就走。众人不好拦他。这里宝玉倒急了，说道：“都是这劳什子闹事，我也不要他了。你们也不用闹了。环儿一去，必是嚷得满院里都知道了，这可不是闹事了么？”袭人等急得又哭道：“小祖宗，你看这玉丢了没要紧，若是上头知道了，我们这些人就要粉身碎骨了！”说着，便嚎啕大哭起来。

众人更加伤感，明知此事掩饰不来，只得要商议定了话，回来好回贾母诸人。宝玉道：“你们竟也不用商议，硬说我砸了就完了。”平儿道：“我的爷，好轻巧话儿！上头要问为什么砸的呢，他们也是个死啊。倘或要起砸破的碴儿来，那又怎么样呢？”宝玉道：“不然便说我前日出门丢了。”众人一想，这句话倒还混得过去，但是这两天又没上学，又没往别处去。宝玉道：“怎么没有，大前儿还到南安王府里听戏去了呢，便说那日丢的。”探春道：“那也不妥。既是前儿丢的，为什么当日不来回。”众人正在胡思乱想，要装点撒谎，只听得赵姨娘的声儿哭着喊着走来说：“你们丢了东西自己不找，怎么叫人背地里拷问环儿。我把环儿带了来，索性交给你们这一起洑上水的，该杀该剐，随你们罢。”说着，将环儿一推说：“你是个贼，快快的招罢！”气得环儿也哭喊起来。

李纨正要劝解，丫头来说：“太太来了。”袭人等此时无地可容，宝玉等赶忙出来迎接。赵姨娘暂且也不敢作声，跟了出来。王夫人见众人都有惊惶之色，才信方才听见的话，便道："那块玉真丢了么？"众人都不敢作声，王夫人走进屋里坐下，便叫袭人。慌得袭人连忙跪下，含泪要禀。王夫人道："你起来，快快叫人细细找去，一忙乱倒不好了。"袭人哽咽难言。宝玉生恐袭人真告诉出来，便说道："太太，这事不与袭人相干。是我前日到南安王府那里听戏，在路上丢了。"王夫人道："为什么那日不找？"宝玉道："我怕他们知道，没有告诉他们。我叫焙茗等在外头各处找过的。"王夫人道："胡说！如今脱换衣服不是袭人他们服侍的么。大凡哥儿出门回来，手巾荷包短了，还要个明白，何况这块玉不见了，便不问的么！"宝玉无言可答。赵姨娘听见，便得意了，忙接过口道："外头丢了东西，也赖环儿……"话未说完，被王夫人喝道："这里说这个，你且说那些没要紧的话。"赵姨娘便不敢言语了。还是李纨、探春从实的告诉了王夫人一遍，王夫人也急得泪如雨下，索性要回明贾母，去问邢夫人那边跟来的这些人去。

凤姐病中也听见宝玉失玉，知道王夫人过来，料躲不住，便扶了丰儿来到园里。正值王夫人起身要走，凤姐姣怯怯的说："请太太安。"宝玉等过来问了凤姐好。王夫人因说道："你也听见了么，这可不是奇事吗？刚才眼错不见就丢了，再找不着。你去想想，打从老太太那边丫头起至你们平儿，谁的手不稳，谁的心促狭。我要回了老太太，认真的查出来才好。不然是断了宝玉的命根子了。"凤姐回道："咱们家人多手杂，自古说的，'知人知面不知心'，那里保得住谁是好的。但是一吵嚷已经都知道了，偷玉的人若叫太太查出来，明知是死无葬身之地，他着了急，反要毁坏了灭口，那时可怎么处呢。据我的糊涂想头，只说宝玉本不爱他，撂丢了，也没有什么要紧。只要大家严密些，别叫老太太、老爷知道。这么说了，暗暗的派人去各处察访，哄骗出来，那时玉也可得，罪名也好定。不知太太心里怎么样？"王夫人迟了半日，才说道："你这话虽也有理，但只是老爷跟前怎么瞒的过呢。"便叫环儿过来道："你二哥哥的玉丢了，白问了你一句，怎么你就乱嚷。若是嚷破了，人家把那个毁坏了，我看你活得活不得！"

贾环吓得哭道："我再不敢嚷了。"赵姨娘听了，那里还敢言语。王夫人便吩咐众人道："想来自然有没找到的地方儿，好端端的在家里的，还怕他飞到那里去不成。只是不许声张，限袭人三天内给我找出来，要是三天找不着，只怕也瞒不住，大家那就不用过安静日子了。"说着，便叫凤姐儿跟到邢夫人那边商议踩缉。不题。

这里李纨等纷纷议论，便传唤看园子的一干人来，叫把园门锁上，快传林之孝家的来，悄悄儿的告诉了他，叫他吩咐前后门上，三天之内，不论男女下人从里头可以走动，要出时一概不许放出，只说里头丢了东西，待这件东西有了着落，然后放人出来。林之孝家的答应了"是"，因说："前儿奴才家里也丢了一件不要紧的东西，林之孝必要明白，上街去找了一个测字的，那人叫做什么刘铁嘴，测了一个字，说的很明白，回来依旧一找便找着了。"袭人听见，便央及林家的道："好林奶奶，出去快求林大爷替我们问问去。"那林之孝家的答应着出去了。邢岫烟道："若说那外头测字打卦的，是不中用的。我在南边闻妙玉能扶乩，何不烦他问一问。况且我听见说这块玉原有仙机，想来问得出来。"众人都诧异道："咱们常见的，从没有听他说起。"麝月便忙问岫烟道："想来别人求他是不肯的，好姑娘，我给姑娘磕个头，求姑娘就去，若问出来了，我一辈子总不忘你的恩。"说着，赶忙就要磕下头去，岫烟连忙拦住。黛玉等也都怂恿着岫烟速往栊翠庵去。一面林之孝家的进来说道："姑娘们大喜。林之孝测了字回来说，这玉是丢不了的，将来横竖有人送还来的。"众人听了，也都半信半疑，惟有袭人、麝月喜欢的了不得。探春便问："测的是什么字？"林之孝家的道："他的话多，奴才也学不上来，记得是拈了个赏人东西的'赏'字。那刘铁嘴也不问，便说：‘丢了东西不是？’”李纨道：“这就算好。”林之孝家的道：“他还说，‘赏’字上头一个‘小’字，底下一个‘口’字，这件东西很可嘴里放得，必是个珠子宝石。”众人听了，夸赞道：“真是神仙，往下怎么说？”林之孝家的道：“他说底下‘贝’字，拆开不成一个‘见’字，可不是‘不见’了？因上头拆了‘当’字，叫快到当铺里找去。‘赏’字加一‘人’字，可不是‘偿’字？只要找着当铺就有人，有了人便赎了来，可不是偿还了吗。”众人道：“既这么着，就先往左近找起，横竖几个当铺都找遍了，少不得就有了。咱们有了东西，再问人就容易了。”李纨道：“只要东西，那怕不问人都使得。林嫂子，烦你就把测字的话快去告诉二奶奶，回了太太，先叫太太放心。就叫二奶奶快派人查去。”林家的答应了便走。

众人略安了一点儿神，呆呆的等岫烟回来。正呆等，只见跟宝玉的焙茗在门外招手儿，叫小丫头子快出来。那小丫头赶忙的出去了。焙茗便说道：“你快进去告诉我们二爷和里头太太、奶奶、姑娘们天大喜事。”那小丫头子道：“你快说罢，怎么这么累赘。”焙茗笑着拍手道：“我告诉姑娘，姑娘进去回了，咱们两个人都得赏钱呢。你打量什么，宝二爷的那块玉呀，我得了准信来了。”未知如何，下回分解。

笺证

《红楼梦》叙事的元视角是石头叙事，如今却在石头叙事中丢失了石头自身（幻化为通灵宝玉），这是石兄开了自己的玩笑，连石兄都弄不清石头流落何方。这证据就是第九十四回“失宝玉通灵知奇祸”，其中的自我调侃，是一种幽默心态混杂着恶作剧。这种恶作剧以自我调侃的幽默心态，回应了第一回之一僧一道来到大荒山无稽崖青埂峰下，将一块无材补天、想幻形入世的石头登时变成一块鲜明莹洁的美玉，且又缩成扇坠大小，可佩可拿。那僧托于掌上，笑道：“形体倒也是个宝物了！还只没有实在的好处，须得再镌上数字，使人一见便知是奇物方妙。然后携你到那昌明隆盛之邦，诗礼簪缨之族，花柳繁华地，温柔富贵乡去安身乐业。”这是全书的神话源头、核心意象和命运循环的起点和终点。宝玉丢失通灵宝玉，就丢掉了灵性、灵魂，丢掉了命根子。这一丢，丢得好奇怪，却在丢和寻之中，搅动了贾府上上下下的人事关系。宝玉身边的丫鬟袭人、麝月悲伤惶恐得丧魂落魄不说，平儿又怀疑是贾环使坏，寻找中搜遍了大观园的角角落落，皆无结果。病笃乱投医，又是找测字先生刘铁嘴拆字，又是找妙玉扶乩，仙乩疾书倒是有点靠谱："噫！来无迹，去无踪，青埂峰下倚古松。欲追寻，山万重，入我门来一笑逢。"可惜俗人与神话之间音信渺茫、密码无从破译，只能胡猜神话中的青埂峰是大观园松树的山子石底下，就捕风捉影的混找通灵宝玉，没一块石底下没找到，只是没有。大观园虽然对应着太虚幻境，但它与大荒山无稽崖青埂峰，毕竟存在着人天之隔。丢失通灵宝玉命根子的蝴蝶效应，属于神话对人间的袭击，波及广大，震撼着贾府的根基。然而，对比古希腊神话中，特洛伊人与希腊人对抗的人间战场上空，神祇们相互攻击，激烈争斗，搅得大地呻吟，空气轰鸣，有如成千上万的喇叭吹响厮杀的号音。宙斯站在高高的奥林匹斯圣山上，听着人间喧嚣的声音，观看着诸神各显神威的争斗，高兴得心儿都快跳出胸膛了。希腊神话的战场是英雄传奇性的，《红楼梦》中神话对人间的袭击，是精神性的。这里呈现了中西神话特征的差异性。神话对人间袭击的精神性，更加深邃地通向"天书—人书"的内核。

第九十五回
因讹成实元妃薨逝
以假混真宝玉疯癫

话说焙茗在门口和小丫头子说宝玉的玉有了，那小丫头急忙回来告诉宝玉。众人听了，都推着宝玉出去问他，众人在廊下听着。宝玉也觉放心，便走到门口问道：“你那里得了？快拿来。”焙茗道：“拿是拿不来的，还得托人做保去呢。”宝玉道：“你快说是怎么得的？我好叫人取去。”焙茗道：“我在外头知道林爷爷去测字，我就跟了去。我听见说在当铺里找，我没等他说完，便跑到几个当铺里去。我比给他们瞧，有一家便说有。我说给我罢，那铺子里要票子。我说当多少钱，他说三百钱的也有，五百钱的也有。前儿有一个人拿这么一块玉当了三百钱去，今儿又有人也拿了一块玉当了五百钱去。”宝玉不等说完，便道：“你快拿三百五百钱去取了来，我们挑着看是不是。”里头袭人便啐道：“二爷不用理他。我小时候儿听见我哥哥常说，有些人卖那些小玉儿，没钱用便去当。想来是家家当铺里有的。”众人正在听得诧异，被袭人一说，想了一想，倒大家笑起来，说：“快叫二爷进来罢，不用理那糊涂东西了。他说的那些玉，想来不是正经东西。”

宝玉正笑着，只见岫烟来了。原来岫烟走到栊翠庵见了妙玉，不及闲话，便求妙玉扶乩。妙玉冷笑几声，说道：“我与姑娘来往，为的是姑娘不是势利场中的人。今日怎么听了那里的谣言，过来缠我。况且我并不晓得什么叫扶乩。”说着，将要不理。岫烟懊悔此来，知他脾气是这么着的，“一时我已说出，不好白回去，又不好与他质证他会扶乩的话”。只得陪着笑将袭人等性命关系的话说了一遍，见妙玉略有活动，便起身拜了几拜。妙玉叹道："何必为人作嫁。但是我进京以来，素无人知，今日你来破例，恐将来缠绕不休。"岫烟道："我也一时不忍，知你必是慈悲的。便是将来他人求你，愿不愿在你，谁敢相强。"妙玉笑了一笑，叫道婆焚香，在箱子里找出沙盘乩架，书了符，命岫烟行礼，祝告毕，起来同妙玉扶着乩。不多时，只见那仙乩疾书道：

噫！来无迹，去无踪，青埂峰下倚古松。欲追寻，山万重，入我门来一笑逢。

书毕，停了乩。岫烟便问请是何仙，妙玉道："请的是拐仙。"岫烟录了出来，请教妙玉解识。妙玉道："这个可不能，连我也不懂。你快拿去，他们的聪明人多着哩。"岫烟只得回来。进入院中，各人都问怎么样了。岫烟不及细说，便将所录乩语递与李纨。众姊妹及宝玉争看，都解的是："一时要找是找不着的，然而丢是丢不了的，不知几时不找便出来了。但是青埂峰不知在那里？"李纨道："这是仙机隐语。咱们家里那里跑出青埂峰来，必是谁怕查出，撂在有松树的山子石底下，也未可定。独是'入我门来'这句，到底是入谁的门呢？"黛玉道："不知请的是谁！"岫烟道："拐仙。"探春道："若是仙家的门，便难入了。"

袭人心里着忙，便捕风捉影的混找，没一块石底下不找到，只是没有。回到院中，宝玉也不问有无，只管傻笑。麝月着急道："小祖宗！你到底是那里丢的，说明了，我们就是受罪也在明处啊。"宝玉笑道："我说外头丢的，你们又不依。你如今问我，我知道么！"李纨、探春道："今儿从早起闹起，已到三更来的天了。你瞧林妹妹已经掌不住，各自去了。我们也该歇歇儿了，明儿再闹罢。"说着，大家散去。宝玉即便睡下。可怜袭人等哭一回，想一回，一夜无眠。暂且不提。

且说黛玉先自回去，想起金石的旧话来，反自喜欢，心里说道："和尚道士的话真个信不得。果真金玉有缘，宝玉如何能把这玉丢了呢？或者因我之事，拆散他们的金玉，也未可知。"想了半天，更觉安心，把这一天的劳乏竟不理会，重新倒看起书来。紫鹃倒觉身倦，连催黛玉睡下。黛玉虽躺下，又想到海棠花上，说："这块玉原是胎里带来的，非比寻常之物，来去自有关系。若是这花主好事呢，不该失了这玉呀？看来此花开的不祥，莫非他有不吉之事？"不觉又伤起心来。又转想到喜事上头，此花又似应开，此玉又似应失，如此一悲一喜，直想到五更，方睡着。

次日，王夫人等早派人到当铺里去查问，凤姐暗中设法找寻。一连闹了几天，总无下落。还喜贾母、贾政未知。袭人等每日提心吊胆，宝玉也好几天不上学，只是怔怔的，不言不语，没心没绪的。王夫人只知他因失玉而起，也不大着意。那日正在纳闷，忽见贾琏进来请安，嘻嘻的笑道："今日听得军机贾雨村打发人来告诉二老爷说，舅太爷升了内阁大学士，奉旨来京，已定明年正月二十日宣麻。有三百里的文书去了，想舅太爷昼夜趱行，半个多月就要到了。侄儿特来回太太知道。"王夫人听说，便欢喜非常。正想娘家人少，薛姨妈家又衰败了，兄弟又在外任，照应不着。今日忽听兄弟拜相回京，王家荣耀，将来宝玉都有倚靠，便把失玉的心又略放开些了。天天专望兄弟来京。

笺证

宝玉丢了通灵宝玉的公案，第九十五回在宝玉曾经向她砸玉的黛玉心中引起了奇奇怪怪的反应，简直是十五个吊桶打水，七上八下。黛玉先是感到这一丢玉，解除了金玉良缘对她的威胁，反自喜欢地想："和尚道士的话真个信不得。果真金玉有缘，宝玉如何能把这玉丢了呢？或者因我之事，拆散他们的金玉，也未可知。"想了半天，更觉安心，把这一天的劳乏竟不理会，重新倒看起书来。紫鹃倒觉身倦，连催黛玉睡下。黛玉虽躺下，又想到海棠花上，说："这块玉原是胎里带来的，非比寻常之物，来去自有关系。若是这花主好事呢，不该失了这玉呀？看来此花开的不祥，莫非他有不吉之事？”不觉又伤起心来。又转想到喜事上头，此花又似应开，此玉又似应失，如此一悲一喜，直想到五更，方睡着。黛玉与宝玉的精神丝缕，竟然使得当事人亦悲亦喜，忐忐忑忑，无所适从，充分显示了黛玉对与宝玉的情缘有着难分难舍又难以把握的不安感。

忽一天，贾政进来，满脸泪痕，喘吁吁的说道：“你快去禀知老太太，即刻进宫。不用多人的，是你服侍进去。因娘娘忽得暴病，现在太监在外立等，他说太医院已经奏明痰厥，不能医治。”王夫人听说，便大哭起来。贾政道：“这不是哭的时候，快快去请老太太，说得宽缓些，不要吓坏了老人家。”贾政说着，出来吩咐家人伺候。王夫人收了泪，去请贾母，只说元妃有病，进去请安。贾母念佛道：“怎么又病了！前番吓的我了不得，后来又打听错了。这回情愿再错了也罢。”王夫人一面回答，一面催鸳鸯等开箱取衣饰穿戴起来。王夫人赶着回到自己房中，也穿戴好了，过来伺候。一时出厅上轿进宫。不题。

且说元春自选了凤藻宫后，圣眷隆重，身体发福，未免举动费力。每日起居劳乏，时发痰疾。因前日侍宴回宫，偶沾寒气，勾起旧病。不料此回甚属利害，竟至痰气壅塞，四肢厥冷。一面奏明，即召太医调治。岂知汤药不进，连用通关之剂，并不见效。内官忧虑，奏请预办后事。所以传旨命贾氏椒房进见。贾母、王夫人遵旨进宫，见元妃痰塞口涎，不能言语，见了贾母，只有悲泣之状，却少眼泪。贾母进前请安，奏些宽慰的话。少时贾政等职名递进，宫嫔传奏，元妃目不能顾，渐渐脸色改变。内宫太监即要奏闻，恐派各妃看视，椒房姻戚未便久羁，请在外宫伺候。

贾母、王夫人怎忍便离，无奈国家制度，只得下来，又不敢啼哭，惟有心内悲感。朝门内官员有信。不多时，只见太监出来，立传钦天监。贾母便知不好，尚未敢动。稍刻，小太监传谕出来说："贾娘娘薨逝。"是年甲寅年十二月十八日立春，元妃薨日是十二月十九日，已交卯年寅月，存年四十三岁。贾母含悲起身，只得出宫上轿回家。贾政等亦已得信，一路悲戚。到家中，邢夫人、李纨、凤姐、宝玉等出厅分东西迎着贾母请了安，并贾政王夫人请安，大家哭泣。不题。

次日早起，凡有品级的，按贵妃丧礼，进内请安哭临。贾政又是工部，虽按照仪注办理，未免堂上又要周旋他些，同事又要请教他，所以两头更忙，非比从前太后与周妃的丧事了。但元妃并无所出，惟谥曰"贤淑贵妃"。此是王家制度，不必多赘。只讲贾府中男女天天进宫，忙的了不得。幸喜凤姐儿近日身子好些，还得出来照应家事，又要预备王子腾进京接风贺喜。凤姐胞兄王仁知道叔叔入了内阁，仍带家眷来京。凤姐心里喜欢，便有些心病，有这些娘家的人，也便撂开，所以身子倒觉比前好了些。王夫人看见凤姐照旧办事，又把担子卸了一半，又眼见兄弟来京，诸事放心，倒觉安静些。

笺证

一个钟鸣鼎食的大家族，不是靠自身的良性结构和运行体制，而是靠一个关键人物寿命的长短来支撑，终会有树倒猢狲散的一天。第九十五回"因讹成实元妃薨逝"，专门注明贾元妃薨逝在甲寅年十二月十八日立春，薨日是十二月十九日，已交卯年寅月，存年四十三岁。这就应了第五回太虚幻境薄命司金陵十二钗正册贾元春的判词："二十年来辨是非，榴花开处照宫闱。三春争及初春景，虎兕相逢大梦归。"判词末句"虎兔相逢"，在《乾隆抄本百二十回红楼梦稿》和"乙卯本"中又作"虎兕相逢"。《说文》云："兕，如野牛而青，象形。"老虎碰上犀牛而打斗起来，意味着重量级的政治拼搏，也就是贾元春的死因不仅是流年不利，很可能暗藏着政治斗争的催命符。然而，后四十回续书还是坚持“虎兔相逢大梦归”，如第八十六回因把周贵妃之薨误为贾元妃之薨，宝钗说：“不但是外头的讹言舛错，便在家里的，一听见‘娘娘’两个字，也就都忙了，过后才明白。这两天那府里这些丫头婆子来说，他们早知道不是咱们家的娘娘。我说：‘你们那里拿得定呢？’他说道：‘前几年正月，外省荐了一个算命的，说是很准。那老太太叫人将元妃八字夹在丫头们八字里头，送出去叫他推算。他独说这正月初一日生日的那位姑娘只怕时辰错了，不然真是个贵人，也不能在这府中。老爷和众人说，不管他错不错，照八字算去。那先生便说，甲申年正月丙寅这四个字内有伤官败财，惟申字内有正官禄马，这就是家里养不住的，也不见什么好。这日子是乙卯，初春木旺，虽是比肩，那里知道愈比愈好，就像那个好木料，愈经斲削，才成大器。独喜得时上什么辛金为贵，什么巳中正官禄马独旺，这叫作飞天禄马格。又说什么日禄归时，贵重的很，天月二德坐本命，贵受椒房之宠。这位姑娘若是时辰准了，定是一位主子娘娘。这不是算准了么！我们还记得说，可惜荣华不久，只怕遇着寅年卯月，这就是比而又比，劫而又劫，譬如好木，太要做玲珑剔透，本质就不坚了。’他们把这些话都忘记了，只管瞎忙。我才想起来告诉我们大奶奶，今年那里是寅年卯月呢。”这是把太虚幻境的判词化为生辰八字的民俗信仰，把政治斗争的弦改作流年命运的弦。贾元春为贵妃娘娘，是贾府这棵大树的支撑杠杆，支撑杠杆一倒，连锁反应就是风雨飘摇中的“树倒猢狲散”。贾元春之死是贾府命运上的一个卡子，标志着贾、王、史、薛四大家族在政治上的失势，开始敲响了贾家权势败亡的丧钟。凯歌且作挽歌听了。

独有宝玉原是无职之人，又不念书，代儒学里知他家里有事，也不来管他。贾政正忙，自然没有空儿查他。想来宝玉趁此机会，竟可与姊妹们天天畅乐，不料他自失了玉后，终日懒怠走动，说话也糊涂了。并贾母等出门回来，有人叫他去请安，便去。没人叫他，他也不动。袭人等怀着鬼胎，又不敢去招惹他，恐他生气。每天茶饭，端到面前便吃，不来也不要。袭人看这光景不像是有气，竟像是有病的。袭人偷着空儿到潇湘馆告诉紫鹃，说是“二爷这么着，求姑娘给他开导开导。”紫鹃虽即告诉黛玉，只因黛玉想着亲事上头一定是自己了，如今见了他，反觉不好意思：“若是他来呢，原是小时在一处的，也难不理他。若说我去找他，断断使不得。”所以黛玉不肯过来。袭人又背地里去告诉探春，那知探春心里明明知道海棠开得怪异，“宝玉”失的更奇，接连着元妃姐姐薨逝，谅家道不祥，日日愁闷，那有心肠去劝宝玉。况兄妹们男女有别，只好过来一两次。宝玉又终是懒懒的，所以也不大常来。

宝钗也知失玉。因薛姨妈那日应了宝玉的亲事，回去便告诉了宝钗。薛姨妈还说：“虽是你姨妈说了，我还没有应准，说等你哥哥回来再定。你愿意不愿意？”宝钗反正色的对母亲道：“妈妈这话说错了。女孩儿家的事情是父母做主的，如今我父亲没了，妈妈应该做主的，再不然问哥哥，怎么问起我来？”所以薛姨妈更爱惜他，说他虽是从小娇养惯的，却也生来的贞静，因此在他面前，反不提起宝玉了。宝钗自从听此一说，把“宝玉”两字自然更不提起了。如今虽然听见失了玉，心里也甚惊疑，倒不好问，只得听旁人说去，竟像不与自己相干的。只有薛姨妈打发丫头过来了好几次问信。因他自己的儿子薛蟠的事焦心，只等哥哥进京便好为他出脱罪名。又知元妃已薨，虽然贾府忙乱，却得凤姐好了，出来理家，也把贾家的事撂开了。只苦了袭人，虽然在宝玉跟前低声下气的服侍劝慰，宝玉竟是不懂，袭人只有暗暗的着急而已。

过了几日，元妃停灵寝庙，贾母等送殡去了几天。岂知宝玉一日呆似一日，也不发烧，也不疼痛，只是吃不像吃，睡不像睡，甚至说话都无头绪。那袭人麝月等一发慌了，回过凤姐几次。凤姐不时过来，起先道是找不着玉生气，如今看他失魂落魄的样子，只有日日请医调治。煎药吃了好几剂，只有添病的，没有减病的。及至问他那里不舒服，宝玉也不说出来。

直至元妃事毕，贾母惦记宝玉，亲自到园看视，王夫人也随过来。袭人等忙叫宝玉接去请安。宝玉虽说是病，每日原起来行动，今日叫他接贾母去，他依然仍是请安，惟是袭人在旁扶着指教。贾母见了，便道："我的儿，我打谅你怎么病着，故此过来瞧你。今你依旧的模样儿，我的心放了好些。"王夫人也自然是宽心的。但宝玉并不回答，只管嘻嘻的笑。贾母等进屋坐下，问他的话，袭人教一句，他说一句，大不似往常，直是一个傻子似的。贾母愈看愈疑，便说："我才进来看时，不见有什么病，如今细细一瞧，这病果然不轻，竟是神魂失散的样子。到底因什么起的呢？"王夫人知事难瞒，又瞧瞧袭人怪可怜的样子，只得便依着宝玉先前的话，将那往南安王府里去听戏时丢了这块玉的话，悄悄的告诉了一遍。心里也彷徨的很，生恐贾母着急，并说："现在着人在四下里找寻，求签问卦，都说在当铺里找，少不得找着的。"贾母听了，急得站起来，眼泪直流，说道："这件玉如何是丢得的！你们忒不懂事了，难道老爷也是撂开手的不成！"王夫人知贾母生气，叫袭人等跪下，自己敛容低首回说："媳妇恐老太太着急老爷生气，都没敢回。"贾母咳道："这是宝玉的命根子。因丢了，所以他是这么失魂丧魄的。还了得！况是这玉满城里都知道，谁捡了去便叫你们找出来么！叫人快快请老爷，我与他说。"那时吓得王夫人、袭人等俱哀告道："老太太这一生气，回来老爷更了不得了。现在宝玉病着，交给我们尽命的找来就是了。"贾母道："你们怕老爷生气，有我呢。"便叫麝月传人去请，不一时传进话来，说："老爷谢客去了。”贾母道：“不用他也使得。你们便说我说的话，暂且也不用责罚下人，我便叫琏儿来写出赏格，悬在前日经过的地方，便说有人捡得送来者，情愿送银一万两，如有知人捡得送信找得者，送银五千两。如真有了，不可吝惜银子。这么一找，少不得就找出来了。若是靠着咱们家几个人找，就找一辈子，也不能得。”王夫人也不敢直言。贾母传话告诉贾琏，叫他速办去了。贾母便叫人：“将宝玉动用之物都搬到我那里去，只派袭人、秋纹跟过来，馀者仍留园内看屋子。”宝玉听了，终不言语，只是傻笑。

贾母便携了宝玉起身，袭人等搀扶出园。回到自己房中，叫王夫人坐下，看人收拾里间屋内安置，便对王夫人道：“你知道我的意思么？我为的园里人少，怡红院里的花树忽萎忽开，有些奇怪。头里仗着一块玉能除邪祟，如今此玉丢了，生恐邪气易侵，故我带他过来一块儿住着。这几天也不用叫他出去，大夫来就在这里瞧。”王夫人听说，便接口道：“老太太想的自然是。如今宝玉同着老太太住了，老太太的福气大，不论什么都压住了。”贾母道：“什么福气，不过我屋里干净些，经卷也多，都可以念念定定心神。你问宝玉好不好？”那宝玉见问，只是笑。袭人叫他说“好”，宝玉也就说“好”。王夫人见了这般光景，未免落泪，在贾母这里，不敢出声。贾母知王夫人着急，便说道：“你回去罢，这里有我调停他。晚上老爷回来，告诉他不必来见我，不许言语就是了。”王夫人去后，贾母叫鸳鸯找些安神定魄的药，按方吃了。不题。

且说贾政当晚回家，在车内听见道儿上人说道：“人要发财也容易的很。”那个问道：“怎么见得？”这个人又道：“今日听见荣府里丢了什么哥儿的玉了，贴着招帖儿，上头写着玉的大小式样颜色，说有人捡了送去，就给一万两银子，送信的还给五千呢。”贾政虽未听得如此真切，心里诧异，急忙赶回，便叫门上的人问起那事来。门上的人禀道：“奴才头里也不知道，今儿晌午琏二爷传出老太太的话，叫人去贴帖儿，才知道的。”贾政便叹气道：“家道该衰，偏生养这么一个孽障！才养他的时候满街的谣言，隔了十几年略好了些，这会子又大张晓谕的找玉，成何道理！”说着，忙走进里头去问王夫人，王夫人便一五一十的告诉。贾政知是老太太的主意，又不敢违拗，只抱怨王夫人几句。又走出来，叫瞒着老太太，背地里揭了这个帖儿下来。岂知早有那些游手好闲的人揭了去了。

过了些时，竟有人到荣府门上，口称送玉来。家内人们听见，喜欢的了不得，便说："拿来，我给你回去。"那人便怀内掏出赏格来，指给门上人瞧，"这不是你府上的帖子么，写明送玉来的给银一万两。二太爷，你们这会子瞧我穷，回来我得了银子，就是个财主了。别这么待理不理的。"门上听他话头来得硬，说道："你到底略给我瞧一瞧，我好给你回去。"那人初倒不肯，后来听人说得有理，便掏出那玉，托在掌中一扬说："这是不是？"众家人原是在外服役，只知有玉，也不常见，今日才看见这玉的模样儿了。急忙跑到里头，抢头报似的。那日贾政、贾赦出门，只有贾琏在家。众人回明，贾琏还细问真不真。门上人口称："亲眼见过，只是不给奴才，要见主子，一手交银，一手交玉。"贾琏却也喜欢，忙去禀知王夫人，即便回明贾母。把个袭人乐得合掌念佛。贾母并不改口，一叠连声："快叫琏儿请那人到书房内坐下，将玉取来一看，即便送银。"贾琏依言，请那人进来当客待他，用好言道谢："要借这玉送到里头，本人见了，谢银分厘不短。"那人只得将一个红绸子包儿送过去。贾琏打开一看，可不是那一块晶莹美玉吗。贾琏素昔原不理论，今日倒要看看，看了半日，上面的字也仿佛认得出来，什么"除邪祟"等字。贾琏看了，喜之不胜，便叫家人伺候，忙忙的送与贾母王夫人认去。

这会子惊动了合家的人，都等着争看。凤姐见贾琏进来，便劈手夺去，不敢先看，送到贾母手里。贾琏笑道："你这么一点儿事还不叫我献功呢。"贾母打开看时，只见那玉比先前昏暗了好些。一面擦摸，鸳鸯拿上眼镜儿来，戴着一瞧，说："奇怪，这块玉倒是的，怎么把头里的宝色都没了呢？"王夫人看了一会子，也认不出，便叫凤姐过来看。凤姐看了道："像倒像，只是颜色不大对。不如叫宝兄弟自己一看就知道了。"袭人在旁也看着未必是那一块，只是盼得的心盛，也不敢说出不像来。凤姐于是从贾母手中接过来，同着袭人拿来给宝玉瞧。这时宝玉正睡着才醒。凤姐告诉道："你的玉有了。"宝玉睡眼朦胧，接在手里也没瞧，便往地下一撂道："你们又来哄我了。"说着只是冷笑。凤姐连忙拾起来，道："这也奇了，怎么你没瞧就知道呢。"宝玉也不答言，只管笑。王夫人也进屋里来了，见他这样，便道："这不用说了。他那玉原是胎里带来的一种古怪东西，自然他有道理。想来这个必是人见了帖儿照样做的。"大家此时恍然大悟。贾琏在外间屋里听见这话，便说道："既不是，快拿来给我问问他去，人家这样事，他敢来鬼混。"贾母喝住道："琏儿，拿了去给他，叫他去罢。那也是穷极了的人没法儿了，所以见我们家有这样事，他便想着赚几个钱也是有的。如今白白的花了钱弄了这个东西，又叫咱们认出来了。依着我不要难为他，把这玉还他，说不是我们的，赏给他几两银子。外头的人知道了，才肯有信儿就送来呢。若是难为了这一个人，就有真的，人家也不敢拿来了。"贾琏答应出去。那人还等着呢，半日不见人来，正在那里心里发虚，只见贾琏气忿走出来了。未知何如，下回分解。

笺证

第九十五回"以假混真宝玉疯癫"，有点文不对题。宝玉疯癫发呆，是由于无端丢失通灵宝玉，百般寻找不得，因此贾母才说："你们便说我说的话，暂且也不用责罚下人，我便叫琏儿来写出赏格，悬在前日经过的地方，便说有人捡得送来者，情愿送银一万两，如有知人捡得送信找得者，送银五千两。如真有了，不可吝惜银子。这么一找，少不得就找出来了。若是靠着咱们家几个人找，就找一辈子，也不能得。"前不久，冯紫英以二万两推销四件新奇宝玩，贾府已经感到阮囊羞涩，推托了事；而贾母却为寻找通灵宝玉而出手大方，可见这劳什子的金贵。有了这个劳什子，才有贾宝玉的灵性；失了这个劳什子，就失了贾宝玉的灵性。须知重赏之下必有勇夫，有人就以假冒真，骗取钱财。并不是因为此人，宝玉才疯癫，而是因为宝玉失玉疯癫，才招来此人的假玉骗术。众人感到那人出示的玉比先前昏暗了好些，颜色不大对头，都不愿说破。凤姐拿去让宝玉辨认，宝玉接过来就往地上一撂，冷笑着说："你们又来哄我了。"王夫人见状就说："这不用说了。他那玉原是胎里带来的一种古怪东西，自然他有道理。想来这个必是人见了帖儿照样做的。"宝玉只须心灵感应，就知道假者非真，使贾府诸人避免糊涂了事，上当受骗。老子说："天地不仁，以万物为刍狗。"宝玉丢玉，丢掉了魂儿，众人也为之丧魂落魄，到处是真真假假，呆呆傻傻，空空幻幻。因此，"以假混真"并非"宝玉疯颠"的原因，原因还在未明中。未明空间，最是深不可测的。

第九十六回
瞒消息凤姐设奇谋
泄机关颦儿迷本性

话说贾琏拿了那块假玉忿忿走出，到了书房。那个人看见贾琏的气色不好，心里先发了虚了，连忙站起来迎着。刚要说话，只见贾琏冷笑道："好大胆，我把你这个混帐东西！这里是什么地方儿，你敢来掉鬼！"回头便问："小厮们呢？"外头轰雷一般几个小厮齐声答应。贾琏道："取绳子去捆起他来。等老爷回来问明了，把他送到衙门里去。"众小厮又一齐答应："预备着呢。"嘴里虽如此，却不动身。那人先自唬的手足无措，见这般势派，知道难逃公道，只得跪下给贾琏碰头，口口声声只叫："老太爷别生气，是我一时穷极无奈，才想出这个没脸的营生来。那玉是我借钱做的，我也不敢要了，只得孝敬府里的哥儿顽罢。"说毕，又连连磕头。贾琏啐道："你这个不知死活的东西！这府里希罕你的那朽不了的浪东西！"正闹着，只见赖大进来，陪着笑向贾琏道："二爷别生气了。靠他算个什么东西，饶了他，叫他滚出去罢。"贾琏道："实在可恶。"赖大、贾琏作好作歹，众人在外头都说道："糊涂狗攮的，还不给爷和赖大爷磕头呢。快快的滚罢，还等窝心脚呢！"那人赶忙磕了两个头，抱头鼠窜而去。从此街上闹动了"贾宝玉弄出'假宝玉'"来。

且说贾政那日拜客回来，众人因为灯节底下，恐怕贾政生气，已过去的事了，便也都不肯回。只因元妃的事忙碌了好些时，近日宝玉又病着，虽有旧例家宴，大家无兴，也无有可记之事。到了正月十七日，王夫人正盼王子腾来京，只见凤姐进来回说："今日二爷在外听得有人传说，我们家大老爷赶着进京，离城只二百多里地，在路上没了。太太听见了没有？”王夫人吃惊道：“我没有听见，老爷昨晚也没有说起，到底在那里听见的？”凤姐道：“说是在枢密张老爷家听见的。”王夫人怔了半天，那眼泪早流下来了，因拭泪说道：“回来再叫琏儿索性打听明白了来告诉我。”凤姐答应去了。王夫人不免暗里落泪，悲女哭弟，又为宝玉耽忧。如此连三接二，都是不随意的事，那里搁得住，便有些心口疼痛起来。又加贾琏打听明白了来说道：“舅太爷是赶路劳乏，偶然感冒风寒，到了十里屯地方，延医调治。无奈这个地方没有名医，误用了药，一剂就死了。但不知家眷可到了那里没有？”王夫人听了，一阵心酸，便心口疼得坐不住，叫彩云等扶了上炕，还扎挣着叫贾琏去回了贾政，“即速收拾行装迎到那里，帮着料理完毕，即刻回来告诉我们，好叫你媳妇儿放心。”贾琏不敢违拗，只得辞了贾政起身。贾政早已知道，心里很不受用。又知宝玉失玉以后神志惛愦，医药无效。又值王夫人心疼。那年正值京察，工部将贾政保列一等。二月，吏部带领引见。皇上念贾政勤俭谨慎，即放了江西粮道。即日谢恩，已奏明起程日期。虽有众亲朋贺喜，贾政也无心应酬，只念家中人口不宁，又不敢耽延在家。正在无计可施，只听见贾母那边叫“请老爷”。

笺证

后四十回写得大事迭至，死亡的阴影追逐着贾府和整个四大家族。金陵十二钗在前八十回中死了秦可卿，至此又死了元妃。第九十六回写到四大家族的另一根台柱子王子腾的倾倒。王夫人的兄弟王子腾倾倒得如此匪夷所思地干脆，他赶路劳乏，偶然感冒风寒，到了十里屯地方，延医调治。无奈这个地方没有名医，误用了药，一剂就死了。一个身为内阁大学士亦即宰相、官居一品的显赫人物就这样莫名其妙、浮皮潦草地打发了。后四十回对一个关键人物的这种写法，实在过于草率，简直与一个无名小卒无异。是这位显赫要员没有随身医生么？是没有名医，误用了药，还是有人下毒呢？要知道，“东海缺少白玉床，龙王请来金陵王”。王子腾是贾、王、史、薛四大家族中掌握兵权、位居枢要的人物，官位不断升迁，由九省统制而九省检点，继而九省总督，最后更是荣升为内阁大学士，是出将入相的要员。自然，王子腾少有专门描写，属于一个背景性人物，但由于他是王夫人、薛姨妈、王子胜的哥哥，王子胜又是王熙凤之父，可谓牵一发而动全身。包括贾府在内的四大家族之兴衰存亡，起关键作用的人物除贾元春外，更应该是王子腾。二者内外呼应，相得益彰，一损俱损，一荣俱荣。元春之死是先一年的十二月十九日，王子腾之死在次年的一月十七日之前，死期相距仅二十余日，不到一个月，这是偶然的吗？所谓大事迭至，叙事速率加快，产生了巨大的人生无常感和精神压迫感。元妃之死，特别是王子腾之死，对导致四大家族的衰败是致命性的，带来了可以令大家族毁灭的雪崩式的趋势，紧接着就是第一〇一回的“散花寺神签惊异兆”之后，第一〇五回就发生了“锦衣军查抄宁国府　骢马使弹劾平安州”等，使得贾府遭遇轰然坍毁的变数，江河日落，不可挽回。因此后四十回如此粗率处理王子腾之死，连标题上都没有出现，是失了叙事章法的。石头的叙事主体此时已是丧魂落魄，石头的叙事视角也是迷离恍惚，因而对王子腾之死的叙事也就乱了阵脚，缺乏雄劲力度，失去描头画角的兴趣，草草了事。记得鲁迅在《三闲书屋印行文艺书籍》中撰写的《士敏土之图》广告说：“革拉特珂夫的小说《士敏土》，中国早有译本，可以无须多说了。德国的青年艺术家梅斐尔德，就取这故事做了材料，刻成木版画十大幅，黑白相映，栩栩如生，而且简朴雄劲，决非描头画角的美术家所能望其项背。”[1]要简朴而又不失雄劲，这是需要千锤百炼的笔底功夫的。

贾政即忙进去，看见王夫人带着病也在那里，便向贾母请了安。贾母叫他坐下，便说：“你不日就要赴任，我有多少话与你说，不知你听不听？”说着，掉下泪来。贾政忙站起来说道：“老太太有话只管吩咐，儿子怎敢不遵命呢。”贾母咽哽着说道：“我今年八十一岁的人了，你又要做外任去，偏有你大哥在家，你又不能告亲老。你这一去了，我所疼的只有宝玉，偏偏的又病得糊涂，还不知道怎么样呢。我昨日叫赖升媳妇出去叫人给宝玉算算命，这先生算得好灵，说要娶了金命的人帮扶他，必要冲冲喜才好，不然只怕保不住。我知道你不信那些话，所以教你来商量。你的媳妇也在这里，你们两个也商量商量，还是要宝玉好呢，还是随他去呢？”贾政陪笑说道：“老太太当初疼儿子这么疼的，难道做儿子的就不疼自己的儿子不成么。只为宝玉不上进，所以时常恨他，也不过是恨铁不成钢的意思。老太太既要给他成家，这也是该当的，岂有逆着老太太不疼他的理。如今宝玉病着，儿子也是不放心。因老太太不叫他见我，所以儿子也不敢言语。我到底瞧瞧宝玉是个什么病。”王夫人见贾政说着也有些眼圈儿红，知道心里是疼的，便叫袭人扶了宝玉来。宝玉见了他父亲，袭人叫他请安，他便请了个安。贾政见他脸面很瘦，目光无神，大有疯傻之状，便叫人扶了进去，便想到：“自己也是望六的人了，如今又放外任，不知道几年回来。倘或这孩子果然不好，一则年老无嗣，虽说有孙子，到底隔了一层。二则老太太最疼的是宝玉，若有差错，可不是我的罪名更重了。”瞧瞧王夫人，一包眼泪，又想到他身上，复站起来说：“老太太这么大年纪，想法儿疼孙子，做儿子的还敢违拗？老太太主意该怎么便怎么就是了。但只姨太太那边不知说明白了没有？”王夫人便道：“姨太太是早应了的。只为蟠儿

❶ 鲁迅：《鲁迅全集》（编年版），人民文学出版社2014年版，第634页。

的事没有结案，所以这些时总没提起。”贾政又道：“这就是第一层的难处。他哥哥在监里，妹子怎么出嫁。况且贵妃的事虽不禁婚嫁，宝玉应照已出嫁的姐姐有九个月的功服，此时也难娶亲。再者我的起身日期已经奏明，不敢耽搁，这几天怎么办呢？”贾母想了一想：“说的果然不错。若是等这几件事过去，他父亲又走了。倘或这病一天重似一天，怎么好？只可越些礼办了才好。”想定主意，便说道：“你若给他办呢，我自然有个道理，包管都碍不着。姨太太那边我和你媳妇亲自过去求他。蟠儿那里我央蝌儿去告诉他，说是要救宝玉的命，诸事将就，自然应的。若说服里娶亲，当真使不得。况且宝玉病着，也不可教他成亲，不过是冲冲喜，我们两家愿意，孩子们又有金玉的道理，婚是不用合的了。即挑了好日子，按着咱们家分儿过了礼。赶着挑个娶亲日子，一概鼓乐不用，倒按宫里的样子，用十二对提灯，一乘八人轿子抬了来，照南边规矩拜了堂，一样坐床撒帐，可不是算娶了亲了么。宝丫头心地明白，是不用虑的。内中又有袭人，也还是个妥妥当当的孩子。再有个明白人常劝他更好。他又和宝丫头合的来。再者姨太太曾说，宝丫头的金锁也有个和尚说过，只等有玉的便是婚姻，焉知宝丫头过来，不因金锁倒招出他那块玉来，也定不得。从此一天好似一天，岂不是大家的造化。这会子只要立刻收拾屋子，铺排起来。这屋子是要你派的。一概亲友不请，也不排筵席，待宝玉好了，过了功服，然后再摆席请人。这么着都赶的上。你也看见了他们小两口的事，也好放心的去。”贾政听了，原不愿意，只是贾母做主，不敢违命，勉强陪笑说道：“老太太想的极是，也很妥当。只是要吩咐家下众人，不许吵嚷得里外皆知，这要耽不是的。姨太太那边，只怕不肯。若是果真应了，也只好按着老太太的主意办去。”贾母道：“姨太太那里有我呢，你去吧。”贾政答应出来，心中好不自在。因赴任事多，部里领凭，亲友们荐人，种种应酬不绝，竟把宝玉的事，听凭贾母交与王夫人、凤姐儿了。惟将荣禧堂后身、王夫人内屋旁边一大跨所二十馀间房屋指与宝玉，馀者一概不管。贾母定了主意叫人告诉他去，贾政只说很好，此是后话。

且说宝玉见过贾政，袭人扶回里间炕上。因贾政在外，无人敢与宝玉说话，宝玉便昏昏沉沉的睡去。贾母与贾政所说的话，宝玉一句也没有听见。袭人等却静静儿的听得明白。头里虽也听得些风声，到底影响，只不见宝钗过来，却也有些信真。今日听了这些话，心里方才水落归漕，倒也喜欢。心里想道："果然上头的眼力不错，这才配得是。我也造化，若他来了，我可以卸了好些担子。但是这一位的心里只有一个林姑娘，幸亏他没有听见，若知道了，又不知要闹到什么分儿了。"袭人想到这里，转喜为悲，心想："这件事怎么好？老太太、太太那里知道他们心里的事。一时高兴说给他知道，原想要他病好。若是他仍似前的心事，初见林姑娘便要摔玉砸玉。况且那年夏天在园里把我当作林姑娘，说了好些私心话。后来因为紫鹃说了句顽话儿，便哭得死去活来。若是如今和他说要娶宝姑娘，竟把林姑娘撂开，除非是他人事不知还可，若稍明白些，只怕不但不能冲喜，竟是催命了！我再不把话说明，那不是一害三个人了么。"袭人想定主意，待等贾政出去，叫秋纹照看着宝玉，便从里间出来，走到王夫人身旁，悄悄的请了王夫人到贾母后身屋里去说话。贾母只道是宝玉有话，也不理会，还在那里打算怎么过礼，怎么娶亲。

那袭人同了王夫人到了后间，便跪下哭了。王夫人不知何意，把手拉着他说："好端端的，这是怎么说？有什么委屈起来说。"袭人道："这话奴才是不该说的，这会子因为没有法儿了。"王夫人道："你慢慢说。"袭人道："宝玉的亲事，老太太、太太已定了宝姑娘了，自然是极好的一件事。只是奴才想着，太太看去宝玉和宝姑娘好，还是和林姑娘好呢？"王夫人道："他两个因从小儿在一处，所以宝玉和林姑娘又好些。"袭人道："不是好些。"便将宝玉素与黛玉这些光景一一的说了，还说："这些事都是太太亲眼见的，独是夏天的话我从没敢和别人说。”王夫人拉着袭人道：“我看外面儿已瞧出几分来了。你今儿一说，更加是了。但是刚才老爷说的话想必都听见了，你看他的神情儿怎么样？”袭人道：“如今宝玉若有人和他说话他就笑，没人和他说话他就睡。所以头里的话却倒都没听见。”王夫人道：“倒是这件事叫人怎么样呢？”袭人道：“奴才说是说了，还得太太告诉老太太，想个万全的主意才好。”王夫人便道：“既这么着，你去干你的，这时候满屋子的人，暂且不用提起，等我瞅空儿回明老太太，再作道理。”说着，仍到贾母跟前。

贾母正在那里和凤姐儿商议，见王夫人进来，便问道：“袭人丫头说什么？这么鬼鬼祟祟的。”王夫人趁问，便将宝玉的心事，细细回明贾母。贾母听了，半日没言语。王夫人和凤姐也都不再说了。只见贾母叹道：“别的事都好说。林丫头倒没有什么，若宝玉真是这样，这可叫人作了难了。”只见凤姐想了一想，因说道：“难倒不难，只是我想了个主意，不知姑妈肯不肯。”王夫人道：“你有主意只管说给老太太听，大家娘儿们商量着办罢了。”凤姐道：“依我想，这件事只有一个掉包儿的法子。”贾母道：“怎么掉包儿？”凤姐道：“如今不管宝兄弟明白不明白，大家吵嚷起来，说是老爷做主，将林姑娘配了他了。瞧他的神情儿怎么样。要是他全不管，这个包儿也就不用掉了。若是他有些喜欢的意思，这事却要大费周折呢。”王夫人道：“就算他喜欢，你怎么样办法呢？”凤姐走到王夫人耳边，如此这般的说了一遍。王夫人点了几点头儿，笑了一笑说道：“也罢了。”贾母便问道：“你娘儿两个捣鬼，到底告诉我是怎么着呀？”凤姐恐贾母不懂，露泄机关，便也向耳边轻轻的告诉了一遍。贾母果真一时不懂，凤姐笑着又说了几句。贾母笑道：“这么着也好，可就只忒苦了宝丫头了。倘或吵嚷出来，林丫头又怎么样呢？”凤姐道：“这个话原只说给宝玉听，外头一概不许提起，有谁知道呢。”

正说间，丫头传进话来说：“琏二爷回来了。”王夫人恐贾母问及，使个眼色与凤姐。凤姐便出来迎着贾琏努了个嘴儿，同到王夫人屋里等着去了。一回儿王夫人进来，已见凤姐哭的两眼通红。贾琏请了安，将到十里屯料理王子腾的丧事的话说了一遍，便说：“有恩旨赏了内阁的职衔，谥了文勤公，命本宗扶柩回籍，着沿途地方官员照料。昨日起身，连家眷回南去了。舅太太叫我回来请安问好，说如今想不到不能进京，有多少话不能说。听见我大舅子要进京，若是路上遇见了，便叫他来到咱们这里细细的说。”王夫人听毕，其悲痛自不必言。凤姐劝慰了一番，“请太太略歇一歇，晚上来再商量宝玉的事罢”。说毕，同了贾琏回到自己房中，告诉了贾琏，叫他派人收拾新房。不题。

笺证

奇谋，是一种神奇巧妙、神机莫测的计谋。《北史·独孤信传》说：“信美风度，雅有奇谋大略。”《薛仁贵征辽事略》又说：“乞问仁贵，必有奇谋。”谁曾想，《红楼梦》第九十六回“瞒消息凤姐设奇谋”，竟然把“奇谋”二字用在机关算尽的凤姐身上了，因而题目上的“奇谋”二字具有耐人寻味的反讽意味。贾母忧虑宝玉失玉后的疯癫病，就叫赖升媳妇出去给宝玉算命，说要娶了金命的人帮扶他，必要冲冲喜才好，不然只怕保不住。算命先生的说辞，是否存在着薛家通过赖升媳妇暗通关节所致呢？石头并没有告诉人们。至于冲喜，乃是一种民俗信仰，源于星相术的“冲克”，民间反用“冲克”之意，对于病重濒死的人，用预备后事，尤其是迎娶未婚妻过门等举措，来驱除作祟的邪气，使病人逢凶化吉，转危为安。贾母想在贾政外任出行之前，操办宝玉、宝钗的婚事，由于碍着元妃的丧服，薛蟠的系狱，贾母设想“挑了好日子，按着咱们家分儿过了礼。赶着挑个娶亲日子，一概鼓乐不用，倒按宫里的样子，用十二对提灯，一乘八人轿子抬了来，照南边规矩拜了堂，一样坐床撒帐，可不是算娶了亲了么”。八人轿子是一种高规格，第二十九回写荣宁二府去清虚观打醮，“贾母坐一乘八人大轿，李氏、凤姐儿、薛姨妈每人一乘四人轿”。何况还按宫里的样子，用十二对提灯引路？贾母设想虽好，袭人却放心不下，怕耽误三个人的性命，就向王夫人跪下哭诉宝玉对黛玉的痴情。贾母说出了一句“林丫头倒没有什么”的冷冰冰的话，令人感到这位亲外婆已经变成了狼外婆。凤姐却投合贾母，设计了一条狠心的“奇谋”——“掉包计”，以宝钗置换黛玉，桃代李僵，其结果却搬起石头砸了贾府命运的脚。奇谋成了毒谋，催使贾府提速走向凄凉的吉凶莫测的下坡路，而且在下坡路上一滑到底。

一日，黛玉早饭后带着紫鹃到贾母这边来，一则请安，二则也为自己散散闷。出了潇湘馆，走了几步，忽然想起忘了手绢子来，因叫紫鹃回去取来，自己却慢慢的走着等他。刚走到沁芳桥那边山石背后，当日同宝玉葬花之处，忽听一个人呜呜咽咽在那里哭。黛玉煞住脚听时，又听不出是谁的声音，也听不出哭着叨叨的是些什么话。心里甚是疑惑，便慢慢的走去。及到了跟前，却见一个浓眉大眼的丫头在那里哭呢。黛玉未见他时，还只疑府里这些大丫头有什么说不出的心事，所以来这里发泄发泄。及至见了这个丫头，却又好笑，因想到：这种蠢货有什么情种，自然是那屋里作粗活的丫头受了大女孩子的气了。细瞧了一瞧，却不认得。那丫头见黛玉来了，便也不敢再哭，站起来拭眼泪。黛玉问道：“你好好的为什么在这里伤心？”那丫头听了这话，又流泪道：“林姑娘你评评这个理。他们说话我又不知道，我就说错了一句话，我姐姐也不犯就打我呀。”黛玉听了，不懂他说的是什么，因笑问道：“你姐姐是那一个？”那丫头道：“就是珍珠姐姐。”黛玉听了，才知他是贾母屋里的，因又问：“你叫什么？”那丫头道：“我叫傻大姐儿。”黛玉笑了一笑，又问：“你姐姐为什么打你？你说错了什么话了？”那丫头道：“为什么呢，就是为我们宝二爷娶宝姑娘的事情。”黛玉听了这句话，如同一个疾雷，心头乱跳。略定了定神，便叫了这丫头：

“你跟了我这里来。”那丫头跟着黛玉到那畸角儿上葬桃花的去处，那里背静。黛玉因问道：“宝二爷娶宝姑娘，他为什么打你呢？”傻大姐道：“我们老太太和太太、二奶奶商量了，因为我们老爷要起身，说就赶着往姨太太商量把宝姑娘娶过来罢。头一宗，给宝二爷冲什么喜，第二宗——”说到这里，又瞅着黛玉笑了一笑，才说道：“赶着办了，还要给林姑娘说婆婆家呢。”黛玉已经听呆了。这丫头只管说道：“我又不知道他们怎么商量的，不叫人吵嚷，怕宝姑娘听见害臊。我白和宝二爷屋里的袭人姐姐说了一句：‘咱们明儿更热闹了，又是宝姑娘，又是宝二奶奶，这可怎么叫呢！’林姑娘你说我这话害着珍珠姐姐什么了吗，他走过来就打了我一个嘴巴，说我混说，不遵上头的话，要撵出我去。我知道上头为什么不叫言语呢，你们又没告诉我，就打我。”说着，又哭起来。

那黛玉此时心里竟是油儿酱儿糖儿醋儿倒在一处的一般，甜苦酸咸，竟说不上什么味儿来了。停了一会儿，颤巍巍的说道：“你别混说了。你再混说，叫人听见又要打你了，你去罢。”说着，自己移身要回潇湘馆去。那身子竟有千百斤重的，两只脚却像踩着棉花一般，早已软了。只得一步一步慢慢的走将来，走了半天，还没到沁芳桥畔，原来脚下软了。走的慢，且又迷迷痴痴，信着脚从那边绕过来，更添了两箭地的路。这时刚到沁芳桥畔，却又不知不觉的顺着堤往回里走起来。紫鹃取了绢子来，却不见黛玉。正在那里看时，只见黛玉颜色雪白，身子恍恍荡荡的，眼睛也直直的，在那里东转西转。又见一个丫头往前头走了，离的远，也看不出是那一个来。心中惊疑不定，只得赶过来轻轻的问道：“姑娘怎么又回去？是要往那里去？”黛玉也只模糊听见，随口应道：“我问问宝玉去！”紫鹃听了，摸不着头脑，只得搀着他到贾母这边来。

黛玉走到贾母门口，心里微觉明晰，回头看见紫鹃搀着自己，便站住了问道："你作什么来的？"紫鹃陪笑道："我找了绢子来了。头里见姑娘在桥那边呢，我赶着过来问姑娘，姑娘没理会。"黛玉笑道："我打量你来瞧宝二爷来了呢，不然怎么往这里走呢。"紫鹃见他心里迷惑，便知黛玉必是听见那丫头什么话了，惟有点头微笑而已。只是心里怕他见了宝玉，那一个已经是疯疯傻傻，这一个又这样恍恍惚惚，一时说出些不大体统的话来，那时如何是好？心里虽如此想，却也不敢违拗，只得搀他进去。那黛玉却又奇怪了，这时不似先前那样软了，也不用紫鹃打帘子，自己掀起帘子进来，却是寂然无声。因贾母在屋里歇中觉，丫头们也有脱滑顽去的，也有打盹儿的，也有在那里伺候老太太的。倒是袭人听见帘子响，从屋里出来一看，见是黛玉，便让道："姑娘屋里坐罢。"黛玉笑着道："宝二爷在家么？"袭人不知底里，刚要答言，只见紫鹃在黛玉身后和他努嘴儿，指着黛玉，又摇摇手儿。袭人不解何意，也不敢言语。黛玉却也不理会，自己走进房来。看见宝玉在那里坐着，也不起来让坐，只瞅着嘻嘻的傻笑。黛玉自己坐下，却也瞅着宝玉笑。两个人也不问好，也不说话，也无推让，只管对着脸傻笑起来。袭人看见这番光景，心里不大得主意，只是没法儿。忽然听着黛玉说道："宝玉，你为什么病了？"宝玉笑道："我为林姑娘病了。"袭人、紫鹃两个吓得面目改色，连忙用言语来岔。两个却又不答言，仍旧傻笑起来。袭人见了这样，知道黛玉此时心中迷惑不减于宝玉，因悄和紫鹃说道："姑娘才好了，我叫秋纹妹妹同着你搀回姑娘歇歇去罢。"因回头向秋纹道："你和紫鹃姐姐送林姑娘去罢，你可别混说话。"秋纹笑着，也不言语，便来同着紫鹃搀起黛玉。

那黛玉也就站起来，瞅着宝玉只管笑，只管点头儿。紫鹃又催道："姑娘回家去歇歇罢。"黛玉道："可不是，我这就是回去的时候儿了。"说着，便回身笑着出来了，仍旧不用丫头们搀扶，自己却走得比往常飞快。紫鹃、秋纹后面赶忙跟着走。黛玉出了贾母院门，只管一直走去。紫鹃连忙搀住叫道："姑娘往这么来。"黛玉仍是笑着随了往潇湘馆来。离门口不远，紫鹃道："阿弥陀佛，可到了家了！"只这一句话没说完，只见黛玉身子往前一栽，哇的一声，一口血直吐出来。未知性命如何，且听下回分解。

笺证

后四十回所谓大事迭至，不仅是一条条人命的丢失，而且是一个个人心的迷失。第九十六回"泄机关颦儿迷本性"，写凤姐掉包计的泄露，不是从正经丫鬟之口，而是从呆傻丫头之口，难道呆傻更能通向神灵之境？可怜唯有呆傻，才讲了真话，使聪明人的设计成了透风的墙。久违了，傻大姐，竟然跑到黛玉葬花冢来哭泣，而且竟然向黛玉哭诉因宝玉娶宝钗的事情，挨了贾母的丫鬟珍珠打了一个嘴巴。挨打的原因，是贾母和王夫人、凤姐商量好，因为贾政起身奔赴外任，说就赶着与薛姨妈商量把宝钗娶过来，给宝玉冲什么喜，然后赶着给黛玉说婆家。傻大姐因把此事告诉袭人而挨打的。傻大姐倒是说了真话，而在鬼鬼祟祟的风气面前，说真话是要受到惩罚的。黛玉只能从傻大姐的口中得到真实的消息，可见她是多么孤立无援。傻大姐与葬花冢的对撞，也是大观园冥冥中的一种气数，对撞出了贾府的阴暗面和黛玉宝玉的心事苦胆。黛玉探知此事，心里竟是油儿酱儿糖儿醋儿倒在一处的一般，甜苦酸咸，竟说不上什么味儿来了。身子竟有千百斤重的，两只脚却像踩着棉花一般，迷迷痴痴，在沁芳桥畔来回晃荡，不知归路。强挺着走到贾母处，与宝玉并坐着，互相只瞅着嘻嘻的傻笑。贾宝玉和林黛玉都变成了至情至性的"傻大姐"。黛玉说："宝玉，你为什么病了？"宝玉笑道："我为林姑娘病了。"完了黛玉回潇湘馆，身子往前一栽，哇的一声，一口血直吐出来。这是人迷本性，还是本性迷人？绛珠仙子从西方灵河岸上三生石畔带来的本性，在贾府主事人的搓揉中，变成无法弥补的带着血痰的碎片了。后四十回的这种勾魂摄魄的叙写，应是遵循着前八十回的内在精神逻辑的。这种内在精神逻辑延伸至此，就是在贵族世家的家长统制下，有人施展着种种阴谋诡计，有人迷失了纯真的人心本性。这也可以称得上后四十回的神来之笔。

第九十七回
林黛玉焚稿断痴情
薛宝钗出闺成大礼

话说黛玉到潇湘馆门口，紫鹃说了一句话，更动了心，一时吐出血来，几乎晕倒。亏了还同着秋纹，两个人挽扶着黛玉到屋里来。那时秋纹去后，紫鹃、雪雁守着，见他渐渐苏醒过来，问紫鹃道："你们守着哭什么？"紫鹃见他说话明白，倒放了心了，因说："姑娘刚才打老太太那边回来，身上觉着不大好，唬的我们没了主意，所以哭了。"黛玉笑道："我那里就能够死呢。"这一句话没完，又喘成一处。原来黛玉因今日听得宝玉宝钗的事情，这本是他数年的心病，一时急怒，所以迷惑了本性。及至回来吐了这一口血，心中却渐渐的明白过来，把头里的事一字也不记得了。这会子见紫鹃哭，方模糊想起傻大姐的话来，此时反不伤心，惟求速死，以完此债。这里紫鹃、雪雁只得守着，想要告诉人去，怕又像上次招得凤姐儿说他们失惊打怪的。

那知秋纹回去，神情慌遽。正值贾母睡起中觉来，看见这般光景，便问怎么了。秋纹吓的连忙把刚才的事回了一遍。贾母大惊说："这还了得。"连忙着人叫了王夫人、凤姐过来，告诉了他婆媳两个。凤姐道："我都嘱咐到了，这是什么人去走了风呢。这不更是一件难事了吗。"贾母道："且别管那些，先瞧瞧去是怎么样了。"说着便起身带着王夫人、凤姐等过来看视。见黛玉颜色如雪，并无一点血色，神气昏沉，气息微细。半日又咳嗽了一阵，丫头递了痰盒，吐出都是痰中带血的。大家都慌了。只见黛玉微微睁眼，看见贾母在他旁边，便喘吁吁的说道："老太太，你白疼了我了！”贾母一闻此言，十分难受，便道：“好孩子，你养着罢，不怕的。”黛玉微微一笑，把眼又闭上了。外面丫头进来回凤姐道：“大夫来了。”于是大家略避。王大夫同着贾琏进来，诊了脉，说道：“尚不妨事。这是郁气伤肝，肝不藏血，所以神气不定。如今要用敛阴止血的药，方可望好。”王大夫说完，同着贾琏出去开方取药去了。

贾母看黛玉神气不好，便出来告诉凤姐等道：“我看这孩子的病，不是我咒他，只怕难好。你们也该替他预备预备，冲一冲。或者好了，岂不是大家省心。就是怎么样，也不至临时忙乱。咱们家里这两天正有事呢。”凤姐儿答应了。贾母又问了紫鹃一回，到底不知是那个说的。贾母心里只是纳闷，因说：“孩子们从小儿在一处儿顽，好些是有的。如今大了懂的人事，就该要分别些，才是做女孩儿的本分，我才心里疼他。若是他心里有别的想头，成了什么人了呢！我可是白疼了他了。你们说了，我倒有些不放心。”因回到房中，又叫袭人来问。袭人仍将前日回王夫人的话并方才黛玉的光景述了一遍。贾母道：“我方才看他却还不至糊涂，这个理我就不明白了。咱们这种人家，别的事自然没有的，这心病也是断断有不得的。林丫头若不是这个病呢，我凭着花多少钱都使得。若是这个病，不但治不好，我也没心肠了。”凤姐道：“林妹妹的事老太太倒不必张心，横竖有他二哥哥天天同着大夫瞧看。倒是姑妈那边的事要紧。今日早起听见说，房子不差什么就妥当了，竟是老太太、太太到姑妈那边，我也跟了去，商量商量。就只一件，姑妈家里有宝妹妹在那里，难以说话，不如索性请姑妈晚上过来，咱们一夜都说结了，就好办了。”贾母、王夫人都道：“你说的是。今日晚了，明日饭后咱们娘儿们就过去。”说着，贾母用了晚饭。凤姐同王夫人各自归房。不提。

笺证

贵族世家有一套家风规制，包括对家族儿女情感底线的设定，撞击了这条底线，其他伦理情感都成了白搭。制度大于伦理情感，更大于男女爱情。这是不容挑战的，挑战了，就是离经叛道。第九十七回叙写林黛玉吐了一口血后，心中却渐渐明白过来，模糊想起傻大姐泄露的话，反而不伤心，唯求速死，以完此宿债。宿债，是佛教所指的前世所欠的业债，也就是《京本通俗小说·菩萨蛮》那位和尚说的："只因我前生欠宿债，今世转来还。"可以说，此时黛玉已经参悟佛道，感觉到人世间的一切已不可违、不可为，也就无所谓了。在贾母来看望时，黛玉微微睁眼，喘吁吁地说："老太太，你白疼了我了！"这是感恩，也是诀别，她已把一切放下。贾母心里只是纳闷："孩子们从小儿在一处儿顽，好些是有的。如今大了懂的人事，就该要分别些，才是做女孩儿的本分，我才心里疼他。若是他心里有别的想头，成了什么人了呢！我可是白疼了他了。"贾母的心理回应也是一句"白疼了他"，是痛惜，还是后悔？同样一句话，彼此的心却隔着大山大海，内心里承受着雷电风暴的肆虐。林黛玉所言"老太太，你白疼了我了"，是《红楼梦》带悲剧性的经典名言。这句话深沉而尖锐到了能够携带人的灵魂中的血丝泪痕，穿越时空，穿越人间与神话。读《红楼梦》后四十回，读不懂这句话，简直就应该把"白疼"一语改成"白读"了。

且说次日凤姐吃了早饭过来，便要试试宝玉，走进里间说道："宝兄弟大喜，老爷已择了吉日要给你娶亲了。你喜欢不喜欢？"宝玉听了，只管瞅着凤姐笑，微微的点点头儿。凤姐笑道："给你娶林妹妹过来好不好？"宝玉却大笑起来。凤姐看着，也断不透他是明白是糊涂，因又问道："老爷说你好了，才给你娶林妹妹呢，若还是这么傻，便不给你娶了。"宝玉忽然正色道："我不傻，你才傻呢。"说着，便站起来说："我去瞧瞧林妹妹，叫他放心。"凤姐忙扶住了，说："林妹妹早知道了。他如今要做新媳妇了，自然害羞，不肯见你的。"宝玉道："娶过来，他到底是见我不见？"凤姐又好笑，又着忙，心里想："袭人的话不差。提了林妹妹，虽说仍旧说些疯话，却觉得明白些。若真明白了，将来不是林姑娘，打破了这个灯虎儿，那饥荒才难打呢。"便忍笑说道："你好好儿的便见你，若是疯疯颠颠的，他就不见你了。"宝玉说道："我有一个心，前儿已交给林妹妹了。他要过来，横竖给我带来，还放在我肚子里头。"凤姐听着竟是疯话，便出来看着贾母笑。贾母听了，又是笑，又是疼，便说道："我早听见了。如今且不用理他，叫袭人好好的安慰他。咱们走罢。"

说着王夫人也来。大家到了薛姨妈那里，只说惦记着这边的事来瞧瞧。薛姨妈感激不尽，说些薛蟠的话。喝了茶，薛姨妈才要叫人告诉宝钗，凤姐连忙拦住说："姑妈不必告诉宝妹妹。"又向薛姨妈陪笑说道："老太太此来，一则为瞧姑妈，二则也有句要紧的话特请姑妈到那边商议。"薛姨妈听了，点点头儿说"是了"，于是大家又说些闲话便回来了。

当晚薛姨妈果然过来，见过了贾母，到王夫人屋里来，不免说起王子腾来，大家落了一回泪。薛姨妈便问道："刚才我到老太太那里，宝哥儿出来请安还好好儿的，不过略瘦些，怎么你们说得很利害？"凤姐便道："其实也不怎么样，只是老太太悬心。目今老爷又要起身外任去，不知几年才来。老太太的意思，头一件叫老爷看着宝兄弟成了家也放心，二则也给宝兄弟冲冲喜，借大妹妹的金琐压压邪气，只怕就好了。"薛姨妈心里也愿意，只虑着宝钗委屈，便道："也使得，只是大家还要从长计较计较才好。"王夫人便按着凤姐的话和薛姨妈说，只说："姨太太这会子家里没人，不如把装奁一概蠲免。明日就打发蝌儿去告诉蟠儿，一面这里过门，一面给他变法儿撕掳官事。"并不提宝玉的心事，又说："姨太太，既作了亲，娶过来早早好一天，大家早放一天心。"正说着，只见贾母差鸳鸯过来候信。薛姨妈虽恐宝钗委屈，然也没法儿，又见这般光景，只得满口应承。鸳鸯回去回了贾母，贾母也甚喜欢，又叫鸳鸯过来求薛姨妈和宝钗说明原故，不叫他受委屈。薛姨妈也答应了。便议定凤姐夫妇作媒人。大家散了，王夫人姊妹不免又叙了半夜话儿。

次日，薛姨妈回家将这边的话细细的告诉了宝钗，还说："我已经应承了。"宝钗始则低头不语，后来便自垂泪。薛姨妈用好言劝慰解释了好些话。宝钗自回房内，宝琴随去解闷。薛姨妈才告诉了薛蝌，叫他明日起身，"一则打听审详的事，二则告诉你哥哥一个信儿，你即便回来。"

薛蝌去了四日，便回来回复薛姨妈道："哥哥的事上司已经准了误杀，一过堂就要题本了，叫咱们预备赎罪的银子。妹妹的事，说'妈妈做主很好的，赶着办又省了好些银子，叫妈妈不用等我，该怎么着就怎么办罢'。"薛姨妈听了，一则薛蟠可以回家，二则完了宝钗的事，心里安放了好些。便是看着宝钗心里好像不愿意似的，"虽是这样，他是女儿家，素来也孝顺守礼的人，知我应了，他也没得说的"。便叫薛蝌："办泥金庚帖，填上八字，即叫人送到琏二爷那边去。还问了过礼的日子来，你好预备。本来咱们不惊动亲友，哥哥的朋友是你说的'都是混帐人'，亲戚呢，就是贾、王两家，如今贾家是男家，王家无人在京里。史姑娘放定的事，他家没有来请咱们，咱们也不用通知。倒是把张德辉请了来，托他照料些，他上几岁年纪的人，到底懂事。"薛蝌领命，叫人送帖过去。

次日贾琏过来，见了薛姨妈，请了安，便说："明日就是上好的日子，今日过来回姨太太，就是明日过礼罢。只求姨太太不要挑饬就是了。"说着，捧过通书来。薛姨妈也谦逊了几句，点头应允。贾琏赶着回去回明贾政。贾政便道："你回老太太说，既不叫亲友们知道，诸事宁可简便些。若是东西上，请老太太瞧了就是了，不必告诉我。"贾琏答应，进内将话回明贾母。

这里王夫人叫了凤姐命人将过礼的物件都送与贾母过目，并叫袭人告诉宝玉。那宝玉又嘻嘻的笑道:“这里送到园里，回来园里又送到这里。咱们的人送，咱们的人收，何苦来呢。”贾母王夫人听了，都喜欢道:“说他糊涂，他今日怎么这么明白呢。”鸳鸯等忍不住好笑，只得上来一件一件的点明给贾母瞧，说:“这是金项圈，这是金珠首饰，共八十件。这是妆蟒四十匹。这是各色绸缎一百二十匹。这是四季的衣服共一百二十件。外面也没有预备羊酒，这是折羊酒的银子。”贾母看了都说“好”，轻轻的与凤姐说道:“你去告诉姨太太，说：不是虚礼，求姨太太等蟠儿出来慢慢的叫人给他妹妹做来就是了。那好日子的被褥还是咱们这里代办了罢。”凤姐答应了，出来叫贾琏先过去，又叫周瑞、旺儿等，吩咐他们:“不必走大门，只从园里从前开的便门内送去，我也就过去。这门离潇湘馆还远，倘别处的人见了，嘱咐他们不用在潇湘馆里提起。”众人答应着送礼而去。宝玉认以为真，心里大乐，精神便觉得好些，只是语言总有些疯傻。那过礼的回来都不提名说姓，因此上下人等虽都知道，只因凤姐吩咐，都不敢走漏风声。

笺证

掉包计的包总是要掉的，捧着包的时候总以为得意，包底漏了，就徒唤奈何了。自欺欺人，最终还是自己彻底受欺。凤姐已经隐隐感觉到掉包计的结果:“袭人的话不差。提了林妹妹，虽说(宝玉)仍旧说些疯话，却觉得明白些。若真明白了，将来不是林姑娘，打破了这个灯虎儿(灯谜)，那饥荒才难打(难以应付)呢。”这种不祥的预感，是由于第九十七回叙写宝玉、宝钗婚礼前，凤姐也试探过宝玉的反应。凤姐试探说:“宝兄弟大喜，老爷已择了吉日要给你娶亲了。你喜欢不喜欢？”宝玉只是微微点头，到凤姐说出：“给你娶林妹妹过来好不好？”宝玉却大笑起来。凤姐猜不透宝玉是明白是糊涂，就反激宝玉说：“老爷说你好了，才给你娶林妹妹呢，若还是这么傻，便不给你娶了。”宝玉忽然正色说：“我不傻，你才傻呢。”说着就站起来说：“我去瞧瞧林妹妹，叫他放心。”凤姐心里已经感到不祥：“袭人的话不差。提了林妹妹，虽说仍旧说些疯话，却觉得明白些。若真明白了，将来不是林姑娘，打破了这个灯虎儿，那饥荒才难打呢。”凤姐强颜忍笑向宝玉说若是疯疯癫癫的，黛玉就不见你了。宝玉回答说：“我有一个心，前儿已交给林妹妹了。他要过来，横竖给我带来，还放在我肚子里头。”宝玉、黛玉的联系，是以心换心、心心相印的精神联系。宝玉如此掏心掏肺的话，凤姐竟然全当成“疯话”对待，只是考虑如何使掉包计更加严密，更能骗过宝玉，更能扭曲和扼杀真正的爱情。掉包计实在是一个烫手的包，扔又不是，拈又不是。贾府的这位操盘手还是乍着极端自信的心，奉承贾府实力派的意志，步步为营地走向“机关算尽太聪明，反算了卿卿性命”，也算计了黛玉的性命。在这里，性格在扭曲中隐含着命运，也牵扯着他人的命运的扭曲。

且说黛玉虽然服药，这病日重一日。紫鹃等在旁苦劝，说道：“事情到了这个分儿，不得不说了。姑娘的心事，我们也都知道。至于意外之事是再没有的。姑娘不信，只拿宝玉的身子说起，这样大病，怎么做得亲呢。姑娘别听瞎话，自己安心保重才好。”黛玉微笑一笑，也不答言，又咳嗽数声，吐出好些血来。紫鹃等看去，只有一息奄奄，明知劝不过来，惟有守着流泪，天天三四趟去告诉贾母。鸳鸯测度贾母近日比前疼黛玉的心差了些，所以不常去回。况贾母这几日的心都在宝钗、宝玉身上，不见黛玉的信儿也不大提起，只请太医调治罢了。

黛玉向来病着，自贾母起，直到姊妹们的下人，常来问候。今见贾府中上下人等都不过来，连一个问的人都没有，睁开眼，只有紫鹃一人。自料万无生理，因扎挣着向紫鹃说道：“妹妹，你是我最知心的，虽是老太太派你服侍我这几年，我拿你就当作我的亲妹妹。”说到这里，气又接不上来。紫鹃听了，一阵心酸，早哭得说不出话来。迟了半日，黛玉又一面喘一面说道:“紫鹃妹妹，我躺着不受用，你扶起我来靠着坐坐才好。”紫鹃道:“姑娘的身上不大好，起来又要抖搂着了。”黛玉听了，闭上眼不言语了。一时又要起来，紫鹃没法，只得同雪雁把他扶起，两边用软枕靠住，自己却倚在旁边。

黛玉那里坐得住，下身自觉硌的疼，狠命的撑着，叫过雪雁来道:“我的诗本子。”说着又喘。雪雁料是要他前日所理的诗稿，因找来送到黛玉跟前。黛玉点点头儿，又抬眼看那箱子。雪雁不解，只是发怔。黛玉气的两眼直瞪，又咳嗽起来，又吐了一口血。雪雁连忙回身取了水来，黛玉漱了，吐在盒内。紫鹃用绢子给他拭了嘴。黛玉便拿那绢子指着箱子，又喘成一处，说不上来，闭了眼。紫鹃道:“姑娘歪歪儿罢。”黛玉又摇摇头儿。紫鹃料是要绢子，便叫雪雁开箱，拿出一块白绫绢子来。黛玉瞧了，撂在一边，使劲说道:“有字的。”紫鹃这才明白过来，要那块题诗的旧帕，只得叫雪雁拿出来递给黛玉。紫鹃劝道:“姑娘歇歇罢，何苦又劳神，等好了再瞧罢。”只见黛玉接到手里，也不瞧诗，扎挣着伸出那只手来狠命的撕那绢子，却是只有打颤的分儿，那里撕得动。紫鹃早已知他是恨宝玉，却也不敢说破，只说:“姑娘何苦自己又生气！”黛玉点点头儿，掖在袖里，便叫雪雁点灯。雪雁答应，连忙点上灯来。

黛玉瞧瞧，又闭了眼坐着，喘了一会子，又道:“笼上火盆。”紫鹃打谅他冷，因说道:“姑娘躺下，多盖一件罢，那炭气只怕耽不住。”黛玉又摇头儿。雪雁只得笼上，搁在地下火盆架上。黛玉点头，意思叫挪到炕上来。雪雁只得端上来，出去拿那张火盆炕桌。那黛玉却又把身子欠起，紫鹃只得两只手来扶着他。黛玉这才将方才的绢子拿在手中，瞅着那火点点头儿，往上一撂。紫鹃唬了一跳，欲要抢时，两只手却不敢动。雪雁又出去拿火盆桌子，此时那绢子已经烧着了。紫鹃劝道："姑娘这是怎么说呢。"黛玉只作不闻，回手又把那诗稿拿起来，瞧了瞧又撂下了。紫鹃怕他也要烧，连忙将身倚住黛玉，腾出手来拿时，黛玉又早拾起，撂在火上。此时紫鹃却够不着，干急。雪雁正拿进桌子来，看见黛玉一撂，不知何物，赶忙抢时，那纸沾火就着，如何能够少待，早已烘烘的着了。雪雁也顾不得烧手，从火里抓起来撂在地下乱踩，却已烧得所馀无几了。那黛玉把眼一闭，往后一仰，几乎不曾把紫鹃压倒。紫鹃连忙叫雪雁上来将黛玉扶着放倒，心里突突的乱跳。欲要叫人时，天又晚了。欲不叫人时，自己同着雪雁和鹦哥等几个小丫头，又怕一时有什么原故。好容易熬了一夜。

到了次日早起，觉黛玉又缓过一点儿来。饭后，忽然又嗽又吐，又紧起来。紫鹃看着不祥了，连忙将雪雁等都叫进来看守，自己却来回贾母。那知到了贾母上房，静悄悄的，只有两三个老妈妈和几个做粗活的丫头在那里看屋子呢。紫鹃因问道："老太太呢？"那些人都说不知道。紫鹃听这话诧异，遂到宝玉屋里去看，竟也无人。遂问屋里的丫头，也说不知。紫鹃已知八九，"但这些人怎么竟这样狠毒冷淡"！又想到黛玉这几天竟连一个人问的也没有，越想越悲，索性激起一腔闷气来，一扭身便出来了。自己想了一想："今日倒要看看宝玉是何形状！看他见了我怎么样过的去！那一年我说了一句谎话他就急病了，今日竟公然做出这件事来！可知天下男子之心真真是冰寒雪冷，令人切齿的！"一面走，一面想，早已来到怡红院。只见院门虚掩，里面却又寂静的很。紫鹃忽然想到："他要娶亲，自然是有新屋子的，但不知他这新屋子在何处？"

正在那里徘徊瞻顾，看见墨雨飞跑，紫鹃便叫住他。墨雨过来笑嘻嘻的道："姐姐在这里做什么？"紫鹃道："我听见宝二爷娶亲，我要来看看热闹儿。谁知不在这里，也不知是几儿。"墨雨悄悄的道："我这话只告诉姐姐，你可别告诉雪雁他们。上头吩咐了，连你们都不叫知道呢。就是今日夜里娶，那里是在这里，老爷派琏二爷另收拾了房子了。"说着又问："姐姐有什么事么？”紫鹃道：“没什么事，你去罢。”墨雨仍旧飞跑去了。紫鹃自己也发了一回呆，忽然想起黛玉来，这时候还不知是死是活。因两泪汪汪，咬着牙发狠道：“宝玉，我看他明儿死了，你算是躲的过不见了！你过了你那如心如意的事儿，拿什么脸来见我！”一面哭，一面走，呜呜咽咽的自回去了。

还未到潇湘馆，只见两个小丫头在门里往外探头探脑的，一眼看见紫鹃，那一个便嚷道：“那不是紫鹃姐姐来了吗。”紫鹃知道不好了，连忙摆手儿不叫嚷，赶忙进去看时，只见黛玉肝火上炎，两颧红赤。紫鹃觉得不妥，叫了黛玉的奶妈王奶奶来。一看，他便大哭起来。这紫鹃因王奶妈有些年纪，可以仗个胆儿，谁知竟是个没主意的人，反倒把紫鹃弄得心里七上八下。忽然想起一个人来，便命小丫头急忙去请。你道是谁，原来紫鹃想起李宫裁是个孀居，今日宝玉结亲，他自然回避。况且园中诸事向系李纨料理，所以打发人去请他。

李纨正在那里给贾兰改诗，冒冒失失的见一个丫头进来回说：“大奶奶，只怕林姑娘好不了，那里都哭呢。”李纨听了，吓了一大跳，也不及问了，连忙站起身来便走，素云、碧月跟着，一头走着，一头落泪，想着：“姐妹在一处一场，更兼他那容貌才情真是寡二少双，惟有青女素娥可以仿佛一二，竟这样小小的年纪，就作了北邙乡女！偏偏凤姐想出一条偷梁换柱之计，自己也不好过潇湘馆来，竟未能少尽姊妹之情。真真可怜可叹。”一头想着，已走到潇湘馆的门口。里面却又寂然无声，李纨倒着起忙来，想来必是已死，都哭过了，那衣衾未知装裹妥当了没有？连忙三步两步走进屋子来。

里间门口一个小丫头已经看见，便说：“大奶奶来了。”

紫鹃忙往外走，和李纨走了个对脸。李纨忙问："怎么样？"紫鹃欲说话时，惟有喉中哽咽的分儿，却一字说不出。那眼泪一似断线珍珠一般，只将一只手回过去指着黛玉。李纨看了紫鹃这般光景，更觉心酸，也不再问，连忙走过来。看时，那黛玉已不能言。李纨轻轻叫了两声，黛玉却还微微的开眼，似有知识之状，但只眼皮嘴唇微有动意，口内尚有出入之息，却要一句话一点泪也没有了。李纨回身见紫鹃不在跟前，便问雪雁。雪雁道："他在外头屋里呢。"李纨连忙出来，只见紫鹃在外间空床上躺着，颜色青黄，闭了眼只管流泪，那鼻涕眼泪把一个砌花锦边的褥子已湿了碗大的一片。李纨连忙唤他，那紫鹃才慢慢的睁开眼欠起身来。李纨道："傻丫头，这是什么时候，且只顾哭你的！林姑娘的衣衾还不拿出来给他换上，还等多早晚呢。难道他个女孩儿家，你还叫他赤身露体精着来光着去吗！"紫鹃听了这句话，一发止不住痛哭起来。李纨一面也哭，一面着急，一面拭泪，一面拍着紫鹃的肩膀说："好孩子，你把我的心都哭乱了，快着收拾他的东西罢，再迟一会子就了不得了。"

正闹着，外边一个人慌慌张张跑进来，倒把李纨唬了一跳，看时却是平儿。跑进来看见这样，只是呆磕磕的发怔。李纨道："你这会子不在那边，做什么来了？"说着，林之孝家的也进来了。平儿道："奶奶不放心，叫来瞧瞧。既有大奶奶在这里，我们奶奶就只顾那一头儿了。"李纨点点头儿。平儿道："我也见见林姑娘。"说着，一面往里走，一面早已流下泪来。这里李纨因和林之孝家的道："你来的正好，快出去瞧瞧去。告诉管事的预备林姑娘的后事。妥当了叫他来回我，不用到那边去。"林之孝家的答应了，还站着。李纨道："还有什么话呢？"林之孝家的道："刚才二奶奶和老太太商量了，那边用紫鹃姑娘使唤使唤呢。"李纨还未答言，只见紫鹃道："林奶奶，你先请罢。等着人死了我们自然是出去的，那里用这么……"说到这里却又不好说了，因又改说道："况且我们在这里守着病人，身上也不洁净。林姑娘还有气儿呢，不时的叫我。"李纨在旁解说道："当真这林姑娘和这丫头也是前世的缘法儿。倒是雪雁是他南边带来的，他倒不理会。惟有紫鹃，我看他两个一时也离不开。"林之孝家的头里听了紫鹃的话，未免不受用，被李纨这番一说，却也没的说，又见紫鹃哭得泪人一般，只好瞅着他微微的笑，因又说道："紫鹃姑娘这些闲话倒不要紧，只是他却说得，我可怎么回老太太呢。况且这话是告诉得二奶奶的吗！"

正说着，平儿擦着眼泪出来道："告诉二奶奶什么事？"林之孝家的将方才的话说了一遍。平儿低了一回头，说："这么着罢，就叫雪姑娘去罢。"李纨道："他使得吗？"平儿走到李纨耳边说了几句，李纨点点头儿道："既是这么着，就叫雪雁过去也是一样的。"林之孝家的因问平儿道："雪姑娘使得吗？"平儿道："使得，都是一样。"林家的道："那么姑娘就快叫雪姑娘跟了我去。我先去回了老太太和二奶奶，这可是大奶奶和姑娘的主意。回来姑娘再各自回二奶奶去。"李纨道："是了。你这么大年纪，连这么点子事还不耽呢。"林家的笑道："不是不耽，头一宗这件事老太太和二奶奶办的，我们都不能很明白。再者又有大奶奶和平姑娘呢。"说着，平儿已叫了雪雁出来。原来雪雁因这几日嫌他小孩子家懂得什么，便也把心冷淡了。况且听是老太太和二奶奶叫，也不敢不去。连忙收拾了头，平儿叫他换了新鲜衣服。跟着林家的去了。随后平儿又和李纨说了几句话。李纨又嘱咐平儿打那么催着林之孝家的叫他男人快办了来。平儿答应着出来，转了个弯子，看见林家的带着雪雁在前头走呢，赶忙叫住道："我带了他去罢，你先告诉林大爷办林姑娘的东西去罢。奶奶那里我替回就是了。"那林家的答应着去了。这里平儿带了雪雁到了新房子里，回明了白去办事。

笺证

狠狠地燃烧生命，淡淡地抚摩伤痕。燃烧生命在暗夜中闪烁着熹微的光，那是穿透情天幻海的光。《红楼梦》于此告诉人们，什么叫作生命的燃烧。第九十七回“林黛玉焚稿断痴情”，黛玉属于诗世界中人，焚诗稿象征着祭奠自己的诗化人生，把自己的诗化人生纸船明烛照天烧。焚稿的火焰照亮全书，成为经典中的经典。黛玉靠在软枕上，已经精瘦得感到“硌的疼”，要雪雁笼上火盆，挪到炕上来。黛玉却又靠紫鹃两手扶着，欠起身子，这才将题诗的绢子撂到火盆上。又回手把一生的诗稿拿来瞧了瞧又撂下，然后撂在火上，早已烘烘的着了。黛玉以生命最后的一点力量来焚烧的，既有题诗的旧帕，也有自己一生的诗稿。因此，第九十七回的黛玉临终前撕帕焚稿，应与第三十四回宝黛对读同观。第三十四回“情中情因情感妹妹，错里错以错劝哥哥”，叙写宝玉挨了贾政毒打，拿了两方半新不旧的手帕，叫晴雯送到潇湘馆。黛玉睹帕，五内沸然，由不得余意缠绵，神魂驰荡，感到可喜、可悲、可笑、可惧、可愧，在帕子上写下了三首感伤至极的诗句。其一是：“眼空蓄泪泪空垂，暗洒闲抛却为谁？尺幅鲛绡劳解赠，叫人焉得不伤悲。”其二是：“抛球滚玉只偷潸，镇日无心镇日闲。枕上袖边难拂拭，任他点点与斑斑。”其三是：“彩线难收面上珠，湘江旧迹已模糊。窗前亦有千竿竹，不识香痕渍也无？”题帕三绝，首首中都浸着眼泪，用情感的彩线把泪珠串起，可以看作黛玉最初的定情诗，暗含着“绛珠还泪”的夙缘。焚稿是为了对痴情做一个了断，把诗稿焚成灰烬，也就是以一烧了之的方式，斩断了所有痴情，祭奠痴情。这种行为有如葬落花一样，落花葬入土中，诗稿葬入火中，“质本洁来还洁去”，放下牵挂，清清白白地离开浊世了结孽缘，重归渺渺茫茫的离恨天。

却说雪雁看见这般光景，想起他家姑娘，也未免伤心，只是在贾母、凤姐跟前不敢露出。因又想道：“也不知用我作什么，我且瞧瞧。宝玉一日家和我们姑娘好的蜜里调油，这时候总不见面了，也不知是真病假病。怕我们姑娘不依，他假说丢了玉，装出傻子样儿来，叫我们姑娘寒了心。他好娶宝姑娘的意思。我看看他去，看他见了我傻不傻，莫不成今儿还装傻么！”一面想着，已溜到里间屋子门口，偷偷儿的瞧。这时宝玉虽因失玉昏愦，但只听见娶了黛玉为妻，真乃是从古至今天上人间第一件畅心满意的事了，那身子顿觉健旺起来——只不过不似从前那般灵透，所以凤姐的妙计百发百中——巴不得即见黛玉，盼到今日完姻，真乐得手舞足蹈，虽有几句傻话，却与病时光景大相悬绝了。雪雁看了，又是生气又是伤心，他那里晓得宝玉的心事，便各自走开。

这里宝玉便叫袭人快快给他装新，坐在王夫人屋里。看见凤姐、尤氏忙忙碌碌，再盼不到吉时，只管问袭人道：“林妹妹打园里来，为什么这么费事，还不来？”袭人忍着笑道：“等好时辰。”回来又听见凤姐与王夫人道：“虽然有服，外头不用鼓乐，咱们南边规矩要拜堂的，冷清清使不得。我传了家内学过音乐管过戏子的那些女人来吹打，热闹些。”王夫人点头说：“使得。”

一时大轿从大门进来，家里细乐迎出去，十二对宫灯，排着进来，倒也新鲜雅致。傧相请了新人出轿。宝玉见新人蒙着盖头，喜娘披着红扶着。下首扶新人的你道是谁，原来就是雪雁。宝玉看见雪雁，犹想：“因何紫鹃不来，倒是他呢？”又想道：“是了，雪雁原是他南边家里带来的，紫鹃仍是我们家的，自然不必带来。”因此见了雪雁竟如见了黛玉的一般欢喜。傧相赞礼拜了天地，请出贾母受了四拜，后请贾政夫妇登堂，行礼毕，送入洞房。还有坐床撒帐等事，俱是按金陵旧例。贾政原为贾母作主，不敢违拗，不信冲喜之说。那知今日宝玉居然像个好人一般，贾政见了，倒也喜欢，那新人坐了床便要揭起盖头的，凤姐早已防备，故请贾母、王夫人等进去照应。

宝玉此时到底有些傻气，便走到新人跟前说道："妹妹身上好了？好些天不见了，盖着这劳什子做什么！"欲待要揭去，反把贾母急出一身冷汗来。宝玉又转念一想道："林妹妹是爱生气的，不可造次。"又歇了一歇，仍是按捺不住，只得上前揭了。喜娘接去盖头，雪雁走开，莺儿等上来伺候。宝玉睁眼一看，好像宝钗，心里不信，自己一手持灯，一手擦眼，一看，可不是宝钗么！只见他盛妆艳服，丰肩愞体，鬟低鬓亸，眼瞤息微，真是荷粉露垂，杏花烟润了。宝玉发了一回怔，又见莺儿立在旁边，不见了雪雁。宝玉此时心无主意，自己反以为是梦中了，呆呆的只管站着。众人接过灯去，扶了宝玉仍旧坐下，两眼直视，半语全无。贾母恐他病发，亲自扶他上床。凤姐、尤氏请了宝钗进入里间床上坐下，宝钗此时自然是低头不语。宝玉定了一回神，见贾母王夫人坐在那边，便轻轻的叫袭人道："我是在那里呢？这不是做梦么？"袭人道："你今日好日子，什么梦不梦的混说。老爷可在外头呢。"宝玉悄悄儿的拿手指着道："坐在那里这一位美人儿是谁？"袭人握了自己的嘴，笑的说不出话来，歇了半日才说道："是新娶的二奶奶。"众人也都回过头去，忍不住的笑。宝玉又道："好糊涂，你说二奶奶到底是谁？"袭人道："宝姑娘。"宝玉道："林姑娘呢？"袭人道："老爷作主娶的是宝姑娘，怎么混说起林姑娘来。"宝玉道："我才刚看见林姑娘了么，还有雪雁呢，怎么说没有。你们这都是做什么顽呢？"凤姐便走上来轻轻的说道："宝姑娘在屋里坐着呢。别混说，回来得罪了他，老太太不依的。"宝玉听了，这会子糊涂更利害了。本来原有昏愦的病，加以今夜神出鬼没，更叫他不得主意，便也不顾别的了，口口声声只要找林妹妹去。贾母等上前安慰，无奈他只是不懂。又有宝钗在内，又不好明说。知宝玉旧病复发，也不讲明，只得满屋里点起安息香来，定住他的神魂，扶他睡下。众人鸦雀无闻，停了片时，宝玉便昏沉睡去。贾母等才得略略放心，只好坐以待旦，叫凤姐去请宝钗安歇。宝钗置若罔闻，也便和衣在内暂歇。贾政在外，未知内里原由，只就方才眼见的光景想来，心下倒放宽了。恰是明日就是起程的吉日，略歇了一歇，众人贺喜送行。贾母见宝玉睡着，也回房去暂歇。

次早，贾政辞了宗祠，过来拜别贾母，禀称：“不孝远离，惟愿老太太顺时颐养。儿子一到任所，即修禀请安，不必挂念。宝玉的事，已经依了老太太完结，只求老太太训诲。”贾母恐贾政在路不放心，并不将宝玉复病的话说起，只说：“我有一句话，宝玉昨夜完姻，并不是同房。今日你起身，必该叫他远送才是。他因病冲喜，如今才好些，又是昨日一天劳乏，出来恐怕着了风。故此问你，你叫他送呢，我即刻去叫他。你若疼他，我就叫人带了他来，你见见，叫他给你磕头就算了。”贾政道：“叫他送什么，只要他从此以后认真念书，比送我还喜欢呢。”贾母听了，又放了一条心，便叫贾政坐着，叫鸳鸯去如此如此，带了宝玉，叫袭人跟着来。鸳鸯去了不多一会，果然宝玉来了，仍是叫他行礼。宝玉见了父亲，神志略敛些，片时清楚，也没什么大差。贾政吩咐了几句，宝玉答应了。贾政叫人扶他回去了，自己回到王夫人房中，又切实的叫王夫人管教儿子，断不可如前娇纵。明年乡试，务必叫他下场。王夫人一一的听了，也没提起别的。即忙命人扶了宝钗过来，行了新妇送行之礼，也不出房。其馀内眷俱送至二门而回。贾珍等也受了一番训饬。大家举酒送行，一班子弟及晚辈亲友，直送至十里长亭而别。

不言贾政起程赴任。且说宝玉回来，旧病陡发，更加昏愦，连饮食也不能进了。未知性命如何，下回分解。

笺证

将黛玉焚稿与宝钗成婚对照叙写，彰显了人间哀乐是如此悖谬，天意莫测中把婚姻与爱情撕裂了再来摔打，摔打了再来撮合。于是历史给人开玩笑，本要走进这间房子，却阴差阳错进入另一间房子。天地不仁，给人玩了玄幻。第九十七回“薛宝钗出闺成大礼”，从雪雁眼中，看出宝玉虽因失玉昏愦，但只听见娶了黛玉为妻，真乃是从古至今天上人间第一件畅心满意的事了，那身子顿觉健旺起来——只不过不似从前那般灵透，所以凤姐的妙计百发百中——巴不得即见黛玉，盼到今日完姻，真乐得手舞足蹈，虽有几句傻话，却与病时光景大相悬绝了。宝玉带着这种心理预期，看到扶新人的你道是谁，原来就是黛玉的丫鬟雪雁。宝玉的情绪依然沿着预期的方向推进。但是揭了盖头，睁眼一看，好像宝钗，心里不信，自己一手持灯，一手擦眼，一看，可不是宝钗吗？宝玉原先的心理预期轰然崩毁。真耶？梦耶？宝玉轻轻问袭人说：“我是在那里呢？这不是做梦么？”受到这种出乎意料的精神袭击，宝玉本来原有昏愦的病，加以今夜神出鬼没，更叫他不得主意，便也不顾别的了，口口声声只要找林妹妹去。宝玉不忘颦卿，颦卿却已经还尽了最后一滴泣血之泪。这里采取分合叙事，讲究双峰对峙、二水分流，分而各尽情状，对而相互映衬，合而波澜激荡，在既分又对还合之间，捶打出令人心弦颤抖的错乱景观、玄幻命运和不想把握、又难以把握的深层意义。黛钗本合传，合合分分，竟然分合出如此匪夷所思的吊诡。天意与人事的错综，错，错，错，错出了《红楼梦》的旷世奇观，错出了一部经典中最令人心悸而意绪不平的经典。

第九十八回
苦绛珠魂归离恨天
病神瑛泪洒相思地

话说宝玉见了贾政，回至房中，更觉头昏脑闷，懒待动弹，连饭也没吃，便昏沉睡去。仍旧延医诊治，服药不效，索性连人也认不明白了。大家扶着他坐起来，还是像个好人。一连闹了几天，那日恰是回九之期，若不过去，薛姨妈脸上过不去，若说去呢，宝玉这般光景。贾母明知是为黛玉而起，欲要告诉明白，又恐气急生变。宝钗是新媳妇，又难劝慰，必得姨妈过来才好。若不回九，姨妈嗔怪。便与王夫人、凤姐商议道："我看宝玉竟是魂不守舍，起动是不怕的。用两乘小轿叫人扶着从园里过去，应了回九的吉期，以后请姨妈过来安慰宝钗，咱们一心一计的调治宝玉，可不两全？"王夫人答应了，即刻预备。幸亏宝钗是新媳妇，宝玉是个疯傻的，由人掇弄过去了。宝钗也明知其事，心里只怨母亲办得糊涂，事已至此，不肯多言。独有薛姨妈看见宝玉这般光景，心里懊悔，只得草草完事。

到家，宝玉越加沉重，次日连起坐都不能了。日重一日，甚至汤水不进。薛姨妈等忙了手脚，各处遍请名医，皆不识病源。只有城外破寺中住着个穷医，姓毕，别号知庵的，诊得病源是悲喜激射，冷暖失调，饮食失时，忧忿滞中，正气壅闭：此内伤外感之症。于是度量用药，至晚服了，二更后果然省些人事，便要水喝。贾母王夫人等才放了心，请了薛姨妈带了宝钗都到贾母那里暂且歇息。

宝玉片时清楚，自料难保，见诸人散后，房中只有袭人，因唤袭人至跟前，拉着手哭道："我问你，宝姐姐怎么来的？我记得老爷给我娶了林妹妹过来，怎么被宝姐姐赶了去了？他为什么霸占住在这里？我要说呢，又恐怕得罪了他。你们听见林妹妹哭得怎么样了？”袭人不敢明说，只得说道：“林姑娘病着呢。”宝玉又道：“我瞧瞧他去。”说着，要起来。岂知连日饮食不进，身子那能动转，便哭道：“我要死了！我有一句心里的话，只求你回明老太太：横竖林妹妹也是要死的，我如今也不能保。两处两个病人都要死的，死了越发难张罗。不如腾一处空房子，趁早将我同林妹妹两个抬在那里，活着也好一处医治服侍，死了也好一处停放。你依我这话，不枉了几年的情分。”袭人听了这些话，便哭的哽嗓气噎。宝钗恰好同了莺儿过来，也听见了，便说道：“你放着病不保养，何苦说这些不吉利的话。老太太才安慰了些，你又生出事来。老太太一生疼你一个，如今八十多岁的人了，虽不图你的封诰，将来你成了人，老太太也看着乐一天，也不枉了老人家的苦心。太太更是不必说了，一生的心血精神，抚养了你这一个儿子，若是半途死了，太太将来怎么样呢。我虽是命薄，也不至于此。据此三件看来，你便要死，那天也不容你死的，所以你是不得死的。只管安稳着，养个四五天后，风邪散了，太和正气一足，自然这些邪病都没有了。”宝玉听了，竟是无言可答，半晌方才嘻嘻的笑道：“你是好些时不和我说话了，这会子说这些大道理的话给谁听？”宝钗听了这话，便又说道：“实告诉你说罢，那两日你不知人事的时候，林妹妹已经亡故了。”宝玉忽然坐起来，大声诧异道：“果真死了吗？”宝钗道：“果真死了。岂有红口白舌咒人死的呢。老太太、太太知道你姐妹和睦，你听见他死了自然你也要死，所以不肯告诉你。”宝玉听了，不禁放声大哭，倒在床上。

忽然眼前漆黑，辨不出方向，心中正自恍惚，只见眼前好像有人走来，宝玉茫然问道：“借问此是何处？”那人道：“此阴司泉路，你寿未终，何故至此？”宝玉道：“适闻有一故人已死，遂寻访至此，不觉迷途。”那人道：“故人是谁？”宝玉道：“姑苏林黛玉。”那人冷笑道：“林黛玉生不同人，死不同鬼，无魂无魄，何处寻访！凡人魂魄，聚而成形，散而为气，生前聚之，死则散焉。常人尚无可寻访，何况林黛玉呢。汝快回去罢。”宝玉听了，呆了半晌道：“既云死者散也，又如何有这个阴司呢？”那人冷笑道：“那阴司说有便有，说无就无。皆为世俗溺于生死之说，设言以警世，便道上天深怒愚人，或不守分安常，或生禄未终自行夭折，或嗜淫欲尚气逞凶无故自陨者，特设此地狱，囚其魂魄，受无边的苦，以偿生前之罪。汝寻黛玉，是无故自陷也。且黛玉已归太虚幻境，汝若有心寻访，潜心修养，自然有时相见。如不安生，即以自行夭折之罪囚禁阴司，除父母外，欲图一见黛玉，终不能矣。”那人说毕，袖中取出一石，向宝玉心口掷来。宝玉听了这话，又被这石子打着心窝，吓的即欲回家，只恨迷了道路。

正在踌躇，忽听那边有人唤他。回首看时，不是别人，正是贾母、王夫人、宝钗、袭人等围绕哭泣叫着。自己仍旧躺在床上。见案上红灯，窗前皓月，依然锦锈丛中，繁华世界。定神一想，原来竟是一场大梦。浑身冷汗，觉得心内清爽。仔细一想，真正无可奈何，不过长叹数声而已。宝钗早知黛玉已死，因贾母等不许众人告诉宝玉知道，恐添病难治。自己却深知宝玉之病实因黛玉而起，失玉次之，故趁势说明，使其一痛决绝，神魂归一，庶可疗治。贾母、王夫人等不知宝钗的用意，深怪他造次。后来见宝玉醒了过来，方才放心。立即到外书房请了毕大夫进来诊视。那大夫进来诊了脉，便道：“奇怪，这回脉气沉静，神安郁散，明日进调理的药，就可以望好了。”说着出去。众人各自安心散去。

袭人起初深怨宝钗不该告诉，惟是口中不好说出。莺儿背地也说宝钗道：“姑娘忒性急了。”宝钗道：“你知道什么好歹，横竖有我呢。”那宝钗任人诽谤，并不介意，只窥察宝玉心病，暗下针砭。一日，宝玉渐觉神志安定，虽一时想起黛玉，尚有糊涂。更有袭人缓缓的将“老爷选定的宝姑娘为人和厚。嫌林姑娘秉性古怪，原恐早夭。老太太恐你不知好歹，病中着急，所以叫雪雁过来哄你”的话时常劝解。宝玉终是心酸落泪。欲待寻死，又想着梦中之言，又恐老太太、太太生气，又不能撩开。又想黛玉已死，宝钗又是第一等人物，方信金石姻缘有定，自己也解了好些。宝钗看来不妨大事，于是自己心也安了，只在贾母、王夫人等前尽行过家庭之礼后，便设法以释宝玉之忧。宝玉虽不能时常坐起，亦常见宝钗坐在床前，禁不住生来旧病。宝钗每以正言劝解，以“养身要紧，你我既为夫妇，岂在一时”之语安慰他。那宝玉心里虽不顺遂，无奈日里贾母、王夫人及薛姨妈等轮流相伴，夜间宝钗独去安寝，贾母又派人服侍，只得安心静养。又见宝钗举动温柔，也就渐渐的将爱慕黛玉的心肠略移在宝钗身上，此是后话。

笺证

第九十八回简直把颠三倒四中的贾府，写成了一座病人院。家族生病了，人也生病了。掉包计铸造出现成的事实，强迫宝玉来接受，宝玉接受过程中却不能抹平心灵中滴血的伤口。宝玉疯疯傻傻，魂不守舍，连日饮食不进，哭诉：“我要死了！我有一句心里的话，只求你回明老太太：横竖林妹妹也是要死的，我如今也不能保。两处两个病人都要死的，死了越发难张罗。不如腾一处空房子，趁早将我同林妹妹两个抬在那里，活着也好一处医治服侍，死了也好一处停放。你依我这话，不枉了几年的情分。”宝玉幻想着一个与黛玉同生死的方案。宝钗听了这话，就开出她治病的药方，刺激宝玉说：“实告诉你说罢，那两日你不知人事的时候，林妹妹已经亡故了。”宝钗深知宝玉之病实因黛玉而起，失玉次之，故趁势说明，使其一痛决绝，神魂归一，庶可疗治。受此刺激疗法，宝玉真就灵魂出窍，恍惚中神游地府。地府里一个人鬼莫辨者冷笑说：“林黛玉生不同人，死不同鬼，无魂无魄，何处寻访！凡人魂魄，聚而成形，散而为气，生前聚之，死则散焉。常人尚无可寻访，何况林黛玉呢。汝快回去罢。”人鬼莫辨者所言，契合着《庄子·知北游》说的：“生也死之徒，死也生之始，孰知其纪？人之生，气之聚也。聚则为生，散则为死。若死生为徒，吾又何患？故万物一也，是其所美者为神奇，其所恶者为臭腐。臭腐复化为神奇，神奇复化为臭腐。故曰通天下一气耳。圣人故贵一。”[1]把黛玉投入这种永续不断的大化轮回的气论中之后，那人鬼莫辨者又说：“且黛玉已归太虚幻境，汝若有心寻访，潜心修养，自然有时相见。如不安生，即以自行夭折之罪囚禁阴司，除父母外，欲图一见黛玉，终不能矣。”这里把黛玉之死通过庄子大化轮回的通道，与回归太虚幻境联系起来。那人鬼莫辨者说毕，袖中取出一石，向宝玉心口掷来。宝玉听了这话，又被这石子打着心窝，吓得即欲回家，只恨迷了道路。这种叙写，留心的是生死因缘的反省，以梦境写哲学。梦与人生的虚实、真假、愚智、生死内在地关联在一起，梦中石子打着心窝，有如《水浒传》“没羽箭”张清飞石打人心窝，百发百中，这表征着打开心的眼睛反思人的生存意义，反思一门心思对香消玉殒的爱情追寻到底的终极意义。这种石打心窝，伤口血流如注。庄子写梦，最有名的是温馨轻盈的梦蝶，却如沐春风地在梦与觉的边界叩问着人生的根本，从而把人的生存际遇提升到本体论的高度来体认。第九十八回在梦中寻找人生哲学，由于陷入贵族中国衰败过程中的混浊争斗，只能以石打心窝的方式，混合着血痕泪迹与庄子梦蝶思想产生共鸣性回响，庄子蝴蝶的美丽翅膀在这里染上了斑斑血迹。贾宝玉的庄子路线，越到后来，染上越多的血迹，成了贾宝玉特殊形态的“血色黄昏”，也就越来越接近他悬崖撒手的精神契机。

却说宝玉成家的那一日，黛玉白日已昏晕过去，却心头口中一丝微气不断，把个李纨和紫鹃哭的死去活来。到了晚间，黛玉却又缓过来了，微微睁开眼，似有要水要汤的光景。此时雪雁已去，只有紫鹃和李纨在旁。紫鹃便端了一盏桂圆汤和的梨汁，用小银匙灌了两三匙。黛玉闭着眼静养了一会子，觉得心里似明似暗的。此时李纨见黛玉略缓，明知是回光返照的光景，却料着还有一半天耐头，自己回到稻香村料理了一回事情。

这里黛玉睁开眼一看，只有紫鹃和奶妈并几个小丫头在那里，便一手攥了紫鹃的手，使着劲说道："我是不中用的人了。你服侍我几年，我原指望咱们两个总在一处。不想我……"说着，又喘了一会子，闭了眼歇着。紫鹃见他攥着不肯松手，自己也不敢挪动，看他的光景比早半天好些，只当还可以回转，听了这话，又寒了半截。半天，黛玉又说道："妹妹，我这里并没亲人。我的身子是干净的，你好歹叫他们送我回去。"说到这里又闭了眼不言语了。那手却渐渐紧了，喘成一处，只是出气大入气小，已经促疾的很了。

❶（清）王先谦：《庄子集解》，中华书局1987年版，第186页。

紫鹃忙了，连忙叫人请李纨，可巧探春来了。紫鹃见了，忙悄悄的说道："三姑娘，瞧瞧林姑娘罢。"说着，泪如雨下。探春过来，摸了摸黛玉的手已经凉了，连目光也都散了。探春、紫鹃正哭着叫人端水来给黛玉擦洗，李纨赶忙进来了。三个人才见了，不及说话。刚擦着，猛听黛玉直声叫道："宝玉，宝玉，你好……"说到"好"字，便浑身冷汗，不作声了。紫鹃等急忙扶住，那汗愈出，身子便渐渐的冷了。探春、李纨叫人乱着拢头穿衣，只见黛玉两眼一翻，呜呼，香魂一缕随风散，愁绪三更入梦遥！

当时黛玉气绝，正是宝玉娶宝钗的这个时辰。紫鹃等都大哭起来。李纨、探春想他素日的可疼，今日更加可怜，也便伤心痛哭。因潇湘馆离新房子甚远，所以那边并没听见。一时大家痛哭了一阵，只听得远远一阵音乐之声，侧耳一听，却又没有了。探春、李纨走出院外再听时，惟有竹梢风动，月影移墙，好不凄凉冷淡！一时叫了林之孝家的过来，将黛玉停放毕，派人看守，等明早去回凤姐。

笺证

黛玉之死，继秦可卿、元春之后，是金陵十二钗正册人物中的第三个。林黛玉一死，却彰显了自己的永恒而沉重的悲剧价值。恰如美学家朱光潜所说："假如荆轲真正刺中秦始皇，林黛玉真正嫁了贾宝玉，也不过闹个平凡收场，哪得叫千载以后的人唏嘘赞叹？人生本来要有悲剧才能算人生，你偏想把它一笔勾销，不说你勾销不去，就是勾销去了，人生反更索然寡趣。"[2]这就是《红楼梦》与那些补梦、续梦作者的区别大于人与猿的本质所在。在第九十八回"苦绛珠魂归离恨天"中，这位柔弱敏感的情痴兼诗魂，弱风扶柳柳欲折，泪光点点泪已干。弥留之际，黛玉直声叫道："宝玉，宝玉，你好……"说到"好"字，便浑身冷汗，不作声了。紫鹃等急忙扶住，那汗愈出，身子便渐渐地冷了。探春、李纨叫人乱着拢头穿衣，只见黛玉两眼一翻，呜呼，香魂一缕随风散，愁绪三更入梦遥！这个特写镜头是一种快闪镜头，一颗历尽磨难的心灵，一句有头无尾的话，一种难以猜透的多义性，就交代了《红楼梦》里最重要的一个永恒悲剧的生命。是"宝玉，你好狠心"，还是"宝玉，你好运气"，还是"宝玉，你好自为之"，或是"宝玉，你好我好"？颠颠倒倒，无法猜详，以此使宝黛二人的生死爱情成为经典《红楼梦》中的经典。倒是凤姐的解释是，黛玉临死咬牙切齿倒恨着宝玉。从根柢上说来，林黛玉是一个伟大的灵魂，将一世眼泪全部还给贾宝玉，与宝玉心灵相通，两情相悦，为了爱生又为了爱死，悲哀中透出勇敢和伟大，即便有缘无分，也全无反顾。九十八回的叙事的独到之处，是将一个悲伤结局的终点与另一个喜庆骗局的节点平行并列，互相阐发着对方的意义。当时黛玉气绝，正是宝玉娶宝钗的这个时辰。行文写道：只听得远远一阵音乐之声，侧耳一听，却又没有了。走出院外再听时，惟有竹梢风动，月影移墙，好不凄凉冷淡！大观园够大，一喜一悲的对照没有必要挤在一个狭窄的空间，在大空间中若有若无的对照，朦胧处更耐人寻味。宝玉、宝钗婚礼按宫里的样子，用十二对提灯，一乘八人轿子抬了来，照南边规矩拜了堂，坐床撒帐，在潇湘馆自然看不到，但动用家内学过音乐管过戏子的那些女人来吹打，热闹些，却可以余音缭绕、又似有若无地传过来。一个充满了仙气和灵气的幽灵，就以这种凡俗音乐送归离恨天。这种叙写，充满着写意性。老子所谓“大象无形”，将中国艺术精神导向写意性，写意性的意旨是南朝齐、梁艺术理论家谢赫在《古画品录》中提出的绘画六法之第一法“气韵生动”，可以作为一个完整的概念理解为绘画第一法，又可以分别作为气、韵、生、动四个既互相联属又互相区别的概念来理解，气是本体，韵是神态，生是过程，动是形式，体现了人类对自然景物人文生态的抽象而富有韵味的认知。画心与文心相通，黛玉之死被写得气韵生动、意绪绵渺，叫后人拍案叫绝、唏嘘赞叹、欲哭无泪。为此，需要深度开发一个深刻的命题：把《红楼梦》当作人类审美智慧的伟大的独创性体系对待，而不是简单地从中寻找社会史料和作家个人的传记材料。这就需要回到《红楼梦》之所以为《红楼梦》的文本深层。古往今来，能有几部作品像《红楼梦》那样展示了数以百计的音容神韵，可以呼之欲出的人物形象和人生场景，提供了如此雄丽深邃的人间性和神话性，生活原生态和幻觉神秘感的错综画面？然而惭愧得很，我们一些研究满足于把它的思想艺术纳入一些现成的、拐弯抹角终归是舶来的理论框架之中，甚至对某些不能容纳于这类框架的独创性加以贬低，而未能形成一整套从文本自身感悟出来的文学精神和叙事原则，用以总结属于中国人的审美思

❷ 朱光潜:《谈美书简》，长江文艺出版社2016年版，第55页。

维，从而丰富人类的审美智慧。曹雪芹在写作缘起中有诗云："满纸荒唐言，一把辛酸泪。都云作者痴，谁解其中味？"竟成了这本书自身命运的预言。

凤姐因见贾母、王夫人等忙乱，贾政起身，又为宝玉惛愦更甚，正在着急异常之时，若是又将黛玉的凶信一回，恐贾母、王夫人愁苦交加，急出病来，只得亲自到园。到了潇湘馆内，也不免哭了一场。见了李纨、探春，知道诸事齐备，便说："很好。只是刚才你们为什么不言语，叫我着急？"探春道："刚才送老爷，怎么说呢。"凤姐道："还倒是你们两个可怜他些。这么着，我还得那边去招呼那个冤家呢。但是这件事好累坠，若是今日不回，使不得。若回了，恐怕老太太搁不住。"李纨道："你去见机行事，得回再回方好。"凤姐点头，忙忙的去了。

凤姐到了宝玉那里，听见大夫说不妨事，贾母、王夫人略觉放心，凤姐便背了宝玉，缓缓的将黛玉的事回明了。贾母、王夫人听得都唬了一大跳。贾母眼泪交流说道："是我弄坏了他了，但只是这个丫头也忒傻气！"说着，便要到园里去哭他一场，又惦记着宝玉，两头难顾。王夫人等含悲共劝贾母不必过去，"老太太身子要紧"。贾母无奈，只得叫王夫人自去。又说："你替我告诉他的阴灵：'并不是我忍心不来送你，只为有个亲疏。你是我的外孙女儿，是亲的了，若与宝玉比起来，可是宝玉比你更亲些。倘宝玉有些不好，我怎么见他父亲呢。'"说着，又哭起来。王夫人劝道："林姑娘是老太太最疼的，但只寿夭有定。如今已经死了，无可尽心，只是葬礼上要上等的发送。一则可以少尽咱们的心，二则就是姑太太和外甥女儿的阴灵儿，也可以少安了。"贾母听到这里，越发痛哭起来。凤姐恐怕老人家伤感太过，明仗着宝玉心中不甚明白，便偷偷的使人来撒个谎儿哄老太太道："宝玉那里找老太太呢。"贾母听见，才止住泪问道："不是又有什么缘故？"凤姐陪笑道："没什么缘故，他大约是想老太太的意思。"贾母连忙扶了珍珠儿，凤姐也跟着过来。

走至半路，正遇王夫人过来，一一回明了贾母。贾母自然又是哀痛的，只因要到宝玉那边，只得忍泪含悲的说道："既这么着，我也不过去了。由你们办罢，我看着心里也难受，只别委屈了他就是了。”王夫人、凤姐一一答应了。贾母才过宝玉这边来，见了宝玉，因问：“你做什么找我？”宝玉笑道：“我昨日晚上看见林妹妹来了，他说要回南去。我想没人留的住，还得老太太给我留一留他。”贾母听着，说：“使得，只管放心罢。”袭人因扶宝玉躺下。

贾母出来到宝钗这边来。那时宝钗尚未回九，所以每每见了人倒有些含羞之意。这一天见贾母满面泪痕，递了茶，贾母叫他坐下。宝钗侧身陪着坐了，才问道：“听得林妹妹病了，不知他可好些了？”贾母听了这话，那眼泪止不住流下来，因说道：“我的儿，我告诉你，你可别告诉宝玉。都是因你林妹妹，才叫你受了多少委屈。你如今作媳妇了，我才告诉你。这如今你林妹妹没了两三天了，就是娶你的那个时辰死的。如今宝玉这一番病还是为着这个，你们先都在园子里，自然也都是明白的。”宝钗把脸飞红了，想到黛玉之死，又不免落下泪来。贾母又说了一回话去了。自此宝钗千回万转，想了一个主意，只不肯造次，所以过了回九才想出这个法子来。如今果然好些，然后大家说话才不至似前留神。

独是宝玉虽然病势一天好似一天，他的痴心总不能解，必要亲去哭他一场。贾母等知他病未除根，不许他胡思乱想，怎奈他郁闷难堪，病多反复。倒是大夫看出心病，索性叫他开散了，再用药调理，倒可好得快些。宝玉听说，立刻要往潇湘馆来。贾母等只得叫人抬了竹椅子过来，扶宝玉坐上。贾母、王夫人即便先行，到了潇湘馆内，一见黛玉灵柩，贾母已哭得泪干气绝。凤姐等再三劝住。王夫人也哭了一场。李纨便请贾母、王夫人在里间歇着，犹自落泪。

宝玉一到，想起未病之先来到这里，今日屋在人亡，不禁嚎啕大哭。想起从前何等亲密，今日死别，怎不更加伤感。众人原恐宝玉病后过哀，都来解劝，宝玉已经哭得死去活来，大家搀扶歇息。其馀随来的，如宝钗，俱极痛哭。独是宝玉必要叫紫鹃来见，问明姑娘临死有何话说。紫鹃本来深恨宝玉，见如此，心里已回过来些，又见贾母、王夫人都在这里，不敢洒落宝玉，便将林姑娘怎么复病，怎么烧毁帕子，焚化诗稿，并将临死说的话，一一的都告诉了。宝玉又哭得气噎喉干。探春趁便又将黛玉临终嘱咐带柩回南的话也说了一遍。贾母、王夫人又哭起来，多亏凤姐能言劝慰，略略止些，便请贾母等回去。宝玉那里肯舍，无奈贾母逼着，只得勉强回房。

贾母有了年纪的人，打从宝玉病起，日夜不宁，今又大痛一阵，已觉头晕身热。虽是不放心惦着宝玉，却也挣扎不住，回到自己房中睡下。王夫人更加心痛难禁，也便回去，派了彩云帮着袭人照应，并说："宝玉若再悲戚，速来告诉我们。"宝钗是知宝玉一时必不能舍，也不相劝，只用讽刺的话说他。宝玉倒恐宝钗多心，也便饮泣收心。歇了一夜，倒也安稳。明日一早，众人都来瞧他，但觉气虚身弱，心病倒觉去了几分。于是加意调养，渐渐的好起来。贾母幸不成病，惟是王夫人心痛未痊。那日薛姨妈过来探望，看见宝玉精神略好，也就放心，暂且住下。

一日，贾母特请薛姨妈过去商量说："宝玉的命都亏姨太太救的，如今想来不妨了，独委屈了你的姑娘。如今宝玉调养百日，身体复旧，又过了娘娘的功服，正好圆房。要求姨太太作主，另择个上好的吉日。"薛姨妈便道："老太太主意很好，何必问我。宝丫头虽生的粗笨，心里却还是极明白的。他的情性老太太素日是知道的。但愿他们两口儿言和意顺，从此老太太也省好些心，我姐姐也安慰些，我也放了心了。老太太便定个日子，还通知亲戚不用呢？"贾母道："宝玉和你们姑娘生来第一件大事，况且费了多少周折，如今才得安逸，必要大家热闹几天。亲戚都要请的。一来酬愿，二则咱们吃杯喜酒，也不枉我老人家操了好些心。"薛姨妈听说，自然也是喜欢的，便将要办妆奁的话也说了一番。贾母道："咱们亲上做亲，我想也不必这些。若说动用的，他屋里已经满了。必定宝丫头他心爱的要你几件，姨太太就拿了来。我看宝丫头也不是多心的人，不比的我那外孙女儿的脾气，所以他不得长寿。”说着，连薛姨妈也便落泪。恰好凤姐进来，笑道：“老太太、姑妈又想着什么了？”薛姨妈道：“我和老太太说起你林妹妹来，所以伤心。”凤姐笑道：“老太太和姑妈且别伤心，我刚才听了个笑话儿来了，意思说给老太太和姑妈听。”贾母拭了拭眼泪，微笑道：“你又不知要编派谁呢，你说来我和姨太太听听。说不笑我们可不依。”只见那凤姐未从张口，先用两只手比着，笑弯了腰了。未知他说出些什么来，下回分解。

笺证

第九十八回在“苦绛珠魂归离恨天”之后，接着就是“病神瑛泪洒相思地”，对于黛玉的死，是不能不写宝玉的精神深处、甚至精神底线的反应的。但宝玉的才华似乎在写《芙蓉女儿诔》祭奠晴雯时用尽了。宝玉一到潇湘馆，只是想起未病之先来到这里，今日屋在人亡，不禁嚎啕大哭。想起从前何等亲密，今日死别，怎不更加伤感。众人原恐宝玉病后过哀，都来解劝，宝玉已经哭得死去活来，大家搀扶歇息。其余随来的，如宝钗，俱极痛哭。宝玉连黛玉焚帕烧稿的自我祭奠的举动都没有，他的悲哀与黛玉的客死是不对称的，他只是把痛哭作为疗治心病的药方。有了这场死去活来的痛哭，宝玉虽然还气虚身弱，心病倒觉去了几分。于是加意调养，渐渐的好起来。如此疗治心病，使神瑛侍者反而欠了一身感情债，没有还清绛珠还泪的夙债。宝玉既是如此，贾府倒是演出了一场从悲哀落泪到插科打诨讲笑话的大戏。贾母眼泪交流地说:“是我弄坏了他了，但只是这个丫头也忒傻气！”说着，便要到园里去哭他一场，又惦记着宝玉，两头难顾。贾母无奈，只得叫王夫人自去，说是:“你替我告诉他的阴灵:‘并不是我忍心不来送你，只为有个亲疏。你是我的外孙女儿，是亲的了，若与宝玉比起来，可是宝玉比你更亲些。倘宝玉有些不好，我怎么见他父亲呢。’”贾母本来说“白疼了”黛玉，如今又要恸哭黛玉，这不能简单地看作虚伪，倒是伦理情感中夹杂着求得内心的平复和疏泄。而凤姐为了疏解贾母和薛姨妈的悲哀，笑着说:“老太太和姑妈且别伤心，我刚才听了个笑话儿来了，意思说给老太太和姑妈听。”贾母拭了拭眼泪，微笑说:“你又不知要编派谁呢，你说来我和姨太太听听。说不笑我们可不依。”只见那凤姐未从张口，先用两只手比着，笑弯了腰了。用这种笑声来回应黛玉的死，无疑是非常诡异和冷酷的。鲁迅在《南腔北调集·“论语一年”》中说:“我们有唐伯虎，有徐文长；还有最有名的金圣叹，‘杀头，至痛也，而圣叹以无意得之，大奇！’虽然不知道这是真话，是笑话；是事实，还是谣言。但总之:一来，是声明了圣叹并非反抗的叛徒；二来，是将屠户的凶残，使大家化为一笑，收场大吉。我们只有这样的东西，和‘幽默’是并无什么瓜葛的。”[3]过去民间流传不少关于唐伯虎、徐文长的笑话，再加上金圣叹称“杀头”为“大奇”的冷笑话，实在是“将屠户的凶残，使大家化为一笑，收场大吉”的吊诡了。贾府事务的操盘手王熙凤，巧舌如簧，她的吊诡举止与黛玉之死是失衡的，甚至与贾母的恸哭也不对称，她的操盘于此已经乱了套数。大观园“病人院”被操弄得乱了套数，说明这些病人，只能有或死、或疯狂、或悬崖撒手的去处，不会有更好的命运。

[3] 鲁迅:《鲁迅全集》(第四卷)，人民文学出版社2005年版，第582页。

第九十九回

守官箴恶奴同破例
阅邸报老舅自担惊

话说凤姐见贾母和薛姨妈为黛玉伤心，便说："有个笑话儿说给老太太和姑妈听。"未从开口，先自笑了，因说道："老太太和姑妈打谅是那里的笑话儿？就是咱们家的那二位新姑爷、新媳妇啊。"贾母道："怎么了？"凤姐拿手比着道："一个这么坐着，一个这么站着。一个这么扭过去，一个这么转过来。一个又……"说到这里，贾母已经大笑起来，说道："你好生说罢，倒不是他们两口儿，你倒把人怄的受不得了。"薛姨妈也笑道："你往下直说罢，不用比了。"凤姐才说道："刚才我到宝兄弟屋里，我看见好几个人笑。我只道是谁，巴着窗户眼儿一瞧，原来宝妹妹坐在炕沿上，宝兄弟站在地下。宝兄弟拉着宝妹妹的袖子，口口声声只叫：'宝姐姐，你为什么不会说话了？你这么说一句话，我的病包管全好。'宝妹妹却扭着头只管躲。宝兄弟却作了一个揖，上前又拉宝妹妹的衣服。宝妹妹急得一扯，宝兄弟自然病后是脚软的，索性一扑，扑在宝妹妹身上了。宝妹妹急得红了脸，说道：'你越发比先不尊重了。'"说到这里，贾母和薛姨妈都笑起来。凤姐又道："宝兄弟便立起身来笑道：'亏了跌了这一交，好容易才跌出你的话来了。'"薛姨妈笑道："这是宝丫头古怪。这有什么的，既作了两口儿，说说笑笑的怕什么。他没见他琏二哥和你。"凤姐儿笑道："这是怎么说呢，我饶说笑话给姑妈解闷儿，姑妈反倒拿我打起卦来了。"贾母也笑道："要这么着才好。夫妻固然要和气，也得有个分寸儿。我爱宝丫头就在这尊重上头。只是我愁着宝玉还是那么傻头傻脑的，这么说起来，比头里竟明白多了。你再说说，还有什么笑话儿没有？”凤姐道：“明儿宝玉圆了房，亲家太太抱了外孙子，那时候不更是笑话儿了么。”贾母笑道：“猴儿，我在这里同着姨太太想你林妹妹，你来怄个笑儿还罢了，怎么臊起皮来了。你不叫我们想你林妹妹，你不用太高兴了，你林妹妹恨你，将来不要独自一个到园里去，隄防他拉着你不依。”凤姐笑道：“他倒不怨我，他临死咬牙切齿倒恨着宝玉呢。”贾母薛姨妈听着，还道是顽话儿，也不理会，便道：“你别胡拉扯了。你去叫外头挑个很好的日子给你宝兄弟圆了房儿罢。”凤姐去了，择了吉日，重新摆酒唱戏请亲友。这不在话下。

却说宝玉虽然病好复原，宝钗有时高兴翻书观看，谈论起来，宝玉所有眼前常见的尚可记忆，若论灵机，大不似从前活变了，连他自己也不解，宝钗明知是通灵失去，所以如此。倒是袭人时常说他：“你何故把从前的灵机都忘了？那些旧毛病忘了才好，为什么你的脾气还觉照旧，在道理上更糊涂了呢？”宝玉听了并不生气，反是嘻嘻的笑。有时宝玉顺性胡闹，多亏宝钗劝说，诸事略觉收敛些。袭人倒可少费些唇舌，惟知悉心服侍。别的丫头素仰宝钗贞静和平，各人心服，无不安静。只有宝玉到底是爱动不爱静的，时常要到园里去逛。贾母等一则怕他招受寒暑，二则恐他睹景伤情，虽黛玉之柩已寄放城外庵中，然而潇湘馆依然人亡屋在，不免勾起旧病来，所以也不使他去。况且亲戚姊妹们，薛宝琴已回到薛姨妈那边去了。史湘云因史侯回京，也接了家去了，又有了出嫁的日子，所以不大常来，只有宝玉娶亲那一日与吃喜酒这天来过两次，也只在贾母那边住下，为着宝玉已经娶过亲的人，又想自己就要出嫁的，也不肯如从前的诙谐谈笑，就是有时过来，也只和宝钗说话，见了宝玉不过问好而已。那邢岫烟却是因迎春出嫁之后便随着邢夫人过去。李家姊妹也另住在外，即同着李婶娘过来，亦不过到太太们与姐妹们处请安问好，即回到李纨那里略住一两天就去了：所以园内的只有李纨、探春、惜春了。贾母还要将李纨等挪进来，为着元妃薨后，家中事情接二连三，也无暇及此。现今天气一天热似一天，园里尚可住得，等到秋天再挪。此是后话，暂且不提。

笺证

第九十九回凤姐的笑话用来引开众人对黛玉之死的哀恸，虽然乱了套数，但这个笑话却意味着宝玉、宝钗的生活从虚幻的诗世界回到日常生活状态。凤姐未曾开口，就拿手比划比着笑说：宝玉、宝钗那二位新姑爷、新媳妇，一个这么坐着，一个这么站着。一个这么扭过去，一个这么转过来。一个又如何如何，“刚才我到宝兄弟屋里，我看见好几个人笑。我只道是谁，巴着窗户眼儿一瞧，原来宝妹妹坐在炕沿上，宝兄弟站在地下。宝兄弟拉着宝妹妹的袖子，口口声声只叫：‘宝姐姐，你为什么不会说话了？你这么说一句话，我的病包管全好。’宝妹妹却扭着头只管躲。宝兄弟却作了一个揖，上前又拉宝妹妹的衣服。宝妹妹急得一扯，宝兄弟自然病后是脚软的，索性一扑，扑在宝妹妹身上了。宝妹妹急得红了脸，说道：‘你越发比先不尊重了。’……宝兄弟便立起身来笑道：‘亏了跌了这一交，好容易才跌出你的话来了。’”这种间接叙事法，既透露了宝玉闺房取乐的了无心肝，更反衬了凤姐淡化黛玉之死的心肝了无。连贾母也只得笑着岔开话题说：“要这么着才好。夫妻固然要和气，也得有个分寸儿。我爱宝丫头就在这尊重上头。只是我愁着宝玉还是那么傻头傻脑的，这么说起来，比头里竟明白多了。”又笑着数落凤姐对黛玉的无心肝，说：“猴儿，我在这里同着（薛）姨太太想你林妹妹，你来怄个笑儿还罢了，怎么臊起皮来了。你不叫我们想你林妹妹，你不用太高兴了，你林妹妹恨你，将来不要独自一个到园里去，隄防他拉着你不依。”凤姐笑答道：“他倒不怨我，他临死咬牙切齿倒恨着宝玉呢。”贾母薛姨妈听着，还道是顽话儿，也不理会，便说：

“你别胡拉扯了。你去叫外头挑个很好的日子给你宝兄弟圆了房儿罢。”贾母、薛姨妈赶着要以宝玉、宝钗的圆房，来了结这个生死纠缠的悲喜剧。这里采用了背面敷粉法，金圣叹《第五才子书施耐庵〈水浒传〉》卷之三“读第五才子书法”有云：“有背面铺粉法。如要衬宋江奸诈，不觉写作李逵真率；要衬石秀尖利，不觉写作杨雄糊涂是也。”[1]凤姐说黛玉临死咬牙切齿倒恨着宝玉，居心在于要割断宝玉、黛玉的精神联系，促使宝玉淡化对黛玉之死的哀恸，回复日常生活心态。这看似是凤姐并不计较黛玉阴魂找她算账，实际上她想翻过账本另打算盘，因而大讲笑话，取笑宝玉、宝钗的闺房逗乐，以证明她的掉包计已经得逞。白居易《山中诗·洞中蝙蝠》云：“远害全身诚得计，一生幽暗又如何？”就那弯弯曲曲的心计而言，凤姐是一个幽暗的动物。这种写法，就是说甲不写甲，写乙反衬和凸显甲，为此脂砚斋在甲戌本第一回眉批就总括说，《红楼梦》有“烘云托月、背面敷粉、千皴万染诸奇书中之秘法”。

[1] （明）施耐庵著，（清）金圣叹评：《水浒传注评本》，上海古籍出版社2015年版，第1003页。

且说贾政带了几个在京请的幕友，晓行夜宿，一日到了本省，见过上司，即到任拜印受事，便查盘各属州县粮米仓库。贾政向来作京官，只晓得郎中事务都是一景儿的事情，就是外任，原是学差，也无关于吏治上。所以外省州县折收粮米勒索乡愚这些弊端，虽也听见别人讲究，却未尝身亲其事。只有一心做好官，便与幕宾商议出示严禁，并谕以一经查出，必定详参揭报。初到之时，果然胥吏畏惧，便百计钻营，偏遇贾政这般古执。那些家人跟了这位老爷在都中一无出息，好容易盼到主人放了外任，便在京指着在外发财的名头向人借贷，做衣裳装体面，心里想着，到了任，银钱是容易的了。不想这位老爷呆性发作，认真要查办起来，州县馈送一概不受。门房签押等人心里盘算道：“我们再挨半个月，衣服也要当完了。债又逼起来，那可怎么样好呢？眼见得白花花的银子，只是不能到手。”那些长随也道：“你们爷们到底还没花什么本钱来的。我们才冤，花了若干的银子打了个门子，来了一个多月，连半个钱也没见过。想来跟这个主儿是不能捞本儿的了，明儿我们齐打伙儿告假去。”次日果然聚齐，都来告假。贾政不知就里，便说：“要来也是你们，要去也是你们。既嫌这里不好，就都请便。”那些长随怨声载道而去。

只剩下些家人，又商议道：“他们可去的去了，我们去不了的，到底想个法儿才好。”内中有一个管门的叫李十儿，便说：“你们这些没能耐的东西，着什么忙！我见这长字号儿的在这里，不犯给他出头。如今都饿跑了，瞧瞧你十太爷的本领，少不得本主儿依我。只是要你们齐心，打伙儿弄几个钱回家受用，若不随我，我也不管了，横竖拼得过你们。”众人都说：“好十爷，你还主儿信得过。若你不管，我们实在是死症了。”李十儿道：“不要我出了头得了银钱，又说我得了大分儿了。窝儿里反起来，大家没意思。”众人道：“你万安，没有的事。就没有多少，也强似我们腰里掏钱。”

正说着，只见粮房书办走来找周二爷。李十儿坐在椅子上，跷着一只腿，挺着腰说道：“找他做什么？”书办便垂手陪着笑说道：“本官到了一个多月的任，这些州县太爷见得本官的告示利害，知道不好说话，到了这时候都没有开仓。若是过了漕，你们太爷们来做什么的。”李十儿道：“你别混说，老爷是有根蒂的，说到那里是要办到那里。这两天原要行文催兑，因我说了缓几天才歇的。你到底找我们周二爷做什么？”书办道：“原为打听催文的事，没有别的。”李十儿道：“越发胡说，方才我说催文，你就信嘴胡诌。可别鬼鬼祟祟来讲什么帐，我叫本官打了你，退你。”书办道：“我在这衙门内已经三代了。外头也有些体面，家里还过得，就规规矩矩伺候本官升了还能够，不像那些等米下锅的。”说着，回了一声：“二太爷，我走了。”李十儿便站起，堆着笑说：“这么不禁顽，几句话就脸急了。”书办道：“不是我脸急，若再说什么，岂不带累了二太爷的清名呢。”李十儿过来拉着书办的手说：“你贵姓啊？”书办道：“不敢，我姓詹，单名是个

‘会’字，从小儿也在京里混了几年。”李十儿道：“詹先生，我是久闻你的名的。我们弟兄们是一样的，有什么话晚上到这里咱们说一说。”书办也说：“谁不知道李十太爷是能事的，把我一诈就吓毛了。”大家笑着走开。那晚便与书办咕唧了半夜，第二天拿话去探贾政，被贾政痛骂了一顿。

隔一天拜客，里头吩咐伺候，外头答应了。停了一会子，打点已经三下了，大堂上没有人接鼓。好容易叫个人来打了鼓。贾政踱出暖阁，站班喝道的衙役只有一个。贾政也不查问，在墀下上了轿，等轿夫又等了好一回。来齐了，抬出衙门，那个炮只响得一声，吹鼓亭的鼓手只有一个打鼓，一个吹号筒。贾政便也生气说：“往常还好，怎么今儿不齐集至此。”抬头看那执事，却是搀前落后。勉强拜客回来，便传误班的要打，有的说因没有帽子误的，有的说是号衣当了误的，又有的说是三天没吃饭抬不动。贾政生气，打了一两个也就罢了。隔一天，管厨房的上来要钱，贾政带来银两付了。

以后便觉样样不如意，比在京的时候倒不便了好些。无奈，便唤李十儿问道：“我跟来这些人怎样都变了？你也管管。现在带来银两早使没有了，藩库俸银尚早，该打发京里取去。”李十儿禀道：“奴才那一天不说他们，不知道怎么样这些人都是没精打彩的，叫奴才也没法儿。老爷说家里取银子，取多少？现在打听节度衙门这几天有生日，别的府道老爷都上千上万的送了，我们到底送多少呢？”贾政道：“为什么不早说？”李十儿说：“老爷最圣明的。我们新来乍到，又不与别位老爷很来往，谁肯送信。巴不得老爷不去，便好想老爷的美缺。”贾政道：“胡说，我这官是皇上放的，不与节度做生日便叫我不做不成！”李十儿笑着回道：“老爷说的也不错。京里离这里很远，凡百的事都是节度奏闻。他说好便好，说不好便吃不住。到得明白，已经迟了。就是老太太、太太们，那个不愿意老爷在外头烈烈轰轰的做官呢。”贾政听了这话，也自然心里明白，道：“我正要问你，为什么都说起来？”李十儿回说：“奴才本不敢说。老爷既问到这里，若不说是奴才没良心，若说了少不得老爷又生气。”贾政道：“只要说得在理。”李十儿说道：“那些书吏衙役都是花了钱买着粮道的衙门，那个不想发财？俱要养家活口。自从老爷到了任，并没见为国家出力，倒先有了口碑载道。”贾政道：“民间有什么话？”李十儿道：“百姓说，凡有新到任的老爷，告示出得愈利害，愈是想钱的法儿。州县害怕了，好多多的送银子。收粮的时候，衙门里便说新道爷的法令，明是不敢要钱，这一留难叨蹬，那些乡民心里愿意花几个钱早早了事，所以那些人不说老爷好，反说不谙民情。便是本家大人是老爷最相好的，他不多几年已巴到极顶的分儿，也只为识时达务能够上和下睦罢了。”贾政听到这话，道：“胡说，我就不识时务吗？若是上和下睦，叫我与他们猫鼠同眠吗。”李十儿回说道：“奴才为着这点忠心儿掩不住，才这么说。若是老爷就是这样做去，到了功不成名不就的时候，老爷又说奴才没良心，有什么话不告诉老爷了。”贾政道：“依你怎么做才好？”李十儿道：“也没有别的。趁着老爷的精神年纪，里头的照应，老太太的硬朗，为顾着自己就是了。不然到不了一年，老爷家里的钱也都贴补完了，还落了自上至下的人抱怨，都说老爷是做外任的，自然弄了钱藏着受用。倘遇着一两件为难的事，谁肯帮着老爷？那时办也办不清，悔也悔不及。”贾政道：“据你一说，是叫我做贪官吗？送了命还不要紧，必定将祖父的功勋抹了才是？”李十儿回禀道：“老爷极圣明的人，没看见旧年犯事的几位老爷吗？这几位都与老爷相好，老爷常说是个做清官的，如今名在那里！现有几位亲戚，老爷向来说他们不好的，如今升的升，迁的迁。只在要做的好就是了。老爷要知道，民也要顾，官也要顾。若是依着老爷不准州县得一个大钱，外头这些差使谁办。只要老爷外面还是这样清名声原好，里头的委屈只要奴才办去，关碍不着老爷的。奴才跟主儿一场，到底也要掏出忠心来。”贾政被李十儿一番言语，说得心无主见，道：“我是要保性命的，你们闹出来不与我相干。”说着，便踱了进去。

李十儿便自己做起威福，钩连内外一气的哄着贾政办事，反觉得事事周到，件件随心。所以贾政不但不疑，反多相信。便有几处揭报，上司见贾政古朴忠厚，也不查察。惟是幕友们耳目最长，见得如此，得便用言规谏，无奈贾政不信，也有辞去的，也有与贾政相好在内维持的。于是漕务事毕，尚无陨越。

笺证

俗话说，山不转水转，还可以引申说，水不转路转，路不转人转。以山、水、路、人的空间的不同跨度的转移，换取叙事形态的重新建构，以便在双时空或平行时空之间，实现主题的对比或并置，这是《红楼梦》的叙事策略。第九十九回“守官箴恶奴同破例”揭露了地方官府运作的蝇营狗苟的潜规则，这对于宝玉、宝钗、黛玉的婚事与死亡颠倒错综的叙写而言，也可以说离开叙事主线，以纾解审美的疲劳，换上了“审丑”游戏的好手段。贾政性本端方刻板，外放了江西粮道，一心做好官，就与幕宾商议出示严禁，审查粮米仓库。胥吏一时果然畏惧，不收贿赂，使得跟班办事人员纷纷辞职，家人幕僚断了想在外任上借机发横财的渠道。贾政甚至怒斥家人李十儿说：“胡说，我就不识时务吗？若是上和下睦，叫我与他们猫鼠同眠吗。”猫鼠同眠的典故，见于《新唐书·五行志》：“龙朔元年十一月，洛州猫鼠同处。鼠隐伏象盗窃，猫职捕啮，而反与鼠同，象司盗者废职容奸。弘道初，梁州仓有大鼠，长二尺余，为猫所啮，数百鼠反啮猫。”[2]这里认为，猫鼠同眠有如“司盗者废职容奸”。为了对付贾政这种端方顽梗的态度，

[2]（宋）欧阳修、宋祁：《新唐书》，中华书局2000年版，第584页。

家人李十儿就与幕僚衙役怠工耍奸，使贾政办事处处掣肘，直弄得贾政拒绝“猫鼠同眠”，不愿与鼠辈同流合污的初心发生动摇，苟且做一个睁一只眼闭一只眼的猫头鹰，放任家人作威作福，内外钩连一气，贪赃枉法，而又哄着贾政办事，反觉得事事周到，件件随心。这里揭露了地方官场“猫鼠同眠”，废职容奸，合伙作弊，已是畅行无阻，否则寸步难行。体制性的腐败，带动了人的腐败，因而是无可救药的腐败。

一日，贾政无事，在书房中看书。签押上呈进一封书子，外面官封上开着“镇守海门等处总制公文一角，飞递江西粮道衙门”。贾政拆封看时，只见上写道：

金陵契好，桑梓情深。昨岁供职来都，窃喜常依座右。仰蒙雅爱，许结朱陈，至今佩德勿谖。祗因调任海疆，未敢造次奉求，衷怀歉仄，自叹无缘。今幸棨戟遥临，快慰平生之愿。正申燕贺，先蒙翰教，边帐光生，武夫额手。虽隔重洋，尚叨樾荫。想蒙不弃卑寒，希望茑萝之附。小儿已承青盼，淑媛素仰芳仪。如蒙践诺，即遣冰人。途路虽遥，一水可通。不敢云百辆之迎，敬备仙舟以俟。兹修寸幅，恭贺升祺，并求金允。临颖不胜待命之至。

世弟周琼顿首

贾政看了，心想：“儿女姻缘果然有一定的。旧年因见他就了京职，又是同乡的人，素来相好，又见那孩子长得好，在席间原提起这件事。因未说定，也没有与他们说起。后来他调了海疆，大家也不说了。不料我今升任至此，他写书来问。我看起门户却也相当，与探春到也相配。但是我并未带家眷，只可写字与他商议。”正在踌躇，只见门上传进一角文书，是议取到省会议事件。贾政只得收拾上省，候节度派委。

笺证

第九十九回贾政在江西粮道任上，收到镇守海门等处总制公文，有

“仰蒙雅爱，许结朱陈”之语，是海门统制周琼为其子向贾府求婚，牵连着探春远嫁。“许结朱陈”之朱陈，是古村名，村里住着朱、陈两姓，世代互相联姻。典故出自唐代大诗人白居易《朱陈村》诗云：“徐州古丰县，有村曰朱陈。去县百余里，桑麻青氛氲。机梭声札札，牛驴走纭纭。女汲涧中水，男采山上薪。县远官事少，山深人俗淳。有财不行商，有丁不入军。家家守村业，头白不出门。生为村之民，死为村之尘。田中老与幼，相见何欣欣。一村唯两姓，世世为婚姻。亲疏居有族，少长游有群。黄鸡与白酒，欢会不隔旬。生者不远别，嫁娶先近邻。死者不远葬，坟墓多绕村。既安生与死，不苦形与神。所以多寿考，往往见玄孙。我生礼义乡，少小孤且贫。徒学辨是非，只自取辛勤。世法贵名教，士人重冠婚。以此自桎梏，信为大谬人。十岁解读书，十五能属文。二十举秀才，三十为谏臣。下有妻子累，上有君亲恩。承家与事国，望此不肖身。忆昨旅游初，迨今十五春。孤舟三适楚，羸马四经秦。昼行有饥色，夜寝无安魂。东西不暂住，来往若浮云。离乱失故乡，骨肉多散分。江南与江北，各有平生亲。平生终日别，逝者隔年闻。朝忧卧至暮，夕哭坐达晨。悲火烧心曲，愁霜侵鬓根。一生苦如此，长羡村中民。”[3]这是一个官海漂泊者对当代桃花源的钦慕。宋代文豪苏轼又有《陈季常所蓄朱陈村嫁娶图》作了回应：“何年顾陆丹青手，画作朱陈嫁娶图。闻道一村惟两姓，不将门户买崔卢。我是朱陈旧使君，劝耕曾入杏花村。而今风物那堪画，县吏催钱夜打门。〔朱陈村在徐州萧县。〕”由唐到宋二百余年，受专制政治的挤压，朱陈村的桃花源梦已经破碎了。为此，明人都穆《南濠诗话》进行辨析：“朱陈村在徐州丰县东南一百里深山中，民俗淳质，一村惟朱陈二姓，世为婚姻。白乐天

[3] 傅东华选注：《白居易诗》，崇文书局2014年版，第67页。

有《朱陈村》诗三十四韵，其略云：‘县远官事少，山深民俗淳。有财不行商，有丁不入军。家家守村业，头白不出门。生为陈村人，死为陈村尘。田中老与幼，相见何欣欣。一村惟两姓，世世为婚姻。亲疏居有族，少长游有君。黄鸡与白酒，欢会不隔旬。生者不远别，嫁娶先近邻。死者不远葬，坟墓多绕村。既安生与死，不苦形与神。所以多寿考，往往见玄孙。’予每诵之，则尘襟为之一洒，恨不生长其地。后读坡翁《朱陈村嫁娶图》诗云：‘我是朱陈旧使君，劝农曾入杏花村。而今风物那堪画，县吏催钱夜打门。’则宋之朱陈已非唐时之旧。若以今视之，又不知其何如也。”[4]镇守海门等处总制的这封期待“许结朱陈”的信，决定了由父亲贾政做主，将探春远嫁海门镇海统制周琼之子。信中不说“结秦晋之好”或“结好秦晋”，而说“许结朱陈”，也是相当讲究的。因为秦晋之好，有结成强大的政治联盟之嫌，而朱陈是理想的民间婚姻，在专制政治下拥兵的大员和衰落的贵族世家不可不保持这份谦抑的处世哲学。还须补充的是，《红楼梦》前八十回，关于探春远嫁，甚至似乎远嫁海外做王妃不乏暗示。一是第五回太虚幻境的《红楼梦十二曲·分骨肉》起首云：“一帆风雨路三千，把骨肉家园齐来抛闪。”写到水路三千，自然指的是远嫁。二是第六十三回“寿怡红群芳开夜宴”，掣花签时探春抽到的是一枝杏花，写着“瑶池仙品”四字，下面的诗是“日边红杏倚云栽”。注云：得此签者，必得贵婿……众人笑道：“……我们家已有了个王妃，难道你也是王妃不成？”这段伏笔，让人怀疑是暗示探春将远嫁海外当王妃。三是第七十回清明节“放风筝”。探春所放的风筝是“软翅子大凤凰”，这似乎暗喻探春将来做王妃。进一步的暗示是这只软翅子大凤凰，被天上另一只“凤凰”风筝绞住，正不可开交，“又见一个门扇大的玲珑喜字带响鞭，在半天如钟鸣一般，也逼近来”的风筝绞在一处，这是两个凤凰逢喜，随着三家风筝线都断了，“那三个风筝飘飘摇摇都去了”，暗示远嫁。这一大段描写，难道也是暗示探春将来去海外做王妃吗？前八十回的这些预示，在后四十回最终兑现为海门统制周琼的儿媳，这是后四十回的误认吗？还是预示失灵，有意令人咀嚼出命运参差，别有一番滋味？

一日在公馆闲坐，见桌上堆着一堆字纸，贾政一一看去，见刑部一本："为报明事，会看得金陵籍行商薛蟠——"贾政便吃惊道："了不得，已经提本了！"随用心看下去，是"薛蟠殴伤张三身死，串嘱尸证捏供误杀一案"。贾政一拍桌道："完了！"只得又看。底下是：

据京营节度使咨称：缘薛蟠籍隶金陵，行过太平县，在李家店歇宿，与店内当槽之张三素不相认，于某年月日薛蟠令店主备酒邀请太平县民吴良同饮，令当槽张三取酒。因酒不甘，薛蟠令换好酒，张三因称酒已沽定难换。薛蟠因伊倔强，将酒照脸泼去，不期去势甚猛，恰值张三低头拾箸，一时失手，将酒碗掷在张三囟门，皮破血出，逾时殒命。李店主趋救不及，随向张三之母告知。伊母张王氏往看，见已身死，随喊禀地保赴县呈报。前署县诣验，仵作将骨破一寸三分及腰眼一伤，漏报填格，详府审转。看得薛蟠实系泼酒失手，掷碗误伤张三身死，将薛蟠照过失杀人，准斗杀罪收赎等因前来。臣等细阅各犯证尸亲前后供词不符，且查《斗杀律》注云："相争为斗，相打为殴。必实无争斗情形，邂逅身死，方可以过失杀定拟。"应令该节度审明实情，妥拟具题。今据该节度疏称：薛蟠因张三不肯换酒，醉后拉着张三右手，先殴腰眼一拳。张三被殴回骂，薛蟠将碗掷出，致伤囟门深重，骨碎脑破，立时殒命。是张三之死实由薛蟠以酒碗砸伤深重致死，自应以薛蟠拟抵。将薛蟠依《斗杀律》拟绞监候，吴良拟以杖徒。承审不实之府州县应请……

以下注着"此稿未完"。贾政因薛姨妈之托曾托过知县，若请旨革审起来，牵连着自己，好不放心。即将下一本开看，偏又不是。只好翻来复去将报看完，终没有接这一本的。心中狐疑不定，更加害怕起来。

❹丁福保辑：《历代诗话续编》，中华书局1983年版，第1364页。

正在纳闷，只见李十儿进来："请老爷到官厅伺候去，大人衙门已经打了二鼓了。"贾政只是发怔，没有听见。李十儿又请了一遍。贾政道："这便怎么处？"李十儿道："老爷有什么心事？"贾政将看报之事说了一遍。李十儿道："老爷放心。若是部里这么办了，还算便宜薛大爷呢。奴才在京的时候听见，薛大爷在店里叫了好些媳妇，都喝醉了生事，直把个当槽儿的活活打死的。奴才听见不但是托了知县，还求琏二爷去花了好些钱各衙门打通了才提的。不知道怎么部里没有弄明白。如今就是闹破了，也是官官相护的，不过认个承审不实革职处分罢，那里还肯认得银子听情呢。老爷不用想，等奴才再打听罢。不要误了上司的事。"贾政道："你们那里知道，只可惜那知县听了一个情，把这个官都丢了，还不知道有罪没有呢。"李十儿道："如今想他也无益，外头伺候着好半天了，请老爷就去罢。"贾政不知节度传办何事，且听下回分解。

笺证

第九十九回"阅邸报老舅自担惊"，记述贾政看到邸报中有"金陵籍行商薛蟠殴伤张三身死，串嘱尸证捏供误杀一案"。刑部复查，改判太平县知县受贿徇情丢官，将薛蟠依《斗杀律》拟绞监候。下注着"此稿未完"，使贾政心中狐疑不定，更加害怕起来。未完稿提供的是一种开放性的结尾，这种开放性耐人寻味，设计了一个令人揣摩贾、薛两家如何通过运作、如何闹腾，来处理这个烂摊子的行为和心理的空间。未完稿的效应，是已写的文字提供预测的某种方向、某种趋势，而未写出、未订正之处，却给人留下想象、揣摩、补救的空间，一种由"……"到"？"，再到"。"的悬念性空间。

第一〇〇回
破好事香菱结深恨
悲远嫁宝玉感离情

话说贾政去见了节度，进去了半日不见出来，外头议论不一。李十儿在外也打听不出什么事来，便想到报上的饥荒，实在也着急，好容易听见贾政出来，便迎上来跟着，等不得回去，在无人处便问："老爷进去这半天，有什么要紧的事？"贾政笑道："并没有事。只为镇海总制是这位大人的亲戚，有书来嘱托照应我，所以说了些好话。又说我们如今也是亲戚了。"李十儿听得，心内喜欢，不免又壮了些胆子，便竭力纵恿贾政许这亲事。贾政心想薛蟠的事到底有什么挂碍，在外头信息不早，难以打点，故回到本任来便打发家人进京打听，顺便将总制求亲之事回明贾母，如若愿意，即将三姑娘接到任所。家人奉命赶到京中，回明了王夫人，便在吏部打听得贾政并无处分，惟将署太平县的这位老爷革职，即写了禀帖安慰了贾政，然后住着等信。

且说薛姨妈为着薛蟠这件人命官司，各衙门内不知花了多少银钱，才定了误杀具题。原打量将当铺折变给人，备银赎罪。不想刑部驳审，又托人花了好些钱，总不中用，依旧定了个死罪，监着守候秋天大审。薛姨妈又气又疼，日夜啼哭。宝钗虽时常过来劝解，说是："哥哥本来没造化，承受了祖父这些家业，就该安安顿顿的守着过日子。在南边已经闹的不像样，便是香菱那件事情就了不得，因为仗着亲戚们的势力，花了些银钱，这算白打死了一个公子。哥哥就该改过做起正经人来，也该奉养母亲才是，不想进了京仍是这样。妈妈为他不知受了多少气，哭掉了多少眼泪。给他娶了亲，原想大家安安逸逸的过日子，不想命该如此，偏偏娶的嫂子又是一个不安静的，所以哥哥躲出门的。真正俗语说的‘冤家路儿狭’，不多几天就闹出人命来了。妈妈和二哥哥也算不得不尽心的了，花了银钱不算，自己还求三拜四的谋干。无奈命里应该，也算自作自受。大凡养儿女是为着老来有靠，便是小户人家还要挣一碗饭养活母亲，那里有将现成的闹光了反害的老人家哭的死去活来的？不是我说，哥哥的这样行为，不是儿子，竟是个冤家对头。妈妈再不明白，明哭到夜，夜哭到明，又受嫂子的气。我呢，又不能常在这里劝解，我看见妈妈这样，那里放得下心。他虽说是傻，也不肯叫我回去。前儿老爷打发人回来说，看见京报唬的了不得，所以才叫人来打点的。我想哥哥闹了事，担心的人也不少。幸亏我还是在跟前的一样，若是离乡调远听见了这个信，只怕我想妈妈也就想杀了。我求妈妈暂且养养神，趁哥哥的活口现在，问问各处的帐目。人家该咱们的，咱们该人家的，亦该请个旧伙计来算一算，看看还有几个钱没有。”薛姨妈哭着说道：“这几天为闹你哥哥的事，你来了，不是你劝我，便是我告诉你衙门的事。你还不知道，京里的官商名字已经退了，两个当铺已经给了人家，银子早拿来使完了。还有一个当铺，管事的逃了，亏空了好几千两银子，也夹在里头打官司。你二哥哥天天在外头要帐，料着京里的帐已经去了几万银子，只好拿南边公分里银子并住房折变才够。前两天还听见一个荒信，说是南边的公当铺也因为折了本儿收了。若是这么着，你娘的命可就活不成的了。”说着，又大哭起来。宝钗也哭着劝道：“银钱的事，妈妈操心也不中用，还有二哥哥给我们料理。单可恨这些伙计们，见咱们的势头儿败了，各自奔各自的去也罢了，我还听见说帮着人家来挤我们的讹头。可见我哥哥活了这么大，交的人总不过是些个酒肉弟兄，急难中是一个没有的。妈妈若是疼我，听我的话，有年纪的人，自己保重些。妈妈这一辈子，想来还不致挨冻受饿。家里这点子衣裳家伙，只好听凭嫂子去，那是没法儿的了。所有的家人婆子，瞧他们也没心在这里，该去的叫他们去。就可怜香菱苦了一辈子，只好跟着妈妈过去。实在短什么，我要是有的，还可以拿些个来，料我们那个也没有不依的。就是袭姑娘也是心术正道的，他听见我哥哥的事，他倒提起妈妈来就哭。我们那一个还道是没事的，所以不大着急，若听见了也是要唬个半死儿的。”薛姨妈不等说完，便说：“好姑娘，你可别告诉他。他为一个林姑娘几乎没要了命，如今才好了些。要是他急出个原故来，不但你添一层烦恼，我越发没了依靠了。”宝钗道：“我也是这么想，所以总没告诉他。”

正说着，只听见金桂跑来外间屋里哭喊道：“我的命是不要的了！男人呢，已经是没有活的分儿了。咱们如今索性闹一闹，大伙儿到法场上去拼一拼。”说着，便将头往隔断板上乱撞，撞的披头散发。气得薛姨妈白瞪着两只眼，一句话也说不出来。还亏得宝钗嫂子长、嫂子短，好一句、歹一句的劝他。金桂道：“姑奶奶，如今你是比不得头里的了。你两口儿好好的过日子，我是个单身人儿，要脸做什么！”说着，便要跑到街上回娘家去，亏得人还多，扯住了，又劝了半天方住。把个宝琴唬的再不敢见他。若是薛蝌在家，他便抹粉施脂，描眉画鬓，奇情异致的打扮收拾起来，不时打从薛蝌住房前过，或故意咳嗽一声，或明知薛蝌在屋，特问房里何人。有时遇见薛蝌，他便妖妖乔乔、娇娇痴痴的问寒问热，忽喜忽嗔。丫头们看见，都赶忙躲开。他自己也不觉得，只是一意一心要弄得薛蝌感情时，好行宝蟾之计。那薛蝌却只躲着。有时遇见，也不敢不周旋一二，只怕他撒泼放刁的意思。更加金桂一则为色迷心，越瞧越爱，越想越幻，那里还看得出薛蝌的真假来。只有一宗，他见薛蝌有什么东西都是托香菱收着，衣服缝洗也是香菱，两个人偶然说话，他来了，急忙散开，一发动了一个醋字。欲待发作薛蝌，却是舍不得，只得将一腔隐恨都搁在香菱身上。却又恐怕闹了香菱得罪了薛蝌，倒弄得隐忍不发。

一日，宝蟾走来笑嘻嘻的向金桂道："奶奶看见了二爷没有？"金桂道："没有。"宝蟾笑道："我说二爷的那种假正经是信不得的。咱们前日送了酒去，他说不会喝。刚才我见他到太太那屋里去，那脸上红扑扑儿的一脸酒气。奶奶不信，回来只在咱们院门口等他，他打那边过来时奶奶叫住他问问，看他说什么。"金桂听了，一心的怒气，便道："他那里就出来了呢。他既无情义，问他作什么！"宝蟾道："奶奶又迂了。他好说，咱们也好说，他不好说，咱们再另打主意。"金桂听着有理，因叫宝蟾瞧着他，看他出去了。宝蟾答应着出来。金桂却去打开镜奁，又照了一照，把嘴唇儿又抹了一抹，然后拿一条洒花绢子，才要出来，又似忘了什么的，心里倒不知怎么是好了。只听宝蟾外面说道："二爷今日高兴呵，那里喝了酒来了？"金桂听了，明知是叫他出来的意思，连忙掀起帘子出来。只见薛蝌和宝蟾说道："今日是张大爷的好日子，所以被他们强不过吃了半钟，到这时候脸还发烧呢。"一句话没说完，金桂早接口道："自然人家外人的酒比咱们自己家里的酒是有趣儿的。"薛蝌被他拿话一激，脸越红了，连忙走过来陪笑道："嫂子说那里的话。"宝蟾见他二人交谈，便躲到屋里去了。

这金桂初时原要假意发作薛蝌两句，无奈一见他两颊微红，双眸带涩，别有一种谨愿可怜之意，早把自己那骄悍之气感化到爪洼国去了，因笑说道："这么说，你的酒是硬强着才肯喝的呢。"薛蝌道："我那里喝得来。"金桂道："不喝也好，强如像你哥哥喝出乱子来，明儿娶了你们奶奶儿，像我这样守活寡受孤单呢！"说到这里，两个眼已经乜斜了，两腮上也觉红晕了。薛蝌见这话越发邪僻了，打算着要走。金桂也看出来了，那里容得，早已走过来一把拉住。薛蝌急了道："嫂子放尊重些。"说着浑身乱颤。金桂索性老着脸道："你只管进来，我和你说一句要紧的话。"正闹着，忽听背后一个人叫道："奶奶，香菱来了。"把金桂唬了一跳，回头瞧时，却是宝蟾掀着帘子看他二人的光景，一抬头见香菱从那边来了，赶忙知会金桂。金桂这一惊不小，手已松了。薛蝌得便脱身跑了。那香菱正走着，原不理会，忽听宝蟾一嚷，才瞧见金桂在那里拉住薛蝌往里死拽。香菱却唬的心头乱跳，自己连忙转身回去。这里金桂早已连吓带气，呆呆的瞅着薛蝌去了。怔了半天，恨了一声，自己扫兴归房，从此把香菱恨入骨髓。那香菱本是要到宝琴那里，刚走出腰门，看见这般，吓回去了。

笺证

第一〇〇回"破好事香菱结深恨"，写的是薛府风波。上回书贾政读到的未完稿透露的薛蟠人命案折腾得薛府已经濒临破产，薛姨妈担心晚景没有着落。而夏金桂却失去理智，以头撞墙，大哭大闹："我的命是不要的了！男人呢，已经是没有活的分儿了。咱们如今索性闹一闹，大伙儿到法场上去拼一拼。"其实她是为闹而闹，连法场在哪里都不知道。听到金蟾报告薛蝌从外面喝酒回来，金桂又来了一个大变脸，却去打开镜奁，又照了一照，把嘴唇儿又抹了一抹，然后拿一条洒花绢子，出来挑逗薛蝌。正好香菱出来，瞧见金桂拉住薛蝌往里死拽。香菱唬的心头乱跳，自己连忙转身回去，薛蝌乘机逃脱。香菱无意，金桂有心，宁可得罪君子，不可得罪小人，从此金桂把香菱恨入骨髓。薛府的淫荡乱伦风波，因薛蟠拘押在外而不时发作，导向乱伦的胡闹。对于夏金桂的歪邪心思、泼悍做作和败德的口风，续作者是写得有声有色的。

是日，宝钗在贾母屋里听得王夫人告诉老太太要聘探春一事。贾母说道："既是同乡的人，很好。只是听见说那孩子到过我们家里，怎么你老爷没有提起？"王夫人道："连我们也不知道。"贾母道："好便好，但是道儿太远。虽然老爷在那里，倘或将来老爷调任，可不是我们孩子太单了吗。"

王夫人道："两家都是做官的，也是拿不定。或者那边还调进来。即不然，终有个叶落归根。况且老爷既在那里做官，上司已经说了，好意思不给么？想来老爷的主意定了，只是不敢做主，故遣人来回老太太的。"贾母道："你们愿意更好。只是三丫头这一去了，不知三年两年那边可能回家？若再迟了，恐怕我赶不上再见他一面了。"说着，掉下泪来。王夫人道："孩子们大了，少不得总要给人家的。就是本乡本土的人，除非不做官还使得，若是做官的，谁保得住总在一处？只要孩子们有造化就好。譬如迎姑娘倒配得近呢，偏是时常听见他被女婿打闹，甚至不给饭吃。就是我们送了东西去，他也摸不着。近来听见益发不好了，也不放他回来，两口子拌起来就说咱们使了他家的银钱。可怜这孩子总不得个出头的日子。前儿我惦记他，打发人去瞧他，迎丫头藏在耳房里不肯出来。老婆子们必要进去，看见我们姑娘这样冷天还穿着几件旧衣裳。他一包眼泪的告诉婆子们说：'回去别说我这么苦，这也是命里所招，也不用送什么衣服东西来，不但摸不着，反要添一顿打，说是我告诉的。'老太太想想，这倒是近处眼见的，若不好更难受。倒亏了大太太也不理会他，大老爷也不出个头！如今迎姑娘实在比我们三等使唤的丫头还不如。我想探丫头虽不是我养的，老爷既看见过女婿，定然是好才许的。只请老太太示下，择个好日子，多派几个人送到他老爷任上。该怎么着，老爷也不肯将就。"贾母道："有他老子作主，你就料理妥当，拣个长行的日子送去，也就定了一件事。"王夫人答应着"是"。宝钗听得明白，也不敢则声，只是心里叫苦："我们家里姑娘们就算他是个尖儿，如今又要远嫁，眼看着这里的人一天少似一天了。"见王夫人起身告辞出去，他也送了出来，一径回到自己房中，并不与宝玉说话。

见袭人独自一个做活，便将听见的话说了。袭人也很不受用。

却说赵姨娘听见探春这事，反欢喜起来，心里说道："我这个丫头在家忒瞧不起我，我何从还是个娘，比他的丫头还不济。况且洑上水护着别人。他挡在头里，连环儿也不得出头。如今老爷接了去，我倒干净。想要他孝敬我，不能够了。只愿意他像迎丫头似的，我也称称愿。"一面想着，一面跑到探春那边与他道喜说："姑娘，你是要高飞的人了，到了姑爷那边自然比家里还好，想来你也是愿意的。便是养了你一场，并没有借你的光儿。就是我有七分不好，也有三分的好，总不要一去了把我搁在脑杓子后头。"探春听着毫无道理，只低头作活，一句也不言语。赵姨娘见他不理，气忿忿的自己去了。

这里探春又气又笑，又伤心，也不过自己掉泪而已。坐了一回，闷闷的走到宝玉这边来。宝玉因问道："三妹妹，我听见林妹妹死的时候你在那里来着。我还听见说，林妹妹死的时候远远的有音乐之声。或者他是有来历的也未可知。"探春笑道："那是你心里想着罢了。只是那夜却怪，不似人家鼓乐之音。你的话或者也是。"宝玉听了，更以为实。又想前日自己神魂飘荡之时，曾见一人，说是黛玉生不同人，死不同鬼，必是那里的仙子临凡。忽又想起那年唱戏做的嫦娥，飘飘艳艳，何等风致。过了一回，探春去了。因必要紫鹃过来，立即回了贾母去叫他。无奈紫鹃心里不愿意，虽经贾母、王夫人派了过来，也就没法，只是在宝玉跟前，不是嗳声，就是叹气的。宝玉背地里拉着他，低声下气要问黛玉的话，紫鹃从没好话回答。宝钗倒背地里夸他有忠心，并不嗔怪他。那雪雁虽是宝玉娶亲这夜出过力的，宝钗见他心地不甚明白，便回了贾母王夫人，将他配了一个小厮，各自过活去了。王奶妈养着他，将来好送黛玉的灵柩回南。鹦哥等小丫头仍服侍了老太太。宝玉本想念黛玉，因此及彼，又想跟黛玉的人已经云散，更加纳闷。闷到无可如何，忽又想起黛玉死得这样清楚，必是离凡返仙去了，反又欢喜。

忽然听见袭人和宝钗那里讲究探春出嫁之事，宝玉听了，啊呀的一声，哭倒在炕上。唬得宝钗、袭人都来扶起说："怎么了？"宝玉早哭的说不出来，定了一回子神，说道：“这日子过不得了！我姊妹们都一个一个的散了！林妹妹是成了仙去了。大姐姐呢已经死了，这也罢了，没天天在一块。二姐姐呢，碰着了一个混帐不堪的东西。三妹妹又要远嫁，总不得见的了。史妹妹又不知要到那里去。薛妹妹是有了人家的。这些姐姐妹妹，难道一个都不留在家里，单留我做什么！”袭人忙又拿话解劝。宝钗摆着手说：“你不用劝他，让我来问他。”因问着宝玉道：“据你的心里，要这些姐妹都在家里陪到你老了，都不要为终身的事吗？若说别人，或者还有别的想头。你自己的姐姐妹妹，不用说没有远嫁的。就是有，老爷作主，你有什么法儿！打量天下独是你一个人爱姐姐妹妹呢，若是都像你，就连我也不能陪你了。大凡人念书，原为的是明理，怎么你益发糊涂了。这么说起来，我同袭姑娘各自一边儿去，让你把姐姐妹妹们都邀了来守着你。”宝玉听了，两只手拉住宝钗、袭人道：“我也知道。为什么散的这么早呢？等我化了灰的时候再散也不迟。”袭人掩着他的嘴道：“又胡说。才这两天身上好些，二奶奶才吃些饭。若是你又闹翻了，我也不管了。”宝玉慢慢的听他两个人说话都有道理，只是心上不知道怎样才好，只得强说道：“我却明白，但只是心里闹的慌。”宝钗也不理他，暗叫袭人快把定心丸给他吃了，慢慢的开导他。袭人便欲告诉探春说临行不必来辞，宝钗道：“这怕什么。等消停几日，待他心里明白，还要叫他们多说句话儿呢。况且三姑娘是极明白的人，不像那些假惺惺的人，少不得有一番箴谏。他以后便不是这样了。”正说着，贾母那边打发过鸳鸯来说，知道宝玉旧病又发，叫袭人劝说安慰，叫他不要胡思乱想。袭人等应了。鸳鸯坐了一会子去了。那贾母又想起探春远行，虽不备妆奁，其一应动用之物俱该预备，便把凤姐叫来，将老爷的主意告诉了一遍，即叫他料理去。凤姐答应，不知怎么办理，下回分解。

笺证

第一〇〇回“悲远嫁宝玉感离情”，实际上并非只写贾宝玉听闻探春远嫁而感到的悲伤，而是泛写各色人等对探春远嫁的种种反应。由于贾政打算将探春远嫁海南镇海统制周琼之子，派人带信告知贾母、王夫人，引发了贾府诸人以不同的立场和心理上台表演。先是贾母与王夫人商量，把探春远嫁与迎春近嫁进行比较：“如今迎姑娘实在比我们三等使唤的丫头还不如。我想探丫头虽不是我养的，老爷既看见过女婿，定然是好才许的。只请老太太示下，择个好日子，多派几个人送到他老爷任上。”长辈鉴于迎春的遭遇，聚焦于嫁女须看女婿的好坏。宝钗听到这个消息，不敢则声，只是心里叫苦：“我们家里姑娘们就算他是个尖儿，如今又要远嫁，眼看着这里的人一天少似一天了。”宝钗惋惜大观园少了一个难得的支撑危局的人才，她关心的不是探春的命运，而是贾府的局势。赵姨娘心术不正，听见探春这事，反欢喜起来，心想：“我这个丫头在家忒瞧不起我，我何从还是个娘，比他的丫头还不济。况且洑上水护着别人。他挡在头里，连环儿也不得出头。如今老爷接了去，我倒干净。想要他孝敬我，不能够了。只愿意他像迎丫头似的，我也称称愿。”赵姨娘诅咒探春碰上一个类似“中山狼”的夫婿，心理是非常阴暗的。宝玉的精神深处还记挂着黛玉，在探春来看望时开口就问：“三妹妹，我听见林妹妹死的时候你在那里来着。我还听见说，林妹妹死的时候远远的有音乐之声。或者他是有来历的也未可知。”探春笑说：“那是你心里想着罢了。只是那夜却怪，不似人家鼓乐之音。你的话或者也是。”宝玉听了，更以为实。又想前日自己神魂飘荡地府之时，曾见一人，说是黛玉生不同人，死不同鬼，必是那里的仙子临凡。忽又想起那年唱戏做的嫦娥，飘飘艳艳，何等风致。想到这些，就庆幸黛玉之死，必是离凡返仙去了。后来听见袭人和宝钗谈论探春出嫁之事，宝玉却啊呀的一声，哭倒在炕上，说："这日子过不得了！我姊妹们都一个一个的散了！林妹妹是成了仙去了。大姐姐（元春）呢已经死了，这也罢了，没天天在一块。二姐姐（迎春）呢，碰着了一个混帐不堪的东西。三妹妹（探春）又要远嫁，总不得见的了。史妹妹（湘云）又不知要到那里去。薛妹妹（宝琴）是有了人家的。这些姐姐妹妹，难道一个都不留在家里，单留我做什么！"宝玉不只是悲伤探春的远嫁，而且感慨贾府众姐妹的风流云散，因而带有更深的虚无感和命运感。至于说到贾探春，她确实是人物中的人物，巾帼中的才俊。太虚幻境金陵十二钗正册给探春画着两个人放风筝，一片大海，一只大船，船中有一女子，掩面泣涕之状。判词是："才自清明志自高，生于末世运偏消。清明涕送江边望，千里东风一梦遥。"《红楼梦十二曲·分骨肉》说："一帆风雨路三千，把骨肉家园，齐来抛闪。恐哭损残年。告爹娘，休把儿悬念。自古穷通皆有定，离合岂无缘？从今分两地，各自保平安。奴去也，莫牵连。"这些判词和曲子，是存在着多义性的。探春是贾政与妾赵姨娘所生的女儿，才高八斗，下帖邀请贾宝玉和众姐妹到秋爽斋成立海棠诗社。凤姐卧病的时日，王夫人授命探春协理贾府家政，探春显示了精明能干的作风，排除了赵姨娘的刁难干扰，大刀阔斧在凤姐治理过的大观园旧例上推行兴利除弊的举措，其眼光深远，富有心计，敢作为，能决断，在大观园群芳中一枝独秀，不愧有美而多刺的"玫瑰花"之诨名，诚如脂批所谓"探春看得透、拿得定、说得出、办得来，是有才干者"。在后四十回中，她远嫁海疆而规避了贾府抄家的灾祸。但由于第六十三回，大观园的姐妹在怡红院为宝玉过生日开夜宴行酒令的时候，探春抽到的花签是一枝杏花，题曰"瑶池仙品"，诗云"日边红杏倚云栽”，注云：“得此签者，必得贵婿。”众姐妹都笑说：“家里已经有了个王妃，难道你也是王妃不成？”既然“日边红杏”可以以日喻君，杏花伴日，探春似乎应是王妃了。因此一些有考据癖的学者断言，探春的结局是王妃。如小说家张爱玲就考证，探春被封以杏元公主的名号，远嫁番王和亲，并且一去难回。是否如此，并无实证。倒是应该承认，这种扑朔迷离之处，就是言说不尽的《红楼梦》之魅力了。语言是否可以说尽文学经典的本意，这本身就是一个言说不尽的话题。《周易·系辞上》说：“子曰：‘书不尽言，言不尽意。’然则圣人之意，其不可见乎？子曰：‘圣人立象以尽意，设卦以尽情伪，系辞焉以尽其言。变而通之以尽利，鼓之舞之以尽神。’”[1]立象以尽意，自然是卦学上的说法，转喻于文学，文学就是以形象表现情意的，具象的情意往往难以参透。《庄子·天道》说：“世之所贵道者书也，书不过语，语有贵也。语之所贵者意也，意有所随。意之所随者，不可以言传也，而世因贵言传书。世虽贵之，我犹不足贵也，为其贵非其贵也。故视而可见者，形与色也。听而可闻者，名与声也。悲夫，世人以形色名声为足以得彼之情！”[2]形象、色彩、名号，与本体情意之间是存在着距离的。距离就是解释或曲解的空间。因此需要警惕，言说不尽之处既为人留下想象的空间，也可能存在着令人钻牛角尖而走不出来的陷阱。

❶（魏）王弼注，（唐）孔颖达疏：《周易正义》，北京大学出版社1999年版，第291页。

❷（清）王先谦：《庄子集解》，中华书局1987年版，第120页。

第一〇一回

大观园月夜感幽魂
散花寺神签惊异兆

却说凤姐回至房中，见贾琏尚未回来，便分派那管办探春行装奁事的一干人。那天已有黄昏以后，因忽然想起探春来，要瞧瞧他去，便叫丰儿与两个丫头跟着，头里一个丫头打着灯笼。走出门来，见月光已上，照耀如水。凤姐便命打灯笼的“回去罢”，因而走至茶房窗下，听见里面有人嘁嘁喳喳的，又似哭，又似笑，又似议论什么的。凤姐知道不过是家下婆子们又不知搬什么是非，心内大不受用，便命小红进去，装做无心的样子细细打听着，用话套出原委来。小红答应着去了。凤姐只带着丰儿来至园门前，门尚未关，只虚虚的掩着。于是主仆二人方推门进去，只见园中月色比着外面更觉明朗，满地下重重树影，杳无人声，甚是凄凉寂静。刚欲往秋爽斋这条路来，只听唿的一声风过，吹的那树枝上落叶满园中唰喇喇的作响，枝梢上吱喽喽发哨，将那些寒鸦宿鸟都惊飞起来。凤姐吃了酒，被风一吹，只觉身上发噤起来。那丰儿也把头一缩说:“好冷！”凤姐也撑不住，便叫丰儿:“快回去把那件银鼠坎肩儿拿来，我在三姑娘那里等着。”丰儿巴不得一声，也要回去穿衣裳来，答应了一声，回头就跑了。

凤姐刚举步走了不远，只觉身后咈咈哧哧，似有闻嗅之声，不觉头发森然竖了起来。由不得回头一看，只见黑油油一个东西在后面伸着鼻子闻他呢，那两只眼睛恰似灯光一般。凤姐吓的魂不附体，不觉失声的咳了一声。却是一只大狗。那狗抽头回身，拖着一个扫帚尾巴，一气跑上大土山上方站住了，回身犹向凤姐拱爪儿。凤姐儿此时心跳神移，急急的向秋爽斋来。已将来至门口，方转过山子，只见迎面有一个人影儿一恍。凤姐心中疑惑，心里想着必是那一房里的丫头，便问:“是谁？”问了两声，并没有人出来，已经吓得神魂飘荡。恍恍忽忽的似乎背后有人说道:“婶娘连我也不认得了？”凤姐忙回头一看，只见这人形容俊俏，衣履风流，十分眼熟，只是想不起是那房那屋里的媳妇来。只听那人又说道:“婶娘只管享荣华受富贵的心盛，把我那年说的立万年永远之基都付于东洋大海了。”凤姐听说，低头寻思，总想不起。那人冷笑道:“婶娘那时怎样疼我了，如今就忘在九霄云外了。”凤姐听了，此时方想起来是贾蓉的先妻秦氏，便说道:“嗳呀，你是死了的人哪，怎么跑到这里来了呢？”啐了一口，方转回身，脚下不防一块石头绊了一跤，犹如梦醒一般，浑身汗如雨下。虽然毛发悚然，心中却也明白，只见小红丰儿影影绰绰的来了。凤姐恐怕落人的褒贬，连忙爬起来说道:“你们做什么呢？去了这半天？快拿来我穿上罢。”一面丰儿走至跟前服侍穿上，小红过来搀扶。凤姐道:“我才到那里，他们都睡了，咱们回去罢。”一面说，一面带了两个丫头急急忙忙回到家中。贾琏已回来了，只是见他脸上神色更变，不似往常，待要问他，又知他素日性格，不敢突然相问，只得睡了。

笺证

民俗信仰中，存在着一个值得文学深度开发的鬼世界。鬼世界阴风拂拂，幻象迷离，错综颠倒地纠缠着、诠释着人间世界。法国哲学家帕斯卡尔（1623—1662）在相当于清朝顺治、康熙年间写的《人是一根能思想的苇草》一文中说:“人只不过是一根苇草，是自然界最脆弱的东西，但他是一根能思想的苇草。用不着整个宇宙都拿起武器来才能毁灭，一口气、一滴水就足以致他死命了。然而，纵使宇宙毁灭了他，人却仍然要比致他于死命的东西高贵得多……思想——人的全部的尊严就在于思想……人的伟大之所以为伟大，就在于他认识自己可悲。一棵树并不认识自己可悲。"其中"人只不过是一根苇草，是自然界最脆弱的东西"这句话，透露了人类的终极恐惧。因而从远古时代以降，鬼世界的存在，就成了一种根深蒂固的民俗信仰。由于生老病死产生的人的心魔投射外化，鬼魂就纠缠着人。说鬼就是说人，讲的是鬼话、鬼事，实际上是换一个样子讲的是人心、人事，鬼世界与人世界撕扯不清，边界模糊。废墟、阴影、忧愁、死亡，都是鬼世界突破人世界的软肋。几千年来，人们辩论"有鬼""无鬼"，但志怪、传奇、神魔小说戏曲，演绎出《牡丹亭》《聊斋志异》《阅微草堂笔记》《子不语》，写鬼事远比写人事来得活泼生动富有想象力，借鬼事映照人事，以辛辣笔锋揭露世态炎凉，挑战着人类世界的伦理逻辑。难怪郭沫若1962年为蒲松龄故居题写对联说："写鬼写妖，高人一等；刺贪刺虐，入骨三分。"《红楼梦》当然不会放过鬼世界这一块具有丰厚的人文意义的沃土。第一〇一回"大观园月夜感幽魂"，写得阴森可怖，鬼影憧憧，大观园已经成了鬼世界。月影风声、宿鸟野狗、人形鬼魂，在荒凉凄清的大观园中，搓揉着那个向来不买神鬼的账，但后来转向迷信的民俗信仰的凤姐心虚胆怯的魂儿。凤姐出门去看望将要远嫁的探春，见月光已上，照耀如水，走至茶房窗下，听见里面有人喊喊喳喳的，又似哭，又似笑，又似议论什么的，这已经是第一层令人脊梁骨发冷了。唿的一声风过，吹的那树枝上落叶满园中唰喇喇的作响，枝梢上吱喽喽发哨，将那些寒鸦宿鸟都惊飞起来，这又是第二层令人不寒而栗了。又见一只大狗两只眼睛恰似灯光一般，拖着一个扫帚尾巴，一气跑上大土山上方站住了，回身犹向凤姐拱爪儿，这就是第三层令人吓得魂不附体了。转过山包，只见迎面有一个人影儿一恍，恍恍忽忽的又似乎背后有人说："婶娘连我也不认得了？"只见这人形容俊俏，衣履风流，十分眼熟，那人又说："婶娘只管享荣华受富贵的心盛，把我那年说的立万年永远之基都付于东洋大海了。"这才想起来是贾蓉的先妻秦可卿，凤姐就说：“嗳呀，你是死了的人哪，怎么跑到这里来了呢？”啐了一口，方转回身，脚下不防一块石头绊了一跤。这已经是第四层令人毛发悚然，吓得神魂飘荡了。这一连串人鬼之际的漫游，回应了《红楼梦》第十三回秦可卿初死托梦。秦可卿说：“婶婶，你是个脂粉队里的英雄，连那些束带顶冠的男子也不能过你，你如何连两句俗语也不晓得？常言‘月满则亏，水满则溢’；又道是‘登高必跌重’。如今我们家赫赫扬扬，已将百载，一日倘或乐极悲生，若应了那句‘树倒猢狲散’的俗语，岂不虚称了一世的诗书旧族了！”秦可卿又嘱咐说：“莫若依我定见，趁今日富贵，将祖茔附近多置田庄、房舍、地亩，以备祭祀供给之费皆出自此处，将家塾亦设于此。合同族中长幼，大家定了则例，日后按房掌管这一年的地亩、钱粮、祭祀、供给之事。如此周流，又无争竞，亦不有典卖诸弊。便是有了罪，凡物可入官，这祭祀产业连官也不入的。便败落下来，子孙回家读书务农，也有个退步，祭祀又可永继。若目今以为荣华不绝，不思日后，终非长策。眼见不日又有一件非常喜事，真是烈火烹油、鲜花着锦之盛。要知道，也不过是瞬息的繁华，一时的欢乐，万不可忘了那‘盛筵必散’的俗语。此时若不早为后虑，临期只恐后悔无益了。”这种贾府衰败凋零的预言，作为一条强劲的线索，贯穿了第十三回和第一〇一回。前者还是预感，而且“不日又有一件非常喜事，真是烈火烹油、鲜花着锦之盛”，即元春晋封贵妃之喜；后者已经是衰败凋零渐次成为现实，元春贵妃已薨，贾府破败到了千疮百孔。因而心虚生暗鬼，心中鬼与园中鬼搅在一起，弄得满园阴风拂拂，鬼影憧憧，这就是衰败凋零的冷象征了。

至次日五更，贾琏就起来要往总理内庭都检点太监裘世安家来打听事务。因太早了，见桌上有昨日送来的抄报，便拿起来闲看。第一件是云南节度使王忠一本，新获了一起私带神枪火药出边事，共有十八名人犯。头一名鲍音，口称系太师镇国公贾化家人。第二件苏州刺史李孝一本，参劾纵放家奴，倚势凌辱军民，以致因奸不遂杀死节妇一家人命三口事。凶犯姓时名福，自称系世袭三等职衔贾范家人。贾琏看见这两件，心中早又不自在起来，待要看第三件，又恐迟了不能见裘世安的面，因此急急的穿了衣服，也等不得吃东西，恰好平儿端上茶来，喝了两口，便出来骑马走了。

平儿在房内收拾换下的衣服。此时凤姐尚未起来，平儿因说道："今儿夜里我听着奶奶没睡什么觉，我这会子替奶奶捶着，好生打个盹儿罢。"凤姐半日不言语。平儿料着这意思是了，便爬上炕来坐在身边轻轻的捶着。才捶了几拳，那凤姐刚有要睡之意，只听那边大姐儿哭了。凤姐又将眼睁开，平儿连向那边叫道："李妈，你到底是怎么着？姐儿哭了，你到底拍着他些。你也忒好睡了。"那边李妈从梦中惊醒，听得平儿如此说，心中没好气，只得狠命拍了几下，口里嘟嘟哝哝的骂道："真真的小短命鬼儿，放着尸不挺，三更半夜嚎你娘的丧。"一面说，一面咬牙便向那孩子身上拧了一把。那孩子哇的一声大哭起来了。凤姐听见，说："了不得，你听听，他该挫磨孩子了。你过去把那黑心的养汉老婆下死劲的打他几下子，把妞妞抱过来。"平儿笑道："奶奶别生气，他那里敢挫磨姐儿，只怕是不隄防错碰了一下子也是有的。这会子打他几下子没要紧，明儿叫他们背地里嚼舌根，倒说三更半夜打人。"凤姐听了，半日不言语，长叹一声说道："你瞧瞧，这会子不是我十旺八旺的呢。明儿我要是死了，剩下这小孽障，还不知怎么样呢。"平儿笑道："奶奶这怎么说？大五更的，何苦来呢。"凤姐冷笑道："你那里知道，我是早已明白了。我也不久了。虽然活了二十五岁，人家没见的也见了，没吃的也吃了，也算全了。所有世上有的也都有了，气也算赌尽了，强也算争足了，就是寿字儿上头缺一点儿，也罢了。"平儿听说，由不的滚下泪来。凤姐笑道："你这会子不用假慈悲，我死了你们只有欢喜的。你们一心一计和和气气的，省得我是你们眼里的刺似的。只有一件，你们知好歹只疼我那孩子就是了。”平儿听说这话，越发哭的泪人似的。凤姐笑道：“别扯你娘的臊了，那里就死了呢，哭的那么痛。我不死还叫你哭死了呢。”平儿听说，连忙止住哭，道：“奶奶说得这么伤心。”一面说，一面又捶，半日不言语，凤姐又朦胧睡去。

平儿方下炕来要去，只听外面脚步响。谁知贾琏去迟了，那裘世安已经上朝去了，不遇而回，心中正没好气，进来就问平儿道：“那些人还没起来呢么？”平儿回说：“没有呢。”贾琏一路摔帘子进来，冷笑道：“好，好，这会子还都不起来，安心打擂台打撒手儿。”一叠声又要吃茶。平儿忙倒了一碗茶来。原来那些丫头老婆见贾琏出了门又复睡了，不打谅这会子回来，原不曾预备。平儿便把温过的拿了来。贾琏生气，举起碗来，哗啷一声摔了个粉碎。

凤姐惊醒，唬了一身冷汗，嗳哟一声，睁开眼，只见贾琏气狠狠的坐在旁边，平儿弯着腰拾碗片子呢。凤姐道：“你怎么就回来了？”问了一声，半日不答应，只得又问一声。贾琏嚷道：“你不要我回来，叫我死在外头罢。”凤姐笑道：“这又是何苦来呢。常时我见你不像今儿回来的快，问你一声，也没什么生气的。”贾琏又嚷道：“又没遇见，怎么不快回来呢？”凤姐笑道：“没有遇见，少不得奈烦些，明儿再去早些儿，自然遇见了。”贾琏嚷道：“我可不吃着自己的饭替人家赶獐子呢。我这里一大堆的事没个动秤儿的，没来由为人家的事，瞎闹了这些日子，当什么呢。正经那有事的人还在家里受用，死活不知，还听见说要锣鼓喧天的摆酒唱戏做生日呢。我可瞎跑他娘的腿子。”一面说，一面往地下啐了一口，又骂平儿。凤姐听了，气的干咽，要和他分证，想了一想，又忍住了，勉强陪笑道：“何苦来生这么大气，大清早起和我叫喊什么。谁叫你应了人家的事？你既应了，就得耐烦些，少不得替人家办办。也没见这个人自己有为难的事，还有心肠唱戏摆酒的闹。”贾琏道：“你可说么，你明儿倒也问问他。”凤姐诧异道：“问谁？”贾琏道：“问谁？问你哥哥。”凤姐道：“是他吗？”贾琏道：“可不是他，还有谁呢？”凤姐忙问道：“他又有什么事叫你替他跑？”贾琏道：“你还在坛子里呢。”凤姐道：“真真这就奇了，我连一个字儿也不知道。”贾琏道：“你怎么能知道呢？这个事连太太和姨太太还不知道呢。头一件怕太太和姨太太不放心，二则你身上又常嚷不好，所以我在外头压住了，不叫里头知道的。说起来真真可人恼。你今儿不问我，我也不便告诉你。你打谅你哥哥行事像个人呢，你知道外头人都叫他什么？”凤姐道：“叫他什么？”贾琏道：“叫他什么，叫他‘忘仁’。”凤姐扑哧的一笑：“他可不叫王仁叫什么呢？”贾琏道：“你打谅那个王仁吗？是忘了仁义礼智信的那个‘忘仁’哪。”凤姐道：“这是什么人这么刻薄嘴儿遭塌人？”贾琏道：“不是遭塌他吗，今儿索性告诉你，你也不知道知道你那哥哥的好处，到底知道他给他二叔做生日呵？”凤姐想了一想道：“嗳哟，可是呵，我还忘了问你，二叔不是冬天的生日吗？我记得年年都是宝玉去。前者老爷升了，二叔那边送过戏来，我还偷偷儿的说，二叔为人是最啬刻的，比不得大舅太爷。他们各自家里还乌眼鸡似的。不么，昨儿大舅太爷没了，你瞧他是个兄弟，他还出了个头儿揽了个事儿吗？所以那一天说，赶他的生日咱们还他一班子戏，省了亲戚跟前落亏欠。如今这么早就做生日，也不知道是什么意思？”贾琏道：“你还作梦呢。他一到京，接着舅太爷的首尾就开了一个吊，他怕咱们知道拦他，所以没告诉咱们，弄了好几千银子。后来二舅嗔着他，说他不该一网打尽。他吃不住了，变了个法子就指着你们二叔的生日撒了个网，想着再弄几个钱好打点二舅太爷不生气，也不管亲戚朋友冬天夏天的，人家知道不知道，这么丢脸。你知道我起早为什么？这如今因海疆的事情御史参了一本，说是大舅太爷的亏空，本员已故，应着落其弟王子胜、侄王仁赔补。爷儿两个急了，找了我给他们托人情。我见他们吓的那么个样儿，再者又关系太太和你，我才应了。想着找找总理内庭都检点老裘替办办，或者前任后任挪移挪移。偏又去晚了，他进里头去了，我白起来跑了一趟。他们家里还那里定戏摆酒呢。你说说，叫人生气不生气？”

凤姐听了，才知王仁所行如此。但他素性要强护短，听贾琏如此说，便道：“凭他怎么样，到底是你的亲大舅儿。再者，这件事死的大太爷活的二叔都感激你。罢了，没什么说的，我们家的事，少不得我低三下四的求你了，省的带累别人受气，背地里骂我。”说着，眼泪早流下来，掀开被窝一面坐起来，一面挽头发，一面披衣裳。贾琏道：“你倒不用这么着，是你哥哥不是人，我并没说你呀。况且我出去了，你身上又不好，我都起来了，他们还睡觉。咱们老辈子有这个规矩么？你如今作好好先生不管事了。我说了一句你就起来，明儿我要嫌这些人，难道你都替了他们么？好没意思啊。”凤姐听了这些话，才把泪止住了，说道：“天呢不早了，我也该起来了。你有这么说的，你替他们家在心的办办，那就是你的情分了。再者也不光为我，就是太太听见也喜欢。”贾琏道：“是了，知道了。‘大萝卜还用屎浇’。”平儿道：“奶奶这么早起来做什么？那一天奶奶不是起来有一定的时候儿呢。爷也不知是那里的邪火，拿着我们出气。何苦来呢，奶奶也算替爷挣够了，那一点儿不是奶奶挡头阵。不是我说，爷把现成儿的也不知吃了多少，这会子替奶奶办了一点子事，又关会着好几层儿呢，就是这么拿糖作醋的起来，也不怕人家寒心。况且这也不单是奶奶的事呀。我们起迟了，原该爷生气，左右到底是奴才呀。奶奶跟前尽着身子累的成了个病包儿了，这是何苦来呢！”说着，自己的眼圈儿也红了。那贾琏本是一肚子闷气，那里见得这一对娇妻美妾又尖利又柔情的话呢，便笑道：“够了，算了罢。他一个人就够使的了，不用你帮着。左右我是外人，多早晚我死了，你们就清净了。”凤姐道："你也别说那个话，谁知道谁怎么样呢？你不死我还死呢，早死一天早心净。"说着，又哭起来。平儿只得又劝了一回。那时天已大亮，日影横窗。贾琏也不便再说，站起来出去了。

这里凤姐自己起来，正在梳洗，忽见王夫人那边小丫头过来道："太太说了，叫问二奶奶今日过舅太爷那边去不去。要去，说叫二奶奶同着宝二奶奶一路去呢。"凤姐因方才一段话，已经灰心丧意，恨娘家不给争气。又兼昨夜园中受了那一惊，也实在没精神，便说道："你先回太太去，我还有一两件事没办清，今日不能去。况且他们那又不是什么正经事。宝二奶奶要去各自去罢。"小丫头答应着，回去回复了。不在话下。

且说凤姐梳了头，换了衣服，想了想，虽然自己不去，也该带个信儿。再者，宝钗还是新媳妇，出门子自然要过去照应照应的。于是见过王夫人，支吾了一件事，便过来到宝玉房中。只见宝玉穿着衣服歪在炕上，两个眼睛呆呆的看宝钗梳头。凤姐站在门口，还是宝钗一回头看见了，连忙起身让坐。宝玉也爬起来，凤姐才笑嘻嘻的坐下。宝钗因说麝月道："你们瞧着二奶奶进来，也不言语声儿。"麝月笑着道："二奶奶头里进来就摆手儿不叫言语么。"凤姐因向宝玉道："你还不走，等什么呢。没见这么大人了还是这么小孩子气的。人家各自梳头，你爬在旁边看什么，成日家一块子在屋里还看不够？也不怕丫头们笑话。"说着，哧的一笑，又瞅着他咂嘴儿。宝玉虽也有些不好意思，还不理会，把个宝钗直臊的满脸飞红，又不好听着，又不好说什么，只见袭人端过茶来，只得搭讪着自己递了一袋烟。凤姐儿笑着站起来接了，道："二妹妹，你别管我们的事，你快穿衣服罢。"宝玉一面也搭讪着找这个，弄那个。凤姐道："你先去罢，那里有个爷们等着奶奶们一块儿走的理呢。"宝玉道："我只是嫌我这衣裳不大好，不如前年穿着老太太给的那件雀金呢好。"凤姐因怄他道："你为什么不穿？"宝玉道："穿着太早些。"凤姐忽然想起，自悔失言，幸亏宝钗也和王家是内亲，只是那些丫头们跟前已经不好意思了。袭人却接着说道："二奶奶还不知道呢，就是穿得，他也不穿了。"凤姐儿道："这是什么原故？"袭人道："告诉二奶奶，真真是我们这位爷的行事都是天外飞来的。那一年因二舅太爷的生日，老太太给了他这件衣裳，谁知那一天就烧了。我妈病重了，我没在家。那时候还有晴雯妹妹呢，听见说病着整给他补了一夜，第二天老太太才没瞧出来呢。去年那一天上学天冷，我叫焙茗拿了去给他披披。谁知这位爷见了这件衣裳想起晴雯来了，说了总不穿了，叫我给他收一辈子呢。”凤姐不等说完，便道：“你提晴雯，可惜了儿的，那孩子模样儿手儿都好，就只嘴头子利害些。偏偏儿的太太不知听了那里的谣言，活活儿的把个小命儿要了。还有一件事，那一天我瞧见厨房里柳家的女人他女孩儿，叫什么五儿，那丫头长的和晴雯脱了个影儿似的。我心里要叫他进来，后来我问他妈，他妈说是很愿意。我想着宝二爷屋里的小红跟了我去，我还没还他呢，就把五儿补过来。平儿说太太那一天说了，凡像那个样儿的都不叫派到宝二爷屋里呢，我所以也就搁下了。这如今宝二爷也成了家了，还怕什么呢，不如我就叫他进来。可不知宝二爷愿意不愿意？要想着晴雯，只瞧见这五儿就是了。”宝玉本要走，听见这些话已呆了。袭人道：“为什么不愿意，早就要弄了来的，只是因为太太的话说的结实罢了。”凤姐道：“那么着明儿我就叫他进来，太太的跟前有我呢。”宝玉听了，喜不自胜，才走到贾母那边去了。这里宝钗穿衣服。凤姐儿看他两口儿这般恩爱缠绵，想起贾琏方才那种光景，好不伤心，坐不住，便起身向宝钗笑道：“我和你向老太太屋里去罢。”笑着出了房门，一同来见贾母。

宝玉正在那里回贾母往舅舅家去。贾母点头说道：“去罢，只是少吃酒，早些回来。你身子才好些。”宝玉答应着出来，刚走到院内，又转身回来向宝钗耳边说了几句不知什么。宝钗笑道：“是了，你快去罢。”将宝玉催着去了。这贾母和凤姐、宝钗说了没三句话，只见秋纹进来传说：

"二爷打发焙茗转来，说请二奶奶。"宝钗说道："他又忘了什么，又叫他回来。"秋纹道："我叫小丫头问了，焙茗说是'二爷忘了一句话，二爷叫我回来告诉二奶奶：若是去呢，快些来罢。若不去呢，别在风地里站着。'"说的贾母、凤姐并地下站着的众老婆子、丫头都笑了。宝钗飞红了脸，把秋纹啐了一口，说道："好个糊涂东西，这也值得这样慌慌张张跑了来说。"秋纹也笑着回去叫小丫头去骂焙茗。那焙茗一面跑着，一面回头说道："二爷把我巴巴的叫下马来，叫回来说的。我若不说，回来对出来又骂我了。这会子说了，他们又骂我。"那丫头笑着跑回来说了。贾母向宝钗道："你去罢，省得他这么记挂。"说的宝钗站不住，又被凤姐怄他顽笑，没好意思，才走了。

笺证

相传为宋苏轼所作的《艾子杂说》记载："艾子行于海上，见一物圆而褊，且多足，问居人曰：'此何物也？'曰：'蝤蛑也。'既，又见一物圆褊多足，问居人曰：'此何物也？'曰：'螃蟹也。'又于后得一物，状貌皆若前所见，而极小，问居人曰：'此何物也？'曰：'彭越也。'艾子喟然叹曰：'何一蟹不如一蟹也！'"[1]据说齐宣王朝的艾子在海上看见蝤蛑、螃蟹、彭越三种大小不等的蟹类，叹息"一蟹不如一蟹"，此语后被用来讥讽"一代不如一代"。鲁迅小说《风波》中，79岁也就是生于鸦片战争时期的九斤老太的口头禅，也是"一代不如一代！"同样的退化论阴影也笼罩着《红楼梦》第一〇一回写王子腾暴死之后，贾府与王府后人的关系，真令人感到世风日下，一蟹不如一蟹了。贾琏为王熙凤的哥哥王仁的官司奔跑，王仁却锣鼓喧天地摆酒唱戏为二叔王子胜做生日，怪不得被人叫作"忘仁"。凤姐想了一想道："嗳哟，可是呵，我还忘了问你，二叔不是冬天的生日吗？我记得年年都是宝玉去。前者老爷升了，二叔那边送过戏来，我还偷偷儿的说，二叔为人是最啬刻的，比不得大舅太爷。他们各自家里还乌眼鸡似的。不么，昨儿大舅太爷没了，你瞧他是个兄弟，他还出了个头儿揽了个事儿吗？所以那一天说，赶他的生日咱们还他一班子戏，省了亲戚跟前落亏欠。如今这么早就做生日，也不知道是什么意思？”王仁为王子腾吊丧，曾经弄走了好几千银子。受王子胜责怪，就变了个法子为王子胜做生日撒了个网，想再弄几个钱好打点二舅太爷消消气，却不料“如今因海疆的事情御史参了一本，说是大舅太爷（王子腾）的亏空，本员已故，应着落其弟王子胜、侄王仁赔补。爷儿两个急了，找了我（贾琏）给他们托人情。我见他们吓的那么个样儿，再者又关系太太（王夫人）和你（凤姐），我才应了。想着找找总理内庭都检点老裘替办办，或者前任后任挪移挪移。偏又去晚了，他进里头去了，我白起来跑了一趟。他们家里还那里定戏摆酒呢。你说说，叫人生气不生气？”这里的人际关系有点乱，王子腾是王夫人、薛姨妈、王子胜之兄，王子胜生有王仁、王熙凤，因而王子腾是整个贾、王、史、薛四大家族的台柱子、核心人物，牵一发而动全身。第九十五回的王子腾在进京赴内阁大学士即宰相之任的路途中，在元春死后不到一个月就暴病而亡。所谓二叔应是王子胜，是王仁之父而不能见外称二叔。这可能是后四十回与前八十回对榫不准的地方。后四十回其后，王仁败落成了丧家犬，来到贾府，希图在凤姐死后得到凤姐的遗物、私房钱，还狗急跳墙般的要卖掉自己的外甥女——凤姐的女儿巧姐，这是后话。王仁这只螃蟹串联着凤姐、贾琏，既是王府衰败的人证，也在贾府衰败中推波助澜。

❶（宋）苏轼著，李之亮笺注：《苏轼文集编年笺注》，巴蜀书社2011年版，第88页。

只见散花寺的姑子大了来了，给贾母请安，见过了凤姐，坐着吃茶。贾母因问他：“这一向怎么不来？”大了道：“因这几日庙中作好事，有几位诰命夫人不时在庙里起坐，所以不得空儿来。今日特来回老祖宗，明儿还有一家作好事，不知老祖宗高兴不高兴，若高兴也去随喜随喜。"贾母便问："做什么好事？"大了道："前月为王大人府里不干净，见神见鬼的，偏生那太太夜间又看见去世的老爷。因此昨日在我庙里告诉我，要在散花菩萨跟前许愿烧香，做四十九天的水陆道场，保佑家口安宁，亡者升天，生者获福。所以我不得空儿来请老太太的安。"却说凤姐素日最厌恶这些事的，自从昨夜见鬼，心中总是疑疑惑惑的，如今听了大了这些话，不觉把素日的心性改了一半，已有三分信意，便问大了道："这散花菩萨是谁？他怎么就能避邪除鬼呢？"大了见问，便知他有些信意，便说道："奶奶今日问我，让我告诉奶奶知道。这个散花菩萨来历根基不浅，道行非常。生在西天大树国中，父母打柴为生。养下菩萨来，头长三角，眼横四目，身长三尺，两手拖地。父母说这是妖精，便弃在冰山之后了。谁知这山上有一个得道的老猢狲出来打食，看见菩萨顶上白气冲天，虎狼远避，知道来历非常，便抱回洞中抚养。谁知菩萨带了来的聪慧，禅也会谈，与猢狲天天谈道参禅，说的天花散漫缤纷，至一千年后飞升了。至今山上犹见谈经之处天花散漫，所求必灵，时常显圣，救人苦厄。因此世人才盖了庙，塑了像供奉。"凤姐道："这有什么凭据呢？"大了道："奶奶又来搬驳了。一个佛爷可有什么凭据呢？就是撒谎也不过哄一两个人罢咧，难道古往今来多少明白人都被他哄了不成？奶奶只想，惟有佛家香火历来不绝，他到底是祝国祝民，有些灵验，人才信服。"凤姐听了大有道理，因道："既这么，我明儿去试试。你庙里可有签？我去求一签，我心里的事签上批的出，批的出来我从此就信了。"大了道："我们的签最是灵的，明儿奶奶去求一签就知道了。"贾母道："既这么着，索性等到后日初一你再去求。"说着，大了吃了茶，到王夫人各房里去请了安，回去不提。

这里凤姐勉强扎挣着，到了初一清早，令人预备了车马，带着平儿并许多奴仆来至散花寺。大了带了众姑子接了进去。献茶后，便洗手至大殿上焚香。那凤姐儿也无心瞻仰圣像，一秉虔诚，磕了头，举起签筒默默的将那见鬼之事并身体不安等故祝告了一回。才摇了三下，只听唰的一声，筒中撺出一支签来。于是叩头拾起一看，只见写着："第三十三签，上上大吉。”大了忙查签簿看时，只见上面写着：“王熙凤衣锦还乡。”凤姐一见这几个字，吃一大惊，惊问大了道：“古人也有叫王熙凤的么？”大了笑道：“奶奶最是通今博古的，难道汉朝的王熙凤求官的这一段事也不晓得？”周瑞家的在旁笑道：“前年李先儿还说这一回书的，我们还告诉他重着奶奶的名字不要叫呢。”凤姐笑道：“可是呢，我倒忘了。”说着，又瞧底下的，写的是：

去国离乡二十年，于今衣锦返家园。蜂采百花成蜜后，为谁辛苦为谁甜。行人至，音信迟，讼宜和，婚再议。

看完也不甚明白。大了道：“奶奶大喜。这一签巧得很，奶奶自幼在这里长大，何曾回南京去了。如今老爷放了外任，或者接家眷来，顺便还家，奶奶可不是‘衣锦还乡’了？”一面说，一面抄了个签经交与丫头。凤姐也半疑半信的。大了摆了斋来，凤姐只动了一动，放下了要走，又给了香银。大了苦留不住，只得让他走了。凤姐回至家中，见了贾母、王夫人等，问起签来，命人一解，都欢喜非常，“或者老爷果有此心，咱们走一趟也好”。凤姐儿见人人这么说，也就信了。不在话下。

却说宝玉这一日正睡午觉，醒来不见宝钗，正要问时，只见宝钗进来。宝玉问道：“那里去了？半日不见。”宝钗笑道：“我给凤姐姐瞧一回签。”宝玉听说，便问是怎么样的。宝钗把签帖念了一回，又道：“家中人人都说好的。据我看，这‘衣锦还乡’四字里头还有原故，后来再瞧罢了。”宝玉道：“你又多疑了，妄解圣意。‘衣锦还乡’四字从古至今都知道是好的，今儿你又偏生看出缘故来了。依你说，这‘衣锦还乡’还有什么别的解说？”宝钗正要解说，只见王夫人那边打发丫头过来请二奶奶。宝钗立刻过去。未知何事，下回分解。

笺证

中国民间宗教，求神鬼拜菩萨，目的无非占问吉凶祸福，祈求保佑平安，治病求子，升官发财。它往往不甚讲求教义教规，教派界线也相当模糊，带有方术化和世俗化的倾向。第一〇一回“散花寺神签惊异兆”，求神签意味着王熙凤内心失去自信和安稳，惊异兆隐含着王熙凤的不可预测的结局。对散花寺主要供奉的菩萨，姑子大了介绍说：“这个散花菩萨来历根基不浅，道行非常。生在西天大树国中，父母打柴为生。养下菩萨来，头长三角，眼横四目，身长三尺，两手拖地。父母说这是妖精，便弃在冰山之后了。谁知这山上有一个得道的老猢狲出来打食，看见菩萨顶上白气冲天，虎狼远避，知道来历非常，便抱回洞中抚养。谁知菩萨带了来的聪慧，禅也会谈，与猢狲天天谈道参禅，说的天花散漫缤纷，至一千年后飞升了。至今山上犹见谈经之处天花散漫，所求必灵，时常显圣，救人苦厄。因此世人才盖了庙，塑了像供奉。”对于散花菩萨的这种解说，属于口传文学，已经带有浓郁的世俗气息。其实，“天女散花”一词原本来源自佛典《维摩诘经·观众生品》里的一则故事：“时维摩诘室有一天女，见诸大人闻所说说法，便现其身，即以天华散诸菩萨、大弟子上，华至诸菩萨即皆堕落，至大弟子便著不堕。一切弟子神力去华，不能令去。”[2]其中讲述天女百花仙子散花来试菩萨声闻弟子的道行，花撒在菩萨的身上就堕落，撒到弟子身上花却不堕落。这个典故经过通俗化，衍生出寺庙供奉和壁画、京剧、黄梅戏的表演。散花寺姑子大了妄言佛教故事的目的，也如鲁迅在《中国小说史略·六朝之鬼神志怪书》中所说：“意在自神其教……盖当时以为幽明虽殊途，而人鬼乃皆实有，故其叙述异事，与记载人间常事，自视固无诚妄之别矣。”[3]凤姐听信神奇故事，是由于她内心空虚、惶恐、无着落，因此选择初一日一早就勉强扎挣着病躯，带着平儿并许多奴仆来至散花寺，洗手至大殿上焚香。凤姐儿无心瞻仰圣像，一秉虔诚，磕了头，举起签筒默默地将那见鬼之事并身体不安等故祝告了一番。才摇了三下，只听唰的一声，筒中撺出一支签来。于是叩头拾起一看，只见写着：“第三十三签，上上大吉。”姑子大了连忙查阅签簿看，只见上面写着：“王熙凤衣锦还乡。”凤姐一见这几个字，吃一大惊，惊问大了道：“古人也有叫王熙凤的么？”大了笑说：“奶奶最是通今博古的，难道汉朝的王熙凤求官的这一段事也不晓得？”周瑞家的在旁笑说：“前年李先儿还说这一回书的，我们还告诉他重着奶奶的名字不要叫呢。”凤姐笑说：“可是呢，我倒忘了。”说着，又瞧底下写的是：“去国离乡二十年，于今衣锦返家园。蜂采百花成蜜后，为谁辛苦为谁甜。行人至，音信迟，讼宜和，婚再议。”看完也不甚明白。大了说：“奶奶大喜。这一签巧得很，奶奶自幼在这里长大，何曾回南京去了。如今老爷放了外任，或者接家眷来，顺便还家，奶奶可不是‘衣锦还乡’了？”凤姐回到家中，见了贾母、王夫人等，问起签来，命人一解，都欢喜非常，“或者老爷果有此心，咱们走一趟也好。”凤姐儿见人人这么说，也就信了。需要补充说明的是，周瑞家的所说“前年李先儿还说这一回书的，我们还告诉他重着奶奶的名字不要叫呢”，回应的是《红楼梦》第五十四回“史太君破陈腐旧套　王熙凤效戏彩斑衣”，描写正月十五日，荣国府老祖宗贾母设家宴，席间，戏子李先生向贾母推荐了新书《凤求鸾》，“这书上乃说残唐之时，有一位乡绅，本是金陵人氏，名唤王忠，曾做过两朝宰辅，如今告老还家，膝下只有一位公子，名唤王熙凤。这年王老爷打发了王公子上京赶考，那日遇见大雨，进到一个庄上避雨。谁知这庄上也有个乡绅，姓李，与王老爷是世交，便留下这公子住在书房里。这李乡绅膝下无儿，只有 位千金小姐。这小姐芳名叫作雏鸾，琴棋书画，无所不通”，这王熙凤求娶这雏鸾小姐为妻。贾母听了，就嘲笑：“这些书都是一个套子，左不过是些佳人才子，最没趣儿。把人家女儿说的那样坏，还说是佳人，

❷ 吴信如编著：《大乘诸经述要》，中国藏学出版社2008年版，第286页。

❸ 鲁迅：《鲁迅全集》（编年版），人民文学出版社2014年版，第396页。

编的连影儿也没有了。开口都是书香门第，父亲不是尚书就是宰相，生一个小姐必是爱如珍宝。这小姐必是通文知礼，无所不晓，竟是个绝代佳人。只一见了一个清俊的男人，不管是亲是友，便想起终身大事来，父母也忘了，书礼也忘了，鬼不成鬼，贼不成贼，那一点儿是佳人？便是满腹文章，做出这些事来，也算不得是佳人了。比如男人满腹文章去作贼，难道那王法就说他是才子，就不入贼情一案不成？可知那编书的是自己塞了自己的嘴。再者，既说是世宦书香大家小姐都知礼读书，连夫人都知书识礼，便是告老还家，自然这样大家人口不少，奶母丫鬟服侍小姐的人也不少，怎么这些书上，凡有这样的事，就只小姐和紧跟的一个丫鬟？你们白想想，那些人都是管什么的，可是前言不答后语？”凤姐听了贾母这番议论，就走上来斟酒，笑说：“罢，罢，酒冷了，老祖宗喝一口润润嗓子再掰谎。这一回就叫作《掰谎记》，就出在本朝本地本年本月本日本时，老祖宗一张口难说两家话，花开两朵，各表一枝，是真是谎且不表，再整那观灯看戏的人。老祖宗且让这二位亲戚吃一杯酒看两出戏之后，再从昨朝话言掰起如何？”可见第一百〇一回说是“汉朝的王熙凤求官”，与第五十四回“残唐之时的王熙凤”又是榫卯错位，并非第二个王熙凤之外又有什么第三个王熙凤。这个错位与前面王仁、王熙凤称王子胜为二叔的错位一样，都是后四十回照应不周之处。第五十四回凤姐听到“残唐之时的王熙凤”的故事，还谈笑风生地奉承贾母的《掰谎记》，而隔了四十七回后，凤姐听到“汉朝的王熙凤求官”，就变得莫名其妙，忐忑不安了。用反讽的手法写人生不祥和家族衰败，更加深了对不祥的麻木和对衰败的无可奈何。凤姐在四十七回之间的这种态度的变化，隐藏着贾府的衰落和凤姐精神状态的颓丧。至于神签“王熙凤衣锦还乡”，应如何解释？前有凤姐冷笑说：“你那里知道，我是早已明白了。我也不久了。虽然活了二十五岁，人家没见的也见了，没吃的也吃了，也算全了。所有世上有的也都有了，气也算赌尽了，强也算争足了，就是寿字儿上头缺一点儿，也罢了。”这已经是质疑着“蜂采百花成蜜后，为谁辛苦为谁甜”的人生悖谬，是一种强颜欢笑，口不从心。这句诗来自晚唐罗隐《蜂》诗云：“不论平地与山尖，无限风光尽被占。

采得百花成蜜后，为谁辛苦为谁甜。”其中语句略作变动，夹杂在隐喻着贾府抄家、王熙凤灵柩运回金陵和巧姐“婚再议”于乡下这类颠倒错综的谶言之间。这自然使求签的凤姐无从猜测，只好挑着往好里去想，有点像一首《想得美》的歌所唱的：“我想得美，想得太美。越美就越值得追。我拼命追那种滋味，比想的还要美。”把此签判为“上上大吉”，实在是一种属于“想得美”的莫大反讽。假如进一步追踪，倒是应该回溯到第五回太虚幻境薄命司的金陵十二钗正册，图画一片冰山，上有一只雌凤。判词是：“凡鸟偏从末世来，都知爱慕此生才。一从二令三人木，哭向金陵事更哀。”《红楼梦十二曲·聪明累》又说：“机关算尽太聪明，反算了卿卿性命。生前心已碎，死后性空灵。家富人宁，终有个家亡人散各奔腾。枉费了，意悬悬半世心；好一似，荡悠悠三更梦。忽喇喇似大厦倾，昏惨惨似灯将尽。呀！一场欢喜忽悲辛。叹人世，终难定！”所谓“哭向金陵事更哀”，就是神签中的“王熙凤衣锦还乡”的反讽性说法。“一从二令三木”之“人”与“木”合成“休”字，暗示着王熙凤最终被贾琏休弃。“于今衣锦返家园”暗示着王熙凤死后被送回金陵老家的结局。伴随着这一结局的，乃是贾府“忽喇喇似大厦倾，昏惨惨似灯将尽”的悲剧命运了。因而不同于众人作出吉祥的解释，宝钗内心充满疑虑，“据我看，这‘衣锦还乡’四字里头还有原故，后来再瞧罢”，她的一点过于冷静的悟性，使她仿佛处在“众人皆醉我独醒”的地步。后四十回此处，对宝钗是另眼看待的，她在作一种并非参禅的参禅。可惜的是，此时已经没有清醒的宝玉接受宝钗的启悟，更没有敏慧的黛玉另解禅悟机锋了。

第一〇二回

宁国府骨肉病灾祲

大观园符水驱妖孽

话说王夫人打发人来唤宝钗，宝钗连忙过来，请了安。王夫人道:“你三妹妹如今要出嫁了，只得你们作嫂子的大家开导开导他，也是你们姊妹之情。况且他也是个明白孩子，我看你们两个也很合的来。只是我听见说宝玉听见他三妹妹出门子，哭的了不的，你也该劝劝他。如今我的身子是十病九痛的，你二嫂子也是三日好两日不好。你还心地明白些，诸事也别说只管吞着不肯得罪人，将来这一番家事，都是你的担子。”宝钗答应着。王夫人又说道:“还有一件事，你二嫂子昨儿带了柳家媳妇的丫头来，说补在你们屋里。”宝钗道:“今日平儿才带过来，说是太太和二奶奶的主意。”王夫人道:“是呦，你二嫂子和我说，我想也没要紧，不便驳他的回。只是一件，我见那孩子眉眼儿上头也不是个很安顿的。起先为宝玉房里的丫头狐狸似的，我撵了几个，那时候你也知道，不然你怎么搬回家去了呢。如今有你，自然不比先前了。我告诉你，不过留点神儿就是了。你们屋里就是袭人那孩子还可以使得。”宝钗答应了，又说了几句话，便过来了。饭后到了探春那边，自有一番殷勤劝慰之言，不必细说。

次日，探春将要起身，又来辞宝玉。宝玉自然难割难分。探春便将纲常大体的话，说的宝玉始而低头不语，后来转悲作喜，似有醒悟之意。于是探春放心，辞别众人，竟上轿登程，水舟车陆而去。

先前众姊妹们都住在大观园中，后来贾妃薨后，也不修葺。到了宝玉娶亲，林黛玉一死，史湘云回去，宝琴在家住着，园中人少，况兼天气寒冷，李纨姊妹、探春、惜春等俱挪回旧所。到了花朝月夕，依旧相约顽耍。如今探春一去，宝玉病后不出屋门，益发没有高兴的人了。所以园中寂寞，只有几家看园的人住着，那日尤氏过来送探春起身，因天晚省得套车，便从前年在园里开通宁府的那个便门里走过去了。觉得凄凉满目，台榭依然，女墙一带都种作园地一般，心中怅然如有所失，因到家中，便有些身上发热，扎挣一两天，竟躺倒了。日间的发烧犹可，夜里身热异常，便谵语绵绵。贾珍连忙请了大夫看视，说感冒起的，如今缠经，入了足阳明胃经，所以谵语不清，如有所见，有了大秽即可身安。尤氏服了两剂，并不稍减，更加发起狂来。

贾珍着急，便叫贾蓉来打听外头有好医生再请几位来瞧瞧。贾蓉回道："前儿这位太医是最兴时的了，只怕我母亲的病不是药治得好的。"贾珍道："胡说，不吃药难道由他去罢。"贾蓉道："不是说不治。为的是前日母亲从西府去，回来是穿着园子里走来家的，一到了家就身上发烧，别是撞客着了罢。外头有个毛半仙，是南方人，卦起的很灵，不如请他来占卦占卦。看有信儿呢，就依着他，要是不中用，再请别的好大夫来。"贾珍听了，即刻叫人请来。坐在书房内喝了茶，便说："府上叫我，不知占什么事？"贾蓉道："家母有病，请教一卦。"毛半仙道："既如此，取净水洗手，设下香案，让我起出一课来看就是了。"一时下人安排定了。他便怀里掏出卦筒来，走到上头恭恭敬敬的作了一个揖，手内摇着卦筒，口里念道："伏以太极两仪，絪缊交感。图书出而变化不穷，神圣作而诚求必应。兹有信官贾某，为因母病，虔请伏羲、文王、周公、孔子四大圣人，鉴临在上，诚感则灵，有凶报凶，有吉报吉，先请内象三爻。"说着，将筒内的钱倒在盘内，说："有灵的头一爻就是交。”拿起来又摇了一摇，倒出来说是单。第三爻又是交，检起钱来，嘴里说是：“内爻已示，更请外象三爻，完成一卦。”起出来是单拆单。那毛半仙收了卦筒和铜钱，便坐下问道：“请坐，请坐。让我来细细的看看。这个卦乃是‘未济’之卦。世爻是第三爻，午火兄弟劫财，晦气是一定该有的。如今尊驾为母问病，用神是初爻，真是父母爻动出官鬼来。五爻上又有一层官鬼，我看令堂太夫人的病是不轻的。还好，还好，如今子亥之水休囚，寅木动而生火。世爻上动出一个子孙来，倒是克鬼的。况且日月生身，再隔两日子水官鬼落空，交到戌日就好了。但是父母爻上变鬼，恐怕令尊大人也有些关碍。就是本身世爻比劫过重，到了水旺土衰的日子也不好。”说完了，便撅着胡子坐着。贾蓉起先听他捣鬼，心里忍不住要笑，听他讲的卦理明白，又说生怕父亲也不好，便说道：“卦是极高明的，但不知我母亲到底是什么病？”毛半仙道：“据这卦上世爻午火变水相克，必是寒火凝结。若要断得清楚，揲蓍也不大明白，除非用大六壬才断得准。”贾蓉道：“先生都高明的么？”毛半仙道：“知道些。”贾蓉便要请教，报了一个时辰。毛先生便画了盘子，将神将排定。“算去是戌上白虎，这课叫做‘魄化课’。大凡白虎乃是凶将，乘旺象气受制，便不能为害。如今乘着死神死煞及时令囚死，则为饿虎，定是伤人。就如魄神受惊消散，故名‘魄化’。这课象说是人身丧鬼，忧患相仍，病多丧死，讼有忧惊。按象有日暮虎临，必定是傍晚得病的。象内说，凡占此课，必定旧宅有伏虎作怪，或有形响。如今尊驾为大人而占，正合着虎在阳忧男，在阴忧女。此课十分凶险呢。”贾蓉没有听完，唬得面上失色道：“先生说得很是。但与那卦又不大相合，到底有妨碍么？”毛半仙道：“你不用慌，待我慢慢的再看。”低着头又咕哝了一会子，便说：“好了，有救星了。算出巳上有贵神救解，谓之‘魄化魂归’。先忧后喜，是不妨事的。只要小心些就是了。”

贾蓉奉上卦金，送了出去，回禀贾珍，说是：“母亲的病是在旧宅傍晚得的，为撞着什么伏尸白虎。”贾珍道：“你说你母亲前日从园里走回来的，可不是那里撞着的。你还记得你二婶娘到园里去，回来就病了。他虽没有见什么，后来那些丫头老婆们都说是山子上一个毛烘烘的东西，眼睛有灯笼大，还会说话，把他二奶奶赶了回来，唬出一场病来。”贾蓉道:“怎么不记得？我还听见宝叔家的茗烟说，晴雯是做了园里芙蓉花的神了，林姑娘死了半空里有音乐，必定他也是管什么花儿了。想这许多妖怪在园里，还了得。头里人多阳气重，常来常往不打紧。如今冷落的时候，母亲打那里走，还不知踹了什么花儿呢，不然就是撞着那一个。那卦也还算是准的。”贾珍道:“到底说有妨碍没有呢？”贾蓉道“据他说，到了戌日就好了。只愿早两天好，或除两天才好。”贾珍道:“这又是什么意思？”贾蓉道:“那先生若是这样准，生怕老爷也有些不自在。”

正说着，里头喊说:“奶奶要坐起到那边园里去，丫头们都按捺不住。”贾珍等进去安慰定了。只闻尤氏嘴里乱说:“穿红的来叫我，穿绿的来赶我。”地下这些人又怕又好笑。贾珍便命人买些纸钱送到园里烧化，果然那夜出了汗，便安静些。到了戌日，也就渐渐的好起来。由是一人传十，十人传百，都说大观园中有了妖怪。唬得那些看园的人也不修花补树，灌溉果蔬。起先晚上不敢行走，以致鸟兽逼人，甚至日里也是约伴持械而行。过了些时，果然贾珍患病。竟不请医调治，轻则到园化纸许愿，重则详星拜斗。贾珍方好，贾蓉等相继而病。如此接连数月，闹得两府俱怕。从此风声鹤唳，草木皆妖。园中出息，一概全蠲，各房月例重新添起，反弄得荣府中更加拮据。那些看园的没有了想头，个个要离此处，每每造言生事，便将花妖树怪编派起来，各要搬出，将园门封固，再无人敢到园中。以致崇楼高阁，琼馆瑶台，皆为禽兽所栖。

笺证

圆形只有一个中心，椭圆却有两个焦点，这就派生出椭圆的离心率，它的旋转也就出现了偏离的角度。这个椭圆定理借用为叙事学的“偏离”原则，成了小说做文章的极好入手处。《红楼梦》有荣宁二府，荣国府有贾赦、贾政二房，二府二房使得整部小说如椭圆之有双圆心，叙事运转，比起单圆心就显得灵便得多。第一〇二回“宁国府骨肉病灾祲”，就是在双圆心上往返运行，在运行中呈现不祥之气，或者妖气，是如何乘着心理危机致人病灾的。这就把贾府写成更深一层的“病人院”，甚至把大观园写成了“鬼园”，已经是正不压邪、阳气压不倒阴气了。东府里的奶奶尤氏到大观园秋爽斋看望将要远嫁的探春，晚上套车从便门回宁国府。觉得凄凉满目，台榭依然，回到家中就身上发热，谵语绵绵，竟至于发起狂来。贾蓉请毛半仙来占卦，神神叨叨，说是撞着什么伏尸白虎。于是一传十，十传百，都说大观园中有了妖怪。如此接连数月，闹得两府俱怕。从此风声鹤唳，草木皆妖。那些看园的婆子个个要离此处，每每造言生事，便将花妖树怪编派起来，各要搬出，将园门封固，再无人敢到园中。以致崇楼高阁，琼馆瑶台，皆为禽兽所栖。在民俗信仰中，衰落的门庭多见妖祥，妖祥怪异有如丝丝冷风侵入人们的骨髓。对于这种疑心生暗鬼的恶性循环，早在公元1世纪，即《红楼梦》以前一千七百年的东汉王充就在《论衡·订鬼篇》中说过：“凡天地之间有鬼，非人死精神为之也，皆人思念存想之所致也。致之何由？由于疾病。人病则忧惧，忧惧见鬼出……病者困剧身体痛，则谓鬼持棰杖殴击之，若见鬼把椎锁绳锁立守其旁，病痛恐惧，妄见之也。初疾畏惊，见鬼之来。疾困恐死，见鬼之怒。身自疾痛，见鬼之击，皆存想虚致，未必有其实也……人且吉凶，妖祥先见。人之且死，见百怪，鬼在百怪之中。”[1]家门的萧条冷落，使得鬼也从人的恐惧思念存想中产生。写尤氏在大观园撞着什么伏尸白虎，就是衰落家族人物的思念存想作怪。何为伏尸白虎？离《红楼梦》成书不算太远的清康熙年间，题为“野鹤老人”著的《增删卜易》在“旧宅”章中说：“鬼临白虎，必有伏尸；鬼临玄武，山魈水怪。”大家族的旧宅，代代相传几百年，就会出现鬼鬼怪怪的问题，发生数不清的怪诞离奇故事，这也是发生伏尸白虎之灾祥的心理缘由。有所谓“时衰鬼弄人”“疑心生暗鬼”，社会、家族、环境的变故，压迫人们产生心理危机，于无所适从的沮丧、忧伤中导致思维和行为出现了荒唐的紊乱，令人感觉到愚妄的神经病的幽灵在宁府徘徊。如宋代吕本中《师友杂志》说：“尝闻人说鬼怪者，以为必无此理，以为疑心生暗鬼，最是切要议论。”在“疑”与“生”之间，心魔产生妖魔，迷信鬼神的民俗信仰成了基本的心理桥梁。

却说晴雯的表兄吴贵正住在园门口，他媳妇自从晴雯死后，听见说作了花神，每日晚间便不敢出门。这一日吴贵出门买东西，回来晚了。那媳妇子本有些感冒着了，日间吃错了药，晚上吴贵到家，已死在炕上。外面的人因那媳妇子不妥当，便都说妖怪爬过墙吸了精去死的。于是老太太着急的了不得，替另派了好些人将宝玉的住房围住，巡逻打更。这些小丫头们还说，有的看见红脸的，有的看见很俊的女人的，吵嚷不休。唬得宝玉天天害怕。亏得宝钗有把持的，听得丫头们混说，便唬吓着要打，所以那些谣言略好些。无奈各房的人都是疑人疑鬼的不安静，也添了人坐更，于是更加了好些食用。

独有贾赦不大很信，说：“好好园子，那里有什么鬼怪？”挑了个风清日暖的日子，带了好几个家人，手内持着器械，到园踹看动静，众人劝他不依。到了园中，果然阴气逼人。贾赦还扎挣前走，跟的人都探头缩脑。内中有个年轻的家人，心内已经害怕，只听呼的一声，回过头来，只见五色灿烂的一件东西跳过去了，唬得嗳哟一声，腿子发软，便躺倒了。贾赦回身查问，那小子喘嘘嘘的回道：“亲眼看见

❶（东汉）王充著，袁华忠、方家常译注：《论衡全译》，贵州人民出版社1993年版，第1379—1391页。

一个黄脸红须绿衣青裳一个妖怪走到树林子后头山窟窿里去了。”贾赦听了，便也有些胆怯，问道：“你们都看见么？”有几个推顺水船儿的回说：“怎么没瞧见，因老爷在头里，不敢惊动罢了。奴才们还撑得住。”说得贾赦害怕，也不敢再走，急急的回来，吩咐小子们：“不要提及，只说看遍了，没有什么东西。”心里实也相信，要到真人府里请法官驱邪。岂知那些家人无事还要生事，今见贾赦怕了，不但不瞒着，反添些穿凿，说得人人吐舌。

贾赦没法，只得请道士到园作法事驱邪逐妖。择吉日先在省亲正殿上铺排起坛场，上供三清圣像，旁设二十八宿并马、赵、温、周四大将，下排三十六天将图像。香花灯烛设满一堂，钟鼓法器排两边，插着五方旗号。道纪司派定四十九位道众的执事，净了一天的坛。三位法官行香取水毕，然后擂起法鼓，法师们俱戴上七星冠，披上九宫八卦的法衣，踏着登云履，手执牙笏，便拜表请圣。又念了一天的消灾驱邪接福的《洞元经》，以后便出榜召将。榜上大书“太乙混元上清三境灵宝符录演教大法师行文敕令本境诸神到坛听用”。

那日两府上下爷们仗着法师擒妖，都到园中观看，都说：“好大法令，呼神遣将的闹起来，不管有多少妖怪也唬跑了。”大家都挤到坛前。只见小道士们将旗幡举起，按定五方站住，伺候法师号令。三位法师，一位手提宝剑拿着法水，一位捧着七星皂旗，一位举着桃木打妖鞭，立在坛前。只听法器一停，上头令牌三下，口中念念有词，那五方旗便团团散布。法师下坛，叫本家领着到各处楼阁殿亭房廊屋舍山崖水畔洒了法水，将剑指画了一回，回来连击牌令，将七星旗祭起，众道士将旗幡一聚，接下打怪鞭望空打了三下。本家众人都道拿住妖怪，争着要看，及到跟前，并不见有什么形响。只见法师叫众道士拿取瓶罐，将妖收下，加上封条。法师朱笔书符收禁，令人带回在本观塔下镇住，一面撤坛谢将。

贾赦恭敬叩谢了法师。贾蓉等小弟兄背地都笑个不住，说：“这样的大排场，我打量拿着妖怪给我们瞧瞧到底是些什么东西，那里知道是这样收罗，究竟妖怪拿去了没有？”贾珍听见骂道：“糊涂东西，妖怪原是聚则成形，散则成气，如今多少神将在这里，还敢现形吗？无非把这妖气收了，便不作祟，就是法力了。”众人将信将疑，且等不见响动再说。那些下人只知妖怪被擒，疑心去了，便不大惊小怪，往后果然没人提起了。贾珍等病愈复原，都道法师神力。独有一个小子笑说道：“头里那些响动我也不知道，就是跟着大老爷进园这一日，明明是个大公野鸡飞过去了，拴儿吓离了眼，说得活像。我们都替他圆了个谎，大老爷就认真起来。倒瞧了个很热闹的坛场。”众人虽然听见，那里肯信，究无人住。

一日，贾赦无事，正想要叫几个家下人搬住园中，看守房屋，惟恐夜晚藏匿奸人。方欲传出话去，只见贾琏进来，请了安，回说今日到他大舅家去听见一个荒信，“说是二叔被节度使参进来，为的是失察属员，重征粮米，请旨革职的事。”贾赦听了吃惊道：“只怕是谣言罢。前儿你二叔带书子来说，探春于某日到了任所，择了某日吉时送了你妹子到了海疆，路上风恬浪静，合家不必挂念。还说节度认亲，倒设席贺喜，那里有做了亲戚倒提参起来的。且不必言语，快到吏部打听明白就来回我。”

贾琏即刻出去，不到半日回来便说：“才到吏部打听，果然二叔被参。题本上去，亏得皇上的恩典，没有交部，便下旨意，说是失察属员，重征粮米，苛虐百姓，本应革职，姑念初膺外任，不谙吏治，被属员蒙蔽，着降三级，加恩仍以工部员外上行走，并令即日回京。这信是准的。正在吏部说话的时候，来了一个江西引见知县，说起我们二叔，是很感激的，但说是个好上司，只是用人不当，那些家人在外招摇撞骗，欺凌属员，已经把好名声都弄坏了。节度大人早已知道，也说我们二叔是个好人。不知怎么样这回又参了。想是忒闹得不好，恐将来弄出大祸，所以借了一件失察的事情参的，倒是避重就轻的意思也未可知。”

贾赦未听说完，便叫贾琏："先去告诉你婶子知道，且不必告诉老太太就是了。"贾琏去回王夫人。未知有何话说，下回分解。

笺证

第一〇二回"大观园符水驱妖孽"，叙写贾珍请道教法师来大观园作法事驱邪逐妖。作法驱妖作为民俗信仰，起源很早。儒家典籍《中庸》就说："至诚之道，可以前知。国家将兴，必有祯祥。国家将亡，必有妖孽。见乎蓍龟，动乎四体。祸福将至：善，必先知之；不善，必先知之。故至诚如神。"[2] 比起儒家典籍，神怪书对驱除妖孽就写得更生动。东汉应劭《风俗通义》卷八说："谨按《黄帝书》：上古之时，有神荼与郁垒昆弟二人，性能执鬼。度朔山上有桃树，二人于树下简阅百鬼，无道理妄为人祸害，神荼与郁垒缚以苇索，执以食虎。于是县官常以腊除夕饰桃人，垂苇茭，画虎于门，皆追效于前事，冀以御凶也。"[3] 民间传说善治恶鬼的神荼、郁垒，后来如南朝梁宗懔《荆楚岁时记》所说"绘二神贴户左右，左神荼，右郁垒，俗谓之门神"，寄托了中国民间消灾免祸、趋吉避凶的美好愿望。唐以后，铁面虬鬓、相貌奇异的钟馗更是除邪镇妖的驱魔大仙。北宋科学家沈括《梦溪笔谈》卷三记载："禁中旧有吴道子画钟馗，其卷首有唐人题记曰：'明皇开元讲武骊山，岁暮，翠华还宫，上不怿，因痁作，将逾月，巫医殚伎不能致良。忽一夕，梦二鬼，一大、一小。其小者衣绛，犊鼻屦，一足跣，一足悬一屦，搢一大筠纸扇，窃太真紫香囊乃上玉笛，绕殿而奔。其大者戴帽，衣蓝裳，袒一臂，鞹双足，乃捉其小者，刳其目，然后擘而啖之。上问大者曰：尔何人也。奏云：臣钟馗氏，即武举不捷之士也，誓与陛下除天下之妖孽。梦觉，痁若顿瘳，而体益壮。乃诏画工吴道子，告之以梦，曰：试为朕如梦图之。道子奉旨，恍若有睹，立笔图讫以进，上瞠视久之，抚几曰：是卿与朕同梦耳，何肖若此哉！道子进曰：陛下忧劳宵旰，以衡石妨膳，而痁得犯之。果有蠲邪之物，以卫圣德。因舞蹈，上千万岁寿。上大悦，劳之百金，批曰：灵祇应梦，厥疾全瘳。烈士除妖，实须称奖。因图异状，颁显有司。岁暮驱除，可宜遍识，以祛邪魅，兼静妖氛。仍告天下，悉令知委。’熙宁五年，上令画工摹拓镌板，印赐两府辅臣各一本。是岁除夜，遣入内供奉官梁楷就东西府给赐钟馗象。观此题相记，似始于开元时。皇祐中，金陵上元县发一冢，有石志，乃宋征西将军宗悫母郑夫人墓。夫人，汉大司农郑众女也。悫有妹名钟馗。后魏有李钟馗，隋将乔钟馗、杨钟馗。然则钟馗之名，从来亦远矣，非起于开元之时。开元之时，始有此画耳。”[4]从文学史的宏观视角看，道教神人捉妖伏怪在明清时代的小说中，属于家常便饭。神仙鬼怪是话本的重要内容之一，形成了以驱逐或擒拿鬼怪为内容、以道教信仰为宗旨的道教话本小说。如《西山一窟鬼》《西湖三塔记》《定州三怪》极力描绘精灵鬼怪，渲染阴森恐怖气氛。冯梦龙的《醒世恒言》《警世通言》《喻世明言》和凌濛初的《初刻拍案惊奇》与《二刻拍案惊奇》合称“三言二拍”，表现道教神仙观念或道教生活的就有《勘皮靴单证二郎神》《吕洞宾飞剑斩黄龙》《杜子春三入长安》《李道人独步云门》《一窟鬼癞道人除怪》《旌阳宫铁树镇妖》等。就以《旌阳宫铁树镇妖》为例，它以西山（今南昌附近）玉隆万寿宫的铁树为净明道法之象征，博采晋唐以来道门及民间流行的许逊修道传教、杀蛇斩蛟等故事，把宋代以前道教杂传类作品《十二真君传》等材料通俗化，描述了许逊得到玉帝赐予的两把神剑，“斩魅除妖，济民救世”。因孽龙“喜则化人形而淫人间之女子，怒则变精怪而兴陆地之波涛”，“常欲把江西数郡滚出一个大中海”。许逊就布下“天罗地网”，以铁树镇井，将孽龙系于铁树之上，使之再无翻身之日。这里折射了民间扬善祛恶的愿望，是江右水神文化的典型篇章。至于长篇章回小说，如鲁迅《中国小说的历史变迁》第

❷（汉）郑玄注，（唐）孔颖达疏：《礼记正义》，北京大学出版社1999年版，第1449页。

❸（东汉）应劭著，赵泓译注：《风俗通义全译》，贵州人民出版社1998年版，第316页。

❹（宋）沈括：《梦溪笔谈》，上海古籍出版社2015年版，第210—211页。

五讲《明小说之两大主潮》所言:“明之中叶，即嘉靖前后，小说出现的很多，其中有两大主潮：一、讲神魔之争的；二、讲世情的。此思潮之起来，也受了当时宗教，方士之影响的。宋宣和时，即非常崇奉道流；元则佛道并奉，方士的势力也不小；至明，本来是衰下去的了，但到成化时，又抬起头来，其时有方士李孜，释家继晓，正德时又有色目人于永，都以方技杂流拜官，因之妖妄之说日盛，而影响及于文章。况且历来三教之争，都无解决，大抵是互相调和，互相容受，终于名为‘同源’而后已。凡有新派进来，虽然彼此目为外道，生些纷争，但一到认为同源，即无歧视之意，须俟后来另有别派，它们三家才又自称正道，再来攻击这非同源的异端。当时的思想，是极模糊的，在小说中所写的邪正，并非儒和佛，或道和佛，或儒道释和白莲教，单不过是含胡的彼此之争，我就总括起来给他们一个名目，叫做神魔小说。此种主潮，可作代表者，有三部小说:(一)《西游记》;(二)《封神传》;(三)《三宝太监西洋记》。”[5]比如《封神演义》，以姜子牙辅佐周武王讨伐商纣为主线，描写了昆仑山元始天尊为代表的阐教，与东海蓬莱岛通天教主为代表的截教诸神仙斗智斗法、破阵斩将封神的故事，展示了腾云驾雾、呼风唤雨、搬山移海、撒豆成兵、水遁、土遁、风火轮、火尖枪的法术力量。如姜太公、哪吒、杨戬等人物，都塑造得虎虎有生气，最后以姜太公封诸神和周武王封诸侯结尾。在简明的历史线索之旁，点缀着大量民间传说，贯穿着道教的信仰。再比如明代邓志谟撰写的《吕仙飞剑记》交代神剑来历说:“此剑，用昆仑山所产之铜，女娲炼石之炭，老君却魔之扇，祝融烧天之火煅炼而成，秉阴阳之纯粹，凛雪霜之寒金芒，一断烦恼，二断色欲，三断贪嗔。”[6]这段话来源于《纯阳帝君神化妙通纪》卷二《密印剑法》，以及《吕祖志》卷一所录吕洞宾《自记》，在捋扯道教经籍的同时，重组、改编或创造了神仙道法，描写纯阳祖师吕洞宾得到火龙真人所赠雌雄二剑，斩百丈长蛟、白额大虫，布法除妖，济世利民，从而将唐朝以来流行于民间或见于笔记、小说、戏曲中的故事杂凑在一起，推进了道教信仰的通俗化、民间化进程。与这类神魔小说形成强烈的反差，《红楼梦》属于鲁迅所说的“世情书”，因此描写贾珍请来三位道教法师作法驱妖，就带有装模作样、蒙人耳目的做戏意味。三位法师，一位手提宝剑拿着法水，一位捧着七星皂旗，一位举着桃木打妖鞭，立在坛前。只听法器一停，上头令牌三下，口中念念有词，那五方旗便团团散布。法师下坛，叫本家领着到各处楼阁殿亭房廊屋舍山崖水畔洒了法水，将剑指画了一回，回来连击牌令，将七星旗祭起，众道士将旗幡一聚，接下打怪鞭望空打了三下。本家众人都道拿住妖怪，争着要看，及到跟前，并不见有什么形响。只见法师叫众道士拿取瓶罐，将妖收下，加上封条。法师朱笔书符收禁，令人带回在本观塔下镇住，一面撤坛谢将。这种写法与神魔小说大肆渲染斗法伏妖的场面迥异其趣，状写法师施法捉妖，装神弄鬼，简直是将法术写成了骗术。连贾蓉等人都怀疑"究竟妖怪拿去了没有？"在贾珍等人病愈复原，称道法师神力的时候，却让一个下人小子笑说："跟着大老爷进园这一日，明明是个大公野鸡飞过去了，拴儿吓离了眼，说得活像（亲眼看见一个黄脸红须绿衣青裳的妖怪走到树林子后头山窟窿里去了）。我们都替他圆了个谎，大老爷就认真起来。倒瞧了个很热闹的坛场。"这是解构的写法，就有如针扎气球，一下子就气泄球瘪了。世情小说在这里打了神怪小说一个耳光，响得嘎巴脆。可见《红楼梦》后四十回写大观园的阴森鬼怪和对其驱逐擒拿，遵循的依然是世情书的原则，而没有掉入道教神魔书的窠臼。它煞有介事地描写法师们神神叨叨的仪轨程序，从而以活灵活现的形态，对鬼怪妖孽的民俗信仰结构进行质疑、折解，使之分裂或解体，破坏那些被认为是约定俗成或天经地义的信条，在质疑、折解、分裂或解体的过程中，生成、转换出新的意义，启迪人们指着鬼影笑人生，跳出鬼影看人生。

❺ 鲁迅：《鲁迅全集》（编年版，第四卷），人民文学出版社2014年版，第804—805页。

❻（明）杨尔曾、（明）邓志谟、（清）汪象旭：《八仙全书》，春风文艺出版社1987年版，第307页。

第一〇二回

施毒计金桂自焚身　昧真禅雨村空遇旧

话说贾琏到了王夫人那边，一一的说了。次日到了部里打点停妥，回来又到王夫人那边，将打点吏部之事告知。王夫人便道："打听准了么？果然这样，老爷也愿意，合家也放心。那外任是何尝做得的。若不是那样的参回来，只怕叫那些混帐东西把老爷的性命都坑了呢。"贾琏道："太太那里知道？"王夫人道："自从你二叔放了外任，并没有一个钱拿回来，把家里的倒掏摸了好些去了。你瞧那些跟老爷去的人，他男人在外头不多几时，那些小老婆子们便金头银面的妆扮起来了，可不是在外头瞒着老爷弄钱？你叔叔便由着他们闹去，若弄出事来，不但自己的官做不成，只怕连祖上的官也要抹掉了呢。"贾琏道："婶子说得很是。方才我听见参了，吓的了不得，直等打听明白才放心。也愿意老爷做个京官，安安逸逸的做几年，才保得住一辈子的声名。就是老太太知道了，倒也是放心的，只要太太说得宽缓些。"王夫人道："我知道，你到底再去打听打听。"

贾琏答应了，才要出来，只见薛姨妈家的老婆子慌慌张张的走来，到王夫人里间屋内，也没说请安，便道："我们太太叫我来告诉这里的姨太太，说我们家了不得了，又闹出事来了。"王夫人听了，便问："闹出什么事来？"那婆子又说："了不得，了不得！"王夫人哼道："糊涂东西，有要紧事你到底说啊。"婆子便说："我们家二爷不在家，一个男人也没有，这件事情出来怎么办。要求太太打发几位爷们去料理料理。"王夫人听着不懂，便急着道："究竟要爷们去干什么事？"婆子道："我们大奶奶死了。"

王夫人听了，便啐道："这种女人死，死了罢咧，也值得大惊小怪的。"婆子道："不是好好儿死的，是混闹死的。快求太太打发人去办办。"说着就要走。王夫人又生气，又好笑，说："这婆子好混帐。琏哥儿，倒不如你过去瞧瞧，别理那糊涂东西。"那婆子没听见打发人去，只听见说别理他，他便赌气跑回去了。这里薛姨妈正在着急，再等不来，好容易见那婆子来了，便问："姨太太打发谁来？"婆子叹说道："人最不要有急难事，什么好亲好眷，看来也不中用。姨太太不但不肯照应我们，倒骂我糊涂。"薛姨妈听了，又气又急道："姨太太不管，你姑奶奶怎么说了。"婆子道："姨太太既不管，我们家的姑奶奶自然更不管了，没有去告诉。"薛姨妈啐道："姨太太是外人，姑娘是我养的，怎么不管？"婆子一时省悟道："是啊，这么着我还去。"

正说着，只见贾琏来了，给薛姨妈请了安，道了恼，回说："我婶子知道弟妇死了，问老婆子，再说不明，着急得很，打发我来问个明白，还叫我在这里料理。该怎么样，姨太太只管说了办去。"薛姨妈本来气得干哭，听见贾琏的话，便笑着说："倒要二爷费心。我说姨太太是待我们最好的，都是这老货说不清，几乎误了事。请二爷坐下，等我慢慢的告诉你。"便说："不为别的事，为的是媳妇不是好死的。"贾琏道："想是为兄弟犯事怨命死的？"薛姨妈道："若这样倒好了。前几个月头里，他天天蓬头赤脚的疯闹。后来听见你兄弟问了死罪，他虽哭了一场，以后倒擦脂抹粉的起来。我若说他，又要吵个了不得，我总不理他。有一天不知怎么样来要香菱去作伴，我说：'你放着宝蟾，还要香菱做什么，况且香菱是你不爱的，何苦招气生？'他必不依。我没法儿，便叫香菱到他屋里去。可怜这香菱不敢违我的话，带着病就去了。谁知道他待香菱很好，我倒喜欢。你大妹妹知道了，说：‘只怕不是好心罢。’我也不理会。头几天香菱病着，他倒亲手去做汤给他吃，那知香菱没福，刚端到跟前，他自己烫了手，连碗都砸了。我只说必要迁怒在香菱身上，他倒没生气，自己还拿笤帚扫了，拿水泼净了地，仍旧两个人很好。昨儿晚上，又叫宝蟾去做了两碗汤来，自己说同香菱一块儿喝。隔了一回，听见他屋里两只脚蹬响，宝蟾急的乱嚷，以后香菱也嚷着扶着墙出来叫人。我忙着看去，只见媳妇鼻子眼睛里都流出血来，在地下乱滚，两手在心口乱抓，两脚乱蹬，把我就吓死了，问他也说不出来，只管直嚷，闹了一回就死了。我瞧那光景是服了毒的。宝蟾便哭着来揪香菱，说他把药药死了奶奶了。我看香菱也不是这么样的人，再者他病的起还起不来，怎么能药人呢？无奈宝蟾一口咬定。我的二爷，这叫我怎么办。只得硬着心肠叫老婆子们把香菱捆了，交给宝蟾，便把房门反扣了。我同你二妹妹守了一夜，等府里的门开了才告诉去的。二爷你是明白人，这件事怎么好？”贾琏道：“夏家知道了没有？”薛姨妈道：“也得撕掳明白了才好报啊。”贾琏道：“据我看起来，必要经官才了得下来。我们自然疑在宝蟾身上，别人便说宝蟾为什么药死他奶奶，也是没答对的。若说在香菱身上，竟还装得上。”正说着，只见荣府女人们进来说：“我们二奶奶来了。”贾琏虽是大伯子，因从小儿见的，也不回避。宝钗进来见了母亲，又见了贾琏，便往里间屋里同宝琴坐下。薛姨妈也将前事告诉一遍。宝钗便说：“若把香菱捆了，可不是我们也说是香菱药死的了么？妈妈说这汤是宝蟾做的，就该捆起宝蟾来问他呀。一面便该打发人报夏家去，一面报官的是。”薛姨妈听见有理，便问贾琏。贾琏道：“二妹子说得很是。报官还得我去，托了刑部里的人，相验问口供的时候有照应得。只是要捆宝蟾放香菱倒怕难些。”薛姨妈道：“并不是我要捆香菱，我恐怕香菱病中受怨着急，一时寻死，又添了一条人命，才捆了交给宝蟾，也是一个主意。”贾琏道：“虽是这么说，我们倒帮了宝蟾了。若要放都放，要捆都捆，他们三个人是一处的。只要叫人安慰香菱就是了。”薛姨妈便叫人开门进去，宝钗就派了带来几个女人帮着捆宝蟾。只见香菱已哭得死去活来，宝蟾反得意洋洋，以后见人要捆他，便乱嚷起来。那禁得荣府的人吆喝着，也就捆了。竟开着门，好叫人看着。这里报夏家的人已经去了。

那夏家先前不住在京里，因近年消索，又记挂女儿，新近搬进京来。父亲已没，只有母亲，又过继了一个混帐儿子，把家业都花完了，不时的常到薛家。那金桂原是个水性人儿，那里守得住空房，况兼天天心里想念薛蝌，便有些饥不择食的光景。无奈他这一干兄弟又是个蠢货，虽也有些知觉，只是尚未入港。所以金桂时常回去，也帮贴他些银钱。这些时正盼金桂回家，只见薛家的人来，心里就想又拿什么东西来了。不料说这里姑娘服毒死了，他便气得乱嚷乱叫。金桂的母亲听见了，更哭喊起来，说:“好端端的女孩儿在他家，为什么服了毒呢?”哭着喊着的，带了儿子，也等不得雇车，便要走来。那夏家本是买卖人家，如今没了钱，那顾什么脸面。儿子头里就走，他跟了一个破老婆子出了门，在街上啼啼哭哭的雇了一辆破车，便跑到薛家。

进门也不打话，便儿一声肉一声的要讨人命。那时贾琏到刑部托人，家里只有薛姨妈、宝钗、宝琴，何曾见过个阵仗，都吓得不敢则声。便要与他讲理，他们也不听，只说:“我女孩儿在你家得过什么好处，两口朝打暮骂的。闹了几时，还不容他两口子在一处，你们商量着把女婿弄在监里，永不见面。你们娘儿们仗着好亲戚受用也罢了，还嫌他碍眼，叫人药死了他，倒说是服毒。他为什么服毒?”说着，直奔着薛姨妈来。薛姨妈只得后退，说:“亲家太太且请瞧瞧你女儿，问问宝蟾，再说歪话不迟。”那宝钗、宝琴因外面有夏家的儿子，难以出来拦护，只在里边着急。恰好王夫人打发周瑞家的照看，一进门来，见一个老婆子指着薛姨妈的脸哭骂。周瑞家的知道必是金桂的母亲，便走上来说："这位是亲家太太么？大奶奶自己服毒死的，与我们姨太太什么相干，也不犯这么遭塌呀。"那金桂的母亲问："你是谁？"薛姨妈见有了人，胆子略壮了些，便说："这就是我亲戚贾府里的。"金桂的母亲便说道："谁不知道，你们有仗腰子的亲戚，才能够叫姑爷坐在监里。如今我的女孩儿倒白死了不成？"说着，便拉薛姨妈说："你到底把我女儿怎样弄杀了？给我瞧瞧。"周瑞家的一面劝说："只管瞧瞧，用不着拉拉扯扯。"便把手一推。夏家的儿子便跑进来不依道："你仗着府里的势头儿来打我母亲么？"说着，便将椅子打去，却没有打着。里头跟宝钗的人听见外头闹起来，赶着来瞧，恐怕周瑞家的吃亏，齐打伙的上去半劝半喝。那夏家的母子索性撒起泼来，说："知道你们荣府的势头儿。我们家的姑娘已经死了，如今也都不要命了。"说着，仍奔薛姨妈拼命。地下的人虽多，那里挡得住，自古说的"一人拼命，万夫莫当"。

正闹到危急之际，贾琏带了七八个家人进来，见是如此，便叫人先把夏家的儿子拉出去，便说："你们不许闹，有话好好儿的说。快将家里收拾收拾，刑部里头的老爷们就来相验了。"金桂的母亲正在撒泼，只见来了一位老爷，几个在头里吆喝，那些人都垂手侍立。金桂的母亲见这个光景，也不知是贾府何人，又见他儿子已被众人揪住，又听见说刑部来验，他心里原想看见女儿尸首先闹了一个稀烂再去喊官去，不承望这里先报了官，也便软了些。薛姨妈已吓糊涂了，还是周瑞家的回说："他们来了，也没有去瞧他姑娘，便作践起姨太太来了。我们为好劝他，那里跑进一个野男人，在奶奶们里头混撒村混打，这可不是没有王法了。"贾琏道："这回子不用和他讲理，等一会子打着问他，说：男人有男人的所在，里头都是些姑娘奶奶们，况且有他母亲还瞧不见他们姑娘么，他跑进来不是要打抢来了么？"家人们做好做歹压伏住了。周瑞家的仗着人多，便说："夏太太，你不懂事，既来了，该问个青红皂白。你们姑娘是自己服毒死了，不然便是宝蟾药死他主子了，怎么不问明白，又不看尸首，就想讹人来了呢，我们就肯叫一个媳妇儿白死了不成。现在把宝蟾捆着，因为你们姑娘必要点病儿，所以叫香菱陪着他，也在一个屋里住，故此两个人都看守在那里，原等你们来眼看看刑部相验，问出道理来才是啊。”

金桂的母亲此时势孤，也只得跟着周瑞家的到他女孩儿屋里，只见满脸黑血，直挺挺的躺在炕上，便叫哭起来。宝蟾见是他家的人来，便哭喊说：“我们姑娘好意待香菱，叫他在一块儿住，他倒抽空儿药死我们姑娘。”那时薛家上下人等俱在，便齐声吆喝道：“胡说，昨日奶奶喝了汤才药死的，这汤可不是你做的？”宝蟾道：“汤是我做的，端了来我有事走了，不知香菱起来放些什么在里头药死的。”金桂的母亲听未说完，就奔香菱。众人拦住。薛姨妈便道：“这样子是砒霜药的，家里决无此物。不管香菱、宝蟾，终有替他买的，回来刑部少不得问出来，才赖不去。如今把媳妇权放平正，好等官来相验。”众婆子上来抬放。宝钗道：“都是男人进来，你们将女人动用的东西检点检点。”只见炕褥底下有一个揉成团的纸包儿。金桂的母亲瞧见便拾起，打开看时，并没有什么，便撩开了。宝蟾看见道：“可不是有了凭据了。这个纸包儿我认得，头几天耗子闹得慌，奶奶家去与舅爷要的，拿回来搁在首饰匣内，必是香菱看见了拿来药死奶奶的。若不信，你们看看首饰匣里有没有了。”

金桂的母亲便依着宝蟾的所在取出匣子，只有几支银簪子。薛姨妈便说：“怎么好些首饰都没有了。”宝钗叫人打开箱柜，俱是空的，便道：“嫂子这些东西被谁拿去，这可要问宝蟾。”金桂的母亲心里也虚了好些，见薛姨妈查问宝蟾，便说：“姑娘的东西他那里知道？”周瑞家的道：“亲家太太别这么说呢。我知道宝姑娘是天天跟着大奶奶的，怎么说不知。”这宝蟾见问得紧，又不好胡赖，只得说道：“奶奶自己每每带回家去，我管得么。”众人便说：“好个亲家太太，哄着拿姑娘的东西，哄完了叫他寻死来讹我们。好罢了，回来相验便是这么说。”宝钗叫人：“到外头告诉琏二爷说，别放了夏家的人。”

里面金桂的母亲忙了手脚，便骂宝蟾道：“小蹄子别嚼舌头了，姑娘几时拿东西到我家去？”宝蟾道：“如今东西是小，给姑娘偿命是大。”宝琴道：“有了东西就有偿命的人了。快请琏二哥哥问准了夏家的儿子买砒霜的话，回来好回刑部里的话。”金桂的母亲着了急道：“这宝蟾必是撞见鬼了，混说起来，我们姑娘何尝买过砒霜？若这么说，必是宝蟾药死了的。”宝蟾急的乱嚷说：“别人赖我也罢了，怎么你们也赖起我来呢。你们不是常和姑娘说，叫他别受委屈，闹得他们家破人亡，那时将东西卷包儿一走，再配一个好姑爷。这个话是有的没有？”金桂的母亲还未及答言，周瑞家的便接口说道：“这是你们家的人说的，还赖什么呢？”金桂的母亲恨的咬牙切齿的骂宝蟾说：“我待你不错呀，为什么你倒拿话来葬送我呢。回来见了官，我就说是你药死姑娘的。”宝蟾气得瞪着眼说：“请太太放了香菱罢，不犯着白害别人。我见官自有我的话。”

宝钗听出这个话头儿来了，便叫人反倒放开了宝蟾，说：“你原是个爽快人，何苦白冤在里头。你有话索性说了，大家明白，岂不完了事了呢？”宝蟾也怕见官受苦，便说：“我们奶奶天天抱怨说：‘我这样人，为什么碰着这个瞎眼的娘，不配给二爷，偏给了这么个混帐糊涂行子。要是能够同二爷过一天，死了也是愿意的。’说到那里，便恨香菱。我起初不理会，后来看见与香菱好了，我只道是香菱教他什么了，不承望昨儿的汤不是好意。”金桂的母亲接说道：“益发胡说了，若是要药香菱，为什么倒药了自己呢？”宝钗便问道：“香菱，昨日你喝汤来着没有？”香菱道：“头几天我病得抬不起头来，奶奶叫我喝汤，我不敢说不喝，刚要扎挣起来，那碗汤已经洒了，倒叫奶奶收拾了个难，我心里很过不去。昨儿听见叫我喝汤，我喝不下去，没有法儿正要喝的时候儿呢，偏又头晕起来。只见宝蟾姐姐端了去。我正喜欢，刚合上眼，奶奶自己喝着汤，叫我尝尝，我便勉强也喝了。”宝蟾不待说完，便道：“是了，我老实说罢。昨儿奶奶叫我做两碗汤，说是和香菱同喝。我气不过，心里想着香菱那里配我做汤给他喝呢。我故意的一碗里头多抓了一把盐，记了暗记儿，原想给香菱喝的。刚端进来，奶奶却拦着我到外头叫小子们雇车，说今日回家去。我出去说了，回来见盐多的这碗汤在奶奶跟前呢，我恐怕奶奶喝着咸，又要骂我。正没法的时候，奶奶往后头走动，我眼错不见就把香菱这碗汤换了过来。也是合该如此，奶奶回来就拿了汤去到香菱床边喝着，说：'你到底尝尝。'那香菱也不觉咸。两个人都喝完了。我正笑香菱没嘴道儿，那里知道这死鬼奶奶要药香菱，必定趁我不在将砒霜撒上了，也不知道我换碗，这可就是天理昭彰，自害其身了。"于是众人往前后一想，真正一丝不错，便将香菱也放了，扶着他仍旧睡在床上。

不说香菱得放，且说金桂母亲心虚事实，还想辩赖。薛姨妈等你言我语，反要他儿子偿还金桂之命。正然吵嚷，贾琏在外嚷说："不用多说了，快收拾停当，刑部老爷就到了。"此时惟有夏家母子着忙，想来总要吃亏的，不得已反求薛姨妈道："千不是万不是，终是我死的女孩儿不长进，这也是自作自受。若是刑部相验，到底府上脸面不好看。求亲家太太息了这件事罢。"宝钗道："那可使不得，已经报了，怎么能息呢？"周瑞家的等人大家做好做歹的劝说："若要息事，除非夏亲家太太自己出去拦验，我们不提长短罢了。"贾琏在外也将他儿子吓住，他情愿迎到刑部具结拦验，众人依允。薛姨妈命人买棺成殓。不提。

笺证

叙事时间是一种人文时间，它对于自然时间可以采取或正或反，或断或续，或伸或缩，或顺或乱的操作策略。第一〇三回"施毒计金桂自焚身"，采取的是逆叙事法。先讲了事件的结局，然后倒叙事件的发生、发展过程。贾琏正与王夫人报告贾政在江西粮道上被参劾的处理结果，就有薛姨妈家的老婆子慌慌张张到王夫人里间屋内说“我们家了不得了，又闹出事来了”；又说“我们家……一个男人也没有，要求太太打发几位爷们去料理料理”；还说“我们大奶奶死了”；“不是好好儿死的，是混闹死的”。这种不着边际的胡拉乱扯，说得王夫人一头雾水，只好让贾琏过去瞧瞧是什么事，婆子赌气跑回去说：“姨太太不但不肯照应我们，倒骂我糊涂。”愚钝婆子颠三倒四的报告事件结局，带有喜剧性；她回去交代自己报告的结果，反让薛姨妈大惑不解，着急不安。逆时间叙事，袭击和挑战着人们整理事件始末的能力。幸而贾琏、宝钗、周瑞家的先后赶到薛府，却遇到夏金桂母亲带着过继的混账儿子撒泼大闹，咬定是薛家毒死女儿，宝蟾也诬陷香菱毒死金桂。这里又以虚假结果，作弄着对原因的清理。贾琏依持在官府的脚力，首先考虑托刑部派人验问尸身现场和各方口供，既然薛姨妈已经捆绑香菱，宝钗主张再绑上宝蟾作为嫌疑犯。宝蟾害怕刑部拷问，又受夏金桂母亲栽赃，就主动供出了金桂在一碗汤里放了砒霜，想毒杀香菱，却在汤碗挪移中，乱中出错毒杀了自己。而且揭露金桂把珠宝首饰偷偷拿回娘家。金桂母亲理屈词穷，其过继的儿子情愿与贾琏迎到刑部具结拦验。案情本是一团乱麻，在胡搅蛮缠中打上许多扣子，又在一环一环解扣的过程中，理清头绪，揭发原由，而真相大白。这种逆叙事法，悬念丛生，反向层层剥笋，有若侦探破案，使得一桩人命案“是谁干的，怎样发生”等疑难问题终于尘埃落定。大观园边缘又出了一条人命，但这条人命在闹剧中的死亡，又上演了一场死亡的闹剧，反而使得薛家在耗尽精神、财力之后，因祸得福，少来一些闹剧，略归于安宁。

且说贾雨村升了京兆府尹兼管税务，一日出都查勘开垦地亩，路过知机县，到了急流津。正要渡过彼岸，因待人夫，暂且停轿。只见村旁有一座小庙，墙壁坍颓，露出几株古松，倒也苍老。雨村下轿，闲步进庙，但见庙内神像金身脱落，殿宇歪斜，旁有断碣，字迹模糊，也看不明白。意欲行至后殿，只见一翠柏下荫着一间茅庐，庐中有一个道士合眼打坐。雨村走近看时，面貌甚熟，想着倒像在那里见来的，一时再想不出来。从人便欲吆喝，雨村止住，徐步向前叫一声：“老道。”那道士双眼微启，微微的笑道：“贵官何事？”雨村便道：“本府出都查勘事件，路过此地，见老道静修自得，想来道行深通，意欲冒昧请教。”那道人说：“来自有地，去自有方。”雨村知是有些来历的，便长揖请问：“老道从何处修来，在此结庐？此庙何名？庙中共有几人？或欲真修，岂无名山；或欲结缘，何不通衢？”那道人道：“葫芦尚可安身，何必名山结舍。庙名久隐，断碣犹存。形影相随，何须修募。岂似那‘玉在匮中求善价，钗于奁内待时飞’之辈耶？”

雨村原是个颖悟人，初听见“葫芦”两字，后闻“玉钗”一对，忽然想起甄士隐的事来。重复将那道士端详一回，见他容貌依然，便屏退从人，问道：“君家莫非甄老先生么？”那道人从容笑道：“什么真，什么假。要知道真即是假，假即是真。”雨村听说出贾字来，益发无疑，便从新施礼道：“学生自蒙慨赠到都，托庇获隽公车，受任贵乡，始知老先生超悟尘凡，飘举仙境。学生虽溯洄思切，自念风尘俗吏，未由再觐仙颜。今何幸于此处相遇，求老仙翁指示愚蒙。倘荷不弃，京寓甚近，学生当得供奉，得以朝夕聆教。”那道人也站起来回礼道：“我于蒲团之外，不知天地间尚有何物。适才尊官所言，贫道一概不解。”说毕，依旧坐下。雨村复又心疑：“想去若非士隐，何貌言相似若此？离别来十九载，面色如旧，必是修炼有成，未肯将前身说破。但我既遇恩公，又不可当面错过。看来不能以富贵动之，那妻女之私更不必说了。”想罢又道：“仙师既不肯说破前因，弟子于心何忍？”正要下礼，只见从人进来，禀说天色将晚，快请渡河。雨村正无主意，那道人道：“请尊官速登彼岸，见面有期，迟则风浪顿起。果蒙不弃，贫道他日尚在渡头候教。”说毕，仍合眼打坐。雨村无奈，只得辞了道人出庙。正要过渡，只见一人飞奔而来。未知何事，下回分解。

笺证

清初钮琇《觚剩续编·妙霓》中说：“迨乎尘劳欲息，禅悟已深，预示冥期，遂游净域。”禅悟是《红楼梦》中沟通天人的重要精神方式，但是否能够洞达禅理，祛昧达悟，需要智慧与契机。智慧与契机的融合，就是一种缘。第一〇三回“昧真禅雨村空遇旧”，就是吟味对于禅机之悟与不悟。它似乎是天外飞来的一个插曲，把作为全书引子的两个人物“假语村言”“真事隐去”，在此一闪而过地碰个头。这里叙写贾雨村升了京兆府尹兼管税务，一日出都查勘开垦地亩，这些都是肥差事，炙手可热。他路过知机县，到了急流津。这里的津名急流，县名知机，都是隐喻，隐喻着贾雨村名利心重，不能在急流中知机而退，了悟禅机。贾雨村步入村旁小庙，在翠柏下的茅庐里看见一个道士合眼打坐。道士回答贾雨村说：“葫芦尚可安身，何必名山结舍。庙名久隐，断碣犹存。形影相随，何须修募。岂似那‘玉在匵中求善价，钗于奁内待时飞’之辈耶？”道士这番话，呼应了《红楼梦》第一回甄士隐居住在姑苏阊门仁清巷葫芦庙旁。葫芦庙内寄居的穷儒贾雨村搔首对天长叹，复高吟一联云：“玉在匵中求善价，钗于奁内待时飞。”甄士隐走来听见，笑说：“雨村兄真抱负不浅也！”这些往事勾连，自然使贾雨村心动而问：“君家莫非甄老先生么？”那道士从容笑说：“什么真，什么假。要知道真即是假，假即是真。”这也呼应了第一回甄士隐梦中随一僧一道到上面大书“太虚幻境”的大石牌坊，两边有一副对联是：“假作真时真亦假，无为有处有还无。”禅悟透达真假空幻，于此沟通了人间俗世与太虚幻境。贾雨村听说出贾字来，益发无疑，就重新施礼说：“学生自蒙慨赠到都（即甄士隐封赠五十两白银，并两套冬衣，支持贾雨村赴都应科举），托庇获隽公车，受任贵乡，始知老先生超悟尘凡，飘举仙境。学生虽溯洄思切，自念风尘俗吏，未由再觐仙颜。今何幸于此处相遇，求老仙翁指示愚蒙。倘荷不弃，京寓甚近，学生当得供奉，得以朝夕聆教。”对于贾雨村邀请到官衙供养，这位道士作何反应？清代乾隆年间的戏曲家蒋士铨所作传奇《临川梦·隐奸》出场诗说：“妆点山林大架子，附庸风雅小名家。终南捷径无心走，处士虚声尽力夸。獭祭诗书充著作，蝇营钟鼎润烟霞。翩然一只云中鹤，飞去飞来宰相衙。”松江古名云间，所以这诗曾被人认为是讽刺晚明曾经隐居小昆山，但又常周旋于官绅之间的陈继儒（号眉公）的。鲁迅《且介亭杂文二集·隐士》说：“隐士，历来算是一个美名，但有时也当作一个笑柄。最显著的，则有刺陈眉公的‘翩然一只云中鹤，飞去飞来宰相衙’的诗，至今也还有人提及……登仕，是啜饭之道，归隐，也是啜饭之道。假使无法啜饭，那就连‘隐’也隐不成了。‘飞去飞来’，正是因为要‘隐’，也就是因为要啜饭；肩出‘隐士’的招牌来，挂在‘城市山林’里，这就正是所谓‘隐’，也就是啜饭之道。”[1]那小庙翠柏下的道士却没有作飞入官衙的白鹤，他站起来回礼说：“我于蒲团之外，不知天地间尚有何物。适才尊官所言，贫道一概不解。”在圣凡二途上，贾雨村还不能了悟真假空幻，超凡入圣，就匆忙渡过急流津。回首甄士隐所在的小庙烈炎烧天，飞灰蔽目，他也成了浴火新生的凤凰。传说中的天方国，有一对神鸟，雄为凤，雌为凰。满五百岁后，集香木自焚，复从死灰中更生，从此鲜丽异常，不再死。“凤凰涅槃，浴火重生！”凤凰背负着众生的一切痛苦和恩怨情仇，经过烈火的焚烧，其羽更丰，其音更清，其神更髓，在类乎基督教义中的“拯救论”的熬炼中，达到“凤凰涅槃”的境界。

[1] 鲁迅：《鲁迅全集》（第六卷），人民文学出版社2005年版，第231—232页。

第一〇四回

醉金刚小鳅生大浪
痴公子馀痛触前情

话说贾雨村刚欲过渡，见有人飞奔而来，跑到跟前，口称：“老爷，方才进的那庙火起了。”雨村回首看时，只见烈炎烧天，飞灰蔽目。雨村心想，“这也奇怪，我才出来，走不多远，这火从何而来？莫非士隐遭劫于此？”欲待回去，又恐误了过河；若不回去，心下又不安。想了一想，便问道：“你方才见这老道士出来了没有？”那人道：“小的原随老爷出来，因腹内疼痛，略走了一走。回头看见一片火光，原来就是那庙中火起，特赶来禀知老爷，并没有见有人出来。”雨村虽则心里狐疑，究竟是名利关心的人，那肯回去看视，便叫那人：“你在这里等火灭了，进去瞧那老道在与不在，即来回禀。”那人只得答应了伺候。

雨村过河，仍自去查看，查了几处，遇公馆便自歇下。明日又行一程，进了都门，众衙役接着，前呼后拥的走着。雨村坐在轿内，听见轿前开路的人吵嚷。雨村问是何事。那开路的拉了一个人过来跪在轿前禀道：“那人酒醉不知回避，反冲突过来。小的吆喝他，他倒恃酒撒赖，躺在街心，说小的打了他了。”雨村便道：“我是管理这里地方的。你们都是我的子民，知道本府经过，喝了酒不知退避，还敢撒赖！”那人道：“我喝酒是自己的钱，醉了躺的是皇上的地，便是大人老爷也管不得。”雨村怒道：“这人目无法纪，问他叫什么名字。”那人回道：“我叫醉金刚倪二。”雨村听了生气，叫人：“打这金刚，瞧他是金刚不是！”手下把倪二按倒，着实的打了几鞭。倪二负痛，酒醒求饶。雨村在轿内笑道：“原来是这么个金刚么？我且不打你，叫人带进衙门慢慢的问你。”众衙役答应，拴了倪二，拉着便走。倪二哀求，也不中用。

雨村进内复旨回曹，那里把这件事放在心上。那街上看热闹的三三两两传说：“倪二仗着有些力气，恃酒讹人，今儿碰在贾大人手里，只怕不轻饶的。”这话已传到他妻女耳边。那夜果等倪二不见回家，他女儿便到各处赌场寻觅，那赌博的都是这么说，他女儿急得哭了。众人都道：“你不用着急。那贾大人是荣府的一家，荣府里的一个什么二爷和你父亲相好，你同你母亲去找他说个情，就放出来了。”倪二的女儿听了，想了一想，“果然我父亲常说间壁贾二爷和他好，为什么不找他去”，赶着回来，即和母亲说了。

娘儿两个去找贾芸。那日贾芸恰在家，见他母女两个过来，便让坐，贾芸的母亲便倒茶。倪家母女即将倪二被贾大人拿去的话说了一遍，“求二爷说情放出来”。贾芸一口应承，说：“这算不得什么，我到西府里说一声就放了。那贾大人全仗我家的西府里才得做了这么大官，只要打发个人去一说就完了。”倪家母女欢喜，回来便到府里告诉了倪二，叫他不用忙，已经求了贾二爷，他满口应承，讨个情便放出来的。倪二听了也喜欢。

不料贾芸自从那日给凤姐送礼不收，不好意思进来，也不常到荣府。那荣府的门上原看着主子的行事，叫谁走动才有些体面，一时来了他便进去通报。若主子不大理了，不论本家亲戚，他一概不回，支了去就完事。那日贾芸到府上说：“给琏二爷请安。”门上的说：“二爷不在家，等回来我们替回罢。”贾芸欲要说“请二奶奶的安”，生恐门上厌烦，只得回家。又被倪家母女催逼着说：“二爷常说府上是不论那个衙门，说一声谁敢不依。如今还是府里的一家，又不为什么大事，这个情还讨不来，白是我们二爷了。”贾芸脸上下不来，嘴里还说硬话："昨儿我们家里有事，没打发人说去，少不得今儿说了就放，什么大不了的事？"倪家母女只得听信。

岂知贾芸近日大门竟不得进去，绕到后头要进园内找宝玉，不料园门锁着，只得垂头丧气的回来。想起："那年倪二借银与我，买了香料送给他，才派我种树。如今我没有钱去打点，就把我拒绝。他也不是什么好的，拿着太爷留下的公中银钱在外放加一钱，我们穷本家要借一两也不能。他打谅保得住一辈子不穷的了，那知外头的声名很不好。我不说罢了，若说起来，人命官司不知有多少呢。"一面想着，来到家中，只见倪家母女都等着。贾芸无言可支，便说道："西府里已经打发人说了，只言贾大人不依。你还求我们家的奴才周瑞的亲戚冷子兴去才中用。"倪家母女听了说："二爷这样体面爷们还不中用，若是奴才，是更不中用了。"贾芸不好意思，心里发急道："你不知道，如今的奴才比主子强多着呢。"倪家母女听来无法，只得冷笑几声说："这倒难为二爷白跑了这几天，等我们那一个出来再道乏罢。"说毕出来，另托人将倪二弄了出来，只打了几板，也没有什么罪。

倪二回家，他妻女将贾家不肯说情的话说了一遍。倪二正喝着酒，便生气要找贾芸，说："这小杂种，没良心的东西。头里他没有饭吃要到府内钻谋事办，亏我倪二爷帮了他。如今我有了事他不管。好罢咧，若是我倪二闹出来，连两府里都不干净。"他妻女忙劝道："嗳，你又喝了黄汤，便是这样有天没日头的，前儿可不是醉了闹的乱子，捱了打还没好呢，你又闹了。"倪二道："捱了打便怕他不成，只怕拿不着由头。我在监里的时候，倒认得了好几个有义气的朋友，听见他们说起来，不独是城内姓贾的多，外省姓贾的也不少。前儿监里收下了好几个贾家的家人。我倒说，这里的贾家小一辈子并奴才们虽不好，他们老一辈的还好，怎么犯了事。我打听打听，说是和这里贾家是一家，都住在外省，审明白了解进来问罪的，我才放心。若说贾二这小子他忘恩负义，我便和几个朋友说他家怎样倚势欺人，怎样盘剥小民，怎样强娶有男妇女，叫他们吵嚷出来，有了风声到了都老爷耳朵里，这一闹起来，叫你们才认得倪二金刚呢！"他女人道："你喝了酒睡去罢。他又强占谁家的女人来了，没有的事你不用混说了。"倪二道："你们在家里那里知道外头的事。前年我在赌场里碰见了小张，说他女人被贾家占了，他还和我商量。我倒劝他才了事的。但不知这小张如今那里去了，这两年没见。若碰着了他，我倪二出个主意叫贾老二死，给我好好的孝敬孝敬我倪二太爷才罢了。你倒不理我了。"说着，倒身躺下，嘴里还是咕咕嘟嘟的说了一回，便睡去了。他妻女只当是醉话，也不理他。明日早起，倪二又往赌场中去了。不题。

笺证

俗话说："泥鳅掀不起大浪，跳蚤顶不起被窝。"市井与官府的对撞，是泥鳅非要掀起大浪不可，结果既对撞出市井的强梁不可欺，官府的腐败不可救。第一〇四回"醉金刚小鳅生大浪"，叙写醉金刚倪二恃酒撒赖，躺在街心，触犯京兆府尹贾雨村的轿子，贾雨村问他："我是管理这里地方的。你们都是我的子民，知道本府经过，喝了酒不知退避，还敢撒赖！"醉金刚回答说："我喝酒是自己的钱，醉了躺的是皇上的地，便是大人老爷也管不得。"这种硬气包含着人格在混浊世界中的坚挺。醉金刚被拘禁入监，曾在困难中受过他周济的贾芸没有能力搭救他，醉金刚放出来后还是那么硬气："捱了打便怕他不成，只怕拿不着由头。我在监里的时候，倒认得了好几个有义气的朋友，听见他们说起来，不独是城内姓贾的多，外省姓贾的也不少。前儿监里收下了好几个贾家的家人。我倒说，这里的贾家小一辈子并奴才们虽不好，他们老一辈的还好，怎么犯了事。我打听打听，说是和这里贾家是一家，都住在外省，审明白了解进来问罪的，我才放心。若说贾二（贾芸）这小子他忘恩负义，我便和几个朋友说他家怎样倚势欺人，怎样盘剥小民，怎样强娶有男妇女，叫他们吵嚷出来，有了风声到了都老爷耳朵里，这一闹起来，叫你们才认得倪二金刚呢！”醉金刚的市井侠气，依然未改，入牢之后又搜罗到贾府亲亲疏疏支派的作奸犯科的消息，准备以此掀起风浪，报复贾芸和贾府。这是回应第二十四回“醉金刚轻财尚义侠”的，其时贾芸到母舅卜世仁求助无果，正烦恼不堪，路遇醉金刚倪二却慨然解囊相助。庚辰本侧批称醉金刚是“爽快人，爽快语”。庚辰本回首总评也说：“夹写‘醉金刚’一回是书中之大净场，聊醒看官倦眼耳。然亦书中必不可少之文，必不可少之人。今写在市井俗人身上，又加一‘侠’字，则大有深意存焉。”[1]第一〇四回写醉金刚，就不仅是面对贾芸一人，而是揭露贾氏远远近近的族人贪赃枉法、为非作歹，所以要“小鳅生大浪”了。

且说雨村回到家中，歇息了一夜，将道上遇见甄士隐的事告诉了他夫人一遍。他夫人便埋怨他：“为什么不回去瞧一瞧，倘或烧死了，可不是咱们没良心？”说着，掉下泪来。雨村道：“他是方外的人了，不肯和咱们在一处的。”正说着，外头传进话来，禀说“前日老爷吩咐瞧火烧庙去的回来了回话”。雨村踱了出来，那衙役打千请了安，回说：“小的奉老爷的命回去，也不等火灭，便冒火进去瞧那个道士，岂知他坐的地方多烧了。小的想着那道士必定烧死了。那烧的墙屋往后塌去，道士的影儿都没有，只有一个蒲团、一个瓢儿还是好好的。小的各处找寻他的尸首，连骨头都没有一点儿。小的恐老爷不信，想要拿这蒲团瓢儿回来做个证见，小的这么一拿，岂知都成了灰了。”雨村听毕，心下明白，知士隐仙去，便把那衙役打发了出去。回到房中，并没提起士隐火化之言，恐他妇女不知，反生悲感，只说并无形迹，必是他先走了。

雨村出来，独坐书房，正要细想士隐的话，忽有家人传报说：“内廷传旨，交看事件。”雨村疾忙上轿进内，只听见人说：“今日贾存周江西粮道被参回来，在朝内谢罪。”雨村忙到了内阁，见了各大人，将海疆办理不善的旨意看了，出来即忙找着贾政，先说了些为他抱屈的话，后又道喜，问：

“一路可好？”贾政也将违别以后的话细细的说了一遍。雨村道：“谢罪的本上了去没有？”贾政道：“已上去了，等膳后下来看旨意罢。”正说着，只听里头传出旨来叫贾政，贾政即忙进去。各大人有与贾政关切的，都在里头等着。等了好一回方见贾政出来，看见他带着满头的汗。众人迎上去接着，问：“有什么旨意？”贾政吐舌道：“吓死人，吓死人。倒蒙各位大人关切，幸喜没有什么事。”众人道：“旨意问了些什么？”贾政道：“旨意问的是云南私带神枪一案。本上奏明是原任太师贾化的家人，主上一时记着我们先祖的名字，便问起来。我忙着磕头奏明先祖的名字是代化，主上便笑了，还降旨意说：‘前放兵部后降府尹的不是也叫贾化么？’”那时雨村也在旁边，倒吓了一跳，便问贾政道：“老先生怎么奏的？”贾政道：“我便慢慢奏道，‘原任太师贾化是云南人，现任府尹贾某是浙江湖州人’。主上又问‘苏州刺史奏的贾范是你一家了’？我又磕头奏道：‘是。’主上便变色道：‘纵使家奴强占良妻女，还成事么？’我一句不敢奏。主上又问道：‘贾范是你什么人？’我忙奏道：‘是远族。’主上哼了一声，降旨叫出来了。可不是诧事。”众人道：“本来也巧，怎么一连有这两件事。”贾政道：“事到不奇，倒是都姓贾的不好。算来我们寒族人多，年代久了，各处都有。现在虽没有事，究竟主上记着一个贾字就不好。”众人说：“真是真，假是假，怕什么。”贾政道：“我心里巴不得不做官，只是不敢告老。现在我们家里两个世袭，这也无可奈何的。”雨村道：“如今老先生仍是工部，想来京官是没有事的。”贾政道：“京官虽然无事，我究竟做过两次外任，也就说不齐了。”众人道：“二老爷的人品行事我们都佩服的。就是令兄大老爷，也是个好人。只要在令侄辈身上严紧些就是了。”贾政道：“我因在家的日子少，舍侄

❶ 朱一玄编：《红楼梦资料汇编》，南开大学出版社2012年版，第370页。

的事情不大查考，我心里也不甚放心。诸位今日提起，都是至相好，或者听见东宅的侄儿家有什么不奉规矩的事么？”众人道：“没听见别的，只有几位侍郎心里不大和睦，内监里头也有些。想来不怕什么，只要嘱咐那边令侄诸事留神就是了。”众人说毕，举手而散。

贾政然后回家，众子侄等都迎接上来。贾政迎着，请贾母的安，然后众子侄俱请了贾政的安，一同进府。王夫人等已到了荣禧堂迎接。贾政先到了贾母那里拜见了，陈述些违别的话。贾母问探春消息，贾政将许嫁探春的事都禀明了，还说：“儿子起身急促，难过重阳，虽没有亲见，听见那边亲家的人来说的极好。亲家老爷太太都说请老太太的安；还说今冬明春大约还可调进京来，这便好了。如今闻得海疆有事，只怕那时还不能调。”贾母始则因贾政降调回来，知探春远在他乡，一无亲故，心下不悦。后听贾政将官事说明，探春安好，也便转悲为喜，便笑着叫贾政出去。然后弟兄相见，众子侄拜见，定了明日清晨拜祠堂。

贾政回到自己屋内，王夫人等见过，宝玉、贾琏替另拜见。贾政见了宝玉果然比起身之时脸面丰满，倒觉安静，并不知他心里糊涂，所以心甚喜欢，不以降调为念，心想“幸亏老太太办理的好”。又见宝钗沉厚更胜先时，兰儿文雅俊秀，便喜形于色。独见环儿仍是先前，究不甚钟爱。歇息了半天，忽然想起：“为何今日短了一人？”王夫人知是想着黛玉。前因家书未报，今日又初到家，正是喜欢，不便直告，只说是病着。岂知宝玉的心里已如刀绞，因父亲到家，只得把持心性伺候。王夫人家筵接风，子孙敬酒。凤姐虽是侄媳，现办家事，也随了宝钗等递酒。贾政便叫：“递了一巡酒都歇息去罢。”命众家人不必伺候，待明早拜过宗祠，然后进见。分派已定，贾政与王夫人说些别后的话，馀者王夫人都不敢言。倒是贾政先提王子腾的事来，王夫人也不敢悲戚。贾政又说蟠儿的事，王夫人只说他是自作自受，趁便也将黛玉已死的话告诉。贾政反吓了一惊，不觉掉下泪来，连声叹息。王夫人也掌不住，也哭了。旁边彩云等即忙拉衣，王夫人止住，重又说些喜欢的话，便安寝了。

次日一早，至宗祠行礼，众子侄都随往。贾政便在祠旁厢房坐下，叫了贾珍、贾琏过来，问起家中事务，贾珍拣可说的说了。贾政又道："我初回家，也不便来细细查问。只是听见外头说起你家里更不比往前，诸事要谨慎才好。你年纪不小了，孩子们该管教管教，别叫他们在外头得罪人。琏儿也该听听。不是才回家便说你们，因我有所闻，所以才说的，你们更该小心些。"贾珍等脸涨通红的，也只答应个"是"字，不敢说什么。贾政也就罢了。回归西府，众家人磕头毕，仍复进内，众女仆行礼，不必多赘。

只说宝玉因昨贾政问起黛玉，王夫人答以有病，他便暗里伤心。直待贾政命他回去，一路上已滴了好些眼泪。回到房中，见宝钗和袭人等说话，他便独坐外间纳闷。宝钗叫袭人送过茶去，知他必是怕老爷查问工课，所以如此，只得过来安慰。宝玉便借此说："你们今夜先睡一回，我要定定神。这时更不如从前，三言可忘两语，老爷瞧了不好。你们睡罢，叫袭人陪着我。"宝钗听去有理，便自己到房先睡。

宝玉轻轻的叫袭人坐着，央他把紫鹃叫来，有话问他，"但是紫鹃见了我，脸上嘴里总是有气似的，须得你去解释开了他来才好。"袭人道："你说要定神，我倒喜欢，怎么又定到这上头了？有话你明儿问不得？"宝玉道："我就是今晚得闲，明日倘或老爷叫干什么便没空儿。好姐姐，你快去叫他来。"袭人道："他不是二奶奶叫是不来的。"宝玉道："我所以央你去说明白了才好。"袭人道："叫我说什么？"宝玉道："你还不知道我的心，也不知道他的心么？都为的是林姑娘。你说我并不是负心的，我如今叫你们弄成了一个负心人了。"说着这话便瞧瞧里头，用手一指说："他是我本不愿意的，都是老太太他们捉弄的，好端端把一个林妹妹弄死了。就是他死，也该叫我见见，说个明白，他自己死了也不怨我。你是听见三姑娘他们说的，临死恨怨我。那紫鹃为他姑娘，也恨得我了不得。你想我是无情的人么？晴雯到底是个丫头，也没有什么大好处，他死了，我老实告诉你罢，我还做个祭文去祭他，那时林姑娘还亲眼见的。如今林姑娘死了，莫非倒不如晴雯么，死了连祭都不能祭一祭？林姑娘死了还有知的，他想起来不要更怨我么？”袭人道：“你要祭便祭去，要我们做什么？”宝玉道：“我自从好了起来，就想要做一道祭文的，不知道我如今一点灵机都没有了。若祭别人，胡乱却使得；若是他断断俗俚不得一点儿的。所以叫紫鹃来问，他姑娘这条心他们打从那样上看出来的。我没病的头里还想得出来，一病以后都不记得。你说林姑娘已经好了，怎么忽然死的？他好的时候我不去，他怎么说？我病时候他不来，他也怎么说？所以有他的东西，我诓了过来，你二奶奶总不叫我动，不知什么意思？”袭人道：“二奶奶惟恐你伤心罢了，还有什么？”宝玉道：“我不信。既是他这么念我，为什么临死都把诗稿烧了，不留给我作个纪念？又听见说天上有音乐响，必是他成了神或是登了仙去。我虽见过了棺材，到底不知道棺材里有他没有？”袭人道：“你这话益发糊涂了，怎么一个人不死就搁上一个空棺材当死了人呢？”宝玉道：“不是嗄。大凡成仙的人，或是肉身去的，或是脱胎去的。好姐姐，你倒底叫了紫鹃来。”袭人道：“如今等我细细的说明了你的心，他若肯来还好，若不肯来，还得费多少话。就是来了，见你也不肯细说。据我主意，明后日等二奶奶上去了，我慢慢的问他，或者倒可仔细。遇着闲空儿我再慢慢的告诉你。”宝玉道：“你说得也是，你不知道我心里的着急？”正说着，麝月出来说：“二奶奶说，天已四更了，请二爷进去睡罢。袭人姐姐必是说高了兴了，忘了时候儿了。”袭人听道：“可不是，该睡了，有话明儿再说罢。”宝玉无奈，只得含愁进去，又向袭人耳边道：“明儿不要忘了。”袭人笑说：“知道了。”麝月笑道：“你们两个又闹鬼了。何不和二奶奶说了，就到袭人那边睡去，由着你们说一夜，我们也不管。”宝玉摆手道：“不用言语。”袭人恨道：“小蹄子，你又嚼舌根，看我明儿撕你。”回转头来对宝玉道：“这不是二爷闹的，说了四更的话，总没有说到这里。”一面说，一面送宝玉进屋，各人散去。

那夜宝玉无眠，到了明日，还思这事。只闻得外头传进话来说："众亲朋因老爷回家，都要送戏接风。老爷再四推辞，说：'唱戏不必，竟在家里备了水酒，倒请亲朋过来大家谈谈'。于是定了后儿摆席请人，所以进来告诉。"不知所请何人，下回分解。

笺证

叙事有多线条，主、副、支、插，各种形式的线条交织成网，提花成锦。主线有主线的效应，纵使情节千回百转，线条千头万绪，它们终竟是从主线上撤出去，又聚拢到主线上来，这才能离合有致，离而不散，聚而不板。缺乏这种振其纲而挈其要的纵横捭阖的好身手，就不能驾驭长篇小说了。第一〇四回"痴公子馀痛触前情"的起因是林黛玉之死，这是主线上的未了情。贾雨村兜了一个大圈子，回京述职，碰上降职留用的贾政。林黛玉之死，此前没有告诉在外赴任的贾政，贾政降调回京，问起黛玉，触动宝玉的无限余痛，请求袭人把黛玉死时守在身边的紫鹃叫来打听详情。贾雨村—贾政—宝玉—袭人—紫鹃，这条叙事线索七弯八曲，绕到了宝玉、黛玉情感纠缠还存在的一个盲点。据说乌贼的眼睛没有盲点，那么女娲造人，也造人的眼球，为何留下盲点这么一个奇怪的缺陷？宝玉在感知盲点的疑惑中混杂着幻想，说："既是他（黛玉）这么念我，为什么临死都把诗稿烧了，不留给我作个纪念？又听见说天上有音乐响，必是他成了神或是登了仙去。我虽见过了棺材，到底不知道棺材里有他没有？……大凡成仙的人，或是肉身去的，或是脱胎去的。"这种从盲点中滋生出来的幻想，又混杂着宝玉对黛玉的歉意，他指着宝钗的房间说："他（宝钗）是我本不愿意的，都是老太太他们捉弄的，好端端把一个林妹妹弄死了。就是他死，也该叫我见见，说个明白，他自己死了也不怨我。你是听见三姑娘他们说的，临死恨怨我。那紫鹃为他姑娘，也恨得我了不得。你想我是无情的人么？晴雯到底是个丫头，也没有什么大好处，他死了，我老实告诉你罢，我还做个祭文去祭他，那时林姑娘还亲眼见的。如今林姑娘死了，莫非倒不如晴雯么，死了连祭都不能祭一祭？林姑娘死了还有知的，他想起来不要更怨我么？"宝玉失玉后不复有当年的才情，已经写不出祭奠晴雯的《芙蓉女儿诔》那样的好文章，只能抱着万分悔恨对黛玉进行心灵祭奠，这种祭奠是混合着歉意、疑惑和幻想的。《红楼梦》后四十回黛玉死而不亡，久久不散地存活在宝玉心中，这种长尾效应使得死后的黛玉依然是大观园中不灭的精魂。长尾效应，触及巅峰，散为碎片，急症变成慢性病，反反复复，没完没了地咀嚼着内心的痛苦，甚至咀嚼得成瘾，以咀嚼成瘾来现出刻骨铭心的真情。

第一〇五回

锦衣军查抄宁国府 骢马使弹劾平安州

话说贾政正在那里设宴请酒，忽见赖大急忙走上荣禧堂来回贾政道："有锦衣府堂官赵老爷带领好几位司官说来拜望。奴才要取职名来回，赵老爷说：'我们至好，不用的。'一面就下车来走进来了，请老爷同爷们快接去。"贾政听了，心想："赵老爷并无来往，怎么也来？现在有客，留他不便，不留又不好。"正自思想，贾琏说："叔叔快去罢，再想一回，人都进来了。"正说着，只见二门上家人又报进来说："赵老爷已进二门了。"贾政等抢步接去，只见赵堂官满脸笑容，并不说什么，一径走上厅来。后面跟着五六位司官，也有认得的，也有不认得的，但是总不答话。贾政等心里不得主意，只得跟了上来让坐。众亲友也有认得赵堂官的，见他仰着脸不大理人，只拉着贾政的手，笑着说了几句寒温的话。众人看见来头不好，也有躲进里间屋里的，也有垂手侍立的。

贾政正要带笑叙话，只见家人慌张报道："西平王爷到了。"贾政慌忙去接，已见王爷进来。赵堂官抢上去请了安，便说："王爷已到，随来各位老爷就该带领府役把守前后门。"众官应了出去。贾政等知事不好，连忙跪接。西平郡王用两手扶起，笑嘻嘻的说道："无事不敢轻造，有奉旨交办事件，要赦老接旨。如今满堂中筵席未散，想有亲友在此未便，且请众位府上亲友各散，独留本宅的人听候。"赵堂官回说："王爷虽是恩典，但东边的事，这位王爷办事认真，想是早已封门。"众人知是两府干系，恨不能脱身。只见王爷笑道："众位只管就请，叫人来给我送出去，告诉锦衣府的官员说，这都是亲友，不必盘查，快快放出。”那些亲友听见，就一溜烟如飞的出去了。独有贾赦、贾政一干人唬得面如土色，满身发颤。

不多一回，只见进来无数番役，各门把守。本宅上下人等，一步不能乱走。赵堂官便转过一付脸来回王爷道：“请爷宣旨意，就好动手。”这些番役却撩衣勒臂，专等旨意。西平王慢慢的说道：“小王奉旨带领锦衣府赵全来查看贾赦家产。”贾赦等听见，俱俯伏在地。王爷便站在上头说：“有旨意：‘贾赦交通外官，依势凌弱，辜负朕恩，有忝祖德，着革去世职。钦此。’”赵堂官一叠声叫：“拿下贾赦，其馀皆看守。”维时贾赦、贾政、贾琏、贾珍、贾蓉、贾蔷、贾芝、贾兰俱在，惟宝玉假说有病，在贾母那边打闹，贾环本来不大见人的，所以就将现在几人看住。赵堂官即叫他的家人：“传齐司员，带同番役，分头按房抄查登帐。”这一言不打紧，唬得贾政上下人等面面相看，喜得番役家人摩拳擦掌，就要往各处动手。西平王道：“闻得赦老与政老同房各爨的，理应遵旨查看贾赦的家资，其馀且按房封锁，我们复旨去再候定夺。”赵堂官站起来说：“回王爷：贾赦、贾政并未分家，闻得他侄儿贾琏现在承总管家，不能不尽行查抄。”西平王听了，也不言语。赵堂官便说：“贾琏、贾赦两处须得奴才带领去查抄才好。”西平王便说：“不必忙，先传信后宅，且请内眷回避，再查不迟。”一言未了，老赵家奴番役已经拉着本宅家人领路，分头查抄去了。王爷喝命：“不许罗唣，待本爵自行查看。”说着，便慢慢的站起来要走，又吩咐说：“跟我的人一个不许动，都给我站在这里候着，回来一齐瞧着登数。”正说着，只见锦衣司官跪禀说：“在内查出御用衣裙并多少禁用之物，不敢擅动，回来请示王爷。”一回儿又有一起人来拦住王爷，就回说:“东跨所抄出两箱房地契，又一箱借票，却都是违例取利的。”老赵便说:“好个重利盘剥！很该全抄。请王爷就此坐下，叫奴才去全抄来再候定夺罢。”说着，只见王府长史来禀说:“守门军传进来说，主上特命北静王到这里宣旨，请爷接去。”赵堂官听了，心里喜欢说:“我好晦气，碰着这个酸王。如今那位来了，我就好施威。”一面想着，也迎出来。

只见北静王已到大厅，就向外站着，说:“有旨意，锦衣府赵全听宣。”说:“奉旨意:‘着锦衣官惟提贾赦质审，馀交西平王遵旨查办。钦此。’”西平王领了，好不喜欢，便与北静王坐下，着赵堂官提取贾赦回衙。里头那些查抄的人听得北静王到，俱一齐出来，及闻赵堂官走了，大家没趣，只得侍立听候。北静王便拣选两个诚实司官并十来个老年番役，馀者一概逐出。西平王便说:“我正与老赵生气，幸得王爷到来降旨，不然这里很吃大亏。”北静王说:“我在朝内听见王爷奉旨查抄贾宅，我甚放心，谅这里不致荼毒。不料老赵这么混帐。但不知现在政老及宝玉在那里，里面不知闹到怎么样了。”众人回禀:“贾政等在下房看守着，里面已抄得乱腾腾的了。”西平王便吩咐司员:“快将贾政带来问话。”众人命带了上来。贾政跪了请安，不免含泪乞恩。北静王便起身拉着，说:“政老放心。”便将旨意说了。贾政感激涕零，望北又谢了恩，仍上来听候。王爷道:“政老，方才老赵在这里的时候，番役呈禀有禁用之物并重利欠票，我们也难掩过。这禁用之物原办进贵妃用的，我们声明，也无碍。独是借券想个什么法儿才好。如今政老且带司员实在将赦老家产呈出，也就了事，切不可再有隐匿，自干罪戾。”贾政答应道:“犯官再不敢。但犯官祖父遗产并未分过，惟各人所住的房屋有的东西便为己有。”两王便说:“这也无妨，惟将赦老那一边所有的交出就是了。”又吩咐司员等依命行去，不许胡混乱动。司员领命去了。

笺证

贾府的灾难性变故，莫过于第一〇五回“锦衣军查抄宁国府”。这场抄家变故，隐含着曹雪芹家族刻骨铭心的隐痛。曹雪芹的曾祖父曹玺之妻孙氏当过康熙帝的奶妈，因此康熙二年（1663），曹玺被任命为江宁织造，中经曹寅、曹颙，传到曹𫖯（曹雪芹之父）继任江宁织造职务，在康熙驾崩后，逐渐失宠没落。雍正六年（1728）元宵节前遂以曹𫖯“行为不端”“骚扰驿站”和“亏空”罪名，抄家革职，下狱治罪，“枷号”一年有余，全家迁回京师，居住在今崇文门外蒜市口。曹家从此一蹶不振，日渐衰微。《红楼梦》后四十回对这场抄家灾难的描写，前牵后推，交替用力，调动了在贾府中宁荣二府之间，实施抄家者的北静王、西平王二王与锦衣军之间的差异性张力，以便展示灾难的强度节奏和情绪气氛上的起伏波动，使行文运笔增加了许多牵牵扯扯的弹性。抄家也就成了政治上明争暗斗的角力。锦衣府堂官赵全带领好几位司官查抄贾府，气焰嚣张，极力要把抄家的祸水由宁国府倾泻到荣国府。而北静郡王、西平郡王对锦衣军的气焰作了一定的约束，对荣国府采取一些保护措施，使抄家强度有所缓解，但贾母、贾政、贾琏、凤姐诸人的情绪备受搓揉，恐惧欲绝，或栽地而死，或惊魂初定，总之还是一败涂地。锦衣军本是明朝洪武年间就设置的直接向皇帝负责的锦衣卫，职权是“掌直驾侍卫、巡查缉捕”，这里是用明朝官制讲清朝的事儿。这是后四十回写得大事迭至，叙事不失章法之处。《孟子·离娄下》说：“君子之泽五世而斩，小人之泽五世而斩。”贾府本是个诗礼簪缨之家，钟鸣鼎食之族，它由“烈火烹油，鲜花着锦”的繁华鼎盛，无可奈何地走向日暮途穷的“末世”，最后“忽喇喇似大厦倾，昏惨惨似灯将尽”，一败涂地，表演了一出贵族中国“树倒猢狲散”的悲剧。应该看到，招致抄家大难的关键，是贾府开国立勋之后的第三代贾敬、贾赦、贾政以及第四代的贾珍、贾琏、凤姐，他们糟蹋家风、强占良民妻女、伤害人命、包揽官司、聚敛横财，展示了一系列腐败残忍的行为做派。这就是《尚书·太甲篇》所说："天作孽，犹可违。自作孽，不可逭。"天灾还可以逃避，而自作灾是逃避不了受惩罚的下场的。

且说贾母那边女眷也摆家宴，王夫人正在那边说："宝玉不到外头，恐他老子生气。"凤姐带病哼哼唧唧的说："我看宝玉也不是怕人，他见前头陪客的人也不少了，所以在这里照应也是有的。倘或老爷想起里头少个人在那里照应，太太便把宝兄弟献出去，可不是好？"贾母笑道："凤丫头病到这地位，这张嘴还是那么尖巧。"正说到高兴，只听见邢夫人那边的人一直声的嚷进来说："老太太、太太，不……不好了。多多少少的穿靴带帽的强……强盗来了，翻箱倒笼的来拿东西。"贾母等听着发呆。又见平儿披头散发拉着巧姐哭啼啼的来说："不好了，我正与姐儿吃饭，只见来旺被人拴着进来说：'姑娘快快传进去，请太太们回避，外面王爷就进来查抄家产。'我听了着忙，正要进房拿要紧东西，被一伙人浑推浑赶出来的。咱们这里该穿该带的快快收拾。"王、邢二夫人等听得，俱魂飞天外，不知怎样才好。独见凤姐先前圆睁两眼听着，后来便一仰身栽到地下死了。贾母没有听完，便吓得涕泪交流，连话也说不出来。那时一屋子人拉这个，扯那个，正闹得翻天覆地，又听见一叠声嚷说："叫里面女眷们回避，王爷进来了。"

可怜宝钗、宝玉等正在没法，只见地下这些丫头婆子乱抬乱扯的时候，贾琏喘吁吁的跑进来说："好了，好了，幸亏王爷救了我们了。"众人正要问他，贾琏见凤姐死在地下，哭着乱叫，又怕老太太吓坏了，急得死去活来。还亏平儿将凤姐叫醒，令人扶着，老太太也回过气来，哭得气短神昏，躺在炕上。李纨再三宽慰。然后贾琏定神将两王恩典说明，惟恐贾母、邢夫人知道贾赦被拿，又要唬死，暂且不敢明说，只得出来照料自己屋内。

一进屋门，只见箱开柜破，物件抢得半空。此时急得两眼直竖，淌泪发呆。听见外头叫，只得出来。见贾政同司员登记物件，一人报说："赤金首饰共一百二十三件，珠宝俱全。珍珠十三挂，淡金盘二件，金碗二对，金抢碗二个，金匙四十把，银大碗八十个，银盘二十个，三镶金象牙筯二把，镀金执壶四把，镀金折盂三对，茶托二件，银碟七十六件，银酒杯三十六个。黑狐皮十八张，青狐六张，貂皮三十六张，黄狐三十张，猞猁狲皮十二张，麻叶皮三张，洋灰皮六十张，灰狐腿皮四十张，酱色羊皮二十张，猢狸皮二张，黄狐腿二把，小白狐皮二十块，洋呢三十度，毕叽二十三度，姑绒十二度，香鼠筒子十件，豆鼠皮四方，天鹅绒一卷，梅鹿皮一方，云狐筒子二件，貉崽皮一卷，鸭皮七把，灰鼠一百六十张，獾子皮八张，虎皮六张，海豹三张，海龙十六张，灰色羊四十把，黑色羊皮六十三张，元狐帽沿十副，倭刀帽沿十二副，貂帽沿二副，小狐皮十六张，江貉皮二张，獭子皮二张，猫皮三十五张，倭股十二度，绸缎一百三十卷，纱绫一百八一卷，羽线绉三十二卷，氆氇三十卷，妆蟒缎八卷，葛布三捆，各色布三捆，各色皮衣一百三十二件，棉夹单纱绢衣三百四十件。玉玩三十二件，带头九副，铜锡等物五百余件，钟表十八件，朝珠九挂，各色妆蟒三十四件，上用蟒缎迎手靠背三分，宫妆衣裙八套，脂玉圈带一条，黄缎十二卷。潮银五千二百两，赤金五十两，钱七千吊。”一切动用家伙攒钉登记，以及荣国赐第，俱一一开列，其房地契纸，家人文书，亦俱封裹。贾琏在旁边窃听，只不听见报他的东西，心里正在疑惑。只闻两家王爷问贾政道：“所抄家资内有借券，实系盘剥，究是谁行的？政老据实才好。”贾政听了，跪在地下碰头说：“实在犯官不理家务，这些事全不知道，问犯官侄儿贾琏才知。”贾琏连忙走上跪下，禀说：“这一箱文书既在奴才屋内抄出来的，敢说不知道么？只求王爷开恩，奴才叔叔并不知道的。”两王道：“你父已经获罪，只可并案办理。你今认了也是正理。如此叫人将贾琏看守，馀俱散收宅内。政老，你须小心候旨。我们进内复旨去了，这里有官役看守。”说着，上轿出门。贾政等就在二门跪送。北静王把手一伸，说“请放心”，觉得脸上大有不忍之色。

此时贾政魂魄方定，犹是发怔。贾兰便说：“请爷爷进内瞧老太太，再想法儿打听东府里的事。”贾政疾忙起身进内，只见各门上妇女乱糟糟的，不知要怎样。贾政无心查问，一直到贾母房中，只见人人泪痕满面，王夫人、宝玉等围住贾母，寂静无言，各各掉泪。惟有邢夫人哭作一团。因见贾政进来，都说“好了，好了”，便告诉老太太说：“老爷仍旧好好的进来，请老太太安心罢。”贾母奄奄一息的，微开双目说：“我的儿，不想还见得着你。”一声未了，便嚎啕的哭起来，于是满屋里人俱哭个不住。贾政恐哭坏老母，即收泪说：“老太太放心罢。本来事情原不小，蒙主上天恩，两位王爷的恩典，万般轸恤。就是大老爷暂时拘质，等问明白了，主上还有恩典。如今家里一些也不动了。”贾母见贾赦不在，又伤心起来，贾政再三安慰方止。

众人俱不敢走散，独邢夫人回至自己那边，见门总封锁，丫头婆子亦锁在几间屋内。邢夫人无处可走，放声大哭起来，只得往凤姐那边去。见二门旁舍亦上封条，惟有屋门开着，里头呜咽不绝。邢夫人进去，见凤姐面如纸灰，合眼躺着，平儿在旁暗哭。邢夫人打谅凤姐死了，又哭起来。平儿迎上来说：“太太不要哭。奶奶抬回来觉着像是死的了，幸得歇息一回苏过来，哭了几声，如今痰息气定，略安一安神。太太也请定定神罢。但不知老太太怎样了？”邢夫人也不答言，仍走到贾母那边。见眼前俱是贾政的人，自己夫子被拘，媳妇病危，女儿受苦，现在身无所归，那里禁得住。众人劝慰，李纨等令人收拾房屋请邢夫人暂住，王夫人拨人服侍。

贾政在外，心惊肉跳，拈须搓手的等候旨意。听见外面看守军人乱嚷道：“你到底是那一边的？既碰在我们这里，就记在这里册上。拴着他，交给里头锦衣府的爷们。”贾政出外看时，见是焦大，便说：“怎么跑到这里来？”焦大见问，便号天蹈地的哭道：“我天天劝，这些不长进的爷们，倒拿我当作冤家。连爷还不知道焦大跟着太爷受的苦。今朝弄到这个田地，珍大爷、蓉哥儿都叫什么王爷拿了去了，里头女主儿们都被什么府里衙役抢得披头散发搁在一处空房里，那些不成材料的狗男女却像猪狗似的拦起来了。所有的都抄出来搁着，木器钉得破烂，磁器打得粉碎。他们还要把我拴起来，我活了八九十岁，只有跟着太爷捆人的，那里倒叫人捆起来。我便说我是西府里，就跑出来。那些人不依，押到这里，不想这里也是那么着。我如今也不要命了，和那些人拼了罢。”说着撞头。众役见他年老，又是两王吩咐，不敢发狠，便说：“你老人家安静些，这是奉旨的事。你且这里歇歇，听个信儿再说。”贾政听明，虽不理他，但是心里刀绞似的，便道：“完了，完了。不料我们一败涂地如此。”

正在着急听候内信，只见薛蝌气嘘嘘的跑进来说：“好容易进来了。姨父在那里？”贾政道：“来得好，但是外头怎么放进来的？”薛蝌道：“我再三央说，又许他们钱，所以我才能够出入的。”贾政便将抄去之事告诉了他，便烦去打听打听，“就有好亲，在火头上也不便送信，是你就好通信了。”薛蝌道：“这里的事我倒想不到，那边东府的事我已听见说，完了。”贾政道：“究竟犯什么事？”薛蝌道：“今朝为我哥哥打听决罪的事，在衙内闻得，有两位御史风闻得珍大爷引诱世家子弟赌博，这款还轻。还有一大款是强占良民妻女为妾，因其女不从，凌逼致死。那御史恐怕不准，还将咱们家的鲍二拿去，又还拉出一个姓张的来。只怕连都察院都有不是，为的是姓张的曾告过的。”贾政尚未听完，便跺脚道：“了不得，罢了，罢了！”叹了一口气，扑簌簌的掉下泪来。

薛蝌宽慰了几句，即便又出来打听去了。隔了半日，仍旧进来说：“事情不好。我在刑科打听，倒没有听见两王复旨的信，但听得说李御史今早参奏平安州奉承京官，迎合上司，虐害百姓，好几大款。”贾政慌道：“那管他人的事，到底打听我们的怎么样？”薛蝌道：“说是平安州就有我们，那参的京官就是赦老爷。说的是包揽词讼，所以火上浇油。就是同朝这些官府，俱藏躲不迭，谁肯送信？就即如才散的这些亲友，有的竟回家去了，也有远远儿的歇下打听的。可恨那些贵本家便在路上说，‘祖宗掷下的功业，弄出事来了，不知道飞到那个头上，大家也好施威’。”贾政没有听完，复又顿足道：“都是我们大爷忒糊涂，东府也忒不成事体。如今老太太与琏儿媳妇是死是活还不知道呢。你再打听去，我到老太太那边瞧瞧。若有信，能够早一步才好。”正说着，听见里头乱嚷出来说：“老太太不好了。”急得贾政即忙进去。未知生死如何，下回分解。

笺证

时间折叠，使时间人文化，在折叠中挤压出新的人文空间，这是叙事的好手段。贾府被抄家，采取的是逆叙事法，倒转时间顺序，先写抄家乱象和恐惧，然后再如挤压海绵中的水分一般，挤压出招来抄家的原因，这就造成飞来横祸猛然袭击人们的心灵的叙事效应。这里有必要做点解题，第一〇五回“骢马使弹劾平安州”，所谓“骢马使”指的是御史。典故出自《后汉书·桓典传》：“（桓典）辟司徒袁隗府，举高第，拜侍御史。是时宦官秉权，典执政无所回避。常乘骢马，京师畏惮，为之语曰：‘行行且止，避骢马御史。’”[1]唐陈子昂《题祀山烽树赠乔十二侍御》诗云：“汉庭荣巧宦，云阁薄过功。可怜骢马使，白首为谁雄。”中唐张南史《送李侍御入茅山采药》诗云：“苦县家风在，茅山道录传。聊听骢马使，却就紫阳仙。”从史籍到诗篇，都有把御史称为“骢马使”者。在御史告发的消息到来之前，锦衣军抄家，已经把贾府搅得乱成一锅粥。首先被抄的是宁国府，邢夫人那边的人一直声的嚷来到贾母处说：“老太太、太太，不……不好了。多多少少的穿靴带帽的强……强盗来了，翻箱倒笼的来拿东西。”贾母又见平儿披头散发拉着巧姐哭啼啼的来说：“不好了，我正与姐儿吃饭，只见来旺被人拴着进来说：‘姑娘快快传进去，请太太们回避，外面王爷就进来查抄家产。’我听了着忙，正要进房拿要紧东西，被一伙人浑推浑赶出来的。咱们这里该穿该带的快快收拾。”王、邢二夫人等听得，俱魂飞天外，不知怎样才好。独见凤姐先前圆睁两眼听着，后来便一仰身栽到地下昏死过去了。贾母吓得涕泪交流，连话也说不出来。贾府女眷全然乱了阵脚，男人也束手无策。老奴焦大闯进来，呼天抢地地向贾政哭诉：“我天天劝，这些不长进的爷们，倒拿我当作冤家。连爷还不知道焦大跟着太爷受的苦。今朝弄到这个田地，珍大爷、蓉哥儿都叫什么王爷拿了去了，里头女主儿们都被什么府里衙役抢得披头散发撂在一处空房里，那些不成材料的狗男女却像猪狗似的拦起来了。所有的都抄出来搁着，木器钉得破烂，磁器打得粉碎。他们还要把我拴起来，我活了八九十岁，只有跟着太爷捆人的，那里倒叫人捆起来。我便说我是西府里，就跑出来。那些人不依，押到这里，不想这里也是那么着。我如今也不要命了，和那些人拼了罢。”抄家的乱象，通过宁府的焦大和荣府的平儿，惊魂不定地指天咒地喧嚷出来。但是招来如此大祸的原因是什么？这就是通过时间折叠，要挤压出来的叙事的人文空间。在全家乱了套时，能够活动一些并外出打探消息的，只有出钱打通把门的锦衣军的薛蝌。因此“骢马使弹劾平安州”的消息，采取的是间接叙事法，以薛蝌打听来的消息弥补这个空白。薛科来回打听消息，向贾政通报：“今朝为我哥哥（薛蟠）打听决罪的事，在衙内闻得，有两位御史风闻得珍大爷引诱世家子弟赌博，这款还轻。还有一大款是强占良民妻女为妾，因其女不从，凌逼致死。那御史恐怕不准，还将咱们家的鲍二拿去，又还拉出一个姓张的来。只怕连都察院都有不是，为的是姓张的曾告过

❶（南朝宋）范晔、（晋）司马彪：《后汉书》，岳麓书社2009年版，第425页。

的。”薛蝌又出去打听，隔了半日，进来说：“事情不好。我在刑科打听，倒没有听见两王复旨的信，但听得说李御史今早参奏平安州奉承京官，迎合上司，虐害百姓，好几大款”；“说是平安州就有我们，那参的京官就是赦老爷”。这就从多种维度上揭示了贾府招致抄家的原由，以及贾府里里外外的反应，有若庖丁解牛，几度剖剥，皮肉筋节就摊满一地。第五回太虚幻境中所谓“漫言不肖皆荣出，造衅开端实在宁”的判词，就不仅只是适用于秦可卿，而且适用于引发荣宁二府被抄家的种种罪孽了。

第一〇六回

王熙凤致祸抱羞惭 贾太君祷天消祸患

话说贾政闻知贾母危急，即忙进去看视。见贾母惊吓气逆，王夫人、鸳鸯等唤醒回来，即用疏气安神的丸药服了，渐渐的好些，只是伤心落泪。贾政在旁劝慰，总说是："儿子们不肖，招了祸来累老太太受惊。若老太太宽慰些，儿子们尚可在外料理；若是老太太有什么不自在，儿子们的罪孽更重了。"贾母道："我活了八十多岁，自作女孩儿起到你父亲手里，都托着祖宗的福，从没有听见过那些事。如今到老了，见你们倘或受罪，叫我心里过得去么？倒不如合上眼随你们去罢了。"说着，又哭。

贾政此时着急异常，又听外面说："请老爷，内廷有信。"贾政急忙出来，见是北静王府长史，一见面便说"大喜"，贾政谢了，请长史坐下，"请问王爷有何谕旨"？那长史道："我们王爷同西平郡王进内复奏，将大人的惧怕的心、感激天恩之话都代奏了。主上甚是悯恤，并念及贵妃溘逝未久，不忍加罪，着加恩仍在工部员外上行走。所封家产，惟将贾赦的入官，馀俱给还。并传旨令尽心供职。惟抄出借券令我们王爷查核，如有违禁重利的一概照例入官，其在定例生息的同房地文书尽行给还。贾琏着革去职衔，免罪释放。"贾政听毕，即起身叩谢天恩，又拜谢王爷恩典，"先请长史大人代为禀谢，明晨到阙谢恩，并到府里磕头"。那长史去了。少停，传出旨来。承办官遵旨一一查清，入官者入官，给还者给还，将贾琏放出，所有贾赦名下男妇人等造册入官。

可怜贾琏屋内东西除将按例放出的文书发给外，其馀虽未尽入官的，早被查抄的人尽行抢去，所存者只有家伙物件。贾琏始则惧罪，后蒙释放已是大幸，及想起历年积聚的东西并凤姐的体己不下七八万金，一朝而尽，怎得不痛。且他父亲现禁在锦衣府，凤姐病在垂危，一时悲痛。又见贾政含泪叫他，问道："我因官事在身，不大理家，故叫你们夫妇总理家事。你父亲所为固难劝谏，那重利盘剥究竟是谁干的？况且非咱们这样人家所为。如今入了官，在银钱是不打紧的，这种声名出去还了得吗？"贾琏跪下说道："侄儿办家事，并不敢存一点私心。所有出入的帐目，自有赖大、吴新登、戴良等登记，老爷只管叫他们来查问。现在这几年，库内的银子出多入少，虽没贴补在内，已在各处做了好些空头，求老爷问太太就知道了。这些放出去的帐，连侄儿也不知道那里的银子，要问周瑞、旺儿才知道。"贾政道："据你说来，连你自己屋里的事还不知道，那些家中上下的事更不知道了。我这回也不来查问你，现今你无事的人，你父亲的事和你珍大哥的事还不快去打听打听。"贾琏一心委屈，含着眼泪答应了出去。贾政叹气连连的想道："我祖父勤劳王事，立下功勋，得了两个世职，如今两房犯事都革去了。我瞧这些子侄没一个长进的。老天啊，老天啊，我贾家何至一败如此。我虽蒙圣恩格外垂慈，给还家产，那两处食用自应归并一处，叫我一人那里支撑的住？方才琏儿所说更加诧异，说不但库上无银，而且尚有亏空，这几年竟是虚名在外。只恨我自己为什么糊涂若此？倘或我珠儿在世，尚有膀臂；宝玉虽大，更是无用之物。"想到那里，不觉泪满衣襟。又想："老太太偌大年纪，儿子们并没有自能奉养一日，反累他吓得死去活来。种种罪孽，叫我委之何人？"

正在独自悲切，只见家人禀报各亲友进来看候。贾政一一道谢，说起“家门不幸，是我不能管教子侄，所以至此”。有的说：“我久知令兄赦大老爷行事不妥，那边珍哥更加骄纵。若说因官事错误得个不是，于心无愧，如今自己闹出的，倒带累了二老爷。”有的说：“人家闹的也多，也没见御史参奏，不是珍老大得罪朋友，何至如此？”有的说：“也不怪御史，我们听见说是府上的家人同几个泥腿在外头哄嚷出来的。御史恐参奏不实，所以诓了这里的人去才说出来的。我想府上待下人最宽的，为什么还有这事？”有的说：“大凡奴才们是一个养活不得的。今儿在这里都是好亲友我才敢说，就是尊驾在外任，我保不得——你是不爱钱的——那外头的风声也不好，都是奴才们闹的，你该隄防些。如今虽说没有动你的家，倘或再遇着主上疑心起来，好些不便呢。”贾政听说，心下着忙道：“众位听见我的风声怎样？”众人道：“我们虽没听见实据，只闻外面人说你在粮道任上怎么叫门上家人要钱。”贾政听了，便说道：“我是对得天的，从不敢起这要钱的念头。只是奴才在外招摇撞骗，闹出事来，我就吃不住了。”众人道：“如今怕也无益，只好将现在的管家们都严严的查一查，若有抗主的奴才，查出来严严的办一办。”贾政听了点头。便见门上进来回禀说：“孙姑爷那边打发人来说，自己有事不能来，着人来瞧瞧。说大老爷该他一种银子，要在二老爷身上还的。”贾政心内忧闷，只说“知道了”。众人都冷笑道：“人说令亲孙绍祖混帐，真有些。如今丈人抄了家，不但不来瞧看帮补照应，倒赶忙的来要银子，真真不在理上。”贾政道：“如今且不必说他。那头亲事原是家兄配错的，我的侄女儿的罪已经受够了，如今又招我来。”正说着，只见薛蝌进来说道：“我打听锦衣府赵堂官必要照御史参的办去，只怕大老爷和珍大爷吃不住。”众人都道：“二老爷，还得是你出去求求王爷，怎么挽回挽回才好。不然这两家就完了。”贾政答应致谢，众人都散。

那时天已点灯时候，贾政进去请贾母的安，见贾母略略好些。回到自己房中，埋怨贾琏夫妇不知好歹，如今闹出放账取利的事情，大家不好。方见凤姐所为，心里很不受用。凤姐现在病重，知他所有什物尽被抄抢一光，心内郁结，一时未便埋怨，暂且隐忍不言。一夜无话。次早贾政进内谢恩，并到北静王府、西平王府两处叩谢，求两位王爷照应他哥哥、侄儿。两位应许。贾政又在同寅相好处托情。

且说贾琏打听得父兄之事不很妥，无法可施，只得回到家中。平儿守着凤姐哭泣，秋桐在耳房中抱怨凤姐。贾琏走近旁边，见凤姐奄奄一息，就有多少怨言，一时也说不出来。平儿哭道："如今事已如此，东西已去不能复来。奶奶这样，还得再请个大夫调治调治才好。"贾琏啐道："我的性命还不保，我还管他么？"凤姐听见，睁眼一瞧，虽不言语，那眼泪流个不尽，见贾琏出去，便与平儿道："你别不达事务了，到了这样田地，你还顾我做什么？我巴不得今儿就死才好。只要你能够眼里有我，我死之后，你扶养大了巧姐儿，我在阴司里也感激你的。"平儿听了，放声大哭。凤姐道："你也是聪明人。他们虽没有来说我，他必抱怨我。虽说事是外头闹的，我若不贪财，如今也没有我的事，不但是枉费心计，挣了一辈子的强，如今落在人后头。我只恨用人不当，恍惚听得那边珍大爷的事说是强占良民妻子为妾，不从逼死，有个姓张的在里头，你想想还有谁，若是这件事审出来，咱们二爷是脱不了的，我那时怎样见人？我要即时就死，又耽不起吞金服毒的。你到还要请大夫，可不是你为顾我反倒害了我了么？"平儿愈听愈惨，想来实在难处，恐凤姐自寻短见，只得紧紧守着。

笺证

灾祸的爆发，往往具有连锁效应，扯动藤条牵山瓜。第一〇六回"王熙凤致祸抱羞惭"，关连到贾府抄家的宁国府症结之外的另一个症结，以及它们的连锁反应。"不如意事常八九"，这种祸不单行的危机感，也潜入了世人的民俗信仰之中。清康熙年间之测字名家程省《测字秘牒》说："禅〔祸不单行〕，祸〔祸生有基〕。"因此，"福无双至，祸不单行"，已经成为世人常挂在口头的话。明朝隆庆、万历年间的周履靖《锦笺记》第三十四出中说："破船风猛，漏室雨淋，福无双至，祸不单行。"晚清吴趼人《糊涂世界》第二回又说："天算不由人算，又道是：福无双至，祸不单行。"贾府被抄家这次灾难性变故，实在是灾连祸结。贾政叹气连连地想："我祖父勤劳王事，立下功勋，得了两个世职，如今两房犯事都革去了。我瞧这些子侄没一个长进的。老天啊，老天啊，我贾家何至一败如此。我虽蒙圣恩格外垂慈，给还家产，那两处食用自应归并一处，叫我一人那里支撑的住？方才琏儿所说更加诧异，说不但库上无银，而且尚有亏空，这几年竟是虚名在外。只恨我自己为什么糊涂若此？倘或我珠儿在世，尚有膀臂；宝玉虽大，更是无用之物。"贾政端方正直，失之迂腐，想做好官，却不谙世情，管理家务，又不知如何入手，只好空口白舌地委命于天。他到处托情支撑，但"中山狼"的侄女婿孙绍祖索要银子，落井下石。贾政是贾府的顶梁柱，凤姐是贾府的操盘手，贾政委命于天，凤姐委过于人，当这两个人都百般推诿，无计可施，贾府就彻底地祸不单行而崩盘了。凤姐受抄家的打击，身体不支，平儿哭诉要请大夫调治。凤姐说："你别不达事务了，到了这样田地，你还顾我做什么？我巴不得今儿就死才好。只要你能够眼里有我，我死之后，你扶养大了巧姐儿，我在阴司里也感激你的。"这种自暴自弃的话，发自一颗伤透了的绝望的心。凤姐后悔自己的所作所为："他们虽没有来说我，他（贾琏）必抱怨我。虽说事是外头闹的，我若不贪财，如今也没有我的事，不但是枉费心计，挣了一辈子的强，如今落在人后头。我只恨用人不当，恍惚听得那边珍大爷的事说是强占良民妻子为妾，不从逼死，有个姓张的在里头，你想想还有谁，若是这件事审出来，咱们二爷是脱不了的，我那时怎样见人？我要即时就死，又耽不起吞金服毒的。你到还要请大夫，可不是你为顾我反倒害了我了么？"凤姐对生存处境已经绝望，但她"只恨用人不当"，还不能正视问题的实质，实际上她操盘尤二姐的原夫张华咬逼贾琏，使尤二姐吞金而死，才会有"有个姓张的在里头，你想想还有谁，若是这件事审出来，咱们二爷是脱不了的，我那时怎样见人？”如此看来，这是宿命，是应了太虚幻境《红楼梦十二曲·聪明累》所说“机关算尽太聪明，反算了卿卿性命”了。宿命，是民俗信仰中与天关联的观念。何为“宿命”？星宿运行出自天的命令。天人感应，天理牵系人事民情，验证着其吉凶祸福，因由星宿运行决定人的性命运数，就是茫茫苍天赋予人的宿命了。《论语·颜渊篇》子夏说：“死生有命，富贵在天。”天在打算盘，以前生决定后世，前因决定后果，注定了人受生来就有的命运支配，失去了自主和自由。这是古老的民俗信仰赋予人类的无限悲哀，人在算盘中被拨上拨下，听着嘀嗒之声而丧魂落魄，无比畏惧。

幸贾母不知底细，因近日身子好些，又见贾政无事，宝玉、宝钗在旁天天不离左右，略觉放心。素来最疼凤姐，便叫鸳鸯：“将我体己东西拿些给凤丫头，再拿些银钱交给平儿，好好的服侍好了凤丫头，我再慢慢的分派。”又命王夫人照看了邢夫人。又加了宁国府第入官，所有财产房地等并家奴等俱造册收尽，这里贾母命人将车接了尤氏婆媳等过来。可怜赫赫宁府只剩得他们婆媳两个并佩凤、偕鸾二人，连一个下人没有。贾母指出房子一所居住，就在惜春所住的间壁。又派了婆子四人、丫头两个服侍。一应饭食起居在大厨房内分送，衣裙什物又是贾母送去，零星需用亦在帐房内开销，俱照荣府每人月例之数。那贾赦、贾珍、贾蓉在锦衣府使用，帐房内实在无项可支。如今凤姐一无所有，贾琏况又多债务满身，贾政不知家务，只说已经托人，自有照应。贾琏无计可施，想到那亲戚里头薛姨妈家已败，王子腾已死，馀者亲戚虽有，俱是不能照应，只得暗暗差人下屯将地亩暂卖了数千金作为监中使费。贾琏如此一行，那些家奴见主家势败，也便趁此弄鬼，并将东庄租税也就指名借用些。此是后话，暂且不提。

且说贾母见祖宗世职革去，现在子孙在监质审，邢夫人、尤氏等日夜啼哭，凤姐病在垂危，虽有宝玉、宝钗在侧，只可解劝，不能分忧，所以日夜不宁，思前想后，眼泪不干。一日傍晚，叫宝玉回去，自己扎挣坐起，叫鸳鸯等各处佛堂上香，又命自己院内焚起斗香，用拐拄着出到院中。琥珀知是老太太拜佛，铺下大红短毡拜垫。贾母上香跪下磕了好些头，念了一回佛，含泪祝告天地道："皇天菩萨在上，我贾门史氏，虔诚祷告，求菩萨慈悲。我贾门数世以来，不敢行凶霸道。我帮夫助子，虽不能为善，亦不敢作恶。必是后辈儿孙骄侈暴佚，暴殄天物，以致合府抄检。现在儿孙监禁，自然凶多吉少，皆由我一人罪孽，不教儿孙，所以至此。我今即求皇天保佑：在监逢凶化吉，有病的早早安身。总有合家罪孽，情愿一人承当，只求饶恕儿孙。若皇天见怜，念我虔诚，早早赐我一死，宽免儿孙之罪。"默默说到此，不禁伤心，呜呜咽咽的哭泣起来。鸳鸯、珍珠一面解劝，一面扶进房去。

只见王夫人带了宝玉、宝钗过来请晚安，见贾母悲伤，三人也大哭起来。宝钗更有一层苦楚：想哥哥也在外监，将来要处决，不知可减缓否。翁姑虽然无事，眼见家业萧条；宝玉依然疯傻，毫无志气。想到后来终身，更比贾母、王夫人哭得更痛。宝玉见宝钗如此大恸，他亦有一番悲戚。想的是老太太年老不得安，老爷、太太见此光景不免悲伤，众姐妹风流云散，一日少似一日。追想在园中吟诗起社，何等热闹，自从林妹妹一死，我郁闷到今，又有宝姐姐过来，未便时常悲切。见他忧兄思母，日夜难得笑容，今见他悲哀欲绝，心里更加不忍，竟嚎啕大哭。鸳鸯、彩云、莺儿、袭人见他们如此，也各有所思，便也呜咽起来。馀者丫头们看得伤心，也便陪哭，竟无人解慰。满屋中哭声惊天动地，将外头上夜婆子吓慌，急报于贾政知道。那贾政正在书房纳闷，听见贾母的人来报，心中着忙，飞奔进内。远远听得哭声甚众，打谅老太太不好，急得魂魄俱丧，疾忙进来，只见坐着悲啼，神魂方定。说是："老太太伤心，你们该劝解，怎么的齐打伙儿哭起来了？”众人听得贾政声气，急忙止哭，大家对面发怔。贾政上前安慰了老太太，又说了众人几句。各自心想道：“我们原恐老太太悲伤，故来劝解，怎么忘情大家痛哭起来？”

正自不解，只见老婆子带了史侯家的两个女人进来，请了贾母的安，又向众人请安毕，便说：“我们家老爷、太太、姑娘打发我来，说听见府里的事，原没有什么大事，不过一时受惊。恐怕老爷、太太烦恼，叫我们过来告诉一声，说这里二老爷是不怕的了。我们姑娘本要自己来的，因不多几日就要出阁，所以不能来了。”贾母听了，不便道谢，说：“你回去给我问好。这是我们的家运合该如此。承你老爷太太惦记，过一日再来奉谢。你家姑娘出阁，想来你们姑爷是不用说的了。他们的家计如何？”两个女人回道：“家计倒不怎么着，只是姑爷长的很好，为人又和平。我们见过好几次，看来与这里宝二爷差不多，还听得说才情学问都好的。”贾母听了，喜欢道：“咱们都是南边人，虽在这里住久了，那些大规矩还是从南方礼儿，所以新姑爷我们都没见过。我前儿还想起我娘家的人来，最疼的就是你们家姑娘，一年三百六十天，在我跟前的日子倒有二百多天，混得这么大了。我原想给他说个好女婿，又为他叔叔不在家，我又不便作主。他既造化配了个好姑爷，我也放心。月里出阁我原想过来吃杯喜酒的，不料我家闹出这样事来，我的心就像在热锅里熬的似的，那里能够再到你们家去。你回去说我问好，我们这里的人都说请安问好。你替另告诉你家姑娘，不要将我放在心里。我是八十多岁的人了，就死也算不得没福的了。只愿他过了门，两口子和顺，百年到老，我便安心了。”说着，不觉掉下泪来。那女人道：“老太太也不必伤心。姑娘过了门，等回了九，少不得同姑爷过来请老太太的安，那时老太太见了才喜欢呢。”贾母点头，那女人出去。别人都不理论，只有宝玉听了发了一回怔，心里想道：“如今一天一天的都过不得了。为什么人家养了女儿到大了必要出嫁，一出了嫁就改变。史妹妹这样一个人又被他叔叔硬压着配人了，他将来见了我必是又不理我了。我想一个人到了这个没人理的分儿，还活着做什么？”想到那里，又是伤心。见贾母此时才安，又不敢哭泣，只是闷闷的。

一时贾政不放心，又进来瞧瞧老太太，见是好些，便出来传了赖大，叫他将合府里管事家人的花名册子拿来，一齐点了一点，除去贾赦入官的人，尚有三十馀家，共男女二百十二名。贾政叫现在府内当差的男人共二十一名进来，问起历年居家用度，共有若干进来，该用若干出去。那管总的家人将近来支用簿子呈上。贾政看时，所入不敷所出，又加连年宫里花用，帐上有在外浮借的也不少。再查东省地租，近年所交不及祖上一半，如今用度比祖上更加十倍。贾政不看则已，看了急得跺脚道：“这了不得！我打量虽是琏儿管事，在家自有把持，岂知好几年头里已就寅年用了卯年的，还是这样装好看，竟把世职俸禄当作不打紧的事情，为什么不败呢？我如今要就省俭起来，已是迟了。”想到那里，背着手踱来踱去，竟无方法。

众人知贾政不知理家，也是白操心着急，便说道：“老爷也不用焦心，这是家家这样的。若是统总算起来，连王爷家还不够。不过是装着门面，过到那里就到那里。如今老爷到底得了主上的恩典，才有这点子家产，若是一并入了官，老爷就不用过了不成？”贾政嗔道：“放屁！你们这班奴才最没有良心的，仗着主子好的时候任意开销，到弄光了，走的走，跑的跑，还顾主子的死活吗？如今你们道是没有查封是好，那知道外头的名声？大本儿都保不住，还搁得住你们在外头支架子说大话诓人骗人，到闹出事来望主子身上一推就完了。如今大老爷与珍大爷的事，说是咱们家人鲍二在外传播的，我看这人口册上并没有鲍二，这是怎么说？”众人回道：“这鲍二是不在册档上的。先前在宁府册上，为二爷见他老实，把他们两口子叫过来了。及至他女人死了，他又回宁府去。后来老爷衙门有事，老太太们、爷们往陵上去，珍大爷替理家事带过来的，以后也就去了。老爷数年不管家事，那里知道这些事来。老爷打量册上没有名字的就只有这个人，不知一个人手下亲戚们也有，奴才还有奴才呢。”贾政道：“这还了得？”想去一时不能清理，只得喝退众人，早打了主意在心里了，且听贾赦等事审得怎样再定。

一日正在书房筹算，只见一人飞奔进来说：“请老爷快进内廷问话。”贾政听了心下着忙，只得进去。未知凶吉，下回分解。

笺证

第一〇六回“贾太君祷天消祸患”，实际上展开了多条线头平行叙写。一是贾母到院中拜佛，含泪祝告天地说：“皇天菩萨在上，我贾门史氏，虔诚祷告，求菩萨慈悲。我贾门数世以来，不敢行凶霸道。我帮夫助子，虽不能为善，亦不敢作恶。必是后辈儿孙骄侈暴佚，暴殄天物，以致合府抄检。现在儿孙监禁，自然凶多吉少，皆由我一人罪孽，不教儿孙，所以至此。我今即求皇天保佑：在监逢凶化吉，有病的早早安身。总有合家罪孽，情愿一人承当，只求饶恕儿孙。若皇天见怜，念我虔诚，早早赐我一死，宽免儿孙之罪。”这种祷告皇天的仪轨，在文献上源于商汤王祷于桑林。《吕氏春秋·季秋纪》记载：“昔者汤克夏而正天下。天大旱，五年不收，汤乃以身祷于桑林，曰：‘余一人有罪，无及万夫。万夫有罪，在余一人。无以一人之不敏，使上帝鬼神伤民之命。’于是剪其发，磨其手，以身为牺牲，用祈福于上帝。民乃甚说，雨乃大至。则汤达乎鬼神之化、人事之传也。”[1]而且贾母的行为，与周武王有疾，

[1]（战国）吕不韦撰，（汉）高诱注：《吕氏春秋》，上海古籍出版社2014年版，第174页。

周公作《金縢》，祝告愿意代替武王到天上侍候先王，以延长武王的寿命，也属于相似的仪轨。二是在贾母面前，宝钗想薛家，宝玉想林妹妹，众丫鬟各有所想，一并嚎啕大哭。可见贾府为首的四大家族都陷入凄凄惶惶，只好仿效阮籍穷途一哭的处境。三是史府派两个女人来请安，谈及史湘云的去处说："(夫婿)家计倒不怎么着，只是姑爷长的很好，为人又和平。我们见过好几次，看来与这里宝二爷差不多，还听得说才情学问都好的。"贾母听了，喜欢说："咱们都是南边人，虽在这里住久了，那些大规矩还是从南方礼儿，所以新姑爷我们都没见过。我前儿还想起我娘家的人来，最疼的就是你们家姑娘，一年三百六十天，在我跟前的日子倒有二百多天，混得这么大了。我原想给他说个好女婿，又为他叔叔不在家，我又不便作主。他既造化配了个好姑爷，我也放心。月里出阁我原想过来吃杯喜酒的，不料我家闹出这样事来，我的心就像在热锅里熬的似的，那里能够再到你们家去。你回去说我问好，我们这里的人都说请安问好。你替另告诉你家姑娘，不要将我放在心里。我是八十多岁的人了，就死也算不得没福的了。只愿他过了门，两口子和顺，百年到老，我便安心了。"贾母已是心有余而力不足，只能祝愿史湘云远嫁南方有一个称心的郎君，但不提防这一祝愿也会落空。四是宝玉听了史湘云的去处，心里发怔地想："如今一天一天的都过不得了。为什么人家养了女儿到大了必要出嫁，一出了嫁就改变。史妹妹这样一个人又被他叔叔硬压着配人了，他将来见了我必是又不理我了。我想一个人到了这个没人理的分儿，还活着做什么？"宝玉对史湘云出嫁的悲感，只不过是红楼群艳风流云散的炒冷饭。五是贾政叫府内当差的男人共二十一名进来，问起历年居家用度，管总的家人将近来支用簿子呈上。贾政看到所入不敷所出，再查东省地租，所交不及祖上一半，用度比祖上更加十倍。急得贾政直跺脚说："这了不得！我打量虽是琏儿管事，在家自有把持，岂知好几年头里已就寅年用了卯年的，还是这样装好看，竟把世职俸禄当作不打紧的事情，为什么不败呢？我如今要就省俭起来，已是迟了。"他不懂得管家理财，背着手踱来踱去，竟无方法。这是对贾府入不敷出、坐吃山空的无可奈何，并无多少新意。五条线索的平行叙事，揭示了遭遇抄家后的贾府千疮百孔、无力回天、难以为继的窘迫处境。但作者没有足够的笔力，将千头万绪凝聚成重大事件，而是任从水泻平地，难以给人强烈的精神震撼。这只能令人想起鲍照的乐府诗《拟行路难》所说：“泻水置平地，各自东西南北流。人生亦有命，安能行叹复坐愁？酌酒以自宽，举杯断绝歌路难。心非木石岂无感？吞声踯躅不敢言。”续书本回的笔墨，对于前八十回而言，某些地方未免给人虎头蛇尾之叹，可见续书之难。

第一〇七回
散馀资贾母明大义
复世职政老沐天恩

话说贾政进内，见了枢密院各位大人，又见了各位王爷。北静王道："今日我们传你来，有遵旨问你的事。"贾政即忙跪下。众大人便问道："你哥哥交通外官，恃强凌弱，纵儿聚赌，强占良民妻女不遂逼死的事，你都知道么？"贾政回道："犯官自从主恩钦点学政，任满后查看赈恤，于上年冬底回家，又蒙堂派工程，后又往江西监道，题参回都，仍在工部行走，日夜不敢怠惰。一应家务并未留心伺察，实在糊涂，不能管教子侄，这就是辜负圣恩。亦求主上重重治罪。"

北静王据说转奏，不多时传出旨来。北静王便述道："主上因御史参奏贾赦交通外官，恃强凌弱。据该御史指出平安州互相往来，贾赦包揽词讼。严鞫贾赦，据供平安州原系姻亲来往，并未干涉官事。该御史亦不能指实。惟有倚势强索石呆子古扇一款是实的，然系玩物，究非强索良民之物可比。虽石呆子自尽，亦系疯傻所致，与逼勒致死者有间。今从宽将贾赦发往台站效力赎罪。所参贾珍强占良民妻女为妾不从逼死一款，提取都察院原案，看得尤二姐实系张华指腹为婚未娶之妻，因伊贫苦自愿退婚，尤二姐之母愿结贾珍之弟为妾，并非强占。再尤三姐自刎掩埋并未报官一款，查尤三姐原系贾珍妻妹，本意为伊择配，因被逼索定礼，众人扬言秽乱，以致羞忿自尽，并非贾珍逼勒致死。但身系世袭职员，罔知法纪，私埋人命，本应重治，念伊究属功臣后裔，不忍加罪，亦从宽革去世职，派往海疆效力赎罪，贾蓉年幼无干省释。贾政实系在外任多年，居官尚属勤慎，免治伊治家不正之罪。”贾政听了，感激涕零，叩首不及，又叩求王爷代奏下忱。北静王道：“你该叩谢天恩，更有何奏。”贾政道：“犯官仰蒙圣恩不加大罪，又蒙将家产给还，实在扪心惶愧，愿将祖宗遗受重禄积馀置产一并交官。”北静王道：“主上仁慈待下，明慎用刑，赏罚无差。如今既蒙莫大深恩，给还财产，你又何必多此一奏？”众官也说不必。贾政便谢了恩，叩谢了王爷出来。恐贾母不放心，急忙赶回。

笺证

政治成了一种玩意儿，恩威并重，左右其手。贾府在朝廷政治耍玩意儿中，松了一口气。第一〇七回交代了荣国府大房贾赦和宁国府贾珍、贾蓉的发落情况。北静王传旨说：“主上因御史参奏贾赦交通外官，恃强凌弱。据该御史指出平安州互相往来，贾赦包揽词讼。严鞫贾赦，据供平安州原系姻亲来往，并未干涉官事。该御史亦不能指实。惟有倚势强索石呆子古扇一款是实的，然系玩物，究非强索良民之物可比。虽石呆子自尽，亦系疯傻所致，与逼勒致死者有间。今从宽将贾赦发往台站（防御边疆的军台）效力赎罪。所参贾珍强占良民妻女为妾不从逼死一款，提取都察院原案，看得尤二姐实系张华指腹为婚未娶之妻，因伊贫苦自愿退婚，尤二姐之母愿结贾珍之弟为妾，并非强占。再尤三姐自刎掩埋并未报官一款，查尤三姐原系贾珍妻妹，本意为伊择配，因被逼索定礼，众人扬言秽乱，以致羞忿自尽，并非贾珍逼勒致死。但身系世袭职员，罔知法纪，私埋人命，本应重治，念伊究属功臣后裔，不忍加罪，亦从宽革去世职，派往海疆效力赎罪，贾蓉年幼无干省释。贾政实系在外任多年，居官尚属勤慎，免治伊治家不正之罪。”贾赦发往台站效力赎罪；贾珍革去世职，派往海疆效力赎罪；贾蓉年幼无干省释；贾政免予治罪。这里对荣宁二府的罪孽进行惩处，却是明惩暗保，雷声大而雨点小，惩罚的重锤为张扬天威而高高举起，又不忘圣恩而轻轻放下。政治在这里真是个耐人琢磨的玩意儿。晚清李伯元的讽刺小说《文明小史》第三十九回说：“那守旧的女子，朝梳头，夜裹足，单做男人的玩意儿，我可不要娶这种女人。”[1]《红楼梦》所揭露的政治运作术，离这番讽刺到底有多远？

上下男女人等不知传进贾政是何吉凶，都在外头打听，一见贾政回家，都略略的放心，也不敢问。只见贾政忙忙的走到贾母跟前，将蒙圣恩宽免的事，细细告诉了一遍。贾母虽则放心，只是两个世职革去，贾赦又往台站效力，贾珍又往海疆，不免又悲伤起来。邢夫人、尤氏听见那话，更哭起来。贾政便道：“老太太放心。大哥虽则台站效力，也是为国家办事，不致受苦，只要办得妥当，就可复职。珍儿正是年轻，很该出力。若不是这样，便是祖父的馀德，亦不能久享。”说了些宽慰的话。

贾母素来本不大喜欢贾赦，那边东府贾珍究竟隔了一层。只有邢夫人、尤氏痛哭不已。邢夫人想着：“家产一空，丈夫年老远出，膝下虽有琏儿，又是素来顺他二叔的，如今是都靠着二叔，他两口子更是顺着那边去了。独我一人孤苦伶仃，怎么好？”那尤氏本来独掌宁府的家计，除了贾珍也算是惟他为尊，又与贾珍夫妇相和，“如今犯事远出，家财抄尽，依往荣府，虽则老太太疼爱，终是依人门下。又带了偕鸾、佩凤，蓉儿夫妇又是不能兴家立业的人。”又想着“二妹妹、三妹妹俱是琏二叔闹的，如今他们倒安然无事，依旧夫妇完聚。只留我们几人，怎生度日！”想到这里，痛哭起来。贾母不忍，便问贾政道：“你大哥和珍儿现已定案，可能回家？蓉儿既没他的事，也该放出来了？”贾政道：“若在定例，大哥是不能回家的。我已托人徇个私情，叫我们大老爷同侄儿回家好置办行装，衙门内业已应了。想来蓉儿同着他爷爷、父亲一起出来。只请老太太放心，儿子办去。”贾母又道：“我这几年老的不成人了，总没有问过家事。如今东府是全抄去了，房屋入官不消说的。你大哥那边琏儿那里也都抄去了。咱们西府银库，东省地土，你知道到底还剩了多少？他两个起身，也得给他们几千银子才好。”

贾政正是没法，听见贾母一问，心想着：“若是说明，又恐老太太着急；若不说明，不用说将来，现在怎样办法？”定了主意，便回道：“若老太太不问，儿子也不敢说。如今老太太既问到这里，现在琏儿也在这里，昨日儿子已查了，旧库的银子早已虚空，不但用尽，外头还有亏空。现今大哥这件事若不花银托人，虽说主上宽恩，只怕他们爷儿两个也不大好。就是这项银子尚无打算，东省的地亩早已寅年吃了卯年的租儿了，一时也算不转来，只好尽所有的蒙圣恩没有动的衣服首饰折变了给大哥、珍儿作盘费罢了。过日的事只可再打算。”贾母听了，又急得眼泪直淌，说道：“怎么着，咱们家到了这样田地了么？我虽没有经过，我想起我家向日比这里还强十倍，也是摆了几年虚架子，没有出这样事已经塌下来了，不消一二年就完了。据你说起来，咱们竟一两年就不能支了。”贾政道：“若是这两个世俸不动，外头还有些挪移。如今无可指称，谁肯接济？”说着，也泪流满面，“想起亲戚来，用过我们的如今都穷了，没有用过我们的又不肯照应了。昨日儿子也没有细查，只看家下的人丁册子，别说上头的钱一无所出，那底下的人也养不起许多。”

贾母正在忧虑，只见贾赦、贾珍、贾蓉一齐进来给贾母请安。贾母看这般光景，一只手拉着贾赦，一只手拉着贾珍，便大哭起来。他两人脸上羞惭，又见贾母哭泣，都跪在地下哭着说道：“儿孙们不长进，将祖上功勋丢了，又

❶（清）李伯元：《李伯元全集》（1），江苏古籍出版社1997年版，第276页。

累老太太伤心，儿孙们是死无葬身之地的了。”满屋中人看这光景，又一齐大哭起来。贾政只得劝解：“倒先要打算他两个的使用，大约在家只可住得一两日，迟则人家就不依了。”老太太含悲忍泪的说道：“你两个且各自同你们媳妇们说说话儿去罢。”又吩咐贾政道：“这件事是不能久待的，想来外面挪移恐不中用，那时误了钦限怎么好。只好我替你们打算罢了。就是家中如此乱糟糟的，也不是常法儿。”一面说着，便叫鸳鸯吩咐去了。

这里贾赦等出来，又与贾政哭泣了一会，都不免将从前任性过后恼悔如今分离的话说了一会，各自同媳妇那边悲伤去了。贾赦年老，倒也抛的下；独有贾珍与尤氏怎忍分离。贾琏、贾蓉两个也只有拉着父亲啼哭。虽说是比军流减等，究竟生离死别，这也是事到如此，只得大家硬着心肠过去。

却说贾母叫邢、王二夫人同了鸳鸯等，开箱倒笼，将做媳妇到如今积攒的东西都拿出来，又叫贾赦、贾政、贾珍等，一一的分派说：“这里现有的银子，交贾赦三千两，你拿二千两去做你的盘费使用，留一千给大太太另用。这三千给珍儿，你只许拿一千去，留下二千交你媳妇过日子。仍旧各自度日，房子是在一处，饭食各自吃罢。四丫头将来的亲事还是我的事。只可怜凤丫头操心了一辈子，如今弄得精光，也给他三千两，叫他自己收着，不许叫琏儿用。如今他还病得神昏气丧，叫平儿来拿去。这是你祖父留下来的衣服，还有我少年穿的衣服首饰，如今我用不着。男的呢，叫大老爷、珍儿、琏儿、蓉儿拿去分了，女的呢，叫大太太、珍儿媳妇、凤丫头拿了分去。这五百两银子交给琏儿，明年将林丫头的棺材送回南去。”分派定了，又叫贾政道：“你说现在还该着人的使用，这是少不得的。你叫拿这金子变卖偿还。这是他们闹掉了我的，你也是我的儿子，我并不偏向。宝玉已经成了家，我剩下这些金银等物，大约还值几千两银子，这是都给宝玉的了。珠儿媳妇向来孝顺我，兰儿也好，我也分给他们些。这便是我的事情完了。”贾政见母亲如此明断分晰，俱跪下哭着说：“老太太这么大年纪，儿孙们没点孝顺，承受老祖宗这样恩典，叫儿孙们更无地自容了。”贾母道：“别瞎说，若不闹出这个乱儿，我还收着呢。只是现在家人过多，只有二老爷是当差的，留几个人就够了。你就吩咐管事的，将人叫齐了，他分派妥当。各家有人便就罢了。譬如一抄尽了，怎么样呢。我们里头的，也要叫人分派，该配人的配人，赏去的赏去。如今虽说咱们这房子不入官，你到底把这园子交了才好。那些田地原交琏儿清理，该卖的卖，该留的留，断不要支架子做空头。我索性说了罢，江南甄家还有几两银子，二太太那里收着，该叫人就送去罢。倘或再有点事出来，可不是他们躲过了风暴又遇了雨了么。”

贾政本是不知当家立计的人，一听贾母的话，一一领命，心想：“老太太实在真真是理家的人，都是我们这些不长进的闹坏了。”贾政见贾母劳乏，求着老太太歇歇养神。贾母又道：“我所剩的东西也有限，等我死了做结果我的使用，馀的都给我服侍的丫头。”贾政等听到这里，更加伤感。大家跪下：“请老太太宽怀，只愿儿子们托老太太的福，过了些时都邀了恩眷，那时兢兢业业的治起家来，以赎前愆，奉养老太太到一百岁的时候。”贾母道：“但愿这样才好，我死了也好见祖宗。你们别打量我是享得富贵受不得贫穷的人哪，不过这几年看看你们轰轰烈烈，我落得都不管，说说笑笑养身子罢了，那知道家运一败直到这样。若说外头好看里头空虚，是我早知道的了。只是‘居移气，养移体’，一时下不得台来。如今借此正好收敛，守住这个门头，不然叫人笑话你。你还不知，只打量我知道穷了便着急的要死，我心里是想着祖宗莫大的功勋，无一日不指望你们比祖宗还强，能够守住也就罢了。谁知他们爷儿两个做些什么勾当？”

笺证

明大义成了毁大义的补救手段，这是贵族中国坍塌过程中的吊诡。第一〇七回“散馀资贾母明大义”，彰显了贾府这位“老祖宗”见多识广、洞悉人生、见地通达，既懂得享福，也懂得家族败落时如何消化福分。这本是一个写得不错的话题。贾赦、贾珍被抄家流放，回府告别，贾母就叫邢、王二夫人同了鸳鸯等，开箱倒笼，将做媳妇到如今积攒的东西都拿出来，又叫贾赦、贾政、贾珍等，一一分派，这是真正连内囊也上来了。贾母说：“这里现有的银子，交贾赦三千两，你拿二千两去做你的盘费使用，留一千给大太太另用。这三千给珍儿，你只许拿一千去，留下二千交你媳妇过日子。仍旧各自度日，房子是在一处，饭食各自吃罢。四丫头将来的亲事还是我的事。只可怜凤丫头操心了一辈子，如今弄得精光，也给他三千两，叫他自己收着，不许叫琏儿用。如今他还病得神昏气丧，叫平儿来拿去。这是你祖父留下来的衣服，还有我少年穿的衣服首饰，如今我用不着。男的呢，叫大老爷、珍儿、琏儿、蓉儿拿去分了，女的呢，叫大太太、珍儿媳妇、凤丫头拿了分去。这五百两银子交给琏儿，明年将林丫头的棺材送回南去。”分派定了，又对贾政说：“你说现在还该着人的使用，这是少不得的。你叫拿这金子变卖偿还。这是他们闹掉了我的，你也是我的儿子，我并不偏向。宝玉已经成了家，我剩下这些金银等物，大约还值几千两银子，这是都给宝玉的了。珠儿媳妇向来孝顺我，兰儿也好，我也分给他们些。这便是我的事情完了。”如此七算八算，贾母从做媳妇到如今积攒的个人财富，大约可以折合白银五万两。她把个人财富都摆在桌面，公平分配，不分厚薄亲疏，对自己的生前死后都安排得整整有条，既饱含人情世故，而又识大体、顾大局，显示了老祖宗的大度气象。可惜这种大度气象，已是用来为荣宁二府的破败揩擦臭气熏天的屁股，到底江河日下，回天无力了。清朝乾隆年间的学者翟灏《通俗编》卷四说：“《宋诗纪事》载嘉祐时（宋仁宗年号，1056—1063）天台道士徐守信诗：儿孙自有儿孙计，莫与儿孙作马牛。”金代全真道创始人王喆《集贤宾》词说：“儿孙自有儿孙福，莫与儿孙作马牛。贪利禄，竞虚名，惹机勾。岂知身似、水上浮沤。贪恋气财并酒色，不肯上、钓鱼舟……只为针头上名利，等闲白了少年头。”[2]贾府的儿孙无计留春住，多贪恋酒色财气，到头无计避阎罗，就只好由贾母来当一回马牛了。这种“作马牛”，终究是代替不了“儿孙计”，不能挽救儿孙如“水上浮沤”的命运的。

[2]（金）王重阳著，白如祥辑校：《王重阳集》，齐鲁书社2005年版，第318页。

贾母正自长篇大论的说，只见丰儿慌慌张张的跑来回王夫人道：“今早我们奶奶听见外头的事，哭了一场，如今气都接不上来。平儿叫我来回太太。”丰儿没有说完，贾母听见，便问：“到底怎么样？”王夫人便代回道：“如今说是不大好。”贾母起身道：“嗳，这些冤家竟要磨死我了。”说着，叫人扶着，要亲自看去。贾政即忙拦住劝道：“老太太伤了好一回的心，又分派了好些事，这会该歇歇。便是孙子媳妇有什么事，该叫媳妇瞧去就是了，何必老太太亲身过去呢？倘或再伤感起来，老太太身上要有一点儿不好，叫做儿子的怎么处呢？”贾母道：“你们各自出去，等一会子再进来，我还有话说。”贾政不敢多言，只得出来料理兄侄起身的事，又叫贾琏挑人跟去。这里贾母才叫鸳鸯等派人拿了给凤姐的东西跟着过来。

凤姐正在气厥。平儿哭得眼红，听见贾母带着王夫人、宝玉、宝钗过来，疾忙出来迎接。贾母便问：“这会子怎么样了？”平儿恐惊了贾母，便说：“这会子好些。老太太既来了，请进去瞧瞧。”他先跑进去轻轻的揭开帐子。凤姐开眼瞧着，只见贾母进来，满心惭愧。先前原打算贾母等恼他，不疼的了，是死活由他的，不料贾母亲自来瞧，心里一宽，觉那拥塞的气略松动些，便要扎挣坐起。贾母叫平儿按着，“不要动，你好些么？”凤姐含泪道：“我从小儿过来，老太太、太太怎么样疼我。那知我福气薄，叫神鬼支使的失魂落魄，不但不能够在老太太跟前尽点孝心，公婆前讨个好，还是这样把我当人，叫我帮着料理家务，被我闹的七颠八倒，我还有什么脸儿见老太太、太太呢？今日老太太、太太亲自过来，我更当不起了，恐怕该活三天的又折上了两天去了。”说着，悲咽。贾母道：“那些事原是外头闹起来的，与你什么相干？就是你的东西被人拿去，这也算不了什么呀。我带了好些东西给你，任你自便。”说着，叫人拿上来给他瞧瞧。

凤姐本是贪得无厌的人，如今被抄尽净，本是愁苦，又恐人埋怨，正是几不欲生的时候，今儿贾母仍旧疼他，王夫人也没嗔怪，过来安慰他，又想贾琏无事，心下安放好些，便在枕上与贾母磕头，说道：“请老太太放心。若是我的病托着老太太的福好了些，我情愿自己当个粗使丫头，尽心竭力的服侍老太太、太太罢。”贾母听他说得伤心，不免掉下泪来。宝玉是从来没有经过这大风浪的，心下只知安乐、不知忧患的人，如今碰来碰去都是哭泣的事，所以他竟比傻子尤甚，见人哭他就哭。凤姐看见众人忧闷，反倒勉强说几句宽慰贾母的话，求着“请老太太、太太回去，我略好些过来磕头”。说着，将头仰起。贾母叫平儿：“好生服侍，短什么到我那里要去。”说着，带了王夫人将要回到自己房中。只听见两三处哭声。贾母实在不忍闻见，便叫王夫人散去，叫宝玉：“去见你大爷、大哥，送一送就回来。”自己躺在榻上下泪。幸喜鸳鸯等能用百样言语劝解，贾母暂且安歇。

不言贾赦等分离悲痛，那些跟去的人谁是愿意的？不免心中抱怨，叫苦连天。正是生离果胜死别，看者比受者更加伤心。好好的一个荣国府，闹到人嚎鬼哭。贾政最循规矩，在伦常上也讲究的，执手分别后，自己先骑马赶至城外举酒送行，又叮咛了好些国家轸恤勋臣，力图报称的话。贾政等挥泪分头而别。

贾政带了宝玉回家，未及进门，只见门上有好些人在那里乱嚷说：“今日旨意，将荣国公世职着贾政承袭。”那些人在那里要喜钱，门上人和他们分争，说是：“本来的世职我们本家袭了，有什么喜报？”那些人说道：“那世职的荣耀比任什么还难得，你们大老爷闹掉了，想要这个再不能的了。

如今的圣人在位，赦过宥罪，还赏给二老爷袭了，这是千载难逢的，怎么不给喜钱？”正闹着，贾政回家，门上回了，虽则喜欢，究是哥哥犯事所致，反觉感极涕零，赶着进内告诉贾母。王夫人正恐贾母伤心，过来安慰，听得世职复还，自是欢喜。又见贾政进来，贾母拉了说些勤黾报恩的话。独有邢夫人、尤氏心下悲苦，只不好露出来。且说外面这些趋炎奉势的亲戚朋友，先前贾宅有事都远避不来，今儿贾政袭职，知圣眷尚好，大家都来贺喜。那知贾政纯厚性成，因他袭哥哥的职，心内反生烦恼，只知感激天恩。于第二日进内谢恩，到底将赏还府第园子备折奏请入官。内廷降旨不必，贾政才得放心。回家以后，循分供职，但是家计萧条，入不敷出。贾政又不能在外应酬。

家人们见贾政忠厚，凤姐抱病不能理家，贾琏的亏缺一日重似一日，难免典房卖地。府内家人几个有钱的，怕贾琏缠扰，都装穷躲事，甚至告假不来，各自另寻门路。独有一个包勇，虽是新投到此，恰遇荣府坏事，他倒有些真心办事，见那些人欺瞒主子，便时常不忿。奈他是个新来乍到的人，一句话也插不上，他便生气，每天吃了就睡。众人嫌他不肯随和，便在贾政前说他终日贪杯生事，并不当差。贾政道：“随他去罢。原是甄府荐来，不好意思，横竖家内添这一人吃饭，虽说是穷，也不在他一人身上。”并不叫来驱逐。众人又在贾琏跟前说他怎样不好，贾琏此时也不敢自作威福，只得由他。

忽一日，包勇奈不过，吃了几杯酒，在荣府街上闲逛，见有两个人说话。那人说道：“你瞧，这么个人府，前儿抄了家，不知如今怎么样了？”那人道：“他家怎么能败，听见说里头有位娘娘是他家的姑娘，虽是死了，到底有根基的。况且我常见他们来往的都是王公侯伯，那里没有照应。

便是现在的府尹前任的兵部是他们的一家，难道有这些人还护庇不来么？”那人道：“你白住在这里，别人犹可，独是那个贾大人更了不得。我常见他在两府来往，前儿御史虽参了，主子还叫府尹查明实迹再办。你道他怎么样？他本沾过两府的好处，怕人说他回护一家，他便狠狠的踢了一脚，所以两府里才到底抄了。你道如今的世情还了得吗？”两人无心说闲话，岂知旁边有人跟着听的明白。包勇心下暗想：“天下有这样负恩的人。但不知是我老爷的什么人？我若见了他，便打他一个死，闹出事来我承当去。”

那包勇正在酒后胡思乱想，忽听那边喝道而来。包勇远远站着，只见那两人轻轻的说道：“这来的就是那个贾大人了。”包勇听了，心里怀恨，趁了酒兴，便大声的道：“没良心的男女，怎么忘了我们贾家的恩了？”雨村在轿内，听得一个“贾”字，便留神观看，见是一个醉汉，便不理会过去了。那包勇醉着不知好歹，便得意洋洋回到府中，问起同伴，知是方才见的那位大人是这府里提拔起来的，“他不念旧恩，反来踢弄咱们家里，见了他骂他几句，他竟不敢答言。”那荣府的人本嫌包勇，只是主人不计较他，如今他又在外闯祸，不得不回，趁贾政无事，便将包勇喝酒闹事的话回了。贾政此时正怕风波，听得家人回禀，便一时生气，叫进包勇骂了几句，便派去看园，不许他在外行走。那包勇本是直爽的脾气，投了主子他便赤心护主，岂知贾政反倒责骂他。他也不敢再辨，只得收拾行李往园中看守浇灌去了。未知后事如何，下回分解。

笺证

在专制体制中被踹两脚，又被拉一把，还要感激涕零，感戴天恩。这实际上是一种奴才哲学。第一〇七回“复世职政老沐天恩”，叙写贾政承袭了被贾赦弄丢了的荣国公世职，贾政只知感激天恩。这就是列宁所说的：“津津乐道地赞赏美妙的奴隶生活并对和善的好心的主人感激不尽的奴隶是奴才，是无耻之徒。”因而贾政信奉的是奴才哲学。但小说叙写的目的，在于透视世态炎凉、人情冷暖。贾政循分供职，依然家计萧条，入不敷出。府内几个有钱的家人，各自另寻门路。独有江南甄府推荐来的家人包勇真心办事，对贾府被抄时身为顺天府尹的贾雨村见死不救，极为愤慨。就趁了酒兴，对轿子里的贾雨村大声斥责：“没良心的男女，怎么忘了我们贾家的恩了？”贾政害怕再生风波，叫进包勇骂了几句，就派他往园中看守浇灌去了。包勇之义勇，并没有掀起轩然大波，倒是有此插曲，反而显得贾府藏锋敛锷、忍气吞声，信奉看似端正的奴才哲学，对待强势总是卑躬屈膝，唾面自干。包勇践行的是民间的礼数，与贾政践行的官家礼数，无从契合。他的作用只不过反衬出贾府只剩刁奴，除一个焦大之外，并无忠仆，这是偌大一个贾府的悲哀。

第一〇八回

强欢笑蘅芜庆生辰　死缠绵潇湘闻鬼哭

却说贾政先前曾将房产并大观园奏请入官，内廷不收，又无人居住，只好封锁。因园子接连尤氏、惜春住宅，太觉旷阔无人，遂将包勇罚看荒园。此时贾政理家，又奉了贾母之命将人口渐次减少，诸凡省俭，尚且不能支持。幸喜凤姐为贾母疼惜，王夫人等虽则不大喜欢，若说治家办事尚能出力，所以将内事仍交凤姐办理。但近来因被抄以后，诸事运用不来，也是每形拮据。那些房头上下人等原是宽裕惯的，如今较之往日，十去其七，怎能周到，不免怨言不绝。凤姐也不敢推辞，扶病承欢贾母。过了些时，贾赦、贾珍各到当差地方，恃有用度，暂且自安，写书回家，都言安逸，家中不必挂念。于是贾母放心，邢夫人、尤氏也略略宽怀。

一日，史湘云出嫁回门，来贾母这边请安。贾母提起他女婿甚好，史湘云也将那里过日平安的话说了，请老太太放心。又提起黛玉去世，不免大家泪落。贾母又想起迎春苦楚，越觉悲伤起来。史湘云劝解一回，又到各家请安问好毕，仍到贾母房中安歇，言及“薛家这样人家被薛大哥闹的家破人亡。今年虽是缓决人犯，明年不知可能减等”。贾母道:“你还不知道呢，昨儿蟠儿媳妇死的不明白，几乎又闹出一场大事来。还幸亏老佛爷有眼，叫他带来的丫头自己供出来了，那夏奶奶才没的闹了，自家拦住相验。你姨妈这里才将皮裹肉的打发出去了。你说说，真真是六亲同运。薛家是这样了，姨太太守着薛蝌过日，为这孩子有良心，他说哥哥在监里尚未结局，不肯娶亲。你邢妹妹在大太太那边也就很苦。琴姑娘为他公公死了尚未满服，梅家尚未娶去。二太太的娘家舅太爷一死，凤丫头的哥哥也不成人，那二舅太爷也是个小气的，又是官项不清，也是打饥荒。甄家自从抄家以后别无信息。”湘云道：“三姐姐去了曾有书字回家么？”贾母道：“自从嫁了去，二老爷回来说，你三姐姐在海疆甚好。只是没有书信，我也日夜惦记。为着我们家连连的出些不好事，所以我也顾不来。如今四丫头也没有给他提亲。环儿呢，谁有功夫提起他来。如今我们家的日子比你从前在这里的时候更苦些。只可怜你宝姐姐，自过了门，没过一天安逸日子。你二哥哥还是这样疯疯颠颠，这怎么处呢？”湘云道：“我从小儿在这里长大的，这里那些人的脾气我都知道的。这一回来了，竟都改了样子了。我打量我隔了好些时没来，他们生疏我。我细想起来，竟不是的，就是见了我，瞧他们的意思原要像先前一样的热闹，不知道怎么，说说就伤心起来了。我所以坐坐，就到老太太这里来了。”贾母道：“如今这样日子在我也罢了，你们年轻轻儿的人还了得！我正要想个法儿叫他们还热闹一天才好，只是打不起这个精神来。”湘云道：“我想起来了，宝姐姐不是后儿的生日吗，我多住一天，给他拜过寿，大家热闹一天。不知老太太怎么样？”贾母道：“我真正气糊涂了。你不提我竟忘了，后日可不是他的生日。我明日拿出钱来，给他办个生日。他没有定亲的时候倒做过好几次，如今他过了门，倒没有做。宝玉这孩子头里很伶俐很淘气，如今为着家里的事不好，把这孩子越发弄的话都没有了。倒是珠儿媳妇还好，他有的时候是这么着，没的时候他也是这么着，带着兰儿静静儿的过日子，倒难为他。”湘云道：“别人还不离，独有琏二嫂子连模样儿都改了，说话也不伶俐了。明日等我来引导他们，看他们怎么样。但是他们嘴里不说，心里要抱怨我，说我有了——”湘云说到那里，却把脸飞红了。贾母会意，道：“这怕什么？原来姊妹们都是在一处乐惯了的，说说笑笑，再别要留这些心。大凡一个人，有也罢没也罢，总要受得富贵耐得贫贱才好。你宝姐姐生来是个大方的人，头里他家这样好，他也一点儿不骄傲，后来他家坏了事，他也是舒舒坦坦的。如今在我家里，宝玉待他好，他也是那样安顿；一时待他不好，不见他有什么烦恼。我看这孩子倒是个有福气的。你林姐姐那是个最小性儿又多心的，所以到底不长命。凤丫头也见过些事，很不该略见些风波就改了样子，他若这样没见识，也就是小器了。后儿宝丫头的生日，我替另拿出银子来，热热闹闹给他做个生日，也叫他欢喜这一天。”湘云答应道：“老太太说得很是。索性把那些姐妹们都请来了，大家叙一叙。”贾母道：“自然要请的。”一时高兴道：“叫鸳鸯拿出一百银子来交给外头，叫他明日起预备两天的酒饭。”鸳鸯领命，叫婆子交了出去。一宿无话。

笺证

鲁迅在《呐喊·自序》中说：“有谁从小康人家而坠入困顿的么，我以为在这途路中，大概可以看见世人的真面目。”更不用说时世的动荡导致大家族的衰落和情感的风暴，会令人长见识、长记性、长智慧了。见过风浪的人，总能够从风浪中看世人。第一百〇八回贾母对史湘云评议贾府晚辈，说宝玉这孩子头里很伶俐很淘气，如今弄的话都没有了。李纨还好，有的时候是这么着，没的时候也是这么着，带着兰儿静静儿的过日子。凤姐“也见过些事，很不该略见些风波就改了样子，他若这样没见识，也就是小器了”；应该懂得“大凡一个人，有也罢没也罢，总要受得富贵耐得贫贱才好”。宝钗生来是个大方的人，头里她家这样好，她也一点儿不骄傲，后来她家坏了事，她也是舒舒坦坦的。如今宝玉待她好，她也是那样安顿。一时待她不好，不见她有什么烦恼，“我看这孩子倒是个有福气的”。林黛玉是个最小性儿又多心的，所以到底不长命。贾母的评议自然有贾母的立场，她阅尽世间风波，只看好宝钗。这就是贾母另拿出银子来，热热闹闹给宝钗做个生日的理由。贾母挽救大家族命运的价值观，使宝钗得宠。

次日传话出去，打发人去接迎春，又请了薛姨妈、宝琴，叫带了香菱来。又请李婶娘，不多半日，李纹、李绮都来了。宝钗本没有知道，听见老太太的丫头来请，说："薛姨太太来了，请二奶奶过去呢。"宝钗心里喜欢，便是随身衣服过去，要见他母亲。只见他妹子宝琴并香菱都在这里，又见李婶娘等人也都来了。心想："那些人必是知道我们家的事情完了，所以来问候的。"便去问了李婶娘好，见了贾母，然后与他母亲说了几句话，便与李家姐妹们问好。湘云在旁说道："太太们请都坐下，让我们姐妹们给姐姐拜寿。"宝钗听了倒呆了一呆，回来一想："可不是明日是我的生日吗？"便说："妹妹们过来瞧老太太是该的，若说为我的生日，是断断不敢的。"正推让着，宝玉也来请薛姨妈、李婶娘的安。听见宝钗自己推让，他心里本早打算过宝钗生日，因家中闹得七颠八倒，也不敢在贾母处提起，今见湘云等众人要拜寿，便喜欢道："明日才是生日，我正要告诉老太太来。"湘云笑道："扯臊，老太太还等你告诉？你打量这些人为什么来，是老太太请的。"宝钗听了，心下未信。只听贾母合他母亲道："可怜宝丫头做了一年新媳妇，家里接二连三的有事，总没有给他做过生日。今日我给他做个生日，请姨太太、太太们来大家说说话儿。"薛姨妈道："老太太这些时心里才安，他小人儿家还没有孝敬老太太，倒要老太太操心。"湘云道："老太太最疼的孙子是二哥哥，难道二嫂子就不疼了么？况且宝姐姐也配老太太给他做生日。"宝钗低头不语。宝玉心里想道："我只说史妹妹出了阁是换了一个人了，我所以不敢亲近他，他也不来理我。如今听他的话，原是和先前一样的。为什么我们那个过了门更觉得腼腆了，话都说不出来了呢？”

正想着，小丫头进来说：“二姑奶奶回来了。”随后李纨、凤姐都进来，大家厮见一番。迎春提起他父亲出门，说：“本要赶来见见，只是他拦着不许来，说是咱们家正是晦气时候，不要沾染在身上。我扭不过，没有来，直哭了两三天。”凤姐道：“今儿为什么肯放你回来？”迎春道：“他又说咱们家二老爷又袭了职，还可以走走，不妨事的，所以才放我来。”说着，又哭起来。贾母道：“我原为气得慌，今日接你们来给孙子媳妇过生日，说说笑笑解个闷儿。你们又提起这些烦事来，又招起我的烦恼来了。”迎春等都不敢作声了。凤姐虽勉强说了几句有兴的话，终不似先前爽利，招人发笑。贾母心里要宝钗喜欢，故意的怄凤姐儿说话。凤姐也知贾母之意，便竭力张罗，说道：“今儿老太太喜欢些了。你看这些人好几时没有聚在一处，今儿齐全。”说着回过头去，看见婆婆、尤氏不在这里，又缩住了口。贾母为着“齐全”两字，也想邢夫人等，叫人请去。邢夫人、尤氏、惜春等听见老太太叫，不敢不来，心内也十分不愿意，想着家业零败，偏又高兴给宝钗做生日，到底老太太偏心，便来了也是无精打采的。贾母问起岫烟来，邢夫人假说病着不来。贾母会意，知薛姨妈在这里有些不便，也不提了。

一时摆下果酒。贾母说：“也不送到外头，今日只许咱们娘儿们乐一乐。”宝玉虽然娶过亲的人，因贾母疼爱，仍在里头打混，但不与湘云、宝琴等同席，便在贾母身旁设着一个坐儿，他代宝钗轮流敬酒。贾母道：“如今且坐下大家喝酒，到挨晚儿再到各处行礼去。若如今行起来了，大家又闹规矩，把我的兴头打回去就没趣了。”宝钗便依言坐下。贾母又叫人来道：“咱们今儿索性洒脱些，各留一两个人伺候。我叫鸳鸯带了彩云、莺儿、袭人、平儿等在后间去，也喝一钟酒。”鸳鸯等说：“我们还没有给二奶奶磕头，怎么就好喝酒去呢？”贾母道：“我说了，你们只管去，用的着你们再来。”鸳鸯等去了。这里贾母才让薛姨妈等喝酒，见他们都不是往常的样子，贾母着急道：“你们到底是怎么着。大家高兴些才好。”湘云道：“我们又吃又喝，还要怎样？”凤姐道：“他们小的时候儿都高兴，如今都碍着脸不敢混说，所以老太太瞧着冷净了。”

宝玉轻轻的告诉贾母道：“话是没有什么说的，再说就说到不好的上头来了。不如老太太出个主意，叫他们行个令儿罢。”贾母侧着耳朵听了，笑道：“若是行令，又得叫鸳鸯去。”宝玉听了，不待再说，就出席到后间去找鸳鸯，说：“老太太要行令，叫姐姐去呢。”鸳鸯道：“小爷，让我们舒舒服服的喝一杯罢，何苦来又来搅什么？”宝玉道：“当真老太太说，得叫你去呢，与我什么相干？”鸳鸯没法，说道：“你们只管喝，我去了就来。”便到贾母那边。老太太道：“你来了，不是要行令吗？”鸳鸯道：“听见宝二爷说老太太叫，我敢不来吗？不知老太太要行什么令儿？”贾母道：“那文的怪闷的慌，武的又不好，你倒是想个新鲜顽意儿才好。”鸳鸯想了想道：“如今姨太太有了年纪，不肯费心，倒不如拿出令盆骰子来，大家掷个曲牌名儿赌输赢酒罢。”贾母道：“这也使得。”便命人取骰盆放在桌上。鸳鸯说：“如今用四个骰子掷去，掷不出名儿来的罚一杯，掷出名儿来，每人喝酒的杯数儿掷出来再定。”众人听了道：“这是容易的，我们都随着。”鸳鸯便打点儿。众人叫鸳鸯喝了一杯，就在他身上数起，恰是薛姨妈先掷。薛姨妈便掷了一下，却是四个幺。鸳鸯道：“这是有名的，叫做‘商山四皓’，有年纪的喝一杯。”于是贾母、李婶娘、邢王二夫人都该喝。贾母举酒要喝，鸳鸯道：“这是姨太太掷的，还该姨太太说个曲牌名儿，下家儿接一句《千家诗》，说不出的罚一杯。”薛姨妈道：“你又来算计我了，我那里说得上来？”贾母道：“不说到底寂寞，还是说一句的好。下家儿就是我了，若说不出来，我陪姨太太喝一钟就是了。”薛姨妈便道：“我说个‘临老入花丛’。”贾母点点头儿道：“将谓偷闲学少年。”说完，骰盆过到李纹，便掷了两个四、两个二。鸳鸯说："也有名了，这叫作'刘阮入天台'。"李纹便接着说了个："二士入桃源。"下手儿便是李纨，说道："寻得桃源好避秦。"大家又喝了一口。骰盆又过到贾母跟前，便掷了两个二、两个三。贾母道："这要喝酒了。"鸳鸯道："有名儿的，这是'江燕引雏'，众人都该喝一杯。"凤姐道："雏是雏，倒飞了好些了。"众人瞅了他一眼，凤姐便不言语。贾母道："我说什么呢，'公领孙'罢。"下手是李绮，便说道："闲看儿童捉柳花。"众人都说好。宝玉巴不得要说，只是令盆轮不到，正想着，恰好到了跟前，便掷了一个二、两个三、一个幺，便说道："这是什么？"鸳鸯笑道："这是个'臭'，先喝一杯再掷罢。"宝玉只得喝了又掷，这一掷掷了两个三、两个四，鸳鸯道："有了，这叫做'张敞画眉'。"宝玉明白打趣他，宝钗的脸也飞红了。凤姐不大懂得，还说："二兄弟快说了，再找下家儿是谁？"宝玉明知难说，自认："罚了罢，我也没下家。"过了令盆轮到李纨，便掷了一下儿。鸳鸯道："大奶奶掷的是'十二金钗'。"宝玉听了，赶到李纨身旁看时，只见红绿对开，便说："这一个好看得很。"忽然想起十二钗的梦来，便呆呆的退到自己座上，心里想，"这十二钗说是金陵的，怎么家里这些人如今七大八小的就剩了这几个？"复又看看湘云、宝钗，虽说都在，只是不见了黛玉，一时按捺不住，眼泪便要下来。恐人看见，便说身上躁的很，脱脱衣服去，挂了筹出席去了。这史湘云看见宝玉这般光景，打量宝玉掷不出好的，被别人掷了去，心里不喜欢，便去了；又嫌那个令儿没趣，便有些烦。只见李纨道："我不说了，席间的人也不齐，不如罚我一杯。"贾母道："这个令儿也不热闹，不如蠲了罢。让鸳鸯掷一下，看掷出个什么来？"小丫头便把令盆放在鸳鸯跟前。鸳鸯依命便掷了两个二、一个五，那一个骰子在盆中只管转，鸳鸯叫道："不要五。"那骰子单单转出一个五来。鸳鸯道："了不得，我输了。"贾母道："这是不算什么的吗？"鸳鸯道："名儿倒有，只是我说不上曲牌名来。"贾母道："你说名儿，我给你诌。"鸳鸯道："这是浪扫浮萍。"贾母道："这也不难，我替你说个'秋鱼入菱窠'。"鸳鸯下手的就是湘云，便道："白萍吟尽楚江秋。"众人都道："这句很确。"贾母道"这令完了，咱们喝两杯吃饭罢"。回头一看，见宝玉还没进来，便问道："宝玉那里去了，还不来？"鸳鸯道："换衣服去了。"贾母道："谁跟了去的？"那莺儿便上来回道："我看见二爷出去，我叫袭人姐姐跟了去了。"贾母王夫人才放心。

等了一回，王夫人叫人去找来。小丫头子到了新房，只见五儿在那里插蜡。小丫头便问："宝二爷那里去了？"五儿道："在老太太那边喝酒呢。"小丫头道："我在老太太那里，太太叫我来找的。岂有在那里倒叫我来找的理？"五儿道："这就不知道了，你到别处找去罢。"小丫头没法，只得回来，遇见秋纹，便道："你见二爷那里去了？"秋纹道："我也找他。太太们等他吃饭，这会子那里去了呢？你快去回老太太去，不必说不在家，只说喝了酒不大受用不吃饭了，略躺一躺再来，请老太太们吃饭罢。"小丫头依言回去告诉珍珠，珍珠依言回了贾母。贾母道："他本来吃不多，不吃也罢了，叫他歇歇罢。告诉他今儿不必过来，有他媳妇在这里。"珍珠便向小丫头道："你听见了？"小丫头答应着，不便说明，只得在别处转了一转，说告诉了。众人也不理会，便吃毕饭，大家散坐说话。不题。

笺证

第一〇八回"强欢笑蘅芜庆生辰"，如果按照第六十二回探春所说："一年十二个月，月月有几个生日。人多了，便这等巧，也有三个一日、两个一日的。大年初一日也不白过，大姐姐（元春）占了去。怨不得他福大，生日比别人就占先。又是太祖太爷的生日。过了灯节，就是姨太太和宝姐姐，他们娘儿两个遇的巧。"那么，宝钗与贾母同生日。但是七十一回贾母过八旬之庆，生日又在八月初三日。因此本回贾母不提自己生日，而唯独拿出银子为宝钗做生日，为了热闹，就让鸳鸯掷骰子行酒令。首先是薛姨妈掷了四个幺。鸳鸯道："这是有名的，叫做'商山四皓'，有年纪的喝一杯。"薛姨妈说出的曲牌是"临老入花丛"，这句话原出自宋人袁说友《坚老住广福》诗："高僧七十未龙钟，飞锡飘然百里中。正欲逢场施手段，不妨临老入花丛。把茅便可传宗旨，一钵由来是祖风。直要空门高著眼，看渠拍手任西东。"到了明朝的《金瓶梅词话》已经作为曲牌名字。其第二十一回叙写西门庆的妻妾掷骰猜枚行令。轮到潘金莲掷，就说："鲍老儿，临老入花丛，坏了三纲五常，问他个非奸做贼拿。"果然是个三纲五常，吃了一杯酒。可见《红楼梦》是对《金瓶梅》有所借鉴的。清初由"味道斋"印行的宣和谱，制谱者将曲牌"临老入花丛"绘成长者及仕女欣赏园林景象，并配以四行诗句："平生倚翠惯偎红，五十年来浔意浓，一点芳心犹恋色，何妨临老入花丛。"这也是薛姨妈取材的依据。薛姨妈的下家贾母接了一句《千家诗》："将谓偷闲学少年。"这句诗来自南宋刘克庄《千家诗》所收录的北宋程颢《春日偶成》诗："云淡风轻近午天，傍花随柳过前川。时人不识余心乐，将谓偷闲学少年。""临老入花丛"接着"将谓偷闲学少年"，这实际上是贾母、薛姨妈强颜作乐、临老偷闲的开场锣鼓。接着李纹、贾母、宝玉、李纨、鸳鸯先后掷骰子说曲牌，下家对以诗句。贾母说："这个令儿也不热闹，不如蠲了罢。"宝玉只得喝了又掷，这一掷掷了两个三、两个四，鸳鸯道："有了，这叫做'张敞画眉'。"典故出自《汉书·张敞传》的记载："敞为人敏疾，赏罚分明，见恶辄取……敞为京兆，朝廷每有大议，引古今，处便宜，公卿皆服，天子数从之。然敞无威仪，时罢朝会，过走马章台街，使御吏驱，自以便面拊马。又为妇画眉，长安中传张京兆眉怃。有司以奏敞。上问之，对曰：'臣闻闺房之内，夫妇之私，有过于画眉者。'上爱其能，弗备责也。然终不得大位。"[1]张敞和太太感情很好，因太太幼时受伤，眉角有了缺点，所以每天要替太太画眉后，才去上班，于是有人把这事告诉汉宣帝。汉宣帝在朝廷中当着很多大臣问起张敞这件事。张敞就说："闺房之乐，有甚于画眉者。"意思是夫妇之间，在闺房之中，还有比画眉更过头的玩乐事情，你只要问我国家大事做好没有，我替太太画不画眉，你管它干什么？这是古代著名的风流韵事。宝玉明白打趣他，宝钗的脸也飞红了。可见宝玉、宝钗的闺房感情已是相当和睦。宝玉又看见李纨掷出的曲牌是十二金钗，联想到梦游太虚幻境的金陵十二钗，复又看看湘云、宝钗，虽说都在，只是不见了黛玉，一时按捺不住，眼泪便要下来。恐人看见，便说身上躁的很，脱脱衣服去，挂了筹出席去了。这就使得贾母为宝钗做生日失了灵魂，徒为强颜作笑。对比第二十二回贾母特地捐资为宝钗过十五岁生日的热闹喜庆情景，简直是从天上掉落地上。庚辰本夹批说："最奇者黛玉乃贾母溺爱之人也，不闻为作生辰，却去特意与宝钗，实非人想得着之文也。此书通部皆用此法，瞒过多少见者，余故云不写而写是也。"[2]贾母喜欢宝钗稳重和平，这种性格如庚辰本夹批说："四字评倒黛玉，是以特从贾母眼中写出。"贾母捐资二十两，交给凤姐，为宝钗生日置办酒戏，演出了《西游记》《刘二当衣》《鲁智深醉闹五台山》等热热闹闹的戏曲。与十年后的第一百〇八回写的宝钗生日上这种七零八散、不咸不淡的场面比较，令人感到江河日下，不堪回首了。这就联想到李后主《虞美人》所说："春花秋月何时了，往事知多少。小楼昨夜又东风，故国不堪回首月明中。 雕阑玉砌应犹在，只是朱颜改。问君能有几多愁，恰似一江春水向东流。"或如元高明《琵琶记》第十六出所说："情到不堪回首处，一齐分付与东风。"也不须联想更有几分怪异的明人《水龙吟〔夜宿村店〕》所说："满天霜气凝寒，北风猎猎鸣枯柳。荒村古店，夜阑人静，不堪回首。山鬼吹灯，妖狐拜月，神鱼朝斗。况颓墙鼠窜，疏篱犬吠，空林下、寒熊吼……算艰难险阻，备尝之矣，问天知否？"贾母为宝钗过生日讨热闹，变成了强颜

❶（汉）班固：《汉书》，岳麓书社2008年版，第1202—1203页。

❷（清）曹雪芹著，脂砚斋评：《脂砚斋重评石头记庚辰校本》，作家出版社2006年版，第444页。

欢笑，变成了临老偷闲，变成了宝玉没趣心烦离席，实在是林黛玉的阴魂撞散了薛宝钗的生日喜庆，不能不令人意兴阑珊，不堪回首了。

且说宝玉一时伤心，走了出来，正无主意，只见袭人赶来，问是怎么了。宝玉道："不怎么，只是心里烦得慌。何不趁他们喝酒咱们两个到珍大奶奶那里逛逛去？"袭人道："珍大奶奶在这里，去找谁？"宝玉道："不找谁，瞧瞧他现在这里住的房屋怎么样？"袭人只得跟着，一面走，一面说。走到尤氏那边，又一个小门儿半开半掩，宝玉也不进去。只见看园门的两个婆子坐在门槛上说话儿。宝玉问道："这小门开着么？"婆子道："天天是不开的。今儿有人出来说，今日预备老太太要用园里的果子，故开着门等着。"宝玉便慢慢的走到那边，果见腰门半开，宝玉便走了进去。袭人忙拉住道："不用去，园里不干净，常没有人去，不要撞见什么。"宝玉仗着酒气，说："我不怕那些。"袭人苦苦的拉住不容他去。婆子们上来说道："如今这园子安静的了。自从那日道士拿了妖去，我们摘花儿、打果子一个人常走的。二爷要去，咱们都跟着，有这些人怕什么。"宝玉喜欢，袭人也不便相强，只得跟着。

宝玉进得园来，只见满目凄凉，那些花木枯萎，更有几处亭馆，彩色久经剥落，远远望见一丛修竹，倒还茂盛。宝玉一想，说："我自病时出园住在后边，一连几个月不准我到这里，瞬息荒凉。你看独有那几杆翠竹菁葱，这不是潇湘馆么？"袭人道："你几个月没来，连方向都忘了。咱们只管说话，不觉将怡红院走过了。"回过头来用手指着道："这才是潇湘馆呢。"宝玉顺着袭人的手一瞧，道："可不是过了吗，咱们回去瞧瞧。"袭人道："天晚了，老太太必是等着吃饭，该回去了。"宝玉不言，找着旧路，竟往前走。

你道宝玉虽离了大观园将及一载，岂遂忘了路径。只因袭人恐他见了潇湘馆，想起黛玉又要伤心，所以用言混过。岂知宝玉只望里走，天又晚，恐招了邪气，故宝玉问他，只说已走过了，欲宝玉不去。不料宝玉的心惟在潇湘馆内。袭人见他往前急走，只得赶上，见宝玉站着，似有所见，如有所闻，便道:“你听什么? ”宝玉道:“潇湘馆倒有人住着么? ”袭人道:“大约没有人罢。”宝玉道:“我明明听见有人在内啼哭，怎么没有人? ”袭人道:“你是疑心。素常你到这里，常听见林姑娘伤心，所以如今还是那样。”宝玉不信，还要听去。婆子们赶上说道:“二爷快回去罢。天已晚了，别处我们还敢走走，只是这里路又隐僻，又听得人说这里林姑娘死后常听见有哭声，所以人都不敢走的。”宝玉袭人听说，都吃了一惊。宝玉道:“可不是。”说着，便滴下泪来，说:“林妹妹，林妹妹，好好儿的是我害了你了。你别怨我，只是父母作主，并不是我负心。”愈说愈痛，便大哭起来。袭人正在没法，只见秋纹带着些人赶来对袭人道:“你好大胆，怎么领了二爷到这里来。老太太、太太他们打发人各处都找到了，刚才腰门上有人说是你同二爷到这里来了，唬得老太太、太太们了不得，骂着我，叫我带人赶来，还不快回去么。”宝玉犹自痛哭。袭人也不顾他哭，两个人拉着就走，一面替他拭眼泪，告诉他老太太着急。宝玉没法，只得回来。

袭人知老太太不放心，将宝玉仍送到贾母那边，众人都等着未散。贾母便说:“袭人，我素常知你明白，才把宝玉交给你，怎么今儿带他园里去。他的病才好，倘或撞着什么，又闹起来，这便怎么处? ”袭人也不敢分辩，只得低头不语。宝钗看宝玉颜色不好，心里着实的吃惊。倒还是宝玉恐袭人受委屈，说道:“青天白日怕什么? 我因为好些时没到园里逛逛，今儿趁着酒兴走走。那里就撞着什么了呢? ”凤姐在园里吃过大亏的，听到那里寒毛倒竖，说:“宝兄弟胆子忒大了。”湘云道:“不是胆大，倒是心实。不知是会芙蓉神去了，还是寻什么仙去了。”宝玉听着，也不答言。独有王夫人急的一言不发。贾母问道:“你到园里可曾唬着么？这回不用说了，以后要逛，到底多带几个人才好。不然大家早散了。回去好好的睡一夜，明日一早过来，我还要找补，叫你们再乐一天呢。不要为他又闹出什么原故来。”众人听说，辞了贾母出来。薛姨妈便到王夫人那里住下，史湘云仍在贾母房中。迎春便往惜春那里去了。馀者各自回去。不题。独有宝玉回到房中，嗳声叹气。宝钗明知其故，也不理他，只是怕他忧闷，勾出旧病来，便进里间叫袭人来细问他宝玉到园怎么的光景。未知袭人怎生回说，下回分解。

笺证

学者往往关注《红楼梦》中的“钗、黛合传”，双美的拔尖而难兼，使得情感的游戏左右逢源。但谁想到第一〇八回“强欢笑蘅芜庆生辰　死缠绵潇湘闻鬼哭”，竟然出现了一种阴风拂拂的“生死歧途，哀乐相反”的钗黛合传，这是诡异之至。钗、黛是两种美的典型，一生一死，一笑一哭，生者享受着尴尬，死者死不瞑目。潇湘馆的鬼哭，是后四十回对死后的黛玉作出的“长尾效应”的叙写，使得黛玉成了《红楼梦》中缠绵不散的精魂，总是睁着一双泪眼谛视着大观园。宝玉离开贾母为宝钗做生日的宴席，走进大观园，只见满目凄凉，那些花木枯萎，更有几处亭馆，彩色久经剥落。大观园群芳流散，已成兽迹错综、鬼影拂拂之地。宝玉的心唯在潇湘馆内，走近就听见有人在内啼哭，看园的婆子们说：“听得人说这里林姑娘死后常听见有哭声。”宝玉就滴下泪来，说：“林妹妹，林妹妹，好好儿的是我害了你了。你别怨我，只是父母作主，并不是我负心。”愈说愈痛，便大哭起来。宝玉耿耿于怀的是“父母作主”，家族荒谬的安排，使他负起不堪承受的对黛玉的感情夙债，心灵久久不安。宝玉归席后，湘云说宝玉：“不是胆大，倒是心实。不知是会芙蓉神去了，还是寻什么仙去了。”宝玉长久走在寻找黛玉、晴雯灵魂的精神不归路上。因此表面上，宝钗是庆生日的主人公，实际上黛玉成了朦朦胧胧的背景中的主人公，情感的价值大于世俗的价值，令人感到冷热失常，啼笑皆非。

第一〇九回

候芳魂五儿承错爱
还孽债迎女返真元

话说宝钗叫袭人问出原故，恐宝玉悲伤成疾，便将黛玉临死的话与袭人假作闲谈，说是："人生在世，有意有情，到了死后各自干各自的去了，并不是生前那样个人死后还是这样。活人虽有痴心，死的竟不知道。况且林姑娘既说仙去，他看凡人是个不堪的浊物，那里还肯混在世上。只是人自己疑心，所以招些邪魔外祟来缠扰了。"宝钗虽是与袭人说话，原说给宝玉听的。袭人会意，也说是"没有的事。若说林姑娘的魂灵儿还在园里，我们也算好的，怎么不曾梦见了一次"。宝玉在外间听得，细细的想道："果然也奇。我知道林妹妹死了，那一日不想几遍，怎么从没梦过。想是他到天上去了，瞧我这凡夫俗子不能交通神明，所以梦都没有一个儿。我就在外间睡着，或者我从园里回来，他知道我的实心，肯与我梦里一见。我必要问他实在那里去了，我也时常祭奠。若是果然不理我这浊物，竟无一梦，我便不想他了。"主意已定，便说："我今夜就在外间睡了，你们也不用管我。"宝钗也不强他，只说："你不要胡思乱想。你不瞧瞧，太太因你园里去了，急得话都说不出来。若是知道还不保养身子，倘或老太太知道了，又说我们不用心。"宝玉道："白这么说罢咧，我坐一会子就进来。你也乏了，先睡罢。"宝钗知他必进来的，假意说道："我睡了，叫袭姑娘伺候你罢。"宝玉听了，正合机宜。候宝钗睡了，他便叫袭人、麝月另铺设下一副被褥，常叫人进来瞧二奶奶睡着了没有。宝钗故意装睡，也是一夜不宁。那宝玉知是宝钗睡着，便与袭人道："你们各自睡罢，我又不伤感。你若不信，你就服侍我睡了再进去，只要不惊动我就是了。”袭人果然服侍他睡下，便预备下了茶水，关好了门，进里间去照应一回，各自假寐，宝玉若有动静，再为出来。宝玉见袭人等进来，便将坐更的两个婆子支到外头，他轻轻的坐起来，暗暗的祝了几句，便睡下了，欲与神交。起初再睡不着，以后把心一静，便睡去了。

岂知一夜安眠，直到天亮。宝玉醒来，拭眼坐起来想了一回，并无有梦，便叹口气道:“正是‘悠悠生死别经年，魂魄不曾来入梦’。”宝钗却一夜反没有睡着，听宝玉在外边念这两句，便接口道:“这句又说莽撞了，如若林妹妹在时，又该生气了。”宝玉听了，反不好意思，只得起来搭讪着往里间走来，说:“我原要进来的，不觉得一个盹儿就打着了。”宝钗道:“你进来不进来，与我什么相干？”袭人等本没有睡，眼见他们两个说话，即忙倒上茶来。已见老太太那边打发小丫头来，问:“宝二爷昨睡得安顿么？若安顿时，早早的同二奶奶梳洗了就过去。”袭人便说:“你去回老太太，说宝玉昨夜很安顿，回来就过来。”小丫头去了。

宝钗起来梳洗了，莺儿、袭人等跟着先到贾母那里行了礼，便到王夫人那边起至凤姐都让过了，仍到贾母处，见他母亲也过来了。大家问起:“宝玉晚上好么？”宝钗便说:“回去就睡了，没有什么。”众人放心，又说些闲话。只见小丫头进来说:“二姑奶奶要回去了。听见说孙姑爷那边人来到大太太那里说了些话，大太太叫人到四姑娘那边说不必留了，让他去罢。如今二姑奶奶在大太太那边哭呢，大约就过来辞老太太。”贾母众人听了，心中好不自在，都说:“二姑娘这样一个人，为什么命里遭着这样的人，一辈子不能出头。这便怎么好？”说着，迎春进来，泪痕满面，因为是宝钗的好日子，只得含着泪，辞了众人要回去。贾母知道他的苦处，也不便强留，只说道："你回去也罢了。但是不要悲伤，碰着了这样人，也是没法儿的。过几天我再打发人接你去。"迎春道："老太太始终疼我，如今也疼不来了。可怜我只是没有再来的时候了。"说着，眼泪直流。众人都劝道："这有什么不能回来的？比不得你三妹妹，隔得远，要见面就难了。"贾母等想起探春，不觉也大家落泪，只为是宝钗的生日，即转悲为喜说："这也不难，只要海疆平静，那边亲家调进京来，就见的着了。"大家说："可不是这么着呢？"说着，迎春只得含悲而别。众人送了出来，仍回贾母那里。从早至暮，又闹了一天。

众人见贾母劳乏，各自散了。独有薛姨妈辞了贾母，到宝钗那里，说道："你哥哥是今年过了，直要等到皇恩大赦的时候减了等才好赎罪。这几年叫我孤苦伶仃怎么处。我想要与你二哥哥完婚，你想想好不好？"宝钗道："妈妈是为着大哥哥娶了亲唬怕的了，所以把二哥哥的事犹豫起来。据我说很该就办。邢姑娘是妈妈知道的，如今在这里也很苦，娶了去虽说我家穷，究竟比他傍人门户好多着呢。"薛姨妈道："你得便的时候就去告诉老太太，说我家没人，就要拣日子了。"宝钗道："妈妈只管同二哥哥商量，挑个好日子，过来和老太太、大太太说了，娶过去就完了一宗事。这里大太太也巴不得娶了去才好。"薛姨妈道："今日听见史姑娘也就回去了，老太太心里要留你妹妹在这里住几天，所以他住下了。我想他也是不定多早晚就走的人了，你们姊妹们也多叙几天话儿。"宝钗道："正是呢。"于是薛姨妈又坐了一坐，出来辞了众人回去了。

却说宝玉晚间归房，因想昨夜黛玉竟不入梦，"或者他已经成仙，所以不肯来见我这种浊人也是有的；不然就是我的性儿太急了，也未可知。"便想了个主意，向宝钗说道："我昨夜偶然在外间睡着，似乎比在屋里睡的安稳些，今日起来心里也觉清静些。我的意思还要在外间睡两夜，只怕你们又来拦我。"宝钗听了，明知早晨他嘴里念诗是为着黛玉的事了。想来他那个呆性是不能劝的，倒好叫他睡两夜，索性自己死了心也罢了，况兼昨夜听他睡的倒也安静，便道："好没来由，你只管睡去，我们拦你作什么？但只不要胡思乱想，招出些邪魔外祟来。"宝玉笑道："谁想什么？"袭人道：

“依我劝二爷竟还是屋里睡罢，外边一时照应不到，着了风倒不好。”宝玉未及答言，宝钗却向袭人使了个眼色。袭人会意，便道：“也罢，叫个人跟着你罢，夜里好倒茶倒水的。”宝玉便笑道：“这么说，你就跟了我来？”袭人听了倒没意思起来，登时飞红了脸，一声也不言语。宝钗素知袭人稳重，便说道：“他是跟惯了我的，还叫他跟着我罢。叫麝月、五儿照料着也罢了。况且今日他跟着我闹了一天也乏了，该叫他歇歇了。”宝玉只得笑着出来。宝钗因命麝月、五儿给宝玉仍在外间铺设了，又嘱咐两个人醒睡些，要茶要水都留点神儿。

两个答应着出来，看见宝玉端然坐在床上，闭目合掌，居然像个和尚一般，两个也不敢言语，只管瞅着他笑。宝钗又命袭人出来照应。袭人看见这般却也好笑，便轻轻的叫道：“该睡了，怎么又打起坐来了？”宝玉睁开眼看见袭人，便道：“你们只管睡罢，我坐一坐就睡。”袭人道：“因为你昨日那个光景，闹的二奶奶一夜没睡。你再这么着，成何事体？”宝玉料着自己不睡都不肯睡，便收拾睡下。袭人又嘱咐了麝月等几句，才进去关门睡了。这里麝月、五儿两个人也收拾了被褥，伺候宝玉睡着，各自歇下。

那知宝玉要睡越睡不着，见他两个人在那里打铺，忽然想起那年袭人不在家时晴雯、麝月两个人服侍，夜间麝月出去，晴雯要唬他，因为没穿衣服着了凉，后来还是从这个病上死的。想到这里，一心移在晴雯身上去了。忽又想起凤姐说五儿给晴雯脱了个影儿，因又将想晴雯的心肠移在五儿身上。自己假装睡着，偷偷的看那五儿，越瞧越像晴雯，不觉呆性复发。听了听，里间已无声息，知是睡了。却见麝月也睡着了，便故意叫了麝月两声，却不答应。五儿听见宝玉唤人，便问道：“二爷要什么？”宝玉道：“我要漱漱口。”五儿见麝月已睡，只得起来重新剪了蜡花，倒了一钟茶来，一手托着漱盂。却因赶忙起来的，身上只穿着一件桃红绫子小袄儿，松松的挽着一个鬈儿。宝玉看时，居然晴雯复生。忽又想起晴雯说的“早知担个虚名，也就打个正经主意了”，不觉呆呆的呆看，也不接茶。

那五儿自从芳官去后，也无心进来了。后来听见凤姐叫他进来服侍宝玉，竟比宝玉盼他进来的心还急。不想进来以后，见宝钗、袭人一般尊贵稳重，看着心里实在敬慕。又见宝玉疯疯傻傻，不似先前风致。又听见王夫人为女孩子们和宝玉顽笑都撵了：所以把这件事搁在心上，倒无一毫的儿女私情了。怎奈这位呆爷今晚把他当作晴雯，只管爱惜起来。那五儿早已羞得两颊红潮，又不敢大声说话，只得轻轻的说道：“二爷漱口啊。”宝玉笑着接了茶在手中，也不知道漱了没有，便笑嘻嘻的问道：“你和晴雯姐姐好不是啊？”五儿听了摸不着头脑，便道：“都是姐妹，也没有什么不好的。”宝玉又悄悄的问道：“晴雯病重了我看他去，不是你也去了么？”五儿微微笑着点头儿。宝玉道：“你听见他说什么了没有？”五儿摇着头儿道：“没有。”宝玉已经忘神，便把五儿的手一拉。五儿急得红了脸，心里乱跳，便悄悄说道：“二爷有什么话只管说，别拉拉扯扯的。”宝玉才放了手，说道：“他和我说来着，‘早知担了个虚名，也就打正经主意了’。你怎么没听见么？”五儿听了这话明明是轻薄自己的意思，又不敢怎么样，便说道：“那是他自己没脸，这也是我们女孩儿家说得的吗？”宝玉着急道：“你怎么也是这么个道学先生？我看你长的和他一模一样，我才肯和你说这个话，你怎么倒拿这些话来糟踏他？”

此时五儿心中也不知宝玉是怎么个意思，便说道：“夜深了，二爷也睡罢，别紧着坐着，看凉着。刚才奶奶和袭人姐姐怎么嘱咐了？”宝玉道：“我不凉。”说到这里，忽然想起五儿没穿着大衣服，就怕他也像晴雯着了凉，便说道：“你为什么不穿上衣服就过来？”五儿道：“爷叫的紧，那里有尽着穿衣裳的空儿。要知道说这半天话儿时，我也穿上了。”宝玉听了，连忙把自己盖的一件月白绫子绵袄儿揭起来递给五儿，叫他披上。五儿只不肯接，说：“二爷盖着罢，我不凉，我凉我有我的衣裳。”说着，回到自己铺边，拉了一件长袄披上。又听了听，麝月睡的正浓，才慢慢过来说：“二爷今晚不是要养神呢吗？”宝玉笑道：“实告诉你罢，什么是养神，我倒是要遇仙的意思。”五儿听了，越发动了疑心，便问道：“遇什么仙？”宝玉道：“你要知道，这话长着呢。你挨着我来坐下，我告诉你。”五儿红了脸笑道：“你在那里躺着，我怎么坐呢？”宝玉道：“这个何妨？那一年冷天，也是你麝月姐姐和你晴雯姐姐顽，我怕冻着他，还把他揽在被里渥着呢。这有什么的？大凡一个人总不要酸文假醋才好。”五儿听了，句句都是宝玉调戏之意，那知这位呆爷却是实心实意的话儿。五儿此时走开不好，站着不好，坐下不好，倒没了主意了，因微微的笑着道：“你别混说了，看人家听见这是什么意思。怨不得人家说你专在女孩儿身上用工夫，你自己放着二奶奶和袭人姐姐都是仙人儿似的，只爱和别人胡缠。明儿再说这些话，我回了二奶奶，看你什么脸见人。”

正说着，只听外面咕咚一声，把两个人吓了一跳。里间宝钗咳嗽了一声。宝玉听见，连忙呶嘴儿。五儿也就忙忙的息了灯悄悄的躺下了。原来宝钗、袭人因昨夜不曾睡，又兼日间劳乏了一天，所以睡去，都不曾听见他们说话。此时院中一响，早已惊醒，听了听，也无动静。宝玉此时躺在床上，心里疑惑：“莫非林妹妹来了，听见我和五儿说话故意吓我们的？”翻来覆去，胡思乱想，五更以后，才朦胧睡去。

却说五儿被宝玉鬼混了半夜，又兼宝钗咳嗽，自己怀着鬼胎，生怕宝钗听见了，也是思前想后，一夜无眠。次日一早起来，见宝玉尚自昏昏睡着，便轻轻的收拾了屋子。那时麝月已醒，便道：“你怎么这么早起来了，你难道一夜没睡吗？”五儿听这话又似麝月知道了的光景，便只是讪笑，也不答言。不一时，宝钗、袭人也都起来，开了门见宝玉尚睡，却也纳闷：“怎么外边两夜睡得倒这般安稳？”及宝玉醒来，见众人都起来了，自己连忙爬起，揉着眼睛，细想昨夜又不曾梦见，可是仙凡路隔了。慢慢的下了床，又想昨夜五儿说的宝钗、袭人都是天仙一般，这话却也不错，便怔怔的瞅着宝钗。宝钗见他发怔，虽知他为黛玉之事，却也定不得梦不梦，只是瞅的自己倒不好意思，便道：“二爷昨夜可真遇见仙了么？”宝玉听了，只道昨晚的话宝钗听见了，笑着勉强说道：“这是那里的话？”那五儿听了这一句，越发心虚起来，又不好说的，只得且看宝钗的光景。只见宝钗又笑着问五儿道：“你听见二爷睡梦中和人说话来着么？”宝玉听了，自己坐不住，搭讪着走开了。五儿把脸飞红，只得含糊道：“前半夜倒说了几句，我也没听真。什么‘担了虚名’，又什么‘没打正经主意’，我也不懂，劝着二爷睡了，后来我也睡了，不知二爷还说来着没有。”宝钗低头一想：“这话明是为黛玉了。但尽着叫他在外头，恐怕心邪了招出些花妖月姊来。况兼他的旧病原在姊妹上情重，只好设法将他的心意挪移过来，然后能免无事。”想到这里，不免面红耳热起来，也就讪讪的进房梳洗去了。

笺证

《红楼梦》后四十回重视人物的潜意识，包括潜意识回潮的各种表现形态。南朝宋谢惠连《泛湖归出楼中翫月》诗说：“憩榭面曲汜，临流对回潮。”回潮是流水的反向运动。人的联想定势形成一种精神牵引力，使思念反反复复地出现回潮，回潮愈久、愈频繁，表明这种联想定势愈强烈。第一〇九回“候芳魂五儿承错爱”，透露了宝玉对晴雯，也就是黛玉的影子人物的情绪回潮。回潮是潜意识的唤醒、释放和呈现，宝玉这番潜意识的回潮，由五儿进而穿透晴雯、黛玉，触及他最为揪心揪肺的一根神经。行文说，宝玉到大观园，闻潇湘馆哭声回来，整夜想黛玉入梦，岂知一夜安眠，并无有梦，便叹口气说：“正是‘悠悠生死别经年，魂魄不曾来入梦’。”此语出自白居易《长恨歌》：“鸳鸯瓦冷霜华重，翡翠衾寒谁与共。悠悠生死别经年，魂魄不曾来入梦。临邛道士鸿都客，能以精诚致魂魄。为感君王辗转思，遂教方士殷勤觅。排空驭气奔如电，升天入地求之遍。上穷碧落下黄泉，两处茫茫皆不见。忽闻海上有仙山，山在虚无缥缈间。楼阁玲珑五云起，其中绰约多仙子。中有一人字太真，雪肤花貌参差是。金阙西厢叩玉扃，转教小玉报双成。闻道汉家天子使，九华帐里梦魂惊。”临邛道士能使唐玄宗梦见杨太真贵妃，而宝玉彻夜不能梦见黛玉，充满了苦恼彷徨的失落感。为了防止精神崩溃，需要寻找替代物来补偿。宝玉忽又想起凤姐说五儿给晴雯脱了个影儿，因又将想黛玉、晴雯的心肠移在五儿身上。宝玉看五儿，居然晴雯复生。忽又想起晴雯说的“早知担个虚名，也就打个正经主意了”。这种忽而、忽而的写法，正是潜意识回潮泛起的表现形态。宝玉看见五儿未及多穿衣就来服侍自己，就想起晴雯因此得病丧命，就要五儿到自己被窝里取暖，宝玉说：“这个何妨？那一年冷天，也是你麝月姐姐和你晴雯姐姐顽，我怕冻着他，还把他揽在被里渥着呢。这有什么的？大凡一个人总不要酸文假醋才好。”酸文假醋，就是躲躲闪闪的假斯文。五儿此时走开不好，站着不好，坐下不好，倒没了主意了，因微微的笑着道：“你别混说了，看人家听见这是什么意思。怨不得人家说你专在女孩儿身上用工夫，你自己放着二奶奶和袭人姐姐都是仙人儿似的，只爱和别人胡缠。明儿再说这些话，我回了二奶奶，看你什么脸见人。”晴雯是黛玉的影子，五儿是晴雯的影子，这些描写扑朔迷离地穿行于影中影之间。由于宝玉已婚，五儿比起晴雯，又多了一层自我保全的意识。只是听到院中咕咚一声响，宝玉这才心里疑惑：“莫非林妹妹来了，听见我和五儿说话故意吓我们的？”这种喝止，不是想到宝钗、袭人，而是想到林妹妹，彼岸的鬼魂比起此岸的人形更有喝止的力量。宝玉的心病，简直无药可治，从黛玉、晴雯又漂移到五儿身上，又从五儿漂移到黛玉，没完没了，揪心揪肺，如此痴情，竟是缠绵终生。

且说贾母两日高兴，略吃多了些，这晚有些不受用，第二天便觉着胸口饱闷。鸳鸯等要回贾政。贾母不叫言语，说："我这两日嘴馋些吃多了点子，我饿一顿就好了。你们快别吵嚷。"于是鸳鸯等并没有告诉人。

这日晚间，宝玉回到自己屋里，见宝钗自贾母、王夫人处才请了晚安回来。宝玉想着早起之事，未免赧颜抱惭。宝钗看他这样，也晓得是个没意思的光景，因想着："他是个痴情人，要治他的这病，少不得仍以痴情治之。"想了一回，便问宝玉道："你今夜还在外间睡去罢咧？"宝玉自觉没趣，便道："里间外间都是一样的。"宝钗意欲再说，反觉不好意思。袭人道："罢呀，这倒是什么道理呢？我不信睡得那么安稳。"五儿听见这话，连忙接口道："二爷在外间睡，别的倒没什么，只是爱说梦话，叫人摸不着头脑儿，又不敢驳他的回。"袭人便道："我今日挪到床上睡睡，看说梦话不说。你们只管把二爷的铺盖铺在里间就完了。"宝钗听了，也不作声。宝玉自己惭愧不来，那里还有强嘴的分儿，便依着搬进里间来。一则宝玉负愧，欲安慰宝钗之心；二则宝钗恐宝玉思郁成疾，不如假以词色，使得稍觉亲近，以为移花接木之计。于是当晚袭人果然挪出去。宝玉因心中愧悔，宝钗欲拢络宝玉之心，自过门至今日，方才如鱼得水，恩爱缠绵，所谓二五之精妙合而凝的了。此是后话。

笺证

第一〇九回黛玉不能入梦、五儿不愿效仿晴雯之后，宝玉又转身向宝钗的怀抱迈进了一步。"宝玉因心中愧悔，宝钗欲拢络宝玉之心，自过门至今日，方才如鱼得水，恩爱缠绵，所谓二五之精妙合而凝的了。""二五之精妙合而凝"出自《宋史》卷四百二十七《道学列传·周敦颐传》，说传主"博学力行，著《太极图》，明天理之根源，究万物之终始。其说曰：无极而太极。太极动而生阳，动极而静，静而生阴，静极复动，一动一静，互为其根，分阴分阳，两仪立焉。阳变阴合，而生水、火、木、金、土，五气顺布，四时行焉。五行一阴阳也，阴阳一太极也。太极本无极也。五行之生也，各一其性。无极之真，二五之精，妙合而凝，乾道成男，坤道成女。二气交感，化生万物，万物生生，而变化无穷焉。"[1]由于阴阳（二）五行（五）的相互作用，宝玉在"二五之精，妙合而凝"中使宝钗怀孕，留下了子嗣。行文称说这是宝钗移花接木之计，意思无非是说，宝钗移动自己这朵楚楚动人的花，接到宝玉这个呆呆傻傻的木桩上，使之结下种子。如清人涂瀛在《石头记论赞·石头记分评》中评述第一百〇九回所说："宝玉一生原是梦中人，梦中境，宝钗欲以梦醒之，是慧心人作用。无如两夜无梦，白费宝钗苦心。宝玉与宝钗成亲后，虽相恩爱，终非鱼水，至此宝钗欲移花接木，方得两情浃洽。不但写宝钗是夜多情，且见平日端庄，亦为身孕伏脉。"[2]这株呆呆傻傻的木桩留下种子，也是他悬崖撒手前对家族的一个交代。有了交代，就有了悬崖撒手的理由。

❶ 王晚霞校注：《濂溪志 八种汇编》，湖南大学出版社2013年版，第330—331页。

❷ 王伯沆批：《王伯沆红楼梦批语汇录》，江苏古籍出版社1985年版，第1078—1079页。

且说次日宝玉、宝钗同起，宝玉梳洗了，先过贾母这边来。这里贾母因疼宝玉，又想宝钗孝顺，忽然想起一件东西，便叫鸳鸯开了箱子，取出祖上所遗一个汉玉玦，虽不及宝玉他那块玉石，挂在身上却也稀罕。鸳鸯找出来递与贾母，便说道："这件东西我好像从没见的，老太太这些年还记得这样清楚，说是那一箱什么匣子里装着，我按着老太太的话一拿就拿出来了。老太太怎么想着拿出来做什么？"贾母道："你那里知道，这块玉还是祖爷爷给我们老太爷，老太爷疼我，临出嫁的时候叫了我去，亲手递给我的。还说：‘这玉是汉时所佩的东西，很贵重，你拿着就像见了我的一样。’我那时还小，拿了来也不当什么，便撂在箱子里。到了这里，我见咱们家的东西也多，这算得什么，从没带过，一撂便撂了六十多年。今儿见宝玉这样孝顺，他又丢了一块玉，故此想着拿出来给他，也像是祖上给我的意思。”一时宝玉请了安，贾母便喜欢道：“你过来，我给你一件东西瞧瞧。”宝玉走到床前，贾母便把那块汉玉递给宝玉。宝玉接来一瞧，那玉有三寸方圆，形似甜瓜，色有红晕，甚是精致。宝玉口口称赞。贾母道：“你爱么？这是我祖爷爷给我的，我传了你罢。”宝玉笑着请了个安谢了，又拿了要送给他母亲瞧。贾母道：“你太太瞧了告诉你老子，又说疼儿子不如疼孙子了。他们从没见过。”宝玉笑着去了。宝钗等又说了几句话，也辞了出来。

自此贾母两日不进饮食，胸口仍是结闷，觉得头晕目眩，咳嗽。邢、王二夫人、凤姐等请安，见贾母精神尚好，不过叫人告诉贾政，立刻来请了安。贾政出来，即请大夫看脉。不多一时，大夫来诊了脉，说是有年纪的人停了些饮食，感冒些风寒，略消导发散些就好了。开了方子，贾政看了，知是寻常药品，命人煎好进服。以后贾政早晚进来请安，一连三日，不见稍减。贾政又命贾琏：“打听好大夫，快去请来瞧老太太的病。咱们家常请的几个大夫，我瞧着不怎么好，所以叫你去。”贾琏想了一想，说道：“记得那年宝兄弟病的时候，倒是请了一个不行医的来瞧好了的，如今不如找他。”贾政道：“医道却是极难的，愈是不兴时的大夫倒有本领。你就打发人去找来罢。”贾琏即忙答应去了，回来说道：“这刘大夫新近出城教书去了，过十来天进城一次。这时等不得，又请了一位，也就来了。”贾政听了，只得等着。不题。

且说贾母病时，合宅女眷无日不来请安。一日，众人都在那里，只见看园内腰门的老婆子进来，回说：“园里的栊翠庵的妙师父知道老太太病了，特来请安。”众人道：“他不常过来，今儿特地来，你们快请进来。”凤姐走到床前回贾母。岫烟是妙玉的旧相识，先走出去接他。只见妙玉头带妙常髻，身上穿一件月白素绸袄儿，外罩一件水田青缎镶边长背心，拴着秋香色的丝绦，腰下系一条淡墨画的白绫裙，手执麈尾念珠，跟着一个侍儿，飘飘拽拽的走来。岫烟见了问好，说是“在园内住的日子，可以常常来瞧瞧你。近来因为园内人少，一个人轻易难出来。况且咱们这里的腰门常关着，所以这些日子不得见你。今儿幸会”。妙玉道：“头里你们是热闹场中，你们虽在外园里住，我也不便常来亲近。如今知道这里的事情也不大好，又听说是老太太病着，又掂记你，并要瞧瞧宝姑娘。我那管你们的关不关，我要来就来，我不来你们要我来也不能啊。”岫烟笑道：“你还是那种脾气。”一面说着，已到贾母房中。众人见了都问了好。妙玉走到贾母床前问候，说了几句套话。贾母便道：“你是个女菩萨，你瞧瞧我的病可好得了好不了？”妙玉道：“老太太这样慈善的人，寿数正有呢。一时感冒，吃几贴药想来也就好了。有年纪人只要宽心些。”贾母道：“我倒不为这些，我是极爱寻快乐的。如今这病也不觉怎样，只是胸隔闷饱，刚才大夫说是气恼所致。你是知道的，谁敢给我气受，这不是那大夫脉理平常么？我和琏儿说了，还是头一个大夫说感冒伤食的是，明儿仍请他来。”说着，叫鸳鸯吩咐厨房里办一桌净素菜来，请他在这里便饭。妙玉道：“我已吃过午饭了，我是不吃东西的。”王夫人道：“不吃也罢，咱们多坐一会说些闲话儿罢。”妙玉道：“我久已不见你们，今儿来瞧瞧。”又说了一回话便要走，回头见惜春站着，便问道：“四姑娘为什么这样瘦，不要只管爱画劳了心。”惜春道：“我久不画了。如今住的房屋不比园里的显亮，所以没兴画。”妙玉道：“你如今住在那一所了？”惜春道：“就是你才进来的那个门东边的屋子，你要来很近。”妙玉道：“我高兴的时候来瞧你。”惜春等说着送了出去，回身过来，听见丫头们回说大夫在贾母那边呢。众人暂且散去。

那知贾母这病日重一日，延医调治不效，以后又添腹泻。贾政着急，知病难医，即命人到衙门告假，日夜同王夫人亲视汤药。一日，见贾母略进些饮食，心里稍宽。只见老婆子在门外探头，王夫人叫彩云看去，问问是谁。彩云看了是陪迎春到孙家去的人，便道：“你来做什么？”婆子道：“我来了半日，这里找不着一个姐姐们，我又不敢冒撞，我心里又急。”彩云道：“你急什么，又是姑爷作践姑娘不成么？”婆子道：“姑娘不好了。前儿闹了一场，姑娘哭了一夜，昨日痰堵住了。他们又不请大夫，今日更利害了。”彩云道：“老太太病着呢，别大惊小怪的。”王夫人在内已听见了，恐老太太听见不受用，忙叫彩云带他外头说去。岂知贾母病中心静，偏偏听见，便道：“迎丫头要死了么？”王夫人便道：“没有。婆子们不知轻重，说是这两日有些病，恐不能就好，到这里问大夫。”贾母道：“瞧我的大夫就好，快请了去。”王夫人便叫彩云叫这婆子去回大太太去，那婆子去了。这里贾母便悲伤起来，说是：“我三个孙女儿，一个享尽了福死了，三丫头远嫁不得见面，迎丫头虽苦，或者熬出来，不打量他年轻轻儿的就要死了。留着我这么大年纪的人活着做什么？”王夫人、鸳鸯等解劝了好半天。那时宝钗、李氏等不在房中，凤姐近来有病，王夫人恐贾母生悲添病，便叫人叫了他们来陪着，自己回到房中，叫彩云来埋怨这婆子不懂事，“以后我在老太太那里，你们有事不用来回。”丫头们依命不言。岂知那婆子刚到邢夫人那里，外头的人已传进来说：“二姑奶奶死了。”邢夫人听了，也便哭了一场。现今他父亲不在家中，只得叫贾琏快去瞧看。知贾母病重，众人都不敢回。可怜一位如花似月之女，结褵年馀，不料被孙家揉搓以致身亡。又值贾母病笃，众人不便离开，竟容孙家草草完结。

贾母病势日增，只想这些好女儿。一时想起湘云，便打发人去瞧他。回来的人悄悄的找鸳鸯，因鸳鸯在老太太身旁，王夫人等都在那里，不便上去，到了后头找了琥珀，告诉他道：“老太太想史姑娘，叫我们去打听。那里知道史姑娘哭得了不得，说是姑爷得了暴病，大夫都瞧了，说这病只怕不能好，若变了个痨病，还可捱过四五年。所以史姑娘心里着急。又知道老太太病，只是不能过来请安，还叫我不要在老太太面前提起。倘或老太太问起来，务必托你们变个法儿回老太太才好。”琥珀听了，咳了一声，就也不言语了，半日说道：“你去罢。”琥珀也不便回，心里打算告诉鸳鸯，叫他撒谎去，所以来到贾母床前，只见贾母神色大变，地下站着一屋子的人，嘁嘁的说“瞧着是不好了”，也不敢言语了。这里贾政悄悄的叫贾琏到身旁，向耳边说了几句话。贾琏轻轻的答应出去了，便传齐了现在家的一干家人说：“老太太的事待好出来了，你们快快分头派人办去。头一件先请出板来瞧瞧，好挂里子。快到各处将各人的衣服量了尺寸，都开明了，便叫裁缝去做孝衣。那棚杠执事都去讲定，厨房里还该多派几个人。”赖大等回道：“二爷，这些事不用爷费心，我们早打算好了。只是这项银子在那里打算？”贾琏道：“这种银子不用打算了，老太太自己早留下了。刚才老爷的主意只要办的好，我想外面也要好看。”赖大等答应，派人分头办去。

贾琏复回到自己房中，便问平儿：“你奶奶今儿怎么样？”平儿把嘴往里一努说：“你瞧去。”贾琏进内，见凤姐正要穿衣，一时动不得，暂且靠在炕桌儿上。贾琏道：“你只怕养不住了。老太太的事今儿明儿就要出来了，你还脱得过么？快叫人将屋里收拾收拾就该扎挣上去了。若有了事，你我还能回来么？”凤姐道：“咱们这里还有什么收拾的，不过就是这点子东西，还怕什么！你先去罢，看老爷叫你。我换件衣裳就来。”

贾琏先回到贾母房里，向贾政悄悄的回道：“诸事已交派明白了。”贾政点头。外面又报太医进来了，贾琏接入，又诊了一回，出来悄悄的告诉贾琏：“老太太的脉气不好，防着些。”贾琏会意，与王夫人等说知。王夫人即忙使眼色叫鸳鸯过来，叫他把老太太的装裹衣服预备出来。鸳鸯自去料理。贾母睁眼要茶喝，邢夫人便进了一杯参汤。贾母刚用嘴接着喝，便道："不要这个，倒一钟茶来我喝。"众人不敢违拗，即忙送上来，一口喝了，还要，又喝一口，便说："我要坐起来。"贾政等道："老太太要什么只管说，可以不必坐起来才好。"贾母道："我喝了口水，心里好些，略靠着和你们说说话。"珍珠等用手轻轻的扶起，看见贾母这回精神好些。未知生死，下回分解。

笺证

后四十回所谓写得大事迭至，衰象丛生，就在于它列述了一批重要人物的结局：死亡。死亡压迫着贾府的命运，给贾府的命运蒙上了浓重的晦气。第一〇九回后半是"还孽债迎女返真元"，所谓真元，就是本原。道家谓人死为返归本原，故以"返真元"指死。也就是说，此回后半重点应是迎春之死。然而笔墨的分配，迎春之死只是以婆子传话、外头传言，间接叙述迎春备受"中山狼"孙绍祖的践踏揉搓以致身亡；这是金陵十二钗中继秦可卿、贾元春、林黛玉之后的第四位弃世者，采取的却是虚写的方法，以便腾出篇幅，重点用在贾母临终前的病情和处置身后事的描写上。贾母两日不进饮食，胸口仍是结闷，觉得头晕目眩，咳嗽。但她还吩咐鸳鸯从箱子里找出一块汉玉玦，说："这块玉还是祖爷爷给我们老太爷，老太爷疼我，临出嫁的时候叫了我去，亲手递给我的。还说：'这玉是汉时所佩的东西，很贵重，你拿着就像见了我的一样。'我那时还小，拿了来也不当什么，便撂在箱子里。到了这里，我见咱们家的东西也多，这算得什么，从没带过，一撂便撂了六十多年。今儿见宝玉这样孝顺，他又丢了一块玉，故此想着拿出来给他，也像是祖上给我的意思。"贾母递给宝玉的那块汉玉，有三寸方圆，形似甜瓜，色有红晕，甚是精致。这里所谓玉玦，是一种佩戴的玉饰品，呈环形而有缺口。《红楼梦》第二十八回：宝玉解下玉玦扇坠，赠与蒋玉菡。第二十九回贾府众人到清虚观打醮，张道士赠与金璜、玉玦等物，共有三五十件。第一〇九回贾母赠与宝玉这块祖上所遗的汉玉玦。这些赠与，都是把玉玦作为珍贵之物，来表达友情、孝敬和怜爱。但是由于“玦”与“缺”“决”同音，故玉玦的寓意有缺陷、决绝、决断之义。《庄子·田子方篇》庄子曰：“周闻之，儒者冠圜冠者，知天时。履句屦者，知地形。缓佩玦者，事至而断。君子有其道者，未必为其服也。为其服者，未必知其道也。公固以为不然，何不号于中国曰：无此道而服此服者，其罪死。”[3]儒者认为，君子遇到事情要当机立断，才佩戴玉玦，此是决断之义。《史记·项羽本纪》写“鸿门宴”，楚霸王项羽在谋臣范增的策划下，在鸿门（今陕西临潼东）设宴欲除掉劲敌刘邦。在宴饮过程中，自知实力不敌的刘邦卑辞言好，搞得项羽则开始犹豫不决，急得谋士范增向项羽频丢眼色，并且三次举起随身所佩之玉玦，希望项羽快做决断，杀掉刘邦，建立霸业。此是决断之义。而贾母赠玉玦给宝玉，除了怜爱而赠予传家宝之外，珍重之中是否还存在着缺陷的隐喻？贾母病重，妙玉来看望，也只是淡淡的说了一些不要紧的话，未免有点失却妙玉的神采。在贾母这病日重一日，延医调治不效，以后又添腹泻之时，孙家的婆子偷偷来报告迎春被孙绍祖折磨致死的噩耗，以及史湘云姑爷得了暴病的消息，众人都不敢报告贾母。几经延医都无效果，贾政、贾琏只好吩咐赖大准备贾母后事了。这又是赠玉玦隐喻着的生存缺陷吗？《红楼梦》后四十回在逐层推进大家族崩溃和梳理深层精神脉络上，颇有一些不让于前八十回的长处，而在诗才发扬和组织大事件上，短处也颇明显，它的贡献在于使全书成为全璧，而不是留下一个玉玦。

[3]（清）王先谦：《庄子集解》，中华书局1987年版，第180页。

第一一〇回

史太君寿终归地府 王凤姐力诎失人心

却说贾母坐起说道："我到你们家已经六十多年了。从年轻的时候到老来，福也享尽了。自你们老爷起，儿子、孙子也都算是好的了。就是宝玉呢，我疼了他一场。"说到那里，拿眼满地下瞅着。王夫人便推宝玉走到床前，贾母从被窝里伸出手来拉着宝玉道："我的儿，你要争气才好。"宝玉嘴里答应，心里一酸，那眼泪便要流下来，又不敢哭，只得站着，听贾母说道："我想再见一个重孙子我就安心了。我的兰儿在那里呢？"李纨也推贾兰上去。贾母放了宝玉，拉着贾兰道："你母亲是要孝顺的，将来你成了人，也叫你母亲风光风光。凤丫头呢？"凤姐本来站在贾母旁边，赶忙走到眼前说："在这里呢。"贾母道："我的儿，你是太聪明了，将来修修福罢。我也没有修什么，不过心实吃亏，那些吃斋念佛的事我也不大干，就是旧年叫人写了些《金刚经》送送人，不知送完了没有？"凤姐道："没有呢。"贾母道："早该施舍完了才好。我们大老爷和珍儿是在外头乐了，最可恶的是史丫头没良心，怎么总不来瞧我。"鸳鸯等明知其故，都不言语。贾母又瞧了一瞧宝钗，叹了口气，只见脸上发红。贾政知是回光返照，即忙进上参汤。贾母的牙关已经紧了，合了一回眼，又睁着满屋里瞧了一瞧。王夫人、宝钗上去轻轻扶着，邢夫人、凤姐等便忙穿衣，地下婆子们已将床安设停当，铺了被褥，听见贾母喉间略一响动，脸变笑容，竟是去了，享年八十三岁。众婆子疾忙停床。

笺证

贾母离世，大树倾倒，是震撼着整个贾府根基的重大事件。第一一〇回“史太君寿终归地府”，写得简洁得体，笔力不弱，记述了贾母享年八十三岁，已是相当长寿有福，却以自己的死，告别贾府的衰败和凋零。贾母心中最是记挂的是宝玉、贾兰、凤姐。要宝玉“争气才好”，要贾兰“将来你成了人，也叫你母亲风光风光”，劝凤姐“你是太聪明了，将来修修福罢”。这些记挂，都透露了这位阅历丰富的老祖宗人情味浓郁的关爱和对贾府重振祖业的拳拳期许。贾母最后一件事就是叮咛将抄写的《金刚经》送人。《金刚经》五千余字，广观万法，阐扬发菩提心，行无我的大乘菩萨道。同时它启示，“一切有为法，如梦、幻、泡、影，如露，亦如电，应作如是观”，以此所谓“金刚六如”，喻世事之空幻无常。梦幻是一个浑天口袋，在《红楼梦》中包罗万有。

于是贾政等在外一边跪着，邢夫人等在内一边跪着，一齐举起哀来。外面家人各样预备齐全，只听里头信儿一传出来，从荣府大门起至内宅门扇扇大开，一色净白纸糊了，孝棚高起，大门前的牌楼立时竖起，上下人等登时成服。贾政报了丁忧。礼部奏闻，主上深仁厚泽，念及世代功勋，又系元妃祖母，赏银一千两，谕礼部主祭。家人们各处报丧，众亲友虽知贾家势败，今见圣恩隆重，都来探丧。择了吉时成殓，停灵正寝。贾赦不在家，贾政为长，宝玉、贾环、贾兰是亲孙，年纪又小，都应守灵。贾琏虽也是亲孙，带着贾蓉尚可分派家人办事。虽请了些男女外亲来照应，内里邢、王二夫人、李纨、凤姐、宝钗等是应灵旁哭泣的，尤氏虽可照应，他贾珍外出依住荣府，一向总不上前，且又荣府的事不甚谙练。贾蓉的媳妇更不必说了。惜春年小，虽在这里长的，他于家事全不知道。所以内里竟无一人支持，只有凤姐可以照管里头的事。况又贾琏在外作主，里外他二人倒也相宜。

凤姐先前仗着自己的才干，原打量老太太死了，他大有一番作用。邢、王二夫人等本知他曾办过秦氏的事，必是妥当，于是仍叫凤姐总理里头的事。凤姐本不应辞，自然应了，心想："这里的事本是我管的，那些家人更是我手下的人，太太和珍大嫂子的人本来难使唤些，如今他们都去了。银项虽没有了对牌，这种银子是现成的。外头的事又是他办着。虽说我现今身子不好，想来也不致落褒贬，必是比宁府里还得办些。"心下已定，且待明日接了三，后日一早便叫周瑞家的传出话去，将花名册取上来。凤姐一一的瞧了，统共只有男仆二十一人，女仆只有十九人，馀者俱是些丫头，连各房算上，也不过三十多人，难以点派差使。心里想道："这回老太太的事，倒没有东府里的人多。"又将庄上的弄出几个，也不敷差遣。

正在思算，只见一个小丫头过来说："鸳鸯姐姐请奶奶。"凤姐只得过去。只见鸳鸯哭得泪人一般，一把拉着凤姐儿说道："二奶奶请坐，我给二奶奶磕个头。虽说服中不行礼，这个头是要磕的。"鸳鸯说着跪下，慌的凤姐赶忙拉住，说道："这是什么礼，有话好好的说。"鸳鸯跪着，凤姐便拉起来。鸳鸯说道："老太太的事一应内外都是二爷和二奶奶办，这种银子是老太太留下的。老太太这一辈子也没有糟踏过什么银钱，如今临了这件大事，必得求二奶奶体体面面的办一办才好。我方才听见老爷说什么诗云子曰，我不懂。又说什么'丧与其易，宁戚'，我听了不明白。我问宝二奶奶，说是老爷的意思，老太太的丧事只要悲切才是真孝，不必糜费图好看的念头。我想老太太这样一个人，怎么不该体面些。我虽是奴才丫头，敢说什么？只是老太太疼二奶奶和我这一场，临死了还不叫他风光风光。我想二奶奶是能办大事的，故此我请二奶奶来求作个主。我生是跟老太太的人，老太太死了我也是跟老太太的，若是瞧不见老太太的事怎么办，将来怎么见老太太呢？"凤姐听了这话来的古怪，便说："你放心，要体面是不难的。况且老爷虽说要省，那势派也错不得。便拿这项银子都花在老太太身上，也是该当的。”鸳鸯道：“老太太的遗言说，所有剩下的东西是给我们的，二奶奶倘或用着不够，只管拿这个去折变补上。就是老爷说什么，我也不好违老太太的遗言。那日老太太分派的时候，不是老爷在这里听见的么？”凤姐道：“你素来最明白的，怎么这会子那样的着急起来了。”鸳鸯道：“不是我着急，为的是大太太是不管事的，老爷是怕招摇的，若是二奶奶心里也是老爷的想头，说抄过家的人家丧事还是这么好，将来又要抄起来，也就不顾起老太太来怎么处。在我呢是个丫头，好歹碍不着，到底是这里的声名。”凤姐道：“我知道了，你只管放心，有我呢。”鸳鸯千恩万谢的托了凤姐。

那凤姐出来想道：“鸳鸯这东西好古怪，不知打了什么主意，论理老太太身上本该体面些。嗳，不要管他，且按着咱们家先前的样子办去。”于是叫了旺儿家的来把话传出，去请二爷进来。不多时，贾琏进来，说道：“怎么找我？你在里头照应着些就是了。横竖作主是咱们二老爷，他说怎么着咱们就怎么着。”凤姐道：“你也说起这个话来了，可不是鸳鸯说的话应验了么？”贾琏道：“什么鸳鸯的话？”凤姐便将鸳鸯请进去的话述了一遍。贾琏道：“他们的话算什么？才刚二老爷叫我去，说老太太的事固要认真办理，但是知道的呢，说是老太太自己结果自己，不知道的只说咱们都隐匿起来了，如今很宽裕。老太太的这种银子用不了谁还要么，仍旧该用在老太太身上。老太太是在南边的坟地虽有，阴宅却没有。老太太的柩是要归到南边去的，留这银子在祖坟上盖起些房屋来，再馀下的置买几顷祭田。咱们回去也好，就是不回去，也叫这些贫穷族中住着，也好按时按节早晚上香，时常祭扫祭扫。你想这些话可不是正经主意？据你这个话，难道都花了罢？”凤姐道：“银子发出来了没有？”贾琏道：“谁见过银子？我听见咱们太太听见了二老爷的话，极力的窜掇二太太和二老爷，说这是好主意。叫我怎么着？现在外头棚扛上要支几百银子，这会子还没有发出来。我要去，他们都说有，先叫外头办了回来再算。你想这些奴才们有钱的早溜了，按着册子叫去，有的说告病，有的说下庄子去了。走不动的有几个，只有赚钱的能耐，还有赔钱的本事么？”凤姐听了，呆了半天，说道：“这还办什么？”

正说着，见来了一个丫头说：“大太太的话问二奶奶，今儿第三天了，里头还很乱，供了饭还叫亲戚们等着吗。叫了半天，来了菜，短了饭，这是什么办事的道理？”凤姐急忙进去，吆喝人来伺候，胡弄着将早饭打发了。偏偏那日人来的多，里头的人都死眉瞪眼的。凤姐只得在那里照料了一会子，又惦记着派人，赶着出来叫了旺儿家的传齐了家人女人们，一一分派了，众人都答应着不动。凤姐道：“什么时候，还不供饭？”众人道：“传饭是容易的，只要将里头的东西发出来，我们才好照管去。”凤姐道：“糊涂东西，派定了你们少不得有的。”众人只得勉强应着。凤姐即往上房取发应用之物，要去请示邢、王二夫人，见人多难说，看那时候已经日渐平西了，只得找了鸳鸯，说要老太太存的这一分家伙。鸳鸯道：“你还问我呢，那一年二爷当了赎了来了么？”凤姐道：“不用银的金的，只要这一分平常使的。”鸳鸯道：“大太太、珍大奶奶屋里使的，是那里来的？”凤姐一想不差，转身就走，只得到王夫人那边找了玉钏、彩云，才拿了一分出来，急忙叫彩明登帐，发与众人收管。

鸳鸯见凤姐这样慌张，又不好叫他回来，心想：“他头里作事何等爽利周到，如今怎么掣肘的这个样儿？我看这两三天连一点头脑都没有，不是老太太白疼了他了吗？”那里知邢夫人一听贾政的话，正合着将来家计艰难的心，巴不得留一点子作个收局。况且老太太的事原是长房作主，贾赦虽不在家，贾政又是拘泥的人，有件事便说请大奶奶的主意。邢夫人素知凤姐手脚大，贾琏的闹鬼，所以死拿住不放松。鸳鸯只道已将这项银两交了出去了，故见凤姐掣肘如此，便疑为不肯用心，便在贾母灵前唠唠叨叨哭个不了。邢夫人等听了话中有话，不想到自己不令凤姐便宜行事，反说凤丫头果然有些不用心。王夫人到了晚上叫了凤姐过来说："咱们家虽说不济，外头的体面是要的。这两三日人来人往，我瞧着那些人都照应不到，想是你没有吩咐。还得你替我们操点心儿才好。"凤姐听了，呆了一会，要将银两不凑手的话说出，但是银钱是外头管的，王夫人说的是照应不到，凤姐也不敢辨，只好不言语。邢夫人在旁说道："论理该是我们做媳妇的操心，本不是孙子媳妇的事。但是我们动不得身，所以托你的，你是打不得撒手的。"凤姐紫涨了脸，正要回说，只听外头鼓乐一奏，是烧黄昏纸的时候了，大家举起哀来，又不得说。凤姐原想回来再说，王夫人催他出去料理，说道："这里有我们的，你快快儿的去料理明儿的事罢。"

凤姐不敢再言，只得含悲忍泣的出来，又叫人传齐了众人，又吩咐了一会，说："大娘婶子们可怜我罢。我上头捱了好些说，为的是你们不齐截，叫人笑话。明儿你们豁出些辛苦来罢。"那些人回道："奶奶办事不是今儿个一遭儿了，我们敢违拗吗？只是这回的事上头过于累赘。只说打发这顿饭罢，有的在这里吃，有的要在家里吃，请了那位太太，又是那位奶奶不来。诸如此类，那得齐全。还求奶奶劝劝那些姑娘们不要挑饬就好了。"凤姐道："头一层是老太太的丫头们是难缠的，太太们的也难说话，叫我说谁去呢？"众人道："从前奶奶在东府里还是署事，要打要骂，怎么这样锋利，谁敢不依。如今这些姑娘们都压不住了？"凤姐叹道："东府里的事虽说托办的，太太虽在那里，不好意思说什么。如今是自己的事情，又是公中的，人人说得话。再者外头的银钱也叫不灵，即如棚里要一件东西，传了出来总不见拿进来。这叫我什么法儿呢？"众人道："二爷在外头倒怕不应付么？”凤姐道：“还提那个，他也是那里为难。第一件银钱不在他手里，要一件得回一件，那里凑手？”众人道：“老太太这项银子不在二爷手里吗？”凤姐道：“你们回来问管事的便知道了。”众人道：“怨不得我们听见外头男人抱怨说：‘这么件大事，咱们一点摸不着，净当苦差！’叫人怎么能齐心呢？”凤姐道：“如今不用说了，眼面前的事大家留些神罢。倘或闹的上头有了什么说的，我和你们不依的。”众人道：“奶奶要怎么样他们敢抱怨吗？只是上头一人一个主意，我们实在难周到的。”凤姐听了没法，只得央说道：“好大娘们。明儿且帮我一天，等我把姑娘们闹明白了再说罢咧。”众人听命而去。

凤姐一肚子的委屈，愈想愈气，直到天亮又得上去。要把各处的人整理整理，又恐邢夫人生气。要和王夫人说，怎奈邢夫人挑唆。这些丫头们见邢夫人等不助着凤姐的威风，更加作践起他来。幸得平儿替凤姐排解，说是：“二奶奶巴不得要好，只是老爷太太们吩咐了外头，不许糜费，所以我们二奶奶不能应付到了。”说过几次才得安静些。虽说僧经道忏，上祭挂帐，络绎不绝，终是银钱吝啬，谁肯踊跃，不过草草了事。连日王妃诰命也来得不少，凤姐也不能上去照应，只好在底下张罗，叫了那个，走了这个，发一回急，央及一会，胡弄过了一起，又打发一起。别说鸳鸯等看去不像样，连凤姐自己心里也过不去了。

邢夫人虽说是冢妇，仗着“悲戚为孝”四个字，倒也都不理会。王夫人落得跟了邢夫人行事，馀者更不必说了。独有李纨瞧出凤姐的苦处，也不敢替他说话，只自叹道：“俗话说的，‘牡丹虽好，全仗绿叶扶持’，太太们不亏了凤丫头，那些人还帮着吗？若是三姑娘在家还好，如今只有他几个自己的人瞎张罗，面前背后的也抱怨说是一个钱摸不着，脸面也不能剩一点儿。老爷是一味的尽孝，庶务上头不大明白，这样的一件大事，不撒散几个钱就办的开了吗？可怜凤丫头闹了几年，不想在老太太的事上，只怕保不住脸了。”于是抽空儿叫了他的人来吩咐道：“你们别看着人家的样儿，也糟踏起琏二奶奶来。别打量什么穿孝守灵就算了大事了，不过混过几天就是了。看见那些人张罗不开，便插个手儿也未为不可，这也是公事，大家都该出力的。”那些素服李纨的人都答应着说：“大奶奶说得很是。我们也不敢那么着，只听见鸳鸯姐姐们的口话儿好像怪琏二奶奶的似的。”李纨道：“就是鸳鸯我也告诉过他，我说琏二奶奶并不是在老太太的事上不用心，只是银子钱都不在他手里，叫他巧媳妇还作的上没米的粥来吗。如今鸳鸯也知道了，所以他不怪他了。只是鸳鸯的样子竟是不像从前了，这也奇怪，那时候有老太太疼他倒没有作过什么威福，如今老太太死了，没有了仗腰子的了，我看他倒有些气质不大好了。我先前替他愁，这会子幸喜大老爷不在家才躲过去了，不然他有什么法儿？”

说着，只见贾兰走来说：“妈妈睡罢，一天到晚人来客去的也乏了，歇歇罢。我这几天总没有摸摸书本儿，今儿爷爷叫我家里睡，我喜欢的很，要理个一两本书才好。别等脱了孝再都忘了。”李纨道：“好孩子，看书呢自然是好的。今儿且歇歇罢，等老太太送了殡再看罢。”贾兰道：“妈妈要睡，我也就睡在被窝里头想想也罢了。”众人听了都夸道：“好哥儿，怎么这点年纪得了空儿就想到书上。不像宝二爷娶了亲的人还是那么孩子气，这几日跟着老爷跪着，瞧他很不受用，巴不得老爷一动身就跑过来找二奶奶，不知唧唧咕咕的说些什么，甚至弄的二奶奶都不理他了。他又去找琴姑娘，琴姑娘也远避他。邢姑娘也不很同他说话。倒是咱们本家的什么喜姑娘咧四姑娘咧，哥哥长哥哥短的和他亲蜜。我们看那宝二爷除了和奶奶姑娘们混混，只怕他心里也没有别的事，白过费了老太太的心，疼了他这么大，那里及兰哥儿一零儿呢。大奶奶，你将来是不愁的了。”李纨道：“就好也还小，只怕到他大了，咱们家还不知怎么样了呢？环哥儿你们瞧着怎么样？”众人道：“这一个更不像样儿了。两个眼睛倒像个活猴儿似的，东溜溜，西看看，虽在那里嚎丧，见了奶奶姑娘们来了，他在孝幔子里头净偷着眼儿瞧人呢。”李纨道:“他的年纪其实也不小了。前日听见说还要给他说亲呢，如今又得等着了。嗳，还有一件事——咱们家这些人，我看来也是说不清的，且不必说闲话——后日送殡各房的车辆是怎么样了？”众人道:“琏二奶奶这几天闹的像失魂落魄的样儿了，也没见传出去。昨儿听见我的男人说，琏二爷派了蔷二爷料理，说是咱们家的车也不够，赶车的也少，要到亲戚家去借去呢。”李纨笑道:“车也都是借得的么？”众人道:“奶奶说笑话儿了，车怎么借不得。只是那一日所有的亲戚都用车，只怕难借，想来还得雇呢。”李纨道:“底下人的只得雇，上头白车也有雇的么？”众人道:“现在大太太、东府里的大奶奶、小蓉奶奶都没有车了，不雇那里来的呢？”李纨听了叹息道:“先前见有咱们家儿的太太奶奶们坐了雇的车来咱们都笑话，如今轮到自己头上了。你明儿去告诉你的男人，我们的车马早早儿的预备好了，省得挤。”众人答应了出去。不题。

且说史湘云因他女婿病着，贾母死后只来的一次，屈指算是后日送殡，不能不去。又见他女婿的病已成痨症，暂且不妨，只得坐夜前一日过来。想起贾母素日疼他。又想到自己命苦，刚配了一个才貌双全的男人，性情又好，偏偏的得了冤孽症候，不过捱日子罢了。于是更加悲痛，直哭了半夜。鸳鸯等再三劝慰不止。宝玉瞅着也不胜悲伤，又不好上前去劝，见他淡妆素服，不敷脂粉，更比未出嫁的时候犹胜几分。转念又看宝琴等淡素装饰，自有一种天生丰韵。独有宝钗浑身孝服，那知道比寻常穿颜色时更有一番雅致。心里想道:“所以千红万紫终让梅花为魁，殊不知并非为梅花开的早，竟是‘洁白清香’四字是不可及的了。但只这时候若有林妹妹也是这样打扮，又不知怎样的丰韵了。”想到这里，不觉的心酸起来，那泪珠便直滚滚的下来了，趁着贾母的事，不妨放声大哭。众人正劝湘云不止，外间又添出一个哭的来了。大家只道是想着贾母疼他的好处，所以伤悲，岂知他们两个人各自有各自的心事。这场大哭，不禁满屋的人无不下泪。还是薛姨妈、李婶娘等劝住。

明日是坐夜之期，更加热闹。凤姐这日竟支撑不住，也无方法，只得用尽心力，甚至咽喉嚷破敷衍过了半日。到了下半天，人客更多了，事情也更繁了，瞻前不能顾后。正在着急，只见一个小丫头跑来说：“二奶奶在这里呢，怪不得大太太说，里头人多照应不过来，二奶奶是躲着受用去了。”凤姐听了这话，一口气撞上来，往下一咽，眼泪直流，只觉得眼前一黑，嗓子里一甜，便喷出鲜红的血来，身子站不住，就蹲倒在地。幸亏平儿急忙过来扶住。只见凤姐的血吐个不住。未知性命如何，下回分解。

笺证

第一一〇回“史太君寿终归地府　王凤姐力诎失人心”，叙写贾府缺少大树隐蔽，大丧中就开始了窝里斗，宁荣府、大二房互相掣肘，贾府就是在鸡争狗斗中发送他们有福有寿的老祖宗的。这出人间喜剧，一个个都瞪着“乌鸡眼”，准备给对方好看，简直是一种莫大的讽刺。这里瞪着的“乌鸡眼”，可不是第三十回王熙凤用来形容宝玉、黛玉的“乌鸡眼”，那时宝玉、黛玉二人不防，都唬了一跳，回头看时，只见凤姐儿跳了进来，笑道：“老太太在那里抱怨天抱怨地，只叫我来瞧瞧你们好了没有。我说不用瞧，过不了三天，他们自己就好了。老太太骂我，说我懒。我来了，果然应了我的话了。也没见你们两个人有些什么可拌的，三日好了，两日恼了，越大越成了孩子了。有这会子拉着手哭的，昨儿为什么又成了乌眼鸡呢。还不跟我走，到老太太跟前，叫老人家也放些心。”说着拉了林黛玉就走。这里的“乌眼鸡”倒是更像第七十五回探春说的“乌眼鸡”，那时，“探春冷笑道：‘正是呢。有叫人撵的，不如我先撵！亲戚们好，也不在必要死住着才好。咱们倒是一家子亲骨肉呢，一个个不像乌眼鸡似的，恨不得你吃了我，我吃了你。'”想不到在贾母丧事上的鸡争狗斗，都用起这种“恨不得你吃了我，我吃了你”的乌鸡眼。对于贾母丧事，凤姐照管里头的事，贾琏在外作主，似乎里外二人搭配倒也相宜。凤姐仗着自己的才干，打量老太太丧事上大有一番施展。但是她的才干是仗着贾母撑腰，才能挥洒自如；一旦失去撑腰人，就捉襟见肘了。鸳鸯跪下哭说：“老太太的事一应内外都是二爷和二奶奶办，这种银子是老太太留下的。老太太这一辈子也没有糟踏过什么银钱，如今临了这件大事，必得求二奶奶体体面面的办一办才好。”因为鸳鸯担忧：“为的是大太太是不管事的，老爷是怕招摇的，若是二奶奶心里也是老爷的想头，说抄过家的人家丧事还是这么好，将来又要抄起来，也就不顾起老太太来怎么处。”鸳鸯的心愿，是一个尽心的忠谨奴才的心愿，但在贾府破落和失控时，就遇上莫大的麻烦。凤姐将鸳鸯的话告诉贾琏，贾琏最知贾政的意思，说：“他们的话算什么？才刚二老爷（贾政）叫我去，说老太太的事固要认真办理……老太太的这种银子用不了谁还要么，仍旧该用在老太太身上。老太太是在南边的坟地虽有，阴宅却没有。老太太的柩是要归到南边去的，留这银子在祖坟上盖起些房屋来，再馀下的置买几顷祭田。咱们回去也好，就是不回去，也叫这些贫穷族中住着，也好按时按节早晚上香，时常祭扫祭扫。你想这些话可不是正经主意？”这种设想似乎与秦可卿死时托梦凤姐的交代，还算半斤八两。然而，在操办贾母丧礼上，就给邢夫人、尤氏紧抓着贾母留下的银钱不松手，留下借口。邢夫人素知凤姐手脚大，贾琏的闹鬼，所以死拿住不放松。丫头们见邢夫人等不助着凤姐的威风，也就跟着作践凤姐。凤姐处理丧仪，却看不到银子，供饭时叫了半天，来了菜，短了饭，吩咐自己的陪房旺儿家的传齐了家人女人们，一一分派了，众人都答应着不动。这就导致僧经道忏，上祭挂帐，络绎不绝，终是银钱吝啬，谁肯踊跃，不过草草了事。在坐夜守灵前夕，凤姐支撑不住，用尽心力，嚷破咽喉，敷衍过了半日。正在着急，只见一个小丫头跑来说：“二奶奶在这里呢，怪不得大太太说，里头人多照应不过来，二奶奶是躲着受用去了。”又要马儿跑，又要马儿不吃草，这种捣乱式的指责，使凤姐听了这话，一口气撞上来，往下一咽，眼泪直流，只觉得眼前一黑，嗓子里一甜，吐血不止。凤姐力诎失人心，是大房控制银钱命门，有权者主张不一，受尽夹板气所致。这折射了贾府不能同心协力，共渡危机，只能是鸡争狗斗，内耗伤神，一蹶不振了事。有意味的是，在以凤姐折射贾府生存状态之不堪时，不忘补上湘云和宝玉一笔。史湘云因夫婿病着，贾母死后只来的一次，屈指算是后日送殡，不能不去。又见她夫婿的病已成痨症，暂且不妨，只得坐夜守灵前一日过来。想起贾母素日疼她。又想到自己命苦，刚配了一个才貌双全的男人，性情又好，偏偏的得了冤孽症候，不过捱日子罢了。于是更加悲痛，直哭了半夜。宝玉却是另一种心思，见湘云淡妆素服，不敷脂粉，更比未出嫁的时候犹胜几分。转念又看宝琴等淡素装饰，自有一种天生丰韵。独有宝钗浑身孝服，那知道比寻常穿颜色时更有一番雅致。心里想道:“所以千红万紫终让梅花为魁，殊不知并非为梅花开的早，竟是‘洁白清香’四字是不可及的了。但只这时候若有林妹妹也是这样打扮，又不知怎样的丰韵了。”想到这里，不觉的心酸起来，那泪珠便直滚滚的下来了，趁着贾母的事，不妨放声大哭。湘云、宝玉如此为贾母守丧，哀痛之情与贾母丧事根本不搭界，这简直是莫大的讽刺。他们的精神世界只有男女情、女儿经，这种诡异念头，使得贾母对他们的疼爱和期待如梦幻泡影。谁想到贾母的丧事，却表演起闹剧和滑稽剧呢？贾母已经不能开口说“白疼你”了。如此重大丧事，鸡争狗斗不算，还加上诸多胡思乱想，贾府的生态和气数可想而知了。贾母之死，大树倾倒，猢狲未散心先散，这才是最可怕的，它导致贾府与“人心齐，泰山移”所相反的方向加速运行。

第一一一回

鸳鸯女殉主登太虚 狗彘奴欺天招伙盗

话说凤姐听了小丫头的话，又气又急又伤心，不觉吐了一口血，便昏晕过去，坐在地下。平儿急来靠着，忙叫了人来搀扶着，慢慢的送到自己房中，将凤姐轻轻的安放在炕上，立刻叫小红斟上一杯开水送到凤姐唇边。凤姐呷了一口，昏迷仍睡。秋桐过来略瞧了一瞧，却便走开，平儿也不叫他。只见丰儿在旁站着，平儿叫他快快的去回明白了二奶奶吐血发晕不能照应的话，告诉了邢、王二夫人。邢夫人打量凤姐推病藏躲，因这时女亲在内不少，也不好说别的，心里却不全信，只说："叫他歇着去罢。"众人也并无言语。只说这晚人客来往不绝，幸得几个内亲照应。家下人等见凤姐不在，也有偷闲歇力的，乱乱吵吵，已闹的七颠八倒，不成事体了。

到二更多天远客去后，便预备辞灵。孝幕内的女眷大家都哭了一阵。只见鸳鸯已哭的昏晕过去了，大家扶住捶闹了一阵才醒过来，便说"老太太疼我一场我跟了去"的话。众人都打谅人到悲哭俱有这些言语，也不理会。到了辞灵之时，上上下下也有百十馀人，只鸳鸯不在。众人忙乱之时，谁去捡点。到了琥珀等一干的人哭奠之时，却不见鸳鸯，想来是他哭乏了，暂在别处歇着，也不言语。辞灵以后，外头贾政叫了贾琏问明送殡的事，便商量着派人看家。贾琏回说："上人里头派了芸儿在家照应，不必送殡。下人里头派了林之孝的一家子照应拆棚等事。但不知里头派谁看家？"贾政道："听见你母亲说是你媳妇病了不能去，就叫他在家的。你珍大嫂子又说你媳妇病得利害，还叫四丫头陪着，带领了几个丫头婆子照看上屋里才好。”贾琏听了，心想：“珍大嫂子与四丫头两个不合，所以撺掇着不叫他去，若是上头就是他照应，也是不中用的。我们那一个又病着，也难照应。”想了一回，回贾政道：“老爷且歇歇儿，等进去商量定了再回。”贾政点了点头，贾琏便进去了。

谁知此时鸳鸯哭了一场，想到：“自己跟着老太太一辈子，身子也没有着落。如今大老爷虽不在家，大太太的这样行为我也瞧不上。老爷是不管事的人，以后便乱世为王起来了，我们这些人不是要叫他们掇弄了么？谁收在屋子里，谁配小子，我是受不得这样折磨的，倒不如死了干净。但是一时怎么样的个死法呢？”一面想，一面走回老太太的套间屋内。刚跨进门，只见灯光惨淡，隐隐有个女人拿着汗巾子好似要上吊的样子。鸳鸯也不惊怕，心里想道：“这一个是谁？和我的心事一样，倒比我走在头里了。”便问道：“你是谁？咱们两个人是一样的心，要死一块儿死。”那个人也不答言。鸳鸯走到跟前一看，并不是这屋子的丫头，仔细一看，觉得冷气侵人时就不见了。鸳鸯呆了一呆，退出在炕沿上坐下，细细一想道：“哦，是了，这是东府里的小蓉大奶奶啊。他早死了的了，怎么到这里来。必是来叫我来了。他怎么又上吊呢？”想了一想道：“是了，必是教给我死的法儿。”鸳鸯这么一想，邪侵入骨，便站起来，一面哭，一面开了妆匣，取出那年绞的一绺头发，揣在怀里，就在身上解下一条汗巾，按着秦氏方才比的地方拴上。自己又哭了一回，听见外头人客散去，恐有人进来，急忙关上屋门，然后端了一个脚凳自己站上，把汗巾拴上扣儿套在咽喉，便把脚凳蹬开。可怜咽喉气绝，香魂出窍，正无投奔，只见秦氏隐隐在前，鸳鸯的魂魄疾忙赶上说道：“蓉大奶奶，你等等我。”那个人道：“我并不是什么蓉大奶奶，乃警幻之妹可卿是也。”鸳鸯道：“你明明是蓉大奶奶，怎么说不是呢？”那人道：“这也有个缘故，待我告诉你，你自然明白了。我在警幻宫中原是个钟情的首坐，管的是风情月债，降临尘世，自当为第一情人，引这些痴情怨女早早归入情司，所以该当悬梁自尽的。因我看破凡情，超出情海，归入情天，所以太虚幻境痴情一司竟自无人掌管。今警幻仙子已经将你补入，替我掌管此司，所以命我来引你前去的。”鸳鸯的魂道：“我是个最无情的，怎么算我是个有情的人呢？”那人道：“你还不知道呢，世人都把那淫欲之事当作‘情’字，所以作出伤风败化的事来，还自谓风月多情，无关紧要。不知‘情’之一字，喜怒哀乐未发之时便是个性，喜怒哀乐已发便是情了。至于你我这个情，正是未发之情，就如那花的含苞一样，欲待发泄出来，这情就不为真情了。”鸳鸯的魂听了点头会意，便跟了秦氏可卿而去。

这里琥珀辞了灵，听邢、王二夫人分派看家的人，想着去问鸳鸯明日怎样坐车的，在贾母的外间屋里找了一遍不见，便找到套间里头。刚到门口，见门儿掩着，从门缝里望里看时，只见灯光半明不灭的，影影绰绰，心里害怕，又不听见屋里有什么动静，便走回来说道：“这蹄子跑到那里去了。”劈头见了珍珠，说：“你见鸳鸯姐姐来着没有？”珍珠道：“我也找他，太太们等他说话呢。必在套间里睡着了罢。”琥珀道：“我瞧了，屋里没有。那灯也没人夹蜡花儿，漆黑怪怕的，我没进去。如今咱们一块儿进去瞧，看有没有？”琥珀等进去正夹蜡花，珍珠说：“谁把脚凳撂在这里，几乎绊我一跤。”说着往上一瞧，唬的嗳哟一声，身子往后一仰，咕咚的栽在琥珀身上。琥珀也看见了，便大嚷起来，只是两只脚挪不动。

外头的人也都听见了，跑进来一瞧，大家嚷着报与邢、王二夫人知道。王夫人、宝钗等听了，都哭着去瞧。邢夫人道：“我不料鸳鸯倒有这样志气，快叫人去告诉老爷。”只有宝玉听见此信，便唬的双眼直竖。袭人等慌忙扶着，说道：“你要哭就哭，别憋着气。”宝玉死命的才哭出来了，心想“鸳鸯这样一个人偏又这样死法”，又想：“实在天地间的灵气独钟在这些女子身上了。他算得了死所，我们究竟是一件浊物，还是老太太的儿孙，谁能赶得上他？”复又喜欢起来。那时宝钗听见宝玉大哭，也出来了，及到跟前，见他又笑。袭人等忙说：“不好了，又要疯了。”宝钗道：“不妨事，他有他的意思。”宝玉听了，更喜欢宝钗的话，“倒是他还知道我的心，别人那里知道。”正在胡思乱想，贾政等进来，着实的嗟叹着，说道：“好孩子，不枉老太太疼他一场。”即命贾琏出去吩咐人连夜买棺盛殓，“明日便跟着老太太的殡送出，也停在老太太棺后，全了他的心志。”贾琏答应出去。这里命人将鸳鸯放下，停放里间屋内。平儿也知道了，过来同袭人、莺儿等一干人都哭的哀哀欲绝。内中紫鹃也想起自己终身一无着落，“恨不跟了林姑娘去，又全了主仆的恩义，又得了死所。如今空悬在宝玉屋内，虽说宝玉仍是柔情蜜意，究竟算不得什么。”于是更哭得哀切。

王夫人即传了鸳鸯的嫂子进来，叫他看着入殓。逐与邢夫人商量了，在老太太项内赏了他嫂子一百两银子，还说等闲了将鸳鸯所有的东西俱赏他们。他嫂子磕了头出去，反喜欢说：“真真的我们姑娘是个有志气的，有造化的，又得了好名声，又得了好发送。”旁边一个婆子说道：“罢呀嫂子，这会子你把一个活姑娘卖了一百银子便这么喜欢了，那时候儿给了大老爷，你还不知得多少银钱呢，你该更得意了。”一句话戳了他嫂子的心，便红了脸走开了。刚走到二门上，见林之孝带了人抬进棺材来了，他只得也跟进去帮着盛殓，假意哭嚎了几声。贾政因他为贾母而死，要了香来上了三炷，作了一个揖，说：“他是殉葬的人，不可作丫头论。你们小[illegible]辈都该行个礼。”宝玉听了，喜不自胜，走上来恭恭敬敬磕了几个头。贾琏想他素日的好处，也要上来行礼，被邢夫人说道：“有了一个爷们便罢了，不要折受他不得超生。”贾琏就不便过来了。宝钗听了，心中好不自在，便说道："我原不该给他行礼，但只老太太去世，咱们都有未了之事，不敢胡为，他肯替咱们尽孝，咱们也该托托他好好的替咱们服侍老太太西去，也少尽一点子心哪。"说着扶了莺儿走到灵前，一面奠酒，那眼泪早扑簌簌流下来了，奠毕拜了几拜，狠狠的哭了他一场。众人也有说宝玉的两口子都是傻子，也有说他两个心肠儿好的，也有说他知礼的。贾政反倒合了意。

一面商量定了看家的仍是凤姐、惜春，馀者都遣去伴灵。一夜谁敢安眠，一到五更，听见外面齐人。到了辰初发引，贾政居长，衰麻哭泣，极尽孝子之礼。灵柩出了门，便有各家的路祭，一路上的风光不必细述。走了半日，来至铁槛寺安灵，所有孝男等俱应在庙伴宿，不题。

笺证

情乎情，你是《红楼梦》的核心理念，人间之情以痴为极致，在太虚幻境却以空幻和性理约束痴情。幻情和痴情，表演着真真假假，并不轻松的游戏，或者是只能以死亡来完成的游戏。以第一一一回"鸳鸯女殉主登太虚"而言，鸳鸯之死，在《红楼梦》后四十回中算得上浓墨重彩，规格极高。鸳鸯暗自饮泣，她的死是已经看透了贾母身后出现了"乱世为王"局面的可怕，觉得"自己跟着老太太一辈子，身子也没有着落。如今大老爷虽不在家，大太太的这样行为我也瞧不上。老爷是不管事的人，以后便乱世为王起来了，我们这些人不是要叫他们掇弄了么？谁收在屋子里，谁配小子，我是受不得这样折磨的，倒不如死了干净"。可见，鸳鸯的死，一半是对贾母的孝敬，一半是对"乱世为王"的恐惧。她的死既然有了为贾母殉情的名分，这就使她无可奈何的死在贾府众人眼中有了价值，于是她把汗巾拴上扣儿套在咽喉，悬梁自尽。一个丫鬟做了吊死鬼，这在一个大家族里何尝是什么大事，但鸳鸯上吊自尽，却产生不同凡响的效应。活着的人嗟叹说："好孩子，不枉老太太疼他一场。"《红楼梦》中悬梁自尽者，前有秦可卿，后有鸳鸯。鸳鸯死后的前路，在她咽喉气绝、香魂出窍之后，只见秦可卿隐隐在前引路，这个秦可卿模样的人却说："我并不是什么蓉大奶奶，乃警幻之妹可卿是也""这也有个缘故，待我告诉你，你自然明白了。我在警幻宫中原是个钟情的首坐，管的是风情月债，降临尘世，自当为第一情人，引这些痴情怨女早早归入情司，所以该当悬梁自尽的。因我看破凡情，超出情海，归入情天，所以太虚幻境痴情一司竟自无人掌管。今警幻仙子已经将你补入，替我掌管此司，所以命我来引你前去的"。这个以"第一情人"自诩的可卿，脱胎于人间的秦可卿，却又超越为太虚幻境的"钟情的首坐"。这就把人们引入了真假空幻的天上人间的猜想之中。鸳鸯的魂探问："我是个最无情的，怎么算我是个有情的人呢？"这位警幻之妹可卿说："你还不知道呢，世人都把那淫欲之事当作'情'字，所以作出伤风败化的事来，还自谓风月多情，无关紧要。不知'情'之一字，喜怒哀乐未发之时便是个性，喜怒哀乐已发便是情了。至于你我这个情，正是未发之情，就如那花的含苞一样，欲待发泄出来，这情就不为真情了。"鸳鸯的魂听了点头会意，便跟了秦氏可卿而去。应该看到，警幻之妹可卿的这番言说，沟通了太虚幻境与人间俗间，既有道家的玄幻，又含儒家的性理。《中庸》开宗明义，表述其关键思想说："天命之谓性，率性之谓道，修道之谓教……喜怒哀乐之未发，谓之中。发而皆中节，谓之和。中也者，天下之大本也。和也者，天下之达道也。致中和，天地位焉，万物育焉。"[1]在《朱子语类》卷五中，朱熹据此高谈"性理"说："在天为命，禀于人为性，既发为情。此其脉理甚实，仍更分明易晓。唯心乃虚明洞彻，统前后而为言耳。据性上说'寂然不动'处是心，亦得。据情上说'感而遂通'处是心，亦得。故孟子说'尽其心者，知其性也'，文义可见。性则具仁义礼智之端，

[1]（汉）郑玄注，（唐）孔颖达疏：《礼记正义》，北京大学出版社1999年版，第1422页。

实而易察。知此实理，则心无不尽，尽亦只是尽晓得耳。如云尽晓得此心者，由知其性也。”[2]把性理学说归入道家的玄幻，给茫茫渺渺的太虚幻境，注入了学理的内核，源于日常经验而发，超乎灵肉常情而居，令人在情感反思中不知如何反思。只好长叹一声：情乎情！

且说家中林之孝带领拆了棚，将门窗上好，打扫净了院子，派了巡更的人到晚打更上夜。只是荣府规例，一、二更，三门掩上，男人便进不去了，里头只有女人们查夜。凤姐虽隔了一夜渐渐的神气清爽了些，只是那里动得。只有平儿同着惜春各处走了一走，吩咐了上夜的人，也便各自归房。

却说周瑞的干儿子何三，去年贾珍管事之时，因他和鲍二打架，被贾珍打了一顿，撵在外头，终日在赌场过日。近知贾母死了，必有些事情领办，岂知探了几天的信，一些也没有想头，便嗳声叹气的回到赌场中，闷闷的坐下。那些人便说道：“老三，你怎么样？不下来捞本儿了吗？”何三道：“倒想要捞一捞呢，就只没有钱么。”那些人道：“你到你们周大太爷那里去了几日，府里的钱你也不知弄了多少来，又来和我们装穷儿了。”何三道：“你们还说呢，他们的金银不知有几百万，只藏着不用。明儿留着不是火烧了、就是贼偷了，他们才死心呢。”那些人道：“你又撒谎，他家抄了家，还有多少金银？”何三道：“你们还不知道呢，抄去的是撂不了的。如今老太太死还留了好些金银，他们一个也不使，都在老太太屋里搁着，等送了殡回来才分呢。”内中有一个人听在心里，掷了几骰，便说：“我输了几个钱，也不翻本儿了，睡去了。”说着，便走出来拉了何三道：“老三，我和你说句话。”何三跟他出来。那人道：“你这样一个伶俐人，这样穷，为你不服这口气。”何三道：“我命里穷，可有什么法儿呢？”那人道：“你才说荣府的银子这么多，为什么不去拿些使唤使唤？”何三道：“我的哥哥，他家的金银虽多，你我去白要一二钱他们给咱们吗？”那人笑道：“他不给咱们，咱们就不会拿吗？”何三听了这话里有话，便问道：“依你说怎么样拿呢？”那人道：“我说你没有本事，若是我，早拿了来了。”何三道：“你

❷(宋)黎靖德编,杨绳其、周娴君校点:《朱子语类》(第一卷),岳麓书社1997年版,第81—82页。

有什么本事?”那人便轻轻的说道:“你若要发财,你就引个头儿。我有好些朋友都是通天的本事,不要说他们送殡去了,家里剩下几个女人,就让有多少男人也不怕。只怕你没这么大胆子罢咧。”何三道:“什么敢不敢?你打谅我怕那个干老子么,我是瞧着干妈的情儿上头才认他作干老子罢咧,他又算了人了。你刚才的话,就只怕弄不来倒招了饥荒。他们那个衙门不熟?别说拿不来,倘或拿了来也要闹出来的。”那人道:“这么说你的运气来了。我的朋友还有海边上的呢,现今都在这里看个风头,等个门路。若到了手,你我在这里也无益,不如大家下海去受用不好么?你若撂不下你干妈,咱们索性把你干妈也带了去,大家伙儿乐一乐好不好?”何三道:“老大,你别是醉了罢,这些话混说的什么?”说着,拉了那人走到一个僻静地方,两个人商量了一回,各人分头而去。暂且不题。

且说包勇自被贾政吆喝派去看园,贾母的事出来也忙了,不曾派他差使,他也不理会,总是自做自吃,闷来睡一觉,醒时便在园里耍刀弄棍,倒也无拘无束。那日贾母一早出殡,他虽知道,因没有派他差事,他任意闲游。只见一个女尼带了一个道婆来到园内腰门那里扣门,包勇走来说道:“女师父那里去?”道婆道:“今日听得老太太的事完了,不见四姑娘送殡,想必是在家看家。想他寂寞,我们师父来瞧他一瞧。”包勇道:“主子都不在家,园门是我看的,请你们回去罢。要来呢,等主子们回来了再来。”婆子道:“你是那里来的个黑炭头,也要管起我们的走动来了。”包勇道:“我嫌你们这些人,我不叫你们来,你们有什么法儿?”婆子生了气,嚷道:“这都是反了天的事了。连老太太在日还不能拦我们的来往走动呢,你是那里的这么个横强盗,这样没法没天的。我偏要打这里走。”说着,便把手在门环上狠狠的打了几下。妙玉已气的不言语，正要回身便走，不料里头看二门的婆子听见有人拌嘴似的，开门一看，见是妙玉，已经回身走去，明知必是包勇得罪了走了。近日婆子们都知道上头太太们、四姑娘都亲近得很，恐他日后说出门上不放他进来，那时如何担得住，赶忙走来说："不知师父来，我们开门迟了。我们四姑娘在家里还正想师父呢，快请回来。看园子的小子是个新来的，他不知咱们的事，回来回了太太，打他一顿撵出去就完了。"妙玉虽是听见，总不理他。那经得看腰门的婆子赶上再四央求，后来才说出怕自己担不是，几乎急的跪下，妙玉无奈，只得随了那婆子过来。包勇见这般光景，自然不好拦他，气得瞪眼叹气而回。

这里妙玉带了道婆走到惜春那里，道了恼，叙了些闲话。说起："在家看家，只好熬个几夜。但是二奶奶病着，一个人又闷又是害怕，能有一个人在这里我就放心。如今里头一个男人也没有，今儿你既光降，肯伴我一宵，咱们下棋说话儿，可使得么？"妙玉本自不肯，见惜春可怜，又提起下棋，一时高兴应了，打发道婆回去取了他的茶具衣褥，命侍儿送了过来，大家坐谈一夜。惜春欣幸异常，便命彩屏去开上年蠲的雨水，预备好茶。那妙玉自有茶具。那道婆去了不多一时，又来了个侍者，带了妙玉日用之物。惜春亲自烹茶。两人言语投机，说了半天，那时已是初更时候，彩屏放下棋枰，两人对弈。惜春连输两盘，妙玉又让了四个子儿，惜春方赢了半子。这时已到四更，天空地阔，万籁无声。妙玉道："我到五更须得打坐一回，我自有人服侍，你自去歇息。"惜春犹是不舍，见妙玉要自己养神，不便扭他。

正要歇去，猛听得东边上屋内上夜的人一片声喊起，惜春那里的老婆子们也接着声嚷道："了不得了，有了人了。"唬得惜春、彩屏等心胆俱裂，听见外头上夜的男人便声喊起来。妙玉道："不好了，必是这里有了贼了。"正说着，这里不敢开门，便掩了灯光。在窗户眼内往外一瞧，只是几个男人站在院内，唬得不敢作声，回身摆着手轻轻的爬下来说："了不得，外头有几个大汉站着。"说犹未了，又听得房上响声不绝，便有外头上夜的人进来吆喝拿贼。一个人说道："上屋里的东西都丢了，并不见人。东边有人去了，咱们到西边去。”惜春的老婆子听见有自己的人，便在外间屋里说道：“这里有好些人上了房了。”上夜的都道：“你瞧，这可不是吗？”大家一齐嚷起来。只听房上飞下好些瓦来，众人都不敢上前。

正在没法，只听园门腰门一声大响，打进门来，见一个梢长大汉，手执木棍。众人唬得藏躲不及，听得那人喊说道：“不要跑了他们一个，你们都跟我来。”这些家人听了这话，越发唬得骨软筋酥，连跑也跑不动了。只见这人站在当地只管乱喊，家人中有一个眼尖些的看出来了，你道是谁，正是甄家荐来的包勇。这些家人不觉胆壮起来，便颤巍巍的说道：“有一个走了，有的在房上呢。”包勇便向地下一扑，耸身上房追赶那贼。这些贼人明知贾家无人，先在院内偷看惜春房内，见有个绝色女尼，便顿起淫心，又欺上屋俱是女人，且又畏惧，正要踹进门去，因听外面有人进来追赶，所以贼众上房。见人不多，还想抵挡，猛见一人上房赶来，那些贼见是一人，越发不理论了，便用短兵抵住。那经得包勇用力一棍打去，将贼打下房来。那些贼飞奔而逃，从园墙过去，包勇也在房上追捕。岂知园内早藏下了几个在那里接赃，已经接过好些，见贼伙跑回，大家举械保护，见追的只有一人，明欺寡不敌众，反倒迎上来。包勇一见，生气道：“这些毛贼，敢来和我斗斗。”那伙贼便说：“我们有一个伙计被他们打倒了，不知死活，咱们索性抢了他出来。”这里包勇闻声即打，那伙贼便抡起器械，四五个人围住包勇乱打起来。外头上夜的人也都仗着胆子，只顾赶了来。众贼见斗他不过，只得跑了。包勇还要赶时，被一个箱子一绊，立定看时，心想东西未丢，众贼远逃，也不追赶。便叫众人将灯照着，地下只有几个空箱，叫人收拾，他便欲跑回上房。因路径不熟，走到凤姐那边，见里面灯烛辉煌，便问："这里有贼没有？"里头的平儿战兢兢的说道："这里也没开门，只听上屋叫喊说有贼呢。你到那里去罢。"包勇正摸不着路头，遥见上夜的人过来，才跟着一齐寻到上屋。见是门开户启，那些上夜的在那里啼哭。

一时贾芸、林之孝都进来了，见是失盗。大家着急进内查点，老太太的房门大开，将灯一照，锁头拧折，进内一瞧，箱柜已开，便骂那些上夜女人道："你们都是死人么，贼人进来你们不知道的么？"那些上夜的人啼哭着说道："我们几个人轮更上夜，是管二三更的，我们都没有住脚前后走的。他们是四更五更，我们的下班儿。只听见他们喊起来，并不见一个人，赶着照看，不知什么时候把东西早已丢了。求爷们问管四五更的。"林之孝道："你们个个要死，回来再说，咱们先到各处看去。"上夜的男人领着走到尤氏那边，门儿关紧，有几个接音说："唬死我们了。"林之孝问道："这里没有丢东西？"里头的人方开了门道："这里没丢东西。"林之孝带着人走到惜春院内，只听得里面说道："了不得了，唬死了姑娘了，醒醒儿罢。"林之孝便叫人开门，问是怎样了。里头婆子开门说："贼在这里打仗，把姑娘都唬坏了，亏得妙师父和彩屏才将姑娘救醒，东西是没失。"林之孝道："贼人怎么打仗？"上夜的男人说："幸亏包大爷上了房把贼打跑了去了，还听见打倒一个人呢。"包勇道："在园门那里呢。"贾芸等走到那边，果见一人躺在地下死了。细细一瞧，好像周瑞的干儿子。众人见了诧异，派一个人看守着，又派两个人照看前后门，俱仍旧关锁着。

林之孝便叫人开了门，报了营官，立刻到来查勘。踏察贼迹是从后夹道上屋的，到了西院房上，见那瓦破碎不堪，一直过了后园去了。众上夜的齐声说道："这不是贼，是强盗。"营官着急道："并非明火执杖，怎算是盗。"上夜的道："我们赶贼，他在房上掷瓦，我们不能近前，幸亏我们家的姓包的上房打退。赶到园里，还有好几个贼竟与姓包的打仗，打不过姓包的才都跑了。"营官道："可又来，若是强盗，倒打不过你们的人么？不用说了，你们快查清了东西，递了失单，我们报就是了。"

贾芸等又到上屋，已见凤姐扶病过来，惜春也来。贾芸请了凤姐的安，问了惜春的好。大家查看失物，因鸳鸯已死，琥珀等又送灵去了，那些东西都是老太太的，并没见数，只用封锁，如今打从那里查去。众人都说："箱柜东西不少，如今一空，偷的时候不小，那些上夜的人管什么的？况且打死的贼是周瑞的干儿子，必是他们通同一气的。"凤姐听了，气的眼睛直瞪瞪的便说："把那些上夜的女人都拴起来，交给营里审问。"众人叫苦连天，跪地哀求。不知怎生发放，并失去的物有无着落，下回分解。

笺证

贾府缺少忠仆，忠仆来自甄府，贾府陪房的干儿子反而成了勾结黑社会、引盗入室的"狗彘奴"。这对于贾府是莫大的讽刺和隐患。第一一一回"狗彘奴欺天招伙盗"，不是一般的偷盗，而是打碎了贾母、贾政两代人对家族后路的设计。本来贾政一片孝心，想将贾母遗留的银两，在南方为贾母起坟立庙，长久祭祀。谁想到周瑞的干儿子何三毁了这个计划。这个何三终日在赌场过日。在贾母丧期领不到事情办，回到赌场唉声叹气，经不住赌友的追问，夸说贾府的金银不知有几百万，只藏着不用，不是火烧了，就是贼偷了，他们才死心。赌友中一个强盗就怂恿何三"运气来了"，让他带路打劫一笔银子，下海寻快乐。他们夜间越墙入户，洗劫了贾母箱子里的银两，又窜到留下来看家的惜春住处，上屋揭瓦，看见惜春正与妙玉下棋，正想下手，却被甄府推荐来的家人包勇使出好身手，纵身上屋，独斗匪徒，并将何三打死，其余匪徒仓皇逃走。值得注意的是，周瑞家的是王夫人的陪房，常在大观园及王夫人、凤姐处做事露面，处事较为圆滑、见风使舵，是贾宝玉口中典型的“鱼眼睛”形象。第五十九回转述宝玉的说法是:“女孩儿未出嫁，是颗无价之宝珠；出了嫁，不知怎么就变出许多不好的毛病来，虽是颗珠子，却没有光彩宝色，是颗死珠了；再老了，更变的不是珠子，竟是鱼眼睛了。”在荣国府里，周瑞管地租庄子银钱的出入，周瑞家的管太太奶奶们出行的事，都是受信任、有面子的人物，而他们的干儿子竟然做出如此伤天害理的勾当。这说明贾府的腐烂，已经烂及管家奴仆的眷属。如负责管理银库账房的林之孝所说:“若说是周瑞的干儿子，连太太起，里里外外的都不干净。”由干儿子推想管地租庄子银钱出入的干老子，其中必然埋伏着钱财上的许多猫腻是难以擦净臭气熏天的屁股的。到了刘姥姥三进大观园的时候，“进了门找周嫂子，再找不着，撞见一个小姑娘，说周嫂子他得了不是了，撵了”。周瑞认了这么一个干儿子，恰应了“引狼入室”的典故，这个典故出自元代张国宾《罗李郎大闹相国寺》杂剧的楔子中的唱词:“我不是引的狼来屋里窝，寻的蚰蜒（百足虫的一种，与蜈蚣同类）钻耳朵。”清乾隆时陈球的骈体小说《燕山外史》卷五，痛斥窦生的某族人“攘公囊之财，肥其私囊。掩贫儿之态，饰作富儿。刘毅呼卢，千金一掷。何曾下箸，每食万钱。而乃私探东壁之图书，擅启北门之管钥。下玉易为燕石，隋珠换作鱼睛。恣意耗消，漏卮曷补。肆行侵蚀，贪壑难填。呜呼！白石化羊，莫辨归来之物。苍云变狗，难追过去之踪。业知揖盗开门，无须推刃。自悔引狼入室，安用操戈。任其蒙面丧心，不计小人之贪昧。只自吞心饮恨，仍怀大度而包荒”[3]。《红楼梦》是扬弃这类才子佳人小说的，但是由周瑞的干儿子引狼入室，可见贾府法理废弛导致危机四伏，其腐烂程度，已经及于上上下下、里里外外，几乎到了沉疴不起的地步了。

[3] 渭滨笠夫、陈球:《孤山再梦·燕山外史》，春风文艺出版社1987年版，第120页。

第一一二回

活冤孽妙尼遭大劫　死雠仇赵妾赴冥曹

话说凤姐命捆起上夜众女人送营审问，女人跪地哀求。林之孝同贾芸道："你们求也无益。老爷派我们看家，没有事是造化，如今有了事，上下都担不是，谁救得你？若说是周瑞的干儿子，连太太起，里里外外的都不干净。"凤姐喘吁吁的说道："这都是命里所招，和他们说什么，带了他们去就是了。这丢的东西你告诉营里去说，实在是老太太的东西，问老爷们才知道。等我们报了去，请了老爷们回来，自然开了失单送来。文官衙门里我们也是这样报。"贾芸、林之孝答应出去。

惜春一句话也没有，只是哭道："这些事我从来没有听见过，为什么偏偏碰在咱们两个人身上。明儿老爷、太太回来，叫我怎么见人。说把家里交给咱们，如今闹到这个分儿，还想活着么？"凤姐道："咱们愿意吗，现在有上夜的人在那里？"惜春道："你还能说，况且你又病着。我是没有说的，这都是我大嫂子害了我的，他撺掇着太太派我看家的。如今我的脸搁在那里呢？"说着，又痛哭起来。凤姐道："姑娘，你快别这么想，若说没脸，大家一样的。你若这么糊涂想头，我更搁不住了。"二人正说着，只听见外头院子里有人大嚷的说道："我说那三姑六婆是再要不得的，我们甄府里从来是一概不许上门的，不想这府里倒不讲究这个呢。昨儿老太太的殡才出去，那个什么庵里的尼姑死要到咱们这里来，我吆喝着不准他们进来，腰门上的老婆子倒骂我，死央及叫放那姑子进去。那腰门子一会儿开着，一会儿关着，不知做什么，我不放心没敢睡，听到四更这里就嚷起来。我来叫门倒不开了，我听见声儿紧了，打开了门，见西边院子里有人站着，我便赶走打死了。我今儿才知道，这是四姑奶奶的屋子。那个姑子就在里头，今儿天没亮溜出去了，可不是那姑子引进来的贼么？”平儿等听着，都说：“这是谁这么没规矩？姑娘奶奶都在这里，敢在外头混嚷吗？”凤姐道：“你听见说‘他甄府里’，别就是甄家荐来的那个厌物罢。”惜春听得明白，更加心里过不的。凤姐接着问惜春道：“那个人混说什么姑子，你们那里弄了个姑子住下了？”惜春便将妙玉来瞧他，留着下棋守夜的话说了。凤姐道：“是他么，他怎么肯这样，是再没有的话。但是叫这讨人嫌的东西嚷出来，老爷知道了也不好。”惜春愈想愈怕，站起来要走。凤姐虽说坐不住，又怕惜春害怕弄出事来，只得叫他先别走，“且看着人把偷剩下的东西收起来，再派了人看着才好走呢。”平儿道：“咱们不敢收，等衙门里来了踏看了才好收呢。咱们只好看着，但只不知老爷那里有人去了没有？”凤姐道：“你叫老婆子问去。”一回进来说：“林之孝是走不开，家下人要伺候查验的，再有的是说不清楚的，已经芸二爷去了。”凤姐点头，同惜春坐着发愁。

且说那伙贼原是何三等邀的，偷抢了好些金银财宝接运出去，见人追赶，知道都是那些不中用的人，要往西边屋内偷去，在窗外看见里面灯光底下两个美人：一个姑娘，一个姑子。那些贼那顾性命，顿起不良，就要踹进来，因见包勇来赶，才获赃而逃。只不见了何三。大家且躲入窝家，到第二天打听动静，知是何三被他们打死，已经报了文武衙门。这里是躲不住的，便商量趁早归入海洋大盗一处，去若迟了，通缉文书一行，关津上就过不去了。内中一个人胆子极大，便说：“咱们走是走，我就只舍不得那个姑子，长的实在好看。不知是那个庵里的雏儿呢？”一个人道：“啊呀，我想起来了，必就是贾府园里的什么栊翠庵里的姑子。不是前年外头说他和他们家什么宝二爷有原故，后来不知怎么又害起相思病来了，请大夫吃药的就是他。”那一个人听了，说：“咱们今日躲一天，叫咱们大哥借钱置办些买卖行头，明儿亮钟时候陆续出关。你们在关外二十里坡等我。”众贼议定，分赃俵散。不题。

且说贾政等送殡，到了寺内安厝毕，亲友散去。贾政在外厢房伴灵，邢、王二夫人等在内，一宿无非哭泣。到了第二日，重新上祭。正摆饭时，只见贾芸进来，在老太太灵前磕了个头，忙忙的跑到贾政跟前跪下请了安，喘吁吁的将昨夜被盗，将老太太上房的东西都偷去，包勇赶贼打死了一个，已经呈报文武衙门的话说了一遍。贾政听了发怔。邢、王二夫人等在里头也听见了，都唬得魂不附体，并无一言，只有啼哭。贾政过了一会子问失单怎样开的，贾芸回道：“家里的人都不知道，还没有开单。”贾政道：“还好，咱们动过家的，若开出好的来反担罪名。快叫琏儿。”贾琏领了宝玉等去别处上祭未回，贾政叫人赶了回来。贾琏听了，急得直跳，一见芸儿，也不顾贾政在那里，便把贾芸狠狠的骂了一顿说：“不配抬举的东西，我将这样重任托你，押着人上夜巡更，你是死人么。亏你还有脸来告诉。”说着，往贾芸脸上啐了几口。贾芸垂手站着，不敢回一言。贾政道：“你骂他也无益了。”贾琏然后跪下说：“这便怎么样？”贾政道：“也没法儿，只有报官缉贼。但只有一件：老太太遗下的东西咱们都没动，你说要银子，我想老太太死得几天，谁忍得动他那一项银子。原打谅完了事算了帐还人家，再有的在这里和南边置坟产的，再有东西也没见数儿。如今说文武衙门要失单，若将几件好的东西开上恐有碍，若说金银若干，衣饰若干，又没有实在数目，谎开使不得。倒可笑你如今竟换了一个人了，为什么这样料理不开，你跪在这里是怎么样呢？”贾琏也不敢答言，只得站起来就走。贾政又叫道：“你那里去？”贾琏又跪下道：“赶回去料理清楚再来回。”贾政哼的一声，贾琏把头低下。贾政道：“你进去回了你母亲，叫了老太太的一两个丫头去，叫他们细细的想了开单子。”贾琏心里明知老太太的东西都是鸳鸯经管，他死了问谁。就问珍珠，他们那里记得清楚。只不敢驳回，连连的答应了，起来走到里头。邢、王夫人又埋怨了一顿，叫贾琏快回去，问他们这些看家的说“明儿怎么见我们”，贾琏也只得答应了出来，一面命人套车预备琥珀等进城，自己骑上骡子，跟了几个小厮，如飞的回去。贾芸也不敢再回贾政，斜签着身子慢慢的溜出来，骑上了马来赶贾琏。一路无话。

到回了家中，林之孝请了安，一直跟了进来。贾琏到了老太太上屋，见了凤姐、惜春在那里，心里又恨又说不出来，便问林之孝道："衙门里瞧了没有？"林之孝自知有罪，便跪下回道："文武衙门都瞧了，来踪去迹也看了，尸也验了。"贾琏吃惊道："又验什么尸？"林之孝又将包勇打死的伙贼似周瑞的干儿子的话回了贾琏。贾琏道："叫芸儿。"贾芸进来也跪着听话。贾琏道："你见老爷时怎么没有回周瑞的干儿子做了贼，被包勇打死的话。"贾芸说道："上夜的人说像他的，恐怕不真，所以没有回。"贾琏道："好糊涂东西。你若告诉了我，就带了周瑞来一认可不就知道了。"林之孝回道："如今衙门里把尸首放在市口儿招认去了。"贾琏道："这又是个糊涂东西，谁家的人做了贼，被人打死，要偿命么？"林之孝回道："这不用人家认，奴才就认得是他。"贾琏听了想道："是啊，我记得珍大爷那一年要打的可不是周瑞家的么？"林之孝回说："他和鲍二打架来着，还见过的呢。"贾琏听了更生气，便要打上夜的人。林之孝哀告道："请二爷息怒，那些上夜的人，派了他们，还敢偷懒。只是爷府上的规矩，三门里一个男人不敢进去的，就是奴才们，里头不叫，也不敢进去。奴才在外同芸哥儿刻刻查点，见三门关的严严的，外头的门一重没有开。那贼是从后夹道子来的。"贾琏道："里头上夜的女人呢？"林之孝将分更上夜奉奶奶的命捆着，等爷审问的话回了。贾琏又问：“包勇呢？”林之孝说：“又往园里去了。”贾琏便说：“去叫来。”小厮们便将包勇带来。说：“还亏你在这里，若没有你，只怕所有房屋里的东西都抢了去了呢。”包勇也不言语。惜春恐他说出那话，心下着急。凤姐也不敢言语。只见外头说：“琥珀姐姐等回来了。”大家见了，不免又哭一场。

贾琏叫人检点偷剩下的东西，只有些衣服尺头钱箱未动，馀者都没有了。贾琏心里更加着急，想着：“外头的棚杠银、厨房的钱都没有付给，明儿拿什么还呢？”便呆想了一会。只见琥珀等进去，哭了一会，见箱柜开着，所有的东西怎能记忆，便胡乱想猜，虚拟了一张失单，命人即送到文武衙门。贾琏复又派人上夜。凤姐、惜春各自回房。贾琏不敢在家安歇，也不及埋怨凤姐，竟自骑马赶出城外。这里凤姐又恐惜春短见，又打发了丰儿过去安慰。

天已二更。不言这里贼去关门，众人更加小心，谁敢睡觉。且说伙贼一心想着妙玉，知是孤庵女众，不难欺负。到了三更夜静，便拿了短兵器，带了些闷香，跳上高墙。远远瞧见栊翠庵内灯光犹亮，便潜身溜下，藏在房头僻处。等到四更，见里头只有一盏海灯，妙玉一人在蒲团上打坐。歇了一会，便嗳声叹气的说道：“我自元墓到京，原想传个名的，为这里请来，不能又栖他处。昨儿好心去瞧四姑娘，反受了这蠢人的气，夜里又受了大惊。今日回来，那蒲团再坐不稳，只觉肉跳心惊。”因素常一个打坐的，今日又不肯叫人相伴。岂知到了五更，寒颤起来。正要叫人，只听见窗外一响，想起昨晚的事，更加害怕，不免叫人。岂知那些婆子都不答应。自己坐着，觉得一股香气透入囟门，便手足麻木，不能动弹，口里也说不出话来，心中更自着急。只见一个人拿着明晃晃的刀进来。此时妙玉心中却是明白，只不能动，想是要杀自己，索性横了心，倒也不怕。那知那个人把刀插在背后，腾出手来将妙玉轻轻的抱起，轻薄了一会子，便拖起背在身上。此时妙玉心中只是如醉如痴，可怜一个极洁极净的女儿，被这强盗的闷香熏住，由着他掇弄了去了。

却说这贼背了妙玉来到园后墙边，搭了软梯，爬上墙跳出去了。外边早有伙计弄了车辆在园外等着，那人将妙玉放倒在车上，反打起官衔灯笼，叫开栅栏，急急行到城门，正是开门之时。门官只知是有公干出城的，也不及查诘。赶出城去，那伙贼加鞭赶到二十里坡和众强徒打了照面，各自分头奔南海而去。不知妙玉被劫或是甘受污辱，还是不屈而死，不知下落，也难妄拟。

只言栊翠庵一个跟妙玉的女尼，他本住在静室后面，睡到五更，听见前面有人声响，只道妙玉打坐不安。后来听见有男人脚步，门窗响动，欲要起来瞧看，只是身子发软懒怠开口，又不听见妙玉言语，只睁着两眼听着。到了天亮，终觉得心里清楚，披衣起来，叫了道婆预备妙玉茶水，他便往前面来看妙玉。岂知妙玉的踪迹全无，门窗大开。心里诧异，昨晚响动甚是疑心，说："这样早，他到那里去了？"走出院门一看，有一个软梯靠墙立着，地下还有一把刀鞘，一条搭膊，便道："不好了，昨晚是贼烧了闷香了。"急叫人起来查看，庵门仍是紧闭。那些婆子女侍们都说："昨夜煤气熏着了，今早都起不起来，这么早叫我们做什么？"那女尼道："师父不知那里去了。"众人道："在观音堂打坐呢。"女尼道："你们还做梦呢，你来瞧瞧。"众人不知，也都着忙，开了庵门，满园里都找到了，"想来或是到四姑娘那里去了。"

众人来叩腰门，又被包勇骂了一顿。众人说道："我们妙师父昨晚不知去向，所以来找。求你老人家叫开腰门，问一问来了没来就是了。"包勇道："你们师父引了贼来偷我们，已经偷到手了，他跟了贼去受用去了。"众人道："阿弥陀佛，说这些话的防着下割舌地狱。"包勇生气道："胡说，你们再闹我就要打了。"众人陪笑央告道："求爷叫开门我们瞧瞧，若没有，再不敢惊动你太爷了。"包勇道："你不信，你去找，若没有，回来问你们。”包勇说着叫开腰门，众人找到惜春那里。

惜春正是愁闷，惦着“妙玉清早去后不知听见我们姓包的话了没有，只怕又得罪了他，以后总不肯来。我的知己是没有了。况我现在实难见人，父母早死，嫂子嫌我，头里有老太太，到底还疼我些，如今也死了，留下我孤苦伶仃，如何了局？”想到：“迎春姐姐磨折死了，史姐姐守着病人，三姐姐远去，这都是命里所招，不能自由。独有妙玉如闲云野鹤，无拘无束。我能学他，就造化不小了。但我是世家之女，怎能遂意？这回看家已大担不是，还有何颜在这里？又恐太太们不知我的心事，将来的后事如何呢？”想到其间，便要把自己的青丝绞去，要想出家。彩屏等听见，急忙来劝，岂知已将一半头发绞去。彩屏愈加着忙，说道：“一事不了又出一事，这可怎么好呢？”正在吵闹，只见妙玉的道婆来找妙玉。彩屏问起来由，先唬了一跳，说是昨日一早去了没来。里面惜春听见，急忙问道：“那里去了？”道婆们将昨夜听见的响动，被煤气熏着，今早不见有妙玉，庵内软梯刀鞘的话说了一遍。惜春惊疑不定，想起昨日包勇的话来，必是那些强盗看见了他，昨晚抢去了也未可知。但是他素来孤洁的很，岂肯惜命？“怎么你们都没听见么？”众人道：“怎么不听见？只是我们这些人都是睁着眼，连一句话也说不出，必是那贼子烧了闷香。妙姑一人想也被贼闷住，不能言语。况且贼人必多，拿刀弄杖威逼着，他还敢声喊么？”正说着，包勇又在腰门那里嚷，说：“里头快把这些混帐的婆子赶了出来罢，快关腰门。”彩屏听见恐担不是，只得叫婆子出去，叫人关了腰门。惜春于是更加苦楚，无奈彩屏等再三以礼相劝，仍旧将一半青丝笼起。大家商议不必声张，就是妙玉被抢也当作不知，且等老爷太太回来再说。惜春心里的死定下一个出家的念头，暂且不提。

笺证

第一一二回“活冤孽妙尼遭大劫”，叙写妙玉的冤孽性和劫难性结局，在金陵十二钗正册人物中继秦可卿、贾元春、林黛玉、贾迎春之后的第五人。事情起因于何三邀来的匪徒，抢劫了贾母遗留的好些金银财宝后，又在窗外看见灯光下陪一个姑娘下棋的美丽姑子，知是偏僻的栊翠庵女尼。到了次日三更夜静，这色胆包天的匪徒就拿了短兵器，带了些闷香，跳上高墙，潜身溜下栊翠庵房头僻处。见妙玉一人在蒲团上打坐，唉声叹气地说："我自元墓（自小在玄墓蟠香寺出家为尼）到京，原想传个名的，为这里请来，不能又栖他处。昨儿好心去瞧四姑娘，反受了这蠢人的气，夜里又受了大惊。今日回来，那蒲团再坐不稳，只觉肉跳心惊。"妙玉竟然把为她驱逐黑手党的包勇视为"蠢人"，无异于开门揖盗，毁坏藩篱，以肉喂虎，坐受残辱。清乾隆年间纪昀的《阅微草堂笔记·姑妄听之二》所言："鬼不干人，人反干鬼，鬼有词矣，非开门揖盗乎？"妙玉这种"肉跳心惊"的精神状态，令人联想到汤显祖"临川四梦"之《紫钗记》第四十六出的情景。这部传奇剧取材于唐传奇《霍小玉传》，描写风流才子李益元宵夜赏灯，与才貌俱佳的霍小玉一见倾心，并以霍小玉误挂梅树梢上的紫钗为信物，喜结良缘。不久李益高中状元，但因拒绝欲招其为婿的卢太尉，被派往玉门关外任参军。李益与霍小玉灞桥伤别。后卢太尉又改李益任孟门参军，更在还朝后将李益软禁在卢府。霍小玉不明就里，痛恨李益负心。黄衫客慷慨相助，劫走李益，使两人重逢，互吐衷情，终成眷属。在第四十六出中，卢太尉诳说霍小玉水性杨花，典卖紫钗，另嫁他人，李益看着卢太尉出示的紫钗，又唱又白地叹息："冤家，真个无差。好些时肉跳心惊，这场兜答。""妻呵，常言道配了千个，不如先个。你听后夫说，卖了钗，有日想李十郎来，要你悔也……俺见鞍思马，难道他是野草闲花？……怀袖里细捧轻拿，似当初梅月下。还记他齐眉举案斜飞插，枕云横惜着香肩压……早则枉了咱五百年遇钗人也。”李益对与霍小玉姻缘波折的“肉跳心惊”，有侠义的黄衫客出手拯救灾难。而妙玉遇到不是黄衫客，而是黑手党，用闷香把她熏倒。岂知到了五更，妙玉就寒颤起来，觉得一股香气透入囟门，便手足麻木，不能动弹，口里也说不出话来，心中更自着急。只见一个匪徒拿着明晃晃的刀进来，腾出手来将妙玉轻轻的抱起，轻薄了一会子，就拖起背在身上。此时妙玉心中只是如醉如痴，可怜一个极洁极净的女儿，被这强盗的闷香熏住，由着他掇弄了去了。这匪徒背了妙玉到园后墙边，搭了软梯，爬上墙跳出去了。外边早有伙计弄了车辆在园外等着，将妙玉放倒在车上，反打起官衔灯笼，叫开栅栏，急急行到城门。门官只知是有公干出城的，也不及查诘。看来黑社会透过官府的门路，顺利赶出城去，快马加鞭赶到二十里坡和众强徒打了照面，各自分头奔南海而去。行文写道：“不知妙玉被劫或是甘受污辱，还是不屈而死，不知下落，也难妄拟。”看这种口气，也只有石兄知道，或者鬼知道了。成于清嘉庆年间、翻刻于光绪年间的张南庄以“过路人”名义所著的滑稽讽刺小说《何典》第八回就提到“鬼知道”，说是：众鬼失手打死抢来的豆腐西施，吓得屁滚尿流，“门上大叔只得报知轻脚鬼。查起根由，才晓得是扮作强盗去抢来的。依了官法，非但一棒打杀，并且要问切卵头罪的，怎不惊惶，还喜得没人知觉，忙使人把死尸灵移去弄在野田堵里。自己又最喜吃生人脑子，便向地下刮起来吃干净了，叮嘱众鬼不许七噪八谈。只道神不知鬼不觉的，谁知那门上大叔却与冤鬼是触口朋友，见冤鬼来打听，弗瞒天，弗瞒地，原原委委，一本直说。冤鬼晓得了实细，忙回来报与豆腐羹饭鬼知道”[1]。为了增加一点趣味，谨转录清光绪五年（1879）《申报馆书目续集》的《何典》题要：“《何典》十回。是书为过路人编定，缠夹二先生评，而太平客人为之序。书中引用诸人，有曰活鬼者，有曰穷鬼者，有曰活死人者，有曰臭花娘者，有曰畔房小姐者：阅之已堪喷饭。况阅其所记，无一非三家村俗语；无中生有，忙里偷闲。其言，则鬼话也；其人，则鬼名也；其事，则开鬼心，扮鬼脸，钓鬼火，做鬼戏，搭鬼棚也。语曰，‘出于何典？’而今而后，有人以俗语为文者，曰‘出于《何典》’而已矣。”[2]

对于妙玉的结局，不妨请过路人先生翻翻《何典》，看看是否“鬼知道”。如果鬼不知道，就只好翻阅第五回太虚幻境薄命司的图册了。金陵十二钗正册图画着一块美玉，落在泥垢之中。判词是：“欲洁何曾洁，云空未必空。可怜金玉质，终陷淖泥中。”《红楼梦十二曲·世难容》又说：“气质美如兰，才华阜比仙。天生成孤癖人皆罕。你道是啖肉食腥膻，视绮罗俗厌；却不知太高人愈妒，过洁世同嫌。可叹这，青灯古殿人将老；辜负了，红粉朱楼春色阑。到头来，依旧是风尘肮脏违心愿。好一似，无瑕白玉遭泥陷；又何须，王孙公子叹无缘。”妙玉虽然高洁，到底俗念未断，终至于无瑕白玉遭泥陷。《红楼梦》写的都是有缺陷的美人，而且这种缺陷撕裂了美人的精神本体，导致了她的悲剧命运。

且说贾琏回到铁槛寺，将到家中查点了上夜的人，开了失单报去的话回了。贾政道：“怎样开的？”贾琏便将琥珀所记得的数目单子呈出，并说：“这上头元妃赐的东西已经注明。还有那人家不大有的东西不便开上，等侄儿脱了孝出去托人细细的缉访，少不得弄出来的。”贾政听了合意，就点头不言。贾琏进内见了邢、王二夫人，商量着“劝老爷早些回家才好呢，不然都是乱麻似的”。邢夫人道：“可不是，我们在这里也是惊心吊胆。”贾琏道：“这是我们不敢说的，还是太太的主意二老爷是依的。”邢夫人便与王夫人商议妥了。

过了一夜，贾政也不放心，打发宝玉进来说：“请太太们今日回家，过两三日再来。家人们已经派定了，里头请太太们派人罢。”邢夫人派了鹦哥等一干人伴灵，将周瑞家的等人派了总管，其余上下人等都回去。一时忙乱套车备

❶（清）张南庄：《何典》，天津古籍出版社1994年版，第118页。

❶ 鲁迅：《鲁迅全集》（第三卷），人民文学出版社1981年版，第303页。

马，贾政等在贾母灵前辞别，众人又哭了一场。

都起来正要走时，只见赵姨娘还爬在地下不起。周姨娘打量他还哭，便去拉他。岂知赵姨娘满嘴白沫，眼睛直竖，把舌头吐出，反把家人唬了一大跳。贾环过来乱嚷。赵姨娘醒来说道："我是不回去的，跟着老太太回南去。"众人道："老太太那用你来？"赵姨娘道："我跟了一辈子老太太，大老爷还不依，弄神弄鬼的来算计我。——我想仗着马道婆要出出我的气，银子白花了好些，也没有弄死了一个。如今我回去了，又不知谁来算计我。"众人听见，早知是鸳鸯附在他身上。邢、王二夫人都不言语瞅着。只有彩云等代他央告道："鸳鸯姐姐，你死是自己愿意的，与赵姨娘什么相干，放了他罢。"见邢夫人在这里，也不敢说别的。赵姨娘道："我不是鸳鸯，他早到仙界去了。我是阎王差人拿我去的，要问我为什么和马婆子用魇魔法的案件。"说着便叫："好琏二奶奶，你在这里老爷面前少顶一句儿罢，我有一千日的不好还有一天的好呢。好二奶奶，亲二奶奶，并不是我要害你，我一时糊涂，听了那个老娼妇的话。"正闹着，贾政打发人进来叫环儿。婆子们去回说："赵姨娘中了邪了，三爷看着呢。"贾政道："没有的事，我们先走了。"于是爷们等先回。这里赵姨娘还是混说，一时救不过来。邢夫人恐他又说出什么来，便说："多派几个人在这里瞧着他，咱们先走，到了城里打发大夫出来瞧罢。"王夫人本嫌他，也打撒手儿。宝钗本是仁厚的人，虽想着他害宝玉的事，心里究竟过不去，背地里托了周姨娘在这里照应。周姨娘也是个好人，便应承了。李纨说道："我也在这里罢。"王夫人道："可以不必。"于是大家都要起身。贾环急忙道："我也在这里吗？"王夫人啐道："糊涂东西，你姨妈的死活都不知，你还要走吗？"贾环就不敢言语了。宝玉道："好兄弟，你是走不得的。我进了城打发人来瞧你。"说毕，都上车回家。寺里只有赵姨娘、贾环、鹦哥等人。

贾政、邢夫人等先后到家，到了上房哭了一场。林之孝带了家下众人请了安，跪着。贾政喝道："去罢，明日问你。"凤姐那日发晕了几次，竟不能出接，只有惜春见了，觉得满面羞惭。邢夫人也不理他，王夫人仍是照常，李纨、宝钗拉着手说了几句话。独有尤氏说道："姑娘，你操心了，倒照应了好几天。”惜春一言不答，只紫涨了脸。宝钗将尤氏一拉，使了个眼色。尤氏等各自归房去了。贾政略略的看了一看，叹了口气，并不言语。到书房席地坐下，叫了贾琏、贾蓉、贾芸吩咐了几句话。宝玉要在书房来陪贾政，贾政道“不必”，兰儿仍跟他母亲。一宿无话。

次日，林之孝一早进书房跪着，贾政将前后被盗的事问了一遍。并将周瑞供了出来，又说：“衙门拿住了鲍二，身边搜出了失单上的东西。现在夹讯，要在他身上要这一伙贼呢。”贾政听了大怒道：“家奴负恩，引贼偷窃家主，真是反了。”立刻叫人到城外将周瑞捆了，送到衙门审问。林之孝只管跪着不敢起来，贾政道：“你还跪着做什么？”林之孝道：“奴才该死，求老爷开恩。”正说着，赖大等一干办事家人上来请了安，呈上丧事帐簿。贾政道：“交给琏二爷算明了来回。”吆喝着林之孝起来出去了。贾琏一腿跪着，在贾政身边说了一句话。贾政把眼一瞪道：“胡说，老太太的事，银两被贼偷去，就该罚奴才拿出来么？”贾琏红了脸不敢言语，站起来也不敢动。贾政道：“你媳妇怎么样？”贾琏又跪下说：“看来是不中用了。”贾政叹口气道：“我不料家运衰败一至如此。况且环哥儿他妈尚在庙中病着，也不知是什么症候，你们知道不知道？”贾琏也不敢言语。贾政道：“传出话去，叫人带了大夫瞧去。”贾琏即忙答应着出来，叫人带了大夫到铁槛寺去瞧赵姨娘。未知死活，下回分解。

笺证

精神自虐是一种精神分裂症，通过自虐使自己的负罪感得到倾泄和疏发，其症状是不由自主的有如鬼魂附体，求告求饶。第一一二回“死雠仇赵妾赴冥曹”，写的是一种精神上因虐人反而自虐的自我折磨的症状，使得贾府日甚一日地鬼影憧憧，死神脚步跫跫。曹雪芹的祖父曹寅《题画》中说：“应谁说似千山里，门外跫跫有足音。”《红楼梦》后四十回的门外跫跫足音，是死神的足音。贾政和邢、王二夫人因贾府被匪盗闹得不宁，准备离开铁槛寺回府时，赵姨娘忽然暴病，爬在地下不起，满嘴白沫，眼睛直竖，把舌头吐出说：“我是不回去的，跟着老太太回南去”；“我跟了一辈子老太太，大老爷还不依，弄神弄鬼的来算计我。——我想仗着马道婆要出出我的气，银子白花了好些，也没有弄死了一个。如今我回去了，又不知谁来算计我”。这被误认为是鸳鸯为贾母殉葬的阴魂附在她身上，使她为买通马道婆以巫蛊使凤姐发疯而忏悔。赵姨娘又说：“我不是鸳鸯，他早到仙界去了。我是阎王差人拿我去的，要问我为什么和马婆子用魇魔法的案件。”说着就叫：“好琏二奶奶，你在这里老爷面前少顶一句儿罢，我有一千日的不好还有一天的好呢。好二奶奶，亲二奶奶，并不是我要害你，我一时糊涂，听了那个老娼妇的话。”其后赵姨娘又幻觉地府鬼卒施刑，双膝跪在地下，说一回，哭一回，有时爬在地下叫饶，说：“打杀我了。红胡子的老爷，我再不敢了。”在古代中国的地狱幻想中，红胡子的老爷就是左手拿着生死簿、右手举着大毛笔的红胡子判官，施刑的是阎罗王及判官的下属、充当勾魂使者的牛头马面。在这班鬼物的审判和用刑下，赵姨娘有一时又双手合着，也是叫疼，眼睛突出，嘴里鲜血直流，头发披散，撕开衣服，露出胸膛，好像有人剥她的样子。可怜赵姨娘虽说不出来，其痛苦之状实在难堪，向殴打她的红胡子爷爷求饶，只装鬼脸，嘶声鬼嚎，以致一命呜呼。贾府又凋残了一条生命。这是基于民俗信仰的一种阴森怪异的粗暴描写，描写得鬼影拂拂。这种描写，带有善恶报应的色彩。如《老子》所言：“天网恢恢，疏而不漏。”即所谓天道好还如老氏之旨，恩冤相报如释氏之言也。

第一一三回
忏宿冤凤姐托村妪
释旧憾情婢感痴郎

话说赵姨娘在寺内得了暴病，见人少了，更加混说起来，唬得众人都恨，就有两个女人搀着。赵姨娘双膝跪在地下，说一回，哭一回，有时爬在地下叫饶，说："打杀我了。红胡子的老爷，我再不敢了。"有一时双手合着，也是叫疼。眼睛突出，嘴里鲜血直流，头发披散，人人害怕，不敢近前。那时又将天晚，赵姨娘的声音只管喑哑起来了，居然鬼嚎一般。无人敢在他跟前，只得叫了几个有胆量的男人进来坐着，赵姨娘一时死去，隔了些时又回过来，整整的闹了一夜。

到了第二天，也不言语，只装鬼脸，自己拿手撕开衣服，露出胸膛，好像有人剥他的样子。可怜赵姨娘虽说不出来，其痛苦之状实在难堪。正在危急，大夫来了，也不敢诊，只嘱咐"办理后事罢"，说了起身就走。那送大夫的家人再三央告说："请老爷看看脉，小的好回禀家主。"那大夫用手一摸，已无脉息。贾环听了，然后大哭起来。众人只顾贾环，谁料理赵姨娘？只有周姨娘心里苦楚，想到："做偏房侧室的下场头不过如此。况他还有儿子的，我将来死起来还不知怎样呢。"于是反哭的悲切。且说那人赶回家去回禀了。贾政即派家人去照例料理，陪着环儿住了三天，一同回来。

那人去了，这里一人传十，十人传百，都知道赵姨娘使了毒心害人，被阴司里拷打死了。又说是"琏二奶奶只怕也好不了，怎么说琏二奶奶告的呢"，这些话传到平儿耳内，甚是着急，看着凤姐的样子实在是不能好的了，看着贾琏近日并不似先前的恩爱，本来事也多，竟像不与他相干的。平儿在凤姐跟前只管劝慰，又想着邢、王二夫人回家几日，只打发人来问问，并不亲身来看，凤姐心里更加悲苦。贾琏回来也没有一句贴心的话。凤姐此时只求速死，心里一想，邪魔悉至。只见尤二姐从房后走来，渐近床前说："姐姐，许久的不见了。做妹妹的想念的很，要见不能，如今好容易进来见见姐姐。姐姐的心机也用尽了，咱们的二爷糊涂，也不领姐姐的情，反倒怨姐姐作事过于苛刻，把他的前程去了，叫他如今见不得人。我替姐姐气不平。"凤姐恍惚说道："我如今也后悔我的心忒窄了，妹妹不念旧恶，还来瞧我。"平儿在旁听见，说道："奶奶说什么？"凤姐一时苏醒，想起尤二姐已死，必是他来索命。被平儿叫醒，心里害怕，又不肯说出，只得勉强说道："我神魂不定，想是说梦话。给我捶捶。"平儿上去捶着，见个小丫头子进来，说是："刘姥姥来了，婆子们带着来请奶奶的安。"平儿急忙下来说："在那里呢？"小丫头子说："他不敢就进来，还听奶奶的示下。"平儿听了点头，想凤姐病里必是懒待见人，便说道："奶奶现在养神呢，暂且叫他等着。你问他来有什么事么？"小丫头子说道："他们问过了，没有事。说知道老太太去世了，因没有报才来迟了。"小丫头子说着，凤姐听见，便叫："平儿，你来，人家好心来瞧，不要冷淡人家。你去请了刘姥姥进来，我和他说说话儿。"平儿只得出来请刘姥姥这里坐。

凤姐刚要合眼，又见一个男人一个女人走向炕前，就像要上炕似的。凤姐着忙，便叫平儿说："那里来了一个男人跑到这里来了？"连叫两声，只见丰儿、小红赶来说："奶奶要什么？"凤姐睁眼一瞧，不见有人，心里明白，不肯说出来，便问丰儿道："平儿这东西那里去了？"丰儿道：

"不是奶奶叫去请刘姥姥去了么？"凤姐定了一会神，也不言语。

只见平儿同刘姥姥带了一个小女孩儿进来，说："我们姑奶奶在那里？"平儿引到炕边，刘姥姥便说："请姑奶奶安。"凤姐睁眼一看，不觉一阵伤心，说："姥姥你好。怎么这时候才来？你瞧你外孙女儿也长的这么大了。"刘姥姥看着凤姐骨瘦如柴，神情恍惚，心里也就悲惨起来，说："我的奶奶，怎么这几个月不见，就病到这个分儿？我糊涂的要死，怎么不早来请姑奶奶的安？"便叫青儿给姑奶奶请安。青儿只是笑，凤姐看了倒也十分喜欢，便叫小红招呼着。刘姥姥道："我们屯乡里的人不会病的，若一病了就要求神许愿，从不知道吃药的。我想姑奶奶的病不要撞着什么了罢？"平儿听着那话不在理，便在背地里扯他。刘姥姥会意，便不言语。那里知道这句话倒合了凤姐的意，扎挣着说："姥姥你是有年纪的人，说的不错。你见过的赵姨娘也死了，你知道么？"刘姥姥诧异道："阿弥陀佛，好端端一个人怎么就死了？我记得他也有一个小哥儿，这便怎么样呢？"平儿道："这怕什么，他还有老爷、太太呢。"刘姥姥道："姑娘，你那里知道，不好死了是亲生的，隔了肚皮子是不中用的。"这句话又招起凤姐的愁肠，呜呜咽咽的哭起来了。众人都来劝解。

巧姐儿听见他母亲悲哭，便走到炕前用手拉着凤姐的手，也哭起来。凤姐一面哭着道："你见过了姥姥了没有？"巧姐儿道："没有。"凤姐道："你的名字还是他起的呢，就和干娘一样，你给他请个安。"巧姐儿便走到跟前，刘姥姥忙着拉着道："阿弥陀佛，不要折杀我了。巧姑娘，我一年多不来，你还认得我么？"巧姐儿道："怎么不认得？那年在园里见的时候我还小，前年你来，我还合你要隔年的蝈蝈儿，你也没有给我，必是忘了。"刘姥姥道："好姑娘，我是老糊涂了。若说蝈蝈儿，我们屯里多得很，只是不到我们那里去，若去了，要一车也容易。"凤姐道："不然你带了他去罢。"刘姥姥笑道："姑娘这样千金贵体，绫罗裹大了的，吃的是好东西，到了我们那里，我拿什么哄他顽，拿什么给他吃呢？这倒不是坑杀我了么？"说着，自己还笑，他说："那么着，我给姑娘做个媒罢。我们那里虽说是屯乡里，也有大财主人家，几千顷地，几百牲口，银子钱亦不少，只是不像这里有金的，有玉的。姑奶奶是瞧不起这种人家，我们庄家人瞧着这样大财主，也算是天上的人了。”凤姐道：“你说去，我愿意就给。”刘姥姥道：“这是顽话儿罢咧。放着姑奶奶这样，大官大府的人家只怕还不肯给，那里肯给庄家人。就是姑奶奶肯了，上头太太们也不给。”巧姐因他这话不好听，便走了去和青儿说话。两个女孩儿倒说得上，渐渐的就熟起来了。

这里平儿恐刘姥姥话多，搅烦了凤姐，便拉了刘姥姥说：“你提起太太来，你还没有过去呢。我出去叫人带了你去见见，也不枉来这一趟。”刘姥姥便要走。凤姐道：“忙什么，你坐下，我问你近来的日子还过的么？”刘姥姥千恩万谢的说道：“我们若不仗着姑奶奶”，说着，指着青儿说，“他的老子娘都要饿死了。如今虽说是庄家人苦，家里也挣了好几亩地，又打了一眼井，种些菜蔬瓜果，一年卖的钱也不少，尽够他们嚼吃的了。这两年姑奶奶还时常给些衣服布匹，在我们村里算过得的了。阿弥陀佛，前日他老子进城，听见姑奶奶这里动了家，我就几乎唬杀了。亏得又有人说不是这里，我才放心。后来又听见说这里老爷升了，我又喜欢，就要来道喜，为的是满地的庄家来不得。昨日又听说老太太没有了，我在地里打豆子，听见了这话，唬得连豆子都拿不起来了，就在地里狠狠的哭了一大场。我和女婿说，我也顾不得你们了，不管真话谎话，我是要进城瞧瞧去的。我女儿女婿也不是没良心的，听见了也哭了一回子，今儿天没亮就赶着我进城来了。我也不认得一个人，没有地方打听，一径来到后门，见是门神都糊了，我这一唬又不小。进了门找周嫂子，再找不着，撞见一个小姑娘，说周嫂子他得了不是了，撵了。我又等了好半天，遇见了熟人，才得进来。不打谅姑奶奶也是那么病。”说着，又掉下泪来。平儿等着急，也不等他说完拉着就走，说："你老人家说了半天，口干了，咱们喝碗茶去罢。"拉着刘姥姥到下房坐着，青儿在巧姐儿那边。刘姥姥道："茶倒不要。好姑娘，叫人带了我去请太太的安，哭哭老太太去罢。"平儿道："你不用忙，今儿也赶不出城的了。方才我是怕你说话不防头招的我们奶奶哭，所以催你出来的。别思量。"刘姥姥道："阿弥陀佛，姑娘是你多心，我知道。倒是奶奶的病怎么好呢？"平儿道："你瞧去妨碍不妨碍？"刘姥姥道："说是罪过，我瞧着不好。"

正说着，又听凤姐叫呢。平儿及到床前，凤姐又不言语了。平儿正问丰儿，贾琏进来，向炕上一瞧，也不言语，走到里间气哼哼的坐下。只有秋桐跟了进去，倒了茶，殷勤一回，不知嘁嘁喳喳的说些什么。回来贾琏叫平儿来问道："奶奶不吃药么？"平儿道："不吃药，怎么样呢？"贾琏道："我知道么，你拿柜子上的钥匙来罢。"平儿见贾琏有气，又不敢问，只得出来凤姐耳边说了一声。凤姐不言语，平儿便将一个匣子搁在贾琏那里就走。贾琏道："有鬼叫你吗，你搁着叫谁拿呢？"平儿忍气打开，取了钥匙开了柜子，便问道："拿什么？"贾琏道："咱们有什么吗？"平儿气得哭道："有话明白说，人死了也愿意。"贾琏道："还要说么？头里的事是你们闹的。如今老太太的还短了四五千银子，老爷叫我拿公中的地帐弄银子，你说有么，外头拉的帐不开发使得么？谁叫我应这个名儿。只好把老太太给我的东西折变去罢了。你不依么？"平儿听了，一句不言语，将柜里东西搬出。只见小红过来说："平姐姐快走，奶奶不好呢。"平儿也顾不得贾琏，急忙过来，见凤姐用手空抓，平儿用手攥着哭叫。贾琏也过来一瞧，把脚一跺道："若是这样，是要我的命了。"说着，掉下泪来。丰儿进来说："外头找二爷呢。"贾琏只得出去。

这里凤姐愈加不好，丰儿等不免哭起来。巧姐听见赶来。刘姥姥也急忙走到炕前，嘴里念佛，捣了些鬼，果然凤姐好些。一时王夫人听了丫头的信，也过来了，先见凤姐安静些，心下略放心，见了刘姥姥，便说："刘姥姥，你好，什么时候来的？"刘姥姥便说："请太太安。"不及细说，只言凤姐的病。讲究了半天，彩云进来说："老爷请太太呢。"王夫人叮咛了平儿几句话，便过去了。凤姐闹了一回，此时又觉清楚些，见刘姥姥在这里，心里信他求神祷告，便把丰儿等支开，叫刘姥姥坐在头边，告诉他心神不宁如见鬼怪的样。刘姥姥便说我们屯里什么菩萨灵，什么庙有感应。凤姐道："求你替我祷告，要用供献的银钱我有。"便在手腕上褪下一支金镯子来交给他。刘姥姥道："姑奶奶，不用那个。我们村庄人家许了愿，好了，花上几百钱就是了，那用这些。就是我替姑奶奶求去，也是许愿。等姑奶奶好了，要花什么自己去花罢。"凤姐明知刘姥姥一片好心，不好勉强，只得留下，说："姥姥，我的命交给你了。我的巧姐儿也是千灾百病的，也交给你了。"刘姥姥顺口答应，便说："这么着，我看天气尚早，还赶得出城去，我就去了。明儿姑奶奶好了，再请还愿去。"凤姐因被众冤魂缠绕害怕，巴不得他就去，便说："你若肯替我用心，我能安稳睡一觉，我就感激你了。你外孙女儿叫他在这里住下罢。"刘姥姥道："庄家孩子没有见过世面，没的在这里打嘴。我带他去的好。"凤姐道："这就是多心了。既是咱们一家，这怕什么？虽说我们穷了，这一个人吃饭也不碍什么。"刘姥姥见凤姐真情，落得叫青儿住几天，又省了家里的嚼吃。只怕青儿不肯，不如叫他来问问，若是他肯，就留下。于是和青儿说了几句。青儿因与巧姐儿顽得熟了，巧姐又不愿他去，青儿又愿意在这里。刘姥姥便吩咐了几句，辞了平儿，忙忙的赶出城去。不题。

笺证

第一一三回"忏宿冤凤姐托村妪"，惊诧于横祸飞来、鬼魂纠缠，竟然成了败落中的贾府的新常态。赵姨娘还了债之后，又有凤姐还债。所谓宿冤，是与自己致死的鬼魂结冤，这是病入膏肓的凤姐不能不信的民俗信仰。如《初刻拍案惊奇》卷十四所言："从来人死魂不散，况复生前有宿冤。"凤姐因受贾琏和邢、王二夫人的冷遇，感到人世已经不值得留恋，只求速死，因而心慌意乱，六神无主，邪魔悉至。头一个冤鬼，是尤二姐。凤姐只见尤二姐从房后走来，渐近床前说："姐姐，许久的不见了。做妹妹的想念的很，要见不能，如今好容易进来见见姐姐。姐姐的心机也用尽了，咱们的二爷糊涂，也不领姐姐的情，反倒怨姐姐作事过于苛刻，把他的前程去了，叫他如今见不得人。我替姐姐气不平。"所谓凤姐弄得贾琏丢了前程，至今还见不得人，是指凤姐暗中唆使尤二姐的原夫张华，咬住贾琏不放，使贾琏热孝娶妾成了大逆不道的臭棋。凤姐恍惚中应付说："我如今也后悔我的心忒窄了，妹妹不念旧恶，还来瞧我。"凤姐想起尤二姐已死，必是她来索命。如此写凤姐的隐忍，对人说人话，对鬼说鬼话，可谓深刻得叫人感慨万端。凤姐曾经呼风唤雨，撒豆成兵，一旦失势，就从不信鬼神退回到民俗信仰中躲风避雨，而刘姥姥在某种意义上说，何尝不是民俗信仰的化身。民俗信仰，使凤姐与刘姥姥有共同语言。刘姥姥在凤姐的最后时刻前来看望，见凤姐骨瘦如柴，心中凄惨，谈起巧姐的安排，刘姥姥说："那么着，我给姑娘做个媒罢。我们那里虽说是屯乡里，也有大财主人家，几千顷地，几百牲口，银子钱亦不少，只是不像这里有金的，有玉的。姑奶奶是瞧不起这种人家，我们庄家人瞧着这样大财主，也算是天上的人了。"凤姐道："你说去，我愿意就给。"凤姐思量在农村安顿巧姐，以避开鸡争狗斗、鬼影拂拂，充满废墟感的贵族门庭。凤姐叫刘姥姥坐在头边，告诉她心神不宁如见鬼怪的样子。刘姥姥就说屯里什么菩萨灵，什么庙有感应。凤姐道："求你替我祷告，要用供献的银钱我有。"就在手腕上褪下一支金镯子来交给她。刘姥姥说："姑奶奶，不用那个。我们村庄人家许了愿，好了，花上几百钱就是了，那用这些。就是我替姑奶奶求去，也是许愿。等姑奶奶好了，要花什么自己去花罢。"凤姐被众冤魂缠绕，为求安宁，催促刘姥姥当日回乡拜菩萨。在凤姐心目中，乡村才有清新空气，化解贵族门庭令人窒息、令人绝望的恶劣氛围。应该说，这联系着曹雪芹晚年村居的人生体验。曹雪芹的好友，清代文人爱新觉罗·敦敏《懋斋诗钞》有《赠芹圃》诗云："碧水青山曲径遐，薜罗门巷足烟霞。寻诗人去留僧舍，卖画钱来付酒家。燕市哭歌悲遇合，秦淮风月忆繁华。新愁旧恨知多少，一醉毷氉白眼斜。"所谓"秦淮风月忆繁华"，也许是隐喻曹雪芹作《红楼梦》吧，但从碧水青山、寻诗卖画之中，可以窥见一个村居的悲伤却自由的灵魂。

且说栊翠庵原是贾府的地址，因盖省亲园子，将那庵圈在里头，向来食用香火并不动贾府的钱粮。今日妙玉被劫，那女尼呈报到官，一则候官府缉盗的下落，二则是妙玉基业不便离散，依旧住下。不过回明了贾府。那时贾府的人虽都知道，只为贾政新丧，且又心事不宁，也不敢将这些没要紧的事回禀。只有惜春知道此事，日夜不安。渐渐传到宝玉耳边，说妙玉被贼劫去，又有的说妙玉凡心动了跟人而走。宝玉听得十分纳闷，想来必是被强徒抢去，这个人必不肯受，一定不屈而死。但是一无下落，心下甚不放心，每日长嘘短叹。还说："这样一个人自称为'槛外人'，怎么遭此结局？"又想到："当日园中何等热闹，自从二姐姐出阁以来，死的死，嫁的嫁，我想他一尘不染是保得住的了，岂知风波顿起，比林妹妹死的更奇？"由是一而二，二而三，追思起来，想到《庄子》上的话，虚无缥缈，人生在世，难免风流云散，不禁的大哭起来。袭人等又道是他的疯病发作，百般的温柔解劝。宝钗初时不知何故，也用话箴规。怎奈宝玉抑郁不解，又觉精神恍惚。宝钗想不出道理，再三打听，方知妙玉被劫不知去向，也是伤感，只为宝玉愁烦，便用正言解释。因提起："兰儿自送殡回来，虽不上学，闻得日夜攻苦。他是老太太的重孙，老太太素来望你成人，老爷为你日夜焦心，你为闲情痴意糟蹋自己，我们守着你如何是个结果？”说得宝玉无言可答，过了一回才说道：“我那管人家的闲事，只可叹咱们家的运气衰颓。”宝钗道：“可又来，老爷、太太原为是要你成人，接续祖宗遗绪。你只是执迷不悟，如何是好？”宝玉听来，话不投机，便靠在桌上睡去。宝钗也不理他，叫麝月等伺候着，自己却去睡了。

宝玉见屋里人少，想起：“紫鹃到了这里，我从没和他说句知心的话儿，冷冷清清撂着他，我心里甚不过意。他呢，又比不得麝月、秋纹，我可以安放得的。想起从前我病的时候，他在我这里伴了好些时，如今他的那一面小镜子还在我这里，他的情义却也不薄了。如今不知为什么，见我就是冷冷的。若说为我们这一个呢，他是和林妹妹最好的，我看他待紫鹃也不错。我有不在家的日子，紫鹃原与他有说有讲的。到我来了，紫鹃便走开了。想来自然是为林妹妹死了，我便成了家的原故。嗳，紫鹃，紫鹃，你这样一个聪明女孩儿，难道连我这点子苦处都看不出来么？”因又一想：“今晚他们睡的睡，做活的做活，不如趁着这个空儿我找他去，看他有什么话。倘或我还有得罪之处，便陪个不是也使得。”想定主意，轻轻的走出了房门，来找紫鹃。

那紫鹃的下房也就在西厢里间。宝玉悄悄的走到窗下，只见里面尚有灯光，便用舌头舐破窗纸往里一瞧，见紫鹃独自挑灯，又不是做什么，呆呆的坐着。宝玉便轻轻的叫道：“紫鹃姐姐还没有睡么？”紫鹃听了唬了一跳，怔怔的半日才说：“是谁？”宝玉道：“是我。”紫鹃听着，似乎是宝玉的声音，便问：“是宝二爷么？”宝玉在外轻轻的答应了一声。紫鹃问道：“你来做什么？”宝玉道：“我有一句心里的话要和你说说，你开了门，我到你屋里坐坐。”紫鹃停了一会儿说道：“二爷有什么话，天晚了，请回罢，明日再说罢。”宝玉听了，寒了半截。自己还要进去，恐紫鹃未必开门，欲要回去，这一肚子的隐情，越发被紫鹃这一句话勾起。无奈，说道：“我也没有多馀的话，只问你一句？”紫鹃道：“既是一句，就请说。”宝玉半日反不言语。紫鹃在屋里不见宝玉言语，知他素有痴病，恐怕一时实在抢白了他，勾起他的旧病倒也不好了，因站起来细听了一听，又问道："是走了，还是傻站着呢，有什么又不说，尽着在这里怄人？已经怄死了一个，难道还要怄死一个么，这是何苦来呢？"说着，也从宝玉舐破之处往外一张，见宝玉在那里呆听。紫鹃不便再说，回身剪了剪烛花。忽听宝玉叹了一声道："紫鹃姐姐，你从来不是这样铁心石肠，怎么近来连一句好好儿的话都不和我说了？我固然是个浊物，不配你们理我。但只我有什么不是，只望姐姐说明了，那怕姐姐一辈子不理我，我死了倒作个明白鬼呀。"紫鹃听了，冷笑道："二爷就是这个话呀，还有什么？若就是这个话呢，我们姑娘在时我也跟着听俗了。若是我们有什么不好处呢，我是太太派来的，二爷倒是回太太去，左右我们丫头们更算不得什么了？"说到这里，那声儿便哽咽起来，说着又醒鼻涕，宝玉在外知他伤心哭了，便急的跺脚道："这是怎么说，我的事情你在这里几个月，还有什么不知道的？就便别人不肯替我告诉你，难道你还不叫我说，叫我憋死了不成。"说着，也呜咽起来了。

宝玉正在这里伤心，忽听背后一个人接言道："你叫谁替你说呢，谁是谁的什么？自己得罪了人自己央及呀，人家赏脸不赏在人家，何苦来拿我们这些没要紧的垫喘儿呢？"这一句话把里外两个人都吓了一跳。你道是谁，原来却是麝月。宝玉自觉脸上没趣。只见麝月又说道："到底是怎么着？一个陪不是，一个人又不理。你倒是快快的央及呀。嗳，我们紫鹃姐姐也就太狠心了，外头这么怪冷的，人家央及了这半天，总连个活动气儿也没有？"又向宝玉道："刚才二奶奶说了，多早晚了，打量你在那里呢，你却一个人站在这房檐底下做什么？"紫鹃里面接着说道："这可是什么意思呢？早就请二爷进去，有话明日说罢，这是何苦来？”宝玉还要说话，因见麝月在那里，不好再说别的，只得一面同麝月走回，一面说道：“罢了，罢了，我今生今世也难剖白这个心了。惟有老天知道罢了。”说到这里，那眼泪也不知从何处来的，滔滔不断了。麝月道：“二爷，依我劝你死了心罢，白陪眼泪也可惜了儿的。”宝玉也不答言，遂进了屋子。只见宝钗睡了，宝玉也知宝钗装睡。却是袭人说了一句道：“有什么话明日说不得，巴巴儿的跑那里去闹，闹出——”说到这里也就不肯说，迟了一迟才接着道：“身上不觉怎么样。”宝玉也不言语，只摇摇头儿，袭人一面才打发睡下。一夜无眠，自不必说。

这里紫鹃被宝玉一招，越发心里难受，直直的哭了一夜。思前想后，“宝玉的事，明知他病中不能明白，所以众人弄鬼弄神的办成了。后来宝玉明白了，旧病复发，常时哭想，并非忘情负义之徒。今日这种柔情，一发叫人难受，只可怜我们林姑娘真真是无福消受他。如此看来，人生缘分都有一定，在那未到头时，大家都是痴心妄想。乃至无可如何，那糊涂的也就不理会了，那情深义重的也不过临风对月，洒泪悲啼。可怜那死的倒未必知道，这活的真真是苦恼伤心，无休无了。算来竟不如草木石头，无知无觉，倒也心中干净。”想到此处，倒把一片酸热之心一时冰冷了。才要收拾睡时，只听东院里吵嚷起来。未知何事，下回分解。

笺证

人们不妨敞开心胸来拥抱《红楼梦》，包括它的前八十回和后四十回，看它们是如何探究贾宝玉的奇情荒诞的精魂的。这种精魂赋予草木以美丽的生命和刻骨铭心的爱情。这种草木精魂，具有苍茫久远的传统。《太平御览》卷五十三引《水经注》曰：“丹山在丹阳，属巴丹山，西即巫山者也，有帝女居焉。宋玉所谓天帝之季女，名曰瑶姬，未行而亡，封于巫山之阳，高唐之岨，旦为云，暮为雨，朝朝暮暮，阳台之下。旦朝暮视之，果如其言，故为立庙，号朝云焉。其间首尾一百六十里，谓之巫峡，盖因山为名也。”[1]《太平御览》卷三百八十一又引《襄阳耆旧记》曰："楚襄王游云梦，望朝云之余，上有云气，宋玉曰：'昔先王游高唐，怠而昼寝，梦一妇人，暧乎若云，皦乎若星，将行未至，如浮如倾，对曰：我帝季女，名曰瑶姬，未行而丧，封乎巫山之台，精魂为草，实为灵芝。'"[2] 由此可知，宝玉的草木精魂由来有自，这里需要进一步叩问其源流、理路、脉络、逻辑和超逻辑，看取其巧妙地将精魂、痴心与灵智寓于浊物的躯壳中，反过来激活生命机体内的活生生又傻乎乎的精髓，可以说这是深层心理学、心灵学的趣味所在。第一一三回"释旧憾情婢感痴郎"，叙写的是宝玉的心理波澜及其引起的反应。先是宝玉想到妙玉被强徒劫去，每日长吁短叹说："这样一个人自称为'槛外人'，怎么遭此结局？"他在迷惘中，继而又以跳跃式的思维想到："当日园中何等热闹，自从二姐姐（迎春）出阁以来，死的死，嫁的嫁，我想他一尘不染是保得住的了，岂知风波顿起，（妙玉）比林妹妹死的更奇？"由是一而二，二而三，追思起来，想到《庄子》上的话，虚无缥缈，人生在世，难免风流云散，不禁大哭起来。宝玉为人生聚散、空幻生灭而悲痛，而发呆。宝玉想到庄子哪些话呢？他想到的是庄子把生死问题看成气之聚散，如《庄子·大宗师》的"一气"是"造物者"以万物为刍狗，使之浮游聚散于天地之间的，说是："彼方且与造物者为人，而游乎天地之一气，彼以生为附赘县疣，以死为决疣溃痈。夫若然者，又恶知死生先后之所在？假于异物，托于同体，忘其肝胆，遗其耳目，反覆终始，不知端倪。芒然彷徨乎尘垢之外，逍遥乎无为之业，彼又恶能愦愦然为世俗之礼，以观众人之耳目哉！"[3] 以生为附赘县疣，以死为决疣溃痈，可见人生世上都是浊物，甚至是毒疮，死亡只不过是刺破

❶（宋）李昉等编：《太平御览》（第一卷），河北教育出版社1994年版，第484页。

❷（宋）李昉等编：《太平御览》（第四卷），河北教育出版社1994年版，第185页。

❸（清）王先谦：《庄子集解》，中华书局1987年版，第65页。

了毒疮。在道家的意识中，造物者是创生化育万物的道，道具象化为“一气”，从而在其聚散中与人的死生联系在一起。《秋水》说：“道无终始，物有死生。”《知北游》发挥得更系统和具体：“生也死之徒，死也生之始，孰知其纪。人之生，气之聚也。聚则为生，散则为死。若死生为徒，吾又何患。故万物一也，是其所美者为神奇，其所恶者为臭腐。臭腐复化为神奇，神奇复化为臭腐。故曰通天下一气耳。圣人故贵一。”[4]因而它作了这样的判断：“人生天地之间，若白驹之过郤，忽然而已。”刺破毒疮，就可以化腐臭为神奇。人生的混浊感和忽然感，就是宝玉所感慨的“人生在世，难免风流云散”。由妙玉“风波顿起，比林妹妹死的更奇”，宝玉却转过头来，想要找紫鹃表明对黛玉的心迹，“死了倒作个明白鬼”，却被紫鹃拒之门外，紫鹃冷笑说：“若就是这个话呢，我们姑娘在时我也跟着听俗了。”但紫鹃听到了麝月对久立窗外的宝玉的调侃：“二爷，依我劝你死了心罢，白陪眼泪也可惜了儿的。”这种调侃是对宝玉痴迷的冲撞，以猛烈的一击而使之出现缺口或裂为碎片，突破原有的精神限制和约束。如南宋罗大经《鹤林玉露》甲编卷三所说：“然世之作伪假真者，往往窃持敬之名，盖不肖之实，内虽荏，而色若厉焉，行无防检，而步趋若安徐焉。识者病之，至有效前辈打破敬字以为讪侮者，又有以高视阔步，幅巾大袖，而乞加惩绝者。”[5]宝玉由于作伪假真的痴迷被打破而回去，这番痴迷却引得紫鹃思前想后，直直的哭了一夜，终于感觉到“宝玉的事，明知他病中不能明白，所以众人弄鬼弄神的（把他与宝钗的婚事）办成了。后来宝玉明白了，旧病复发，常时哭想，并非忘情负义之徒。今日这种柔情，一发叫人难受，只可怜我们林姑娘真真是无福消受他。如此看来，人生缘分都有一定，在那未到头时，大家都是痴心妄想。乃至无可如何，那糊涂的也就不理会了，那情深义重的也不过临风对月，洒泪悲啼。可怜那死的倒未必知道，这活的真真是苦恼伤心，无休无了。算来竟不如草木石头，无知无觉，倒也心中干净”。所谓“草木石头”是无意中指向木石前盟吧，但精魂为草，也忘不了朝云暮雨。贾宝玉的精神债务实在是太沉重了，偶然碰到某种触媒，就激发偿还夙债的痛感。他的这种奇情荒诞的精魂往往陷入超逻辑思维中，将精魂、痴心与灵智都寓于浊物的躯壳，以夙债的痛感激活生命机体内的活生生又傻乎乎的心理和超心理。这就是做鬼易、做人难了。

❹（清）王先谦:《庄子集解》，中华书局1987年版，第186页。

❺（宋）罗大经:《鹤林玉露》，上海古籍出版社2012年版，第28页。

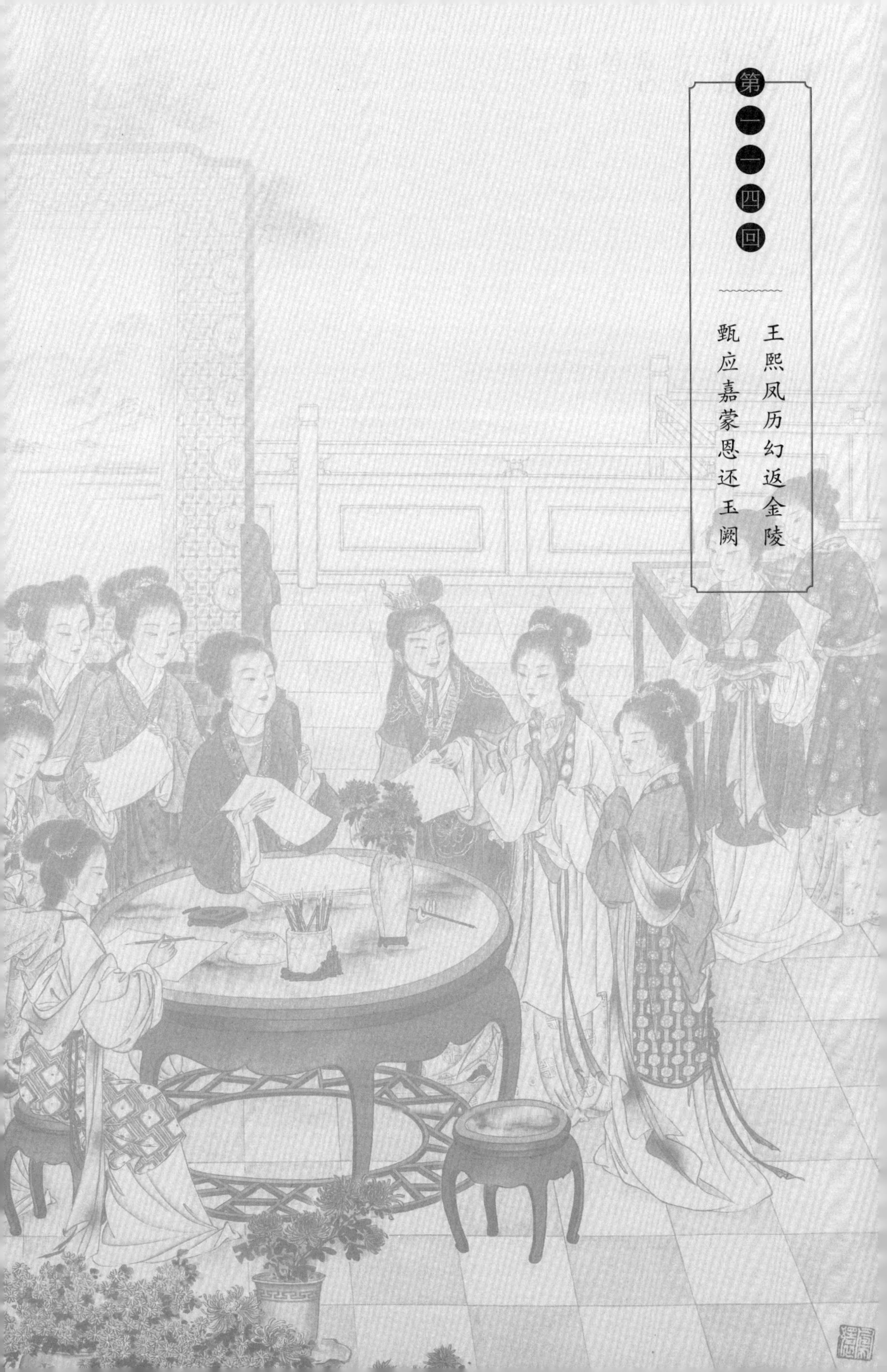
第一一四回
王熙凤历幻返金陵
甄应嘉蒙恩还玉阙

却说宝玉、宝钗听说凤姐病的危急，赶忙起来。丫头秉烛伺候。正要出院，只见王夫人那边打发人来说："琏二奶奶不好了，还没有咽气，二爷、二奶奶且慢些过去罢。琏二奶奶的病有些古怪，从三更天起到四更时候，琏二奶奶没有住嘴说些胡话，要船要轿的，说到金陵归入册子去。众人不懂，他只是哭哭喊喊的。琏二爷没有法儿，只得去糊了船轿，还没拿来，琏二奶奶喘着气等呢。叫我们过来说，等琏二奶奶去了再过去罢。"宝玉道："这也奇，他到金陵做什么？"袭人轻轻的和宝玉说道："你不是那年做梦，我还记得说有多少册子，不是琏二奶奶也到那里去么？"宝玉听了点头道："是呀，可惜我都不记得那上头的话了。这么说起来，人都有个定数的了，但不知林妹妹又到那里去了？我如今被你一说，我有些懂得了。若再做这个梦时，我得细细的瞧一瞧，便有未卜先知的分儿了。"袭人道："你这样的人可是不可和你说话的，偶然提了一句，你便认起真来了吗？就算你能先知了，你有什么法儿？"宝玉道："只怕不能先知，若是能了，我也犯不着为你们瞎操心了。"

两个正说着，宝钗走来问道："你们说什么？"宝玉恐他盘诘，只说："我们谈论凤姐姐。"宝钗道："人要死了，你们还只管议论人。旧年你还说我咒人，那个签不是应了么？"宝玉又想了一想，拍手道："是的，是的。这么说起来，你倒能先知了。我索性问问你，你知道我将来怎么样？"宝钗笑道："这是又胡闹起来了。我是就他求的签上的话混解的，你就认了真了。你就和邢妹妹一样的了，你失了玉，他去求妙玉扶乩，批出来的众人不解，他还背地里和我说妙玉怎么前知，怎么参禅悟道。如今他遭此大难，他如何自己都不知道，这可是算得前知吗？就是我偶然说着了二奶奶的事情，其实知道他是怎么样了，只怕我连我自己也不知道呢。这样下落可不是虚诞的事，是信得的么？”宝玉道："别提他了。你只说邢妹妹罢，自从我们这里连连的有事，把他这件事竟忘记了。你们家这么一件大事怎么就草草的完了，也没请亲唤友的。”宝钗道："你这话又是迂了。我们家的亲戚只有咱们这里和王家最近，王家没了什么正经人了。咱们家遭了老太太的大事，所以也没请，就是琏二哥张罗了张罗。别的亲戚虽也有一两门子，你没过去，如何知道？算起来我们这二嫂子的命和我差不多，好好的许了我二哥哥，我妈妈原想体体面面的给二哥哥娶这房亲事的。一则为我哥哥在监里，二哥哥也不肯大办；二则为咱家的事；三则为我二嫂子在大太太那边忒苦，又加着抄了家，大太太是苛刻一点的，他也实在难受：所以我和妈妈说了，便将将就就的娶了过去。我看二嫂子如今倒是安心乐意的孝敬我妈妈，比亲媳妇还强十倍呢。待二哥哥也是极尽妇道的，和香菱又甚好，二哥哥不在家，他两个和和气气的过日子。虽说是穷些，我妈妈近来倒安逸好些。就是想起我哥哥来不免悲伤。况且常打发人家里来要使用，多亏二哥哥在外头帐头儿上讨来应付他的。我听见说城里有几处房子已经典去，还剩了一所在那里，打算着搬去住。”宝玉道："为什么要搬？住在这里你来去也便宜些，若搬远了，你去就要一天了。”宝钗道："虽说是亲戚，倒底各自的稳便些。那里有个一辈子住在亲戚家的呢？”

宝玉还要讲出不搬去的理，王夫人打发人来说："琏二奶奶咽了气了。所有的人多过去了，请二爷、二奶奶就过去。”宝玉听了，也掌不住跺脚要哭。宝钗虽也悲戚，恐宝玉伤心，便说：“有在这里哭的，不如到那边哭去。”

于是两人一直到凤姐那里。只见好些人围着哭呢。宝钗走到跟前，见凤姐已经停床，便大放悲声。宝玉也拉着贾琏的手大哭起来，贾琏也重新哭泣。平儿等因见无人劝解，只得含悲上来劝止了。众人都悲哀不止。贾琏此时手足无措，叫人传了赖大来，叫他办理丧事。自己回明了贾政去，然后行事。但是手头不济，诸事拮据，又想起凤姐素日来的好处，更加悲哭不已，又见巧姐哭的死去活来，越发伤心。哭到天明，即刻打发人去请他大舅子王仁过来。那王仁自从王子腾死后，王子胜又是无能的人，任他胡为，已闹的六亲不和。今知妹子死了，只得赶着过来哭了一场。见这里诸事将就，心下便不舒服，说：“我妹妹在你家辛辛苦苦当了好几年家，也没有什么错处，你们家该认真的发送发送才是。怎么这时候诸事还没有齐备？”贾琏本与王仁不睦，见他说些混帐话，知他不懂的什么，也不大理他。王仁便叫了他外甥女儿巧姐过来说：“你娘在时，本来办事不周到，只知道一味的奉承老太太，把我们的人都不大看在眼里。外甥女儿，你也大了，看见我曾经沾染过你们没有？如今你娘死了，诸事要听着舅舅的话。你母亲娘家的亲戚就是我和你二舅舅了。你父亲的为人我也早知道的了，只有重别人，那年什么尤姨娘死了，我虽不在京，听见人说花了好些银子。如今你娘死了，你父亲倒是这样的将就办去吗，你也不快些劝劝你父亲？”巧姐道：“我父亲巴不得要好看，只是如今比不得从前了。现在手里没钱，所以诸事省些是有的。”王仁道：“你的东西还少么？”巧姐儿道：“旧年抄去，何尝还了呢？”王仁道：“你也这样说。我听见老太太又给了好些东西，你该拿出来。”巧姐又不好说父亲用去，只推不知道。王仁便道：“哦，我知道了，不过是你要留着做嫁妆罢咧？”巧姐听了，不敢回言，只气得哽噎难鸣的哭起来了。平儿生气说道：“舅老爷有话，等我们二爷进来再说，姑娘这么点年纪，他懂的什么？”王仁道：“你们是巴不得二奶奶死了，你们就好为王了。我并不要什么，好看些也是你们的脸面。”说着，赌气坐着。巧姐满怀的不舒服，心想："我父亲并不是没情，我妈妈在时舅舅不知拿了多少东西去，如今说得这样干净。"于是便不大瞧得起他舅舅了。岂知王仁心里想来，他妹妹不知攒积了多少，虽说抄了家，那屋里的银子还怕少吗，"必是怕我来缠他们，所以也帮着这么说，这小东西儿也是不中用的。"从此王仁也嫌了巧姐儿了。

贾琏并不知道，只忙着弄银钱使用。外头的大事叫赖大办了，里头也要用好些钱，一时实在不能张罗。平儿知他着急，便叫贾琏道："二爷也别过于伤了自己的身子。"贾琏道："什么身子，现在日用的钱都没有，这件事怎么办？偏有个糊涂行子又在这里蛮缠，你想有什么法儿。"平儿道："二爷也不用着急，若说没钱使唤，我还有些东西旧年幸亏没有抄去，在里头。二爷要就拿去当着使唤罢。"贾琏听了，心想难得这样，便笑道："这样更好，省得我各处张罗。等我银子弄到手了还你。"平儿道："我的也是奶奶给的，什么还不还，只要这件事办的好看些就是了。"贾琏心里倒着实感激他，便将平儿的东西拿了去当钱使用，诸凡事情便与平儿商量。秋桐看着心里就有些不甘，每每口角里头便说："平儿没有了奶奶，他要上去了。我是老爷的人，他怎么就越过我去了呢？"平儿也看出来了，只不理他。倒是贾琏一时明白，越发把秋桐嫌了，一时有些烦恼便拿着秋桐出气。邢夫人知道，反说贾琏不好。贾琏忍气。不题。

笺证

第一一四回"王熙凤历幻返金陵"，承接前面第九十八回"苦绛珠魂归离恨天"之后，金陵十二钗正册人物死亡了一半，贾府诸人接连有元春（一个月内还有王子腾）、迎春、贾母（还有鸳鸯）、妙玉、赵姨娘、王熙凤等人陆续死去，在这十七回中平均每两回死一人，死亡的速度明显加快，死神变成了拨弄贾府的主角。对于王熙凤的死，王夫人告诉宝玉、宝钗说："琏二奶奶的病有些古怪，从三更天起到四更时候，琏二奶奶没有住嘴说些胡话，要船要轿的，说到金陵归入册子去。众人不懂，他只是哭哭喊喊的。琏二爷没有法儿，只得去糊了船轿，还没拿来，琏二奶奶喘着气等呢。"凤姐的胡话是以间接叙事法转述的，这些胡话王夫人、贾琏自然懵然不懂，由他们转述起来自然只能是三言两语，却茫茫渺渺地关联着太虚幻境薄命司金陵十二钗的册子。可以说，以天书对接人书，离不了胡话、傻话、疯话。凤姐这种胡话回应了《红楼梦》第十二回"王熙凤毒设相思局"，害得贾瑞"合上眼还只梦魂颠倒，满口乱话胡话，惊怖异常"。又回应了第一〇一回"大观园月夜感幽魂　散花寺神签惊异兆"，凤姐夜里在大观园撞鬼，看见一只两眼似灯，拖着扫帚尾巴的大狗。她心中疑惧，便到散花寺磕头祝告摇签筒，摇出来的一支签是"第三十三签，上上大吉"，查出签文"王熙凤衣锦还乡"，还附有诗行："去国离乡二十年，于今衣锦返家园。蜂采百花成蜜后，为谁辛苦为谁甜？行人至，音信迟，讼宜和，婚再议。"宝钗把签帖念了一回，又道："家中人人都说好的。据我看，这'衣锦还乡'四字里头还有原故，后来再瞧罢了。"衣锦还乡，本来是指荣华富贵后，穿了锦绣的衣服，回到故乡向亲友夸耀。《史记·项羽本纪》记载："项羽引兵西屠咸阳，杀秦降王子婴，烧秦宫室，火三月不灭。收其货宝妇女而东。人或说项王曰：'关中阻山河四塞，地肥饶，可都以霸。'项王见秦宫室皆以烧残破，又心怀思欲东归，曰：'富贵不归故乡，如衣绣夜行，谁知之者！'说者曰：'人言楚人沐猴而冠耳，果然。'"[1]这是衣锦还乡的楚霸王式的表达。《旧唐书》卷五十九根据这个故事，唐高祖说："衣锦还乡，古人所尚。"然而，古人所崇尚、所引以为荣的衣锦还乡，到了这里却被反用来暗示凤姐的凄凉的死亡结局，实在是对贾府这位曾经占尽风光和强势的管家奶奶的莫大嘲讽。由此可知，凤姐的胡话连篇，密码深藏，反讽意味渗入了极浓的悲剧气氛中，使《红楼梦》成了言说不尽的顶级经典。

再说凤姐停了十馀天，送了殡。贾政守着老太太的孝，总在外书房。那时清客相公渐渐的都辞去了，只有个程日兴还在那里，时常陪着说说话儿。提起："家运不好，一连人口死了好些，大老爷和珍大爷又在外头，家计一天难似一天。外头东庄地亩也不知道怎么样，总不得了呀。"程日兴道："我在这里好些年，也知道府上的人那一个不是肥己的。一年一年都往他家里拿，那自然府上是一年不够一年了。又添了大老爷、珍大爷那边两处的费用，外头又有些债务，前儿又破了好些财，要想衙门里缉贼追赃是难事。老世翁若要安顿家事，除非传那些管事的来，派一个心腹的人各处去清查清查，该去的去，该留的留，有了亏空着在经手的身上赔补，这就有了数儿了。那一座大的园子人家是不敢买的。这里头的出息也不少，又不派人管了。那年老世翁不在家，这些人就弄神弄鬼儿的，闹的一个人不敢到园里。这都是家人的弊。此时把下人查一查，好的使着，不好的便撵了，这才是道理。"贾政点头道："先生你所不知，不必说下人，便是自己的侄儿也靠不住。若要我查起来，那能一一亲见亲知。况我又在服中，不能照管这些了。我素来又兼不大理家，有的没的，我还摸不着呢。"程日兴道："老世翁最是仁德的人，若在别家的，这样的家计，就穷起来，十年五载还不怕，便向这些管家的要也就够了。我听见世翁的家人还有做知县的呢。"贾政道："一个人若要使起家人们的钱来，便了不得了，只好自己俭省些。但是册子上的产业，若是实有还好，生怕有名无实了。"程日兴道："老世翁所见极是，晚生为什么说要查查呢。"贾政道："先生必有所闻。"程日兴道："我虽知道些那些管事的神通，晚生也不敢言语的。"贾政听了，便知话里有因，便叹道："我自祖父以来都是仁厚的，从没有刻薄过下人。我

❶（汉）司马迁：《史记》，中华书局1959年版，第315页。

看如今这些人一日不似一日了。在我手里行出主子样儿来，又叫人笑话。”

两人正说着，门上的进来回道：“江南甄老爷到来了。”贾政便问道：“甄老爷进京为什么？”那人道：“奴才也打听了，说是蒙圣恩起复了。”贾政道：“不用说了，快请罢。”那人出去请了进来。那甄老爷即是甄宝玉之父，名叫甄应嘉，表字友忠，也是金陵人氏，功勋之后。原与贾府有亲，素来走动的。因前年挂误革了职，动了家产。今遇主上眷念功臣，赐还世职，行取来京陛见。知道贾母新丧，特备祭礼择日到寄灵的地方拜奠，所以先来拜望。贾政有服不能远接，在外书房门口等着。那位甄老爷一见，便悲喜交集，因在制中不便行礼，便拉着了手叙了些阔别思念的话，然后分宾主坐下，献了茶，彼此又将别后事情的话说了。贾政问道：“老亲翁几时陛见的？”甄应嘉道：“前日。”贾政道：“主上隆恩，必有温谕。”甄应嘉道：“主上的恩典真是比天还高，下了好些旨意。”贾政道：“什么好旨意？”甄应嘉道：“近来越寇猖獗，海疆一带小民不安，派了安国公征剿贼寇。主上因我熟悉土疆，命我前往安抚，但是即日就要起身。昨日知老太太仙逝，谨备瓣香至灵前拜奠，稍尽微忱。”贾政即忙叩首拜谢，便说：“老亲翁即此一行，必是上慰圣心，下安黎庶，诚哉莫大之功，正在此行。但弟不克亲睹奇才，只好遥聆捷报。现在镇海统制是弟舍亲，会时务望青照。”甄应嘉道：“老亲翁与统制是什么亲戚？”贾政道：“弟那年在江西粮道任时，将小女许配与统制少君，结褵已经三载。因海口案内未清，继以海寇聚奸，所以音信不通。弟深念小女，俟老亲翁安抚事竣后，拜恳便中请为一视。弟即修数行烦尊纪带去，便感激不尽了。”甄应嘉道：“儿女之情，人所不免，我正在有奉托老亲翁的事。日蒙圣恩召取来京，因小儿年幼，家下乏人，将贱眷全带来京。我因钦限迅速，昼夜先行，贱眷在后缓行，到京尚需时日。弟奉旨出京，不敢久留。将来贱眷到京，少不得要到尊府，定叫小犬叩见。如可进教，遇有姻事可图之处，望乞留意为感。”贾政一一答应。那甄应嘉又说了几句话，就要起身，说：“明日在城外再见。”贾政见他事忙，谅难再坐，只得送出书房。

贾琏、宝玉早已伺候在那里代送，因贾政未叫，不敢擅入。甄应嘉出来，两人上去请安。应嘉一见宝玉，呆了一呆，心想："这个怎么甚像我家宝玉？只是浑身缟素。"因问："至亲久阔，爷们都不认得了。"贾政忙指贾琏道："这是家兄名赦之子琏二侄儿。"又指着宝玉道："这是第二小犬，名叫宝玉。"应嘉拍手道奇："我在家听见说老亲翁有个衔玉生的爱子，名叫宝玉。因与小儿同名，心中甚为罕异。后来想着这个也是常有的事，不在意了。岂知今日一见，不但面貌相同，且举止一般，这更奇了。"问起年纪，比这里的哥儿略小一岁。贾政便因提起承属包勇，问及令郎哥儿与小儿同名的话述了一遍。应嘉因属意宝玉，也不暇问及那包勇的得妥，只连连的称道："真真罕异。"因又拉了宝玉的手，极致殷勤。又恐安国公起身甚速，急须预备长行，勉强分手徐行。贾琏、宝玉送出，一路又问了宝玉好些的话。及至登车去后，贾琏、宝玉回来见了贾政，便将应嘉问的话回了一遍。

贾政命他二人散去。贾琏又去张罗算明凤姐丧事的帐目。宝玉回到自己房中，告诉了宝钗，说是："常提的甄宝玉，我想一见不能，今日倒先见了他父亲了。我还听得说宝玉也不日要到京了，要来拜望我老爷呢。又人人说和我一模一样的，我只不信。若是他后儿到了咱们这里来，你们都去瞧去，看他果然和我像不像？"宝钗听了道："嗳，你说话怎么越发不留神了，什么男人同你一样都说出来了，还叫我们瞧去吗？"宝玉听了，知是失言，脸上一红，连忙的还要解说。不知何话，下回分解。

笺证

"假作真时真亦假，无为有处有还无"，这是《红楼梦》的主题性命题，它以对联的形式在第一回甄士隐在梦幻中，

第五回贾宝玉神游太虚幻境中出现，给人印象深刻到了难以磨灭。这副对联衍生出《红楼梦》隐、显两条线索，贾府的显线索和甄府的隐线索，互相纠缠，互相映衬，互相质疑，互相深化。贾宝玉是一个有性情，有奇思，有才华的真正的人；与之相映衬的甄宝玉原本也跟贾宝玉一样性情才华俱佳，后来却成了以仕途经济为务的“禄蠹”。但在世俗眼光中，他们却真假颠倒，真者可使祖业延续，假者却使祖业崩坏。其实，这是儒与道、佛两条人生路线的分歧和冲突。第一一四回“甄应嘉蒙恩还玉阙”，真假隐显两条线索在盛衰荣辱的反衬中发生了交叉。交叉的符号“×”，既意味着错误、删除，又意味着成倍增值，其多层效应真是诡异得很。江南甄宝玉之父甄应嘉前年挂误革职抄家，今遇主上眷念功臣，赐还世职，来京陛见。安国公征剿海疆甚是猖獗的贼寇，甄应嘉奉命启程前往安抚海疆，知道贾母新丧，特备祭礼择日到贾府寄灵的地方拜奠。贾政就拜托甄应嘉带上自己的信函，顺便看视嫁给海疆统制之子的探春。甄家父辈风云际遇，显然更有政治作为。交叉的符号“×”在这里发生了作用，既分出对错，又在彼此之间进行删除或增值。贾琏、宝玉送甄应嘉出来，甄应嘉一见贾宝玉，连称“真真罕异”，拍手道奇：“我在家听见说老亲翁（贾政）有个衔玉生的爱子，名叫宝玉。因与小儿同名，心中甚为罕异。后来想着这个也是常有的事，不在意了。岂知今日一见，不但面貌相同，且举止一般，这更奇了。”甄应嘉还拜托贾政关照即将进京的眷属和甄宝玉，这就为甄宝玉、贾宝玉的碰面创造了机会，导致了本来同轨的车辆分道扬镳，“证同类宝玉失相知”，凸显了“假作真时真亦假，无为有处有还无”的空幻性本旨，成了涂上浓重色彩的虚无的幻境。如金人的诗云：“大块劳以生，冗冗不自由。万事素已定，谁能分外求。疑团自粉碎，休休复休休。莫为空幻具，还作真个囚。”疑团并未粉碎，这才是休休复休休。甄宝玉、贾宝玉的分道扬镳，使交叉的符号“×”的分别对错，进行删除或增值，陷入了不自由的空幻之中。

第一一五回

惑偏私惜春矢素志　证同类宝玉失相知

话说宝玉为自己失言被宝钗问住，想要掩饰过去，只见秋纹进来说："外头老爷叫二爷呢。"宝玉巴不得一声，便走了。去到贾政那里，贾政道："我叫你来不为别的，现在你穿着孝，不便到学里去，你在家里，必要将你念过的文章温习温习。我这几天倒也闲着，隔两三日要做几篇文章我瞧瞧，看你这些时进益了没有？"宝玉只得答应着。贾政又道："你环兄弟、兰侄儿我也叫他们温习去了。倘若你作的文章不好，反倒不及他们，那可就不成事了。"宝玉不敢言语，答应了个"是"，站着不动。贾政道"去罢"，宝玉退了出来，正撞见赖大诸人拿着些册子进来。

宝玉一溜烟回到自己房中，宝钗问了知道叫他作文章，倒也喜欢，惟有宝玉不愿意，也不敢怠慢。正要坐下静静心，见有两个姑子进来，宝玉看是地藏庵的，来和宝钗说："请二奶奶安。"宝钗待理不理的说："你们好。"因叫人来，"倒茶给师父们喝"。宝玉原要和那姑子说话，见宝钗似乎厌恶这些，也不好兜搭。那姑子知道宝钗是个冷人，也不久坐，辞了要去。宝钗道："再坐坐去罢。"那姑子道："我们因在铁槛寺做了功德，好些时没来请太太奶奶们的安，今日来了，见过了奶奶太太们，还要看四姑娘呢。"宝钗点头，由他去了。

那姑子便到惜春那里，见了彩屏，说："姑娘在那里呢？"彩屏道："不用提了，姑娘这几天饭都没吃，只是歪着。"那姑子道："为什么？"彩屏道："说也话长。你见了姑娘只怕他便和你说了。"惜春早已听见，急忙坐起来说:“你们两个人好啊。见我们家事差了,便不来了。”那姑子道:“阿弥陀佛。有也是施主,没也是施主,别说我们是本家庵里的,受过老太太多少恩惠呢。如今老太太的事,太太奶奶们都见了,只没有见姑娘,心里惦记,今儿是特特的来瞧姑娘来的。”惜春便问起水月庵的姑子来,那姑子道:“他们庵里闹了些事,如今门上也不肯常放进来了。”便问惜春道:“前儿听见说栊翠庵的妙师父怎么跟了人去了?”惜春道:“那里的话,说这个话的人隄防着割舌头。人家遭了强盗抢去,怎么还说这样的坏话?”那姑子道:“妙师父的为人怪僻,只怕是假惺惺罢。在姑娘面前我们也不好说的。那里像我们这些粗夯人,只知道讽经念佛,给人家忏悔,也为着自己修个善果。”惜春道:“怎么样就是善果呢?”那姑子道:“除了咱们家这样善德人家儿不怕,若是别人家,那些诰命夫人小姐也保不住一辈子的荣华。到了苦难来了,可就救不得了。只有个观世音菩萨大慈大悲,遇见人家有苦难的就慈心发动,设法儿救济。为什么如今都说大慈大悲救苦救难的观世音菩萨呢?我们修了行的人,虽说比夫人小姐们苦多着呢,只是没有险难的了。虽不能成佛作祖,修修来世或者转个男身,自己也就好了。不像如今脱生了个女人胎子,什么委屈烦难都说不出来。姑娘你还不知道呢,要是人家姑娘们出了门子,这一辈子跟着人是更没法儿的。若说修行,也只要修得真。那妙师父自为才情比我们强,他就嫌我们这些人俗,岂知俗的才能得善缘呢!他如今到底是遭了大劫了。”惜春被那姑子一番话说得合在机上,也顾不得丫头们在这里,便将尤氏待他怎样,前儿看家的事说了一遍。并将头发指给他瞧道:“你打谅我是什么没主意恋火坑的人么?早有这样的心,只是想不出道儿来。”那姑子听了,假作惊慌道:“姑娘再别说这个话。珍大奶奶听见还要骂杀我们，撵出庵去呢。姑娘这样人品，这样人家，将来配个好姑爷，享一辈子的荣华富贵。”惜春不等说完，便红了脸说：“珍大奶奶撵得你，我就撵不得么？”那姑子知是真心，便索性激他一激，说道：“姑娘别怪我们说错了话，太太奶奶们那里就依得姑娘的性子呢，那时闹出没意思来倒不好。我们倒是为姑娘的话。”惜春道：“这也瞧罢咧。”彩屏等听这话头不好，便使个眼色儿给姑子叫他走。那姑子会意，本来心里也害怕，不敢挑逗，便告辞出去。惜春也不留他，便冷笑道：“打谅天下就是你们一个地藏庵么？”那姑子也不敢答言去了。

彩屏见事不妥，恐担不是，悄悄的去告诉了尤氏说：“四姑娘绞头发的念头还没有息呢。他这几天不是病，竟是怨命。奶奶隄防些，别闹出事来，那会子归罪我们身上。”尤氏道：“他那里是为要出家，他为的是大爷不在家，安心和我过不去，也只好由他罢了。”彩屏等没法，也只好常常劝解。岂知惜春一天一天的不吃饭，只想绞头发。彩屏等吃不住，只得到各处告诉。邢、王二夫人等也都劝了好几次，怎奈惜春执迷不解。

笺证

第一一五回“惑偏私惜春矢素志”，标题对惜春的精神状态用了一个“惑”字，迷惑私自选定的人生方向；又用了一个“矢”字，对自己早已选定的志向矢志不渝。这种精神状态在大观园里独一无二。素志指的是向来怀有的志愿、志向、志趣。唐人传奇《柳毅（传书）》记述：“酒酣，洞庭君乃击席而歌曰：‘大天苍苍兮，大地茫茫。人各有志兮，何可思量。狐神鼠圣兮，薄社依墙。雷霆一发兮，其孰敢当。荷真人兮信义长，令骨肉兮还故乡。齐言惭愧兮何时忘！’”[1] 宋释觉范《石门文字禅》卷三十说：“登山求玉，入海求珠，人各有志。”说是人各有志，不可相强，但一般的志向是强不过家族和人生对人的命运的搓揉、钳制和摧折的，因而贾府元、迎、探、惜四春在顺从或反抗命运的搓揉、钳制和摧折中，各有各的遭际和结局。素志却有以生命赴之的坚决，所以惜春既有不是一时心血来潮，而是长期积累、有因有果的心愿，偏偏又与“惑偏私”结合起来，这就走了偏锋，决然拒绝宁府、逃遁浊世，咬住了潜入空门的人生选择不松口。政治偏私来自地藏庵姑子，这是一班尼庵俗人，她对惜春说：“像我们这些粗夯人，只知道讽经念佛，给人家忏悔，也为着自己修个善果……只有个观世音菩萨大慈大悲，遇见人家有苦难的就慈心发动，设法儿救济。为什么如今都说大慈大悲救苦救难的观世音菩萨呢？我们修了行的人，虽说比夫人小姐们苦多着呢，只是没有险难的了。虽不能成佛作祖，修修来世或者转个男身，自己也就好了。不像如今脱生了个女人胎子，什么委屈烦难都说不出来。姑娘你还不知道呢，要是人家姑娘们出了门子，这一辈子跟着人是更没法儿的。若说修行，也只要修得真。那妙师父自为才情比我们强，他就嫌我们这些人俗，岂知俗的才能得善缘呢！他如今到底是遭了大劫了。”姑子贬抑妙玉，说是高雅遭大劫，俚俗有善缘；姑子又向往来世转个男身，也是用世俗眼光拒绝宝玉的女儿高洁男子污浊的理念。但是，惜春还是被那姑子一番话说得合在机上，也顾不得丫头们在这里，将已经部分剪去的头发指给姑子瞧：“你打谅我是什么没主意恋火坑的人么？早有这样的心，只是想不出道儿来。”惜春是把人间看作“火坑”，并不排除是对贾府生存状态的体验，她早就存心跳出火坑以进入清凉世界。彩屏将惜春的行为悄悄的告诉了尤氏说：“四姑娘绞头发的念头还没有息呢。他这几天不是病，竟是怨命。奶奶隄防些，别闹出事来，那会子归罪我们身上。”尤氏道：“他那里是为要出家，他为的是大爷不在家，安心和我过不去，也只好由他罢了。”岂知惜春一天一天的不吃饭，只想绞头发。彩屏只得到各处告诉，邢、王二夫人等也都劝了好几次，怎奈惜春执迷不解。惜春皈

❶ 孙文光编：《中国历代笔记选粹》（下），华东师范大学出版社1998年版，第1175页。

依佛门的素志，被俗人看成人事关系上别扭，她很难被世人，直至地藏庵姑子所理解。世人眼中执迷不解，是对其思想言行多有不解，爱之者加以劝解，鄙之者就笑之骂之。就如第一一八回写道："宝钗虽不言语，遇事试探，见是执迷不醒，只得暗中落泪。"宝钗对宝玉的思想言行把握不住，哀悯其执迷不醒。至于惜春后来还对尤氏说："放我出了家，干干净净的一辈子，就是疼我了。况且我又不出门，就是栊翠庵，原是咱们家的基趾，我就在那里修行。我有什么，你们也照应得着。"惜春皈依佛门有其冷僻性格的原因，更重要的是受到贾府的浑浊和衰败的刺激，"连天衰草遮坟墓"，"白杨村里人呜咽，青枫林下鬼吟哦"，使鬼影伴随着佛影。这些都回应了第五回太虚幻境薄命司金陵十二钗正册图画一所古庙，里面有一美人，在内看经独坐。判词是："勘破三春景不长，缁衣顿改昔年妆。可怜绣户侯门女，独卧青灯古佛旁。"《红楼梦十二曲·虚花悟》又说："将那三春看破，桃红柳绿待如何？把这韶华打灭，觅那清淡天和。说什么，天上夭桃盛，云中杏蕊多。到头来，谁见把秋捱过？则看那，白杨村里人呜咽，青枫林下鬼吟哦。更兼着，连天衰草遮坟墓。这的是，昨贫今富人劳碌，春荣秋谢花折磨。似这般，生关死劫谁能躲？闻说道，西方宝树唤婆娑，上结着长生果。"惜春固执着皈依佛门，成了贾府衰败过程的一个得不到人们理解的旋律。能够做到的也只是人各有志，不可相强而已。

邢、王二夫人正要告诉贾政，只听外头传进来说："甄家的太太带了他们家的宝玉来了。"众人急忙接出，便在王夫人处坐下。众人行礼，叙些寒温，不必细述。只言王夫人提起甄宝玉与自己的宝玉无二，要请甄宝玉进来一见。传话出去，回来说道："甄少爷在外书房同老爷说话，说的投了机了，打发人来请我们二爷三爷，还叫兰哥儿，在外头吃饭，吃了饭进来。"说毕，里头也便摆饭。不题。

且说贾政见甄宝玉相貌果与宝玉一样，试探他的文才，竟应对如流，甚是心敬，故叫宝玉等三人出来警励他们。再者倒底叫宝玉来比一比。宝玉听命，穿了素服，带了兄弟侄儿出来，见了甄宝玉，竟是旧相识一般。

那甄宝玉也像那里见过的，两人行了礼，然后贾环、贾兰相见。本来贾政席地而坐，要让甄宝玉在椅子上坐。甄宝玉因是晚辈，不敢上坐，就在地下铺了褥子坐下。如今宝玉等出来，又不能同贾政一处坐着，为甄宝玉又是晚一辈，又不好叫宝玉等站着。贾政知是不便，站着又说了几句话，叫人摆饭，说："我失陪，叫小儿辈陪着，大家说说话儿，好叫他们领领大教。"甄宝玉逊谢道："老伯大人请便，侄儿正欲领世兄们的教呢。"贾政回复了几句，便自往内书房去。那甄宝玉反要送出来，贾政拦住。宝玉等先抢了一步出了书房门槛，站立着看贾政进去，然后进来让甄宝玉坐下。彼此套叙了一回，诸如久慕竭想的话，也不必细述。

且说贾宝玉见了甄宝玉，想到梦中之景，并且素知甄宝玉为人必是和他同心，以为得了知己。因初次见面，不便造次。且又贾环贾兰在坐，只有极力夸赞说："久仰芳名，无由亲炙。今日见面，真是谪仙一流的人物。"那甄宝玉素来也知贾宝玉的为人，今日一见，果然不差，"只是可与我共学，不可与你适道，他既和我同名同貌，也是三生石上的旧精魂了。既我略知了些道理，怎么不和他讲讲。但是初见，尚不知他的心与我同不同，只好缓缓的来。"便道："世兄的才名，弟所素知的，在世兄是数万人的里头选出来最清最雅的，在弟是庸庸碌碌一等愚人，忝附同名，殊觉玷辱了这两个字。"贾宝玉听了，心想："这个人果然同我的心一样的。但是你我都是男人，不比那女孩儿们清洁，怎么他拿我当作女孩儿看待起来？"便道："世兄谬赞，实不敢当。弟是至浊至愚，只不过一块顽石耳，何敢比世兄品望高清，实称此两字？"甄宝玉道："弟少时不知分量，自谓尚可琢磨。岂知家遭消索，数年来更比瓦砾犹贱，虽不敢说历尽甘苦，然世道人情略略的领悟了好些。世兄是锦衣玉食，无不遂心的，必是文章经济高出人上，所以老伯钟爱，将为席上之珍。弟所以才说尊名方称。”贾宝玉听这话头又近了禄蠹的旧套，想话回答。贾环见未与他说话，心中早不自在。倒是贾兰听了这话甚觉合意，便说道：“世叔所言固是太谦，若论到文章经济，实在从历练中出来的，方为真才实学。在小侄年幼，虽不知文章为何物，然将读过的细味起来，那膏粱文绣比着令闻广誉，真是不啻百倍的了。”甄宝玉未及答言，贾宝玉听了兰儿的话心里越发不合，想道：“这孩子从几时也学了这一派酸论。”便说道：“弟闻得世兄也诋尽流俗，性情中另有一番见解。今日弟幸会芝范，想欲领教一番超凡入圣的道理，从此可以净洗俗肠，重开眼界，不意视弟为蠢物，所以将世路的话来酬应。”甄宝玉听说，心里晓得：“他知我少年的性情，所以疑我为假。我索性把话说明，或者与我作个知心朋友也是好的。”便说道：“世兄高论，固是真切。但弟少时也曾深恶那些旧套陈言，只是一年长似一年，家君致仕在家，懒于酬应，委弟接待。后来见过那些大人先生尽都是显亲扬名的人，便是著书立说，无非言忠言孝，自有一番立德立言的事业，方不枉生在圣明之时，也不致负了父亲师长养育教诲之恩，所以把少时那一派迂想痴情渐渐的淘汰了些。如今尚欲访师觅友，教导愚蒙，幸会世兄，定当有以教我。适才所言，并非虚意。”贾宝玉愈听愈不耐烦，又不好冷淡，只得将言语支吾。幸喜里头传出话来说：“若是外头爷们吃了饭，请甄少爷里头去坐呢。”宝玉听了，趁势便邀甄宝玉进去。

那甄宝玉依命前行，贾宝玉等陪着来见王夫人。贾宝玉见是甄太太上坐，便先请过了安，贾环、贾兰也见了。甄宝玉也请了王夫人的安。两母两子互相厮认。虽是贾宝玉是娶过亲的，那甄夫人年纪已老，又是老亲，因见贾宝玉的相貌身材与他儿子一般，不禁亲热起来。王夫人更不用说，拉着甄宝玉问长问短，觉得比自己家的宝玉老成些。回看贾兰，也是清秀超群的，虽不能像两个宝玉的形像，也还随得上。只有贾环粗夯，未免有偏爱之色。众人一见两个宝玉在这里，都来瞧看，说道：“真真奇事，名字同了也罢，怎么相貌身材都是一样的。亏得是我们宝玉穿孝，若是一样的衣服穿着，一时也认不出来。”内中紫鹃一时痴意发作，便想起黛玉来，心里说道："可惜林姑娘死了，若不死时，就将那甄宝玉配了他，只怕也是愿意的。"正想着，只听得甄夫人道："前日听得我们老爷回来说，我们宝玉年纪也大了，求这里老爷留心一门亲事。"王夫人正爱甄宝玉，顺口便说道："我也想要与令郎作伐。我家有四个姑娘，那三个都不用说，死的死、嫁的嫁了，还有我们珍大侄儿的妹子，只是年纪过小几岁，恐怕难配。倒是我们大媳妇的两个堂妹子生得人才齐整，二姑娘呢，已经许了人家，三姑娘正好与令郎为配。过一天我给令郎作媒，但是他家的家计如今差些。"甄夫人道："太太这话又客套了。如今我们家还有什么，只怕人家嫌我们穷罢了。"王夫人道："现今府上复又出了差，将来不但复旧，必是比先前更要鼎盛起来。"甄夫人笑着道："但愿依着太太的话更好。这么着就求太太作个保山。"甄宝玉听他们说起亲事，便告辞出来。贾宝玉等只得陪着来到书房，见贾政已在那里，复又立谈几句。听见甄家的人来回甄宝玉道："太太要走了，请爷回去罢。"于是甄宝玉告辞出来。贾政命宝玉、环、兰相送。不题。

且说宝玉自那日见了甄宝玉之父，知道甄宝玉来京，朝夕盼望。今儿见面原想得一知己，岂知谈了半天，竟有些冰炭不投。闷闷的回到自己房中，也不言，也不笑，只管发怔。宝钗便问："那甄宝玉果然像你么？"宝玉道："相貌倒还是一样的。只是言谈间看起来并不知道什么，不过也是个禄蠹。"宝钗道："你又编派人家了。怎么就见得也是个禄蠹呢？"宝玉道："他说了半天，并没个明心见性之谈，不过说些什么文章经济，又说什么为忠为孝，这样人可不是个禄蠹么？只可惜他也生了这样一个相貌。我想来，有了他，我竟要连我这个相貌都不要了。"宝钗见他又发呆话，便说道："你真真说出句话来叫人发笑，这相貌怎么能不要呢？况且人家这话是正理，做了一个男人原该要立身扬名的，谁像你一味的柔情私意。不说自己没有刚烈，倒说人家是禄蠹。”宝玉本听了甄宝玉的话甚不耐烦，又被宝钗抢白了一场，心中更加不乐，闷闷昏昏，不觉将旧病又勾起来了，并不言语，只是傻笑。宝钗不知，只道是“我的话错了，他所以冷笑”，也不理他。岂知那日便有些发呆，袭人等怄他也不言语。过了一夜，次日起来只是发呆，竟有前番病的样子。

一日，王夫人因为惜春定要绞发出家，尤氏不能拦阻，看着惜春的样子是若不依他必要自尽的，虽然昼夜着人看着，终非常事，便告诉了贾政。贾政叹气跺脚，只说：“东府里不知干了什么，闹到如此地位。”叫了贾蓉来说了一顿，叫他去和他母亲说，认真劝解劝解，“若是必要这样，就不是我们家的姑娘了。”岂知尤氏不劝还好，一劝了更要寻死，说：“做了女孩儿终不能在家一辈子的，若像二姐姐一样，老爷太太们倒要烦心，况且死了。如今譬如我死了似的，放我出了家，干干净净的一辈子，就是疼我了。况且我又不出门，就是栊翠庵，原是咱们家的基趾，我就在那里修行。我有什么，你们也照应得着。现在妙玉的当家的在那里。你们依我呢，我就算得了命了；若不依我呢，我也没法，只有死就完了。我如若遂了自己的心愿，那时哥哥回来我和他说，并不是你们逼着我的。若说我死了，未免哥哥回来倒说你们不容我。”尤氏本与惜春不合，听他的话也似乎有理，只得去回王夫人。

王夫人已到宝钗那里，见宝玉神魂失所，心下着忙，便说袭人道：“你们忒不留神，二爷犯了病也不来回我。”袭人道：“二爷的病原来是常有的，一时好，一时不好。天天到太太那里仍旧请安去，原是好好儿的，今儿才发糊涂些。二奶奶正要来回太太，恐防太太说我们大惊小怪。”宝玉听见王夫人说他们，心里一时明白，恐他们受委屈，便说道：“太太放心，我没什么病，只是心里觉着有些闷闷的。”王夫人道：“你是有这病根子，早说了好请大夫瞧瞧，吃两剂药好了不好。若再闹到头里丢了玉的时候似的，就费事了。”宝玉道：“太太不放心便叫个人来瞧瞧，我就吃药。”王夫人便叫丫头传话出来请大夫。这一个心思都在宝玉身上，便将惜春的事忘了。迟了一回，大夫看了，服药。王夫人回去。

过了几天，宝玉更糊涂了，甚至于饭食不进，大家着急起来。恰又忙着脱孝，家中无人，又叫了贾芸来照应大夫。贾琏家下无人，请了王仁来在外帮着料理。那巧姐儿是日夜哭母，也是病了。所以荣府中又闹得马仰人翻。

一日又当脱孝来家，王夫人亲身又看宝玉，见宝玉人事不醒，急得众人手足无措。一面哭着，一面告诉贾政说："大夫回了，不肯下药，只好预备后事。"贾政叹气连连，只得亲自看视，见其光景果然不好，便又叫贾琏办去。贾琏不敢违拗，只得叫人料理。手头又短，正在为难，只见一个人跑进来说："二爷，不好了，又有饥荒来了。"贾琏不知何事，这一唬非同小可，瞪着眼说道："什么事？"那小厮道："门上来了一个和尚，手里拿着二爷的这块丢的玉，说要一万赏银。"贾琏照脸啐道："我打量什么事，这样慌张。前番那假的你不知道么？就是真的，现在人要死了，要这玉做什么？"小厮道："奴才也说了，那和尚说给他银子就好了。"又听着外头嚷进来说："这和尚撒野，各自跑进来了，众人拦他拦不住。"贾琏道："那里有这样怪事，你们还不快打出去呢。"正闹着，贾政听见了，也没了主意了。里头又哭出来说："宝二爷不好了。"贾政益发着急。只见那和尚嚷道："要命拿银子来。"贾政忽然想起，头里宝玉的病是和尚治好的，这会子和尚来，或者有救星。但是这玉倘或是真，他要起银子来怎么样呢？想了一想，姑且不管他，果真人好了再说。

贾政叫人去请，那和尚已进来了，也不施礼，也不答话，便往里就跑。贾琏拉着道："里头都是内眷，你这野东西混跑什么？"那和尚道："迟了就不能救了。"贾琏急得一面走一面乱嚷道："里头的人不要哭了，和尚进来了。"王夫人等只顾着哭，那里理会。贾琏走近来又嚷，王夫人等回过头来，见一个长大的和尚，唬了一跳，躲避不及。那和尚直走到宝玉炕前，宝钗避过一边，袭人见王夫人站着，不敢走开。只见那和尚道："施主们，我是送玉来的。"说着，把那块玉擎着道："快把银子拿出来，我好救他。"王夫人等惊惶无措，也不择真假，便说道："若是救活了人，银子是有的。"那和尚笑道："拿来。"王夫人道："你放心，横竖折变的出来。"和尚哈哈大笑，手拿着玉在宝玉耳边叫道："宝玉，宝玉，你的宝玉回来了。"说了这一句，王夫人等见宝玉把眼一睁。袭人说道："好了。"只见宝玉便问道："在那里呢？"那和尚把玉递给他手里。宝玉先前紧紧的攥着，后来慢慢的得过手来，放在自己眼前细细的一看说："嗳呀，久违了。"里外众人都喜欢的念佛，连宝钗也顾不得有和尚了。贾琏也走过来一看，果见宝玉回过来了，心里一喜，疾忙躲出去了。

那和尚也不言语，赶来拉着贾琏就跑。贾琏只得跟着到了前头，赶着告诉贾政。贾政听了喜欢，即找和尚施礼叩谢。和尚还了礼坐下。贾琏心下狐疑："必是要了银子才走。"贾政细看那和尚，又非前次见的，便问："宝刹何方？法师大号？这玉是那里得的？怎么小儿一见便会活过来呢？"那和尚微微笑道："我也不知道，只要拿一万银子来就完了。"贾政见这和尚粗鲁，也不敢得罪，便说："有。"和尚道："有便快拿来罢，我要走了。"贾政道："略请少坐，待我进内瞧瞧。"和尚道："你去快出来才好。"

贾政果然进去，也不及告诉便走到宝玉炕前。宝玉见是父亲来，欲要爬起，因身子虚弱起不来。王夫人按着说道："不要动。"宝玉笑着拿这玉给贾政瞧道："宝玉来了。"贾政略略一看，知道此事有些根源，也不细看，便和王夫人道："宝玉好过来了。这赏银怎么样？"王夫人道："尽着我所有的折变了给他就是了。"宝玉道："只怕这和尚不是要银子的罢。"贾政点头道："我也看来古怪，但是他口口声声的要银子。"王夫人道："老爷出去先款留着他再说。"贾政出来，宝玉便嚷饿了，喝了一碗粥，还说要饭。婆子们果然取了饭来，王夫人还不敢给他吃。宝玉说："不妨的，我已经好了。"便爬着吃了一碗，渐渐的神气果然好过来了，便要坐起来。麝月上去轻轻的扶起，因心里喜欢，忘了情说道：“真是宝贝，才看见了一会儿就好了。亏的当初没有砸破。”宝玉听了这话，神色一变，把玉一撂，身子往后一仰。未知死活，下回分解。

笺证

贾宝玉见了甄宝玉，简直是见了自己的镜像。有镜有像，人类看见了真真幻幻的自我尊容，兴奋惊异之余难免想入非非，就有了“镜中人”的意象。宗教、诗文、小说、戏曲莫不寻味“镜中人”。南朝齐代求那毗地译《百喻经》卷二《宝箧镜喻》说：“昔有一人，贫穷困乏，多负人债无以可偿，即便逃避至空旷处。值箧满中珍宝，有一明镜著珍宝上以盖覆之。贫人见已，心大欢喜。即便发之见镜中人，便生惊怖。叉手语言：我谓空箧都无所有，不知有君在此箧中，莫见瞋（怪）也。凡夫之人亦复如是，为无量烦恼之所穷困，而为生死魔王债主之所缠着，欲避生死入佛法中修行善法作诸功德。如值宝箧，为身见镜之所惑乱。妄见有我，即便封着。谓是真实。于是堕落，失诸功德，禅定道品，无漏诸善，三乘道果，一切都失。如彼愚人，弃于宝箧，着我见者，亦复如是。”[2]这里劝人修炼禅定道品，戒绝妄见有我，为镜像所惑乱，错失满箧珍宝。清乾隆年间纪昀《阅微草堂笔记·如是我闻三》说：“世有圆光术：张素纸于壁，焚符召神，使五六岁童子视之。童子必见纸上突现大圆镜，镜中人物，历历示未来之事，犹卦影也。但卦影隐示其象，此则明著其形耳。庞斗枢能此术，某生素与斗枢狎，尝觊觎一妇，密祈斗枢圆光，观谐否。斗枢骇曰：‘此事岂可渎鬼神。’固强之。不得已勉为焚符，童子注视良久曰：‘见一亭子，中设一榻，三娘子与一

[2] 弘学注释：《百喻经注释》，巴蜀书社2008年版，第63页。

少年坐其上。’三娘子者，某生之亡妾也。方诟责童子妄语，斗枢大笑曰：‘吾亦见之。亭中尚有一匾，童子不识其字耳。’怒问：‘何字？’曰：‘己所不欲四字也。’某生默然，拂衣去。或曰‘斗枢所焚实非符，先以饼饵诱童子，教作是语’，是殆近之。虽曰恶谑，要未失朋友规过之义也。”[3]这里以圆光术中的镜像为恶谑，规劝和嘲讽好色之徒。这种镜像思维，清人涂瀛《石头记论赞·石头记分评》评点第五回太虚幻境册子，却以宝钗为镜中人，说是：“十二金钗正册，画止十一幅。黛玉是宝玉意中人，宝钗是宝玉镜中人，故同为一幅，文法亦不板。”[4]以宝钗为镜像，嘲弄木石前盟的意中人也成了空幻，此乃《红楼梦》镜像写人法之一。《红楼梦》镜像写人法之二，是《红楼梦》第四十一回“怡红院劫遇母蝗虫”。刘姥姥在山坡草丛中泻完肚子，醉醺醺闯入怡红院，刚从屏后得了一门转去，只见她亲家母也从外面迎了进来。刘姥姥诧异，忙问道：“你想是见我这几日没家去，亏你找我来。那一位姑娘带你进来的？”她亲家只是笑，不还言。刘姥姥笑道：“你好没见世面，见这园里的花好，你就没死活戴了一头。”她亲家也不答。便心下忽然想起：“常听大富贵人家有一种穿衣镜，这别是我在镜子里头呢罢。”说毕伸手一摸，再细一看，可不是，四面雕空紫檀板壁将镜子嵌在中间。这是刘姥姥把镜子里自己的影像，错看成亲家母加以嘲笑。可见《红楼梦》前八十回是没有放过“镜中人”的好奇心和幻觉，以镜子照出人生的变形。《红楼梦》镜像写人法之三，就在这第一一五回“证同类宝玉失相知”，写贾宝玉把甄宝玉作为“镜中人”，所用的已经不是平面镜，而是凹面镜，以凝缩的形态，聚焦于人的精神气象。甄宝玉、贾宝玉的见面不可多写，又不可不写，在写与不写之间，最合适的时刻选择，就是他们彼此发现已经分道扬镳，话不投机半句多。甄宝玉、贾宝玉会面中发觉了和见证了他们之间精神异趣、人生异路，甄失其真，贾终不假。甄宝玉素来知贾宝玉的为人，“只是可与我共学，不可与你适道，他既和我同名同貌，也是三生石上的旧精魂了”。甄宝玉先是客套地称贾宝玉的才名“是数万人的里头选出来最清最雅的”，使贾宝玉以为这个人果然同我的心一样，就谦虚地说：“世兄谬赞，实不敢当。弟是至浊至愚，只不过一块顽石耳，何敢比世兄品望高清，实称此两字？”这是用了欲抑先扬的叙事法，万人之选的谀辞变作话不投机。接着的叙写，二人就南辕北辙、分道扬镳了。贾宝玉自称顽石，保存石头的那份真性。失了真性的甄宝玉反而要以自己的人生阅历劝导贾宝玉，说：“弟少时不知分量，自谓尚可琢磨。岂知家遭消索，数年来更比瓦砾犹贱，虽不敢说历尽甘苦，然世道人情略略的领悟了好些。世兄是锦衣玉食，无不遂心的，必是文章经济高出人上，所以老伯钟爱，将为席上之珍。”贾宝玉听这“文章经济”的话头又近了禄蠹的旧套。本来贾宝玉自从见了甄宝玉之父，知道甄宝玉来京，朝夕盼望。今儿见面原想得一知己，岂知谈了半天，竟有些冰炭不投。这就使得贾宝玉发狠要遗弃与甄宝玉相似的臭皮囊，因而回来后宝钗问贾宝玉：“那甄宝玉果然像你么？”宝玉就说：“相貌倒还是一样的。只是言谈间看起来并不知道什么，不过也是个禄蠹。”宝钗说：“你又编派人家了。怎么就见得也是个禄蠹呢？”宝玉道：“他说了半天，并没个明心见性之谈，不过说些什么文章经济，又说什么为忠为孝，这样人可不是个禄蠹么？只可惜他也生了这样一个相貌。我想来，有了他，我竟要连我这个相貌都不要了。”这是感慨世无知己的绝望的话。本来在《红楼梦》第十九回，袭人就批评贾宝玉说：“凡读书上进的人，你就起个名字叫作‘禄蠹’。”这就把贪求官位俸禄的人，都比喻成窃食俸禄的蛀虫。到了第一一五回却连用五个“禄蠹”，把贾宝玉对功名利禄熏心者的厌恶之情表达得极为深切。“禄蠹”的批评，一针见血，给后世留下深刻的印象。蔡元培在1899年6月12日的日记中，将《红楼梦》与《茶花女》进行比较：“点勘《巴黎茶花女遗事》译本，深人无浅语，幽矫刻挚，中国小说者，惟《红楼梦》有此境耳。”对于《红楼梦》的这

❸（清）纪昀：《阅微草堂笔记》，浙江古籍出版社2015年版，第131页。

❹朱一玄编：《红楼梦资料汇编》，南开大学出版社2012年版，第589页。

种深刻性，蔡元培在1920年6月13日的《在国语讲习所演说词》中说："他反对禄蠹，提倡纯粹美感的文学。他反对历代阳尊阴卑，男尊女卑的习惯，说男污女洁，且说女子嫁了男人，沾染男人的习气，就坏了。他反对主奴的分别，贵公子与奴婢平等相待。他反对富贵人家的生活，提倡庄稼人的生活。他反对厚貌深情，赞成天真烂漫……他在文学上的价值，是没有别的书比得上他。"[5]反对禄蠹，追求纯粹，成了衡量《红楼梦》文学价值的一把无以代替的尺子。贾宝玉从自己的"镜中人"甄宝玉身上，深感到了纯真人格和志趣在现实生活中非常招人非议，容易幻灭。

[5] 蔡元培:《石头记索隐》，上海书店出版社2008年版，第94—95页。

第一一六回

得通灵幻境悟仙缘　送慈柩故乡全孝道

话说宝玉一听麝月的话，身往后仰，复又死去，急得王夫人等哭叫不止。麝月自知失言致祸，此时王夫人等也不及说他。那麝月一面哭着，一面打定主意，心想："若是宝玉一死，我便自尽跟了他去。"不言麝月心里的事。且言王夫人等见叫不回来，赶着叫人出来找和尚救治。岂知贾政进内出去时，那和尚已不见了。贾政正在诧异，听见里头又闹，急忙进来。见宝玉又是先前的样子，口关紧闭，脉息全无。用手在心窝中一摸，尚是温热。贾政只得急忙请医灌药救治。

那知那宝玉的魂魄早已出了窍了。你道死了不成。却原来恍恍惚惚赶到前厅，见那送玉的和尚坐着，便施了礼。那知和尚站起身来，拉着宝玉就走。宝玉跟了和尚，觉得身轻如叶，飘飘摇摇，也没出大门，不知从那里走了出来。行了一程，到了个荒野地方，远远的望见一座牌楼，好像曾到过的。正要问那和尚时，只见恍恍惚惚来了一个女人。宝玉心里想道："这样旷野地方，那得有如此的丽人，必是神仙下界了。"宝玉想着，走近前来细细一看，竟有些认得的，只是一时想不起来。见那女人和和尚打了一个照面就不见了。宝玉一想，竟是尤三姐的样子，越发纳闷："怎么他也在这里？"又要问时，那和尚拉着宝玉过了那牌楼，只见牌上写着"真如福地"四个大字，两边一副对联，乃是：

假去真来真胜假，无原有是有非无。

转过牌坊，便是一座宫门。门上横书四个大字道"福善祸淫"。又有一副对子，大书云：

过去未来，莫谓智贤能打破；

前因后果，须知亲近不相逢。

宝玉看了，心下想道：“原来如此。我倒要问问因果来去的事了。”这么一想，只见鸳鸯站在那里招手儿叫他。宝玉想道：“我走了半日，原不曾出园子，怎么改了样子了呢？”赶着要和鸳鸯说话，岂知一转眼便不见了，心里不免疑惑起来。走到鸳鸯站的地方儿，乃是一溜配殿，各处都有匾额。宝玉无心去看，只向鸳鸯立的所在奔去。见那一间配殿的门半掩半开，宝玉也不敢造次进去，心里正要问那和尚一声，回过头来，和尚早已不见了。宝玉恍惚，见那殿宇巍峨，绝非大观园景象。便立住脚，抬头看那匾额上写道：“引觉情痴”。两边写的对联道：

喜笑悲哀都是假，贪求思慕总因痴。

宝玉看了，便点头叹息。想要进去找鸳鸯问他是什么所在，细细想来甚是熟识，便仗着胆子推门进去。满屋一瞧，并不见鸳鸯，里头只是黑漆漆的，心下害怕。正要退出，见有十数个大橱，橱门半掩。

宝玉忽然想起：“我少时做梦曾到过这个地方。如今能够亲身到此，也是大幸。”恍惚间，把找鸳鸯的念头忘了。便壮着胆把上首的大橱开了橱门一瞧，见有好几本册子，心里更觉喜欢，想道：“大凡人做梦，说是假的，岂知有这梦便有这事。我常说还要做这个梦再不能的，不料今儿被我找着了。但不知那册子是那个见过的不是？”伸手在上头取了一本，册上写着“金陵十二钗正册”。宝玉拿着一想道：“我恍惚记得是那个，只恨记不得清楚。”便打开头一页看去，见上头有画，但是画迹模糊，再瞧不出来。后面有几行字迹也不清楚，尚可摹拟，便细细的看去，见有什么

"玉带"，上头有个好像"林"字，心里想道："不要是说林妹妹罢？"便认真看去，底下又有"金簪雪里"四字，诧异道："怎么又像他的名字呢？"复将前后四句合起来一念道："也没有什么道理，只是暗藏着他两个名字，并不为奇。独有那'怜'字'叹'字不好。这是怎么解？"想到那里，又自啐道："我是偷着看，若只管呆想起来，倘有人来，又看不成了。"遂往后看去，也无暇细玩那图画，只从头看去。看到尾儿有几句词，什么"相逢大梦归"一句，便恍然大悟道："是了，果然机关不爽，这必是元春姐姐了。若都是这样明白，我要抄了去细玩起来，那些姊妹们的寿夭穷通没有不知的了。我回去自不肯泄漏，只做一个未卜先知的人，也省了多少闲想。"又向各处一瞧，并没有笔砚，又恐人来，只得忙着看去。只见图上影影有一个放风筝的人儿，也无心去看。急急的将那十二首诗词都看遍了。也有一看便知的，也有一想便得的，也有不大明白的，心下牢牢记着。一面叹息，一面又取那《金陵又副册》一看，看到"堪羡优伶有福，谁知公子无缘"，先前不懂，见上面尚有花席的影子，便大惊痛哭起来。

待要往后再看，听见有人说道："你又发呆了，林妹妹请你呢。"好似鸳鸯的声气，回头却不见人。心中正自惊疑，忽鸳鸯在门外招手。宝玉一见，喜得赶出来。但见鸳鸯在前影影绰绰的走，只是赶不上。宝玉叫道："好姐姐，等等我。"那鸳鸯并不理，只顾前走。宝玉无奈，尽力赶去，忽见别有一洞天，楼阁高耸，殿角玲珑，且有好些宫女隐约其间。宝玉贪看景致，竟将鸳鸯忘了。宝玉顺步走入一座宫门，内有奇花异卉，都也认不明白。惟有白石花阑围着一颗青草，叶头上略有红色，但不知是何名草，这样矜贵。只见微风动处，那青草已摇摆不休，虽说是一枝小草，又无花朵，其妩媚之态，不禁心动神怡，魂消魄丧。宝玉只管呆呆的看着，只听见旁边有一人说道："你是那里来的蠢物，在此窥探仙草？"宝玉听了，吃了一惊，回头看时，却是一位仙女，便施礼道："我找鸳鸯姐姐，误入仙境，恕我冒昧之罪。请问神仙姐姐，这里是何地方？怎么我鸳鸯姐姐到此还说是林妹妹叫我？望乞明示。"那人道："谁知你的姐姐妹妹，我是看管仙草的，不许凡人在此逗留。"宝玉欲待要出来，又舍不得，只得央告道：

"神仙姐姐既是那管理仙草的，必然是花神姐姐了。但不知这草有何好处？"那仙女道："你要知道这草，说起来话长着呢。那草本在灵河岸上，名曰绛珠草。因那时萎败，幸得一个神瑛侍者日以甘露灌溉，得以长生。后来降凡历劫，还报了灌溉之恩，今返归真境。所以警幻仙子命我看管，不令蜂缠蝶恋。"宝玉听了不解，一心疑定必是遇见了花神了，今日断不可当面错过，便问："管这草的是神仙姐姐了。还有无数名花必有专管的，我也不敢烦问，只有看管芙蓉花的是那位神仙？"那仙女道："我却不知，除是我主人方晓。"宝玉便问道："姐姐的主人是谁？"那仙女道："我主人是潇湘妃子。"宝玉听道："是了，你不知道这位妃子就是我的表妹林黛玉。"那仙女道："胡说，此地乃上界神女之所，虽号为潇湘妃子，并不是娥皇女英之辈，何得与凡人有亲？你少来混说，瞧着叫力士打你出去。"

宝玉听了发怔，只觉自形秽浊，正要退出，又听见有人赶来说道："里面叫请神瑛侍者。"那人道："我奉命等了好些时，总不见有神瑛侍者过来，你叫我那里请去？"那一个笑道："才退去的不是么？"那侍女慌忙赶出来说："请神瑛侍者回来。"宝玉只道是问别人，又怕被人追赶，只得踉跄而逃。正走时，只见一人手提宝剑迎面拦住说："那里走？"唬得宝玉惊惶无措，仗着胆抬头一看，却不是别人，就是尤三姐。宝玉见了，略定些神，央告道："姐姐怎么你也来逼起我来了？"那人道："你们兄弟没有一个好人，败人名节，破人婚姻。今儿你到这里，是不饶你的了。"宝玉听去话头不好，正自着急，只听后面有人叫道："姐姐快快拦住，不要放他走了。"尤三姐道："我奉妃子之命等候已久，今儿见了，必定要一剑斩断你的尘缘。"宝玉听了益发着忙，又不懂这些话到底是什么意思，只得回头要跑。岂知身后说话的并非别人，却是晴雯。宝玉一见，悲喜交集，便说："我一个人走迷了道儿，遇见仇人，我要逃回，却不见你们一人跟着我。如今好了，晴雯姐姐，快快的带我回家去罢。"晴雯道："侍者不必多疑，我非晴雯，我是奉妃子之命特来请你一会，并不难为你。"宝玉满腹狐疑，只得问道："姐姐说是妃子叫我，那妃子究是何人？"晴雯道："此时不必问，到了那里自然知道。"宝玉没法，只得跟着走。细看那人背后举动恰是晴雯，那面目声音是不错的了，"怎么他说不是？我此时心里模糊。且别管他，到了那边见了妃子，就有不是，那时再求他，到底女人的心肠是慈悲的，必是恕我冒失。"

正想着，不多时到了一个所在。只见殿宇精致，色彩辉煌，庭中一丛翠竹，户外数本苍松。廊檐下立着几个侍女，都是宫妆打扮，见了宝玉进来，便悄悄的说道："这就是神瑛侍者么？"引着宝玉的说道："就是。你快进去通报罢。"有一侍女笑着招手，宝玉便跟着进去。过了几层房舍，见一正房，珠帘高挂。那侍女说："站着候旨。"宝玉听了，也不敢则声，只得在外等着。那侍女进去不多时，出来说："请侍者参见。"又有一人卷起珠帘。只见一女子，头戴花冠，身穿绣服，端坐在内。宝玉略一抬头，见是黛玉的形容，便不禁的说道："妹妹在这里，叫我好想。"那帘外的侍女悄咤道："这侍者无礼，快快出去。"说犹未了，又见一个侍儿将珠帘放下。宝玉此时欲待进去又不敢，要走又不舍，待要问明，见那些侍女并不认得，又被驱逐，无奈出来。心想要问晴雯，回头四顾，并不见有晴雯。心下狐疑，只得怏怏出来，又无人引着，正欲找原路而去，却又找不出旧路了。

正在为难，见凤姐站在一所房檐下招手。宝玉看见喜欢道："可好了，原来回到自己家里了。我怎么一时迷乱如此？"急奔前来说："姐姐在这里么，我被这些人捉弄到这个分儿。林妹妹又不肯见我，不知何原故？"说着，走到凤姐站的地方，细看起来并不是凤姐，原来却是贾蓉的前妻秦氏。宝玉只得立住脚要问"凤姐姐在那里"，那秦氏也不答言，竟自往屋里去了。宝玉恍恍惚惚的又不敢跟进去，只得呆呆的站着，叹道："我今儿得了什么不是，众人都不理我。"便痛哭起来。见有几个黄巾力士执鞭赶来，说是："何处男人敢闯入我们这天仙福地来，快走出去。"宝玉听得，不敢言语。正要寻路出来，远远望见一群女子说笑前来。宝玉看时，又像有迎春等一干人走来，心里喜欢，叫道："我迷住在这里，你们快来救我。"正嚷着，后面力士赶来。宝玉急得往前乱跑，忽见那一群女子都变作鬼怪形像，也来追扑。

宝玉正在情急，只见那送玉来的和尚手里拿着一面镜子一照，说道："我奉元妃娘娘旨意，特来救你。"登时鬼怪全无仍是一片荒郊。宝玉拉着和尚说道："我记得是你领我到这里，你一时又不见了。看见了好些亲人，只是都不理我，忽又变作鬼怪，到底是梦是真，望老师明白指示。"那和尚道："你到这里曾偷看什么东西没有？"宝玉一想道："他既能带我到天仙福地，自然也是神仙了，如何瞒得他，况且正要问个明白。"便道："我倒见了好些册子来着。"那和尚道："可又来，你见了册子还不解么？世上的情缘都是那些魔障。只要把历过的事情细细记着，将来我与你说明。"说着，把宝玉狠命的一推，说："回去罢。"宝玉站不住脚，一交跌倒，口里嚷道："阿哟。"

笺证

第一一六回"得通灵幻境悟仙缘"，重温了太虚幻境，纠结着宝玉的精魂深处、生命深层，纠结着宝玉既复习、回想、叠加，又印证、了悟、幻灭的复杂的精神之旅。这是一种颠三倒四、杂七杂八的白日梦，尤其是当那些与他有亲缘关系或精神连结的人死后纷纷成了太虚幻境的神仙，彼是此非、彼非此是、彼此皆是皆非的时候，使他似乎返回家园而又失去家园。失去精神家园，人生就无从安顿。比起第五回太虚幻境的经典描写来，倒数第五回的太虚幻境描写，较为凌乱而不乏深刻。但第五回与倒数第五回，形成了一个有意味的环形结构。这种精魂放飞太虚幻境的契机在于，贾宝玉因受甄宝玉变成禄蠹而发呆昏厥，得到和尚带回通灵宝玉而康复，又因麝月提起他在黛玉面前砸那劳什子，就神色一变，仰身昏死过去。在精神几经磨难，徘徊于生死边缘之际，宝玉跟着那和尚，觉得身轻如叶，飘飘摇摇，行了一处荒野，远远的望见一座牌楼，写着“真如福地”四个大字，两边对联是：“假去真来真胜假，无原有是有非无。”走近一座宫门，门上横书四个大字“福善祸淫”，又有一副对子：“过去未来，莫谓智贤能打破；前因后果，须知亲近不相逢。”太虚幻境的象征性牌楼对联，也因人事、幻事的情景变异而变异，时间改变了一切，改变了人对命运的体验。宝玉竟然能够再度魂游太虚幻境，而且能够魂游到太虚幻境更深处，就要在对经历了变古的变故之后，探问和指证其中的因果了。但是引路的仙人均是恍恍惚惚，幻生幻灭，却见鸳鸯向他招手。鸳鸯瞬间消失，转身看见巍峨殿宇，匾额写着“引觉情痴”，对联是：“喜笑悲哀都是假，贪求思慕总因痴。”宝玉仗着胆子推门进去，看见有十数个大橱，伸手取出一本《金陵十二钗正册》。虽然看到对黛玉、宝钗的判词，但字迹图画模糊，看不出所以然来。又看到“相逢大梦归”，恍然大悟是讲元春的。在《金陵又副册》中看到“堪羡优伶有福，谁知公子无缘”，见上面尚有花席的影子，就大惊痛哭起来，似乎感觉到袭人与他缘分属于空幻。又幻见鸳鸯又来引路，说：“你又发呆了，林妹妹请你呢。”这也就意味着在黛玉、宝钗册子前，姻缘莫解；在元春册子前，富贵不可恃；在袭人册子前，人缘难把握。因此只能探索灵魂深处难分难舍的核心情结了。宝玉顺步走入一座宫门，内有奇花异卉，一位仙女看管仙草，说：“那草本在灵河岸上，名曰绛珠草。因那时萎败，幸得一个神瑛侍者日以甘露灌溉，得以长生。后来降凡历劫，还报了灌溉之恩，今返归真境。所以警幻仙子命我看管，不令蜂缠蝶恋。”这就回应了第一回甄士隐梦随一僧一道了结一段风流公案时，见闻到的神瑛侍者与绛珠仙草的诗化神话。看管仙草的仙女说她的主人是潇湘妃子，宝玉觉得可以见到表妹林黛玉了。正在发怔，又听见有人赶来说：“里面叫请神瑛侍者。”宝玉只道是问别人，又怕被人追赶，只得踉跄而逃，却被尤三姐手提宝剑拦住去路说："你们兄弟没有一个好人，败人名节，破人婚姻。今儿你到这里，是不饶你的了。"宝玉回头要跑，岂知身后出现晴雯，说是奉妃子之命特来请宝玉一会。宝玉陷入了不知"我是谁？"的精神困境，被引到了一个殿宇精致、色彩辉煌之处，又有一人卷起珠帘。只见一女子，头戴花冠，身穿绣服，端坐在内。宝玉略一抬头，见是黛玉的形容，便不禁的说："妹妹在这里，叫我好想。"这个片段有点像白居易《长恨歌》所言："临邛道士鸿都客，能以精诚致魂魄。为感君王辗转思，遂教方士殷勤觅。排空驭气奔如电，升天入地求之遍。上穷碧落下黄泉，两处茫茫皆不见。忽闻海上有仙山，山在虚无缥缈间。楼阁玲珑五云起，其中绰约多仙子。中有一人字太真，雪肤花貌参差是。"这不是平等相会，而是瞻仰，而且是虚无缥缈的瞻仰。宝玉对林妹妹的叫唤，使得潇湘妃子的侍女诧异他的无礼，放下珠帘，让他快快出去。这又陷入了"你是谁？"的精神困境，你我都无法确认是谁，就成了双重精神困境了。宝玉正在为难，看见凤姐站在一所房檐下招手。走到凤姐站的地方，细看起来并不是凤姐，原来却是贾蓉的前妻秦可卿，不与他搭话，竟自往屋里去了。引路者又是谁？这是第三重精神困境。宝玉痛哭起来，只见有几个黄巾力士执鞭赶他出去。远远望见像是迎春等一群女子说笑前来，忽然都变作鬼怪形像，追扑过来。只见那送玉来的和尚奉元妃娘娘旨意，特来救宝玉，手拿一面镜子一照，登时鬼怪全无，仍是一片荒郊。黄巾力士的追打，迎春等一群女子变作鬼怪，这些熟悉的和陌生的，又是谁？这是第四重精神困境。重重困境包围下的人，跳不出无穷的恐惧和幻灭。只听见那和尚说："你见了册子还不解么？世上的情缘都是那些魔障。只要把历过的事情细细记着，将来我与你说明。”说着，把宝玉狠命的一推，宝玉一跤跌倒，口里嚷道“啊哟”就醒来了。这“啊哟”一声跌倒，跌破了宝玉的一切人间幻想，但跌不破他的重重精神困境。这次魂游太虚幻境，足以跟第五回的魂游太虚幻境相呼应、相匹配，以往多是不明底里的预言，此处多是魂归太虚的“故人—仙女”对一个人世浊物的戏弄，至于神瑛侍者日以甘露灌溉绛珠仙草，更是拳拳服膺而弗失之矣。如此以天书戏弄着人书，“满纸荒唐言，一把辛酸泪”，是贾宝玉对孽缘的无法还债的还债。《后汉书·隗嚣传》说：“戏弄神祇，歌颂祸殃。”《后汉书·王符传》又说：“或作泥车瓦狗诸戏弄之具，以巧诈小儿。”以天书戏弄着人书，是在重重精神困境中无法突围的突围。这就是贾宝玉的“围城”。

王夫人等正在哭泣，听见宝玉苏来，连忙叫唤。宝玉睁眼看时，仍躺在炕上，见王夫人、宝钗等哭的眼泡红肿。定神一想，心里说道：“是了，我是死去过来的。”遂把神魂所历的事呆呆的细想，幸喜多还记得，便哈哈的笑道：“是了，是了。”王夫人只道旧病复发，便好延医调治，即命丫头婆子快去告诉贾政，说是：“宝玉回过来了，头里原是心迷住了，如今说出话来，不用备办后事了。”贾政听了，即忙进来看视，果见宝玉苏来，便道：“没的痴儿你要唬死谁么？”说着，眼泪也不知不觉流下来了。又叹了几口气，仍出去叫人请医生诊脉服药。这里麝月正思自尽，见宝玉一过来，也放了心。只见王夫人叫人端了桂圆汤叫他喝了几口，渐渐的定了神。王夫人等放心，也没有说麝月，只叫人仍把那玉交给宝钗给他带上，“想起那和尚来，这玉不知那里找来的，也是古怪。怎么一时要银一时又不见了，莫非是神仙不成”？宝钗道：“说起那和尚来的踪迹去的影响，那玉并不是找来的。头里丢的时候，必是那和尚取去的。”王夫人道：“玉在家里怎么能取的了去？”宝钗道：“既可送来，就可取去。”袭人、麝月道：“那年丢了玉，林大爷测了个字，后来二奶奶过了门，我还告诉过二奶奶，说测的那字是什么‘赏’字。二奶奶还记得么？”宝钗想道：“是了。你们说测的是当铺里找去，如今才明白了，竟是个和尚的‘尚’字在上头，可不是和尚取了去的么？”王夫人道：“那和尚本来古怪。那年宝玉病的时候，那和尚来说是我们家有宝贝可解，说的就是这块玉了。他既知道，自然这块玉到底有些来历。况且你女婿养下来就嘴里含着的，古往今来，你们听见过这么第二个么？只是不知终久这块玉到底是怎么着，就连咱们这一个也还不知是怎么着。病也是这块玉，好也是这块玉，生也是这块玉——”说到这里忽然住了，不免又流下泪来。宝玉听了，心里却也明白，更想死去的事愈加有因，只不言语，心里细细的记忆。那时惜春便说道：“那年失玉，还请妙玉请过仙，说是‘青埂峰下倚古松’，还有什么‘入我门来一笑逢’的话，想起来‘入我门’三字大有讲究。佛教的法门最大，只怕二哥不能入得去。”宝玉听了，又冷笑几声。宝钗听了，不觉的把眉头儿肐揪着发起怔来。尤氏道：“偏你一说又是佛门了。你出家的念头还没有歇么？”惜春笑道：“不瞒嫂子说，我早已断了荤了。”王夫人道：“好孩子，阿弥陀佛，这个念头是起不得的。”惜春听了，也不言语。宝玉想“青灯古佛前”的诗句，不禁连叹几声。忽又想起一床席一枝花的诗句来，拿眼睛看着袭人，不觉又流下泪来。众人都见他忽笑忽悲，也不解是何意，只道是他的旧病。岂知宝玉触处机来，竟能把偷看册上诗句俱牢牢记住了，只是不说出来，心中早有一个成见在那里了。暂且不题。

且说众人见宝玉死去复生，神气清爽，又加连日服药，一天好似一天，渐渐的复原起来。便是贾政见宝玉已好，现在丁忧无事，想起贾赦不知几时遇赦，老太太的灵柩久停寺内，终不放心，欲要扶柩回南安葬，便叫了贾琏来商议。贾琏便道：“老爷想得极是，如今趁着丁忧干了一件大事更好。将来老爷起了服，生恐又不能遂意了。但是我父亲不在家，侄儿呢又不敢僭越。老爷的主意很好，只是这件事也得好几千银子。衙门里缉赃那是再缉不出来的。”贾政道:“我的主意是定了，只为大爷不在家，叫你来商议商议怎么个办法。你是不能出门的。现在这里没有人，我为是好几口材都要带回去的，一个怎么样的照应呢，想起把蓉哥儿带了去。况且有他媳妇的棺材也在里头。还有你林妹妹的，那是老太太的遗言说跟着老太太一块儿回去的。我想这一项银子只好在那里挪借几千，也就够了。”贾琏道:“如今的人情过于淡薄。老爷呢，又丁忧；我们老爷呢，又在外头。一时借是借不出来的了，只好拿房地文书出去押去。”贾政道:“住的房子是官盖的，那里动得？”贾琏道:“住房是不能动的。外头还有几所可以出脱的，等老爷起复后再赎也使得。将来我父亲回来了，倘能也再起用，也好赎的。只是老爷这么大年纪，辛苦这一场，侄儿们心里实不安。”贾政道:“老太太的事，是应该的。只要你在家谨慎些，把持定了才好。”贾琏道:“老爷这倒只管放心，侄儿虽糊涂，断不敢不认真办理的。况且老爷回南少不得多带些人去，所留下的人也有限了，这点子费用还可以过的来。就是老爷路上短少些，必经过赖尚荣的地方，可也叫他出点力儿。”贾政道:“自己的老人家的事，叫人家帮什么？”贾琏答应了“是”，便退出来打算银钱。

贾政便告诉了王夫人，叫他管了家，自己便择了发引长行的日子，就要起身。宝玉此时身体复元，贾环、贾兰倒认真念书，贾政都交付给贾琏，叫他管教，“今年是大比的年头。环儿是有服的，不能入场。兰儿是孙子，服满了也可以考的；务必叫宝玉同着侄儿考去。能够中一个举人，也好赎一赎咱们的罪名。”贾琏等唯唯应命。贾政又吩咐了在家的人，说了好些话，才别了宗祠，便在城外念了几天经，就发引下船，带了林之孝等而去。也没有惊动亲友，惟有自家男女送了一程回来。

宝玉因贾政命他赴考，王夫人便不时催逼查考起他的工课来。那宝钗、袭人时常劝勉，自不必说。那知宝玉病后虽精神日长，他的念头一发更奇僻了，竟换了一种。不但厌弃功名仕进，竟把那儿女情缘也看淡了好些。只是众人不大理会，宝玉也并不说出来。一日，恰遇紫鹃送了林黛玉的灵柩回来，闷坐自己屋里啼哭，想着:“宝玉无情，见他林妹妹的灵柩回去并不伤心落泪，见我这样痛哭也不来劝慰，反瞅着我笑。这样负心的人，从前都是花言巧语来哄着我们。前夜亏我想得开，不然几乎又上了他的当。只是一件叫人不解，如今我看他待袭人等也是冷冷儿的。二奶奶是本来不喜欢亲热的，麝月那些人就不抱怨他么？我想女孩子们多半是痴心的，白操了那些时的心，看将来怎样结局？”正想着，只见五儿走来瞧他，见紫鹃满面泪痕，便说：“姐姐又想林姑娘了？想一个人闻名不如眼见，头里听着宝二爷女孩子跟前是最好的，我母亲再三的把我弄进来。岂知我进来了，尽心竭力的服侍了几次病，如今病好了，连一句好话也没有剩出来，如今索性连眼儿也都不瞧了。”紫鹃听他说的好笑，便噗嗤的一笑，啐道：“呸，你这小蹄子，你心里要宝玉怎么个样儿待你才好？女孩儿家也不害臊，连名公正气的屋里人瞧着他还没事人一大堆呢，有功夫理你去。”因又笑着拿个指头往脸上抹着问道：“你到底算宝玉的什么人哪？”那五儿听了，自知失言，便飞红了脸。待要解说不是要宝玉怎么看待，说他近来不怜下的话，只听院门外乱嚷说：“外头和尚又来了，要那一万银子呢。太太着急，叫琏二爷和他讲去，偏偏琏二爷又不在家。那和尚在外头说些疯话，太太叫请二奶奶过去商量。”不知怎样打发那和尚，下回分解。

笺证

对词语的来源和历史进行研究的语源学，有时能够启发趣味。《说文解字》云：“猜，恨贼也。从犬，青声。”段玉裁注：“（猜）恨贼也。本谓犬。假借之谓人。”由狗的猜人、恨人，推广到人的猜人、恨人，人性与狗性相通。如

《史记·吴起传》说："鲁人或恶吴起曰：'起之为人，猜忍人也。其少时，家累千金，游仕不遂，遂破其家，乡党笑之，吴起杀其谤己者三十余人。'"❶如果像鲁人讨厌吴起所说的，他算是猜疑而残忍的人，带有凶残的兽性。如果把这种狗也猜、野兽也猜的"猜"的思维运用于《红楼梦》，又怎么样呢？可以说，真是一部俗人猜不透的《红楼梦》，猜不透而偏猜，就弄出了许多奇奇怪怪的念头。第一一六回"送慈柩故乡全孝道"，写到贾政护送贾母灵柩回乡安葬，宝玉的精神一放松，魂游太虚幻境醒来后，袭人、麝月议论起那块丢而再得的劳什子说："那年丢了玉，林大爷测了个字，后来二奶奶过了门，我还告诉过二奶奶，说测的那字是什么'赏'字。二奶奶还记得么？"宝钗想了想说："是了。你们说测的是当铺里找去，如今才明白了，竟是个和尚的'尚'字在上头，可不是和尚取了去的么？"王夫人说："那和尚本来古怪。那年宝玉病的时候，那和尚来说是我们家有宝贝可解，说的就是这块玉了。他既知道，自然这块玉到底有些来历。况且你女婿养下来就嘴里含着的，古往今来，你们听见过这么第二个么？只是不知终久这块玉到底是怎么着，就连咱们这一个也还不知是怎么着。病也是这块玉，好也是这块玉，生也是这块玉——"宝玉心里却也明白，更想死去的事愈加有因。惜春却语出惊人说："那年失玉，还请妙玉请过仙，说是'青埂峰下倚古松'，还有什么'入我门来一笑逢'的话，想起来'入我门'三字大有讲究。佛教的法门最大，只怕二哥不能入得去。"惜春一语，点破了宝玉命运的玄机。这番议论，了结以往种种神秘的猜测，却又涉及大荒山无稽崖青埂峰下女娲补天神话中那块无材补天、幻形入世的顽石，涉及宝玉对佛教"入我门来一笑逢"的结局的更浩大的无可猜测。人世的议论，说是猜不透，却暗藏着天书的无限纠缠。转到人间事务，就凸显孝道对人死之后魂归故里的处理。人死后灵魂归还故里安置，是一种民俗信仰，呼应着楚辞《招魂》中那一句"魂兮归来哀江南！"贾政对于扶柩南归已经打定主意，只因老大贾赦流放边疆，叫贾琏来商议，让贾琏看管家务，贾蓉陪同扶柩，因为他的媳妇秦可卿的棺材也在里头。贾母的棺材要按照贾母的遗言，安排林黛玉跟着贾母一块儿回去。用项银子挪借几千，也就够了。贾政的尽孝，注满了现实理性；宝玉与命根子通灵宝玉的得得失失，注满了天道运行的超现实神秘性。二者组成了《红楼梦》的叙事复调，令解读者在猜不透之中伤透脑筋，永不寂寞。

❶（汉）司马迁：《史记》，中华书局1959年版，第2165页。

第一一七回

阻超凡佳人双护玉 欣聚党恶子独承家

话说王夫人打发人来叫宝钗过去商量，宝玉听见说是和尚在外头，赶忙的独自一人走到前头，嘴里乱嚷道："我的师父在那里？"叫了半天，并不见有和尚，只得走到外面。见李贵将和尚拦住，不放他进来。宝玉便说道："太太叫我请师父进去。"李贵听了松了手，那和尚便摇摇摆摆的进去。宝玉看见那僧的形状与他死去时所见的一般，心里早有些明白了，便上前施礼，连叫："师父，弟子迎候来迟。"那僧说："我不要你们接待，只要银子，拿了来我就走。"宝玉听来又不像有道行的话，看他满头癞疮，混身腌臜破烂，心里想道："自古说'真人不露相，露相不真人'，也不可当面错过，我且应了他谢银，并探探他的口气。"便说道："师父不必性急，现在家母料理，请师父坐下略等片刻。弟子请问，师父可是从'太虚幻境'而来？"那和尚道："什么幻境，不过是来处来、去处去罢了。我是送还你的玉来的。我且问你，那玉是从那里来的？"宝玉一时对答不来。那僧笑道："你自己的来路还不知，便来问我。"宝玉本来颖悟，又经点化，早把红尘看破，只是自己的底里未知。一闻那僧问起玉来，好像当头一棒，便说道："你也不用银子了，我把那玉还你罢。"那僧笑道："也该还我了。"

宝玉也不答言，往里就跑，走到自己院内，见宝钗、袭人等都到王夫人那里去了，忙向自己床边取了那玉便走出来。迎面碰见了袭人，撞了一个满怀，把袭人唬了一跳，说道："太太说，你陪着和尚坐着很好，太太在那里打算送他些银两。你又回来做什么？"宝玉道："你快去回太太，说不用张罗银两了，我把这玉还了他就是了。”袭人听说，即忙拉住宝玉道：“这断使不得的。那玉就是你的命，若是他拿去了，你又要病着了。”宝玉道：“如今不再病的了，我已经有了心了，要那玉何用？”摔脱袭人，便要想走。袭人急得赶着嚷道：“你回来，我告诉你一句话。”宝玉回过头来道：“没有什么说的了。”袭人顾不得什么，一面赶着跑，一面嚷道：“上回丢了玉，几乎没有把我的命要了。刚刚儿的有了，你拿了去，你也活不成，我也活不成了。你要还他，除非是叫我死了。”说着，赶上一把拉住。宝玉急了道：“你死也要还，你不死也要还。”狠命的把袭人一推，抽身要走。怎奈袭人两只手绕着宝玉的带子不放松，哭喊着坐在地下。里面的丫头听见连忙赶来，瞧见他两个人的神情不好，只听见袭人哭道：“快告诉太太去，宝二爷要把那玉去还和尚呢。”丫头赶忙飞报王夫人。那宝玉更加生气，用手来掰开了袭人的手，幸亏袭人忍痛不放。紫鹃在屋里听见宝玉要把玉给人，这一急比别人更甚，把素日冷淡宝玉的主意都忘在九霄云外了，连忙跑出来帮着抱住宝玉。那宝玉虽是个男人，用力摔打，怎奈两个人死命的抱住不放，也难脱身，叹口气道：“为一块玉这样死命的不放，若是我一个人走了，又待怎么样呢？”袭人、紫鹃听到那里，不禁嚎啕大哭起来。

正在难分难解，王夫人、宝钗急忙赶来，见是这样形景，便哭着喝道：“宝玉，你又疯了吗？”宝玉见王夫人来了，明知不能脱身，只得陪笑说道：“这当什么，又叫太太着急。他们总是这样大惊小怪的，我说那和尚不近人情，他必要一万银子，少一个不能。我生气进来拿这玉还他，就说是假的，要这玉干什么？他见得我们不希罕那玉，便随意给他些就过去了。”王夫人道：“我打量真要还他，这也罢了。为什么不告诉明白了他们，叫他们哭哭喊喊的像什么？”宝钗道：“这么说呢倒还使得。要是真拿那玉给他，那和尚有些古怪，倘或一给了他，又闹到家口不宁，岂不是不成事了么？至于银钱呢，就把我的头面折变了，也还够了呢。”王夫人听了道：“也罢了，且就这么办罢。”宝玉也不回答。只见宝钗走上来在宝玉手里拿了这玉，说道：“你也不用出去，我合太太给他钱就是了。”宝玉道：“玉不还他也使得，只是我还得当面见他一见才好。”袭人等仍不肯放手，到底宝钗明决，说：“放了手由他去就是了。”袭人只得放手。宝玉笑道：“你们这些人原来重玉不重人哪。你们既放了我，我便跟着他走了，看你们就守着那块玉怎么样？”袭人心里又着急起来，仍要拉他，只碍着王夫人和宝钗的面前，又不好太露轻薄。恰好宝玉一撒手就走了。袭人忙叫小丫头在三门口传了焙茗等，“告诉外头照应着二爷，他有些疯了。”小丫头答应了出去。

王夫人、宝钗等进来坐下，问起袭人来由，袭人便将宝玉的话细细说了。王夫人、宝钗甚是不放心，又叫人出去吩咐众人伺候，听着和尚说些什么。回来小丫头传话进来回王夫人道：“二爷真有些疯了。外头小厮们说，里头不给他玉，他也没法，如今身子出来了，求着那和尚带了他去。”王夫人听了说道：“这还了得。那和尚说什么来着？”小丫头回道：“和尚说要玉不要人。”宝钗道：“不要银子了么？”小丫头道：“没听见说，后来和尚和二爷两个人说着笑着，有好些话外头小厮们都不大懂。”王夫人道：“糊涂东西，听不出来，学是自然学得来的。”便叫小丫头：“你把那小厮叫进来。”小丫头连忙出去叫进那小厮，站在廊下，隔着窗户请了安。王夫人便问道：“和尚和二爷的话你们不懂，难道学也学不来吗？”那小厮回道：“我们只听见说什么‘大荒山’，什么‘青埂峰’，又说什么‘太虚境’，‘斩断尘缘’这些话。”王夫人听了也不懂，宝钗听了，唬得两眼直瞪，半句话都没有了。

正要叫人出去拉宝玉进来，只见宝玉笑嘻嘻的进来说：“好了，好了。”宝钗仍是发怔。王夫人道：“你疯疯颠颠的说的是什么？”宝玉道：“正经话又说我疯颠。那和尚与我原是认得的，他不过也是要来见我一见。他何尝是真要银子呢，也只当化个善缘就是了。所以说明了他自己就飘然而去了。这可不是好了么？”王夫人不信，又隔着窗户问那小厮。那小厮连忙出去问了门上的人，进来回说：“果然和尚走了。说请太太们放心，我原不要银子，只要宝二爷时常到他那里去去就是了。诸事只要随缘，自有一定的道理。”王夫人道：“原来是个好和尚，你们曾问住在那里？”门上道：“奴才也问来着，他说我们二爷是知道的。”王夫人问宝玉道：“他到底住在那里？”宝玉笑道：“这个地方说远就远，说近就近。”宝钗不待说完，便道：“你醒醒儿罢，别尽着迷在里头。现在老爷、太太就疼你一个人，老爷还吩咐叫你干功名长进呢。”宝玉道：“我说的不是功名么？你们不知道，‘一子出家，七祖升天’呢。”王夫人听到那里，不觉伤心起来，说：“我们的家运怎么好，一个四丫头口口声声要出家，如今又添出一个来了。我这样个日子过他做什么？”说着，大哭起来。宝钗见王夫人伤心，只得上前苦劝。宝玉笑道：“我说了这一句顽话，太太又认起真来了。”王夫人止住哭声道：“这些话也是混说的么？”

笺证

想不到通灵宝玉在人间无休无止地表演着闹剧，和尚与贾府闺阁之间拉拉扯扯，展开了宝玉争夺战。从第一一七回“阻超凡佳人双护玉”来看，通灵宝玉牵扯着天道与尘缘，癞头僧以通灵宝玉把贾宝玉拽向天道，宝钗、袭人护着通灵宝玉把贾宝玉拉回凡尘。宝玉听僧人索取一万银子，不像有道行的作为，看他满头癞疮，混身腌臜破烂，心里又想“自古说‘真人不露相，露相不真人’”。应该知道，韬光养晦是一种高深莫测的道术。《西游记》第九十九回唐僧一行取经回来，“时已深夜，三藏守定真经，不敢暂离，就于楼下打坐看守。将及三更，三藏悄悄的叫道：‘悟空，这里人家，识得我们道成事完了。自古道，真人不露相，露相不真人。恐为久淹，失了大事。’行者道：‘师父说得有理，我们趁此深夜，人皆熟睡，寂寂的去了罢。’”[1]大智若愚，大巧若拙，对于大智慧者是不可以貌取人的。宝玉为此就问：“师父可是从‘太虚幻境’而来？”那和尚道：“什么幻境，不过是来处来、去处去罢了。我是送还你的玉来的。我且问你，那玉是从那里来的？”宝玉本来颖悟，又经点化，早把红尘看破，要把那玉还僧人。对于宝玉与和尚更深的攀谈，本回采取间接叙事法，借小丫头、小厮的口转达给王夫人和宝钗。这种间接叙事法，相比正面直写，在扑朔迷离中更耐人咀嚼，引人遐思。小丫头传话回王夫人说：“二爷真有些疯了。外头小厮们说，里头不给他玉，他也没法，如今身子出来了，求着那和尚带了他去。”王夫人要了解和尚和宝玉的谈话内容，小丫头叫小厮回话说：“我们只听见说什么‘大荒山’，什么‘青埂峰’，又说什么‘太虚境’，‘斩断尘缘’这些话。”王夫人听不懂，宝钗听了，唬得两眼直瞪，半句话都没有了。宝钗毕竟颖悟，在语言碎片中，参证出命运的无可奈何处。只见宝玉笑嘻嘻进来，王夫人问那和尚住在何处，宝玉笑答说：“这个地方说远就远，说近就近。”宝玉笑嘻嘻，这种以笑嘻嘻的神态面对笑嘻嘻的世界，比起哭丧着脸，或哄堂大笑，隐藏着更多的精神秘密，更是深不见底。宝钗唯一的劝导，是要宝玉遵照贾政老爷的吩咐，干功名长进。宝玉反问说：“我说的不是功名么？你们不知道，‘一子出家，七祖升天’呢。”对于功业和名声，各有各的理解，《史记·管晏列传》管仲说，生我者父母，知我者鲍叔，“鲍叔不以我为无耻，知我不羞小节而耻功名不显于天下也”。管仲认为，立功名，就是辅佐齐桓公完成霸业，扬名天下。而宝玉把出家与功名相联系，其悖谬性包含着令人难以承受之重。叙事角度在直接性和间接性上来回摆动，使癞头僧把贾宝玉拽向天道，宝钗把贾宝玉拉回凡尘的拉锯战显得扑朔迷离，太模糊不易理解，太清晰没有滋味，这就是天书与人书相结合的带点超然性，又带点闹剧性的叙事策略。

正闹着，只见丫头来回话："琏二爷回来了，颜色大变，说请太太回去说话。"王夫人又吃了一惊，说道："将就些，叫他进来罢，小婶子也是旧亲，不用回避了。"贾琏进来，见了王夫人请了安，宝钗迎着也问了贾琏的安。回说道："刚才接了我父亲的书信，说是病重的很，叫我就去，若迟了恐怕不能见面。"说到那里，眼泪便掉下来了。王夫人道："书上写的是什么病？"贾琏道："写的是感冒风寒起来的，如今成了痨病了。现在危急，专差一个人连日连夜赶来的，说如若再耽搁一两天就不能见面了。故来回太太，侄儿必得就去才好。只是家里没人照管。蔷儿、芸儿虽说糊涂，到底是个男人，外头有了事来还可传个话。侄儿家里倒没有什么事，秋桐是天天哭着喊着不愿意在这里，侄儿叫了他娘家的人来领了去了，倒省了平儿好些气。虽是巧姐没人照应，还亏平儿的心不很坏。妞儿心里也明白，只是性气比他娘还刚硬些，求太太时常管教管教他。"说着眼圈儿一红，连忙把腰里拴槟榔荷包的小绢子拉下来擦眼。王夫人道："放着他亲祖母在那里，托我做什么？"贾琏轻轻的说道："太太要说这个话，侄儿就该活活儿的打死了。没什么说的，总求太太始终疼侄儿就是了。"说着，就跪下来了。王夫人也眼圈儿红了，说："你快起来，娘儿们说话儿，这是怎么说。只是一件，孩子也大了，倘或你父亲有个一差二错又耽搁住了，或者有个门当户对的来说亲，还是等你回来，还是你太太作主？"贾琏道："现在太太们在家，自然是太太们做主，不必等我。"王夫人道："你要去，就写了禀帖给二老爷送个信，说家下无人，你父亲不知怎样，快请二老爷将老太太的大事早早的完结，快快回来。"贾琏答应了"是"，正要走出去，复转回来回说道："咱们

❶（明）吴承恩：《西游记》，浙江古籍出版社2015年版，第739页。

家的家下人家里还够使唤，只是园里没有人太空了。包勇又跟了他们老爷去了。姨太太住的房子，薛二爷已搬到自己的房子内住了。园里一带屋子都空着，忒没照应，还得太太叫人常查看查看。那栊翠庵原是咱们家的地基，如今妙玉不知那里去了，所有的根基他的当家女尼不敢自己作主，要求府里一个人管理管理。”王夫人道：“自己的事还闹不清，还搁得住外头的事么。这句话好歹别叫四丫头知道，若是他知道了，又要吵着出家的念头出来了。你想咱们家什么样的人家，好好的姑娘出了家，还了得。”贾琏道：“太太不提起侄儿也不敢说，四妹妹到底是东府里的，又没有父母，他亲哥哥又在外头，他亲嫂子又不大说的上话。侄儿听见要寻死觅活了好几次。他既是心里这么着的了，若是牛着他，将来倘或认真寻了死，比出家更不好了。”王夫人听了点头道：“这件事真真叫我也难担。我也做不得主，由他大嫂子去就是了。”

贾琏又说了几句才出来，叫了众家人来交代清楚，写了书，收拾了行装，平儿等不免叮咛了好些话。只有巧姐儿惨伤的了不得，贾琏又欲托王仁照应，巧姐到底不愿意。听见外头托了芸、蔷二人，心里更不受用，嘴里却说不出来，只得送了他父亲，谨谨慎慎的随着平儿过日子。丰儿、小红因凤姐去世，告假的告假，告病的告病，平儿意欲接了家中一个姑娘来，一则给巧姐作伴，二则可以带量他。遍想无人，只有喜鸾、四姐儿是贾母旧日钟爱的，偏偏四姐儿新近出了嫁了，喜鸾也有了人家儿，不日就要出阁，也只得罢了。

且说贾芸、贾蔷送了贾琏，便进来见了邢、王二夫人。他两个倒替着在外书房住下，日间便与家人厮闹，有时找了几个朋友吃个车箍辘会，甚至聚赌，里头那里知道。一日邢大舅、王仁来，瞧见了贾芸、贾蔷住在这里，知他热闹，也就借着照看的名儿时常在外书房设局赌钱喝酒。所有几个正经的家人，贾政带了几个去，贾琏又跟去了几个，只有那赖林诸家的儿子侄儿。那些少年托着老子娘的福吃喝惯了的，那知当家立计的道理。况且他们长辈都不在家，便是没笼头的马了，又有两个旁主人怂恿，无不乐为。这一闹，把个荣国府闹得没上没下，没里没外。那贾蔷还想勾引宝玉，贾芸拦住道："宝二爷那个人没运气的，不用惹他。那一年我给他说了一门子绝好的亲，父亲在外头做税官，家里开几个当铺，姑娘长的比仙女儿还好看。我巴巴儿的细细的写了一封书子给他，谁知他没造化——"说到这里，瞧了瞧左右无人，又说："他心里早和咱们这个二婶娘好上了。你没听见说，还有一个林姑娘呢，弄的害了相思病死的，谁不知道。这也罢了，各自的姻缘罢咧。谁知他为这件事倒恼了我了，总不大理。他打谅谁必是借谁的光儿呢。"贾蔷听了点点头，才把这个心歇了。

他两个还不知道宝玉自会那和尚以后，他是欲断尘缘。一则在王夫人跟前不敢任性，已与宝钗、袭人等皆不大款洽了。那些丫头不知道，还要逗他，宝玉那里看得到眼里。他也并不将家事放在心里。时常王夫人、宝钗劝他念书，他便假作攻书，一心想着那个和尚引他到那仙境的机关。心目中触处皆为俗人，却在家难受，闲来倒与惜春闲讲。他们两个人讲得上了，那种心更加准了几分，那里还管贾环、贾兰等。那贾环为他父亲不在家，赵姨娘已死，王夫人不大理会他，便入了贾蔷一路。倒是彩云时常规劝，反被贾环辱骂。玉钏儿见宝玉疯颠更甚，早和他娘说了要求着出去。如今宝玉、贾环他哥儿两个各有一种脾气，闹得人人不理。独有贾兰跟着他母亲上紧攻书，作了文字送到学里请教代儒。因近来代儒老病在床，只得自己刻苦。李纨是素来沉静，除了请王夫人的安，会会宝钗，馀者一步不走，只有看着贾兰攻书。所以荣府住的人虽不少，竟是各自过各自的，谁也不肯做谁的主。贾环、贾蔷等愈闹的不像事了，甚至偷典偷卖，不一而足。贾环更加宿娼滥赌，无所不为。

一日邢大舅、王仁都在贾家外书房喝酒，一时高兴，叫了几个陪酒的来唱着喝着劝酒。贾蔷便说:“你们闹的太俗。我要行个令儿。”众人道:“使得。”贾蔷道:“咱们‘月’字流觞罢。我先说起‘月’字,数到那个便是那个喝酒,还要酒面酒底。须得依着令官,不依者罚三大杯。”众人都依了。贾蔷喝了一杯令酒,便说:“飞羽觞而醉月。”顺饮数到贾环。贾蔷说:“酒面要个‘桂’字。”贾环便说道:“‘冷露无声湿桂花’。酒底呢?”贾蔷道:“说个‘香’字。”贾环道:“天香云外飘。”大舅说道:“没趣,没趣。你又懂得什么字了,也假斯文起来。这不是取乐,竟是怄人了。咱们都蠲了,倒是搳搳拳,输家喝输家唱,叫做‘苦中苦’。若是不会唱的,说个笑话儿也使得,只要有趣。”众人都道:“使得。”于是乱搳起来。王仁输了,喝了一杯,唱了一个。众人道好,又搳起来了。是个陪酒的输了,唱了一个什么“小姐小姐多丰彩”。以后邢大舅输了,众人要他唱曲儿,他道:“我唱不上来的,我说个笑话儿罢。”贾蔷道:“若说不笑仍要罚的。”邢大舅就喝了杯,便说道:“诸位听着:村庄上有一座元帝庙,旁边有个土地祠。那元帝老爷常叫土地来说闲话儿。一日元帝庙里被了盗,便叫土地去查访。土地禀道:‘这地方没有贼的,必是神将不小心,被外贼偷了东西去。’元帝道:‘胡说,你是土地,失了盗不问你问谁去呢。你倒不去拿贼,反说我的神将不小心吗?’土地禀道:‘虽说是不小心,到底是庙里的风水不好。’元帝道:‘你倒会看风水么?’土地道:‘待小神看看。’那土地向各处瞧了一会,便来回禀道:‘老爷坐的身子背后两扇红门就不谨慎。小神坐的背后是砌的墙,自然东西丢不了。以后老爷的背后亦改了墙就好了。’元帝老爷听来有理,便叫神将派人打墙。众神将叹口气道:‘如今香火一炷也没有,那里有砖灰人工来打墙。’元帝老爷没法,叫众神将作法,却都没有主意。那元帝老爷脚下的龟将军站起来道:‘你们不中用,我有主意。你们将红门拆下来,到了夜里拿我的肚子垫住这门口,难道当不得一堵墙么?’众神将都说道:‘好,又不花钱,又便当结实。’于是龟将军便当这个差使,竟安静了。岂知过了几天,那庙里又丢了东西。众神将叫了土地来说道:‘你说砌了墙就不丢东西,怎么如今有了墙还要丢?’那土地道:‘这墙砌的不结实。’众神将道:‘你瞧去。’土地一看,果然是一堵好墙，怎么还有失事？把手摸了一摸道：‘我打谅是真墙，那里知道是个假墙。’”众人听了大笑起来。贾蔷也忍不住的笑，说道：“傻大舅，你好。我没有骂你，你为什么骂我？快拿杯来罚一大杯。”邢大舅喝了，已有醉意。

众人又喝了几杯，都醉起来。邢大舅说他姐姐不好，王仁说他妹妹不好，都说的狠狠毒毒的。贾环听了，趁着酒兴也说凤姐不好，怎样苛刻我们，怎么样踏我们的头。众人道：“大凡做个人，原要厚道些。看凤姑娘仗着老太太这样的利害，如今焦了尾巴梢子了，只剩了一个姐儿，只怕也要现世现报呢。”贾芸想着凤姐待他不好，又想起巧姐儿见他就哭，也信着嘴儿混说。还是贾蔷道：“喝酒罢，说人家做什么？”那两个陪酒的道：“这位姑娘多大年纪了，长得怎么样？”贾蔷道：“模样儿是好的很的，年纪也有十三四岁了。”那陪酒的说道：“可惜这样人生在府里这样人家，若生在小户人家，父母兄弟都做了官，还发了财呢。”众人道：“怎么样？”那陪酒的说：“现今有个外藩王爷，最是有情的，要选一个妃子。若合了式，父母兄弟都跟了去。可不是好事儿吗？”众人都不大理会，只有王仁心里略动了一动，仍旧喝酒。

只见外头走进赖林两家的子弟来，说：“爷们好乐呀。”众人站起来说道：“老大老三怎么这时候才来，叫我们好等。”那两个人说道：“今早听见一个谣言，说是咱们家又闹出事来了，心里着急，赶到里头打听去，并不是咱们。”众人道：“不是咱们就完了，为什么不就来？”那两个说道：“虽不是咱们，也有些干系。你们知道是谁，就是贾雨村老爷。我们今儿进去，看见带着锁子，说要解到三法司衙门里审问去呢。我们见他常在咱们家里来往，恐有什么事，便跟了去打听。”贾芸道：“到底老大用心，原该打听打听。你且坐下喝一杯再说。”两人让了一回，便坐下，喝着酒道:“这位雨村老爷人也能干，也会钻营，官也不小了，只是贪财，被人家参了个婪索属员的几款。如今的万岁爷是最圣明最仁慈的，独听了一个‘贪’字，或因糟塌了百姓，或因恃势欺良，是极生气的，所以旨意便叫拿问。若是问出来了，只怕搁不住。若是没有的事，那参的人也不便。如今真真是好时候，只要有造化做个官儿就好。”众人道:“你的哥哥就是有造化的，现做知县还不好么？”赖家的说道:“我哥哥虽是做了知县，他的行为只怕也保不住怎么样呢？”众人道:“手也长么？”赖家的点点头儿，便举起杯来喝酒。众人又道:“里头还听见什么新闻？”两人道:“别的事没有，只听见海疆的贼寇拿住了好些，也解到法司衙门里审问。还审出好些贼寇，也有藏在城里的，打听消息，抽空儿就劫抢人家，如今知道朝里那些老爷们都是能文能武，出力报效，所到之处早就消灭了。”众人道:“你听见有在城里的，不知审出咱们家失盗了一案来没有？”两人道:“倒没有听见。恍惚有人说是有个内地里的人，城里犯了事，抢了一个女人下海去了。那女人不依，被这贼寇杀了。那贼寇正要跳出关去，被官兵拿住了，就在拿获的地方正了法了。”众人道:“咱们栊翠庵的什么妙玉不是叫人抢去，不要就是他罢？”贾环道:“必是他。”众人道:“你怎么知道？”贾环道:“妙玉这个东西是最讨人嫌的。他一日家捏酸，见了宝玉就眉开眼笑了。我若见了他，他从不拿正眼瞧我一瞧。真要是他，我才趁愿呢。”众人道:“抢的人也不少，那里就是他？”贾芸道:“有点信儿。前日有个人说，他庵里的道婆做梦，说看见是妙玉叫人杀了。”众人笑道:“梦话算不得。”邢大舅道:“管他梦不梦，咱们快吃饭罢。今夜做个大输赢。”众人愿意，便吃毕了饭，大赌起来。

赌到三更多天，只听见里头乱嚷，说是四姑娘合珍大奶奶拌嘴，把头发都绞掉了，赶到邢夫人、王夫人那里去磕了头，说是要求容他做尼姑呢，送他一个地方，若不容他他就死在眼前。那邢、王两位太太没主意，叫请蔷大爷、芸二爷进去。贾芸听了，便知是那回看家的时候起的念头，想来是劝不过来的了，便合贾蔷商议道:“太太叫我们进去，我们是做不得主的。况且也不好做主，只好劝去。若劝不住，只好由他们罢。咱们商量了写封书给琏二叔，便卸了我们的干系了。”两人商量定了主意，进去见了邢、王两位太太，便假意的劝了一回。无奈惜春立意必要出家，就不放他出去，只求一两间净屋子给他诵经拜佛。尤氏见他两个不肯作主，又怕惜春寻死，自己便硬做主张，说是：“这个不是索性我耽了罢。说我做嫂子的容不下小姑子，逼他出了家了就完了。若说到外头去呢，断断使不得。若在家里呢，太太们都在这里，算我的主意罢。叫蔷哥儿写封书子给你珍大爷琏二叔就是了。”贾蔷等答应了。不知邢、王二夫人依与不依，下回分解。

笺证

“家”是一个会意字，甲骨文的字形，上面的“宀”，表示室家，下面的“豕”，就是猪。在生产力低下的远古时代，屋里养猪，成了人家的标志。中国养猪史已有万年，广西桂林甑皮岩遗址中发现9000年前的家猪骨骼。距今六七千年前的浙江余姚河姆渡遗址和桐乡罗家角遗址出土许多家猪骨骼，并有陶猪。《礼记·曲礼下》说：“凡祭宗庙之礼，牛曰一元大武，豕曰刚鬣，豚曰腯肥。”未阉割的猪皮厚、毛粗；而阉割后的猪长得膘满臀圆。猪代表家庭财富，成为祭祀的供品，是任人宰割的。但是猪来主持家务，就会屎尿遍地，臭气熏天。第一一七回“欣聚党恶子独承家”，写贾琏因贾赦在边疆感冒风寒引起痨病，若迟去了恐怕不能见面。动身前分派贾蔷、贾芸照顾贾府事务。这就腾出了较为充分的叙事空间，竟任从一班猪头三一类的狐群狗党无法无天，为非作歹。贾芸、贾蔷就和邢大舅、王仁常在外书房设局赌钱喝酒。又勾结贾环偷典偷卖，宿娼滥赌。胡混烂饮中，有个陪酒的说有个外藩王爷要选一个妃子。王仁心中就打起巧姐的主意。赖林二家的兄弟坐下喝酒又说起贾雨村能干会钻营，因贪财被参劾拿问。还谈及海疆拿了强盗，抢了一个女人下海去贼寇，被官兵就地正法了。这里模模糊糊地交代了妙玉的下场。在一派豕心贪婪、沉滓泛起中，倒是邢大舅讲的笑话还有点灵气："诸位听着：村庄上有一座元帝庙，旁边有个土地祠。那元帝老爷常叫土地来说闲话儿。一日元帝庙里被了盗，便叫土地去查访。土地禀道：'这地方没有贼的，必是神将不小心，被外贼偷了东西去。'元帝道：'胡说，你是土地，失了盗不问你问谁去呢。你倒不去拿贼，反说我的神将不小心吗？'土地禀道：'虽说是不小心，到底是庙里的风水不好。'元帝道：'你倒会看风水么？'土地道：'待小神看看。'那土地向各处瞧了一会，便来回禀道：'老爷坐的身子背后两扇红门就不谨慎。小神坐的背后是砌的墙，自然东西丢不了。以后老爷的背后亦改了墙就好了。'元帝老爷听来有理，便叫神将派人打墙。众神将叹口气道：'如今香火一炷也没有，那里有砖灰人工来打墙。'元帝老爷没法，叫众神将作法，却都没有主意。那元帝老爷脚下的龟将军站起来道：'你们不中用，我有主意。你们将红门拆下来，到了夜里拿我的肚子垫住这门口，难道当不得一堵墙么？'众神将都说道：'好，又不花钱，又便当结实。'于是龟将军便当这个差使，竟安静了。岂知过了几天，那庙里又丢了东西。众神将叫了土地来说道：你说砌了墙就不丢东西，怎么如今有了墙还要丢？'那土地道：'这墙砌的不结实。'众神将道：'你瞧去。'土地一看，果然是一堵好墙，怎么还有失事？把手摸了一摸道：'我打谅是真墙，那里知道是个假墙。'"邢大舅的笑话是作弄贾蔷的，贾蔷成了乌龟的肚皮。从这些失控的沉滓泛起，其心似猪，贪而无耻的乱象中，可以看到，贾府已经陷入没有正经人可用的困境，在用人不淑、胡混烂饮败坏家政中，浮泛起各色人物的命运碎片。

第一一八回

记微嫌舅兄欺弱女　惊谜语妻妾谏痴人

说话邢、王二夫人听尤氏一段话，明知也难挽回。王夫人只得说道："姑娘要行善，这也是前生的夙根，我们也实在拦不住。只是咱们这样人家的姑娘出了家，不成了事体。如今你嫂子说了准你修行，也是好处。却有一句话要说，那头发可以不剃的，只要自己的心真，那在头发上头呢？你想妙玉也是带发修行的，不知他怎样凡心一动，才闹到那个分儿。姑娘执意如此，我们就把姑娘住的房子便算了姑娘的静室。所有服侍姑娘的人也得叫他们来问：他若愿意跟的，就讲不得说亲配人；若不愿意跟的，另打主意。"惜春听了，收了泪，拜谢了邢、王二夫人、李纨、尤氏等。王夫人说了，便问彩屏等谁愿跟姑娘修行。彩屏等回道："太太们派谁就是谁。"王夫人知道不愿意，正在想人。袭人立在宝玉身后，想来宝玉必要大哭，防着他的旧病。岂知宝玉叹道："真真难得。"袭人心里更自伤悲。宝钗虽不言语，遇事试探，见是执迷不醒，只得暗中落泪。王夫人才要叫了众丫头来问，忽见紫鹃走上前去，在王夫人面前跪下，回道："刚才太太问跟四姑娘的姐姐，太太看着怎么样？"王夫人道："这个如何强派得人的，谁愿意他自然就说出来了。"紫鹃道："姑娘修行自然姑娘愿意，并不是别的姐姐们的意思。我有句话回太太，我也并不是拆开姐姐们，各人有各人的心。我服侍林姑娘一场，林姑娘待我也是太太们知道的，实在恩重如山，无以可报。他死了，我恨不得跟了他去。但是他不是这里的人，我又受主子家的恩典，难以从死。如今四姑娘既要修行，我就求太太们将我派了跟着姑娘，服侍姑娘一辈子。不知太太们准不准，若准了，就是我的造化了。”邢、王二夫人尚未答言，只见宝玉听到那里，想起黛玉一阵心酸，眼泪早下来了。众人才要问他时，他又哈哈的大笑，走上来道：“我不该说的，这紫鹃蒙太太派给我屋里，我才敢说。求太太准了他罢，全了他的好心。”王夫人道：“你头里姊妹出了嫁，还哭得死去活来。如今看见四妹妹要出家，不但不劝，倒说好事，你如今到底是怎么个意思，我索性不明白了。”宝玉道：“四妹妹修行是已经准的了，四妹妹也是一定主意了。若是真的，我有一句话告诉太太；若是不定的，我就不敢混说了。”惜春道：“二哥哥说话也好笑，一个人主意不定便扭得过太太们来了？我也是像紫鹃的话，容我呢，是我的造化，不容我呢。还有一个死呢。那怕什么？二哥哥既有话，只管说。”宝玉道：“我这也不算什么泄漏了，这也是一定的。我念一首诗给你们听听罢。”众人道：“人家苦得很的时候，你倒来做诗，怄人。”宝玉道：“不是做诗，我到一个地方儿看了来的，你们听听罢。”众人道：“使得。你就念念，别顺着嘴儿胡诌。”宝玉也不分辩，便说道：

勘破三春景不长，缁衣顿改昔年妆。

可怜绣户侯门女，独卧青灯古佛旁。

李纨宝钗听了，诧异道：“不好了，这人入了迷了。”王夫人听了这话，点头叹息，便问宝玉：“你到底是那里看来的？”宝玉不便说出来，回道：“太太也不必问，我自有见的地方。”王夫人回过味来，细细一想，便更哭起来道：“你说前儿是顽话，怎么忽然有这首诗？罢了，我知道了，你们叫我怎么样呢。我也没有法儿了，也只得由着你们去罢。但是要等我合上了眼，各自干各自的就完了。”宝钗一面劝着，这个心比刀绞更甚，也掌不住便放声大哭起来。袭人已经哭的死去活来，幸亏秋纹扶着。宝玉也不啼哭，也不相劝，只不言语。贾兰、贾环听到那里，各自走开。李纨竭力的解说："总是宝兄弟见四妹妹修行，他想来是痛极了，不顾前后的疯话，这也作不得准的。独有紫鹃的事情准不准，好叫他起来。"王夫人道："什么依不依，横竖一个人的主意定了，那也扭不过来的。可是宝玉说的也是一定的了。"紫鹃听了磕头。惜春又谢了王夫人，紫鹃又给宝玉宝钗磕了头。宝玉念声："阿弥陀佛，难得，难得。不料你倒先好了。"宝钗虽然有把持，也难掌住。只有袭人，也顾不得王夫人在上，便痛哭不止，说："我也愿意跟了四姑娘去修行。"宝玉笑道："你也是好心，但是你不能享这个清福的。"袭人哭道："这么说，我是要死的了。"宝玉听到那里，倒觉伤心，只是说不出来。因时已五更，宝玉请王夫人安歇，李纨等各自散去。彩屏等暂且服侍惜春回去，后来指配了人家。紫鹃终身服侍，毫不改初。此是后话。

笺证

《红楼梦》的结局，是鬼影之后又伴着佛影，影影相随，使空幻人生变得黯淡凄凉。第一一八回叙写惜春决意修行，紫鹃愿意服侍惜春一辈子。紫鹃由黛玉的贴心丫鬟，成为惜春的空门伴侣，这属于佛影的投射。这番佛影投射，折射到宝玉的心，又折射到太虚幻境。这种往返折射，以微妙的偏离度，透视了人物的深层心理。宝玉哈哈大笑，自然乐见其成，请求王夫人成全紫鹃的好心。宝玉还说出了魂游太虚幻境时看到的探春判词："勘破三春景不长，缁衣顿改昔年妆。可怜绣户侯门女，独卧青灯古佛旁。"宝玉并且在祝福中透露出感慨，说："阿弥陀佛，难得，难得。不料你倒先好了。"宝玉已经参悟玄机，自己也要随后"好了""好就是了""了就是好"的。这也回应了第一回那个疯狂落脱、麻屣鹑衣的跛足道人所说："可知世上万般，好便是了，了便是好。若不了，便不好，若要好，须是了。""好了"是曹雪芹制造的好名目，以简单明了的文字蕴含深刻的宇宙人生哲学，成了《红楼梦》不时奏响，紧随不舍的旋律。至此，在某种意义上说，宝玉能记忆太虚幻境册子中的判词，已是半个太虚幻境中人了。

且言贾政扶了贾母灵柩一路南行，因遇着班师的兵将船只过境，河道拥挤，不能速行，在道实在心焦。幸喜遇见了海疆的官员，闻得镇海统制钦召回京，想来探春一定回家，略略解些烦心。只打听不出起程的日期，心里又烦躁。想到盘费算来不敷，不得已写书一封，差人到赖尚荣任上借银五百，叫人沿途迎上来应需用。那人去了几日，贾政的船才行得十数里。那家人回来，迎上船只，将赖尚荣的禀启呈上。书内告了多少苦处，备上白银五十两。贾政看了生气，即命家人立刻送还，将原书发回，叫他不必费心。那家人无奈，只得回到赖尚荣任所。

赖尚荣接到原书银两，心中烦闷，知事办得不周到，又添了一百，央求来人带回，帮着说些好话。岂知那人不肯带回，撂下就走了。赖尚荣心下不安，立刻修书到家，回明他父亲，叫他设法告假赎出身来。于是赖家托了贾蔷、贾芸等在王夫人面前乞恩放出。贾蔷明知不能，过了一日，假说王夫人不依的话回复了。赖家一面告假，一面差人到赖尚荣任上，叫他告病辞官。王夫人并不知道。

那贾芸听见贾蔷的假话，心里便没想头，连日在外又输了好些银钱，无所抵偿，便和贾环相商。贾环本是一个钱没有的，虽是赵姨娘积蓄些微，早被他弄光了，那能照应人家。便想起凤姐待他刻薄，要趁贾琏不在家要摆布巧姐出气，遂把这个当叫贾芸来上，故意的埋怨贾芸道：“你们年纪又大，放着弄银钱的事又不敢办，倒和我没有钱的人相商。”贾芸道：“三叔，你这话说的倒好笑，咱们一块儿顽，一块儿闹，那里有银钱的事？”贾环道：“不是前儿有人说是外藩要买个偏房，你们何不和王大舅商量把巧姐说给他呢？”贾芸道：“叔叔，我说句招你生气的话，外藩花了钱买人，还想能和咱们走动么？”贾环在贾芸耳边说了些话，贾芸虽然点头，只道贾环是小孩子的话，也不当事。恰好王仁走来说道："你们两个人商量些什么，瞒着我么？"贾芸便将贾环的话附耳低言的说了。王仁拍手道："这倒是一种好事，又有银子。只怕你们不能，若是你们敢办，我是亲舅舅，做得主的。只要环老三在大太太跟前那么一说，我找邢大舅再一说，太太们问起来你们齐打伙说好就是了。"贾环等商议定了，王仁便去找邢大舅，贾芸便去回邢、王二夫人，说得锦上添花。

王夫人听了虽然入耳，只是不信。邢夫人听得邢大舅知道，心里愿意，便打发人找了邢大舅来问他。那邢大舅已经听了王仁的话，又可分肥，便在邢夫人跟前说道："若说这位郡王，是极有体面的。若应了这门亲事，虽说是不是正配，保管一过了门，姊夫的官早复了，这里的声势又好了。"邢夫人本是没主意人，被傻大舅一番假话哄得心动，请了王仁来一问，更说得热闹。于是邢夫人倒叫人出去追着贾芸去说。王仁即刻找了人去到外藩公馆说了。那外藩不知底细，便要打发人来相看。贾芸又钻了相看的人，说明"原是瞒着合宅的，只是王府相亲。等到成了，他祖母作主，亲舅舅的保山，是不怕的"。那相看的人应了。贾芸便送信与邢夫人，并回了王夫人。那李纨、宝钗等不知原故，只道是件好事，也都欢喜。

那日果然来了几个女人，都是艳妆丽服。邢夫人接了进去，叙了些闲话。那来人本知是个诰命，也不敢待慢。邢夫人因事未定，也没有和巧姐说明，只说有亲戚来瞧，叫他去见。那巧姐到底是个小孩子，那管这些，便跟了奶妈过来。平儿不放心，也跟着来。只见有两个宫人打扮的，见了巧姐便浑身上下一看，更又起身来拉着巧姐的手又瞧了一遍，略坐了一坐就走了。倒把巧姐看得羞臊，回到房中纳闷，想来没有这门亲戚，便问平儿。平儿先看见来头，却也猜着八九必是相亲的，"但是二爷不在家，大太太作主，到底不知是那府里的。若说是对头亲，不该这样相看。瞧那几个人的来头，不像是本支王府，好像是外头路数。如今且不必和姑娘说明，且打听明白再说"。

平儿心下留神打听。那些丫头婆子都是平儿使过的，平儿一问，所有听见外头的风声都告诉了。平儿便吓的没了主意，虽不和巧姐说，便赶着去告诉了李纨、宝钗，求他二人告诉王夫人。王夫人知道这事不好，便和邢夫人说知。怎奈邢夫人信了兄弟并王仁的话，反疑心王夫人不是好意，便说：“孙女儿也大了，现在琏儿不在家，这件事我还做得主。况且是他亲舅爷爷和他亲舅舅打听的，难道倒比别人不真么？我横竖是愿意的。倘有什么不好，我和琏儿也抱怨不着别人。”

王夫人听了这些话，心下暗暗生气，勉强说些闲话，便走了出来，告诉了宝钗，自己落泪。宝玉劝道：“太太别烦恼，这件事我看来是不成的。这又是巧姐儿命里所招，只求太太不管就是了。”王夫人道：“你一开口就是疯话，人家说定了就要接过去。若依平儿的话，你琏二哥可不抱怨我么？别说自己的侄孙女儿，就是亲戚家的，也是要好才好。邢姑娘是我们作媒的，配了你二大舅子，如今和和顺顺的过日子不好么。那琴姑娘梅家娶了去，听见说是丰衣足食的很好。就是史姑娘是他叔叔的主意，头里原好，如今姑爷痨病死了，你史妹妹立志守寡，也就苦了。若是巧姐儿错给了人家儿，可不是我的心坏？”

正说着，平儿过来瞧宝钗，并探听邢夫人的口气。王夫人将邢夫人的话说了一遍。平儿呆了半天，跪下求道：“巧姐儿终身全仗着太太。若信了人家的话，不但姑娘一辈子受了苦，便是琏二爷回来怎么说呢？”王夫人道：“你是个明白人，起来，听我说。巧姐儿到底是大太太孙女儿，他要作主，我能够拦他么？”宝玉劝道：“无妨碍的，只要明白就是了。”平儿生怕宝玉疯颠嚷出来，也并不言语，回了王夫人竟自去了。

笺证

清乾隆年间的翟灏《通俗编》引晚明冯梦龙《古今谈概》中梅西野輩酒令，举谚语说："得志猫儿雄似虎、败翎鹦鹉不如鸡，火烧纸骊铺、落得做人情，龙居浅水遭虾戏、虎落平阳被犬欺。"这说尽了时势不饶人所造成的尴尬窘迫的处境。第一一八回"记微嫌舅兄欺弱女"，由于贾琏到边疆看望病危的贾赦，贾政又扶贾母灵柩南归，家中没有了靠得住的男人，时势使得贾府已经左右失据，顾头顾不得尾，颇有"虎落平阳被犬欺"的态势。这就腾出了一班不成材的家奴亲戚为非作歹的空间。贾政南归，幸喜遇见了海疆的官员，闻得镇海统制钦召回京，想来探春一定回家，略略解些烦心。但他也尝到了人情冷暖的滋味，想到盘费算来不敷，不得已写书一封，差人到本是贾家的家生奴仆而当了知县的"得志猫儿"赖尚荣处借银五百两，谁想只拿到白银五十两，就生气命家人立刻送还。贾政、贾琏外出之时，贾环因痛恨凤姐，与王仁商量将十三四岁的巧姐卖给外藩郡王当偏房。又与邢大舅等在邢、王二夫人面前说得天花乱坠，极尽坑蒙拐骗的能事，陷巧姐于危难之境。平儿打听到这桩交易的真实消息，告诉王夫人和宝钗，但邢夫人以祖母身份，又联合邢舅爷、王仁舅舅，强行做了主。平儿只好跪求王夫人为巧姐做主，为琏二爷负责，王夫人说："巧姐儿到底是大太太孙女儿，他要作主，我能够拦他么？"贾府顿时变成奸邪的奴仆亲戚觊觎，危机四伏的是非窝，按下葫芦浮起瓢，顾得头来顾不得尾。正宗主子支撑不住危局，在凤姐去世后，只凭一个平儿的良心来与一班狐群狗党搏斗，贾府的气数竟然是如此江河日下，衰败不堪。清乾隆年间的金兰生《格言联璧·接物类》说："人之谤我也，与其能辩，不如能容。人之侮我也，与其能防，不如能化。是非窝里，人用口，我用耳。热闹场中，人向前，我落后。"平儿在是非窝里凭着人缘和勤用耳朵获得信息，退后一步化解邢夫人、王仁、贾环对巧姐的欺侮，虽然在贾府中只是侧面用力，也可见其处世哲学颇有功夫。

这里王夫人想到烦闷，一阵心痛，叫丫头扶着勉强回到自己房中躺下，不叫宝玉、宝钗过来，说睡睡就好的。自己却也烦闷，听见说李婶娘来了也不及接待。只见贾兰进来请了安，回道："今早爷爷那里打发人带了一封书子来，外头小子们传进来的。我母亲接了正要过来，因我老娘来了，叫我先呈给太太瞧，回来我母亲就过来来回太太。还说我老娘要过来呢。"说着，一面把书子呈上。王夫人一面接书，一面问道："你老娘来作什么？"贾兰道："我也不知道。我只见我老娘说，我三姨儿的婆婆家有什么信儿来了。"王夫人听了，想起来还是前次给甄宝玉说了李绮，后来放定下茶，想来此时甄家要娶过门，所以李婶娘来商量这件事情，便点点头儿。一面拆开书信，见上面写着道：

近因沿途俱系海疆凯旋船只，不能迅速前行。闻探姐随翁婿来都，不知曾有信否。前接到琏侄手禀，知大老爷身体欠安，亦不知已有确信否。宝玉、兰哥场期已近，务须实心用功，不可怠惰。老太太灵柩抵家，尚需日时。我身体平善，不必挂念。此谕宝玉等知道。月日手书。蓉儿另禀。

王夫人看了，仍旧递给贾兰，说："你拿去给你二叔瞧瞧，还交给你母亲罢。"

正说着，李纨同李婶娘过来。请安问好毕，王夫人让了坐。李婶娘便将甄家要娶李绮的话说了一遍，大家商议了一会子。李纨因问王夫人道："老爷的书子太太看过了么？"王夫人道："看过了。"贾兰便拿着给他母亲瞧。李纨看了道："三姑娘出门了好几年，总没有来，如今要回京了，太太也放了好些心。"王夫人道："我本是心痛，看见探丫头要回来了，心里略好些。只是不知几时才到。"李婶娘便问了贾政在路好。李纨因向贾兰道："哥儿瞧见了？场期近了，你爷爷惦记的什么似的。你快拿了去给二叔叔瞧去罢。”李婶娘道：“他们爷儿两个又没进过学，怎么能下场呢？”王夫人道：“他爷爷做粮道的起身时，给他们爷儿两个援了例监了。”李婶娘点头。贾兰一面拿着书子出来，来找宝玉。

却说宝玉送了王夫人去后，正拿着《秋水》一篇在那里细玩。宝钗从里间走出，见他看的得意忘言，便走过来一看，见是这个，心里着实烦闷。细想他只顾把这些出世离群的话当作一件正经事，终久不妥。看他这种光景，料劝不过来，便坐在宝玉旁边，怔怔的坐着。宝玉见他这般，便道：“你这又是为什么？”宝钗道：“我想你我既为夫妇，你便是我终身的倚靠，却不在情欲之私。论起荣华富贵，原不过是过眼烟云，但自古圣贤，以人品根柢为重。”宝玉也没听完，把那书本搁在旁边，微微的笑道：“据你说人品根柢，又是什么古圣贤，你可知古圣贤说过‘不失其赤子之心’。那赤子有什么好处，不过是无知无识无贪无忌。我们生来已陷溺在贪嗔痴爱中，犹如污泥一般，怎么能跳出这般尘网。如今才晓得‘聚散浮生’四字，古人说了，不曾提醒一个。既要讲到人品根柢，谁是到那太初一步地位的。”宝钗道：“你既说‘赤子之心’，古圣贤原以忠孝为赤子之心，并不是遁世离群无关无系为赤子之心。尧舜禹汤周孔时刻以救民济世为心，所谓赤子之心，原不过是‘不忍’二字。若你方才所说的，忍于抛弃天伦，还成什么道理？”宝玉点头笑道：“尧舜不强巢许，武周不强夷齐。”宝钗不等他说完，便道：“你这个话益发不是了。古来若都是巢、许、夷、齐，为什么如今人又把尧、舜、周、孔称为圣贤呢？况且你自比夷齐，更不成话，伯夷叔齐原是生在商末世，有许多难处之事，所以才有托而逃。当此圣世，咱们世受国恩，祖父锦衣玉食。况你自有生以来，自去世的老太太以及老爷太太视如珍宝。你方才所说，自己想一想是与不是。”宝玉听了，也不答言，只有仰头微笑。宝钗因又劝道：“你既理屈词穷，我劝你从此把心收一收，好好的用用功。但能博得一第，便是从此而止，也不枉天恩祖德了。”宝玉点了点头，叹了口气说道：“一第呢，其实也不是什么难事，倒是你这个‘从此而止，不枉天恩祖德’却还不离其宗。”宝钗未及答言，袭人过来说道：“刚才二奶奶说的古圣先贤，我们也不懂。我只想着我们这些人从小儿辛辛苦苦跟着二爷，不知陪了多少小心，论起理来原该当的，但只二爷也该体谅体谅。况二奶奶替二爷在老爷太太跟前行了多少孝道，就是二爷不以夫妻为事，也不可太辜负了人心。至于神仙那一层更是谎话，谁见过有走到凡间来的神仙呢。那里来的这么个和尚，说了些混话，二爷就信了真。二爷是读书的人，难道他的话比老爷太太还重么？”宝玉听了，低头不语。

袭人还要说时，只听外面脚步走响，隔着窗户问道：“二叔在屋里呢么？”宝玉听了，是贾兰的声音，便站起来笑道：“你进来罢。”宝钗也站起来。贾兰进来，笑容可掬的给宝玉、宝钗请了安，问了袭人的好——袭人也问了好——便把书子呈给宝玉瞧。宝玉接在手中看了，便道：“你三姑姑回来了。”贾兰道：“爷爷既如此写，自然是回来的了。”宝玉点头不语，默默如有所思。贾兰便问：“叔叔看见爷爷后头写的叫咱们好生念书了？叔叔这一程子只怕总没作文章罢？”宝玉笑道：“我也要作几篇熟一熟手，好去诓这个功名。”贾兰道：“叔叔既这样，就拟几个题目，我跟着叔叔作作，也好进去混场，别到那时交了白卷子惹人笑话。不但笑话我，人家连叔叔都要笑话了。”宝玉道：“你也不至如此。”说着，宝钗命贾兰坐下。宝玉仍坐在原处，贾兰侧身坐了。两个谈了一回文，不觉喜动颜色。宝钗见他爷儿两个谈得高兴，便仍进屋里去了。心中细想宝玉此时光景，或者醒悟过来了，只是刚才说话，他把那“从此而止”四字单单的许可，这又不知是什么意思了。宝钗尚自犹豫，惟有袭人看他爱讲文章，提到下场，更又欣然。心里想道：“阿弥陀佛，好容易讲四书似的才讲过来了。”这里宝玉和贾兰讲文，莺儿沏过茶来，贾兰站起来接了。又说了一会子下场的规矩并请甄宝玉在一处的话，宝玉也甚似愿意。一时贾兰回去，便将书子留给宝玉了。

那宝玉拿着书子，笑嘻嘻走进来递给麝月收了，便出来将那本《庄子》收了，把几部向来最得意的，如《参同契》《元命苞》《五灯会元》之类，叫出麝月、秋纹、莺儿等都搬了搁在一边。宝钗见他这番举动，甚为罕异，因欲试探他，便笑问道："不看他倒是正经，但又何必搬开呢？"宝玉道："如今才明白过来了。这些书都算不得什么，我还要一火焚之，方为干净。"宝钗听了更欣喜异常。只听宝玉口中微吟道："内典语中无佛性，金丹法外有仙舟。"宝钗也没很听真，只听得"无佛性""有仙舟"几个字，心中转又狐疑，且看他作何光景。宝玉便命麝月、秋纹等收拾一间静室，把那些语录名稿及应制诗之类都找出来搁在静室中，自己却当真静静的用起功来。宝钗这才放了心。

那袭人此时真是闻所未闻，见所未见，便悄悄的笑着向宝钗道："到底奶奶说话透彻，只一路讲究，就把二爷劝明白了。就只可惜迟了一点儿，临场太近了。"宝钗点头微笑道："功名自有定数，中与不中倒也不在用功的迟早。但愿他从此一心巴结正路，把从前那些邪魔永不沾染就是好了。"说到这里，见房里无人，便悄说道："这一番悔悟回来固然很好，但只一件，怕又犯了前头的旧病，和女孩儿们打起交道来，也是不好。"袭人道："奶奶说的也是。二爷自从信了和尚，才把这些姐妹冷淡了。如今不信和尚，真怕又要犯了前头的旧病呢。我想奶奶和我二爷原不大理会，紫鹃去了，如今只他们四个，这里头就是五儿有些个狐媚子，听见说他妈求了大奶奶和奶奶，说要讨出去给人家儿呢，但是这两天到底在这里呢。麝月、秋纹虽没别的，只是二爷那几年也都有些顽顽皮皮的。如今算来只有莺儿二爷倒不大理会，况且莺儿也稳重。我想倒茶弄水只叫莺儿带着小丫头们服侍就够了，不知奶奶心里怎么样。"宝钗道："我也虑的是这些，你说的倒也罢了。"从此便派莺儿带着小丫头服侍。

那宝玉却也不出房门，天天只差人去给王夫人请安。王夫人听见他这番光景，那一种欣慰之情，更不待言了。到了八月初三，这一日正是贾母的冥寿。宝玉早晨过来磕了头，便回去，仍到静室中去了。饭后，宝钗、袭人等都和姊妹们跟着邢、王二夫人在前面屋里说闲话儿。宝玉自在静室冥心危坐，忽见莺儿端了一盘瓜果进来说："太太叫人送来给二爷吃的，这是老太太的克什。”宝玉站起来答应了，复又坐下，便道：“搁在那里罢。”莺儿一面放下瓜果，一面悄悄向宝玉道：“太太那里夸二爷呢。”宝玉微笑。莺儿又道：“太太说了，二爷这一用功，明儿进场中了出来，明年再中了进士，作了官，老爷太太可就不枉了盼二爷了。”宝玉也只点头微笑。莺儿忽然想起那年给宝玉打络子的时候宝玉说的话来，便道：“真要二爷中了，那可是我们姑奶奶的造化了。二爷还记得那一年在园子里，不是二爷叫我打梅花络子时说的，我们姑奶奶后来带着我不知到那一个有造化的人家儿去呢。如今二爷可是有造化的罢咧。”宝玉听到这里，又觉尘心一动，连忙敛神定息，微微的笑道：“据你说来，我是有造化的，你们姑娘也是有造化的，你呢？”莺儿把脸飞红了，勉强道：“我们不过当丫头一辈子罢咧，有什么造化呢？”宝玉笑道：“果然能够一辈子是丫头，你这个造化比我们还大呢。”莺儿听见这话似乎又是疯话了，恐怕自己招出宝玉的病根来，打算着要走。只见宝玉笑着说道：“傻丫头，我告诉你罢。”未知宝玉又说出什么话来，且听下回分解。

笺证

论事须从本源论起，如杜甫《信行远修水筒》诗云“秉心识本源，于事少凝滞”，本源清了，一清百清。要做到赤条条来去无牵挂，重要的是回复赤条条的心，就是赤子之心。反本溯源，对赤子之心作出最早解释的是《老子》，有所谓：“含德之厚，比于赤子”“常德不离，复归于婴儿”“众人熙熙，如享太牢，如春登台，我独泊兮其未兆，如婴儿之未孩”。在这里，赤子、婴儿及其淳朴之心，就是一颗未受浊世文化沾污的率直、纯真、善良、好奇而想象力、生命力旺盛的“心”。老子认为，这种单纯无邪的心，本身就通于道、成于德。《庄子·山木》对这种赤子之心所含何德，接着老子，又做了发挥说：“林回弃千金之璧，负赤子而趋。或曰：‘为其布（钱币）与？赤子之布寡矣。为其累与？赤子之累多矣。弃千金之璧，负赤子而趋，何也？’林回曰：‘彼以利合，此以天属也。夫以利合者，迫穷祸患害相弃也。以天属者，迫穷祸患害相收也。夫相收之与相弃亦远矣，且君子之交淡若水，小人之交甘若醴。君子淡以亲，小人甘以绝。彼无故以合者，则无故以离。’”[1]意思是林回丢弃了价值连城的璧玉，背着一个婴儿疾奔逃难。有人问他：“你这又是何故呢？婴儿值钱很少，累赘却很多。抛弃价值连城的璧玉，背着一个婴儿疾奔，图的是什么？”林回回答说：“价值千金的璧玉跟我是以利益相合，婴儿跟我是以天性相连。以利益相合的，遇上困难、厄运、灾祸、忧患与伤害就会相互抛弃；以天性相连的，则会相互包容。相互包容与相互抛弃差别也就太远了。况且交朋友也如此。君子的友谊淡得像清水一样，而小人的交情却像甜酒一样；可是君子淡泊却心地亲近，小人甘甜却利断义绝。无缘无故而接近相合的往往是小人之交，当然会无缘无故地离散。”如此解释赤子之心，与第一一八回“惊谜语妻妾谏痴人”，叙写宝钗、袭人与宝玉辩论“赤子之心”命题，贾宝玉所说的“那赤子有什么好处，不过是无知无识无贪无忌。我们生来已陷溺在贪嗔痴爱中，犹如污泥一般，怎么能跳出这般尘网”，是非常切近的。贾宝玉的血管里流淌着《庄子》的血液。如鲁迅在《而已集·革命文学》中所说：“从喷泉里出来的都是水，从血管里出来的都是血。”至于宝玉说的“如今才晓得‘聚散浮生’四字，古人说了，不曾提醒一个。既要讲到人品根柢，谁是到那太初一步地位的”，也可以参看《庄子·知北游》所说：“人之生，气之聚也。聚则为生，散则为死。若死生为徒，吾又何患？故万物一也，是其所美者为神奇，其所恶者为臭腐。臭腐复化为神奇，神奇复化为臭腐。故曰通天下一气耳。圣人故贵一……人生天地之间，若白驹之过郤，忽然而已。注然勃然，莫不出焉。油然漻然，莫不入焉。已化而生，又化而死，生物哀之，人类悲之。”[2]有了这种理解，就可以体验到《庄子·秋水》所说的“牛马四足，是谓天。落马首，穿牛鼻，是谓人。故曰，无以人灭天，无以故灭命，无以得殉名。谨守而勿失，是谓反其真”[3]，以及“吾将曳尾于途中”，说蜗牛、梦胡蝶，濠梁观鱼，欣赏“儵鱼出游从容，是鱼之乐也”。这些都需要拥有不计较功利目的的赤子之心，才能达到的境界。儒家也讲赤子之心，《孟子·离娄下》中孟子说：“大人者，不失其赤子之心者也。”儒家把赤子之心与大有作为的丈夫相联系，已经脱离了道家的轨道。明代戏曲理论家何良俊自称与庄周、王维、白居易为友，在《四友斋丛说》卷四中讨论儒道佛三家的赤子之心说：“阳明先生拈出良知以示人，真可谓扩前圣所未发。盖此良知，即孔子所谓愚夫愚妇皆可与知者，即孟子所谓赤子之心，即佛氏所谓本来面目，即中庸所谓性，即佛氏所谓见性成佛。乃得于禀受之初，从胞胎中带来，一毫不假于外，故其功夫最为切近。”[4]由于赤子之心涉及儒道佛，也就存在着多种解读的可能性。因而宝钗、袭人劝说宝玉体谅大家的辛苦，力图使宝玉回心转意，与贾兰一起参加科考。宝钗的解读是：“你既说‘赤子之心’，古圣贤原以忠孝为赤子之心，并不是遁世离群无关无系为赤子之心。尧舜禹汤周孔时刻以救民济世为心，所谓赤子之心，原不过是‘不忍’二字。若你方才所说的，忍于抛弃天伦，还成什么道理？”宝钗是以儒家道统，以忠孝节义、仕途经济，来解释赤子之心，从而把宝玉拉回不忍抛弃天伦、应尽家庭责任的轨道。但宝玉并不强辩，只是仰头微笑。辩既无益，笑随我心而已。微笑是把来路去向都想透了之后的一份淡定。这只要看看宝玉的藏书，以及他如何处理这些藏书，就可以明白了。他“出来将那本《庄子》收了，把几部向来最得意的，如《参同契》《元命苞》《五灯会元》之类，叫出麝月、秋纹、莺儿等都搬了搁在一边”。《参同契》就是东汉魏伯阳著的《周易参同契》，它以“黄老”参同“大易”来指导炼外丹，以乾坤为鼎器，以阴

❶（清）王先谦：《庄子集解》，中华书局1987年版，第171—172页。

❷（清）王先谦：《庄子集解》，中华书局1987年版，第186—189页。

❸（清）王先谦：《庄子集解》，中华书局1987年版，第144页。

❹上海古籍出版社编：《明代笔记小说大观》，上海古籍出版社2005年版，第889页。

阳为堤防，以水火为化机，以五行为辅助，以玄精为丹基，从而阐明炼丹的原理和方法，为黄老道家最早的系统论述养生的经典。《元命苞》就是《春秋元命苞》，是“春秋纬”之一种，西汉末年谶纬之士假托神意解释儒家经典。《五灯会元》是宋释普济著的中国佛教禅宗史书。它将“五灯”，即五部禅宗灯录综合删节而成，分卷梳理禅宗五家七宗的派别，使七宗源流本末，指掌了然。诸如禅家的瞬目扬眉，擎拳举指；或行棒行喝，竖拂拈槌；或持叉张弓，辊球舞笏；或拽石搬土，打鼓吹毛；以及一问一答，一唱一提，一默一言，一吁一笑之类的机用，莫不备载。因而元明以来，好禅的士流多藏其书。但宝玉并不拘泥《参同契》《元命苞》《五灯会元》的文字章句，口中微吟“内典语中无佛性，金丹法外有仙舟”，其所追求的是《五灯会元》卷一所述的拈花微笑的境界：“世尊在灵山会上，拈花示众。是时众皆默然，唯迦叶尊者破颜微笑。世尊曰：‘吾有正法眼藏，涅槃妙心，实相无相，微妙法门，不立文字，教外别传，付嘱摩诃迦叶。’”[5]宝钗此时并不理解宝玉的内心，她点头微笑，只是说：“功名自有定数，中与不中倒也不在用功的迟早。但愿他从此一心巴结正路，把从前那些邪魔永不沾染就是好了。”宝钗与宝玉的人生兴趣和精神信仰，已经严重撕裂，只好在你也微笑、我也微笑中分道扬镳。其所导致的命运归宿只能是《红楼梦》第五回太虚幻境中演唱的《红楼梦十二曲·终身误》所说：“都道是金玉良姻，俺只念木石前盟。空对着，山中高士晶莹雪。终不忘，世外仙姝寂寞林。叹人间，美中不足今方信。纵然是齐眉举案，到底意难平。”家庭中举案齐眉的温情，难以平息心头的悔恨、痛苦和参悟，只好到家庭以外的另一个世界去寻找解脱了。唯有如此，宝玉才能找到自己的赤子之心的本源。

[5] 高金仓编著:《释迦牟尼佛》，中国文史出版社2015年版，第894页。

第一一九回

中乡魁宝玉却尘缘
沐皇恩贾家延世泽

话说莺儿见宝玉说话摸不着头脑，正自要走，只听宝玉又说道：“傻丫头，我告诉你罢。你姑娘既是有造化的，你跟着他自然也是有造化的了。你袭人姐姐是靠不住的，只要往后你尽心服侍他就是了。日后或有好处，也不枉你跟着他熬了一场。”莺儿听了前头像话，后头说的又有些不像了，便道：“我知道了。姑娘还等我呢，二爷要吃果子时，打发小丫头叫我就是了。”宝玉点头，莺儿才去了。一时宝钗、袭人回来，各自房中去了。不题。

且说过了几天便是场期，别人只知盼望他爷儿两个作了好文章便可以高中的了，只有宝钗见宝玉的功课虽好，只是那有意无意之间，却别有一种冷静的光景。知他要进场了，头一件，叔侄两个都是初次赴考，恐人马拥挤有什么失闪。第二件，宝玉自和尚去后总不出门，虽然见他用功喜欢，只是改的太速太好了，反倒有些信不及，只怕又有什么变故。所以进场的头一天，一面派了袭人带了小丫头们同着素云等给他爷儿两个收拾妥当，自己又都过了目，好好的搁起预备着。一面过来同李纨回了王夫人，拣家里的老成管事的多派了几个，只说怕人马拥挤碰了。

次日宝玉、贾兰换了半新不旧的衣服，欣然过来见了王夫人。王夫人嘱咐道：“你们爷儿两个都是初次下场，但是你们活了这么大，并不曾离开我一天。就是不在我眼前，也是丫鬟媳妇们围着，何曾自己孤身睡过一夜。今日各自进去，孤孤凄凄，举目无亲，须要自己保重。早些作完了文章出来，找着家人早些回来，也叫你母亲媳妇们放心。”王夫人说着不免伤心起来。贾兰听一句答应一句。只见宝玉一声不哼，待王夫人说完了，走过来给王夫人跪下，满眼流泪，磕了三个头，说道：“母亲生我一世，我也无可答报，只有这一入场用心作了文章，好好的中个举人出来。那时太太喜欢喜欢，便是儿子一辈的事也完了，一辈子的不好也都遮过去了。”王夫人听了，更觉伤心起来，便道：“你有这个心自然是好的，可惜你老太太不能见你的面了。”一面说，一面拉他起来。那宝玉只管跪着不肯起来，便说道：“老太太见与不见，总是知道的，喜欢的，既能知道了，喜欢了，便不见也和见了的一样。只不过隔了形质，并非隔了神气啊。”李纨见王夫人和他如此，一则怕勾起宝玉的病来，二则也觉得光景不大吉祥，连忙过来说道：“太太，这是大喜的事，为什么这样伤心？况且宝兄弟近来很知好歹，很孝顺，又肯用功，只要带了侄儿进去好好的作文章，早早的回来，写出来请咱们的世交老先生们看了，等着爷儿两个都报了喜就完了。”一面叫人搀起宝玉来。宝玉却转过身来给李纨作了个揖，说：“嫂子放心。我们爷儿两个都是必中的。日后兰哥还有大出息，大嫂子还要带凤冠穿霞帔呢。”李纨笑道：“但愿应了叔叔的话，也不枉——”说到这里，恐怕又惹起王夫人的伤心来，连忙咽住了。宝玉笑道：“只要有了个好儿子能够接续祖基，就是大哥哥不能见，也算他的后事完了。”李纨见天气不早了，也不肯尽着和他说话，只好点点头儿。此时宝钗听得早已呆了，这些话不但宝玉，便是王夫人李纨所说，句句都是不祥之兆，却又不敢认真，只得忍泪无言。那宝玉走到跟前，深深的作了一个揖。众人见他行事古怪，也摸不着是怎么样，又不敢笑他。只见宝钗的眼泪直流下来，众人更是纳罕。又听宝玉说道："姐姐，我要走了，你好生跟着太太听我的喜信儿罢。"宝钗道："是时候了，你不必说这些唠叨话了。"宝玉道："你倒催的我紧，我自己也知道该走了。"回头见众人都在这里，只没惜春、紫鹃，便说道："四妹妹和紫鹃姐姐跟前替我说一句罢，横竖是再见就完了。"众人见他的话又像有理，又像疯话。大家只说他从没出过门，都是太太的一套话招出来的，不如早早催他去了就完了事了，便说道："外面有人等你呢，你再闹就误了时辰了。"宝玉仰面大笑道："走了，走了。不用胡闹了，完了事了。"众人也都笑道："快走罢。"独有王夫人和宝钗娘儿两个倒像生离死别的一般，那眼泪也不知从那里来的，直流下来，几乎失声哭出。但见宝玉嘻天哈地，大有疯傻之状，遂从此出门走了。正是：

走求名利无双地，打出樊笼第一关。

笺证

俗话说，"听话听声，锣鼓听音"。这种察言观色的智慧是透过说话者的声调、语速、谈风、姿态来把准他的内心脉搏，就如同听敲锣打鼓的节奏、音调、点数、气场，来辨别是祭祀锣鼓、还是娱乐锣鼓一样。把这种把脉和辨识的方法，运用在第一一九回"中乡魁宝玉却尘缘"上，就会发现，贾宝玉所说都话外有话，要交代什么，了却什么，句句都是不祥之兆。他给王夫人跪下，满眼流泪，磕了三个头，说："母亲生我一世，我也无可答报，只有这一入场用心作了文章，好好的中个举人出来。那时太太喜欢喜欢，便是儿子一辈的事也完了，一辈子的不好也都遮过去了。"言外之音，是他想用中举来偿还人伦的夙债。宝玉又转身给李纨作揖，说："嫂子放心，我们爷儿两个都是必中的。日后兰哥还有大出息，大嫂子还要带凤冠穿霞帔呢。"只提贾兰的日后，没有自己的日后，他已经安排了遁入佛门的出路。更令人心灵颤动的是，宝玉出门就仰面大笑说："走了，走了。不用胡闹了，完了事了。"他之遁入佛门，不同于惜春在大观园修行，而是采取走了完了的方式。这种叙写，都是利用隐语或语言的多义性。《文心雕龙·谐隐》说："隐者，隐也。遁辞以隐意，谲譬以指事也。"隐语就是葫芦语，古代称"言隐"，是对谜语的一种叫法。隐语转弯抹角，考验着听者领悟的智慧，故此王夫人见宝玉入考场，孤孤凄凄，不免伤心；宝钗见宝玉行事古怪，仰面大笑说"完了事了"，就眼泪直流。因为隐语背后别有文章，王夫人并不了解。要了解别人的话，必须钻进别人心里。成了别人肚子里的蛔虫，才能猜到别人的心思。

不言宝玉、贾兰出门赴考。且说贾环见他们考去，自己又气又恨，便自大为王说："我可要给母亲报仇了。家里一个男人没有，上头大太太依了我，还怕谁？"想定了主意，跑到邢夫人那边请了安，说了些奉承的话。那邢夫人自然喜欢，便说道："你这才是明理的孩子呢。像那巧姐儿的事，原该我做主的，你琏二哥糊涂，放着亲奶奶，倒托别人去。"贾环道："人家那头儿也说了，只认得这一门子。现在定了，还要备一分大礼来送太太呢。如今太太有了这样的藩王孙女婿儿，还怕大老爷没大官做么。不是我说自己的太太，他们有了元妃姐姐，便欺压的人难受。将来巧姐儿别也是这样没良心，等我去问问他。"邢夫人道："你也该告诉他，他才知道你的好处。只怕他父亲在家也找不出这么门子好亲事来。但只平儿那个糊涂东西，他倒说这件事不好，说是你太太也不愿意。想来恐怕我们得了意。若迟了你二哥回来，又听人家的话，就办不成了。"贾环道："那边都定了，只等太太出了八字。王府的规矩，三天就要来娶的。但是一件，只怕太太不愿意，那边说是不该娶犯官的孙女，只好悄悄的抬了去，等大老爷免了罪做了官，再大家热闹起来。"邢夫人道："这有什么不愿意，也是礼上应该的。"贾环道："既这么着，这帖子太太出了就是了。"

邢夫人道:"这孩子又糊涂了,里头都是女人,你叫芸哥儿写了一个就是了。"贾环听说,喜欢的了不得,连忙答应了出来,赶着和贾芸说了,邀着王仁到那外藩公馆立文书兑银子去了。

那知刚才所说的话,早被跟邢夫人的丫头听见。那丫头是求了平儿才挑上的,便抽空儿赶到平儿那里,一五一十的都告诉了。平儿早知此事不好,已和巧姐细细的说明。巧姐哭了一夜,必要等他父亲回来作主,大太太的话不能遵。今儿又听见这话,便大哭起来,要和太太讲去。平儿急忙拦住道:"姑娘且慢着。大太太是你的亲祖母,他说二爷不在家,大太太做得主的,况且还有舅舅做保山。他们都是一气,姑娘一个人那里说得过呢。我到底是下人,说不上话去。如今只可想法儿,断不可冒失的。"邢夫人那边的丫头道:"你们快快的想主意,不然可就要抬走了。"说着,各自去了。平儿回过头来见巧姐哭作一团,连忙扶着道:"姑娘,哭是不中用的,如今是二爷够不着,听见他们的话头——"这句话还没说完,只见邢夫人那边打发人来告诉:"姑娘大喜的事来了,叫平儿将姑娘所有应用的东西料理出来。若是赔送呢,原说明了等二爷回来再办。"平儿只得答应了。

回来又见王夫人过来,巧姐儿一把抱住,哭得倒在怀里。王夫人也哭道:"妞儿不用着急,我为你吃了大太太好些话,看来是扭不过来的。我们只好应着缓下去,即刻差个家人赶到你父亲那里去告诉。"平儿道:"太太还不知道么?早起三爷在大太太跟前说了,什么外藩规矩三日就要过去的。如今大太太已叫芸哥儿写了名字年庚去了,还等得二爷么?"王夫人听说是"三爷",便气得说不出话来,呆了半天,一叠声叫人找贾环。找了半日,人回"今早同蔷哥儿、王舅爷出去了"。王夫人问"芸哥呢",众人回说不知道。巧姐屋内人人瞪眼,一无方法。王夫人也难和邢夫人争论,只有大家抱头大哭。

有个婆子进来,回说:"后门上的人说,那个刘姥姥又来了。"王夫人道:"咱们家遭着这样事,那有工夫接待人?不拘怎么回了他去罢。"平儿道:"太太该叫他进来,他是姐儿的干妈,也得告诉告诉他。"王夫人不言语,那婆子便带了刘姥姥进来。各人见了问好。刘姥姥见众人的眼圈儿都是红的，也摸不着头脑，迟了一会子，便问道："怎么了？太太姑娘们必是想二姑奶奶了。"巧姐儿听见提起他母亲，越发大哭起来。平儿道："姥姥别说闲话，你既是姑娘的干妈，也该知道的。"便一五一十的告诉了。把个刘姥姥也唬怔了，等了半天，忽然笑道："你这样一个伶俐姑娘，没听见过鼓儿词么，这上头的方法多着呢，这有什么难的？"平儿赶忙问道："姥姥你有什么法儿快说罢。"刘姥姥道："这有什么难的呢，一个人也不叫他们知道，扔崩一走，就完了事了。"平儿道："这可是混说了，我们这样人家的人，走到那里去？"刘姥姥道："只怕你们不走，你们要走，就到我屯里去。我就把姑娘藏起来，即刻叫我女婿弄了人，叫姑娘亲笔写个字儿，赶到姑老爷那里，少不得他就来了。可不好么？"平儿道："大太太知道呢？"刘姥姥道："我来他们知道么？"平儿道"大太太住在后头，他待人刻薄，有什么信没有送给他的。你若前门走来就知道了，如今是后门来的，不妨事。"刘姥姥道："咱们说定了几时，我叫女婿打了车来接了去。"平儿道："这还等得几时呢，你坐着罢。"急忙进去，将刘姥姥的话避了旁人告诉了。王夫人想了半天不妥当。平儿道："只有这样。为的是太太才敢说明，太太就装不知道，回来倒问大太太。我们那里就有人去，想二爷回来也快。"王夫人不言语，叹了一口气。巧姐儿听见，便和王夫人道："只求太太救我，横竖父亲回来只有感激的。"平儿道："不用说了，太太回去罢。回来只要太太派人看屋子。"王夫人道："掩密些。你们两个人的衣服铺盖是要的。"平儿道："要快走了才中用呢，若是他们定了，回来就有了饥荒了。"一句话提醒了王夫人，便道："是了，你们快办去罢，有我呢。"于是王夫人回去，倒过去找邢夫人说闲话儿，把邢夫人先绊住了。平儿这里便遣人料理去了，嘱咐道："倒别避人，有人进来看见，就说是大太太吩咐的，要一辆车子送刘姥姥去。"这里又买嘱了看后门的人雇了车来。平儿便将巧姐装做青儿模样，急急的去了。后来平儿只当送人，眼错不见，也跨上车去了。

原来近日贾府后门虽开，只有一两个人看着，馀外虽有几个家下人，因房大人少，空落落的，谁能照应。且邢夫人又是个不怜下人的，众人明知此事不好，又都感念平儿的好处，所以通同一气放走了巧姐。邢夫人还自和王夫人说话，那里理会。只有王夫人甚不放心，说了一回话，悄悄的走到宝钗那里坐下，心里还是惦记着。宝钗见王夫人神色恍惚，便问："太太的心里有什么事？"王夫人将这事背地里和宝钗说了。宝钗道："险得很，如今得快快儿的叫芸哥儿止住那里才妥当。"王夫人道："我找不着环儿呢？"宝钗道："太太总要装作不知，等我想个人去叫大太太知道才好。"王夫人点头，一任宝钗想人。暂且不言。

且说外藩原是要买几个使唤的女人，据媒人一面之辞，所以派人相看。相看的人回去禀明了藩王，藩王问起人家，众人不敢隐瞒，只得实说。那外藩听了，知是世代勋戚，便说："了不得，这是有干例禁的，几乎误了大事。况我朝觐已过，便要择日起程，倘有人来再说，快快打发出去。"这日恰好贾芸、王仁等递送年庚，只见府门里头的人便说："奉王爷的命，再敢拿贾府的人来冒充民女者，要拿住究治的。如今太平时候，谁敢这样大胆？"这一嚷，唬得王仁等抱头鼠窜的出来，埋怨那说事的人，大家扫兴而散。

贾环在家候信，又闻王夫人传唤，急得烦燥起来。见贾芸一人回来，赶着问道："定了么？"贾芸慌忙跺足道："了不得，了不得，不知谁露了风了。"还把吃亏的话说了一遍。贾环气得发怔说："我早起在大太太跟前说的这样好，如今怎么样处呢？这都是你们众人坑了我了。"正没主意，听见里头乱嚷，叫着贾环等的名字说："大太太、二太太叫呢。"两个人只得蹭进去。只见王夫人怒容满面说："你们干的好事，如今逼死了巧姐和平儿了，快快的给我找还尸首来完事。"两个人跪下。贾环不敢言语，贾芸低头说道："孙子不敢干什么，为的是邢舅太爷和王舅爷说给巧妹妹作媒，我们才回太太们的。大太太愿意，才叫孙子写帖儿去的，人家还不要呢。怎么我们逼死了妹妹呢？”王夫人道：“环儿在大太太那里说的，三日内便要抬了走。说亲作媒有这样的么？我也不问你们，快把巧姐儿还了我们，等老爷回来再说。”邢夫人如今也是一句话儿说不出了，只有落泪。王夫人便骂贾环说：“赵姨娘这样混帐的东西，留的种子也是这混帐的。”说着，叫丫头扶了回到自己房中。

那贾环、贾芸、邢夫人三个人互相埋怨，说道：“如今且不用埋怨，想来死是不死的，必是平儿带了他到那什么亲戚家躲着去了。”邢夫人叫了前后的门人来骂着，问巧姐儿和平儿知道那里去了。岂知下人一口同音说是：“大太太不必问我们，问当家的爷们就知道了。在大太太也不用闹，等我们太太问起来我们有话说。要打大家打，要发大家都发。自从琏二爷出了门，外头闹的还了得。我们的月钱月米是不给了，赌钱喝酒闹小旦，还接了外头的媳妇儿到宅里来。这不是爷吗？”说得贾芸等顿口无言。王夫人那边又打发人来催说：“叫爷们快找来。”那贾环等急得恨无地缝可钻，又不敢盘问巧姐那边的人。明知众人深恨，是必藏起来了。但是这句话怎敢在王夫人面前说。只得各处亲戚家打听，毫无踪迹。里头一个邢夫人，外头环儿等，这几天闹的昼夜不宁。

笺证

《红楼梦》在这第一一九回采取交叉叙事的方法，交叉扯动了多线条，必须对各种线条作出精巧的编织和剪辑，放下这个线条，又捡起那个线条，七手八脚，忙而不乱。宝玉、贾兰以不同心态赴科考，考得怎么样，考完又怎么样，姑且按下，转到贾环、邢大舅、王仁变卖巧姐的公案。赴科考留个悬念而不过于仓促，剖公案做个了解而展示乱象中的人心。女娲造人，人心是用不同的泥巴捏成的。不成材的贾环对邢夫人说："人家那头儿（外藩郡王）也说了，只认得这一门子。现在定了，还要备一分大礼来送太太呢。如今太太有了这样的藩王孙女婿儿，还怕大老爷没大官做么。不是我说自己的太太，他们有了元妃姐姐，便欺压的人难受。将来巧姐儿别也是这样没良心，等我去问问他。"贾环是以生意经来对待巧姐的婚姻的，思量着要借藩王姑爷的权势，报复王夫人、凤姐借元妃权势欺压他和赵姨娘的仇怨，还拉扯上邢夫人的不平，弯弯绕的存心甚是奸诈险恶。贾环此举就把巧姐、平儿逼得走投无路，恰好刘姥姥来了，笑说："你这样一个伶俐姑娘，没听见过鼓儿词么，这上头的方法多着呢，这有什么难的？"中国百姓的智慧不少来自曲艺，曲艺处在政治社会的边缘，却处在民间文化的中心，知识者的那一套高头讲章缺乏现实的操作性，就只好让曲艺来操作民间的信仰和行事方式了。刘姥姥用活了曲艺知识，告诉平儿："只怕你们不走，你们要走，就到我屯里去。我就把姑娘藏起来，即刻叫我女婿弄了人，叫姑娘亲笔写个字儿，赶到姑老爷（贾琏）那里，少不得他就来了。可不好么？"有意思的是，贵族儿女听戏曲，长了诗情趣味；农村老妪听曲艺，长了处事的能力，最终是后者拯救了前者。按照刘姥姥的主意，于是平儿想办法，买嘱看后门的人雇一辆车子送刘姥姥回去，将巧姐装做刘姥姥的外孙女青儿模样急急上车，自己只当送人，眼错不见，也跨上车去了。这就造成了贾环、王仁逼死巧姐、平儿的圈套。而外藩郡王听说巧姐出自世代勋戚的门阀，就说："了不得，这是有干例禁的，几乎误了大事。况我朝觐已过，便要择日起程，倘有人来再说，快快打发出去。"这日恰好贾芸、王仁等递送年庚，只见府门里头的人回绝说："奉王爷的命，再敢拿贾府的人来冒充民女者，要拿住究治的。如今太平时候，谁敢这样大胆？"这一嚷，唬得王仁等抱头鼠窜出来。一方面是巧姐、平儿失踪的火上浇油，一方面是外藩郡王的釜底抽薪，使得贾环、王仁在内外交煎中丢人现眼、焦头烂额。贾环想借藩王亲戚的权势，来报复王夫人、凤姐借元妃权势欺压他和赵姨娘的仇怨，直落得偷鸡不成蚀把米的下场，这算是后四十回带点促狭的幽默感。

看看到了出场日期，王夫人只盼着宝玉、贾兰回来。等到晌午，不见回来，王夫人、李纨、宝钗着忙打发人去，到下处打听。去了一起，又无消息，连去的人也不来了。回来又打发一起人去，又不见回来。三个人心里如热油熬煎，等到傍晚有人进来，见是贾兰。众人喜欢问道："宝二叔呢？"贾兰也不及请安，便哭道："二叔丢了。"王夫人听了这话便怔了，半天也不言语，便直挺挺的躺倒床上。亏得彩云等在后面扶着，下死的叫醒转来哭着。见宝钗也是白瞪两眼。袭人等已哭得泪人一般，只有哭着骂贾兰道："糊涂东西，你同二叔在一处，怎么他就丢了？"贾兰道："我和二叔在下处，是一处吃一处睡。进了场，相离也不远，刻刻在一处的。今儿一早，二叔的卷子早完了，还等我呢。我们两个人一起去交了卷子，一同出来，在龙门口一挤，回头就不见了。我们家接场的人都问我，李贵还说看见的，相离不过数步，怎么一挤就不见了。现叫李贵等分头的找去，我也带了人各处号里都找遍了，没有，我所以这时候才回来。"王夫人是哭的一句话也说不出来，宝钗心里已知八九，袭人痛哭不已。贾蔷等不等吩咐，也是分头而去。可怜荣府的人个个死多活少，空备了接场的酒饭。贾兰也忘却了辛苦，还要自己找去。倒是王夫人拦住道："我的儿，你叔叔丢了，还禁得再丢了你么。好孩子，你歇歇去罢。"贾兰那里肯走，尤氏等苦劝不止。众人中只有惜春心里却明白了，只不好说出来，便问宝钗道："二哥哥带了玉去了没有？"宝钗道："这是随身的东西，怎么不带？"惜春听了便不言语。袭人想起那日抢玉的事来，也是料着那和尚作怪，柔肠几断，珠泪交流，呜呜咽咽哭个不住。追想当年宝玉相待的情分，有时怄他，他便恼了，也有一种令人回心的好处，那温存体贴是不用说了。若怄急了他，便赌誓说做和尚，那知道今日却应了这句话。看看那天已觉是四更天气，并没有个信儿。李纨又怕王夫人苦坏了，极力的劝着回房。众人都跟着伺候，只有邢夫人回去。贾环躲着不敢出来。王夫人叫贾兰去了，一夜无眠。次日天明，虽有家人回来，都说没有一处不寻到，实在没有影儿。于是薛姨妈、薛蝌、史湘云、宝琴、李婶等，接二连三的过来请安问信。

如此一连数日，王夫人哭得饮食不进，命在垂危。忽有家人回道："海疆来了一人，口称统制大人那里来的，说我们家的三姑奶奶明日到京了。"王夫人听说探春回京，虽不能解宝玉之愁，那个心略放了些。到了明日，果然探春回来。众人远远接着，见探春出跳得比先前更好了，服采鲜明。见了王夫人形容枯槁，众人眼肿腮红，便也大哭起来，哭了一会，然后行礼。看见惜春道姑打扮，心里很不舒服。又听见宝玉心迷走失，家中多少不顺的事，大家又哭起来。还亏得探春能言，见解亦高，把话来慢慢儿的劝解了好些时，王夫人等略觉好些。再明儿，三姑爷也来了。知有这样的事，探春住下劝解。跟探春的丫头老婆也与众姐妹们相聚，各诉别后的事。从此上上下下的人，竟是无昼无夜专等宝玉的信。

那一夜五更多天，外头几个家人进来到二门口报喜。几个小丫头乱跑进来，也不及告诉大丫头了，进了屋子便说："太太奶奶们大喜。"王夫人打谅宝玉找着了，便喜欢的站起身来说："在那里找着的，快叫他进来。"那人道："中了第七名举人。"王夫人道："宝玉呢？"家人不言语，王夫人仍旧坐下。探春便问："第七名中的是谁？"家人回说："是宝二爷。"正说着，外头又嚷道："兰哥儿中了。"那家人赶忙出去接了报单回禀，见贾兰中了一百三十名。李纨心下喜欢，因王夫人不见了宝玉，不敢喜形于色。王夫人见贾兰中了，心下也是喜欢，只想："若是宝玉一回来，咱们这些人不知怎样乐呢？"独有宝钗心下悲苦，又不好掉泪。众人道喜，说是："宝玉既有中的命，自然再不会丢的。况天下那有迷失了的举人？"王夫人等想来不错，略有笑容。众人便趁势劝王夫人等多进了些饮食。只见三门外头焙茗乱嚷说：“我们二爷中了举人，是丢不了的了。”众人问道：“怎见得呢？”焙茗道：“‘一举成名天下闻’，如今二爷走到那里，那里就知道的。谁敢不送来？”里头的众人都说：“这小子虽是没规矩，这句话是不错的。”惜春道：“这样大人了，那里有走失的。只怕他勘破世情，入了空门，这就难找着他了。”这句话又招得王夫人等又大哭起来。李纨道：“古来成佛作祖成神仙的，果然把爵位富贵都抛了也多得很。”王夫人哭道：“他若抛了父母，这就是不孝，怎能成佛作祖？”探春道：“大凡一个人不可有奇处。二哥哥生来带块玉来，都道是好事，这么说起来，都是有了这块玉的不好。若是再有几天不见，我不是叫太太生气，就有些原故了，只好譬如没有生这位哥哥罢了。果然有来头成了正果，也是太太几辈子的修积。”宝钗听了不言语，袭人那里忍得住，心里一疼，头上一晕便栽倒了。王夫人见了可怜，命人扶他回去。贾环见哥哥、侄儿中了，又为巧姐的事大不好意思，只报怨蔷芸两个，知道探春回来，此事不肯干休，又不敢躲开，这几天竟是如在荆棘之中。

明日贾兰只得先去谢恩，知道甄宝玉也中了，大家序了同年。提起贾宝玉心迷走失，甄宝玉叹息劝慰。知贡举的将考中的卷子奏闻，皇上一一的披阅，看取中的文章俱是平正通达的。见第七名贾宝玉是金陵籍贯，第一百三十名又是金陵贾兰，皇上传旨询问，两个姓贾的是金陵人氏，是否贾妃一族。大臣领命出来，传贾宝玉、贾兰问话，贾兰将宝玉场后迷失的话，并将三代陈明，大臣代为转奏。皇上最是圣明仁德，想起贾氏功勋，命大臣查复，大臣便细细的奏明。皇上甚是悯恤，命有司将贾赦犯罪情由查案呈奏。皇上又看到海疆靖寇班师善后事宜一本，奏的是海宴河清，万民乐业的事。皇上圣心大悦，命九卿叙功议赏，并大赦天下。贾兰等朝臣散后拜了座师，并听见朝内有大赦的信，便回了王夫人等。合家略有喜色，只盼宝玉回来。薛姨妈更加喜欢，便要打算赎罪。

一日，人报甄老爷同三姑爷来道喜，王夫人便命贾兰出去接待。不多一回，贾兰进来笑嘻嘻的回王夫人道:“太太们大喜了。甄老伯在朝内听见有旨意，说是大老爷的罪名免了，珍大爷不但免了罪，仍袭了宁国三等世职。荣国世职仍是老爷袭了，俟丁忧服满，仍升工部郎中。所抄家产，全行赏还。二叔的文章，皇上看了甚喜，问知元妃兄弟，北静王还奏说人品亦好，皇上传旨召见，众大臣奏称据伊侄贾兰回称出场时迷失，现在各处寻访，皇上降旨着五营各衙门用心寻访。这旨意一下，请太太们放心，皇上这样圣恩，再没有找不着了。”王夫人等这才大家称贺，喜欢起来。只有贾环等心下着急，四处找寻巧姐。

笺证

第一一九回“中乡魁宝玉却尘缘　沐皇恩贾家延世泽”，叙写福无双至，祸不单行，好消息、坏消息一波又一波地涌来，或虚写，或实写，虚实相济，互相激荡，形成了描绘惶惶不安的人心的旋涡。科考之后，宝玉失踪，贾兰在众人焦灼等待中独自回来，说:“我和二叔在(考场)下处，是一处吃一处睡。进了场，相离也不远，刻刻在一处的。今儿一早，二叔的卷子早完了，还等我呢。我们两个人一起去交了卷子，一同出来，在龙门口一挤，回头就不见了。我们家接场的人都问我，李贵还说看见的，相离不过数步，怎么一挤就不见了。现叫李贵等分头的找去，我也带了人各处号里都找遍了，没有，我所以这时候才回来。”宝玉失踪是虚写，或间接描写，显得神龙见首不见尾，但这条神龙见首不见尾的消息的分量压倒了全部好消息。“可怜荣府的人个个死多活少，空备了接场的酒饭”，王夫人哭得饮食不进，命在垂危，忽有家人回报探春随海疆统制到京，才略为放松了些。一个宝玉失踪的无可奈何的消息，用了几个喜出望外的好消息加以冲淡，但总是冲而不淡。众人见探春出挑得比先前更好了，服采鲜明，自然有几分安慰。接着不几日几个家人进来报喜：宝玉中了第七名举人，贾兰中了一百三十名。这些都是好消息，但是更值得注意的是，成书比高鹗续书早四十年的《儒林外史》写范进中举，中的也是第七名举人。穷得在街头手拿草标，卖鸡换米救命的范进，竟然传来"捷报贵府老爷范讳高中广东乡试第七名亚元。京报连登黄甲"。范进欢喜狠了，痰涌上来，迷了心窍，拍手笑说："噫！好了！我中了！"他被丈人胡屠夫一巴掌打晕过去，醒来后又说："是了。我也记得是中的第七名。"范进由此做了老爷，就是天上的星宿，官员乡绅赠银送房，周旋于炙手可热的名利场中。贾宝玉中了第七名举人，却悬崖撒手，离开名利场而皈依佛门，成了"反面翻了一个跟斗的范进中举"。因而惜春对宝玉失踪，一语道破天机说："（宝玉）这样大人了，那里有走失的。只怕他勘破世情，入了空门，这就难找着他了。"这句话又招得宝钗情冷、袭人情热，王夫人等又大哭起来。接着传来了一大堆好消息：皇上大赦天下，贾赦免罪，贾珍仍袭宁国三等世职，贾政仍袭荣国世职，俟丁忧服满，仍升工部郎中。所抄家产，全行赏还。皇上看了宝玉的文章甚喜，问知是元妃兄弟，北静王还奏说人品亦好，降旨着五营各衙门用心寻访。但这种没有下文的寻访，给全部好消息蒙上厚厚的一层阴影，一种难以拂去的不安感，思索着宝玉是如何"完了好了"，焦急地等待着宝玉迷魂的下落。迷魂就是魂魄丧落，找不到归路。唐代有"诗鬼"之称的李贺《致酒行》云："我有迷魂招不得，雄鸡一声天下白。少年心事当拿云，谁念幽寒坐呜呃。"诗中倾诉壮志受挫的精神痛苦，意气风发的拿云少年，落得坐泣幽寒的处境，迷魂难招，只好等待"雄鸡一声天下白”了。李商隐《楚宫》诗云:“湘波如泪色漻漻，楚厉迷魂逐恨遥。枫树夜猿愁自断，女萝山鬼语相邀。空归腐败犹难复，更困腥臊岂易招。但使故乡三户在，彩丝谁惜惧长蛟。”❶这里的“楚厉迷魂”就是屈原的迷魂，他对楚国腐败的愁恨就像湘水长流，只好以山鬼为伴，用彩丝裹扎粽子来祭奠他的迷魂了。以上都是壮志难酬者的迷魂，但平常人往往沉迷于金钱美色，元曲有云:“人皆嫌命窘，谁不见钱亲。水晶环入面糊盆，才沾粘便滚。文章糊了盛钱囤，门庭改做迷魂阵，清廉贬入睡馄饨，葫芦提倒稳。”据考证，清康熙雍正年间的刘璋以“烟霞散人”的名号编成《凤凰池》小说，第三回说:“饶君纵有无情剑，不敢迷魂阵里游。”他警告无情剑也不能打破美色的迷魂阵。迷魂种类繁多，困扰了世人。招迷魂，也就进入民俗信仰。因此在洪荒古远的原始时代，广西左江骆越部族就以赭红色的铁矿粉绘出花山岩画，人物双腿张开半下蹲，双手张开上举，举行祭祀活动，或为稻作农业求雨，或为沉疴昏迷的人招魂，因为人的血是红色的，骆越人相信铁矿粉绘画的红色能够安定人的灵魂。骆越人的红色绘画，李贺的雄鸡一唱，是否能够招回贾宝玉的迷魂呢?

那知巧姐随了刘姥姥带着平儿出了城，到了庄上，刘姥姥也不敢轻亵巧姐，便打扫上房让给巧姐、平儿住下。每日供给虽是乡村风味，倒也洁净。又有青儿陪着，暂且宽心。那庄上也有几家富户，知道刘姥姥家来了贾府姑娘，谁不来瞧，都道是天上神仙。也有送菜果的，也有送野味的，到也热闹。内中有个极富的人家，姓周，家财巨万，良田千顷。只有一子，生得文雅清秀，年纪十四岁，他父母延师读书，新近科试中了秀才。那日他母亲看见了巧姐，心里羡慕，自想:“我是庄家人家，那能配得起这样世家小姐?”呆呆的想着。刘姥姥知他心事，拉着他说:“你的心事我知道了，我给你们做个媒罢。”周妈妈笑道:“你别哄我，他们什么人家，肯给我们庄家人么?”刘姥姥道:“说着瞧罢。”于是两人各自走开。

刘姥姥惦记着贾府，叫板儿进城打听，那日恰好到宁荣街，只见有好些车轿在那里。板儿便在邻近打听，说是:“宁荣两府复了官，赏还抄的家产，如今府里又要起来了。只是他们的宝玉中了官，不知走到那里去了。”板儿心里喜欢，便要回去，又见好几匹马到来，在门前下马。只见门上打千儿请安说：“二爷回来了，大喜。大老爷身上安了么？”那位爷笑着道：“好了，又遇恩旨，就要回来了。”还问：“那些人做什么的？”门上回说：“是皇上派官在这里下旨意，叫人领家产。”那位爷便喜欢进去。板儿便知是贾琏了。也不用打听，赶忙回去告诉了他外祖母。刘姥姥听说，喜的眉开眼笑，去和巧姐儿贺喜，将板儿的话说了一遍。平儿笑说道：“可不是，亏得姥姥这样一办，不然姑娘也摸不着那好时候。”巧姐更自欢喜。正说着，那送贾琏信的人也回来了，说是：“姑老爷感激得很，叫我一到家快把姑娘送回去。又赏了我好几两银子。”刘姥姥听了得意，便叫人赶了两辆车，请巧姐、平儿上车。巧姐等在刘姥姥家住熟了，反是依依不舍，更有青儿哭着，恨不能留下。刘姥姥知他不忍相别，便叫青儿跟了进城，一径直奔荣府而来。

且说贾琏先前知道贾赦病重，赶到配所，父子相见，痛哭了一场，渐渐的好起来。贾琏接着家书，知道家中的事，禀明贾赦回来，走到中途，听得大赦，又赶了两天，今日到家，恰遇颁赏恩旨。里面邢夫人等正愁无人接旨，虽有贾兰，终是年轻，人报琏二爷回来，大家相见，悲喜交集，此时也不及叙话，即到前厅叩见了钦命大人。问了他父亲好，说明日到内府领赏，宁国府第发交居住。众人起身辞别，贾琏送出门去。见有几辆屯车，家人们不许停歇，正在吵闹。贾琏早知道是巧姐来的车，便骂家人道：“你们这班糊涂忘八崽子，我不在家，就欺心害主，将巧姐儿都逼走了。如今人家送来，还要拦阻，必是你们和我有什么仇么？”众家人原怕贾琏回来不依，想来少时才破，

❶（唐）李商隐:《李商隐诗集》，上海古籍出版社2015年版，第147页。

岂知贾琏说得更明，心下不懂，只得站着回道："二爷出门，奴才们有病的，有告假的，都是三爷、蔷大爷、芸大爷作主，不与奴才们相干。"贾琏道："什么混帐东西。我完了事再和你们说，快把车赶进来。"

贾琏进去见邢夫人，也不言语，转身到了王夫人那里，跪下磕了个头，回道："姐儿回来了，全亏太太。环兄弟，太太也不用说他了。只是芸儿这东西，他上回看家就闹乱儿，如今我去了几个月，便闹到这样。回太太的话，这种人撵了他不往来也使得。"王夫人道："你大舅子为什么也是这样？"贾琏道："太太不用说，我自有道理。"正说着，彩云等回道："巧姐儿进来了。"见了王夫人，虽然别不多时，想起这样逃难的景况，不免落下泪来。巧姐儿也便大哭。贾琏谢了刘姥姥，王夫人便拉他坐下，说起那日的话来。贾琏见平儿，外面不好说别的，心里感激，眼中流泪。自此贾琏心里愈敬平儿，打算等贾赦等回来要扶平儿为正。此是后话，暂且不题。

邢夫人正恐贾琏不见了巧姐，必有一番的周折，又听见贾琏在王夫人那里，心下更是着急，便叫丫头去打听。回来说是巧姐儿同着刘姥姥在那里说话，邢夫人才如梦初觉，知他们的鬼，还抱怨着王夫人："调唆我母子不和，到底是那个送信给平儿的？"正问着，只见巧姐同着刘姥姥带了平儿，王夫人在后头跟着进来，先把头里的话都说在贾芸、王仁身上，说："大太太原是听见人说，为的是好事，那里知道外头的鬼？"邢夫人听了，自觉羞惭。想起王夫人主意不差，心里也服。于是邢、王夫人彼此心下相安。

平儿回了王夫人，带了巧姐到宝钗那里来请安，各自提各自的苦处。又说到："皇上隆恩，咱们家该兴旺起来了。想来宝二爷必回来的。"正说到这话，只见秋纹急忙来说："袭人不好了。"不知何事，且听下回分解。

笺证

贫穷破败的老中国农村充满了苦难，与城市相对而言，农村既不等同于落后和愚昧，也不是乐园，在贵族中国坍塌的过程中，城市无法拯救乡村，乡村也拯救不了城市。但是《红楼梦》既然要写贵族中国的败落坍塌，就自然而然从正面检讨农村的价值。在第一一九回“沐皇恩贾家延世泽”中，插叙了巧姐与乡下的因缘，展示乡村拯救了城市，乡村是城市避难的空间。巧姐、平儿随刘姥姥到乡下，乡里有个极富的人家，姓周，家财巨万，良田千顷。只有一子，生得文雅清秀，年纪十四岁，延师读书，新近科试中了秀才。那日他母亲看见了巧姐，心里羡慕，自想：“我是庄家人家，那能配得起这样世家小姐？”这是另一种功名富裕，属于农村世俗社会。刘姥姥知道周家母亲的心事，拉着她说：“你的心事我知道了，我给你们做个媒罢。”周妈妈笑道：“你别哄我，他们什么人家，肯给我们庄家人么？”刘姥姥道：“说着瞧罢。”在刘姥姥的心中，古朴宁静的乡下比起那“昌明隆盛之邦，诗礼簪缨之族，花柳繁华地，温柔富贵乡”，更能经受狂风骤雨，更接地气而有生命力。于是行文又接上衰败了的“昌明隆盛之邦，诗礼簪缨之族，花柳繁华地，温柔富贵乡”的种种烦恼。这不是用贾政，而是用贾琏来连接的。贾琏在边疆看到贾赦病情有起色，就赶回京中，恰遇巧姐、平儿从刘姥姥家坐车回来，受家人阻挡，贾琏大骂家人说：“你们这班糊涂忘八崽子，我不在家，就欺心害主，将巧姐儿都逼走了。如今人家送来，还要拦阻，必是你们和我有什么仇么？”说罢就撵走贾芸。贾琏心里愈敬平儿，打算等贾赦等回来要扶平儿为正。这是俗笔，要给平儿一个名分。贾琏东奔西跑，心劳日拙，竭力拼凑和弥补贾府残局的碎片。他在一定程度上顶上了凤姐的角色，心劳日拙地修补着贾府的“伪团圆”。团圆本是月圆月缺引起的一种美好的家族伦理意识。元人曾瑞《哨遍·古镜》套曲说：“残云刮地西风卷，寒光皎洁明盈室，素魄团圆照满天。似银汉冰盘转，鉴窥星斗，照耀山川。”这里以月比喻轩辕黄帝开始铸造的古镜，期盼人世如镜如月团圆。这份心情使得苏轼在《虞美人》词中说：“持杯遥劝天边月，愿月圆无缺。持杯复更劝花枝，且愿花枝长在、莫离披。持杯月下花前醉，休问荣枯事。此欢能有几人知？对酒逢花不饮、待何时？”[2]但苏轼还是感到这份心情把握不住，又作《水调歌头》词说：“明月几时有？把酒问青天。……人有悲欢离合，月有阴晴圆缺，此事古难全。但愿人长久，千里共婵娟。”对于这种把握不住的团圆，贾琏还要强行把握，就使团圆变“伪”了。农村或许能够拯救巧姐，但终究不能拯救贾府。拯救个人易，拯救体制就难上加难了。

[2]（宋）苏轼著，李之亮笺注：《苏轼文集编年笺注》，巴蜀书社2011年版，第73页。

第一二〇回
甄士隐详说太虚情
贾雨村归结红楼梦

话说宝钗听秋纹说袭人不好，连忙进去瞧看。巧姐儿同平儿也随着走到袭人炕前。只见袭人心痛难禁，一时气厥。宝钗等用开水灌了过来，仍旧扶他睡下，一面传请大夫。巧姐儿问宝钗道："袭人姐姐怎么病到这个样？"宝钗道："大前儿晚上哭伤了心了，一时发晕栽倒了。太太叫人扶他回来，他就睡倒了。因外头有事，没有请大夫瞧他，所以致此。"说着，大夫来了，宝钗等略避。大夫看了脉，说是急怒所致，开了方子去了。

原来袭人模糊听见说宝玉若不回来，便要打发屋里的人都出去，一急越发不好了。到大夫瞧后，秋纹给他煎药。他各自一人躺着，神魂未定，好像宝玉在他面前，恍惚又像是个和尚，手里拿着一本册子揭着看，还说道："你别错了主意，我是不认得你们的了。"袭人似要和他说话，秋纹走来说："药好了，姐姐吃罢。"袭人睁眼一瞧，知是个梦，也不告诉人。吃了药，便自己细细的想："宝玉必是跟了和尚去。上回他要拿玉出去，便是要脱身的样子，被我揪住，看他竟不像往常，把我混推混搡的，一点情意都没有。后来待二奶奶更生厌烦，在别的姊妹跟前，也是没有一点情意。这就是悟道的样子。但是你悟了道，抛了二奶奶怎么好？我是太太派我服侍你，虽是月钱照着那样的分例，其实我究竟没有在老爷太太跟前回明就算了你的屋里人。若是老爷太太打发我出去，我若死守着，又叫人笑话；若是我出去，心想宝玉待我的情分，实在不忍。"左思右想，实在难处。想到刚才的梦"好像和我无缘"的话，"倒不如死了干净"，岂知吃药以后，心痛减了好些，也难躺着，只好勉强支持。过了几日，起来服侍宝钗。宝钗想念宝玉，暗中垂泪，自叹命苦。又知他母亲打算给哥哥赎罪，很费张罗，不能不帮着打算。暂且不表。

且说贾政扶贾母灵柩，贾蓉送了秦氏、凤姐、鸳鸯的棺木，到了金陵，先安了葬。贾蓉自送黛玉的灵也去安葬。贾政料理坟基的事。一日接到家书，一行一行的看到宝玉、贾兰得中，心里自是喜欢。后来看到宝玉走失，复又烦恼，只得赶忙回来。在道儿上又闻得有恩赦的旨意，又接家书，果然赦罪复职，更是喜欢，便日夜趱行。

一日，行到毘陵驿地方，那天乍寒下雪，泊在一个清净去处。贾政打发众人上岸投帖辞谢朋友，总说即刻开船，都不敢劳动。船中只留一个小厮伺候，自己在船中写家书，先要打发人起早到家。写到宝玉的事，便停笔。抬头忽见船头上微微的雪影里面一个人，光着头，赤着脚，身上披着一领大红猩猩毡的斗篷，向贾政倒身下拜。贾政尚未认清，急忙出船，欲待扶住问他是谁。那人已拜了四拜，站起来打了个问讯。贾政才要还揖，迎面一看，不是别人，却是宝玉。贾政吃一大惊，忙问道:“可是宝玉么？”那人只不言语，似喜似悲。贾政又问道:“你若是宝玉，如何这样打扮，跑到这里？”宝玉未及回言，只见舡头上来了两人，一僧一道，夹住宝玉说道:“俗缘已毕，还不快走？”说着，三个人飘然登岸而去。贾政不顾地滑，疾忙来赶。见那三人在前，那里赶得上。只听得他们三人口中不知是那个作歌曰:

我所居兮，青埂之峰。我所游兮，鸿蒙太空。谁与我游兮，吾谁与从。渺渺茫茫兮，归彼大荒。

贾政一面听着，一面赶去，转过一小坡，倏然不见。贾政已赶得心虚气喘，惊疑不定，回过头来，见自己的小厮也是随后赶来。贾政问道："你看见方才那三个人么？"小厮道："看见的。奴才为老爷追赶，故也赶来。后来只见老爷，不见那三个人了。"贾政还欲前走，只见白茫茫一片旷野，并无一人。贾政知是古怪，只得回来。

众家人回舡，见贾政不在舱中，问了舡夫，说是："老爷上岸追赶两个和尚一个道士去了。"众人也从雪地里寻踪迎去，远远见贾政来了，迎上去接着，一同回船。贾政坐下，喘息方定，将见宝玉的话说了一遍。众人回禀，便要在这地方寻觅。贾政叹道："你们不知道，这是我亲眼见的，并非鬼怪。况听得歌声大有元妙。那宝玉生下时衔了玉来，便也古怪，我早知不祥之兆，为的是老太太疼爱，所以养育到今。便是那和尚道士，我也见了三次：头一次是那僧道来说玉的好处。第二次便是宝玉病重，他来了将那玉持诵了一番，宝玉便好了。第三次送那玉来坐在前厅，我一转眼就不见了。我心里便有些诧异，只道宝玉果真有造化，高僧仙道来护佑他的。岂知宝玉是下凡历劫的，竟哄了老太太十九年，如今叫我才明白。"说到那里，掉下泪来。众人道："宝二爷果然是下凡的和尚，就不该中举人了。怎么中了才去？"贾政道："你们那里知道，大凡天上星宿，山中老僧，洞里的精灵，他自具一种性情。你看宝玉何尝肯念书，他若略一经心，无有不能的。他那一种脾气也是各别另样。"说着，又叹了几声。众人便拿"兰哥得中，家道复兴"的话解了一番。贾政仍旧写家书，便把这事写上，劝谕合家不必想念了。写完封好，即着家人回去。贾政随后赶回。暂且不题。

笺证

结穴是一部大书到了最后，必须提上日程的重要议题。从长历史时段的诗文发展脉络来讲，结穴处是千山蜿蜒，高峰崛起之处。清乾隆前期的布衣夫子黄子云《野鸿诗的》说："古文自迁、固、扬、马至昌黎而结穴。诗自曹、谢、庾、徐至少陵而结穴。不真，不新，不朴，不雅，不浑，不可与言诗。"[1]这里的结穴，有集大成的意思。清末民初林纾《春觉斋论文·用收笔》说："为人重晚节，行文看结穴。"从文章作法来看，收笔时的结穴，竟然与为人的晚节一样重要，关系着整个生命过程的盖棺论定。晚期章太炎《文学论略》说："善夫章氏《文史通义》之言曰：塾师之讲时文，必有法度，以合程式，而法度难以空言，则往往取譬以示蒙学。拟于房室，则有所谓间架结构。拟于身体，则有所谓眉目筋节。拟于绘画，则有所谓点睛添毫。拟于形家，则有所谓来龙结穴。"这里提到风水先生（形家）是讲究龙脉走向和结穴之处的。以堪舆学比拟文章，把民俗信仰导向文学，也就讲究结穴。《红楼梦》第一二〇回，已经到了全书的结穴处，先行结穴的是贾宝玉，是对通灵宝玉幻形入世、重归大荒的结穴。贾政扶贾母灵柩南归后回来，船行到毘陵驿（江苏常州），那天乍寒下雪，泊在一个清净去处。贾政在船中写家书，写到宝玉的事，便停笔。抬头忽见船头上微微的雪影里面一个人，光着头，赤着脚，身上披着一领大红猩猩毡的斗篷，向贾政倒身下拜。这是对王夫人跪拜之后，又对贾政跪拜，拜别人间肉身的赋予者。贾政尚未认清，急忙出船，欲待扶住问他是谁。那人已拜了四拜，站起来打了个问讯。这是拜谢父母养育之恩，尽了生为人子之礼。贾政才要还揖，迎面一看，不是别人，却是宝玉。贾政吃一大惊，忙问道："可是宝玉么？"那人只不言语，似喜似悲。以此八个字写宝玉辞别父亲，也辞别人世俗缘，颇为得体而滋味浑厚。贾政又问道："你若是宝玉，如何这样打扮，跑到这里？"宝玉未及回言，只见舡头上来了两人，一僧一道，夹住宝玉说道："俗缘已毕，还不快走。"说着，三个人飘然登岸而去。贾政不顾地滑，疾忙来赶。见那三人在前，那里赶得上。只听得他们三人口中不知是那个作歌曰："我所居兮，青埂之峰。我所游兮，鸿蒙太空。谁与

❶ 中骏编著：《中国历代诗话词话选粹》（下），光明日报出版社1999年版，第198页。

我游兮，吾谁与从。渺渺茫茫兮，归彼大荒。”是宝玉作歌，却写成“只听得他们三人口中不知是那个作歌”，增加了一层空幻，有助于把思绪伸展到太空、大荒的茫茫渺渺之境。贾宝玉的结穴，连结着大荒山无稽崖青埂峰的女娲补天遗下一块无材补天、幻形入世的顽石神话，这是人书回归天书的结穴。鲁迅在《坟·论睁了眼看》中说：“《红楼梦》中的小悲剧，是社会上常有的事，作者又是比较的敢于实写的，而那结果也并不坏。无论贾氏家业再振，兰桂齐芳，即宝玉自己，也成了个披大红猩猩毡斗篷的和尚。和尚多矣，但披这样阔斗篷的能有几个，已经是‘入圣超凡’无疑了。至于别的人们，则早在册子里一一注定，末路不过是一个归结：是问题的结束，不是问题的开头。读者即小有不安，也终于奈何不得。然而后或续或改，非借尸还魂，即冥中另配，必令‘生旦当场团圆’才肯放手者，乃是自欺欺人的瘾太大，所以看了小小骗局，还不甘心，定须闭眼胡说一通而后快。赫克尔（E.Haeckel）说过：人和人之差，有时比类人猿和原人之差还远。我们将《红楼梦》的续作者和原作一比较，就会承认这话大概是确实的。”[2]鲁迅《〈绛洞花主〉小引》又说：“《红楼梦》是中国许多人所知道，至少，是知道这名目的书。谁是作者和续者姑且勿论，单是命意，就因读者的眼光而有种种：经学家看见《易》，道学家看见淫，才子看见缠绵，革命家看见排满，流言家看见宫闱秘事……在我的眼下的宝玉，却看见他看见许多死亡；证成多所爱者，当大苦恼，因为世上，不幸人多。惟憎人者，幸灾乐祸，于一生中，得小欢喜，少有偏碍。然而憎人却不过是爱人者的败亡的逃路，与宝玉之终于出家，同一小器。但在作《红楼梦》时的思想，大约也止能如此；即使出于续作，想来未必与作者本意大相悬殊。惟被了大红猩猩毡斗篷来拜他的父亲，却令人觉得诧异。”[3]后人谈论《红楼梦》的思想倾向，紧紧地抓住大红猩猩毡斗篷不放，可见这副行头的象征性意义，成了全书的聚焦点，是结穴处的穴位所在。“白茫茫旷野，并无一人”，衬托着这大红猩猩毡斗篷格外鲜亮。以红白的色彩高度反差，来刺激人们的审美感觉，也是文学家有意使用的手法。唐朝元稹的《行宫》绝句说：“寥落古行宫，宫花寂寞红。白头宫女在，闲坐说玄宗。”这里使用的是以红花、白发来映衬唐朝的黄昏。杜牧《念昔游》诗云："李白题诗水西寺，古木回岩楼阁风。半醒半醉游三日，红白花开山雨中。"诗中以雨中红白山花绽开，怀念诗人李白。南宋杨万里《瓶中红白二莲》诗云："红白莲花共玉瓶，红莲韵绝白莲清。空斋不是无秋暑，暑被花销断不生。"以红白两色莲花插瓶，是一种审美选择。晚明袁宏道《瓶史》却反对这种红白配色说："插花不可太繁，亦不可太瘦。多不过二种三种，高低疏密，如画苑布置方妙。置瓶忌两对，忌一律，忌成行列，忌以绳束缚。夫花之所谓整齐者，正以参差不伦，意态天然，如子瞻之文随意断续，青莲之诗不拘对偶，此真整齐也。若夫枝叶相当，红白相配，此省曹墀下树，墓门华表也，恶得为整齐哉！"[4]即便讥讽大红猩猩毡斗篷的鲁迅，在他小说《药》中，还在烈士夏瑜的草根还没有全合，露出一块一块的黄土，煞是难看的坟头上，安放一圈红白花的花环，"花也不很多，圆圆的排成一个圈，不很精神，倒也整齐"。他在《呐喊·自序》中交代了用意："既然是呐喊，则当然须听将令的了，所以我往往不恤用了曲笔，在《药》的瑜儿的坟上平空添上一个花环。"[5]在《故事新编》的《采薇》中，又写到伯夷、叔齐来到首阳山，"这确是一座好山。既不高，又不深，没有大树林，不愁虎狼，也不必防强盗：是理想的幽栖之所。两人到山脚下一看，只见新叶嫩碧，土地金黄，野草里开着些红红白白的小花，真是连看看也赏心悦目"[6]。虽然含有嘲讽的口气，但还是以红红白白的小花点缀伯夷、叔齐的栖身山峦。红白映衬，装点着色彩人生，也为《红楼梦》的结穴增添了色彩。

❷ 鲁迅：《鲁迅全集》（编年版，第三卷），人民文学出版社2014年版，第345页。

❸ 鲁迅：《鲁迅全集》（编年版，第五卷），人民文学出版社2014年版，第26页。

❹ 孙文光编：《中国历代笔记选粹》（下），华东师范大学出版社1998年版，第1410—1411页。

❺ 鲁迅：《鲁迅全集》（第一卷），人民文学出版社2005年版，第441页。

❻ 鲁迅：《鲁迅全集》（第二卷），人民文学出版社2005年版，第419页。

且说薛姨妈得了赦罪的信，便命薛蝌去各处借贷，并自己凑齐了赎罪银两。刑部准了，收兑了银子，一角文书将薛蟠放出。他们母子姊妹弟兄见面，不必细述，自然是悲喜交集了。薛蟠自己立誓说道："若是再犯前病，必定犯杀犯剐。"薛姨妈见他这样，便要握他嘴说："只要自己拿定主意，必定还要妄口巴舌血淋淋的起这样恶誓么？只香菱跟了你受了多少的苦处，你媳妇已经自己治死自己了，如今虽说穷了，这碗饭还有得吃，据我的主意，我便算他是媳妇了，你心里怎么样？"薛蟠点头愿意，宝钗等也说："很该这样。"倒把香菱急得脸涨通红，说是："服侍大爷一样的，何必如此？"众人便称起大奶奶来，无人不服。薛蟠便要去拜谢贾家，薛姨妈宝钗也都过来。见了众人，彼此聚首，又说了一番的话。

正说着，恰好那日贾政的家人回家，呈上书子，说："老爷不日到了。"王夫人叫贾兰将书子念给听。贾兰念到贾政亲见宝玉的一段，众人听了都痛哭起来，王夫人、宝钗、袭人等更甚。大家又将贾政书内叫家内"不必悲伤，原是借胎"的话解说了一番。"与其作了官，倘或命运不好，犯了事坏家败产，那时倒不好了。宁可咱们家出一位佛爷，倒是老爷太太的积德，所以才投到咱们家来。不是说句不顾前后的话，当初东府里太爷倒是修炼了十几年，也没有成了仙。这佛是更难成的。太太这么一想，心里便开豁了。"王夫人哭着和薛姨妈道："宝玉抛了我，我还恨他呢。我叹的是媳妇的命苦，才成了一二年的亲，怎么他就硬着肠子都撂下了走了呢？"薛姨妈听了也甚伤心，宝钗哭得人事不知。所有爷们都在外头，王夫人便说道："我为他担了一辈子的惊，刚刚儿的娶了亲，中了举人，又知道媳妇作了胎，我才喜欢些，不想弄到这样结局。早知这样，就不该娶亲害了人家的姑娘。"薛姨妈道："这是自己一定的，咱们这样人家，还有什么别的说的吗？幸喜有了胎，将来生个外孙子必定是有成立的，后来就有了结果了。你看大奶奶，如今兰哥儿中了举人，明年成了进士，可不是就做了官了么？他头里的苦也算吃尽的了，如今的甜来，也是他为人的好处。我们姑娘的心肠儿姊姊是知道的，并不是刻薄轻佻的人，姊姊倒不必耽忧。"王夫人被薛姨妈一番言语说得极有理，心想："宝钗小时候更是廉静寡欲极爱素淡的，他所以才有这个事，想人生在世真有一定数的。看着宝钗虽是痛哭，他端庄样儿一点不走，却倒来劝我，这是真真难得的。不想宝玉这样一个人，红尘中福分竟没有一点儿。”想了一回，也觉解了好些。又想到袭人身上：“若说别的丫头呢，没有什么难处的，大的配了出去，小的服侍二奶奶就是了。独有袭人可怎么处呢？”此时人多，也不好说，且等晚上和薛姨妈商量。

那日薛姨妈并未回家，因恐宝钗痛哭，所以在宝钗房中解劝。那宝钗却是极明理，思前想后，“宝玉原是一种奇异的人。夙世前因，自有一定，原无可怨天尤人”。更将大道理的话告诉他母亲了。薛姨妈心里反倒安了，便到王夫人那里先把宝钗的话说了。王夫人点头叹道：“若说我无德，不该有这样好媳妇了。”说着，更又伤心起来。薛姨妈倒又劝了一会子，因又提起袭人来，说：“我见袭人近来瘦的了不得，他是一心想着宝哥儿。但是正配呢理应守的，屋里人愿守也是有的。惟有这袭人，虽说是算个屋里人，到底他和宝哥儿并没有过明路儿的。”王夫人道：“我才刚想着，正要等妹妹商量商量。若说放他出去，恐怕他不愿意，又要寻死觅活的；若要留着他也罢，又恐老爷不依，所以难处。”薛姨妈道：“我看姨老爷是再不肯叫守着的。再者姨老爷并不知道袭人的事，想来不过是个丫头，那有留的理呢？只要姊姊叫他本家的人来，狠狠的吩咐他，叫他配一门正经亲事，再多多的陪送他些东西。那孩子心肠儿也好，年纪儿又轻，也不枉跟了姐姐会子，也算姐姐待他不薄了。袭人那里还得我细细劝他。就是叫他家的人来也不用告诉他，只等他家里果然说定了好人家儿，我们还去打听打听，若果然足衣足食，女婿长的像个人儿，然后叫他出去。”王夫人听了道：“这个主意很是。不然叫老爷冒冒失失的一办，我可不是又害了一个人了么？”薛姨妈听了点头道："可不是么！"又说了几句，便辞了王夫人，仍到宝钗房中去了。

看见袭人泪痕满面，薛姨妈便劝解譬喻了一会。袭人本来老实，不是伶牙利齿的人，薛姨妈说一句，他应一句，回来说道："我是做下人的人，姨太太瞧得起我，才和我说这些话，我是从不敢违拗太太的。"薛姨妈听他的话，"好一个柔顺的孩子"，心里更加喜欢。宝钗又将大义的话说了一遍，大家各自相安。

过了几日，贾政回家，众人迎接。贾政见贾赦、贾珍已都回家，弟兄叔侄相见，大家历叙别来的景况。然后内眷们见了，不免想起宝玉来，又大家伤了一会子心。贾政喝住道："这是一定的道理。如今只要我们在外把持家事，你们在内相助，断不可仍是从前这样的散慢。别房的事，各有各家料理，也不用承总。我们本房的事，里头全归于你，都要按理而行。"王夫人便将宝钗有孕的话也告诉了，将来丫头们都放出去。贾政听了，点头无语。

次日贾政进内，请示大臣们，说是："蒙恩感激，但未服阕，应该怎么谢恩之处，望乞大人们指教。"众朝臣说是代奏请旨。于是圣恩浩荡，即命陛见。贾政进内谢了恩，圣上又降了好些旨意，又问起宝玉的事来。贾政据实回奏。圣上称奇，旨意说，宝玉的文章固是清奇，想他必是过来人，所以如此。若在朝中，可以进用。他既不敢受圣朝的爵位，便赏了一个"文妙真人"的道号。贾政又叩头谢恩而出。

回到家中，贾琏、贾珍接着，贾政将朝内的话述了一遍，众人喜欢。贾珍便回说："宁国府第收拾齐全，回明了要搬过去。栊翠庵圈在园内，给四妹妹静养。"贾政并不言语，隔了半日，却吩咐了一番仰报天恩的话。贾琏也趁便回说："巧姐亲事，父亲太太都愿意给周家为媳。"贾政昨晚也知巧姐的始末，便说："大老爷、大太太作主就是了。莫说村居不好，只要人家清白，孩子肯念书，能够上进。朝里那些官儿难道都是城里的人么？"贾琏答应了"是"，又说："父亲有了年纪，况且又有痰症的根子，静养几年，诸事原仗二老爷为主。"贾政道："提起村居养静，甚合我意。只是我受恩深重，尚未酬报耳。"贾政说毕进内。贾琏打发请了刘姥姥来，应了这件事。刘姥姥见了王夫人等，便说些将来怎样升官，怎样起家，怎样子孙昌盛。

正说着，丫头回道："花自芳的女人进来请安。"王夫人问几句话，花自芳的女人将亲戚作媒，说的是城南蒋家的，现在有房有地，又有铺面，姑爷年纪略大了几岁，并没有娶过的，况且人物儿长的是百里挑一的。王夫人听了愿意，说道："你去应了，隔几日进来再接你妹子罢。"王夫人又命人打听，都说是好。王夫人便告诉了宝钗，仍请了薛姨妈细细的告诉了袭人。袭人悲伤不已，又不敢违命的，心里想起宝玉那年到他家去，回来说的死也不回去的话，"如今太太硬作主张，若说我守着，又叫人说我不害臊。若是去了，实不是我的心愿"。便哭得咽哽难鸣，又被薛姨妈、宝钗等苦劝，回过念头想道："我若是死在这里，倒把太太的好心弄坏了。我该死在家里才是。"

于是，袭人含悲叩辞了众人，那姐妹分手时自然更有一番不忍说。袭人怀着必死的心肠上车回去，见了哥哥嫂子，也是哭泣，但只说不出来。那花自芳悉把蒋家的娉礼送给他看，又把自己所办妆奁一一指给他瞧，说那是太太赏的，那是置办的。袭人此时更难开口，住了两天，细想起来："哥哥办事不错，若是死在哥哥家里，岂不又害了哥哥呢？"千思万想，左右为难，真是一缕柔肠，几乎牵断，只得忍住。

那日已是迎娶吉期，袭人本不是那一种泼辣人，委委屈屈的上轿而去，心里另想到那里再作打算。岂知过了门，见那蒋家办事极其认真，全都按着正配的规矩。一进了门，丫头仆妇都称奶奶。袭人此时欲要死在这里，又恐害了人家，辜负了一番好意。那夜原是哭着不肯俯就的，那姑爷却极柔情曲意的承顺。到了第二天开箱，这姑爷看见一条猩红汗巾，方知是宝玉的丫头。原来当初只知是贾母的侍儿，益想不到是袭人。此时蒋玉菡念着宝玉待他的旧情，倒觉满心惶愧，更加周旋，又故意将宝玉所换那条松花绿的汗巾拿出来。袭人看了，方知这姓蒋的原来就是蒋玉菡，始信姻缘前定。袭人才将心事说出，蒋玉菡也深为叹息敬服，不敢勉强，并越发温柔体贴，弄得个袭人真无死所了。看官听说：虽然事有前定，无可奈何。但孽子孤臣，义夫节妇，这“不得已”三字也不是一概推委得的。此袭人所以在又副册也。正是前人过那桃花庙的诗上说道：

千古艰难惟一死，伤心岂独息夫人。

笺证

第一二〇回“甄士隐详说太虚情　贾雨村归结红楼梦”，作为全书的结穴处，先结贾宝玉，连同贾政、宝钗都连接在内，再结惜春在栊翠庵静养修道、香菱在薛家扶正当奶奶、巧姐为乡下周家媳妇、花袭人婚配蒋玉菡。结穴受了大团圆俗套的影响，却是一个残破到了难以修补的大团圆。贾政评议巧姐团圆的始末说：“莫说村居不好，只要人家清白，孩子肯念书，能够上进。朝里那些官儿难道都是城里的人么？”这些话反映了宋以后的民俗信仰，应合了北宋汪洙《神童诗》所说：“朝为田舍郎，暮登天子堂。将相本无种，男儿当自强。”轮到对于袭人的安排，可是颇费周章。薛姨妈考虑袭人身份与宝钗不同，无法守在贾府，就对王夫人说：“我看姨老爷（贾政）是再不肯叫守着的。再者姨老爷并不知道袭人的事，想来不过是个丫头，那有留的理呢？只要姊姊（王夫人）叫他本家的人来，狠狠的吩咐他，叫他配一门正经亲事，再多多的陪送他些东西。那孩子心肠儿也好，年纪儿又轻，也不枉跟了姐姐会子，也算姐姐待他不薄了。袭人那里还得我细细劝他。就是叫他家的人来也不用告诉他，只等他家里果然说定了好人家儿，我们还去打听打听，若果然足衣足食，女婿长的像个人儿，然后叫他出去。”而说定的夫婿是有房有地有铺面的城南蒋玉菡。蒋玉菡发现袭人箱子里有一条猩红汗巾，方知她是宝玉的丫头，又故意将宝玉换给他的那条松花绿的汗巾拿出来。袭人看了，才相信姻缘前定。此处行文还跳出元叙事层面——“看官听说：虽然事有前定，无可奈何。但孽子孤臣，义夫节妇，这‘不得已’三字也不是一概推委得的。此袭人所以在又副册也。正是前人过那桃花庙的诗上说道：千古艰难惟一死，伤心岂独息夫人。”桃花庙就是息夫人庙。《左传·鲁庄公十四年》记载：“楚子（楚文王）如息，以食入享，遂灭息。以息妫（息夫人）归，生堵敖及成王焉，未言。楚子问之，对曰：‘吾一妇人而事二夫，纵弗能死，其又奚言？’”[7]楚文王还在楚国别都穰邑（今邓州西南隅）建造一座紫金山，并凿修建桃花洞。清康熙时泰州邓汉仪《题息夫人庙》诗云：“楚宫慵扫黛眉新，只自无言对暮春。千古艰难惟一死，伤心岂独息夫人。”《红楼梦》引用此诗，意在嘲讽袭人以一妇人而事二夫。又所谓“此袭人所以在又副册也”，回应了第五回贾宝玉神游太虚幻境，在薄命司金陵十二钗又副册中看到图画着一簇鲜花，一床破席。判词是：“枉自温柔和顺，空云似桂如兰。堪羡优伶有福，谁知公子无缘。”因此，花袭人的结穴，结在太虚幻境，“优伶有福”就是她最终嫁给蒋玉菡。这种团圆是一边“有福”，一边“无缘”，因而残缺了半边的。

[7]（周）左丘明传，（晋）杜预注，（唐）孔颖达正义：《春秋左传正义》，北京大学出版社1999年版，第253页。

不言袭人从此又是一番天地。且说那贾雨村犯了婪索的案件，审明定罪，今遇大赦，褫籍为民。雨村因叫家眷先行，自己带了一个小厮，一车行李，来到急流津觉迷渡口。只见一个道者从那渡头草棚里出来，执手相迎。雨村认得是甄士隐，也连忙打恭。士隐道：“贾先生别来无恙？”雨村道：“老仙长到底是甄老先生，何前次相逢觌面不认？后知火焚草亭，下鄙深为惶恐。今日幸得相逢，益叹老仙翁道德高深。奈鄙人下愚不移，致有今日。”甄士隐道：“前者老大人高官显爵，贫道怎敢相认。原因故交，敢赠片言，不意老大人相弃之深。然而富贵穷通，亦非偶然，今日复得相逢，也是一桩奇事。这里离草庵不远，暂请膝谈，未知可否？”

雨村欣然领命，两人携手而行，小厮驱车随后，到了一座茅庵。士隐让进雨村坐下，小童献上茶来。雨村便请教仙长超尘的始末。士隐笑道：“一念之间，尘凡顿易。老先生从繁华境中来，岂不知温柔富贵乡中有一宝玉乎？”雨村道：“怎么不知？近闻纷纷传述，说他也遁入空门。下愚当时也曾与他往来过数次，再不想此人竟有如是之决绝。”士隐道：“非也。这一段奇缘，我先知之。昔年我与先生在仁清巷旧宅门口叙话之前，我已会过他一面。”雨村惊讶道：“京城离贵乡甚远，何以能见？”士隐道：“神交久矣。”雨村道：“既然如此，现今宝玉的下落，仙长定能知之。”士隐道：“宝玉，即宝玉也。那年荣宁查抄之前，钗黛分离之日，此玉早已离世。一为避祸，二为撮合，从此夙缘一了，形质归一。又复稍示神灵，高魁贵子，方显得此玉那天奇地灵煅炼之宝，非凡间可比。前经茫茫大士渺渺真人携带下凡，如今尘缘已满，仍是此二人携归本处，这便是宝玉的下落。”雨村听了，虽不能全然明白，却也十知四五，便点头叹道：“原来如此，下愚不知。但那宝玉既有如此的来历，又何以情迷至此，复又豁悟如此？还要请教。”士隐笑道：“此事说来，老先生未必尽解。太虚幻境即是真如福地。一番阅册，原始要终之道，历历生平，如何不悟？仙草归真，焉有通灵不复原之理呢？”雨村听着，却不明白了。知仙机也不便更问，因又说道：“宝玉之事既得闻命，但是敝族闺秀如此之多，何元妃以下算来结局俱属平常呢？”士隐叹息道：“老先生莫怪拙言，贵族之女俱属从情天孽海而来。大凡古今女子，那‘淫’字固不可犯，只这‘情’字也是沾染不得的。所以崔莺、苏小，无非仙子尘心；宋玉、相如，大是文人口孽。凡是情思缠绵的，那结果就不可问了。”雨村听到这里，不觉拈须长叹，因又问道：“请教老仙翁，那荣宁两府，尚可如前否？”士隐道：“福善祸淫，古今定理。现今荣宁两府，善者修缘，恶者悔祸，将来‘兰桂齐芳，家道复初’，也是自然的道理。”雨村低了半日头，忽然笑道："是了，是了。现在他府中有一个名兰的已中乡榜，恰好应着'兰'字。适间老仙翁说'兰桂齐芳'，又道宝玉'高魁子贵'，莫非他有遗腹之子，可以飞黄腾达的么？"士隐微微笑道："此系后事，未便预说。"雨村还要再问，士隐不答，便命人设具盘飧，邀雨村共食。

食毕，雨村还要问自己的终身，士隐便道："老先生草庵暂歇，我还有一段俗缘未了，正当今日完结。"雨村惊讶道："仙长纯修若此，不知尚有何俗缘？"士隐道："也不过是儿女私情罢了。"雨村听了益发惊异："请问仙长，何出此言？"士隐道："老先生有所不知，小女英莲幼遭尘劫，老先生初任之时曾经判断。今归薛姓，产难完劫，遗一子于薛家以承宗祧。此时正是尘缘脱尽之时，只好接引接引。"士隐说着拂袖而起。雨村心中恍恍惚惚，就在这急流津觉迷渡口草庵中睡着了。

这士隐自去度脱了香菱，送到太虚幻境，交那警幻仙子对册，刚过牌坊，见那一僧一道，缥缈而来。士隐接着说道："大士、真人，恭喜，贺喜。情缘完结，都交割清楚了么？"那僧道说："情缘尚未全结，倒是那蠢物已经回来了。还得把他送还原所，将他的后事叙明，不枉他下世一回。"士隐听了，便拱手而别。那僧道仍携了玉到青埂峰下，将宝玉安放在女娲炼石补天之处，各自云游而去。从此后，"天外书传天外事，两番人作一番人"。

这一日空空道人又从青埂峰前经过，见那补天未用之石仍在那里，上面字迹依然如旧，又从头的细细看了一遍，见后面偈文后又历叙了多少收缘结果的话头，便点头叹道："我从前见石兄这段奇文，原说可以闻世传奇，所以曾经抄录，但未见返本还原。不知何时复有此一佳话，方知石兄下凡一次，磨出光明，修成圆觉，也可谓无复遗憾了。只怕年深日久，字迹模糊，反有舛错，不如我再抄录一番，寻个世上清闲无事的人，托他传遍，知道奇而不奇，俗而不俗，真而不真，假而不假。或者尘梦劳人，聊倩鸟呼归去。山灵好客，更从石化飞来，亦未可知。”想毕，便又抄了，仍袖至那繁华昌盛的地方，遍寻了一番，不是建功立业之人，即系餬口谋衣之辈，那有闲情更去和石头饶舌。直寻到急流津觉迷渡口，草庵中睡着一个人，因想他必是闲人，便要将这抄录的《石头记》给他看看。那知那人再叫不醒。空空道人复又使劲拉他，才慢慢的开眼坐起，便接来草草一看，仍旧掷下道:“这事我早已亲见尽知。你这抄录的尚无舛错，我只指与你一个人，托他传去，便可归结这一新鲜公案了。”空空道人忙问何人，那人道:“你须待某年某月某日某时到一个悼红轩中，有个曹雪芹先生，只说贾雨村言托他如此如此。”说毕，仍旧睡下了。

那空空道人牢牢记着此言，又不知过了几世几劫，果然有个悼红轩，见那曹雪芹先生正在那里翻阅历来的古史。空空道人便将贾雨村言了，方把这《石头记》示看。那雪芹先生笑道:“果然是‘贾雨村言’了。”空空道人便问:“先生何以认得此人，便肯替他传述？”曹雪芹先生笑道:“说你空，原来你肚里果然空空。既是假语村言，但无鲁鱼亥豕以及背谬矛盾之处，乐得与二三同志，酒馀饭饱，雨夕灯窗之下，同消寂寞，又不必大人先生品题传世，似你这样寻根究底，便是刻舟求剑，胶柱鼓瑟了。”那空空道人听了，仰天大笑，掷下抄本，飘然而去。一面走着，口中说道:“果然是敷衍荒唐。不但作者不知，抄者不知，并阅者也不知，不过游戏笔墨，陶情适性而已。”后人见了这本奇传，亦曾题过四句为作者缘起之言更转一竿头云:

说到辛酸处，荒唐愈可悲。

由来同一梦，休笑世人痴。

笺证

我们终于可以说了:《红楼梦》的整体结构完成了一个伟大的“中国圆”，一个伟大的环形结构。“中国圆”的蕴涵，神奇而深广，深藏着中国哲学的精髓。《周易·系辞上》说:"蓍之德圆而神,卦之德方以智。"王弼注:"圆者运而不穷,方者止而有分。"[8]《大戴礼记·曾子天圆》说:"参尝闻之夫子曰:天道曰圆,地道曰方。"圆具有贯通天道的神通。圆来自几何学,《墨子·经上》说:"圜,一中同长也。"圜也就是圆字,是指"以一点为中心,与这个中心点同等长度的距离形成圆"。东汉许慎《说文解字》说:"圆,圜全也。"段玉裁注:"圜者天体。天屈西北而不全。圜而全、则上下四旁如一。是为浑圜之物……圆谓周也……(圆)圜全也。"圆以几何形体的数理逻辑,蕴藏了天地运行、节令变化、万物荣衰、人世兴替之道。第一二〇回"甄士隐详说太虚情　贾雨村归结红楼梦",在真与假、情与梦的虚实玄幻中,为《红楼梦》作最终的一锤定音的结穴。甄士隐和贾雨村是沟通天书与人书,翻转人生看其真假的既是真实,又是寓言符号式的人物,二人构成了贾府叙事的参数,赋予大观园人物以真假玄幻的命运大圆圈。贾宝玉和林黛玉的爱情悲剧,是《红楼梦》的内线索,甄士隐、贾雨村的出入认证,是《红楼梦》的外线索。二者组成《红楼梦》叙事的双线形态。真事隐去,假语村言,成了《红楼梦》的叙事方式。作为组织结构和表达主题观念的人物存在,甄士隐闻《好了歌》,了悟"乱哄哄你方唱罢我登场,反认他乡是故乡。甚荒唐,到头来都是为他人作嫁衣裳",贾雨村又来归结《好了歌》,托付悼红轩中曹雪芹传奇问世。《红楼梦》作者曹雪芹于此跳出叙事层面,叙事者被叙事,展示元叙事的游动于不同叙事层面的灵活视境。借助甄士隐、贾雨村的频繁出入,形成了《红楼梦》的内在开放性和外在的圆形结构。终了故事的入手处,是贾雨村革职为民,来到急流津觉迷渡口,在渡头草棚里重逢甄士隐。甄士隐笑谈宝玉的出处和归宿

[8] (魏)王弼注,(唐)孔颖达疏:《周易正义》,北京大学出版社1999年版,第286页。

说："一念之间，尘凡顿易。老先生从繁华境中来，岂不知温柔富贵乡中有一宝玉乎？……这一段奇缘，我先知之……宝玉，即宝玉也。那年荣宁查抄之前，钗黛分离之日，此玉早已离世。一为避祸，二为撮合，从此夙缘一了，形质归一。又复稍示神灵，高魁贵子，方显得此玉那天奇地灵煅炼之宝，非凡间可比。前经茫茫大士渺渺真人携带下凡，如今尘缘已满，仍是此二人携归本处，这便是宝玉的下落。"谈及那荣宁两府的前途，甄士隐又说："福善祸淫，古今定理。现今荣宁两府，善者修缘，恶者悔祸，将来'兰桂齐芳，家道复初'，也是自然的道理。"兰是已中乡榜的贾兰，桂是宝玉的遗腹之子。"兰桂齐芳"中，给人一丝熹微的亮色，在天道运行的大圆圈中套着一个贾府荣衰重振的小圆圈，这个荣衰重振的小圆圈是否能够跳出那个悲剧频仍的大圆圈，也是一个未知的命运，不妨仔细寻味。这是贾宝玉的俗缘，甄士隐也有俗缘，就是他的女儿香菱扶正为薛蟠太太以后，遗一子于薛家以承宗祧，产难完劫，甄士隐将她度脱送到太虚幻境，交那警幻仙子对册入籍。出来又碰见一僧一道携带那顽石宝玉到青埂峰下，安放在女娲炼石补天之处。后来，空空道人云游经过青埂峰，见到那补天未用之石上字迹依然如旧，就点头感叹说："我从前见石兄这段奇文，原说可以闻世传奇，所以曾经抄录，但未见返本还原。不知何时复有此一佳话，方知石兄下凡一次，磨出光明，修成圆觉，也可谓无复遗憾了。只怕年深日久，字迹模糊，反有舛错，不如我再抄录一番，寻个世上清闲无事的人，托他传遍，知道奇而不奇，俗而不俗，真而不真，假而不假。或者尘梦劳人，聊倩鸟呼归去。山灵好客，更从石化飞来，亦未可知。"这就是环形结构回应了本书第一回又不知过了几世几劫，因有个空空道人访道求仙，忽从这大荒山无稽崖青埂峰下经过，忽见一大石上字迹分明，编述历历。空空道人乃从头一看，原来就是无材补天、幻形入世的石头，承蒙茫茫大士、渺渺真人携入红尘，历尽离合悲欢、炎凉世态的一段故事。后面又有一首偈云："无材可去补苍天，枉入红尘若许年。此系身前身后事，倩谁记去作奇传？"第一回与第一二〇回，以此完成了一个圆形结构。空空道人带着从石头上抄录的文本，寻到急流津觉迷渡口，见草庵中睡着一个人，因想他必是闲人，便要将这抄录的《石头记》给他看看。那人就是贾雨村，醒来草草一看，仍旧掷下说："这事我早已亲见尽知。你这抄录的尚无舛错，我只指与你一个人，托他传去，便可归结这一新鲜公案了。"找谁呢？贾雨村说："你须待某年某月某日某时到一个悼红轩中，有个曹雪芹先生，只说贾雨村言托他如此如此。"又不知过了几世几劫，空空道人找到悼红轩曹雪芹，把这《石头记》示看。曹雪芹先生笑说："说你空，原来你肚里果然空空。既是假语村言，但无鲁鱼亥豕以及背谬矛盾之处，乐得与二三同志，酒馀饭饱，雨夕灯窗之下，同消寂寞，又不必大人先生品题传世，似你这样寻根究底，便是刻舟求剑，胶柱鼓瑟了。"贾宝玉的绛芸轩、曹雪芹的悼红轩及全书最终取名的《红楼梦》，构成了整个石头故事相互勾连的精神丝缕。对于那石头故事，那空空道人听了，仰天大笑，掷下抄本，飘然而去。一面走着，口中说："果然是敷衍荒唐。不但作者不知，抄者不知，并阅者也不知，不过游戏笔墨，陶情适性而已。"后人见了这本奇传，亦曾题过四句为作者缘起之言更转一竿头云："说到辛酸处，荒唐愈可悲。由来同一梦，休笑世人痴。"这回应了第一回的一首诗："满纸荒唐言，一把辛酸泪。都云作者痴，谁解其中味？"同时也是对主题诗的蕴含的补充和解构。这就是天书敷衍荒唐，而冥冥漠漠地传于人间的过程，它由此融合了"天书—人书"的叙事形态和审美特征，成了旷古未有的东方史诗性的杰构。《红楼梦》的"中国圆"结构，是一种大智慧，能够容纳宇宙万象。这令人联想到《西游记》第五十回、五十一、五十二回的那个亮灼灼白森森的圈子：太上老君的坐骑青牛偷了金刚琢，变作独角兕大王，在唐僧取经的路上与孙悟空激战，孙悟空忍不住焦躁，把金箍棒丢将起去，喝声"变"，即变作千百条铁棒，好便似飞蛇走蟒，盈空里乱落下来。那伙妖精见了，一个个魄散魂飞，抱头缩颈，尽往洞中逃命。独角兕魔王唏唏冷笑道："那猴不要无礼，看手段！"即忙袖中取出一个亮灼灼白森森的圈子来，望空抛起，叫声"着"，唿喇一下把金箍棒收做一条，套将去了。弄得孙大圣赤手空拳，翻筋斗逃了性命。孙悟空又搬来天兵天将，哪吒三太子又弄出降妖法力，将砍妖剑、斩妖刀、缚妖索、降魔杵、绣球、火轮儿六般兵器抛将起去，大叫一声"变"，一变十，十变百，百变千，千变万，如骤雨冰雹，纷纷密密，望妖魔打将去。那独角兕魔王公然不惧，一只手取出那白森森的圈子来，望空抛起，叫声"着"，唿喇的一下把六般兵器套将下来，慌得那哪吒太子赤手逃生，魔王得胜而回。《红楼梦》"中国圆"结构的亮灼灼白森森的圈子，套住了大观园儿女、太虚幻境群仙，套住了一系列爱情的故事、命运的故事、人类的故事、宇宙的故事，化成了天书与人书相结合的大痛苦、大喜欢、大空幻、大超越，推出了古往今来荒唐至极、辛酸至极、深刻至极的中国文化精神和生存智慧的旷世盛宴，令人品味不尽，言说不尽。这又令人联想到最早源于清朝乾隆年间的《鲜花调》，其后衍变成著名民歌的《茉莉花》："好一朵美丽的茉莉花，好一朵美丽的茉莉花，芬芳美丽满枝桠，又香又白人人夸。让我来将你摘下，送给别人家。茉莉花呀茉莉花。"同样从清朝乾隆年间创造出来的好一部《红楼梦》，以美丽多情的大观园群芳，画了一个潜伏着许多缺陷和废墟感的"中国圆"，送给后世无限的辛酸泪，无限的荒唐梦，无限的神话、哲学和诗的审美学。好一部《红楼梦》！

2017年10月19日四度修订完毕

2018年2月20日第五度修订

图书在版编目（CIP）数据

红楼梦精华笺证 /（清）曹雪芹原著；杨义笺证 .—
北京：文化艺术出版社，2021.7
ISBN 978-7-5039-6529-6

Ⅰ.①红… Ⅱ.①曹… ②杨… Ⅲ.①《红楼梦》研
究 Ⅳ.①I207.411

中国版本图书馆CIP数据核字（2018）第182110号

红楼梦精华笺证

著　　者 （清）曹雪芹 原著　杨　义 笺证
绘　　画 谭凤环
责任编辑 齐大任　蔡宛若　董　斌
责任校对 邓　运
书籍设计 顾　紫
出版发行 文化艺术出版社
地　　址 北京市东城区东四八条52号（100700）
网　　址 www.caaph.com
电子邮箱 s@caaph.com
电　　话 （010）84057666（总编室）　84057667（办公室）
84057696—84057699（发行部）
传　　真 （010）84057660（总编室）　84057670（办公室）
84057690（发行部）
经　　销 新华书店
印　　刷 鑫艺佳利（天津）印刷有限公司
版　　次 2021年7月第1版
印　　次 2021年7月第1次印刷
开　　本 710毫米×1000毫米　1/16
印　　张 124.75
字　　数 1450千字
书　　号 ISBN 978-7-5039-6529-6
定　　价 498.00元（全三册）